Foto: Jerry Bauer

Harvey Sachs (geb.1946) hat sich durch zahl-
reiche Veröffentlichungen einen Namen gemacht.
Seine Aufsätze zur Musik erschienen u. a. in der
»New York Times« und dem »Times Literary
Supplement«. In Deutschland erlangte er vor allem
durch seine Toscanini-Biographie Aufmerksamkeit.
Der gebürtige Amerikaner, heute kanadischer
Staatsbürger, lebt seit vielen Jahren in Italien.

Harvey Sachs
Arthur Rubinstein. Die Biographie

HARVEY SACHS

ARTHUR RUBINSTEIN

Die Biographie

Aus dem Amerikanischen von Michael Schmidt

verlegt bei Kindler

Titel der Originalausgabe: Rubinstein. A Life
Originalverlag: Grove Press, New York

Fotos und Karikaturen, falls nicht anders vermerkt,
mit freundlicher Genehmigung der Sammlung Nela Rubinstein.

Die Deutsche Bibliothek – CIP-Einheitsaufnahme

Sachs, Harvey:
Arthur Rubinstein : die Biographie / Harvey Sachs. Aus dem
Amerikan. von Michael Schmidt. – München : Kindler, 1997
Einheitssacht.: Rubinstein <dt.>
ISBN 3-463-40298-X

Copyright © für die deutschsprachige Ausgabe bei
Kindler Verlag GmbH, München 1997
Copyright © 1995 by Harvey Sachs
Umschlaggestaltung: Graupner & Partner, München
Umschlagfoto: Interfoto, München
Satz: Quark X-Press im Verlag
Druck und Bindung: Franz Spiegel Buch, Ulm
Printed in Germany
ISBN 3-463-40298-X

2 4 5 3 1

Zum Gedenken an meine Großeltern,

Joseph Sachs (1883–1954),
Dora Bloch Sachs (1884–1960),
Carl Bloom (1891–1959),
Blanche May Bloom (1892–1976),

die, wie der Protagonist dieses Buches,
allesamt osteuropäische Juden waren
und der gleichen Generation angehörten.

INHALT

VORWORT

Arthur Rubinstein war sieben Jahre alt, als er 1894 zum erstenmal öffentlich Klavier spielte. Als seine Karriere 82 Jahre später endete, war er mit außergewöhnlichem Erfolg in den meisten Ländern der Erde aufgetreten. Er war ein Kosmopolit und Weltreisender, der acht Sprachen beherrschte und zu verschiedenen Zeiten in Polen, Deutschland, Frankreich, England, den USA, Spanien und in der Schweiz seinen Wohnsitz hatte. Die Mächtigen der Welt suchten seine Gesellschaft, waren von der Konversation mit ihm bezaubert und überhäuften ihn mit Ehren. In seiner Jugend erfreute sich Rubinstein eines ungezügelten erotischen Lebens, mit 45 heiratete er und wurde Vater von vier Kindern. Als er, reich und hochangesehen, mitten in seinem zehnten Lebensjahrzehnt starb, hinterließ er exzellente Aufnahmen seines großen Repertoires und eine zweibändige Autobiographie, die ein internationaler Bestseller wurde. Sein Leben verlief scheinbar außergewöhnlich glücklich und privilegiert – und in vielerlei Hinsicht war es dies auch.

Allerdings muß man nicht allzu tief unter die Oberfläche von Rubinsteins Lebensgeschichte dringen, um auf ungewöhnlich heftige Widersprüche zu stoßen. Der berufliche Lebenslauf der meisten berühmten darstellenden Künstler folgt einem bestimmten Schema: Zuerst wird das Talent entdeckt und kultiviert, Anerkennung wird gesucht und gefunden; danach arbeitet der Künstler entweder kontinuierlich weiter, um seinen Erfolg fortzusetzen, oder er erzielt die gleiche Wirkung, indem er seine Persönlichkeit und die Macht der Publicity einsetzt. Bei Rubinstein war es anders: Lange Zeit galt er nur als ein guter Klaviervirtuose unter vielen anderen, insbesondere im nördlichen Europa und in Nordamerika – erst nachdem er die Fünfzig hinter sich hatte, betrat er das Klavierpantheon seiner Generation. In seinem Privatleben ging es drunter und drüber, glaubt man seiner Autobiographie. *Die frühen Jahre* und *Mein glückliches Leben* – so heißen die beiden Bände in der deutschen Übersetzung – sind mit insgesamt 1387 Seiten so umfangreich und in manchen Passagen so offenherzig, daß viele Leser glaubten, der Autor hätte wirklich »alles gesagt«. Dies war indes nicht der Fall. Ausführlich listete Rubinstein zwar seine Mahlzeiten und seine Liebesaffären auf, vermittelte aber den irreführenden Eindruck, daß es mit den flüchtigen erotischen Abenteuern seiner Jugend ein Ende gehabt hätte, als er heiratete. Auch die Beziehungen zu seinen Kindern waren zuweilen schwieriger, als seine Memoiren enthüllten. Vor allem feierte der Autor Rubinstein allzu häufig seine bedingungslose Liebe zum Leben. Seine beiden Bücher sind bezaubernd geschrieben, aber sie beschreiben nur die Oberfläche. Der Erzähler Rubinstein ist allgegenwärtig, aber viele seiner Bemerkungen über Musik und Musiker sind recht knapp oder inkonsequent, viele seiner Begegnungen mit berühmten, mächtigen oder reichen Nichtmusikern werden nur als Anekdoten erzählt. Schon früh im zweiten Band verliert das erzählerische Moment an Kraft, man beginnt sich zu fragen, was in Arthur Rubinsteins Innerem wirklich vorgegangen war. Gesundheit und Großzügigkeit waren die wesentlichen Eigenschaften seines Musizierens, und diese Eigenschaften existierten nicht in einem Vakuum: Sie entsprangen seinem Charakter, der viel reichhaltiger und komplizierter war, als seine Memoiren preisgaben.

Mit vorliegendem Buch möchte ich vor allem Arthur Rubinsteins offizielles Selbstbildnis mit dem inoffiziellen Porträt vergleichen, das ihm nahestehende Menschen wie Außenstehende geschaffen haben.

Hinsichtlich autobiographischer Enthüllungen erzählt Gabriel Astruc, Rubinsteins erster Manager in Frankreich, eine schöne Allegorie, die sein Vater aus »dem Talmud entnommen hatte: ›Es gibt drei Arten von Memoiren: *Trichter-Memoiren, Schwamm-Memoiren* und *Sieb-Memoiren*. Die erste Art nimmt alles auf, läßt es aber wieder sich verflüchtigen, die zweite nimmt alles auf und bewahrt es, die dritte bewahrt, was gut ist, und siebt aus, was schlecht ist.«»[1] Rubinsteins Erinnerungen sind demnach »Sieb-Memoiren« – allerdings sieben sie weniger das »Schlechte« aus als das, was ihr Autor bewußt oder unbewußt verheimlichen wollte. Selbstenthüllung zur Selbstverteidigung ist oft das Motiv von Prominenten, um ihre Autobiographien zu schreiben. Rubinsteins jüngerer Sohn John hat darauf hingewiesen, daß sein Vater »imstande war, über seine Schwächen ziemlich ausgiebig zu scherzen – aber selektiv«.[2] Rubinstein räumte bereitwillig Charaktermängel ein, aber nur, wenn er selbst bestimmen konnte, worin diese Mängel bestanden. Ich würde sogar noch einen Schritt weiter gehen als John Rubinstein: Ich glaube, Arthur Rubinstein war sich selbst gegenüber ebenso unfair, wenn es um seine Tugenden oder um seine Schwächen ging. Ein kleines, aber bezeichnendes Beispiel ist Rubinsteins Kommentar über den Besuch von Museen. Ganz besonders habe er die Londoner National Gallery und das British Museum geliebt, weil »beide Sammlungen so leicht zugänglich sind. Ich stand sogleich vor dem Parthenonfries oder der Venus von Velásquez…, anders als im Louvre…; wer bei ein und demselben Besuch sowohl die Mona Lisa als auch die Venus von Milo sehen wollte, mußte kilometerweit laufen.«[3] Vielleicht fragen sich nun die Leser, ob Rubinstein sich je die Mühe gemacht hat, irgendeines der außerordentlich interessanten Werke zu betrachten, die im Louvre auf den Kilometern zwischen der Venus von Milo und der Mona Lisa hängen. Sind nicht auch sie der genaueren Betrachtung wert? Ist Kultur nichts weiter als eine Schau der Meisterwerke? Rubinstein war durchaus daran interessiert, seine eigenen Entdeckungen auf dem Gebiet der Kunst zu machen. Im Laufe von Jahrzehnten ließ er seine begeisterte Zustimmung und auch materielle Unterstützung mehreren wenig bekannten Malern und Bildhauern zuteil werden, schlicht weil ihm ihre Werke gefielen. Rubinstein zieh sich selbst in seinen Memoiren des geistlosen Kultursnobismus, der gar nicht seinem Wesen entsprach, und sorgte dafür, daß man seiner umfassenden und profunden Kultiviertheit mißtraute.

Rubinsteins Memoiren stellen uns vor ein konkreteres Problem: Die Erinnerungen basieren zwar offenkundig auf Fakten, aber die Angaben in den Texten sind nicht verläßlich. Rubinstein hat sich oft Komplimente wegen seines wunderbaren Gedächtnisses gemacht – es habe ihm, wie er sagte, im hohen Alter ermöglicht, sein Leben Tag für Tag zu rekonstruieren, ohne auf Tagebücher zurückgreifen zu müssen, die er deshalb auch nie geführt hatte. Aber seine Rekonstruktion ist in höchstem Maße fehlerhaft: Daten und Namen sind oft vertauscht oder schlicht falsch. Dieses Datenproblem besteht aus drei Komponenten. Erstens hinkte der alte russische Kalender, der in Rubinsteins Kindheit in Polen galt, zwölf Tage hinter dem Kalender der westlichen Welt her. Alle Daten in vorliegendem Buch entsprechen dem westlichen Kalender. Die zweite Komponente ist Rubinsteins Geburtsjahr, das in verschiedenen Quellen unterschiedlich angegeben wird: 1886 oder 1887 oder 1889 (dieses Jahr hat Rubinstein selbst über ein halbes Jahrhundert lang genannt) oder gar 1890. Korrekt ist 1887. Diese Jahreszahl taucht auf allen frühen offiziellen Dokumenten auf, in allen zeitgenössischen Registern sowie in sämtlichen frühen Presseartikeln und Zeitungsberichten über ihn. Zu diesem Datum hat sich Rubinstein schließlich auch in seinen Memoiren bekannt. Aber zu der Zeit, da er seine Autobiographie schrieb, konnte sich Rubinstein nicht mehr erinnern, ob ein bestimmtes Konzert stattgefunden hatte, als er dreiundzwanzig gewesen war – wie er es anderen Menschen jahrzehntelang erzählt hatte – oder fünfundzwanzig, ob er eine Frau mit neununddreißig oder einundvierzig kennengelernt hatte.

Das ärgste Durcheinander beruht auf Rubinsteins nonchalanter Einstellung gegenüber Daten. Ganze Abschnitte seiner Memoiren sind um ein Jahr, um ein Jahrzehnt oder noch mehr falsch datiert. Nach den turbulenten Ereignissen während der letzten hundert Jahre in Polen und Deutschland, wo Rubinstein seine Kindheit und Jugend verbracht hatte, existieren nur noch wenige einschlägige Dokumente. Bei der Festlegung von Daten habe ich oft auf unvollständige Informationen und auf Schlußfolgerungen zurückgreifen müssen. Ich hoffe, in den meisten Fällen das korrekte Datum gefunden zu haben.

Das Namensproblem beginnt bei Rubinsteins Großvater mütterlicherseits, der im Register der englischen Originalausgabe *Die frühen Jahre* Solomon Heyman genannt wird. Solomon war jedoch die englische Übersetzung des Namens von Rubinsteins *Urgroßvater* – der Großvater hingegen hieß Yechiel. Die Schreibweise des Familiennamens lautet auf dem Grabstein von Rubinsteins Mutter *Heiman*. Diese Schreibweise verwende ich in vorliegendem Buch. Nach den Grabinschriften richtet sich auch meine Schreibung der Vornamen von Rubinsteins Eltern, Felicja und Izaak, die in anderen Quellen anders geschrieben werden. Die übrigen Namen schreibe ich so, wie ich sie vorgefunden habe. Die verwirrende Fülle der Vornamen in der Familie Rubinstein beruht darauf, daß jüdische Babys gewöhnlich zunächst einen hebräischen Namen erhielten, der unter mittel- und osteuropäischen Juden dann in eine bekannte jiddische Form und schließlich in seine Entsprechung – falls es eine gab – in der vorherrschenden lokalen Sprache oder im jeweiligen Dialekt übertragen wurde. So wurde denn aus Yitzchak im Jiddischen Itzik und im Polnischen Izaak. Ich verwende die übliche deutsche Schreibweise von Rubinstein statt der polnischen Schreibung Rubinsztajn oder des russischen Rubenschtjain oder Rubinschtjain, die in manchen Quellen vorkommen, oder des gar nicht so seltenen Rubenstein, einer Schreibweise, die der Pianist gar nicht mochte. Was die Schreibung des Vornamens des Protagonisten betrifft, habe ich mich an seine eigene Präferenz gehalten: »Später verwendete mein Manager Sol Hurok für meine Publicity das h-lose ›Artur‹, aber ich unterschreibe mit ›Arthur‹ in Ländern, wo dies üblich ist, mit ›Arturo‹ in Spanien und Italien und mit ›Artur‹ in den slawischen Ländern.«[4] Hier heißt er also Arthur, außer in wörtlichen Zitaten aus Artikeln, Büchern und Dokumenten, in denen er anders geschrieben wird.

D ieses Buch hätte bereits im Januar 1959 Gestalt annehmen können, als ich Rubinstein zum ersten Mal spielen hörte. Konkret wurde die Idee jedoch erst Ende 1986, während eines Besuchs bei Peter Rosen, einem in New York ansässigen Fernsehproduzenten, für den ich einen Dokumentarfilm über Arturo Toscanini geschrieben hatte. Rosen hatte gerade einen Dokumentarfilm über Rubinstein abgedreht, der anläßlich des bevorstehenden hundertsten Geburtstages des Pianisten gebracht werden sollte. Rosen besaß noch mehrere Pappkartons voller Recherchematerial und meinte, falls ich daran dächte, irgendwann mal eine Biographie über Rubinstein zu schreiben, könnte ich all dieses Material verwenden. Außerdem gab er mir die Adressen und Telefonnummern von Rubinsteins Witwe und von Eva, der älteren Tochter der beiden. Ich beendete gerade ein Buch über die Geschichte der Musik unter dem faschistischen Regime in Italien, und der Gedanke, sofort wieder ein neues Buch anzufangen, war nicht gerade verlockend. Ich rief Eva Rubinstein zwar an und schrieb ihr, aber dann legte ich die Idee doch wieder auf Eis, bis Oktober 1988, als ich Aniele (Nela) Rubinstein in ihrer Pariser Wohnung aufsuchte, in die sie mit ihrem Mann vor fast genau fünfzig Jahren eingezogen war. Frau Rubinstein, damals gerade achtzig, war mir gegenüber freundlich und freimütig. Sie erzählte mir, in den letzten Lebensjahren ihres Mannes habe es Schwierigkeiten zwischen ihnen gegeben – von denen ich bereits wußte. Zwar habe sie nichts dagegen, daß ich Rubinsteins Biographie schriebe, aber es sei ihr doch lieber, wenn ich damit bis nach ihrem Tod wartete. »Es wird nicht mehr lange dauern«, meinte sie lachend. Ich erklärte ihr genauso offen, ich plante zwar nicht, eine offizielle, von der Familie autorisierte Biographie zu schreiben; aber ich wolle keinesfalls eine Biographie über ihren Mann ohne ihre Mitarbeit produzieren und ohne ihre Erlaubnis, die Papiere ihres Mannes einzusehen. Anders als Toscanini, dessen Biographie ich zehn Jahre zuvor abgeschlossen hatte, kannte ich Rubinstein als lebende Persönlichkeit – ich hatte ihn viele Male gesehen, gehört und sogar kennengelernt. An Toscanini hatte ich schon viele Jahre, bevor man mich aufforderte, seine Biographie zu schreiben, ein ganz besonderes Interesse. Hier wußte ich, was ich zu schreiben hatte. Bei Rubinstein dagegen wußte ich nur, daß ich seine Memoiren noch einmal mit aller Sorgfalt wiederlesen und überprüfen mußte – alles andere war ein großes Fragezeichen. Frau Rubinstein war bereit, mir ihre Erinnerung und ihre Papiere zur Verfügung zu stellen. Ich schrieb ein Exposé, im darauffolgenden Sommer unterzeichnete ich den Autorenvertrag.

Von Anfang an war mir klar, daß die größte fachliche Schwierigkeit beim Schreiben dieses Buches in den wenigen Primärquellen aus den ersten dreiundfünfzig Jahren von Rubinsteins Leben bestand. Als die Rubinsteins bei Ausbruch des Zweiten Weltkriegs von Paris fortgingen, ließen sie ihr Hab und Gut, darunter auch private Papiere, größtenteils zurück. Im Krieg wurde ihr Haus von den Deutschen besetzt; Gegenstände von hohem materiellem Wert – Gemälde und Möbel – wurden beschlagnahmt und nach Deutschland geschickt, aber Briefe und andere Dokumente wurden vernichtet oder in alle Winde verstreut und sind bis heute noch nicht wiedergefunden worden. Seit der Ankunft der Rubinsteins in den USA gab es wieder viele private Papiere und Unterlagen. Schließlich gelangte dieses Material zurück nach Paris. Frau Rubinstein erlaubte mir freundlicherweise, dieses Material zu sichten und alles, was ich wollte, zu photokopieren, damit ich die Dokumente gründlich studieren konnte. Von einem meiner Besuche in Paris kehrte ich mit annähernd zweitausend Seiten Photokopien zurück. Einige Teile des vorliegenden Buches – insbesondere lange Passagen in den Kapiteln 6 und 7 – basieren auf diesem Material. (Viele Originaldokumente sind inzwischen der Library of Congress in Washington, D.C., und dem Historischen Museum von Lodz in Polen gestiftet worden.) Um an Material über die ersten 60 Prozent von Rubinsteins Leben ebenso wie über Abschnitte der späteren Jahre heranzukommen, mußte ich umfangreiche Recherchen in Polen, Deutschland, Frankreich, Großbritannien, in der Schweiz, in Spanien, Italien und in den USA anstellen. Außer Katarzyna Naliwajek, einer Freundin in Warschau, die mir beim Auffinden und bei der Übersetzung von polnischem Material behilflich gewesen ist, hatte ich keine festen Mitarbeiter. Daher muß ich die ganze Verantwortung für Irrtümer oder Versehen, die das Buch vielleicht enthält, selbst übernehmen.

Außer Nela Rubinstein und Katarzyna Naliwajek bin ich noch mehreren Menschen zu besonderem Dank verpflichtet. Eva, Alina und John Rubinstein – drei von Arthur und Nelas vier Kindern – haben mir großzügig ihre Zeit und ihre Kenntnisse zur Verfügung gestellt, ebenso Annabelle Whitestone, Rubinsteins Lebensgefährtin in seinen letzten Jahren. Sie haben stark unterschiedliche Ansichten über mehrere umstrittene Angelegenheiten im Leben des Pianisten geäußert. Ich habe versucht, all diese Ansichten unter einen Hut zu bringen. Im Jahr 1992, nachdem meine Besprechungen mit Ms. Whitestone großenteils abgeschlossen waren, wurde sie Lady Weidenfeld – die Gattin von George Weidenfeld, meinem Hauptverleger in England seit den siebziger Jahren. Trotzdem hat keiner von ihnen je versucht, meine Ansichten über strittige Dinge zu beeinflussen. Nach bestem Wissen und Gewissen habe ich mich, aufgrund der Ehe Whitestone-Weidenfeld, keinerlei Selbstzensur unterworfen – der heimtückischsten Form von Druck. Die Rubinsteins und Lady Weidenfeld haben sich mit der Tatsache abgefunden, daß Teile des Buches für sie eine peinliche Lektüre darstellen werden; daher danke ich ihnen für ihre Nachsicht. Darüber hinaus danke ich Eva Rubinstein, einer bekannten Photographin, daß sie mir bei der Sichtung der umfangreichen Photosammlung ihrer Mutter in Paris behilflich gewesen ist.

Zu großem Dank verpflichtet bin ich Donald Manildi, dem Kurator des International Piano Archives in Maryland (University of Maryland in College Park), der eine bedeutende und sehr hilfreiche Rubinstein-Diskographie für den Anhang dieses Buches beigesteuert hat. Meiner Meinung nach steigert Manildis Beitrag den Nutzen dieses Buches erheblich, für Laienhörer wie für Fachleute. Für ihre Hilfe bei meinen Recherchen, die über reines Pflichtgefühl oder gar Freundschaft hinausging, gilt mein besonderer Dank folgenden Personen: Dr. Jonothan Logan von den EPG Labs in Manhasset, New York; John Freeman von *Opera News* in New York; Susanne Fontaine von der Hochschule der Künste in Berlin; María Isabel de Falla, der Präsidentin der Fundación Archivo Manuel de Falla in Granada; Ricardo de Quesada von der Dirección Artística Daniel in Madrid und allen Interviewpartnern, deren Namen in der folgenden Liste und im Text des Buches vorkommen. Dr. Alex E. Friedlander aus Brooklyn, New York, der bemerkenswerte Forschungen zur Genealogie polnischer Juden angestellt hat, vermittelte mir wertvolle Informationen über Rubinsteins Vorfahren und Geschwister. Graham Sheffield, Direktor für Musikprojekte am South Bank Centre in London, der selbst an einem Buch über Rubinstein arbeitet, hat mir nicht nur den Vortritt gewährt, sondern auch Bänder und Abschriften seiner BBC-Rundfunksendereihe *Rubinstein on Record* geschickt. Michael Gray von der *Stimme Amerikas* erstellte und sandte mir Bänder von nicht mehr lieferbaren Rubinstein-Aufnahmen. Dem Verlag Alfred A. Knopf in New York und insbesondere dessen Cheflektorin und Vizepräsidentin Judith Jones danke ich für die Erlaubnis, viele kurze Zitate aus Rubinsteins Erinnerungsbüchern *Die frühen Jahre* und *Mein glückliches Leben* verwenden zu dürfen.

Mein besonderer Dank gilt James G. Moser, dem Geschäftsführer bei Grove/Atlantic in New York; den Verlegern bzw. Lektoren Aaron Asher und Alan Williams, die bei Weidenfeld and Nicolson in New York tätig waren, bevor daraus Grove Weidenfeld wurde, und/oder bei Grove Weidenfeld waren, bevor daraus Grove/Atlantic wurde; Ion Trewin, dem Verleger, und Elsbeth Lindner, meiner Lektorin bei Weidenfeld and Nicolson in London, und Ned Leavitt, meinem bemerkenswert geduldigen literarischen Agenten in New York.

Die Übersetzungen aus dem Französischen, Deutschen, Spanischen, Italienischen und Portugiesischen, aber nicht aus dem Polnischen und Russischen stammen von mir, allerdings haben mir bei einigen schwierigen spanischen Ausdrücken Laura Guasconi Boyer und bei manchen haarigen deutschen Formulierungen Irene Dische, Eva Halstenbach, Angela Paynter, Louise Phoenix-Giedraitis und Ulla Richter geholfen. Eva Hoffman erteilte mir die freundliche Erlaubnis, aus ihren beachtlichen Erinnerungen, *Lost in Transition,* zu zitieren.

Ferner wurde mir dankenswerte Hilfe zuteil von folgenden Personen und Institutionen:

Brasilien. Rio de Janeiro: Luli Oswald.

Deutschland. Berlin: Daniel Barenboim und seiner Assistentin, Frau Topcu, von der Deutschen Staatsoper; Frau Preuss vom Landesarchiv; Dietmar Schenk vom Hochschularchiv an der Hochschule der

Künste; Cornelia Praetorius. Hamburg: Gerda und Peter Aistleitner; Klaus Angermann von der Philharmonie; Frau oder Herr Möhring vom Staatsarchiv beim Senat der Freien und Hansestadt Hamburg. Leipzig: Claudius Böhm vom Gewandhausarchiv. München: Dr. Klaus Stadler vom R. Piper Verlag.

England. Hayes, Middlesex: Ruth Edge und Suzanne Lewis von den EMI Music Archives. Edinburgh: David Gilmour. London: Robert Baldock von der Yale (Cambridge?) University Press; Nicholas Mosley, 3rd Baron Ravensdale; Libby Rice vom Development Department des London Symphony Orchestra; Jill Shutt von der Verwaltung der Wigmore Hall.

Frankreich. Le Havre: Jean-Paul Herbert von den Archives Historiques der Compagnie Générale Maritime. Nizza: Odette Golschmann. Orange: Colette Brivet von den Chorégies d'Orange. Paris: Gérald Antoine, dem Biographen von Paul Claudel; Elizabeth Hayes vom Théâtre des Champs-Elysées; Yann Martel; Madeleine Milhaud; Tomasz H. Orlowski und Magda Schnass, die Nela Rubinstein bei der Sichtung ihrer Papiere half; Isabelle und Eric Straram; Alison Wearing. Saint-Jorioz: François-René Duchable.

Israel. Tel Aviv: Nechama Sachar vom Nahum Goldmann Museum der Jüdischen Diaspora; Jan J. Bistritzky von der Arthur Rubinstein International Piano Master Competition; Peter E. Gradenwitz.

Italien. Mailand: Milena Borromeo von der O.R.I.A. Rom: Annalisa Bini und Laura Ciancio von der Accademia di Santa Cecilia; Fil Pietrangeli und Paolo Rossi von der BMG Airola.

Österreich. Wien: Otto Biba, Archivdirektor der Gesellschaft der Musikfreunde; Randolf Fochler von der L. Bösendorfer Klavierfabrik.

Polen. Krakau: Teresa Chylinska und Malgorzata Perkowska-Waszek von der Uniwersytet Jagiellonski. Lodz: Ryszard Czubaczynski, Bozenna Pietraszczyk, Miroslaw Borusiewicz, Iwona Zukowska und Aleksandra Kocik vom Museum Historii Miasta Lodzi. Warschau: Romano Catalini, Gennaro Camfora und Paolo Gesumunno vom Istituto Italiano di Cultura; Henryka Kowalczyk und Malgorzata Komorowska von der Akademia Muzyczna im. Fryderyka Chopina; Margaret Jasinska, Elzbieta Jasinska Libera, Jozef Kanski, Maria Kempinska, Marcin Macijewski.

Portugal. Sintra: Marquesa Olga de Cadaval.

Rußland. Moskau: Swjatoslaw Richter.

Spanien. Madrid: Anna Gamazo; Isabela Rua von der Fundación Isaac Albéniz.

Schweiz. Clarens: Nikita Magaloff (†). Genf: Pedro Kranz von der Agentur Caecilia. Herrliberg (Zürich): Andor Foldes. Lausanne: Danielle Mincio von der Bibliothèque Cantonale et Universitaire.

USA. Austin: Dell Anne Hollingsworth vom Harry Ransom Humanities Research Center an der University of Texas. Baltimore: Earl Carlyss und Ann Schein vom Peabody Conservatory. Boston: Bridget P. Carr, Archivarin des Boston Symphony Orchestra. Chicago: Patricia Smolen; Frank Villella, Archivassistent des Chicago Symphony Orchestra. Cleveland: Eunice Podis. Concord, Massachusetts: Beatrice Erdely. Hancock, New Hampshire: Cecil B. Lyon. Kansas City, Missouri: Peter Munstedt, Konservatoriumsbibliothekar, und Marilyn Burlingame, Archivarin an der University of Missouri. Los Angeles: Mathis Chazanov; Orrin Howard, Direktor der Abteilung Veröffentlichungen und Archive des Los Angeles Philharmonic Orchestra; Jacqueline de Rothschild Piatigorsky. New Haven, Connecticut: Vivian Peerlis, Yale University. New York: Emanuel Ax; Michael Charry; Laura Dubman Fratti (†); Barbara Haws, Archivarin/Historikerin des New York Philharmonic Orchestra; Judith Jones vom Verlag Alfred A. Knopf; Jarmila Novotná (†); John Pfeiffer von BMG Classics-RCA Red Seal (Pfeiffer, der viele Rubinstein-Aufnahmen produziert hat, gestattete mir, die Firmenakten über Rubinstein durchzusehen); Alexander Schneider (†); Arnold Steinhardt vom Guarneri Quartet; May Stone von der New York Historical Society; Nancy Lee Swift von BMG Classics; Robert Tuggle, Archivdirektor der Metropolitan Opera Association; David Walter von der Juilliard School; Dorothy Warren, Biographin von Ruth Draper; Max Wilcox, der in den letzten siebzehn Jahren der Karriere des Pianisten Rubinsteins Produzent bei RCA war. San Francisco: Debra Podjed, Archivarin des San Francisco Symphony Orchestra. San Pedro, Kalifornien: Wendy Knopf Cooper. Washington, D.C.: Kathie O. Nicastro vom Civil Reference Branch der National Archives; Charles S. Sampson vom Office of the Historian, Bureau of Public Affairs im US-Außenministerium. Weston, Connecticut: Janina Fialkowska. West Redding, Connecticut: Igor Kipnis.

Ich möchte auch den vielen Freunden danken, die mich auf meinen Rerchereisen aufgenommen haben (in manchen Fällen mehr als einmal) und ohne deren Gastfreundschaft dieses Buch nicht realisierbar gewesen wäre. Es sind dies: Romano und Ted Catalini in Warschau; Danielle, Henri und Julie Canonge und Holly Brubach in Paris; Dan Whitman in Madrid; Ruth Bloch und Jonothan Logan in New York; Irene, Nicolas, Emily und Léon Dische-Becker in Berlin; Sir Anthony (†) und Lady Patricia Lousada in London; Dan Whitman und Asunción Sanz in Washington. Viele von ihnen waren mir auch auf die eine oder andere Weise bei meinen Recherchen behilflich.

Ganz besonders dankbar bin ich meiner Frau Barbara und unserem Sohn Julian, die mich während dieses Projektes so geduldig ertragen haben.

Meine Absicht ist es nie gewesen, mit dieser Biographie Rubinsteins Autobiographie zu ersetzen. Dies ist ein völlig eigenständiges, unabhängiges Werk. Was meine Ansichten über verschiedene Fragen in dieser Lebensgeschichte betrifft, so mögen die Leser ihre eigenen Schlußfolgerungen ziehen, aber ich möchte von Anfang an klarstellen, daß ich ebenso gegen liebedienerische wie gegen bilderstürmerische Biographien bin, die auf Hypothesen beruhen und sich von Material nähren, das gezielt zum Beweis dieser Hypothesen ausgewählt worden ist. Martin Gilbert, Churchills Biograph, hat zu Recht den Vorwurf erhoben, daß viele zeitgenössische Biographen ihr Können zu demonstrieren versuchen, »indem sie ihren Protagonisten so lange zurechtbiegen, bis er eine groteske Karikatur des realen Menschen wird«.[5] Ich habe mich sehr bemüht, mich vor dieser schädlichen Form des Exhibitionismus zu hüten. Ich habe mich zwar als Führer durch diese Lebensgeschichte betätigt, aber ich habe doch einen Großteil der Aussagen in der ersten Person belassen, um Ton und Perspektive zu variieren. Hierzu kann ich aus vielen Briefen Rubinstein zitieren. Ob es je eine Ausgabe der Briefe Rubinsteins geben wird, ist ungewiß. Mein Buch enthält sich hie und da nicht eines gewissen Moralisierens, aber das hat nichts mit meinen persönlichen Verhaltensmaßstäben zu tun. Dies geschieht nur an jenen Stellen, an denen Rubinstein im Hinblick auf Abweichungen von seinen eigenen erklärten Maßstäben gelogen, sie vertuscht oder krude rationalisiert hat. Er war eine Mischung aus Egoismus und Großzügigkeit – wie die meisten Menschen. Aber seine internationale Bekanntheit hat ihm ungleich mehr Gelegenheit verschafft, beide Eigenschaften im Übermaß zu entwickeln.

H.S., Loro Ciuffenna, Januar 1995

Anmerkung: Leser, die kein fachspezifisches Interesse an Rubinstein haben, können die numerierten Anmerkungen ignorieren, da sie ausschließlich Quellenhinweise enthalten.

1. Teil

DAS LEBEN

1

TALENT

N. Follmann   Lodz, 24. Dezember 1890

Herrn Prof. Joseph Joachim
Berlin

Hochgeehrter Herr Professor!
Von einer langwierigen Geschäftsreise zurückgekehrt, erfülle ich die mir
sehr angenehme Pflicht Ihnen, hochgeehrter Herr Professor, für den
schlichten, aber zweifelsohne besten Rath, den Sie betreff des talentvol-
len Knaben, Arthur Rubinstein, güt. ertheilt haben, ganz erg. zu danken.
Jedoch macht uns dieser Junge insofern Schwierigkeiten, da er im Laufe
dieser sechs Monate, bedeutend größere Fortschritte gemacht, als wie
Sie, hochgeehrter Herr Professor, ihm bis zu seinem sechsten Lebensjahre zugemuthet haben.
Dieser angehende Musiker kennt nicht nur die Benennungen der einzelnen Töne & Tasten, sondern ist auch im Stande sämtliche Töne eines
Accordes ob mit # oder b^m zu nennen.
Es ist wohl nicht unbeachtenswerth, daß der Kleine, spielend, bereits mit
beiden Händchen laveriert & so Alles mit selbstständiger jedoch harmonischer Begleitung spielt.
Was aber dieser Angelegenheit die Krone aufsetzt, ist, daß der kleine
Spaßvogel behauptet, einem Befehle des Bauches folgen zu müssen &
eine eigene Symphonie zu spielen, & so beginnt er mit einer Passage, der
er einen wohlklingenden Text folgen läßt & dann mit einem lebhaften Finale triumphirend schließt; spielt immer dasselbe, weicht nicht um einen
Ton ab, so daß die Umgebung schon genau den Text kennt.

Zum Schlusse erlaube ich mir Ihnen, hochgeehrter Herr Professor, zu wiederholen, daß ich nicht um ein Jotta übertreibe & nur Alles treu, der Wahrheit gemäß, berichte, so daß Sie, auf meine Aussage gestützt, schon ein wichtiges Urteil fällen können.

Mich Ihnen bestens empfehlend, verbleibe Ihr ganz Ergebenster

Nathan Follmann[1]

Lodz liegt zwar nahe dem geographischen Zentrum Polens, aber Arthur Rubinsteins Onkel Nathan Follmann schrieb seine Briefe auf deutsch und in gestochener Sütterlinschrift. Sein geprägter Briefkopf gibt den Namen der Stadt ohne die drei Akzente an, die er im Polnischen um der korrekten Aussprache willen trägt: Lodz, sprich Wudj. Onkel Nathans Briefpapier wies senkrechte und waagrechte Linien auf, damit es auch für spezifizierte Rechnungen an Kunden verwendet werden konnte – denn Lodz war eine Industriestadt, beherrscht von Fabriken im Besitz von Deutschen und Juden. Onkel Nathan war ein jüdischer Fabrikbesitzer, dessen Hauptsprache Deutsch war.

Julian Tuwim – einer der besten polnischen Dichter des 20. Jahrhunderts und ein in Lodz geborener Jude, sieben Jahre jünger als Rubinstein – beschrieb seine Heimatstadt mit beißendem Sarkasmus: »... Lodz / Ist die legendäre Stadt Bagdad / Oder ein La Mancha à la Manchester«.[2] Prosaischer und griesgrämiger hat sich Bronislaw Horowitz, ein 1910 in Lodz geborener Komponist, Schriftsteller und Opernregisseur, die Frage gestellt, »ob es auf der Welt eine andere Stadt gibt, die so trist ist wie das Lodz meiner Kindheit. Vielleicht das englische Manchester, mit dem es oft verglichen worden ist.«

»Etwa wegen der Backsteinfabriken, deren Rot mir als die beherrschende Farbe meiner Jugend in Erinnerung geblieben ist? Die Stadt selbst war entlang einer mehrere Kilometer langen Hauptstraße errichtet worden, von der Nebenstraßen senkrecht abgingen, welche wiederum von Straßen gekreuzt wurden, die parallel zur zentralen Arterie verliefen. Im

Geiste verbinde ich diese Anlage noch immer mit der eines Gefängnisses. Wenn man sich der Stadt mit der Eisenbahn näherte, fühlte man sich seltsam bedrückt beim Anblick eines wahren Waldes von Fabrikschloten, die ihren grauen und schwarzen Rauch gen Himmel ausstießen. Seit 1839 waren die Dampfmaschinen durch Kohle angetrieben worden. In vielen Nächten schien der Horizont in Rot getaucht zu sein, und am nächsten Tag lauteten die Schlagzeilen der Zeitungen: ›Der Hahn hat gekräht‹, was nichts anderes hieß, als daß eine Textilfabrik gebrannt hatte. Nicht all diese Brände waren zufällig ausgebrochen. Seine Fabrik anzuzünden war für einen Inhaber am Rande des Bankrotts eine relativ einfache Möglichkeit, an eine Versicherungsprämie zu gelangen…

Baumwolle, Brände, Bankrott, Wechsel, Börse, Budget, Profite, Verluste – diese Begriffe waren praktisch das ABC der Kinder von Lodz, selbst wenn das eine oder andere Kind sich später für Medizin, Architektur, Biologie oder Musik interessierte… Die meisten Bewohner [von Lodz] hatten etwas mit der Textilherstellung zu tun und konnten mit einem nicht reden, ohne einem gleichzeitig ans Jackett oder an den Mantel zu fassen, um die Qualität der Wolle oder Baumwolle zu beurteilen, die man trug…«[3]

Kein Mensch weiß, wann erstmals eine Siedlung an der Stelle des heutigen Lodz errichtet worden war, am nordwestlichen Rand der Wasserscheide zwischen Weichsel und Oder. Der Weiler Lodz wurde erstmals im Jahre 1423 urkundlich als Dorf erwähnt. Als Lodz 375 Jahre später die Stadtrechte erhielt, war es noch immer nicht viel mehr als eine Ansammlung von Bauernhöfen in einem Polen, das vor kurzem Preußen, Österreich und Rußland unter sich aufgeteilt hatten – Lodz gehörte zu Preußen. 1815, auf dem Wiener Kongreß, teilten die Mächte, die das napoleonische Frankreich besiegt hatten, Polen erneut auf, indem sie Preußen, Österreich und Rußland gestatteten, sich große Stücke des Landes als eigene Provinzen einzuverleiben. Der größte Abschnitt Polens wurde in ein nominell autonomes Königreich unter der Gerichtsbarkeit des Zaren von Rußland umgewandelt. Lodz lag, ebenso wie das 130 Kilometer weiter nordöstlich gelegene Warschau, innerhalb dieses russischen »Kongreßkönigreichs«. 1820 begann die Regierung des Königreichs die 800-Einwohner-Stadt Lodz zu einem Textilzentrum umzugestalten. Deutschen Webern wurden günstige Ansiedlungsbedingungen gewährt, Kapital floß herein, und aus den umliegenden *wojewodztwo* (Provinzen) kamen Bauern als Arbeiter in die Kleinstadt. Der sächsische Industrielle Geyer eröffnete 1828 die erste bedeutende Fabrik. Schon bald kletterte die Einwohnerzahl von Lodz auf 4000. Die Zuwachsrate stieg nach 1850 rasant an, als die Einführung des Freihandels zwischen dem Kongreßkönigreich und dem russischen Mutterland einen riesigen eurasischen Markt für die Woll- und Baumwollprodukte aus Lodz schuf. Scheibler, ein deutscher Magnat, errichtete eine Textilfabrik, die nicht weniger als 18 000 Spindeln betrieb. Seinem expansionistischen Beispiel folgten weitere Hersteller wie Heinzel, Kunitzer und Grohmann. 1877, zehn Jahre vor Rubinsteins Geburt, hatte Lodz 51 000 Einwohner – über sechzigmal mehr als sechzig Jahre zuvor. 1914 überschritt diese Zahl eine halbe Million. Seiner Einwohnerzahl nach lag Lodz unter den polnischen Städten an zweiter Stelle hinter Warschau; so ist es bis heute geblieben.

Der erfolgreichste Lodzer Unternehmer im letzten Viertel des 19. Jahrhunderts war Israel K. Poznanski, dessen überragende Bedeutung die Zähigkeit der jüdischen Bevölkerung von Lodz widerspiegelte. Unter preußischer Herrschaft hatte es schon ein paar Juden im Städtchen gegeben – elf im Jahre 1793 und neunundachtzig im Jahre 1809, als eine hölzerne Synagoge gebaut wurde –, aber nach 1820 wuchs die jüdische Gemeinde zusammen mit der Textilindustrie. Ortsansässigen deutschen Handwerkern gelang es nicht, die Freiheit der Juden zu begrenzen: Den Lodzer Juden war es, im Gegensatz zu denen von Zgierz, einer nur zehn Kilometer entfernten Kleinstadt, gestattet, eigenen Grund und Boden zu besitzen, Gasthäuser ohne Sondergenehmigung zu führen und Alkohol zu verkaufen. Aber 1825 schuf der Lodzer Stadtrat eine Art Ghetto durch den Erlaß, daß Juden ab 1. Juli 1827 nur innerhalb genau festgelegter Grenzen im Stadtzentrum Grundbesitz erwerben, Gebäude errichten und darin wohnen durften. Um das Wohnrecht in der Stadt zu erlangen, mußten Juden Polnisch, Französisch oder Deutsch beherrschen – eine Qualifikation, die vermutlich die Zuwanderung von Juden aus weiter östlich gelegenen Gebieten beschränken sollte, wo zumeist nur Jiddisch und Russisch oder Ukrainisch gesprochen wurde. Den Lodzer Juden war das Tragen ihrer traditionellen Gewänder nicht gestattet. Jüdische Kinder über sieben Jahren mußten in die örtlichen Volksschulen gehen anstatt in die Synagogenschulen. Selbst Juden, die alle Auflagen erfüllten, wurden von den Behörden schikaniert. Die deutsche Gemeinde drängte die Verwaltung, die Juden zu vertreiben. Die Deutschen verloren diese »Schlacht« im Jahre 1848, als der Zar per Dekret anordnete, daß Juden in allen polnischen Städten unter russischer Gerichtsbarkeit leben durften. Dies war indes kein Akt der Großherzigkeit gegenüber Juden, sondern vielmehr ein Anreiz, sie dazu zu bewegen, aus dem russischen Mutterland in die polnischen Territorien Rußlands überzusiedeln. Vierzehn Jahre später räumten zwar Veränderungen in den Gebietsvorschriften von Lodz den Juden das Wohnrecht in jedem Stadtbezirk ein, aber sie blieben doch überwiegend weiterhin unter sich, entweder in dem Viertel, das sie bereits im Zentrum einnahmen, oder in der neuen Industrievorstadt Ibalut (Baluty). Viele Juden arbeiteten als Handwerker, Fabrikarbeiter und Hausierer; andere waren als Groß- und Einzelhändler, Agenten und Makler tätig, die der Textilindustrie Rohstoffe lieferten. Einige wenige, allen voran Poznanski, wurden selbständige Unternehmer. Bis 1914 gehörten den Juden etwa 175 der über fünfhundert großen und kleinen Fabriken in Lodz.

Rubinsteins Großvater mütterlicherseits, Yechiel (Ichel) Heiman, ein Buchhalter, gehörte zu den ehrgeizigen jungen Juden, die nach dem Erlaß des Zaren von 1848 nach Lodz kamen. Er war um 1824 im 65 Kilometer nordwestlich gelegenen Dorf Dabie geboren; sein Vater Szlame (Salomon), geboren um 1795, war der Sohn von Elias (um 1766 – 1828) und Czarne. 1851 heiratete Yechiel Dwojra Dobronicki, die 1830 als Tochter von Shlomo-David und Rifka Dobronicki geboren war. (Rifkas Mädchenname war Zajdler oder Seidler; ihre Eltern hießen Pinchus und Feiga.) Yechiel mußte sich schließlich selbständig gemacht haben oder eine Partnerschaft eingegangen sein, da sein Enkel berichtete, er habe zu den ersten gehört, »die ihr Glück in der neuen

Stadt versuchten; es gelang ihm, und er zog acht Töchter auf und zwei Söhne – meine Mutter war die älteste«.[4] Offizielle Aufzeichnungen bestätigen Rubinsteins Behauptung, daß seine Mutter Blima Feiga (auf Polnisch Felicja) das älteste von mindestens acht Kindern gewesen ist. Sie wurde 1852 in Lodz geboren – laut ihrem Grabstein am 28. August, dem Stadtarchiv zufolge jedoch erst am 26. November.

Weniger ist über die Familie von Arthurs Vater Izaak bekannt, der am 4. Dezember 1848 in Putulsk, etwa 160 Kilometer nordöstlich von Lodz, geboren wurde. Seine Eltern waren Szlama (möglicherweise der Sohn von Boruch) und Yenta (Yalta), deren Mädchenname ebenfalls Rubinstein lautete (ihr Vater hieß mit Vornamen Szyia). Izaak hatte entweder keine Geschwister oder keinen Kontakt zu ihnen. Während des polnischen Aufstands von 1863 wurden seine Eltern von russischen Granaten getötet. Irgendwann im Laufe der nächsten sieben Jahre zog der junge Mann nach Lodz – angezogen vermutlich vom Ruf der aufstrebenden Stadt. »Bald nachdem er eine Handweberei eröffnet hatte«, berichtet sein Sohn Arthur Rubinstein, »heiratete er meine Mutter.«[5] Die Hochzeit fand im Februar oder März 1870 statt, als Felicja siebzehn und Izaak einundzwanzig war. In den darauffolgenden zehn Jahren bekamen Izaak und Felicja sechs Kinder. Jadwiga (Jadzia, Yenta, Naomi; später Mrs. Maurycy Landau), geboren 1871, wurde nach Izaaks Mutter benannt; Stanislaw (Stas, Szlama), benannt nach Izaaks Vater, wurde am 5. September 1872 geboren; Helena (Hela; später Mrs. Adolf Landau) und Franciszka (Frania; später Mrs. Leo Likiernik) kamen zwischen 1873 und 1877 zur Welt; Tadeusz (David) wurde am 29. Juni 1878 geboren und Ignacy (Israel, Isidor) am 31. Juli 1880.

Am Freitag, dem 28. Januar 1887, nach einer Pause von sechseinhalb Jahren, zog ein siebtes Kind »die Glocke am Tor zum Leben, ein arg verspäteter und recht unwillkommener Gast«[6], wie man ihm eines Tages erzählte – denn seine Mutter hatte ihn abtreiben wollen, bis ihre Schwester Salomea (Salka) ihr dies ausredete. Felicja war vierunddreißig und Izaak achtunddreißig, als Arthur geboren wurde. Rubinsteins oft wiederholte Erklärungen, denen zufolge sein Vater bei seiner Geburt »mehr als vierzig Jahre«[7] zählte und seine Eltern »ziemlich alt«[8] gewesen seien, finden hier ihren Grund: »Möglicherweise hatte [ihr Alter] einen gewissen Einfluß auf meine musikalischen Fähigkeiten«, erzählte Rubinstein 1919 einem spanischen Interviewer. »Ich habe in einem englischen Buch gelesen, daß die Kinder von älteren Menschen eine größere Intelligenz besitzen.«[9] Die Geburt ihres letzten Kindes fiel Felicja schwer. Sobald es das Licht der Welt erblickt hatte, wollten seine Eltern es Leo nennen – sie entschieden sich nur deshalb für Arthur, weil der sechsjährige Ignacy einen begabten kleinen Geigenspieler namens Arthur kannte und – so die Familienlegende – wollte, daß sein Brüderchen einmal ein großer Musiker werde.

L odz war keine poetische Stadt«, schreibt Bronislaw Horowitz, der dort seine Gymnasialzeit verbracht hat. »Lodz war eine Arbeiterstadt, eine Stadt der Arbeitskämpfe, eine Stadt der Revolten und des heimlichen Sozialismus zur Zeit der Zaren.«[10] Aber für Rubinstein, der seine Geburtsstadt im Alter von zehn Jahren für immer verließ, bargen die Erinnerungen an Lodz stets einen Hauch von Poesie. Rubinstein wußte sehr wohl, daß Lodz in den neunziger Jahren des 19. Jahrhunderts »eine denkbar ungesunde und unhygienische Stadt« gewesen war: »Die Luft war gesättigt mit Abgasen der chemischen Industrie, Heizungsqualm schwärzte den Himmel«, und da »jegliche Kanalisation fehlte, karrte man bei Dunkelheit die Fäkalien in einer Wolke unerträglichen Gestankes mit Jauchewagen durch die Straßen« – aber für ihn als Kind waren die rauchumwölkten »Fabriken… Burgen mit ragenden Türmen; russische Polizisten waren Menschenfresser, und die Straßenpassanten verkleidete Prinzen und Prinzessinnen«.[11] Sein »erster musikalischer Eindruck« sei »das Klagegeheul mehrerer hundert Fabriksirenen« gewesen. Aber ein »vergnüglicheres Musikprogramm boten Zigeuner, die mit ihren buntgekleideten Äffchen im Hofe sangen und tanzten«, sowie »die Rufe der jüdischen Kleiderhändler und der russischen Eisverkäufer, polnische Bäuerinnen priesen Eier, Gemüse und Obst an. Alle diese Geräusche fand ich herrlich…«[11] Als Rubinstein Lodz verlassen mußte, war zugleich seine Kindheit beendet.

Im Unterschied zu Warschau war Lodz im Zweiten Weltkrieg nicht zerstört worden. Im hohen Alter fand Rubinstein Lodz sogar noch viel schöner als in seiner Kindheit. »Genau wie der Stall des Augias – in jedem Winkel aufgeräumt«, erklärte er gegenüber einem Fernsehreporter, während er durch die Straßen ging.[13] Die Rubinsteins »bewohnten eine geräumige, helle Wohnung in der Piotrkowska Ulica, der Hauptstraße«[14] – der von Horowitz erwähnten langen Durchgangsstraße. Das Haus ist ein solides Gebäude mit drei Stockwerken an der Straßenseite, vier am Innenhof und mit großen Vorderfenstern nach Süden. In diesem und den anderen Wohnhäusern an der Piotrkowska-Straße befinden sich im Erdgeschoß Läden, genau wie vor einem Jahrhundert. Rubinstein erinnerte sich im hohen Alter insbesondere an eine Bank und an Roszkowskis Konditorei.[15] Der Haupteingang zum Wohnhaus der Rubinsteins war so breit und hoch, daß selbst Kutschen hindurchfahren konnten. Die ganze Fassade spiegelt noch immer die soliden bürgerlichen Werte jener Zeit wider. Rubinstein dachte gern an dieses Haus zurück. 1975 zeigte er es einem Korrespondenten der *New York Times*. »›Schauen Sie‹, sagte er und deutete zu einer langen Reihe von Fenstern im zweiten Stock hinauf, während er seinen Erinnerungen im Hof nachhing…, ›das waren alles unsere Fenster. Das da ist die Küche. Jeden Morgen ging es hoch her, wenn meine sechs älteren Brüder und Schwestern zur Schule lossausten und sich um die Brote balgten, die ihnen meine Mutter schmierte. Und dann herrschte plötzlich wieder Ruhe, und ich befand mich allein vor dem kleinen Klavier.‹«[16]
Seine Eltern kauften das Klavier, als er etwa zweieinhalb Jahre gewesen war, jedoch nicht für ihn, sondern für seine Schwestern Jadzia und Hela, von denen man erwartete, daß sie »ein bißchen spielen« lernten, genau wie die anderen Mädchen aus der Mittelschicht. Aber diese Neuerwerbung entschied rasch und endgültig das Schicksal des schwierigen kleinen Bruders, der spät sprechen lernte und sich mit den anderen verständigte, indem er unzusammenhängende Silben oder wortlose Melodien sang. Artek – wie er polnisch gerufen wurde – war ein verzogenes und undiszipliniertes Kind. Er erschreckte gern andere Leute und lernte schon früh, wie er seine Eltern gegen seine Großeltern und

seine Geschwister gegeneinander ausspielen konnte. Später erinnerte er sich daran, wie er von dem Tag an, da das Klavier geliefert worden war, geschrien und geweint hatte, wenn ihn irgend jemand aus dem Wohnzimmer schicken wollte, in dem das Instrument stand. Er hörte bei Jadzias Unterricht bei »der dicklichen Mme. Kijanska«[17] zu, lernte nach und nach die Bezeichnungen der Klaviertasten kennen, unterschied und benannte bald alle Noten in einem Akkord, ohne auf die Tastatur zu schauen, und spielte Melodien nach, die er gehört hatte – zunächst nur mit jeder Hand einzeln, dann mit beiden zusammen. »Im Alter von drei Jahren war ich ein Musiker«, erzählte der alte Rubinstein. »Ich konnte damals tatsächlich schon mit meiner Schwester vierhändig spielen. Sie spielte sehr schlecht, aber ich konnte die vierhändigen Sachen ganz gut spielen.... Es gibt so viele Menschen, die mit zwanzig noch nicht sagen können, ob sie Juwelier oder Arzt oder Ingenieur werden wollen. Ich habe schon mit drei gewußt, daß ich Musiker werden würde.«[18] Sein Onkel Nathan Follmann – einer von Felicjas Schwagern und »ein sehr kultivierter Mann«, so erzählt Rubinstein in einem fast ein Dreivierteljahrhundert später erschienenen Interview – »meinte, ich hätte keine Zeit zu verlieren, ich könnte gar nicht zu früh mit meiner Karriere anfangen«.[19] Follmann schickte einen Brief – der heute nicht mehr vorhanden ist und dem Schreiben vorausging, das zu Beginn dieses Kapitels zitiert ist – an Joseph Joachim, einen der berühmtesten Geiger jener Zeit. Wie Rubinstein war auch Joachim das siebte Kind osteuropäischer (in seinem Fall: ungarischer) jüdischer Eltern. Beide waren Wunderkinder. Mit vierzehn hatte Joachim unter der Leitung von Mendelssohn gespielt, später arbeitete er mit Liszt, Schumann und besonders mit Brahms zusammen. 1890, als Follmann an Joachim schrieb, war Joachim neunundfünfzig Jahre alt und befand sich auf dem Höhepunkt seiner internationalen Solistenkarriere, als Erster Geiger beim Joachim-Streichquartett sowie als Dirigent. Außerdem leitete Joachim seit 1868 die neugegründete Berliner Lehranstalt für ausübende Tonkunst. Offensichtlich antwortete Joachim, es sei zu früh, um das Ausmaß des Talents dieses Knaben zu ermessen, und schlug vor, der Junge solle sorgfältig beobachtet werden, bis er fünf oder sechs sei. Seine ebenso behutsame wie freundliche Antwort ermutigte Follmann, ihm jenen oben zitierten zweiten Brief zu schreiben, einen Monat vor Arthurs viertem Geburtstag. Auch dieser Brief muß eine ähnliche Antwort ausgelöst haben, allerdings mit einem Zugeständnis: Falls jemand den Knaben nach Berlin bringen könnte, würde Joachim ihn sich anhören. Das löste heftige Diskussionen im Hause Rubinstein aus und führte zu der Entscheidung, daß Felicja und Jadwiga Arthur nach Berlin mitnehmen würden, wo sie für Jadwiga, die heiraten wollte, auch eine Aussteuer zusammenstellen konnten. Sie würden bei Felicjas Schwester Salka wohnen, die einen Berliner geheiratet hatte und inzwischen Frau Salomea Meyer hieß.

Von der ersten Reise, die Arthur von Lodz fortführte, blieben dem künftigen Weltreisenden nur die bärtigen, mit Säbel und Pistole bewaffneten russischen Grenzgendarmen in Schaftstiefeln in Erinnerung, von Berlin »vor allem das Fehlen der Fabrikschlote und Sirenen«[20]. In einem kurzen Artikel, den Rubinstein zehn Jahre vor Abschluß des ersten Bandes seiner Memoiren auf Spanisch verfaßte, schrieb er: »Joachim …, der den Eltern von mehr oder weniger begabten Wunderkindern zutiefst mißtraut haben muß, ließ meine Mutter und meine Schwester im Vorzimmer Platz nehmen und brachte mich in sein Arbeitszimmer. Ohne weitere Umstände sang er mir mit seiner kehligen Baßstimme eines der Themen von Schuberts *Unvollendeter* vor und forderte mich auf, es auf dem Klavier nachzuspielen. Für mich war das ganz einfach. Zufrieden mit meiner Leistung, fragte er mich, ob ich es noch einmal spielen könnte, aber diesmal mit der begleitenden Harmonie. Ich tat dies ohne zu zögern, und mir gelangen dabei die gleichen Transpositionen wie die von Schubert, die mir ganz selbstverständlich erschienen. Überaus erfreut rief er meine Mutter und meine Schwester herein und legte ihnen nahe, mich Geige lernen zu lassen, und zwar so bald wie möglich, wobei er sich erbot, mir alle nötige Hilfe und Beratung zuteil werden zu lassen. Zu Hause kaufte mein Vater mir eine winzige Geige – die ich nach zwei Wochen zerbrach. Ich war einfach zum Pianisten bestimmt, ich brauchte die Polyphonie – eine Melodie ohne die stützende Harmonie bedeutete mir nichts.«[21]

Diese Darstellung weicht von Rubinsteins späterer autobiographischer Schilderung ab. Danach mußte Arthur, bevor Joachim ihn das Thema aus der *Unvollendeten* spielen ließ – das Rubinstein in den Memoiren als das berühmte zweite Thema des ersten Satzes erkannte –, »die Noten so manches tückischen Akkordes angeben, den er auf dem Klavier anschlug, und noch auf vielerlei Art mein absolutes Gehör beweisen«. Am Ende der Sitzung »hob Professor Joachim mich auf, küßte mich und reichte mir ein großes Stück Schokolade«. Die bedeutsamste Abweichung besteht jedoch darin, daß in *Die frühen Jahre* die Episode mit der zerbrochenen Geige vor der Reise nach Berlin stattfindet. Statt des Vorschlags, Arthur solle Geige lernen, erklärt Joachim: »Dieser Knabe kann ein bedeutender Musiker werden – jedenfalls hat er das Talent dazu. Lassen Sie ihn gelegentlich guten Gesang hören, aber drängen Sie ihm Musik nicht auf. Sobald die Zeit für ein ernstes Studium gekommen ist, bringen Sie ihn mir, ich will gern seine künstlerische Ausbildung beaufsichtigen.«[22] Die frühere spanische Fassung erscheint wahrscheinlicher angesichts von Joachims besonderem Interesse an der Geige. Außerdem hätte das direkte Zitat aus den späteren Erzählungen von Arthurs Mutter und Jadwiga rekonstruiert werden müssen.

Sicher hatte Arthur Rubinstein allen Grund, etwas aus seinem Talent zu machen. Auch wenn er kaum vier Jahre alt war, hatte er doch bereits erfahren, daß er etwas Besonderes war, daß er etwas konnte, was nur wenige andere Menschen konnten – etwas, was ihm den Beifall der Menschen und sogar Belohnungen einbrachte. Die Art dieser Belohnungen änderte sich im Laufe der Jahre: Als er ein Kind war, küßten ihn seine Eltern, Tanten, Onkel und älteren Geschwister und applaudierten ihm, weil er sie unterhalten hatte. Joachim umarmte ihn und gab ihm Schokolade. Später versüßten Frauen ihm das Leben auf andere Weise. (»Ich muß dabei noch immer an Schokolade denken, aber in anderer Form, wissen Sie«, erklärte er einmal. Seine Interessen hätten sich zwar »anderen Gegenständen« zugewandt, »aber da ist noch immer die gleiche Vorstellung von Schokolade«.[23]) Noch später bestanden diese Belohnungen im Zugang zu den inneren Zirkeln der High Society, in der Bewunderung von Musikerkollegen, in Weltruhm und Reichtum. Aber das Lächeln, die Süßigkeiten und der Sex, die Verherrlichung und all ihre Nebenprodukte – sie galten Arthur Rubinstein nicht allein, sondern Arthur Rubinstein und seinem besonderen Talent. Das Talent erschuf »Rubinstein«, aber es forderte auch Tribut. Es durfte keine anderen Götter außer ihm geben. Alles andere in seinem Leben würde sich darum drehen.

Etwas mit seinem Talent anzufangen ist eine Leistung – Talent nur zu haben jedoch nicht: Dies erklärt vielleicht, warum Rubinstein, sogar im hohen Alter, ambivalente Gefühle gegenüber seinem Talent hegte. Er war verständlicherweise stolz darauf, daß er es dazu verwendet hatte, eine ungeheuer erfolgreiche Karriere zu machen – eine Karriere, die es ihm gestattete, ein »großartiges Leben« zu führen, wie er dies oft nannte –, aber er wußte auch, daß dieses Talent selbst ein genetischer Zufall war, eine natürliche Anlage, die nichts mit seiner Arbeit oder seiner Willenskraft zu tun hatte. Das Thema Talent war ihm unangenehm. Einem Mittelschüler aus Mechanicville im Staat New York – einem fast noch blutigen Anfänger am Klavier, der sich 1962 mit der komischen, aber unschuldigen Bitte um Rat an ihn wandte, wie er es denn anstellen solle, Konzerte zu arrangieren – erwiderte der fünfundsiebzigjährige Meister scharf: »Ich kann Dir nur einen Rat geben, wenn Du das Gefühl hast, ein Genie zu sein – geh in die Carnegie Hall und gib ein Konzert. Wenn Du kein Genie bist, stell nicht solche Fragen.«[24] Sechs Jahre später, als ein Mitglied eines Lehrerkollegiums in Northport im Staat New York ihn zur Mithilfe bei der Einrichtung eines Stipendiums »für diejenigen unserer Studenten, die beachtliches Talent für das Klavier an den Tag legen«, gewinnen wollte, schrieb Rubinstein zurück: »Ein junger Mensch muß nicht nur begabt sein, sondern ein außergewöhnliches ›Talent‹ haben, damit er Unterstützung verdient. Meinen Sie nicht, daß Sie diesen Begriff ein wenig leichtfertig verwendet haben? ›Beachtliches Talent‹ für das Klavier kommt nicht oft vor. Es gibt nur wenige, die es wirklich haben...«[25] Mit neunzig erklärte Rubinstein einem Interviewer: »Ich bekomme oft Briefe, in denen ich um Rat gebeten werde. Irgendein junger Mensch entdeckt plötzlich ein große Begeisterung für die Musik in sich und sagt mir, ich studiere Medizin oder meine Eltern wollen, daß ich Jura studiere, aber ich liebe doch die Musik, wie wird man denn nun ein großer Pianist? Am liebsten würde ich ihm dann sagen, er solle versuchen, mit Talent wiedergeboren zu werden... Sie müssen Talent haben, und dann müssen Sie nichts weiter tun, als das Beste daraus zu machen.«[26]

Während seines ganzen Lebens allerdings hatte Rubinstein Angst, daß ihn andere Menschen nur wegen seines Talents liebten – als das, was er war, und nicht als den, der er war. »Wo hast Du bloß diese Neurose her, daß die Menschen Dich nicht um Deiner selbst willen lieben????« empörte sich seine alte Freundin Mildred Knopf im Jahre 1978, nachdem ihr der einundneunzigjährige Rubinstein am Telefon sein Leid geklagt hatte. »Du mit Deinem wachen Verstand und Deiner Loyalität und Deinem Charme und Deinem guten Aussehen – ach, ich könnte noch endlos damit weitermachen, und Du würdest mir vermutlich sowieso nicht glauben... Du läßt Dich von diesem Unsinn ins Bockshorn jagen, denn natürlich ist das absoluter Unsinn... Du darfst nicht zu sehr darüber nachgrübeln, bitte, versuch nicht allzusehr in der Vergangenheit zu leben, sondern leb Dein eigenes Leben weiter, und vor allem sollst Du wissen, wie viele Menschen gern mit Dir zusammen sind, und zwar nur um *Deinetwillen*«, schrieb sie ihm.[27] Aber Mildred Knopf hatte recht: Derartigen Versicherungen traute Rubinstein nie ganz. Sein Sohn John hat gesagt: »Man konnte ihn gar nicht genug lieben.«[28]

Joachim mußte Felicja gesagt haben, Arthur dürfe seine musikalische Erziehung nicht sofort beginnen, da der praktische Unterricht des Knaben erst später anfing, auf Vorschlag eines anderen ausländischen Musikers – eines holländischen Dirigenten –, der Lodz als Leiter eines kleinen Gastspielsymphonieorchesters aufsuchte. In seinen Memoiren nennt Rubinstein diesen Dirigenten Julius Kwast, aber vermutlich hat es sich um Jan Kwast gehandelt, einen mäßig bekannten Dirigenten und Komponisten, der seinerzeit in Rußland und seinen Herrschaftsgebieten tätig gewesen war. Kwast gab mit seinem Orchester »die erste Suite aus Griegs *Peer Gynt,* die mich so packte, daß ich sie, heimgekehrt, zum Erstaunen der Familie fast vollständig auf dem Klavier wiedergeben konnte«, erinnerte sich Rubinstein. »Auch Kwast besuchte uns, er hörte mich spielen und meinte, es sei an der Zeit für mich, Klavierstunde zu nehmen. Dieser Rat wurde denn auch sogleich befolgt.«[29]

Arthur wurde in die Obhut von Frau Pawlowska gegeben, bei der der Junge die Ellbogen an den Rumpf pressen und die Hände so still halten mußte, daß beim Spielen von Tonleitern Münzen auf den Handrücken liegenblieben. Zum Glück begehrte Arthur instinktiv gegen diese Methode auf, die seinem Talent hätte schaden können, und so wurde ein neuer Lehrer engagiert. Man vertraute den Knaben »Herrn Adolf Prechner an, einer sonderbaren, einigermaßen dämonischen Persönlichkeit. Sein Gesicht war voller Pockennarben, er trug einen buschigen gelblichen Schnurrbart«, erinnerte sich sein berühmtester Schüler, »und entweder flüsterte er unhörbar leise oder er brüllte. Doch seine Sache verstand er.«[30] Über diese Karikatur hinaus enthalten Rubinsteins Memoiren keinerlei Informationen über Prechner und dessen technische und interpretatorische Methoden. Doch worin diese auch immer bestanden haben mochten und wie sehr sie von späteren Lehrern konterkariert oder umgewandelt wurden: Prechners Methoden erlaubten es Arthur, ein flüssiges Tastenspiel zu entwickeln. Er muß bei Prechner etwa im Alter von viereinhalb bis neuneinhalb Jahren studiert haben – also rund vierzig Prozent seines gesamten Klavierunterrichts. »Mit vier«, berichtete Rubinstein einem Interviewer über siebzig Jahre später, »spielte ich die Ouvertüre zu *Dichter und Bauer* vierhändig mit meiner Schwester. – Sie kennen ja dieses reizende, melodische Stück, das heutzutage so selten gespielt wird ... An meinem fünften Geburtstag schenkte mir jemand Visitenkarten, auf denen ›Arturek [sic], Klaviervirtuose‹ gedruckt stand ... Ich war natürlich entzückt über diese Karten und verteilte sie großzügig an Freunde und sogar an Fremde. Sie sehen, ich kannte nie irgendeine falsche Bescheidenheit. Ich war mir so sicher. Ich hatte das absolute Gehör – ja, ich hatte wirklich alles, was ein Musiker brauchte.«[31]

Konzert- und Opernaufführungen fanden in Lodz häufig statt – zwar nicht so oft und vermutlich auch nicht so gut wie in Warschau, aber sie verhalfen Arthur immerhin zu seinen ersten Erlebnissen als Zuhörer. Als Arthur noch sehr klein war, wurde er ins Victoria-Theater, gegenüber dem Grand Hotel an der Piotrkowska Ulica[32], zu einer Aufführung von *Aida* durch eine italienische Gastspieltruppe mitgenommen. Er hörte mehrere bekannte Instrumentalisten, darunter auch den in Warschau geborenen Jozef Sliwinski – einen Schüler des berühmten Klavierpädagogen Theodor Leschetizky – sowie den Geiger Bronislaw Huberman, ein Wunderkind, das einer der angesehensten Solisten seiner Generation werden sollte. Huberman gab im März 1892 zwei Konzerte in Lodz: Einer seiner Begleiter, der am zweiten Konzert teilnahm, war Prechner, Arthurs Lehrer. »Sein [Hubermans] Spiel entzückte mich, und meine Eltern luden ihn zu uns nach Hause ein«, erinnerte sich Rubinstein. »Hier spielten wir füreinander, und er behandelte mich ganz reizend. Wir sind bis zu seinem Tod befreundet geblieben.«[33] Rubinstein hat Interviewern zwar oft erzählt, der neunjährige Huberman habe ihm, als er fünf war, geraten: »Arbeite hart, mein Junge, und vielleicht wirst du dann eines Tages ein großer Musiker werden.« Aber in seinen Memoiren hat er diese Anekdote nicht wiedergegeben.

Als Erwachsener hegte Rubinstein ein paar – zum Teil berechtigte – Ressentiments gegenüber seinen Eltern. Aber er war ihnen zeitlebens dankbar, daß sie sich an Joachims Rat gehalten hatten, ihm nicht die verfrühte Karriere eines Wunderkinds aufzuzwingen. Als Rubinstein fast neunzig war, schrieb er einem Franzosen, der ein solches kindliches Genie promoten wollte: »… prinzipiell bin ich gegen jede übertriebene Publicity für Wunderkinder. Später (glauben Sie mir das, ich weiß es aus langjähriger Erfahrung) leiden sie als erste darunter – als reife Menschen können sie oft nicht die Hoffnungen erfüllen, die in ihr Talent gesetzt wurden, und müssen unter den Folgen leiden.«[34] Nur einmal in seinen Lodzer Jahren erlaubten ihm seine Eltern, öffentlich aufzutreten, und dies auch nur, um an einem Wohltätigkeitskonzert teilzunehmen. Am 14. Dezember 1894 spielte der siebenjährige Künstler eine Mozartsonate sowie Stücke von Schubert und Mendelssohn. Nach dem Bericht darüber in seinen Memoiren wurde er »durch den lebhaften Beifall eines Publikums belohnt, das in der Hauptsache aus meinen Verwandten und deren Bekannten bestand sowie aus den musikinteressierten Juden und Deutschen von Lodz«.[35] Im hohen Alter erklärte Rubinstein einem Interviewer, er erinnere sich zwar daran, daß er bei diesem Anlaß gut gespielt habe, aber typischerweise habe sein Hauptinteresse »einer großen Pralinenschachtel« gegolten, »die man mir versprochen hatte, und die faszinierte mich total. Während ich spielte, dachte ich nur an diese himmlischen Pralinen und welche ich zuerst essen würde, wissen Sie.«[36]

Etwa um diese Zeit zogen die Rubinsteins in eine größere Wohnung im zweiten Stock neben Felicjas Eltern. »Dank der Nachbarschaft«, erinnerte sich Arthur Rubinstein, »wurde die Verbindung zwischen uns und der vielköpfigen Familie meiner Mutter noch enger. Die alten Heymans waren streng orthodoxe Juden. Die Tradition verlangte, daß die Kinder sich freitags um den Patriarchen sammeln, und so begingen wir in unserem Hause stets feierlich den Sabbat.«[37] Arthurs Eltern waren allerdings keine orthodoxen Juden – ihnen diente der Sabbat nur »als Vorwand, die ganze Familie einmal in der Woche zu versammeln«.[38] Izaak Rubinstein, ein etwas pedantischer Mann mit scharfem Verstand und exzellentem Gedächtnis, war orthodox erzogen worden und hatte sogar den Talmud studiert, aber »da diese Studien seinen Wissensdurst nicht befriedigten, lernte er auf eigene Faust Französisch und Deutsch, um die großen Denker im Original zu lesen«. Felicja ging im Unterschied zu ihrem Mann gern in die Synagoge, aber »hauptsächlich um gesehen zu werden«, wie ihr Sohn meinte.[39] Arthur Rubinstein erinnerte sich auch, sich »mehrmals abfällig über orthodoxe Juden mit dem langen schwarzen Kaftan, der besonderen Haar- und Barttracht und ihrem eigentümlich Sing-Sang geäußert« zu haben. »Ein- oder zweimal hat mein Vater mich in die Synagoge mitgenommen, aber einzig aus musikalischen Gründen: ich sollte einen berühmten Kantor hören.«[40] Obwohl es in Lodz damals genügend jüdische Erziehungseinrichtungen gab, vom Kindergarten bis zur Mittelschule und von der orthodoxen Talmud-Torah- bis zur Schule der reformierten Gemeinde, wurde Arthur in seiner Heimatstadt praktisch keinerlei religiöse Erziehung zuteil. Als Erwachsener sprach er zwar voller Stolz von seiner jüdischen Herkunft, bezeichnete sich aber als Agnostiker. (Seine jüngere Tochter, Dr. Alina Rubinstein, eine Psychiaterin, hat darüber spekuliert, daß es ihm widerstrebt habe, sich selbst als Atheisten zu bezeichnen, »weil er sich nur schwer mit der Vorstellung abfinden wollte, daß eine musikalische ›Begabung‹ wie die seine einfach ›aus dem Nichts‹ gekommen sein könnte«.) Einmal, als Rubinstein schon sehr alt war, versuchte Franz Mohr – Steinways Chefkonzerttechniker und ein sehr gläubiger Mensch –, »mit ihm über das Evangelium zu reden… Er schnitt mir das Wort ab und sagte: ›Machen Sie sich meinetwegen keine Sorgen. Wenn ich in den Himmel komme, habe ich keine Probleme. Ich bin ein Jude, und falls Moses an der Tür steht, wird er mich einlassen… Sie wissen, daß meine Frau eine Katholikin ist – vielleicht ist ja der heilige Petrus an der Tür… also wird er mich einlassen. Und ein Schwiegersohn von mir ist Episkopalgeistlicher – was kann mir also passieren!‹«[41] Kurzum: Rubinstein nahm Glaubensfragen nicht sehr ernst.

John Rubinstein, das jüngste von Arthurs vier Kindern und ein bekannter Schauspieler, meint, sein Vater habe »so abfällig, so wegwerfend über seine nächsten Verwandten« gesprochen, daß »meine Schwester und ich mit ihm tatsächlich Witze darüber gemacht haben«. »Er hat sich immer über sie lustig gemacht – er hat sich über sie nicht irgendwie liebevoll geäußert, und er hat auch nicht gesagt: ›Ich wünschte, ihr hättet meinen Vater gekannt‹ oder: ›Ich wünschte, ihr wärt so früh geboren worden, daß ihr meine Schwester noch erlebt hättet.‹ Nie! Andererseits hat er von ihnen auch nicht wütend oder wirklich voller Zorn gesprochen. An seinem Vater hat er unter anderem respektiert, daß er am Eßtisch immer ›Shah!‹ [Schsch!] gesagt und allen Stillschweigen geboten habe – besonders, wenn sie Fisch gegessen hätten, sonst hätten sie an den Gräten ersticken können. Alle mußten stumm essen und sich darauf konzentrieren, die Gräten zu entfernen und sie nicht zu verschlucken. Dieses Bild des Familienvaters, der seiner großen Familie Stillschweigen gebietet, ist mein einziges echtes Bild von seinem Vater, denn das hat mir mein Vater eingeflößt. Ich weiß, daß mein Vater irgendeinen Groll gegenüber seinen Eltern gehegt hat – er hat davon gesprochen. Er hat immer gesagt, er hätte seine Frühreife verbergen müssen, weil seine Eltern nicht gewußt hätten, was sie mit diesem kleinen Jungen anfangen sollten, der offenbar ein derart großartiges Talent hatte – etwas, was die Aufmerksamkeit von Menschen außerhalb der Welt seiner Eltern auf sich zog. Seine Eltern seien ›kleinkariert‹ gewesen – so hat er sie genannt.«[42] Aber Arthur Rubinsteins Freundin Annabelle Whitestone erinnerte sich daran, daß er in seinen allerletzten Jahren von seinem Vater »mit besonderer Zärtlichkeit und Sympathie« gesprochen und gemeint habe, sein Vater sei »kein Geschäftsmann« gewesen – er habe lieber gelesen. Rubinstein habe auch erwähnt, sein Vater sei ein Bekannter von L.L. Zamenhof gewesen, dem russisch-polnischen Juden, der das Esperanto erfand.[43] John Rubinstein war sich sicher, daß Arthurs Eltern »ihn bis zu einem gewissen Grad geliebt haben, aber ich glaube nicht, daß er das Gefühl hatte, von ihnen wahnsinnig geliebt worden zu sein. Ich möchte ihm ja nicht irgendwelche Worte in den Mund legen, weil er eine derartige Formulierung nie gebraucht hat, doch immer, wenn er in all den Jahren auf dieses Thema zu sprechen kam, dann hat er meiner Meinung nach das Gefühl gehabt, irgendein Gegenstand gewesen zu sein.«[44]

Als Erwachsener kannte Arthur Rubinstein nur ein paar Standardausdrücke auf Jiddisch, das mit ziemlicher Sicherheit die erste Sprache seiner Großeltern und Eltern war. Falls im Hause Rubinstein polnisch gesprochen wurde, dann waren seine Eltern offenkundig darauf aus, sich ganz anzupassen. In einem Interview, das Rubinstein mit einundachtzig Jahren gab, behauptete er, als Kind hätte er Deutsch ganz leicht lernen können, weil »ich Jiddisch bereits von zu Hause kannte«.[45] (Das Jiddisch, das in Osteuropa gesprochen wurde, ist im wesentlichen ein deutscher Dialekt, der mit zahlreichen hebräischen und slawischen Wörtern vermischt ist.) Vielleicht hat das Hochdeutsch, das Rubinsteins Hauptsprache wurde, als er zehn war, sein Jiddisch größtenteils getilgt. Später hatte er kaum Gelegenheiten, Jiddisch zu verwenden. Als Rubinstein später einmal gesagt hat, er spräche acht Sprachen, hat er Jiddisch nicht dazugerechnet. In all seinen Sprachen sprach er mit polnischem, nicht mit jiddischem Akzent. Russisch war die offizielle Sprache des Kongreßkönigreichs. Von seinem siebten Lebensjahr an mußte Arthur eine Volksschule besuchen, an der russisch gesprochen wurde. Wie andere polnische Schulkinder verabscheute er es, daß er »die Titel des Zaren und seiner Verwandten herunterleiern« mußte: »›Seine kaiserliche Majestät, Herrscher aller Russen, König von Polen, Großherzog von Finnland usw. usw.‹ Danach sang man die russische Nationalhymne.«[46] Aber als Erwachsener war Rubinstein froh, daß er Russisch konnte. Nach dem Schulunterricht brachte ihm seine Schwester Frania bei, Polnisch zu lesen und zu schreiben. Er habe diese Lektionen genossen, sagte Rubinstein, und sie hätten ihm eine große, immerwährende Liebe zu Polen eingeflößt.

Ein anderer Einfluß muß indes mit seiner Liebe zu Polen im Widerstreit gelegen haben. In den achtziger Jahren des 19. Jahrhunderts erwachte ein neues nationalistisches Gefühl in vielen europäischen Juden, die zuvor die Idee eines jüdischen Heimatlandes für utopisch gehalten hatten. Wie anderswo gab es plötzlich auch in Lodz zionistisch orientierte Zeitungen, religiöse Versammlungen und Kulturvereine. Izaak Rubinstein gehörte zu den Gemeindemitgliedern, die für die Schaffung eines Staates in Palästina plädierten, in dem Juden nicht mehr einer oft feindseligen christlichen Welt auf Gedeih und Verderb ausgeliefert wären. Arthur wurde ebensosehr von der Begeisterung seines Vaters für den Zionismus geprägt wie durch seine Gleichgültigkeit gegenüber dem Judaismus und der organisierten Religion generell. Aber genauso wie in seiner Liebe zu Polen ist Rubinstein anscheinend auch in seinem zionistischen Glauben nur gelegentlich aufgegangen, vorwiegend in seinen letzten Jahren.

Neben der Musik war das einzige konstante Element in Rubinsteins Leben seine grenzenlose Liebe zu Frauen – eine Leidenschaft, die ihn zu »neunzig Prozent« seiner Zeit in Beschlag genommen hat, wie er halb im Scherz behauptete. Rubinsteins spätere Erinnerungen an seine Mutter sind von Groll und Schuldgefühlen geprägt, die ihn erfaßten, als seine Pubertät begann, und die ihn sein Leben lang nicht mehr verließen. In seiner Autobiographie gibt er nur wenige Kindheitserinnerungen an seine Mutter wieder, etwa daß sie häufig unter Kopfschmerzen und anderen leichten Beschwerden litt, die augenblicklich verschwanden, wenn ihr Mann oder eines ihrer Kinder sie brauchte. Seine frühesten Erinnerungen an die Wonnen weiblicher Gesellschaft waren verbunden mit seinen älteren Schwestern – besonders Jadwiga liebte ihren kleinen Bruder abgöttisch. Rubinsteins Frau hat gesagt, daß selbst noch in späteren Jahren »Jadzia praktisch in Arthur verliebt war«[47]. Die Zärtlichkeit und die Freude, die sein außergewöhnliches Talent bei seinen Schwestern erweckten, übertrugen sich wiederum auf Artek. Das galt auch für seine erste enge Freundschaft zu Noemi, seiner Kusine und Altersgefährtin.

Noemi, der er den Kosenamen Nemutka gab, war die Tochter von Arthurs Onkel Paul Heiman. Ihre Mutter war bei ihrer Geburt gestorben. Als ihr Vater wieder heiratete, wurde Noemi von ihrer liebevollen Tante Frandzia Kravets (oder Krawetz) adoptiert – einer von Pauls und Felicjas drei kinderlosen Schwestern –, die mit einem zu bescheidenem Wohlstand gelangten Geschäftsmann verheiratet war. Laut Rubinstein glich Noemi, die im gleichen Haus wie die Rubinsteins und die älteren Heimans wohnte, »einem von Raffael gemalten Engel«, »ihr Naturell [war] lieb und gut«. Zum Teil war die fünfundsiebzig Jahre später entstandene Schilderung seiner Beziehung zu seiner Kusine ein retrospektives Wunschdenken über die Beziehungen, die Rubinstein gern mit den anderen Frauen in seinem Leben gehabt hätte – seiner Frau, seinen Töchtern und Geliebten: »Wir liebten einander glühend und waren bald unzertrennlich… [Sie] spielte am liebsten Mann und Frau mit mir. Sie gehorchte mir blind, überließ mir die schmackhaftesten Bissen und weinte bereitwillig, wenn sie mich in Nöten glaubte. Mein Klavierspiel verschlug ihr vor Entzücken den Atem.«[48] Als die beiden Kinder etwa acht Jahre alt waren, starb Noemi an Scharlach. Nie hat Rubinstein seinen Schmerz über ihren Tod wie den Beginn seiner Zweifel an der Existenz Gottes vergessen. Er war überwältigt von *zal,* das auf polnisch Trauer, Wehmut, Heimweh und Verletztsein bedeutet. »Wenn der Wolf im Herzen heult, so unerträglich, daß man glaubt, das Herz bräche einem: Das ist *zal.*«[49] Vielleicht fühlte Rubinstein sich auch verraten. Noemi blieb in seiner Erinnerung fixiert als eine Braut der Stille, anbetungsvoll, anspruchslos, unverdorben durch unverhüllte Libido – einfach vollkommen. All die anderen Mädchen und Frauen, die später in sein Leben traten – die wenigen, in die er sich verliebte, die eine, die er heiratete, die Dutzende, mit denen er ins Bett ging, die vielen, die er zu beherrschen versuchte –, sie alle hatten irgendeinen Makel: Ihr Naturell war nicht immer lieb und gut, sie sparten sich nicht immer für ihn die schmackhaftesten Bissen vom Munde ab oder waren nicht ganz so ergeben oder voller immerwährender, blinder Bewunderung. Einige hatten die Stirn, sich für ihn überhaupt nicht zu interessieren. In all den folgenden acht Jahrzehnten war Rubinstein auf der Suche nach einer weiteren Nemutka.

Nicht lange nach Nemutkas Tod starb Großvater Heiman. Etwa zur gleichen Zeit wurde Arthur zufällig Zeuge wüster Ausschreitungen der örtlichen Polizeitruppe des Zaren gegen eine Schar angeblich politischer Agitatoren. Diese allzu rasche Abfolge von furchtbaren, unfaßbaren Ereignissen machte den Knaben nervös und unruhig und bedrückte ihn mit Gedanken an die Verwesung des Körpers nach dem Tod. Seine Eltern begannen sich Sorgen um ihn zu machen, auch sein Klavierlehrer konnte mit ihm nicht mehr zurechtkommen. Izaak und Felicja beschlossen, Arthur solle seine musikalische Ausbildung nun in Warschau fortsetzen.

F ür die 120 Kilometer lange Fahrt über das bewaldete Plateau und die Ebenen zwischen Lodz und der Hauptstadt Warschau benötigt man heutzutage gut eineinhalb Stunden – im Herbst 1896 dauerte die Reise doppelt so lange. Wie ängstlich Arthur auch gewesen sein mag bei der Aussicht, von seiner Mutter an einem fremden Ort zurückgelassen zu werden, so genoß er doch seine erste Reise, die ihn seit dem Besuch bei Joachim vor fünfeinhalb Jahren von Lodz wegführte. Rubinstein war begeistert vom eleganten alten Hôtel d'Angleterre – dem ersten von Tausenden von Hotels in seinem Leben.

Felicja brachte Arthur zum Vorspielen zu Aleksander Michalowski, dem berühmtesten Pianisten und Klavierlehrer in Warschau, der drei bedeutende Lehrer gehabt hatte: Ignaz Moscheles, einen Beethoven-schüler, Karl Tausig, einen Schüler von Liszt und Wagner, sowie Carl Reinecke, einen bekannten deutschen Komponisten. Michalowski blickte auf eine überaus erfolgreiche internationale Pianistenkarriere zurück und war sogar von Liszt bewundert worden, der – glaubte man den Geschichten, die unter jungen polnischen Pianisten umgingen – gesagt hatte, Michalowskis Spiel sei wie das von Chopin.[50] Mit vierzig hatte Michalowski beschlossen, das unstete Leben eines reisenden Virtuosen aufzugeben, und sich in Warschau niedergelassen, wo ihm Tastenkünstler wie Moriz Rosenthal, Ignaz Friedman und Egon Petri zuhörten und ihn bewunderten. Er wurde erster Klavierprofessor am örtlichen Musikinstitut, der heutigen Fryderyk-Chopin-Musikakademie, wo Wanda Landowska, die spätere Harfenvirtuosin und frühe Musikpionierin, eine seiner ersten und die bei weitem erfolgreichste Schülerin war. (Landowska hat dem RCA-Schallplattenproduzenten John Pfeiffer erzählt, sie sei eine ferne Verwandte von Rubinstein. Auch Rubinstein hat dies anderen gegenüber erwähnt. Es war wohl weniger eine Blutsverwandtschaft, sondern eine durch die beiden Schwager Landau entstandene Verwandtschaft: Landowska war vermutlich eine polnische weibliche Form von Landau.) Wanda Landowska hatte Warschau zwar schon mit sechzehn verlassen, ein Jahr bevor Rubinstein dort ankam, aber beide erinnerten sich an die lächerlich bombastische Einrichtung in Michalowskis Haus, in dem selbst Genrebilder armseliger Bauern mit rotem Plüsch unterlegt waren. Rubinstein berichtete über seinen ersten und vermutlich einzigen Besuch beim Meister, der damals fünfundvierzig war: »Das Musikzimmer … wirkte wie ein Pantheon; Lorbeerkränze mit bunten Schleifen hingen zu Dutzenden herum. Das waren seine Konzerttrophäen …«[51] Durch den Staub, der sich auf den Reliquien angesammelt hatte, bekam Arthur einen Niesanfall. Aus diesem Grund oder weil er nervös war, lief es bei seinem Vorspielen nicht gut. Michalowski meinte, er könne einen so jungen Schüler nicht unterrichten, und schlug Felicja vor, sie solle den Knaben ein Jahr lang von Aleksander Rozycki, einem anderen bekannten einheimischen Musiker, unterrichten lassen.

Felicja traf die nötigen Vereinbarungen mit Rozycki und sorgte auch dafür, daß Arthur zusammen mit einem gemieteten Klavier eine »dunkle, stickige Kammer« in der düsteren Wohnung von Verwandten bezog – »einer Witwe Glass und ihrer Tochter Isabella, einem sehr hübschen jungen Mädchen«[52]. Auch seine Mahlzeiten sollte Arthur bei den Glassens einnehmen. Dann sagte Felicja ihm Lebewohl und kehrte nach Lodz zurück. »Als meine Mutter abfuhr, fühlte ich mich schrecklich allein, doch schon wenige Tage darauf vertrieb der Zauber Warschaus mein Heimweh«, erinnerte sich Rubinstein. Mit besonderer Wärme erwähnte er »ein ganz neues Vergnügen«, daß er mit »gleichaltrigen Jungen in dem wunderschönen Sächsischen Garten«[53] spielen durfte, sowie die spannende Lektüre einiger von den Russen verbotenen polnischen Geschichtsbücher, die Frau Glass besaß. Außerdem begann er polnische Literatur zu lesen, insbesondere die Werke des damaligen nationalen Literaturstars Henryk Sienkiewicz, der ein paar Jahre später den Nobelpreis bekam. Sogleich versuchte er, eine Oper nach dessen Roman *Hania* zu komponieren. Rubinstein kam nur selten auf seine jugendlichen Kompositionsversuche zu sprechen und fügte dann gewöhnlich hinzu, daß er im Unterschied zu seinem berühmten Namensvetter Anton Rubinstein soviel Stilgefühl besessen habe, seine Werke zu vernichten und sich selbst für einen rein interpretierenden Künstler zu halten. Ein überflüssiger Seitenhieb: Die meisten Kompositionen von Anton Rubinstein, die im späten 19. und im frühen 20. Jahrhundert beliebt waren, sind zwar vergessen, doch mit Sicherheit kann man davon ausgehen, daß Arthurs kompositorische Fertigkeiten nie an die des älteren Rubinstein heranreichten.

Die angenehmen Aspekte des Lebens in Warschau konnten für einen Neunjährigen das plötzliche völlige Fehlen von Eltern und Geschwistern nicht angemessen wettmachen. Rubinsteins begeisterte Erinnerungen an die Großstadt waren vermutlich gefärbt von Erinnerungen an die späteren, erheblich wilderen Zeiten, die er dort verbracht hat. Zum Glück wurde Arthur hin und wieder von einem seiner Onkel besucht, die geschäftlich in der Hauptstadt zu tun hatten: Paul Heiman, einem gutherzigen Dandy, Jacob Heiman, einem Bonvivant, der Arthur zum

Kaviarfrühstück einlud und ihm schlüpfrige Chansons beibrachte, sowie Boleslaw Sznek – dem Mann einer der Heiman-Schwestern –, der ein Opernnarr und ein glühender Verehrer von Mattia Battistini war. Arthur durfte den berühmten Bariton in *La Traviata* sowie in Anton Rubinsteins *Der Dämon* erleben. Später erklärte er, Battistini und Caruso hätten die schönsten Männerstimmen gehabt, die er je gehört habe.

Arthurs Klavierstunden – dafür war er ja in Warschau – wurden zur Katastrophe. In seinen Memoiren gab er daran ausschließlich seinem Lehrer die Schuld, der allerdings einen herausragenden Ruf als Pädagoge genoß. 1897, kurz nachdem Arthur zu ihm gekommen war, gab Rozycki das *ABC Nowa szkola na fortepian (ABC der Neuen Pianoforte-Methode)* heraus, das schon bald zur Bibel der aufstrebenden polnischen Pianisten wurde. Um diese Zeit war Rozycki schon seit dreizehn Jahren am Musikinstitut und würde dort noch ein weiteres Jahrzehnt bleiben. Arthur, der am Institut nicht immatrikuliert war, nahm Unterricht im Haus seines Lehrers. »Dieser beleibte, träge, schwabbelige alte Mann«, erinnerte sich Rubinstein an den damals erst Einundfünfzigjährigen, »empfing mich kühl, ließ sich eine Mozartsonate vorspielen und schlief erstaunlich prompt ein. Beim letzten Akkord erwachte er und brummte ein paar nichtssagende Worte. Er empfahl mir, die von ihm verfaßten Unterrichtswerke anzuschaffen, die ich täglich drei Stunden üben müsse – damit war ich entlassen. Die folgenden Stunden verliefen ähnlich.«[54] Rozycki hat zwar behauptet, daß sein kleiner Schüler während des Unterrichts unaufmerksam gewesen sei, aber sicher ist nur, daß Lehrer und Schüler nicht miteinander zurechtkamen. Als Arthur zu einer seiner Stunden erschien, wurde er an Rozyckis Haustür von Ludomir, dem zwölfjährigen Sohn des Professors, empfangen, der im Namen seines Vaters das Honorar im voraus verlangte. Unglücklicherweise hatte Frau Glass diesmal Arthur den Umschlag mit dem Geld nicht mitgegeben. Ludomir warf dem Knaben die Tür vor der Nase zu, und Arthur setzte sich auf die Treppe und weinte über die erste Demütigung seines Lebens, wie er dies später nannte. Ludomir Rozycki wurde später einer der bekanntesten polnischen Komponisten seiner Generation, aber fünfundsiebzig Jahre nach diesem Vorfall erklärte

Rubinstein stolz, aber zu Unrecht, er habe nie eine Note von Ludomirs Musik gespielt.

Arthur schrieb an seine Eltern, um sie über die Demütigung und über die Schlafsucht seines Lehrers zu unterrichten. Felicja fuhr nach Warschau, um Aleksander Rozycki zur Rede zu stellen. Als der Professor vorhersagte, ihr Sohn würde niemals ein großer Pianist werden, brachte sie den Jungen heim nach Lodz. Zum Glück für sein Selbstwertgefühl, aber unglücklicherweise in anderer Hinsicht, wurde Arthurs persönliche Niederlage schon bald von einer Familienkatastrophe in den Schatten gestellt: Izaaks Handwebstuhlfabrik verlor den Wettbewerb gegen die stärker mechanisierte Konkurrenz. Die Fabrik der Rubinsteins, ihr Haus und anderer wertvoller Besitz mußten verkauft werden, um die Schulden zu bezahlen, und der Familienverband löste sich auf. Vier Kinder hatten bereits das Nest verlassen: Jadwiga und Helena waren verheiratet, Tadeusz studierte Elektrotechnik in Berlin und Ignacy, der wegen revolutionärer Aktivitäten verhaftet worden war, saß in Warschau im Gefängnis – ein Vorspiel zu seiner Verbannung nach Sibirien. Als Izaak und Felicja gezwungen waren, ein freies Zimmer in der Wohnung der Follmanns zu beziehen, mußten Stanislaw, der bei einer Bank arbeitete, und Frania, die verlobt, aber noch nicht verheiratet war, bei einer ihrer Tanten unterschlüpfen. Der zehnjährige Arthur fuhr mit Jadwiga und ihren drei Kindern nach Inowlodz, einer Sommerfrische 55 Kilometer südöstlich von Lodz. Beim Bad im Flüßchen Pilica und beim täglichen Unterricht – in den typischen Schulfächern, im Tanzen und im Klavierspiel (der Name seines Klavierlehrers ist nicht bekannt) – bedrückten ihn seine eigenen Sorgen wie die seiner Familie nicht mehr so sehr. Beim Tanzunterricht verliebte er sich in Mania Szer, ein zwölfjähriges Mädchen. Arthur spielte sich vor ihr auf und war deprimiert, als sie ihm keine Beachtung schenkte, und wütend, als sie es tat. Kurz – er äußerte Anzeichen von verfrühter Pubertät. Aber Arthur war in Wirklichkeit noch ein Kind: So regte er sich beispielsweise fürchterlich auf, als seine Nichte Maryla, eines von Jadwigas drei Kindern, vor ihm ein Stück türkischen Honig versteckte. Fünfzig Jahre später trug er Maryla ihre niederträchtige Tat immer noch nach.»Er war ein Mensch, der nicht vergeben konnte«, sagte seine Frau, als sie diese Geschichte erzählte. Aber immerhin vergab er Mania Szer: Sie rief ihn während eines seiner großangekündigten beruflichen Aufenthalte in Warschau in den zwanziger Jahren an – und sie verbrachten eine Nacht miteinander. Izaak Rubinstein nahm seinen Bankrott gelassen hin und begann als Buchhalter für seinen Schwager Nathan Follmann zu arbeiten, aber Felicjas physische und geistige Gesundheit litt unter der Katastrophe. Als Arthur im Herbst nach Lodz zurückkehrte, bereitete es ihm mehr Mühe, mit der Reizbarkeit seiner Mutter fertig zu werden, als sich mit dem klavierlosen Haushalt der Follmanns abzufinden und in ihrem Wohnzimmer auf einer Couch zu schlafen. Ungeachtet ihrer vielen Probleme beschlossen seine Eltern jedoch, einen weiteren Versuch zur Entwicklung von Arthurs pianistischem Talent zu unternehmen. Leider hatten sie keine Vorstellung, wohin sie ihn schicken sollten. Warschau kam nicht in Frage, da die beiden Spitzenpädagogen der Stadt ihn abgelehnt hatten. Man dachte an Wien, wo Leschetizky Schüler hervorbrachte wie Paderewski, Sliwinski, Ignaz Friedman, Artur Schnabel, Ossip Gabrilowitsch, Elly Ney und Mark Hambourg. »Doch besaßen wir zu ihm keine Verbindungen«, erinnerte sich Rubinstein.[55]

Warum eigentlich nicht Berlin? Den älteren Rubinsteins muß wohl der Gedanke gekommen sein, daß sich Joachim vielleicht an den kleinen Arthur erinnerte, und schließlich gab es ja auch in Kaiser Wilhelms Hauptstadt mehrere bekannte Lehrer: den genialen Ferrucio Busoni, den Wagnerschüler Karl Klindworth, den strengen Heinrich Barth, den methodischen Xaver Scharwenka und andere mehr. Felicjas Schwester könnte zweifellos bei der Suche nach einer Gastfamilie behilflich sein, bei der Arthur leben sollte. Sobald die Entscheidung getroffen war, wurde Arthurs bescheidene persönliche Habe rasch gepackt. Er verabschiedete sich von seinem Vater, der »[w]ortkarg und verschlossen wie gewohnt«[56] war, und verließ Lodz mit seiner Mutter. Arthur Rubinstein hätte es sich wohl kaum träumen lassen, als der Zug die Grenze nach Deutschland überquerte, daß er nie wieder in Polen zu Hause sein würde.

2

ZUNEIGUNG - VERSAGT, ERJAGT

Seit 1914 hat Rubinstein in den letzten zweiundsechzig Jahren seiner Karriere nicht mehr in Deutschland gespielt. Als Pole, als Frankophiler und als Anglophiler empfand er dreifach Feindschaft gegenüber Deutschland im Ersten Weltkrieg, und er hatte keine Lust, dem Exfeind in den Jahren der Weimarer Republik zu vergeben. Nach dem Zweiten Weltkrieg bezeichnete er seine Weigerung, im Land von Bach, Beethoven und Brahms aufzutreten, als Tribut an die vielen jüdischen Angehörigen seiner Familie, die in Deutschland und im von Deutschen besetzten Europa umgebracht worden waren. Aber hinter seiner unguten Beziehung zu Deutschland im allgemeinen und zu Berlin im besonderen steckten noch weitere, weniger offenkundige Motive. Lange vor den beiden Weltkriegen waren das Land und seine Hauptstadt für Rubinstein ein für allemal mit seiner seltsamen und schwierigen Pubertät verbunden gewesen. In Berlin, seiner Heimat für über sechs Jahre, begann er sich über die Stärken und Schwächen in seinem Talent, seinem Intellekt und seinem Charakter klarzuwerden. Hier erlebte er seine ersten künstlerischen Erfolge und Demütigungen, hier genoß er seine erste sexuelle Beziehung, hier verliebte er sich zum ersten Mal – und hier beging er einen zweifachen Verrat, der für den Rest seines Lebens auf ihm lasten sollte.

Schließlich stand Berlin auch für seine ambivalente Einstellung gegenüber deutschen Musikinterpreten, deren Stil er später als zu trocken penibel bezeichnete, verglichen mit seinem eigenen spontaneren und menschlicheren Stil – auch wenn er einräumte, daß es Ausnahmen gebe. Derartige Ansichten mögen es ihm erleichtert haben, eine Erklärung für sein häufig erfolgloses Auftreten vor deutschem Publikum in den frühen Jahren zu finden. Die Deutschen »sind kein musikalisches Volk«, erklärte er dem Schallplattenproduzenten Fred Gaisberg in den dreißiger Jahren. »Sie akzeptieren die schwere, pedantische Musik von Pfitzner, Reger und Bruckner mit ihren langwierigen ›Entwicklungen‹, genauso wie sie eine schwer verdauliche Mahlzeit mit Sauerkraut und Würstchen genießen.«[1] Dieser unfaire Vergleich rührte aus seinen tief verwurzelten Minderwertigkeitsgefühlen gegenüber seinen deutschen Kollegen her, die er für ernsthafter als sich selbst hielt – so sehr er von seiner überlegenen Einfühlungsgabe und Musikalität überzeugt gewesen sein mochte. Selbst in den letzten Jahren seiner Karriere war er freudig erregt über jedes Zeichen der Anerkennung von seiten »schwerer, pedantischer« deutscher Musiker. Um 1970 berichtete ihm Daniel Barenboim, daß Otto Klemperer, der Rubinstein bislang für »gefällig« und »oberflächlich« gehalten hatte, eine Rubinstein-Aufnahme eines Beethovenkonzerts gehört und zu Barenboim gesagt habe: »Ich muß zugeben, daß ich mich geirrt habe – er ist wirklich ein großartiger Musiker.« Barenboim »erzählte Rubinstein davon, und er geriet darüber ganz aus dem Häuschen«.[2]

Kurzum: In Berlin bildete sich Rubinsteins – persönliches wie künstlerisches – Bewußtsein heraus. In späteren Jahren hat er über diese Tatsache vielleicht lieber aus der Ferne nachgedacht. Aber der zehnjährige Knabe, dessen Mutter ihn im Herbst 1897 in die deutsche Hauptstadt brachte, hatte keine derart komplizierte innere Einstellung. Was ihm später am deutlichsten von seiner Ankunft in Berlin in Erinnerung blieb, war der Regen. In einer frühen Fassung seiner Memoiren hat er – in fließendem, wenn auch nicht immer korrektem Englisch – geschrieben: »Es regnet und regnet – ich liebe einen guten Frühlingsschauer, der die Natur so kreativ beflügelt, ich bin dankbar für einen erfrischenden Sommerplatzregen an einem heißen Tag, ich genieße sogar die Heftigkeit eines tropischen Wolkenbruchs – aber nichts kann mich mehr deprimieren als der triefende, nieselnde, ständige, durchdringende, naßkalte Regen, bei dem einem Füße und Seele gefrieren. Im

Laufe einer Woche wurden Mutter und ich Opfer dieses entmutigenden meteorologischen Phänomens; versehen mit Dutzenden von Einführungsschreiben an prominente Musiker, Impresarios, Redakteure und viele andere Leute, erkundeten wir die ganze Stadt, wobei wir naß bis auf die Haut und todmüde durch wahre Bäche wateten. Da Tante Salome[a] uns nicht unterbringen konnte, weil ihre Wohnung zu klein war, nahmen wir uns ein Zimmer[.]«[3] Ganz anders liest sich das in seinen veröffentlichten Memoiren:»Tante Salomea, der Onkel Siegfried Meyer und ihre vier Kinder nahmen uns freundlich auf, und wir blieben eine Woche.«[4]

In der unveröffentlichten Fassung heißt es dann weiter:

»Wir wurden von vielen Lehrern und Pianisten empfangen, die mich anhörten und prüften; ein paar dieser Besuche sind mir noch ganz genau in Erinnerung. Professor [Ernst] Jedliczka, ein ausgezeichneter Meister, wollte, daß ich zwei Jahre lang bei einem seiner Schüler arbeitete, bevor er mich selbst unterrichtete, ein Gedanke, der meiner Mutter gar nicht gefiel. Der bezaubernde und überschwengliche Xaver Scharwenka, zusammen mit Karl Klindworth Leiter ihres berühmten Konservatoriums, war bereit, mich in sein Institut eintreten zu lassen, aber seine Bedingungen waren für uns unannehmbar. Nichts anfangen konnten wir mit dem alten Akademiker Prof. [Heinrich] Ehrlich [einem Schüler der gefeierten Virtuosen Adolf von Henselt und Sigismund Thalberg] und mit Frau Nicklas[s]-Kempner, die uns zu sehr an Mme. Pavlowska und Herrn Prechner erinnerten. Mein Pech war es, daß sich der große Busoni auf einer Konzerttournee befand, was ich noch heute zutiefst bedaure – aber wir wurden freundlich empfangen von Casimir [oder Kazimierz] Hoffman [sic, für Hofmann] und seinem jungen Sohn Joseph [Josef], der bereits in Rußland als potentieller Nachfolger von Anton Rubinstein berühmt war. Ich erinnere mich noch ganz gut an ihre Wohnung in der Joachimsthalerstraße. Zwei Flügel, ich glaube, es waren Bechsteins, ein Harmonium und alle möglichen anderen Instrumente füllten das Musikzimmer. Joseph Hoffman zeigte mir voller Stolz das Geschenk, das er von Thomas Edison bekommen hatte, einen nagelneuen Phono-

graphen, und bereitete mir große Freude, indem er einem sich drehen-
den kleinen Zylinder ein lautes Musikstück entlockte. Nachdem ich gespielt hatte, hielt sein Vater, seinerseits ein ausgezeichneter Musiker und
offenkundig ein Experte für Wunderkinder, meiner Mutter einen ganzen
Vortrag mit unschätzbaren Ratschlägen. Der Weg zum Ruhm sei be-
schwerlich, sagte er, nur wenige vielversprechende junge Menschen würden echte Künstler werden, und meine musikalische Ausbildung sollte
mit großer Sorgfalt betrieben werden.
Am Ende dieser verregneten Woche waren wir völlig entmutigt[.]«[5]

Damit endet das Fragment dieser Fassung. Weder darin noch in der
veröffentlichten Version seiner Memoiren gibt Rubinstein darüber Auskunft, was oder wie er bei den diversen Musikern vorgespielt hat, aber
in der veröffentlichten Fassung erwähnt er, seine Mutter sei »von dem
Mangel an Interesse der Pädagogen und ihren deutlichen Angeboten
kostspieliger Stunden« entmutigt gewesen.[6]
In *Die frühen Jahre* betont Rubinstein, wie sehr er es bedauert habe,
kein Schüler von Ferruccio Busoni geworden zu sein, der 1897 erst einunddreißig Jahre alt war. »Er war der einzige, der meine Begabung in
die rechte Richtung hätte lenken können, er, eine wirklich große Persönlichkeit und ein Mann von hohem und weitgespanntem künstlerischem Anspruch.«[7] Rubinsteins Leben und Karriere hätten sicher
einen anderen Verlauf genommen, wäre er unter den Einfluß eines
Lehrers geraten, für den intellektuelle Neugier sogar noch wichtiger
war als Tastengeläufigkeit, aber dieser Verlauf wäre wohl weniger erfolgreich gewesen: Der Knabe hätte ohne weiteres Busoni vergöttert,
und seine eigene Originalität wäre dann vielleicht durch Busonis kraftvolle Persönlichkeit erstickt worden. Rubinstein brauchte einen Lehrer,
der ihn zur Disziplin zwang und gegen den er schließlich aufbegehren
konnte – und er fand ihn, als Felicja ihre letzte Karte ausspielte: Sie
wandte sich an Joachim, der bereit war, Arthur noch einmal anzuhören.
Die Sitzung fand an der Hochschule für Musik statt, die Joachim seit
ihrer Gründung vor fast dreißig Jahren geleitet hatte und die 1897 eine
Sektion der Königlichen Akademie der Künste war. Viele enge Be-

kannte von Joachim waren der Meinung, daß die Hochschule den Geiger am meisten in seinem Leben interessierte. Diese Institution befand sich in der zentral gelegenen Fasanenstraße, in einem Gebäude, in dem heute die Hochschule der Künste untergebracht ist. In seinen Memoiren hat Rubinstein eine wichtige Tatsache nicht erwähnt, von der er in einer früher geschriebenen Darstellung seiner zweiten Begegnung mit Joachim berichtet hatte: »Er wirkte zutiefst enttäuscht darüber, daß ich die Geige aufgegeben hatte, ein Gebiet, auf dem er der König war und auf dem es ihm viel leichter gefallen wäre, mich zu leiten und mir zu helfen.«[8] Aber Joachim empfing Arthur mit der gleichen Herzlichkeit, die er ihm sieben Jahre zuvor schon erwiesen hatte. In dieser Hinsicht unterschied sich Rubinsteins Erinnerung erheblich von der des jungen Wilhelm Kempff, eines anderen berühmten Pianisten aus Rubinsteins Generation, der Joachim etwa sieben Jahre später vorgespielt hatte. »Wie geblendet«, berichtete Kempff, habe er »die ehrwürdige Gestalt des berühmtesten Geigers seiner Zeit« erblickt und seinen ganzen Ernst zu spüren vermeint. »Das hatte wohl seinen Grund. Denn Joachim liebte wie der alte Cherubini nicht die Wunderkinder. Hatte er selbst doch schwer an diesem Schicksal zu tragen.«[9] Arthur dagegen spielte einfach Mozarts Rondo in a-Moll, KV 511, zu Joachims »offenkundiger Zufriedenheit«, erinnerte er sich, und wurde dafür mit einer ganzen Tafel bitterer Lindt-Schokolade belohnt. Rubinstein wurde mit einer der erfolgreichsten Musikerkarrieren des 20. Jahrhunderts belohnt, denn auf der Grundlage dieses kurzen Vorspiels entschied Joachim, daß Arthur die Voraussetzungen zu einem herausragenden Pianisten erfülle, und er teilte der erstaunten Felicja mit, daß er die Aufsicht über die musikalische und allgemeine Erziehung ihres Sohnes übernehmen wolle. Da Arthur noch zu jung für eine Aufnahme in die Hochschule war, beschloß der Meister, seinen kleinen Schützling aus Lodz privat bei Lehrern der Hochschule studieren zu lassen.

Joachim versicherte sich der Unterstützung von drei jüdischen oder teilweise jüdischen Bankiers: Robert Warschauer, Robert von Mendelssohn und Martin Levy. Rubinstein schilderte Warschauer später als »ein total unmusikalischer Mensch, dessen Frau Joachim verehrte«.[10] Men-

delssohn, ein guter Amateurcellist, war der Sohn Franz von Mendelssohns (eines Neffen des Komponisten) und von dessen in Bordeaux geborener Frau Enole Biarnez, einer hochgebildeten Musikerin. Martin Levy, ein alter Freund von Joachim, war laut Rubinstein »ein ehemaliger Fabrikant, der als Liebhaberei Streichquartette komponierte«[11]. Die drei Wohltäter richteten einen Fonds ein, der die Kosten für Arthurs Ausbildung und Lebensunterhalt großenteils abdeckte, und Joachim steuerte den Rest bei. »Welche Großmut eines bedeutenden, keineswegs mit Reichtümern gesegneten, alten Künstlers einem Ausländer gegenüber, der nichts aufzuweisen hatte als eine vielversprechende Begabung!« schrieb Rubinstein. Einzige Bedingung: »Meine Mutter mußte ihm versprechen, mich nicht als Wunderkind auszubeuten, sondern meine Ausbildung ununterbrochen zu Ende zu führen, und ich sage es hier mit Stolz: Dieses Versprechen haben meine Eltern gehalten.«[12]
Felicjas nächste Aufgabe bestand darin, für Arthur ein Zuhause bei gutbürgerlichen Leuten zu finden, die ein Extrazimmer vermieteten, die ihm gestatteten, seine Mahlzeiten mit ihnen einzunehmen, und die nichts dagegen hatten, wenn er jeden Tag stundenlang übte. Schließlich entschied sie sich für die gut ausgestattete Wohnung von Frau Johanna Rosentower, einer Witwe, die mit ihren drei erwachsenen, Musik liebenden Töchtern im dritten Stock eines stattlichen Mietshauses an der Magdeburger Straße 25 wohnte. Die vier Frauen mochten Arthur: »Die Familie nahm mich sogleich herzlich auf, und ich fühlte mich wohl in der weiblichen Atmosphäre.«[13] Sobald er sich häuslich niedergelassen hatte, besorgte ihm seine Mutter ein Klavier für sein Zimmer, sagte ihrem Jüngsten auf Wiedersehen und fuhr nach Lodz zurück. In den folgenden paar Jahren sah Arthur seine Eltern nur während der kurzen Sommerferien und zu besonderen Anlässen – danach sah er sie sogar noch seltener. Sein Sohn John Rubinstein hat gesagt, daß Arthur »sich verlassen fühlte, sich selbst überlassen in lächerlich jungen Jahren. Und dies brachte ihn dazu, Liebe und Anerkennung an Orten zu suchen, wo ein normaler kleiner Junge eigentlich nichts zu suchen hatte. Ich glaube, das traf auf ihn bis zu seinem letzten Atemzug zu. Er war seiner selbst und seines Talents zutiefst unsicher ebenso wie der Gefühle des

Publikums ihm gegenüber – das war nicht mehr auseinanderzuhalten, und *wie*. Ich habe *nie* den Eindruck gehabt, daß er sich sicher fühlte; das sage ich nicht als Psychologe, sondern als jemand, der ihm nahestand, als jemand, der ihn liebte.«[14]

Mozarts Rondo in a-Moll ist kein Bravourstück. Seine Noten lassen sich in einem mäßigen Tempo – es ist ein Andante im $^6/_8$-Takt – von jedem bewältigen, der über ein bescheidenes Maß an Tastengeschick verfügt. Bei einem Klavierwettbewerb würde sich das Stück nicht dafür eignen, die wahren Virtuosen von den bloß kompetenten Technikern zu sondern. Aber sein musikalischer Inhalt ist tiefgründig: Will man es gut spielen, ist es ein äußerst schwieriges Stück. Von Mozart auf dem Höhepunkt seiner Schöpferkraft geschrieben – zwischen *Die Hochzeit des Figaro* und *Don Giovanni* und kurz vor den großen Streichquintetten in C-Dur und g-Moll (KV 515 und 516) –, ist das Rondo von einer Melancholie durchdrungen, die zwar gelegentlich von leuchtenderen Passagen erhellt wird, aber nie verschwindet. Kein Zehnjähriger konnte das Stück in intellektueller Hinsicht verstanden haben. Man kann nur vermuten, daß der kleine Arthur Rubinstein so außergewöhnlich musikalisch war, daß er *instinktiv* die schmerzliche, aber klaglose Traurigkeit des Rondos begriff und sie in Klang übersetzte. Vielleicht war es das, was Joachim am Spiel des Jungen so erstaunte. Der Eindruck muß jedenfalls so stark gewesen sein, daß Joachim sich nicht nur um die Finanzierung von Arthurs Ausbildung kümmerte, sondern sich auch bemühte, einen der berühmtesten Klavierpädagogen der damaligen Zeit dazu zu bewegen, Arthur als nichtzahlenden Schüler anzunehmen.

Heinrich Barth – oder richtiger: Karl Heinrich Barth – war am 12. Juli 1847 in Pillau (dem heutigen Baltisk) bei Königsberg (Kaliningrad) in Ostpreußen geboren. Als Frühwaise wurde er von seinem ersten wichtigen Klavierlehrer aufgezogen, einem gewissen L. Steinmann. In seinen mittleren und späten Jugendjahren studierte Barth bei Hans von Bülow, dann bei Hans von Bronsart und schließlich bei Karl Tausig – lauter

berühmten Virtuosen. Rasch machte er sich nicht nur einen Namen als
Solist, sondern auch als erstklassiger Kammermusiker, insbesondere
als Mitglied des Berlin-Trios, mit dem Geiger Heinrich de Ahna und
Brahms' Lieblingscellisten Robert Hausmann. Die drei Musiker waren
Kollegen und Mitarbeiter an Joachims Hochschule, wo Barth 1871 zu
unterrichten begann. Später wurde er von König Wilhelm I. zum Hof-
pianisten berufen. Als Arthur nach Berlin kam, hatte sich der fünfzigjährige Barth fast ganz aufs Unterrichten verlegt – er gab kaum noch
Konzerte. »Aber diese seltenen Male genügten«, so Wilhelm Kempff,
der Barth zehn Jahre später hörte, »um seinem Publikum zu zeigen, daß
der Erlkönig im weißen Barte es noch immer mit den jungen Okta-
venrittern aufnehmen könne. Wenn ihm auch das Unmittelbare, Sug-
gestive und Hinreißende im Spiel fehlte, so wurde solches aufgewogen
durch eine wunderbare Geistigkeit, die das Kunstwerk bis in die tiefsten
Tiefen durchleuchtete und seine letzte Gestalt vor unseren Ohren erstehen ließ. Voraussetzung hierfür war eine Technik, die jeder Beschreibung spottete. Es hieß von ihm, daß er einen Zyklus von sechs Abenden
hinter sich bringen konnte, ohne daß auch nur eine Note unter den
Flügel gefallen wäre.«[15]
Joachim empfahl Barth den neunjährigen Kempff etwa sieben Jahre
nach Rubinsteins Ankunft in Berlin, und Barth stellte ihn beim Vorspielen auf eine harte Probe. Erst als der Knabe ohne weiteres die Fuge
in gis-Moll aus Bachs *Wohltemperiertem Klavier* in die tiefere Terz trans-
poniert hatte, »erklärte der Mann mit dem längsten Bart sich bereit, in
Gottes Namen das Wagnis zu unternehmen«, erinnerte sich Kempff.[16]
Für den jungen Rubinstein jedoch hatte Barth nicht nur auf das Vorspielen und sein Honorar – er war einer der höchstbezahlten Klavierlehrer in der Stadt – verzichtet, sondern sich auch bereit erklärt, sich
um das Einsammeln und die Verwaltung des Stipendiums zu kümmern.
Am Ende jeden Schuljahrs erinnerte Barth Arthur daran, Dankbriefe an
seine Wohltäter zu schreiben, eine Geste, die den meisten jungen Menschen nur als lästig erschienen wäre, die aber den Stolz dieses Jungen
verletzte – »das war mir tief zuwider«, wie Rubinstein später sagte.[17]
Kempff nannte Barth einen »ostpreußischen Hünen« und schilderte ihn

als einen klischeehaften, altmodischen Musiklehrer, einen übellaunigen Schulmeister mit einem goldenen Herzen. »Unbestechlichkeit, eine sublime Reinheit – was die Technik und Auffassung anbetraf – waren die Grundzüge, die Barth als geborenen Lehrmeister auszeichneten. Nichts entging seinem Ohr, dem sagenhaften Ohr des Tyrannen Dionys vergleichbar, und wehe dem, der sich eine auch noch so gut klingende Erleichterung erlaubte!… Wenn ich die vier Treppen zu seiner Wohnung hinanstieg, begegneten mir nicht selten Gestalten, die fassungslos in ihr Battisttaschentuch schluchzten, ein nicht gerade aufmunternder Anblick für den ›Nächsten‹. War es vielleicht eine jener hoffnungslosen Schülerinnen, bei deren Spiel er sich lieber mit der ›Tante Voß‹ (der *Vossischen Zeitung)* unterhielt? Das eine stand fest, die Gestalt würde wiederkommen und auch das nächste Mal in ihr Battisttaschentuch schluchzen; es war eine Art musikalischer Masochismus, was diese amusischen Wesen bewog, sich Heinrich Barth als Lehrer auszusuchen. Wir alle wußten nur zu genau, daß unter dieser harten Schale ein weiches Gemüt in keuscher Verborgenheit weste, das Gemüt eines Kindes, rein und unantastbar. Wie konnte er sich mit dem Jungen freuen, wenn im Marionettentheater Ivo Puhonnys bei den Scherzen des Hanswurst im alten Faustspiel der Knabe fast vor Lachen erstickte!«[18]
Barth war ein Mensch des Alles oder Nichts – seine jungen Schüler sollten sich mit Leib und Seele der Verbesserung ihrer Geläufigkeit an den Tasten widmen. Eindringlich gab er Kempffs Vater im Hinblick auf den Sohn zu verstehen: »Eine gute Schulbildung ist gewiß etwas wert, aber ein guter Triller gedeiht nur auf den Frühbeeten der Jugend und nicht auf dem Mist des Alters.«[19] Kempff bestätigt damit Rubinsteins Darstellung des fünfzigjährigen Barth: »Professor Barth war eine formidable Persönlichkeit, beinahe zwei Meter groß, ein schwerer Mann, doch flink auf den Beinen. Das graue Haar ließ die Andeutung einer Glatze erkennen. Ein langer Brahms-Bart in Pfeffer und Salz und ein buschiger Schnurrbart verbargen eine eher schwächliche Mund- und Kinnpartie; goldgefaßte Brillengläser gaben ihm ein unerbittlich strenges Aussehen. Ich fürchtete mich vor ihm…« Wie Kempff sah auch Rubinstein in Barth einen Lehrer »mit einer naiven Ehrlichkeit und

Integrität«, und er spürte, daß Barth sein Talent respektierte und ihn am Ende sogar mochte. »Gelegentlich, insbesondere nach einer gut verlaufenen Stunde, trat in seine Augen ein sanfter Ausdruck, und ein schüchternes, knabenhaftes Lächeln erhellte sein ernstes, strenges Gesicht. Aber wehe, ich kam unvorbereitet zum Unterricht! Bei den ersten falschen Tönen sah ich mit Schrecken, wie der lange Bart sich mehr und mehr in die Horizontale hob, was bedeutete, daß er die Unterlippe heraufzog und wütend auf ihr herumbiß. Und dann brach ein Donnerwetter los! Er sprang auf, es regnete Beschimpfungen, er trommelte mit den Fäusten aufs Piano und verließ das Zimmer. Wenn er, einigermaßen beruhigt, wieder hereinkam, entließ er mich wortlos und mürrisch.«[20]

Der junge Kempff war derartigen Attacken auf die Dauer nicht gewachsen. Zwar lernte er viel von Barth und hielt sich immer für einen Barth-Schüler, aber ihm schien, »als wollte die noch zu zarte Pflanze unter den allzu starken Händen des Gärtners verkümmern«[21], und seine Eltern nahmen ihn aus Barths Klasse wieder heraus. Aber die Eltern des jungen Rubinstein befanden sich über vierhundert Kilometer entfernt von Berlin in Lodz – und vielleicht war er psychisch abgehärteter als Kempff. Im Laufe von sechs Schuljahren begab er sich zweimal die Woche zu seinem Peiniger – einem mißmutigen Junggesellen, der eine Wohnung in der Kurfürstenstraße 112 mit seiner unterwürfigen, unverheirateten Schwester und seiner reizbaren Adoptivmutter, der Witwe des alten Steinmann, teilte –, zu einer angespannten Sitzung, die gewöhnlich bis zu neunzig Minuten dauerte.

Das Studium bei Barth mag wohl eine freudlose, mechanische, von Angst geprägte Angelegenheit gewesen sein, aber es machte aus Arthur einen Pianisten, der von seinem siebzehnten Lebensjahr an in der Lage war, sich völlig selbständig weiterzuentwickeln. In späteren Jahren erklärte Rubinstein gelegentlich gegenüber Freunden, er verdanke seine Ausbildung »nur einem Mann, Heinrich Barth«.[22] Barth zwang ihn nicht nur, sich mit einem umfangreichen Repertoire vertraut zu machen, sondern vermittelte ihm auch die Technik, die eine Grundlage für die Entwicklung des unverwechselbaren »Rubinstein-Klangs« schuf, der Generationen von Zuhörern vertraut werden sollte: Barth brachte ihm bei,

wie man ruhig am Instrument saß, hoch genug, um den Oberarm, die
Schulter und die Rückenmuskeln ganz einsetzen zu können, wie man
Fortepassagen volltönend statt hart und Pianopassagen verhalten statt
schwach spielte. Er war ein Lehrer, zu dessen lang- und kurzfristigen
Schülern neben Rubinstein und Kempff auch der legendäre russische
Pianist Heinrich Neuhaus gehörte (der wiederum unter anderem
Swjatoslaw Richter, Emil Gilels und Radu Lupu unterrichtete), und ver-
dient nun einmal eine entsprechende Anerkennung. Mehrere andere
Barth-Schüler erlangten ein gewisses Maß an Berühmtheit zu ihrer
Zeit: die Deutschen Elsa Rompe und Theodor Bohlmann, der Russe
Mark Günzburg, die Polen Eduard Nowowiejski und Bronislaw Pozniak,
die Norweger Fridtjof Backer-Grøndahl, Martin Knutzen und Dagny
Knutsen, der Schwede Wilhelm Stenhammar, der Kanadier Edward
Noyes und die Amerikaner Leonard Liebling, Rudolph Reuter und
Ernest Schelling. Ein weiterer in Polen geborener Pianist, Heniot Lévy,
der bei Barth vom Winter 1893/94 bis zum Sommer 1896 studierte –
und der wie Rubinstein später die Bewunderung des großen Pianisten Leopold Godowsky gewann –, wurde schließlich ein bekannter Klavierlehrer am American Conservatory in Chicago; sein Enkel ist der
amerikanische Cembalist Igor Kipnis. Eine Schülerin von Lévy, die
amerikanische Pianistin Beatrice Erdely, hat gesagt, ihr Lehrer habe,
wie Rubinstein, »keine übertriebenen Bewegungen« an den Tasten gemacht, »aufrecht dagesessen und mit Arm und Schulter einen volu-
minösen Klang erzeugt«. Lévy habe ihr erzählt: »Er hat gehört, wie
Rubinstein mit elf das Mendelssohn-Konzert [in g-Moll] in [Barths]
Klasse an der Hochschule phantastisch gespielt hat.« Dann fügte sie
hinzu, die Lektüre von Rubinsteins Memoiren »erinnerte sie an die starke Loyalität und strenge Kontrolle«, die Barth von seinen Schülern verlangte und die auch für Lévys Verhalten gegenüber seinen eigenen
Schülern typisch gewesen sei.[23]
Zunächst nahm Arthur einen Vorbereitungsunterricht bei dem sechsunddreißigjährigen Mallorquiner Pianisten Miguel Capllonch, einem
ehemaligen Schüler von Barth und Clara Schumann sowie Musiklehrer
der Töchter des Kaisers. Laut Rubinstein war Capllonch das genaue Ge-

genteil von Barth: »Für ihn war Musik reine Freude, und er verstand es, sie mir mitzuteilen. Wir spielten mit Gusto vierhändig eine Schumann-Symphonie, das eine oder andere Beethovenquartett, sodann verdrückten wir eine gute Portion Schokolade – er hatte immer welche zur Hand –, und zum guten Abschluß spielte mir Capllonch spanische Volksweisen vor.« Arthur verehrte ihn so sehr, daß Barth eifersüchtig wurde – so Rubinstein – und seinen neuen Schüler zum Vorbereitungsunterricht an »eine ältliche Jungfer namens Clara Hempel« verwies, die »mich in der Tretmühle zu halten« hatte.[24]

In ähnlicher Weise abrackern mußte sich Rubinstein auch bei den Lehrern für Harmonie, Kontrapunkt und andere Elemente der Musiktheorie, die Joachim ihn an der Hochschule studieren ließ. Seltsamerweise hat Rubinstein in seinen Memoiren diesen wichtigen Aspekt seiner musikalischen Ausbildung kaum berührt und namentlich nur einen Professor Kulemkampff [sic] als seinen Harmonielehrer erwähnt – das war vermutlich Gustav Kulenkampff, Königlicher Professor für Komposition am Berliner Stern-Konservatorium. In einer von seinem französischen Manager erstellten Kurzbiographie von Rubinstein aus dem Jahre 1905 heißt es, der junge Pianist habe »über Harmonie bei Max Bruch gearbeitet«. Diese Information ist in verschiedenen Nachschlagewerken und Zeitschriftenbeiträgen wiederholt worden. Da Bruch ein gefeierter Komponist war, der anscheinend nur eine Meisterklasse an der Hochschule unterrichtet hat – und dies erst seit etwa 1901 –, hätte er sich aller Wahrscheinlichkeit nach nicht mit der Unterweisung eines Kindes abgegeben. Rubinstein selbst bezeichnet ihn in seinen Memoiren nur als einen Bekannten. Andere Quellen erwähnen Robert Kahn, einen anderen Komponisten, als einen von Arthurs Lehrern. Kahn, der 1897 zweiunddreißig Jahre alt war, gehörte Joachims Fakultät drei Jahre lang an. Zu ihm wurden andere begabte junge Barth-Schüler wie Kempff geschickt. Aber vielleicht hatte Arthur nur wenig oder keinen Kontakt zu ihm: Kempff hat Kahn einen wunderbaren Lehrer und liebenswerten Menschen genannt, und Rubinstein hätte wohl kaum den Namen eines so angesehenen Meisters in seiner Autobiographie weggelassen. Statt dessen erklärte er nur, sein Theorieunterricht sei »enttäuschend« gewesen, und seine Lehrer hätten ihn »immer wieder mit Kanons und ähnlich öden Übungen« gequält.[25] Unter all seinen Berliner Lehrern hat Rubinstein vorbehaltlos nur einen gepriesen, der nichts mit Musik zu tun gehabt hatte: Dr. Theodor Altmann unterrichtete ihn jeden Tag zwei Stunden lang, um ihn auf die alljährlichen Prüfungen am Realgymnasium vorzubereiten. Zu seinen Fächern zählten Geschichte, Erdkunde, Latein, Mathematik, Literatur und Philosophie. (Als Arthur etwa vierzehn war, erlaubte Joachim ihm, den Mathematikunterricht, den der Junge haßte, durch private Stunden in Französisch und Englisch – seine vierte und fünfte moderne Sprache – zu ersetzen, damit könne er um so besser das Wanderleben eines interpretierenden Künstlers bewältigen. Schon bald sprach Arthur beide Sprachen einigermaßen flüssig; er erbrachte auch gute Leistungen in Latein, das ihn faszinierte.) Altmann, ein rundlicher Mann um die Vierzig, besaß die seltene Gabe, jungen Menschen Wissen auf lebendige Weise vermitteln zu können. »Sie brachten mir diese unterschiedlichen Gegenstände nahe, und ich verschlang jedes Ihrer Worte«, sprach der alte Rubinstein den Schatten seines alten Mentors an. »Sie sprachen Ihre Gedanken in so klaren, genauen Sätzen aus, daß es eine Freude und Lust war, Ihnen zuzuhören…, und von da ab wurde mir … das Lernen fürs ganze Leben eine Lust.«[26] Altmann führte ihn in die Gedankenwelt von Platon, Aristoteles, Kant, Schopenhauer und Nietzsche ein, er nährte Arthurs erwachte Liebe zum Lesen und lenkte seinen literarischen Geschmack auf Goethe, Heine, Kleist, Balzac, Maupassant, Dostojewski, Gogol und Tolstoi. Bücher wurden von da an Rubinsteins treueste Begleiter. Wohin und unter welchen Umständen er auch immer reiste, verbrachte er normalerweise fünf oder sechs Stunden am Tag mit Lesen. Bei seinen Büchern war er immer glücklich. Am Ende seines Lebens, als seine Augen sich nicht mehr auf eine gedruckte Seite konzentrieren konnten, erfuhr er dieses Glück, wenn andere ihm vorlasen. Aber Barth bereitete schließlich auch diesem Unterricht bei Altmann ein Ende – wieder aus Eifersucht, so Rubinstein.

Arthur verehrte auch Joachim, der ihm erlaubte, am Kammermusikunterricht der Hochschule teilzunehmen und damit die lebenslange

Affinität seines Schützlings zu diesem Teil des Repertoires auslöste, das viele berühmte Pianisten vernachlässigen. Hin und wieder wurde Arthur aufgefordert, die Geigenklassen des Meisters zu begleiten – eine Erfahrung, die es dem Jungen gestattete, einen Großteil des Geigenrepertoires von diesem bedeutenden Interpreten zu erlernen. (Rubinstein erzählte seinem ersten französischen Manager, als er noch ein kleiner Junge in Berlin gewesen sei, wollte er sich einmal ein Konzert eines Geigers namens Sussmann anhören und erfuhr, daß der Begleiter im letzten Augenblick erkrankt war. »Ein paar Minuten vor dem Beginn des Konzerts erbot sich der kleine Rubinstein, für ihn einzuspringen, und begleitete die Violinkonzerte von Wieniawski und Max Bruch auswendig, ohne jede Probe, und in gewisser Hinsicht verschaffte ihm das die Bewunderung des Publikums«, berichtete der Manager.[27]) Joachim erwartete, daß seine Schüler ihre technischen Probleme mit Hilfe anderer Lehrer oder allein lösten. Wenn es darum ging, interpretatorische Probleme zu lösen, nannte der Meister einfach das Problem, und dann »spielte er die fragliche Passage oder Phrase selbst, und zwar auf wahrhaft göttliche Weise«, so Leopold Auer, der für kurze Zeit bei Joachim studiert hatte.[28] Mag diese Methode Joachims Schülern geholfen haben oder auch nicht, aber Arthur gingen dabei zum ersten Mal die intellektuellen – im Unterschied zu den technischen – Schwierigkeiten des musikalischen Vortrags auf. Joachim hat den Jungen auch in seine Wohnung eingeladen, als das Joachim-Quartett dort probte. In jenen Jahren bestanden seine Mitglieder neben Joachim (erste Geige) aus dem Konzertmeister der Berliner Philharmoniker, Karel Halír (zweite Geige), Emanuel Wirth (Bratsche) und dem bereits erwähnten Robert Hausmann (Cello). Bei einer dieser Proben schlief Arthur, der direkt in der Sonne saß, fest ein. »Professor Joachim nahm es mit der gewohnten Güte, doch ich fühlte mich noch lange recht unglücklich«, berichtete Rubinstein.[29] Er erinnerte sich auch an eine Aufführung von Brahms' Doppelkonzert an der Berliner Singakademie mit Joachim und Hausmann als Solisten – für die Brahms das Werk geschrieben hatte – sowie mit der Meininger Hofkapelle unter Fritz Steinbach, einem von Brahms' Lieblingsdirigenten.[30]

A rthurs Talent hatte ihn zwar in eine außergewöhnliche Lage versetzt, aber sein alltägliches Leben in Berlin folgte einem Muster, das
dem Leben der meisten gutbürgerlichen europäischen Kinder seiner
Zeit entsprach: Unterricht, Hausaufgaben, Umgang mit anderen Menschen. Der Unterricht erfolgte privat statt in einem Klassenzimmer, die
Hausaufgaben wurden großenteils am Klavier statt an einem Pult erledigt, und die anderen Menschen waren meist Außenstehende. Arthurs Stundenplan war ziemlich regelmäßig, und Erwachsene achteten
auf sein Benehmen. Keineswegs war Arthur ein sich selbst überlas-
senes, unbehütetes kleines Kind.

Oft wurde Rubinstein in den Häusern von Finanziers und anderen erfolgreichen Geschäftsleuten empfangen, die die Künste förderten. Einige dieser Mäzene waren ernsthaft an ihm interessiert, aber für andere
war er nicht viel mehr als ein Dekorationsstück ihrer Soireen – ein mon-
strös begabtes Kind, das für den unbedeutenden Preis einer Extra-
mahlzeit für die anderen Gäste spielen würde. »Diese Ausbeutung war
damals gang und gäbe«, erinnerte sich Rubinstein.[31] Unter soviel Reichtum konnte sich Arthur nicht unbefangen bewegen: Seine Eltern hatten
ihm keine feinen Manieren beigebracht. Schnell war er sich seiner Rolle
bewußt als der talentierte, aber arme kleine polnische Jude inmitten von
Berlins kultivierter, assimilierter jüdischer Elite. Fünfzig Jahre später
schickte eine gewisse Frau Treviranus, die Tochter von Martin Levy – einem der Wohltäter, die Arthurs Ausbildung finanzierten –, Rubinstein ihre Schilderung einer dieser musikalischen Veranstaltungen im
Haus ihrer Eltern. Ihre Darstellung ist zwar gefühlsbeladen, zeigt aber,
daß sich manche Menschen über die schwierige psychologische Situation im klaren waren, in der sich der Junge befand.

»In dem grossen Musiksaal des Hauses Martin Levy in Berlin ist an
einem sonnigen Frühlingsvormittag eine kleine musikalische Veranstaltung. Aber heute ist der Künstler… noch ein kleiner Mann… mit tief
dunklen Augen und schwarzen Locken. Der braune Sammetanzug mit
dem weissen Krägelchen… ist wirklich ein wenig zu gross geraten. So
steht der Künstler unter den Gästen. Artur Rubinstein… er ist gerade

zwölf Jahre alt. Aber Angst hat er nicht. Wie sollte er auch, da er ja ›nur‹ Klavier spielen soll…

Auf ein Zeichen des Gastgebers klettert der ›kleine Mann‹ auf den Klavierstuhl und spielt… Perlend und rein eilen die Töne durch den Raum. Man kann fast nicht glauben, dass die kleinen zarten Hände die Reichweite besitzen, um die Akkorde greifen zu können. Die Fuge allein schon – eine der schwersten von Bach – ist so gespielt ein Meisterstück. Aber das Meisterhafte folgt nun. Als der Kleine geendet hat, geht der Professor für Harmonielehre an der Berliner Musikhochschule, Rudorf[f], an den Flügel und fragt den Jungen: ›Kannst Du diese Fuge wohl transponieren?‹ und als der kleine Artur nickt, sagt er, ›dann transponiere sie mir einmal in as-Moll.‹ Leise schlägt das Kind den as-Moll-Akkord an und dann spielt es die Fuge noch einmal in as-Moll, auswendig, ohne einen Augenblick zu zögern. Unbegreiflich erscheint dies… Als der Kleine geendet hat und von dem hohen Klavierstuhl heruntergerutscht ist, steht er einen Augenblick allein neben dem hohen Flügel. Das Licht fällt auf die dunklen Haare und färbt sie golden. Die Augen sind nach innen gewandt, als ob im Innern des Knaben noch die Töne nachklingen, die er eben gespielt hat. Es ist wie ein Symbol, wie der kleine Junge dort in dem weiten Saal neben dem hohen Flügel steht. Getrennt von den Menschen, die eben noch durch die Klänge mit ihm verbunden waren. Der kleine Künstler, der allein mit der Kunst noch einen weiten Weg wird gehen müssen, bevor er auf dem Gipfel angelangt ist. Allein ohne Kinderspiele, ohne Elternhaus und Freunde, in einer fremden Stadt.«[32]

(Laut Eva Rubinstein, Arthurs älterer Tochter, ist Frau Terviranus' Beschreibung des kleinen Pianisten zum Teil falsch: »Mein Vater hatte hellblaugraue Augen und rotbraunes Haar.« Und als »Professor für Harmonielehre« ist Rudorff nur unzulänglich charakterisiert. Ernst Friedrich Karl Rudorff, ein Schüler von Ignaz Moscheles und Clara Schumann, hat an der Hochschule seit 1869 unterrichtet. Er ist Leiter des Fachbereichs Klavier und Orgel in all den Jahren gewesen, die Rubinstein in Berlin verbracht hat – einer seiner Schüler war der Tastenzauberer Leopold Godowsky. Rudorff war auch als Chor- und Orchesterdirigent von bescheidenem Ansehen, ein vielseitiger, wenn auch nicht genialer Komponist sowie ein Musikredakteur, der Teile der Mozart- und Chopin-Gesamtausgaben bei Breitkopf & Härtel betreut hat.) Arthur mochte die Levys, ebenso den freundlichen Hausarzt der Rosentowers, Georg Salomon, der ein begeisterter Amateurpianist war. Als dieser einmal gerufen wurde, um den kranken Arthur zu untersuchen, erklärte Salomon Frau Rosentower, der Junge habe »nichts Ernstes, nur die Masern«, und fragte Arthur dann im gleichen Atemzug: »›In welchem Tempo spielst du die F-Dur-Toccata für Orgel von Bach?‹… Kaum hatte Frau Rosentower das Zimmer verlassen, zerrte er mich auch schon vom Bett ans Klavier und Juchhei! stürzten wir uns aus voller Kraft zur Verblüffung aller Mitbewohner vierhändig in die Toccata«, erinnerte sich Rubinstein. Rückblickend schienen ihm Salomon und seine Familie die typische deutsch-jüdische Bourgeoisie zu verkörpern: »Sie waren weniger jüdisch als die polnischen Juden und noch patriotischer als die Mehrheit der Deutschen.«[33]

Wirklich wohl fühlte sich Arthur bei der Familie von Lotte Landau Hahn. Sie war entfernt verwandt mit einem Bankier in Lodz, den auch die Rubinsteins kannten. Rubinstein erinnerte sich an Frau Hahn als »einer hochgewachsenen, strahlenden Mittdreißigerin, einer Pianistin mit guten Anlagen, die es gewiß weit gebracht hätte – ohne ihren Reichtum, ihren Mann und ihre Kinder«.[34] Er entwickelte jedoch eine kindliche Schwärmerei für sie, die sie sanft abwehrte. Zugleich förderte sie eine Freundschaft zwischen ihm und ihrem Sohn Kurt, der etwa zwei Jahre älter war. Arthur, Kurt und Kurts Schulfreunde Richard Fuchs (später »ein berühmter Jurist«), Hugo Perls (später »Kunsthändler in New York«), Franz Pariser (der schließlich nach Washington zog, wo Rubinstein mindestens bis 1970 mit ihm in Kontakt stand) und Paul Heinitz kamen ein paar Jahre lang oft an Samstagabenden in den verschiedenen Wohnungen zusammen. Dort lasen sie mit verteilten Rollen die Dramen von Aischylos, Sophokles, Shakespeare in der Übersetzung von Schlegel und Tieck sowie die deutschen Klassiker Lessing, Goethe, Schiller und Kleist. Anschließend nahmen sie einen kleinen Imbiß zu sich. Arthur bedauerte es zwar, daß er »weder Wohnung noch Imbiß zu bieten hatte«, genoß es aber, daß er bei diesen Lesungen »stets einstimmig zum Bösewicht erkoren« wurde.[35] Seine lebenslange Liebe zum Theater war bei den Treffen dieses »Lesekränzchens« entstanden und blühte so richtig auf, als er sich Aufführungen klassischer Dramen im Königlichen Schauspielhaus sowie zeitgenössischer Werke von Ibsen, Hauptmann und anderen Autoren in Otto Brahms' avantgardistischem Deutschen Theater wie im Neuen Theater des jungen Max Reinhardt ansah.

Eine andere, bedeutendere und lebenslange Liebe wurde eines Nachmittags in der Frühzeit seiner Berliner Jahre bei den Hahns geboren, als Lotte und einige Freunde die Klavierquartette in A-Dur und c-Moll von Brahms spielten, der nur ein paar Monate vor Arthurs Ankunft in Deutschland gestorben war. Arthur wurde, wie er sagte, »geradezu besessen« von Brahms' Musik, und diese leidenschaftliche Liebe nahm noch zu, als er durch Joachim – den bekanntesten lebenden Brahmsianer – die Bekanntschaft von Professor Wilhelm Engelmann und dessen Familie machte. Engelmann, Direktor des Instituts für Physiologie an der Berliner Universität, war Brahms nahegestanden und einer von Joachims besten Freunden. Seine zweite Frau, Emma Brandes, wurde von Andreas Moser, Joachims Biographen, als »ausgezeichnete Pianistin, vielleicht die beste Kammermusikspielerin seit Frau Schumann« bezeichnet.[36] Rubinstein hat Emma Brandes Engelmann »eine Meisterschülerin von Clara Schumann«[37] genannt. Diese Ansicht wird durch einen Eintrag in Clara Schumanns Tagebüchern bestätigt: »Mit jedem Stück, das sie mir vorspielte, erstaunte und erfreute sie mich von Neuem. Wenn sie sich ans Clavier setzt, so kommt gleich der heilige Ernst über sie, sie ist ganz dem hingegeben, und dies habe ich bei keiner von all den jungen Mädchen, die so nacheinander aufstiegen und wieder verloschen, gesehen.«[38] Laut Moser hat sich Frau Engelmann »nach ihrer Verheiratung zwar vom öffentlichen Musikleben ganz zurückgezogen«, aber sie hat Joachim bei musikalischen Abenden, die er bei sich zu Hause für Freunde gab, oft begleitet und »immer wieder den Beweis erbracht, daß sie trotzdem eine Künstlerin ersten Ranges geblieben ist«.[39] Sie war Mitte Vierzig, als Rubinstein sie kennenlernte.

Er hatte »öfter Gelegenheit, sie zu hören und an zwei Klavieren mit ihr zu spielen«[40], in dem riesigen Musikzimmer in der Wohnung der Engelmanns am Institut. Diese andere direkte Verbindung mit dem Schumann-Brahms-Kreis war überaus wichtig für Rubinsteins musikalische Entwicklung und vermittelte ihm einen lebenslangen Respekt vor Musikerinnen, den er vielen seiner Kollegen voraus hatte. Er freundete sich auch mit Hans an, dem jüngsten der Engelmann-Kinder. Sie lasen miteinander die Abenteuerromane von Karl May und Jules Verne und spielten mit Hans' elektrischer Eisenbahn.

Berlin verfügte über ein reichhaltiges Musikleben. Joachim, Altmann und in einem gewissen Maße sogar Barth ermutigten Arthur, daran teilzunehmen. So besuchte Rubinstein Aufführungen an der Hofoper, an der damals Richard Strauss zusammen mit Carl Muck erster Hofkapellmeister war und deren Ensemble einige der berühmtesten Sänger der Welt angehörten. 1901 übernahm der siebenunddreißigjährige Strauss neben seinen Verpflichtungen an der Oper die Leitung des neugegründeten Berliner Tonkünstler-Orchesters, das sich auf zeitgenössische Musik spezialisierte. Es wird vermutet, daß Arthur vielleicht einige Konzerte dieses Ensembles gehört hat. In diesem Falle wäre er allerdings nicht von seinen Mentoren ermutigt worden, denn sie waren Gegner der Liszt-Wagner-Schule und ihrer radikalen Erben, deren berühmtester Komponist Strauss war. Das Opernorchester unter der Leitung von Felix Weingartner gab viele Konzerte, die einen großen Eindruck auf den jungen Rubinstein machten. Noch stärker beeindruckt war er allerdings von den Konzerten der Berliner Philharmoniker unter Artur Nikisch, den Rubinstein bis zuletzt für den bedeutendsten Dirigenten hielt: »Nie wieder habe ich solche Darbietungen gehört. Nikisch … stand … reglos und kerzengerade vor seinem Orchester, einzig den Taktstock bewegte er mit rhythmisch genauen Bewegungen, von Zeit zu Zeit hob er die Linke, um eine Phrase hervorzuheben… [Ich] stand ganz unter seinem Bann.«[41] Nikisch machte Rubinstein nicht nur mit Mozarts und Beethovens Orchesterwerken vertraut, sondern auch mit denen von Tschaikowsky, Rimskij-Korssakoff, Borodin, Mussorgski, Franck und Strauss. Außerdem muß Arthur auch Aufführungen von einigen aufstrebenden jungen Musikern der Hochschule sowie der renommierten Chorensembles von Berlin besucht haben. Dazu gehörten die Singakademie unter der Leitung von Martin Blumner und Georg Schumann, der von Siegfried Ochs dirigierte Philharmonische Chor und der Domchor unter der Leitung von Albert Becker.

Dank Hermann Wolff, dem mächtigsten Impresario in Deutschland, bekam Arthur oft Freikarten für die Konzerte führender Solisten. So öffneten beispielsweise Eugène Ysaÿe, Fritz Kreisler und Jacques Thibaud dem Jungen die Ohren für neue Stile des Geigenspiels, die anmutiger, intensiver und sinnlicher waren als Joachims Methode. Von unmittelbarer Bedeutung indes war seine wachsende Vertrautheit mit dem Spiel vieler herausragender Pianisten. Busoni war der Maßstab – »der interessanteste lebende Pianist«, hat Rubinstein in seinen Memoiren erklärt[42]. Gegenüber Fred Gaisberg erklärte Rubinstein, der italienisch-deutsche Meister habe »gleichermaßen Poesie und technische Fertigkeit« besessen.[43] In den sechziger Jahren sagte Rubinstein zu dem RCA-Produzenten Max Wilcox: »Sie hätten auf Busoni vermutlich großenteils genauso reagiert wie auf [Swjatoslaw] Richter. Busoni hatte eine ausgefallene Art zu spielen. Er spielte geheimnisvoller als andere Pianisten. Er war wirklich ein Genie. Sein Piano klang zuweilen wie Magie. Wir Pianisten, die jungen wie die alten, wurden stets von Busoni in Bann geschlagen. Leider hat uns das übrige Publikum oft gefragt: ›Wo ist seine Magie, wo ist diese Größe?‹ Er stand über ihnen. Er war ein Mann, der seiner Zeit voraus war, ein Mann aus unserer Zeit. Heutzutage würde er uns alle schlagen... Ich bin da ganz sicher. Ich habe noch nie jemanden mit solcher Leichtigkeit, solcher Eleganz und solcher Meisterschaft die schwierigsten Werke spielen hören. Allerdings muß ich sagen, daß man sich manchmal über bestimmte Dinge aufgeregt und geärgert hat. So spielte er beispielsweise das Adagio von Beethovens *Hammerklaviersonate* mit einer Art ironischem Touch. Sie hatte nicht das tiefe, tränenreiche und traurige Gefühl, das in ihr steckt. Das Adagio ist wirklich das Ende des Lebens, das Ende der Welt, von allem, diese leeren Akkorde, diese langen Phrasen. Sogar die tröstliche Stimmung, die hie und da aufkommt, ist verzweifelt... Doch Busoni zwinkerte einem plötzlich ein wenig ironisch zu: ›Ich mach das zwar, aber ich glaub überhaupt nicht daran.‹ Natürlich, in anderer Hinsicht machte er das wunderschön, o ja.«[44] Rubinstein hatte auch Vorbehalte gegenüber Busonis Chopin-Interpretationen, denen »bei aller technischen Brillanz die notwendige Wärme und Innigkeit fehlten«. Um so mehr schätzte er aber Busonis Interpretationen von Liszt und Bach (letzterer allerdings in Busonis eigenen Arrangements), und stets sah Rubinstein in ihm »eine überragende Persönlichkeit…, ein Vorbild für alle Musiker«.[45]

Auch Eugen d'Albert weilte häufig in Berlin. Rubinstein hat Gaisberg erzählt, er habe d'Alberts »herrliche Läufe und tonale Perfektion«[46] bewundert, und in seinen Memoiren erklärte er, d'Albert habe das Vierte Klavierkonzert von Beethoven – eines von Rubinsteins Lieblingswerken – »mit einer Zartheit und Anmut« gespielt, »die mir für dieses Werk auf immer vorbildlich geworden sind«.[47] Gegenüber Wilcox hat Rubinstein gesagt, d'Albert »hämmerte eine Beethovensonate genial herunter. Manchmal haute er sie brutal zusammen und spielte die ganze Zeit falsche Noten, wie ich das über Anton Rubinstein gehört habe, aber hinter alldem steckten doch Genialität und eine tiefe Überzeugung«.[48] Nach einem von d'Alberts Berliner Konzerten stellte Wolff ihm Arthur vor. D'Albert unterhielt sich gerade mit ein paar Freunden – unter anderem mit Engelbert Humperdinck, dem Komponisten von *Hänsel und Gretel*. Als er Wolffs lobende Worte über den Jungen hörte, nahm er ihn sofort mit auf die Bühne der Beethovenhalle und bat ihn zu spielen. Mit der ganzen unschuldigen Selbstsicherheit des Heranwachsenden stürzte sich Arthur auf die beiden Brahms-Rhapsodien op. 79. Das improvisierte Publikum, das aus Humperdinck und anderen Besuchern bestand, die noch nicht gegangen waren, applaudierte herzlich, und d'Albert »umarmte mich. ›Wirklich, ein echter Rubinstein!‹«[49]

Arthur hörte auch Wladimir de Pachmann, den er später als »Miniaturist« bezeichnete, »der einen bezauberte, der das Klavier liebkoste. Er spielte die unglaublichsten kleinen Passagen und erzielte Pedaleffekte, die niemand sonst riskieren würde.«[50] Auch andere Künstler beeindruckten Rubinstein in der Saison 1902/03 – so d'Alberts frühere Frau,

»die walkürengleiche Teresa Carreño, die das Klavierkonzert von Tschaikowsky mit dem Elan und der Kraft zweier Männer hinlegte; der französische Pianist Edouard Risler, ein herrlicher Interpret der Beethoven-Sonaten; [Ossip] Gabrilowitsch, einfühlsam und romantisch im Schumann-Konzert; [und der zwanzigjährige] Arthur Schnabel... bei seinem [Berliner] Debüt unter Nikisch«.[51] In späteren Jahren sprach Rubinstein abfällig von der »intellektuellen, ja fast pedantischen Konzeption« seines Kollegen. »Es schien mir, er wolle seine Hörer belehren...«[52] Diese Darstellung verdreht völlig Schnabels Absichten und Leistungen, aber das überrascht nicht weiter, da sie von Rubinstein stammt. Wie hätten zwei Künstler, die sich vom Temperament und von ihrer Einstellung gegenüber der Musik her so sehr unterschieden, einander auch verstehen können? Schnabel war der Antivirtuose par excellence, und in vielerlei Hinsicht war er der führende Künstler der »Deutschen Schule« des Musizierens, die Rubinstein immer nur allzugern mißbilligte. (»Wilhelm Backhaus – all dies Getue um Backhaus!« äußerte sich Rubinstein einmal gegenüber Barenboim über einen anderen berühmten Pianisten, der drei Jahre älter war als Rubinstein.[53]) Schnabel seinerseits konnte wenig mit Rubinstein anfangen. In den vierziger Jahren, als beide in den USA lebten, ärgerte sich Schnabel über Rubinsteins große Beliebtheit. Der Dirigent Carl Bamberger erinnerte sich, daß er einmal mit Rubinstein und Schnabel auf dasselbe Flugzeug in Havanna wartete, als eine Frau auf Rubinstein zutrat, ihm erklärte, sie sammle Autogramme von berühmten Musikern, und ihn dazu überredete, seine Unterschrift in ihr Autogrammbuch zu setzen. Schnabel bat darum, sich das Buch ansehen zu dürfen. Die Frau reichte es ihm. Er begann darin herumzublättern, wobei er hin und wieder kommentierte: »Ach ja – das war ein Schüler von mir... Oh – schon wieder einer meiner Schüler.« Als er das Buch seiner Besitzerin zurückgab, fragte sie ihn lächelnd: »Sind Sie ein Klavierlehrer, Sir?« – eine Frage, die Schnabel gar nicht gefiel. Bei einer anderen Gelegenheit bot Schnabel dem Geiger Henri Temianka »eine ausgezeichnete Havannazigarre« an »mit dem Hinweis: ›Sie werden bemerken, daß meine Zigarren nicht mit goldenen Banderolen versehen sind, die meinen Namen tragen. Das überlasse ich meinem Kollegen Arthur Rubinstein.‹ Damals war Rubinstein in Amerika erfolgreicher als Schnabel«, fügte Temianka hinzu. »Daß er sich sogar seine ganz persönlichen Zigarren leisten konnte, war einfach unerträglich.«[54]

Ende 1899 oder Anfang Januar 1900 entwickelte sich Rubinsteins jüdische Abstammung für ihn zu einem Problem, als seine Mutter nach Berlin kam, um sich um die Vorbereitungen für seine Bar-Mizwa zu kümmern. »Ich mußte in einer Schule der jüdischen reformierten Gemeinde Hebräisch lernen... Ich erblickte darin eine Art moralischer Erpressung, auf die meine bisherige religiöse Erziehung mich überhaupt nicht vorbereitet hatte... Doch gehorchen mußte ich, und so hörte ich denn drei oder vier Wochen lang dem schläfrigen Vortrag eines Menschen zu, der uns – wir waren vielleicht fünfzig – die Feinheiten der hebräischen Sprache und aus der Bibel den Sinn unseres Lebens deutlich zu machen suchte.« Arthur gelang es, die Zeremonie ohne irgendein Mißgeschick zu überstehen – zur Freude seiner Mutter –, aber auch ohne jedes Verständnis. Anschließend wurde er »in ein ausgezeichnetes koscheres Restaurant« ausgeführt, »und ich erhalte Geschenke, wie es üblich ist. Mein[e] Mutter schenkt mir die ›Tephilin‹, zwei schwarze Lederriemen, an denen je zwei Würfel befestigt sind. Mit denen soll ich täglich beten, einen Würfel jedes Riemens gegen die Stirn gedrückt, den anderen jeweils am Arm befestigt. Meyers [Tante Salka und ihre Familie] schenken mir eine silberne Uhr, und die kommt mir weit nützlicher vor.«[55]

Die Bar-Mizwa ist der symbolische Akt der Übernahme der Pflichten und Privilegien des Mannestums durch einen jüdischen Jungen. Als im September 1899, nur ein paar Monate vor Arthurs Bar-Mizwa, drei junge weibliche Pensionsgäste in die Wohnung der Rosentowers einzogen, begann Arthur einige jener Gefühle zu erleben, die mit der Mannwerdung verbunden sind. Zunächst einmal war er verärgert, weil er sein Zimmer gegen ein viel kleineres – und schließlich gegen ein Feldbett im Salon – eintauschen mußte, damit die jungen Damen angemessen untergebracht werden konnten. Sein Ärger verging aber rasch angesichts seines wachsenden Interesses für eine der Neuankömmlinge. Bertha V. Drew stammte aus Boston, hatte gerade ihren Abschluß am Radcliffe College hinter sich und war Musikliebhaberin. Ihre Eltern hatten sie nach Berlin geschickt, damit sie ein wenig vom gesellschaftlichen und kulturellen Leben in Europa mitbekam. Miss Drew, erinnerte sich Rubinstein siebzig Jahre später, war »eine nicht zu dunkle Brünette mit weichem, glänzendem Haar«, hatte braune Augen, kleidete sich »sehr einfach, aber mit bestem Geschmack, und benutzte keinerlei Make-up«. Dazu hatte sie »das hinreißendste Lächeln, das mir je vorgekommen war«.[56] Kein Wunder also, daß Arthur dann weniger auf seinem Klavier übte, sondern vielmehr immer öfter auf dem Flügel im Salon zu spielen begann. Er hoffte, damit Miss Drews Aufmerksamkeit auf sich zu lenken.

Auf Photos, die Miss Drew Anfang 1900 aufgenommen hat, sieht Arthur noch immer ganz wie ein kleiner Junge aus: Vom Bartanflug eines Jünglings ist nicht die Spur zu sehen, seine Gesichtszüge verändern sich auch nicht. Er trägt noch immer einen Matrosenanzug – die Standardkleidung für gutbürgerliche Kinder seiner und der folgenden Generation. Anscheinend hat er instinktiv gewußt, daß er nur durch das Klavier eine Chance bekam, eine Frau Anfang Zwanzig auf sich aufmerksam zu machen. Zufällig ergab sich eine großartige Gelegenheit, sie zu beeindrucken, wie von selbst. Joachim hatte beschlossen – zweifellos mit Barths Zustimmung –, Arthur Mozarts Konzert in A-Dur, KV 488, im großen Saal der Hochschule spielen zu lassen. Das Orchester sollte aus Musikstudenten bestehen, der Dirigent wäre Joachim selbst. Eine Art Probe fand im nahegelegenen Potsdam unter der Stabführung von Gustav Kulenkampff, Arthurs Theorielehrer, statt. »Während der Fahrt ... gab Barth wie ein Boxtrainer mir unentwegt letzte Verhaltensregeln«, erinnerte sich Rubinstein. »»Wenn du aufs Podium kommst, verbeuge dich tief vor dem Publikum, dann etwas weniger tief vor dem Orchester. Stell den Klavierhocker so ein, daß er deine Bewegungen nicht beeinträchtigt. Schau nicht ins Publikum. Konzentriere dich auf das, was du spielen wirst, ehe du dem Dirigenten das Zeichen zum Anfangen gibst… Vorsicht mit dem Pedal, schneid keine Grimassen, sing nicht beim Spielen, ändere auf keinen Fall den Fingersatz, sonst kommst du durcheinander.‹« So viele Ratschläge, die da wie ein Sturzregen auf Rubinstein niedergingen, waren ein wenig entmutigend. Arthur entdeckte aber, daß diese Anweisungen höchst brauchbar waren, und er hielt sich sein Leben lang an sie:»Ich empfehle sie jedem Pianisten guten Gewissens.« Seine Darbietung des Konzerts war »ein bißchen trocken und gelehrt, aber nicht allzu übel«, erinnerte er sich, und erntete tosenden Beifall. Aber als er versuchte, eines der *Lieder ohne Worte* von Mendelssohn zu spielen, fiel ihm keine Note mehr ein.»Ich wußte bloß noch, daß das Stück in As-Dur steht, und fing an, ohne zu zögern, aber mit eisigem Schrecken im Herzen, zu improvisieren.« Der Trick funktionierte, und das Publikum, das nicht merkte, daß das unbekannte Stück ein gefälschter Mendelssohn war, spendete Arthur »den gleichen Beifall wie vorher«. Er hatte Angst, daß Barth, der hinter der Bühne stand, ihm den Kopf abreißen würde, aber statt dessen rief der Professor begeistert:»›Du Teufelsjunge! Du bist zwar ein Nichtsnutz, aber doch ein Genie! Nie im Leben hätte ich das fertiggebracht!‹«[57] Laut einer frühen Pressemitteilung über Rubinstein war dieses Probekonzert »ein Galakonzert in Anwesenheit des ganzen Hofes. Sein Erfolg war so großartig, daß die Gesellschaft, die ihn engagiert hatte, ihm ein Beethoven-Manuskript und eine Silberkrone schenkte«[58]. Wäre dies allerdings wirklich geschehen, dann hätte Rubinstein es sicherlich in seinen Memoiren erwähnt.

Die Aufführung an der Hochschule verlief sogar noch besser als die Probe in Potsdam, weil Joachim sie wohl wie üblich mit großer Sorgfalt vorbereitet hatte. Rubinstein: »[Ich] spielte viel lockerer und mit mehr Wärme, und Joachim dirigierte sehr schön. Als wir vor das Publikum traten, küßte er mich auf beide Wangen. Ein denkwürdiger Tag für mich.«[59] In den Konzertlisten der Hochschule ist das Ereignis zwar nicht vermerkt, aber das bedeutet nur, daß Arthurs Konzert nicht zu den regulären Veranstaltungen der Schule gehörte, vermutlich weil er dort nicht eingeschrieben war.

Miss Drew schenkte ihm nun »mehr von ihrer Zeit, und ihr Lächeln wurde zärtlicher«.[60] Zur Feier seines dreizehnten Geburtstages gaben die Rosentowers für Arthur eine Gesellschaft. Als er danach Miss Drew gute Nacht sagte – die anderen waren bereits zu Bett gegangen –, nahm sie ihn in die Arme und küßte ihn auf den Mund. Das war sein erster richtiger Kuß. Er lief in sein Zimmer, in der Gewißheit, daß sie ihn liebte. Von da an wurde er ein Cherubino, der jeden erotischen Krümel aufhob, der ihm vor die Füße fiel.

Die gleiche französische Presseinformation, die das Konzert in Potsdam als Gala in Anwesenheit des Hofes bezeichnet hatte, erwähnte auch, daß der junge Rubinstein um die gleiche Zeit »beim Fünfuhrtee von Mr. [Andrew D.] White spielte, dem amerikanischen Botschafter in Berlin, wo ihn das amerikanische Publikum höchst schmeichelhaft empfing«. Dieses Engagement kann durchaus auf Veranlassung von Miss Drew zustande gekommen sein, der ein gewisser Morton C. Hartzell, ein junger Geistlicher an der amerikanischen Kirche in Berlin, den Hof machte. Hartzell ging mit ihr oft abends in die Oper. Wenn sie wieder zur Wohnung der Rosentowers zurückkehrte, stahl sie sich heimlich in den Salon – wozu Arthur sie ermutigt hatte – und setzte sich auf das Feldbett des Jungen. Er »flüsterte ihr zärtliche Worte ins Ohr, und sie küßte mich lächelnd«[61]. Das war offenbar ein klassischer Fall von Übertragung: Was sie mit ihrem erwachsenen Freund – den sie nicht lange nach ihrer Rückkehr in die USA heiratete – nicht tun konnte oder wollte, tat sie mit ihrem willigen kleinen Pensionsgenossen, wobei sie freilich nie über leidenschaftliche Küsse hinausgingen.

Diese nächtlichen Begegnungen währten etwa fünf Monate, bis jemand im Haus die beiden ertappte und Frau Rosentower davon in Kenntnis setzte. Die schockierte Pensionswirtin zitierte die beiden Übeltäter in ihr Zimmer und warf Miss Drew vor, Arthur verdorben zu haben, der »völlig verdattert« war, und zwar »nicht nur wegen dieses häßlichen Auftritts, sondern noch mehr, weil Miss Drew so entschieden behauptete, sie habe nur aus mütterlicher Zuneigung gehandelt. Und ich kleiner Narr hatte gemeint, es sei Liebe, was sie dazu bewogen hatte!« Klugerweise begab sich Miss Drew direkt zu Barth, der sich selbst für Arthurs moralischen wie musikalischen Hüter hielt, und erzählte ihm ihre Version der Geschichte, bevor ihn irgend jemand mit einer anderen beeinflussen konnte. »Zu meiner Überraschung«, sagte Rubinstein, »nahm er ihre Partei. Später begriff ich, daß er ein Kennerauge für weibliche Schönheit besaß.« Im Gegensatz zu dem Bericht in seinen Memoiren allerdings wurde Arthur sofort aus der Rosentowerschen Wohnung herausgeholt und mußte vorübergehend bei seiner Tante Salka und ihrer Familie wohnen. Etwa um die gleiche Zeit trafen Miss Drews Eltern aus Amerika zu einem längst geplanten Besuch ein. Auch sie dramatisierten die ganze Angelegenheit nicht weiter. Ihre Tochter siedelte in ihr Hotel um. »Ich wurde zum Essen gebeten und mit größter Freundlichkeit behandelt, ganz als gehörte ich zur Familie«, erinnerte sich Rubinstein.[62] Am Tag vor der Abreise der Familie Drew aus Berlin schenkten Berthas Eltern Arthur ein tragbares Schreibpult mit Briefpapier. In aller Frühe am nächsten Morgen schrieb Rubinstein darauf – auf deutsch – einen Abschiedsbrief an seine Freundin.

21.7.00

»Mein liebes, liebes Miss Drew!
Heute ist der schwere Tag der Trennung angekommen. Sie können sich garnicht denken, wie schwer mir der Abschied von Ihnen wird. Ich muss aber als ein Mann erscheinen und darf mich nicht verweichlichen. Ich bin aber sicher, dass Sie mich nicht vergessen werden, nur bei einem Fall könnte ich daran zweifeln [vermutlich, falls sie Hartzell heiratete]. Ich selbst werde Sie wohl nie, nie vergessen. Denken Sie sich, wie überrascht ich gestern war, als ich zu Hause dieses wunderschöne Geschenk sah. Es war wirklich von Ihren Eltern so freundlich. Jetzt kann ich Ihnen wenigstens ordentlich schreiben und wie Sie sehen, gebrauche ich schon heute das Briefpapier. Den Schlüssel werde ich jetzt immer in der Tasche tragen, und dann kann ich gewisse Dinge einschliessen. Und wie nett war es von Ihnen selbst, dass Sie mir die schönen *Meistersinger* geschenkt haben [als Klavierauszug]. In einer Beziehung freue ich mich, dass Sie wegfahren, denn man hat Sie und mich zu sehr geärgert. Gestern schrieb ich einen Brief an Frau Rosentower. Darin beschrieb ich ihr ganz genau den Ausflug nach Potsdam [mit der Familie Drew vermutlich] und die schö-

nen Dinge, die ich von Ihren l[ieben] Eltern und von Ihnen bekommen habe. Sie wird sich mächtig ärgern. O wie schön wird es sein, wenn ich einmal nach Amerika komme und zu Ihnen nach Boston. Nur Sie müssen nicht denken, dass ich schon da kein Kind mehr sein werde. Mit sechzehn Jahren ist man ja erwachsen aber im Herzen kann man doch ein Kind bleiben, nicht wahr? Wenn wir die ganze Zeit miteinander korrespondieren werden, dann merken Sie gar nicht, ob ich inzwischen erwachsen geworden bin. Ich hoffe von Ihnen öfters Briefe bekommen, o wie ich mich immer darüber freuen werde.

Meine Tante war sehr entzückt von ihren wundervollen Blumen. Jetzt ist erst 4 Uhr, ein bischen früh, aber es schadet nicht. Ich wollte durchaus, dass keiner diesen Brief sieht und so bin ich ganz früh aufgestanden. Ihre Adressen stehen schon in meinem schönen Adressbuch.

Da ich eben meine Tante höre, so verbleibe ich Sie immer herzlichst liebender Freund

Artek.«

Am nächsten Tag schrieb er ihr gleich wieder:

»Mein liebes Fräulein Drew!

Nun bin ich einsam! Wie traurig ist es jetzt hier in Berlin! Schon gestern nachdem ich mich von Ihnen trennte war es mir ganz schrecklich zu Mute. Ich konnte meine Thränen kaum aufhalten und kam sehr verweint zu Herrn Professor. Schliesslich muss man sich aber darein fügen. Alle haben bemerkt was für eine Veränderung mit mir vorgegangen ist. Ich wollte mich zerstreuen, doch es ging nicht. Jetzt denk' ich nur daran, wann die Zeit kommt, wo ich nach Amerika komme. Ich träumte auch nur von Ihnen, schrekliche Dinge, die ich Ihnen nicht schreiben kann. Ich hoffe bald von Ihnen eine Nachricht zu erhalten. Amüsieren Sie sich gut in Eisenach? Ich spiele jetzt massenhaft die Meistersinger, besonders die Stellen, die Sie so gern haben. Ich kann heute nicht viel schreiben, da ich ins Theater zur Fledermaus gehe. Ich hatte gestern eine schlechte Stunde bei Herrn Professor, da ich natürlich viel zu aufgeregt war um scharf aufzupassen. Herr Professor schien es auch bemerkt zu haben, denn er sagte und fragte garnicht. Bei der Tante aber merkt man nicht, dass ich jetzt so aufgeregt bin. Waren Sie auch ein bischen traurig als Sie fortfuhren. Hoffentlich wenig. Schreiben Sie mir bitte auch recht bald, nur ich habe Angst, dass meine Tante den Brief öffnet und so möchte ich nicht, dass Sie alles sieht, was Sie mir schreiben. Ich werde jetzt von meinem Cousin und Cousine verfolgt, die beide meinen Brief lesen wollen. Und so will ich jetzt den Brief beschliessen. Ihr sie herzlichst liebender Freund

Artek

Grüssen Sie bitte Ihre verehrten Eltern.«[63]

Cherubinos Erziehung war unterbrochen worden. In späteren Jahren hat Rubinstein die Familie Hartzell während seiner amerikanischen Gastspiele gelegentlich wiedergesehen. Fünfzig Jahre nachdem sie sich kennengelernt hatten, schickte Bertha Arthur die Briefe, die er ihr geschrieben hatte, sowie das Album mit den Photos, die sie während ihres Berliner Aufenthaltes gemacht hatte; das Ganze war begleitet von den folgenden Zeilen: »Hier sind die kleinen Andenken, die ich Ihnen aushändigen möchte, bevor mir irgend etwas zustößt. Ich habe nicht einmal eine Kopie davon, aber etwas, was am meisten zählt: die lebhafte Erinnerung an jenen glücklichen Berliner Winter und die Gewißheit, daß es Ihnen jetzt rundum gut geht.«[64]

Im Alter von dreizehn Jahren entdeckte Arthur »einen bestimmten Charakterzug an mir: Gut arbeiten konnte ich nur, wenn es ein fest umrissenes Ziel zu erreichen galt, ein Konzert z. B. oder später Schallplattenaufnahmen.«[65] Das war die Einstellung des geborenen interpretierenden Künstlers: Es war sinnlos, sich anzustrengen, wenn es keine Gelegenheit gab, die Ergebnisse zu Gehör zu bringen. Hinter dieser Einstellung steckte indes nicht nur der Wunsch, bewundert zu werden, sondern auch ein unvorstellbares Verlangen zu geben – das Gefühl, daß es sich nicht lohnt, etwas zu tun, was sich nicht mit anderen teilen läßt. Obwohl Miss Drew Berlin verlassen hatte, gab es für Arthur einen starken Anreiz, während seines fünfmonatigen Aufenthalts bei

Tante Salka weiterzuüben, weil Barth und Joachim für ihn ein wichtiges Konzert auf dem Höhepunkt der folgenden Saison arrangiert hatten. Diesmal würde er nicht an der Hochschule spielen, sondern vielmehr im großen Beethoven-Saal, mit den Berliner Philharmonikern unter der Leitung von Josef Rebicek. Dieses Konzert würde sein offizielles Berufsdebüt sein.

Barth stellte für das Konzert ein unglaubliches Programm zusammen, eine Mischung aus Konzerten und Solostücken – ein damals übliches Genre –, und sorgte dafür, daß sich sein Schüler gewissenhaft vorbereitete. Der Abend sollte mit dem gleichen Mozartkonzert in A-Dur beginnen, das Arthur in Potsdam und an der Hochschule gespielt hatte. Dann sollten zwei schwierige Solostücke kommen – Schumanns *Papillons* und Chopins Scherzo Nr. 1 in h-Moll (in seinen Memoiren hat Rubinstein behauptet, er habe auch ein Chopin-Nocturne gespielt, aber davon ist weder in den Vorankündigungen der Zeitungen noch in den Kritiken die Rede). Zum Schluß sollte Saint-Saëns' Klavierkonzert Nr. 2 in g-Moll gespielt werden, das zum Grundbestand von Rubinsteins Repertoire bis zum Ende seiner Karriere gehörte. Die Berliner Zeitungen kündigten das bevorstehende Konzert des jungen Rubinstein groß an, denn in diesen Tagen gastierten zahlreiche berühmte Künstler in der Stadt. Innerhalb von nur zehn Tagen fanden in Berlin Konzerte statt mit den Pianisten Godowsky, Jedliczka, de Pachmann und Fanny Davies, mit dem Joachim-Quartett, den Berliner Philharmonikern unter Nikisch und mit Ysaÿe als Solisten sowie der Sopranistin Pauline de Ahna, begleitet von ihrem Mann Richard Strauss. Seine erste Probe mit dem Orchester – vermutlich am Tag des Konzerts, dem 1. Dezember 1900 – verlief reibungslos; »die Musiker schienen beeindruckt«, wie sich Rubinstein erinnerte. Dennoch waren seine »Nerven … ziemlich strapaziert«, als er sich an diesem Abend anschickte, die Bühne zu betreten: Laut Rubinsteins Memoiren saßen im Publikum Joachim, Bruch, Godowsky, der Impresario Hermann Wolff und sogar Arthurs Schwester Jadwiga sowie sein Bruder Stanislaw, die eigens von Lodz zu diesem Ereignis gekommen waren. (Eine andere – frühe, aber unzuverlässige – Quelle behauptet, auch Humperdinck, Gerhart Hauptmann,

Richard Strauss und Nikisch wären unter den Zuhörern gewesen.) Rubinstein riß sich »zusammen und gab wirklich mein Bestes. Jede einzelne Nummer war ein Erfolg. Nach dem Saint-Saëns sprangen die Leute auf, schrien und stampften mit den Füßen. Das konnte man wirklich einen Triumph nennen!« Er gab vier Zugaben, und dann kamen Joachim, Bruch und Godowsky »aufs Podium, um mir zu gratulieren, und Joachim umarmte mich«.[66]

Seine Darstellung dieses Abends ist nicht übertrieben. Einen Monat später, als Barth (in steifem Englisch) an Miss Drew schrieb, um ihr für ein Geschenk zu danken, das sie Arthur geschickt hatte, sonnte sich der Professor noch immer im Erfolg seines Schülers. »Ich habe Arthur Ihre beiden Päckchen am 27. [Dezember] übergeben«, schrieb er, »als er in sein neues Heim in Berlin W, Kleiststr. 7 III zu Herrn B. Kurt umzog. Es hat nichts gekostet, aber er wird Ihnen, wie ich hoffe, bald seinen Dank abstatten. Sein Konzert am 1. Dezember war ein wirklich großartiger Erfolg. Joachim, der ihm von Anfang bis Ende beigewohnt hat, habe ich noch nie so aufgeregt vor lauter Begeisterung gesehen. Möge der Junge in der gleichen Art und Weise fortfahren!«[67] Kritiken des Konzerts in den Berliner Zeitungen waren genauso »aufgeregt vor lauter Begeisterung«, wie es Joachim gewesen war; sie gingen weit über die höflichen oder mahnenden Standardbemerkungen hinaus, die man üblicherweise für Wunderkinder parat hatte. Dr. Leopold Schmidt, Professor am Stern-Konservatorium, schrieb im *Berliner Tageblatt,* dessen Chefmusikkritiker er war: »Im Beethoven-Saal trat ein dreizehnjähriger Knabe Arthur Rubinstein auf, dessen Spiel mit Recht die lebhafteste Verwunderung hervorrief. Er spielte … alles nicht wie ein Wunderkind, sondern wie ein reifer, erwachsener Musiker. Nur die Qualität des Tones verrieth natürlich die Kraft eines noch kindlichen Körpers. Der junge Namensvetter des großen Anton (mit dem die Familie übrigens nicht verwandt ist) ist in der ernsten Schule Heinrich Barths herangebildet, und die Richtung auf das künstlerisch Echte, auf das innerlich Musikalische gegenüber dem Virtuosenhaften, die dadurch sein Streben genommen hat, wird ihm zum Heile ausschlagen. Die Technik des Kleinen ist schon jetzt eine glänzende, ziemlich unabhängige; am er-

freulichsten aber ist, daß er einen ebenso natürlichen wie feinen Ton-
sinn bekundet. Gesellen sich zu diesen Anlagen die nöthigen menschlichen Eigenschaften, die das bescheidene Auftreten des Knaben ver-
muthen läßt, so ist von seiner Zukunft das Beste zu hoffen. Die Zuhörer
ermuthigten ihn bei seinem ersten Auftreten durch herzliche Beifalls-
bezeigungen.« In der *Vossischen Zeitung* schrieb »W. B.« (vermutlich der
Klavierlehrer und Kritiker Wilhelm Blanck): »Es war ein Vergnügen,
dem kleinen Klavierspieler mit dem großen Namen, dem dreizehnjährigen Arthur Rubinstein, der am Sonnabend mit dem Philharmonischen
Orchester ein Konzert im Beethovensaal gab, zuzuhören. Die Besorg-
niß, daß das g-Moll-Konzert von Saint-Saëns die Kräfte des kleinen,
schmucken Burschen, der so freundlich-unbefangen in das Publikum
blickte, übersteigen möchte, war schon nach den ersten Takten ge-
schwunden. Die Freude und das Behagen der Hörer wuchsen von Satz
zu Satz, von Nummer zu Nummer. Mögen sich auch bei diesem Knaben
musikalische Intelligenz und Begabung für das technische Rüstzeug in
seltenem Maße das Gleichgewicht halten, immerhin ist das tadellose
Zusammenwirken dieser künstlerischen Kräfte als das Ergebniß einer
vorzüglichen Schule zu betrachten. Nirgends wird das Ebenmaß gestört. Da ist alles so natürlich, so selbstverständlich, so ganz aus der
Sache heraus, als wenn es überhaupt gar nicht anders sein könnte. Am
tiefsten und reinsten offenbarte sich das wunderbare Talent des Kleinen
an der Wiedergabe des A-Dur-Konzertes von Mozart. Wer so vollendet
Mozart spielen kann, ist unter den Berufenen ein Auserwählter!« An
den letzten Satz dieser Kritik hat Rubinstein sich bis ans Ende seines
Lebens erinnert.

Drei Jahre harter Arbeit unter Barths strenger Anleitung hatten für
Arthur Früchte getragen, aber statt daß ihn der Erfolg dazu bewegte, in
seiner schrittweisen musikalischen Entwicklung fortzufahren, verlangte
es ihn nach neuen Triumphen. Seine Reaktion war normal für jemand in
seinem Alter, aber sie führte zu einer allmählichen Verschlechterung
seiner Beziehungen zu Barth. Eine der Hauptursachen seiner Unzufriedenheit war das Repertoire, daß er nach Barths Willen studieren
sollte: nicht genügend Bach und Chopin, zu viele von den nach Rubin-

steins Ansicht schwächeren Werken Beethovens – darunter die Sonate in e-Moll, op. 90 –, viel zu viele antiquierte Virtuosenstücke von Leuten wie Henselt, »haufenweise mindere Stücke von Mendelssohn, Schumann und Schubert, nicht aber die wirklich bedeutenden Werke dieser Meister«[68]. In einem Interview hat der neunundachtzigjährige Rubinstein auch behauptet, Barth habe nicht gewollt, daß er das Erste Klavierkonzert von Brahms spielte, doch Joachim habe sich über den Widerstand des Lehrers hinweggesetzt.[69] Leider kennen wir Barths Ansichten über diese Streitfragen nicht, aber es ist klar, daß Arthur beim Üben immer nachlässiger wurde, als er etwa vierzehn Jahre alt war. Mechanisch absolvierte er einhändige Übungen und aß mit der freien Hand Schokolade oder Kirschen, während er ein Buch las, das er auf den Notenständer gestellt hatte. Die Folgen waren natürlich »verheerend, denn die eigentliche Vorbereitung auf die Stunde mußte in wenigen Minuten erledigt werden«.[70]

Eine Zeitlang allerdings schien das Leben des jungen Rubinstein unverändert weiterzugehen. Kurz nach dem großen Konzert fand Barth für Arthur ein neues Zuhause in der Wohnung eines Herrn B. Kurt und dessen Frau. Zumindest einen Teil der Zeit, die Arthur in Berlin verbrachte, wohnte ein Flötist namens Kurth mit dem Titel Kaiserlicher Kammermusiker in der Neuen Winterfeldtstraße 42. Die Verbindung zum Kreis der Hofmusiker würde erklären, warum Barth die Kurths kannte. Barth gibt ihre Adresse zwar mit Kleiststraße 7 an, aber die Kurths könnten ja irgendwann während Arthurs Aufenthalt in der Stadt umgezogen sein. Die beiden Straßen liegen nahe beieinander in dem angenehmen Stadtviertel in der Nähe des Tiergartens: Von hier aus waren die Wohnungen einiger von Arthurs Lehrern, auch von Barth selbst, bequem zu Fuß zu erreichen. Man weiß zwar, daß der Name Winter, den Rubinstein seinen Vermietern in seinen Memoiren gegeben hat, falsch ist (vielleicht entlehnte er ihn dem Namen ihrer Straße, der Winterfeldtstraße), aber es ist nicht sicher, daß Kurt der richtige war – er kann in seinen Berliner Jahren mehrmals umgezogen sein. Wie auch immer ihr richtiger Name gelautet haben mag: Die Frau, die er Frau Winter nannte und die im folgenden Frau Kurt heißt, sei »etwa fünfunddreißig, der Mann erheblich älter«[71] gewesen, berichtete Rubinstein in seinen Memoiren. Außerdem hat Rubinstein behauptet, sie hätten keine Kinder gehabt, während er in späteren Jahren ihm Nahestehenden erzählt hat, es hätte einen kleinen Sohn gegeben. Jedenfalls erinnerte er sich, daß die Atmosphäre in diesem Haushalt friedlich und dem Studium förderlich gewesen sei. Da das Berliner Konzert Einladungen zu Auftritten an anderen Orten zur Folge hatte, war das für ihn ein frischer Ansporn zum Üben.

Im Protokoll der Sitzung der Hamburger Philharmonischen Gesellschaft vom 3. Januar 1901 heißt es:»Zum X Concert soll der vierzehnjährige Arthur Rubinstein, Schüler von Prof[essor] Heinr[ich] Barth aufgefordert werden.« Er spielte ein Klavierkonzert von Mozart – vermutlich das A-Dur-Konzert – und einige Solostücke. Der Dirigent Richard Barth (nicht mit Heinrich verwandt), ein ehemaliger Joachim-Schüler, war ein bekannter Geiger, Dirigent, Komponist, Lehrer und später Autor einer Brahms-Biographie. Das Sitzungsprotokoll der Philharmonischen Gesellschaft vom 19. Januar vermerkt:»Dem Wunderkinde Arthur Rubinstein wird für seine Mitwirkung im X Concert ein Honorar von M 250,– bewilligt.«[72]

Ein paar Tage später spielte Arthur vor der Großherzogwitwe Marie von Mecklenburg-Schwerin in ihrem Schloß in Schwerin; die Einladung war im Namen – und vermutlich auch auf Bitten – von Emma Brandes Engelmann ergangen, deren Gönnerin die Großherzogin einst gewesen war. Rubinsteins Memoiren enthalten eine köstliche Schilderung dieses ersten seiner vielen Abstecher in die Welt des altmodischen aristokratischen Protokolls: die Hofkutsche, die ihn vom Bahnhof zu seinem Hotel bringt – »einem uralten Etablissement ohne den geringsten Komfort«; seine verzweifelten Versuche, rechtzeitig fertig zu werden; seine Verlegenheit darüber, daß er keinen Frack mit weißer Binde besaß, »sondern nur kurze Hosen«; seine leicht verspätete Ankunft im Schloß; die steife Förmlichkeit des Konzerts, das im Ballsaal stattfand; und seine zunehmende Gelöstheit beim »Abendbrot« in den Gemächern der Großherzogin. In späteren Jahren liebte es Rubinstein, andere Leute durch sein enzyklopädisches Wissen über den europäischen Adel zu verblüffen. »Man begegnet ja nicht oft einem wandelnden Gotha«, berichtete der Pianist Ivor Newton in den sechziger Jahren, »aber ich habe gehört, wie man Rubinstein alle möglichen Fragen nach den komplizierten Verwandtschaftsbeziehungen der Hohenzollern, der Romanows und der Habsburger, der Familien von Hessen und Schleswig-Holstein, der zahllosen Abkömmlinge von Queen Victoria oder von König Christian IX. von Dänemark gestellt hat, und nie hat er bei der korrekten Antwort gezögert. ›Woher haben Sie nur in Ihrem umtriebigen Leben die Zeit genommen, all das zu lernen?‹ habe ich ihn gefragt. ›Als Junge habe ich an all ihren Höfen gespielt‹, erwiderte er, ›und die meisten Könige und Königinnen von Europa haben mir den Kopf gestreichelt.‹«[73]

Ein paar Tage nach seinem ersten Auftritt in Schwerin wurde Arthur wieder an den dortigen Hof eingeladen, um anläßlich des Geburtstags der Großherzogin Chopins *Fantasie über polnische Melodien* in einem Konzert mit Orchester zu spielen. Die Anwesenheit des Hofstaats und seiner erlauchten Gäste bei der einzigen Probe machte die Musiker nervös und führte dazu, daß das Konzert »kläglich« ausfiel. »Zum Glück waren die Zuhörer nicht musikalisch genug, um das zu merken. Sie klatschten höflich, nachdem die königlichen Herrschaften mit dem Beifall vorangegangen waren«, berichtete Rubinstein.[74] Er hatte gelernt, eine Grundregel aller darstellenden Künste zu beherrschen: Laß dir nichts anmerken, wenn es nicht gut läuft. Die Großherzogin war offensichtlich beeindruckt, denn kurz darauf wurde Arthur eingeladen, Mozarts Konzert in B-Dur, KV 595, mit dem Orchester des Dresdener Mozart-Vereins unter der Stabführung von Georg Aloys Schmitt zu spielen, der lange Zeit Chefdirigent an der Mecklenburg-Schweriner Hofoper war – seine ehemalige Gönnerin mußte ihm von dem jungen Pianisten erzählt haben. Das Konzert fand im Frühjahr 1901 statt, als Teil eines bedeutenden Mozartfestes, bei dem Schmitt auch die erste Aufführung seiner Edition von Mozarts unvollendeter c-Moll-Messe, KV 427, dirigierte; diese Edition wurde in den folgenden Jahrzehnten weithin verwendet. 1901 war Schmitt vierundsiebzig – somit also arbeitete der vierzehnjährige Rubinstein mit einem Musiker, der noch zu Lebzeiten Beethovens und Schumanns geboren war. Am Abend vor

Arthurs Konzert hatte Joachim bei diesem Mozartfest gespielt und war dageblieben, um den Auftritt seines Schützlings zu erleben.

Arthurs Erfolge sprachen sich bis nach Polen herum, und Aleksandr Reichmann (oder Rajchman) – einer der Gründer der neuen Warschauer Philharmoniker und Verwaltungsdirektor der vor kurzem eröffneten Konzerthalle der Stadt, der Filharmonja – lud ihn ein, als Solist mit dem Orchester in seiner ersten Saison aufzutreten. (Rubinstein hat geglaubt, sein Warschauer Debüt hätte im Frühjahr 1901 stattgefunden, aber das korrekte Datum ist der 1. April 1902. Vermutlich hatte er in dem dazwischenliegenden Jahr keine wichtigen Engagements.) »Ich freute mich außerordentlich über diese Aufforderung«, berichtet Rubinstein in seinen Memoiren, »und Barth willigte gerne ein; nur sollte ich ihm mein Honorar mitbringen.«[75]

Der Dirigent der Philharmonie, Emil Mlynarski, dominierte das Warschauer Musikleben, obwohl er noch keine zweiunddreißig Jahre alt war. Mlynarski, in Kibarty bei Suwalki in der äußersten Nordostecke des von den Russen beherrschten polnischen Sektors geboren, hatte Geige bei Leopold Auer und Komposition bei Anatoli Ljadow am St. Petersburger Konservatorium studiert. Er war ein so guter Geiger geworden, daß Auer – zu dessen späteren Schülern Mischa Elman, Efrem Zimbalist und Jascha Heifetz zählten – ihn zum zweiten Geiger im Auer-Quartett und zum Konzertmeister des Orchesters der Kaiserlichen Musikgesellschaft ernannte. Mit dreiundzwanzig Jahren war Mlynarski Professor für Geige am Konservatorium zu Odessa geworden, kehrte aber 1898 nach Polen zurück, um Chefdirigent der Warschauer Oper zu werden. Diese Position hatte er noch inne, als der fünfzehnjährige Rubinstein zum ersten Mal mit ihm spielte. Mlynarski war die treibende Kraft bei der Gründung der Warschauer Philharmonie gewesen, und in den folgenden drei Jahrzehnten spielte er eine führende Rolle im Musikleben Polens. Außerhalb des Podiums war Mlynarski einer der »reizendsten Menschen«, daß »es schien, als sei er für einen Dirigenten viel zu verbindlich«, bemerkte Rubinstein. »Kaum aber betrat er das Podium und nahm den Taktstock zur Hand, verwandelte er sich auch schon. Hoch aufgerichtet und fast unbeweglich hielt er das Orchester mit einem Minimum von Bewegungen zusammen und vermittelte dem Solisten ein herrlich sicheres Gefühl.«[76] Damals und später hat Rubinstein aufrichtigen Respekt vor Mlynarski zum Ausdruck gebracht.

Laut einem am 29. März 1902 erschienenen Vorabbeitrag in *Echo,* einer von Reichmann in Warschau herausgegebenen Zeitschrift für »Musik, Theater und Kunst«, erweckte das erste Warschauer Konzert des »fünfzehn Jahre alten Virtuosen… außergewöhnliches Interesse«. Der Artikel enthielt ein Photo von Arthur im Matrosenanzug und hob hervor, daß die für die Erziehung des Jungen verantwortlichen Menschen es vermieden hätten, aus ihm ein herumziehendes Wunderkind zu machen. »Er ist durch ernsthaftes und systematisches Arbeiten gestärkt, und sein ungewöhnliches Talent ist dergestalt entwickelt, daß es heute mit seiner abgeschlossenen künstlerischen Reife zu beeindrucken vermag, die die Jugend des Pianisten Lügen straft… Mit einer hochentwickelten Technik, mit Temperament und einem außergewöhnlich schönen Ton, der bis in die Tiefen der Seele des Hörers dringt… darf unser Landsmann einer wunderbaren Zukunft entgegensehen.« Das Konzert, in dem Arthur außer dem g-Moll-Konzert von Saint-Saëns zwei Solostücke spielte (Schumanns *Arabeske* und Brahms' Rhapsodie in g-Moll, op. 79, Nr. 2), wurde vom Publikum begeistert aufgenommen, und die führenden Lokalkritiker – Henryk Opienski, Aleksander Polinski, J. Rozenzweig und W. Miller – lobten das Talent und das breite Repertoire des jungen Pianisten. Der Sieg muß besonders süß gewesen sein für Arthur, der die Schmach nicht vergessen hatte, daß er sich erst fünf Jahre zuvor aus der Stadt und vor dem verhaßten Professor Rozycki davongeschlichen hatte. Und er war stolz, daß seine Eltern und die anderen Angehörigen seiner Familie, die eigens zu dem Ereignis aus Lodz gekommen waren, seinen Erfolg miterleben konnten.

Louis Grossman, der Warschauer Vertreter der Klavierhersteller Bechstein und Steinway, lud Arthur ein, ein paar Tage später auf einer Gesellschaft zu Ehren von Edvard Grieg und Pietro Mascagni zu spielen, die in der Stadt waren, um ihre Dirigierverpflichtungen zu erfüllen. Der junge Pianist war begeistert über die Gelegenheit, den neunundfünfzigjährigen Komponisten des Klavierkonzerts in a-Moll (Rubinstein lernte das Werk allerdings erst viele Jahre später lieben) und den neununddreißigjährigen Komponisten der *Cavalleria rusticana* kennenzulernen, der Oper, die das Publikum in ganz Europa ein Jahrzehnt zuvor begeistert hatte. Der Empfang fand vermutlich in Grossmans Haus statt, das Stefan Spiess, der musikliebende Sohn eines reichen Warschauer Chemiefabrikanten, als eines der Zentren im Musikleben der Stadt bezeichnet hat.

Um den 10. April herum trat Arthur mit anderen Musikern an der Filharmonja in einem Wohltätigkeitskonzert zugunsten eines jüdischen Krankenhauses auf; sein Programmbeitrag war Schuberts *Wanderer-Fantasie*. »Im Künstlerzimmer erwartete mich ein höchst ansehnlicher junger Mann mit bleichem Gesicht, ausdrucksvollen Zügen und feiner Nase«, erinnerte er sich. »Sein langes Haar war künstlich gelockt, und er hatte auffallend lange, schöne Finger. Seine Kleidung erinnerte an die Chopins: schwarzer, enger Gehrock, graue Hosen, zweireihige, schwarze Samtweste und Lackschuhe. Er ergriff meine Hände und überschüttete mich mit Komplimenten.«[77] Der junge Mann, dem Rubinstein in seinen Memoiren durchweg den falschen Namen Frederic Harman gegeben hat, war Juliusz Edward Wertheim, ein vielversprechender Komponist, Pianist und Dirigent, der Sprößling einer großbürgerlichen – ursprünglich jüdischen, aber zum Katholizismus konvertierten – Familie. Diese unterhielt einen musikalischen Salon, der sogar noch bedeutender war als der von Louis Grossman. 1893, im Alter von zwölf oder dreizehn Jahren (er war am 24. September 1880 geboren worden), hatte Juliusz damit begonnen, Klavierunterricht bei Rudolf Strobl zu nehmen, der zuvor Paderewski, Sliwinski und Rozycki unterrichtet hatte. Der Junge hatte Talent, und seine Eltern schickten ihn nach Berlin, um Komposition bei Heinrich Urban und Klavier bei dem beliebten Pianisten und Komponisten Moritz Moszkowski sowie bei Heinrich Barth zu studieren. Kurz bevor Rubinstein nach Berlin kam, war Wertheim nach Warschau zurückgekehrt, um Komposition bei Zygmunt Noskowski am Musikinstitut zu studieren. Zum Abschluß erhielt Wertheim 1901 die Goldmedaille des Instituts. Als Arthur ihn im darauffolgenden Jahr kennenlernte, hatte er damit angefangen, Klavierkonzerte zu geben und Unterricht zu erteilen. Seinen Vornamen Juliusz hatte er inzwischen zum französischen Namen Jules geändert.

Arthurs erster Kontakt mit den Wertheims beschränkte sich auf einen kurzen Besuch in ihrem wunderschönen Haus am Vormittag nach dem Benefizkonzert. Er hörte sich an, wie Jules den »herrliche[n] Ton« der beiden Konzertflügel in dem »riesigen Salon«[78] demonstrierte, und lernte Jules' attraktive Schwester Joanna kennen (die »Basia« in Rubinsteins Memoiren), die etwa achtzehn Jahre alt war. Aber Rubinstein saß die ganze Zeit wie auf Kohlen, erinnerte er sich, als ob ihn irgendein geheimer Instinkt vor etwas warnen wollte, und war ebenso bekümmert wie erleichtert, daß er zu einer Essensverabredung mit seinen Eltern und anderen Verwandten davoneilen mußte.

Am nächsten Tag fuhr er nach Lodz, wo seine Familie für ihn ein Konzert organisiert hatte. Der Sala Vogla war ausverkauft; viele der Anwesenden waren nahe oder ferne Verwandte von Arthur oder Freunde der Familie, und sie waren verständlicherweise begeistert. »Anschließend versammelte sich die Familie bei uns daheim, und bis in die späte Nacht tranken wir Tee und aßen Obst«, erinnerte er sich.[79] Er kehrte nach Berlin zurück, beflügelt von der Erinnerung an das Familientreffen und an seine ersten beruflichen Erfolge in seiner Heimat, aber Barth riß ihn bald aus dieser Euphorie. Izaak Rubinstein hatte seinen Sohn angewiesen, dem Professor zu sagen, daß der Gewinn aus dem Konzert von Lodz an Barth überwiesen würde, sobald Izaak die Kosten beglichen habe. (Arthur hatte sein Warschauer Honorar wie die Honorare aus seinen Konzerten in Deutschland Barth, der für die Finanzen seines Schülers zuständig war, direkt übergeben.) Nachdem er etwa drei Wochen abgewartet hatte, erinnerte sich Rubinstein, habe Barth, der nicht wußte, wie leicht der Junge in seinem Stolz zu verletzen war, seinem Ärger Luft gemacht und unterstellt, Rubinstein »père« versuche ihn zu betrügen. »Das war zuviel«, erinnerte sich Rubinstein »fils«. »Ich packte meine Noten, lief zur Tür und schrie: ›Ich lasse meinen Vater nicht beleidigen! Mich sehen Sie nicht wieder! Ich fahre nach Hause.‹ Und weinend rannte ich hinaus. In meinem Zimmer bei Winters schrieb ich sofort an meinen Vater, schilderte ihm, was passiert war, und bat, heimkehren zu dürfen. Da klingelte es, der Professor wurde eingelassen, und atemlos vom Treppensteigen fauchte er mich an: ›Schreib deinem Vater jedes Wort, was ich gesagt habe. Verschweig ihm nichts.‹ Ich erwiderte ruhig: ›Genau das habe ich bereits getan, und jetzt warte ich seine Anweisungen ab.‹«[80]

Izaaks Antwort war besonnen: Er habe erst noch die Rechnungen über die verschiedenen Ausgaben abwarten müssen und werde das Geld unverzüglich abschicken. Dann forderte er Arthur auf, ihn bei Barth dafür zu entschuldigen, daß er ihn nicht schriftlich über die Verzögerung in Kenntnis gesetzt habe. Barth entschuldigte sich beschämt bei Arthur und durch ihn bei seinem Vater, aber Arthur vermochte in seinem pubertären Stolz nicht, den Unterschied zwischen einer im Zorn erhobenen Anschuldigung – und nur dies konnte man Barth vorwerfen – und einer absichtlichen Beleidigung zu erkennen. »Ich war wie vor den Kopf geschlagen und tief gekränkt. Zum ersten Mal hatte ich meinen Vater um Hilfe gebeten, und er ließ mich im Stich… Dieser Brief meines Vaters bezeichnete einen Wendepunkt in meinem Leben; ich fühlte mich alleingelassen. Nach längerem Brüten kam ich zu dem Ergebnis, daß ich zwar meine Eltern und die Geschwister liebte, daß aber das physische und moralische Band, das mich an sie kettete, für immer zerrissen sei.«[81] Alina Rubinstein hat darüber spekuliert, im Grunde habe ihr Vater das Gefühl gehabt, »daß er nicht zu seinem Vater als dem starken Mann aufblicken konnte – daß es ihm selbst überlassen blieb zu tun, was getan werden mußte«. Früher habe Arthur seinen Vater bewundert als »einen Patrizier, der in einer Ecke saß und den Talmud las und sich nicht um das kümmerte, was um ihn herum passierte«, meinte Dr. Rubinstein, aber die Konfrontation mit Barth habe seine Einstellung verändert. »Es muß schwer gewesen sein, so talentiert und frühreif zu sein und einen Vater zu haben, der sein Unternehmen aufgeben mußte – und vielleicht hat sich mein Vater seines Vaters geschämt. Ich glaube, er war voller Scham- und Schuldgefühle, weil er so viel stärker erscheinen mußte, als er wirklich war, und weil er den Eindruck erwecken mußte, eine viel stärkere Familie zu haben als in Wirklichkeit.«[82] Barth »war – uneingestanden – Antisemit«

(so Arthur Rubinstein[83]) und hat vermutlich die Schmach, die der Junge wegen des vermeintlich unterwürfigen Verhaltens seines Vaters empfand, noch verstärkt. Der Vorfall jedenfalls hatte Arthur zutiefst geprägt. »In diesen schweren Tagen wählte ich mir zum Motto: ›Nie dam sie‹. Man kann es nicht gut übersetzen, aber es bedeutet ungefähr: ›Nie aufgeben‹. Daran habe ich mich mein Leben lang gehalten.«[84]

Aber es gab Tröstungen. In jenem Jahr verbrachte Arthur die Sommerferien als Gast seiner Freunde, der Salomons, in einem Landhaus an einem See in Pommern, in der Nähe der Kleinstadt Lychen, rund neunzig Kilometer nördlich von Berlin. Er ging spazieren und lernte rudern, und allmählich fand er seine innere Ruhe wieder. Und kurz nachdem er wieder in Berlin war, verführte er seine Vermieterin.

Eine Zeitlang hatte Arthur bemerkt, daß er eifersüchtig auf Herrn Kurt war, wenn der Vermieter und seine Frau unschuldig liebevolle Gesten und Küsse austauschten. Frau Kurt war etwa zwanzig Jahre älter als Arthur, der noch fünfzehn war, aber sie war »dank guter Figur, gefälligen Zügen und freundlich lächelnden Augen durchaus anziehend«, berichtete er.[85] Nach seiner Version der Geschichte – der einzigen, die wir kennen – faßte er »einen Plan, ganz ein kleiner Machiavelli«, um zu bekommen, was er wollte: Er sagte Frau Kurt, er könne es nicht länger ertragen, in ihrem Haus zu wohnen, aber er weigerte sich, ihr zu sagen, warum, und sie solle ihm versprechen, die Angelegenheit weder gegenüber ihrem Mann noch gegenüber Barth zu erwähnen. Genau wie Arthur es beabsichtigt hatte, reizte seine Geheimniskrämerei ihre Neugier. Nachdem sie mehrere Tage lang versucht hatte, den Grund zu erfahren, warum er unbedingt ausziehen müsse, spürte er: »Das war der richtige Augenblick... Leise, beinahe flüsternd sagte ich: ›... Also... ich habe... unerlaubte Gefühle für Sie, und ich halte es nicht mehr aus, Ihnen so nahe zu sein.‹ Langes, verblüfftes Schweigen. Dann aber sagte sie mit gekünstelter Leichtigkeit: ›Das ist reiner Unsinn, mein Junge, das geht bald genug vorbei, deshalb brauchst du doch nicht auszuziehen!‹ Ich wußte aber, daß ich gesiegt hatte. Am selben Abend traf ich sie, angetan mit einem dünnen Morgenrock, auf dem dunklen Korridor vor meinem Zimmer. Sie wollte mir Gute Nacht sagen. Ich legte ihr schüchtern meine Hand auf ihre festen, runden Brüste, und sie erlaubte es. Dann küßten wir uns. So begann meine erste richtige Liebesbeziehung.«[86] Rubinstein hat später Freunden erzählt, sein erstes Beischlaferlebnis an diesem Abend habe ein tragikomisches Nachspiel gehabt, eine Folge seiner abgrundtiefen Unwissenheit über die weibliche Physiologie: Frau Kurt hatte ihre Periode, und als Arthur Blut auf dem Bett erblickte, dachte er, sie tödlich verletzt zu haben. Er war entsetzt – und man kann sich gut vorstellen, wie sehr sich seine Partnerin darüber amüsiert hat, als sie den Grund dafür erfuhr. (Ursprünglich hatte er die Geschichte in seine Memoiren aufnehmen wollen, aber während er sie schrieb, erhielt er zu seiner Überraschung einen freundlichen Brief vom Sohn der Kurts, den er fast siebzig Jahre lang nicht gesehen hatte. Rubinstein wollte ihm nicht weh tun – und dies erklärt vermutlich auch, warum er den Kurts einen anderen Namen gab und behauptete, sie seien kinderlos gewesen.)

Seine »erste richtige Liebesbeziehung« war keine stürmische Leidenschaft. Vielmehr war sie ein Ventil für seine sexuellen Bedürfnisse und eine Quelle für emotionalen Trost – für die Zuneigung von seiten einer Frau, die alt genug war, seine Mutter sein zu können. Ich hatte »gesiegt«, sagte Rubinstein, und vermutlich war diese Affäre für ihn eher ein sportlicher Wettkampf als der Ausdruck inniger Liebesgefühle. Sie stimmte ihn auch auf andere derartige Wettkämpfe ein, da Frau Kurt ihm gewisse Dinge über die Beziehungen zwischen Mann und Frau im allgemeinen und über Sex im besonderen beigebracht haben mußte, die sich schließlich als nützlich erwiesen im Umgang mit den rund drei Dutzend Frauen, die Rubinstein in seinen Memoiren als Bettgenossinnen erwähnte, und mit vielen anderen, die er lieber nicht erwähnte. Zum Glück für das Seelenleben beider hat Frau Kurt ihn offenbar genauso benutzt wie er sie. Vermutlich fehlte es ihr an Abwechslung und physischer Befriedigung, und beides in den Armen eines sexuell hungrigen Jünglings zu finden, der für Ruhm und Reichtum bestimmt schien, muß dem Abenteuer zusätzlichen Reiz verliehen haben. Daß der fragliche Jüngling zufällig auch noch in ihrer Wohnung lebte, erleichterte das Ganze: Da bedurfte es keiner raffinierten Lügen, um Abwesenheiten

von zu Hause zu erklären, oder komplizierter Rendezvous in Hotelzimmern oder bei Freunden. Anscheinend war Frau Kurt eine Frau, die
das süße Leben ohne Reue genießen konnte. »Kein Wunder also, daß
[sie] sich dauernd in meinem Zimmer aufhielt«, bemerkte der fünfund-
achtzigjährige Rubinstein, der sich noch immer über das Glück freute,
das er sieben Jahrzehnte zuvor erlebt hatte. [87]
Im Bett zu üben – etwas erregend Neues – war viel reizvoller, als am
Klavier zu üben. Neben dem Niedergang von Arthurs Beziehung zu
Barth beschleunigten die ausgedehnten Runden der sexuellen Aktivität
den quantitativen wie qualitativen Niedergang seiner Tastentätigkeit.
Barth war vermutlich zu wenig selbstkritisch, um zu begreifen, daß er
zum Teil selbst daran schuld war, aber er war doch so gewitzt, daß ihm
der Verdacht kam, etwas anderes könnte hier nicht stimmen, und er
fühlte sich für das Wohlergehen seines Schülers verantwortlich. In
großer Verlegenheit begab sich der brummige Junggeselle zur hübschen Zimmerwirtin des Jungen und erklärte ihr, er glaube, daß Arthur
sich exzessivem Masturbieren hingäbe. Barths Argwohn hatte ihn die
richtige allgemeine Richtung einschlagen lassen, aber an der letzten
Ecke war er falsch abgebogen. Später konnten sich die Liebenden auf
Kosten des Professors vor Lachen ausschütten.
Die erste bezeichnende Folge von Arthurs Nachlassen am Klavier bestand darin, daß er nicht sein Bestes bei einem wichtigen Konzert gab,
das für ihn im Beethoven-Saal am 12. Februar 1903 arrangiert worden
war, unter der Schirmherrschaft der Agentur Wolff. Wie Rubinstein
selbst später einräumte, »verstand« der junge Pianist den zweiten Satz
von Beethovens Sonate in e-Moll, op. 90, mit der das Programm begann,
»nicht gut genug«. Dann kam Brahms: das Capriccio in h-Moll, op. 76,
Nr. 2, das Intermezzo in b-Moll, op. 117, Nr. 2, und der furchtbar schwierige zweite Teil der *Variationen über ein Thema von Paganini,* op. 35,
den Arthur »viel zu schnell« spielte, wie er sich erinnerte. Was Schumanns *Davidsbündlertänze* anging, die auf die Brahms-Stücke folgten,
hatte Barth »mich mit läppischen Details gequält, bis auch der letzte
Funke meiner Begeisterung erloschen war«. Rubinstein verschwieg,
wie er die Chopin-Stücke – die Mazurken in G-Dur, op. 50, Nr. 1, und in

f-Moll, op. 63, Nr. 2, und das Nocturne in G-Dur, op. 37, Nr. 2 – gespielt hat, aber das letzte Stück auf dem Programm, Liszts Zwölfte *Ungarische Rhapsodie,* »ging ebenfalls mehr schlecht als recht. Das Konzert war ein Reinfall! Applaus ertönte hauptsächlich von meinen zahlreichen Bekannten im Saal, doch das Lob, das sie mir anschließend im Künstlerzimmer spendeten, klang wie Beileid.«[88] Er war froh, daß Joachim nicht dabeigewesen war.

Die Auslassungen des Kritikers »W. B.« in der *Vossischen Zeitung* decken sich zum Teil mit Rubinsteins Erinnerungen an das Ereignis. »Es sind zwei Jahre her, daß der kleine Klavierspieler Arthur Rubinstein zum ersten Male vor die Oeffentlichkeit trat und den Glauben erweckte, als ob die musikalische Begabung schon an dem Namen haftete… Damals war es die kindlich-natürliche Spielfreudigkeit, die, durch sorgsame musikalische Erziehung gefestigt, so außerordentlich angenehm an dem dreizehnjährigen Knaben überraschte. Bei seinem Klavierabend am Donnerstag im Beethovensaal befremdete in gleichem Maße ein Zug altkluger Frühreife, der schließlich beim Vortrag der Zwölften Rhapsodie von Liszt in Temperamentlosigkeit ausartete. Möglich, daß das Programm nicht günstig für Rubinstein zusammengestellt war. Es fehlten darin gänzlich die naiven [d.h. vorromantischen] Komponisten; dagegen war dem grübelnden Brahms, dem sentimentalen Schumann und Chopin ein beträchtlicher Raum zugewiesen. Wie vor zwei Jahren hat Arthur Rubinstein auch dieses Mal nur den Nachweis erbracht, daß seine ungewöhnlichen Anlagen auch ungewöhnlich gut ausgebildet sind, daß er in seiner Kunst sicher steht und läuft. Zum eigenen Gedankenflug des Künstlers hat der tüchtige Spieler aber seine geistigen Schwingen noch nicht entfaltet. Hoffen wir, daß das Jünglingsalter, an dessen Schwelle er jetzt steht, ihn über die Handwerksmäßigkeit hinweg zu höheren Zielen führen wird.« Aber Leopold Schmidt urteilte im *Berliner Tageblatt* alles in allem positiver und, wie man heute weiß, einfühlsamer. »Vielleicht ist er berufen, den Namen Rubinstein noch einmal zu Ehren zu bringen, denn er ist schon jetzt ein ganz erstaunlicher kleiner Virtuose. Daß die innere, geistige Entwicklung mit der mechanischen nicht gleichen Schritt hält, daß der Vortrag seiner Beethoven-

Sonate noch außerhalb des Bereichs seiner Darstellungskraft liegt, ist nicht verwunderlich. Wie er aber in einem Stück wie die *Paganini-Variationen* von Brahms, von denen er das zweite Heft spielte, der Schwierigkeiten Herr wird, das ist sehr bemerkenswert und zeigt ein ebenso solides wie frühreifes Können. Am erfreulichsten aber ist die gesunde, ungezwungene Art seines Musizierens, die schon bei seinem ersten Auftreten die Aufmerksamkeit auf ihn lenkte. Eine sorgfältige Erziehung hat der Begabung des Knaben gute Bahnen gewiesen; von der Entwicklung des Menschen und der damit zusammenhängenden künstlerischen Vertiefung wird es abhängen, welche Stufe Arthur Rubinstein, dessen bescheidenes Wesen für ihn einnimmt, erreichen kann.«

Barth machte Arthur unmißverständlich klar: »Mein Junge, wenn du nur arbeiten wolltest, könntest du ja alle in den Dreck spielen!« Dazu Rubinstein, in einem für seine Memoiren seltenen Augenblick der Selbstoffenbarung: »Dieser Satz traf mich tief, er hat mir mein Leben lang in den Ohren geklungen.«[89] Er würde nie ganz frei von einem gewissen Schuldgefühl sein – dem Gefühl, nie hart genug gearbeitet zu haben –, das das Leben so vieler Musiker verdüstert und das der amerikanische Pianist Gary Graffman humorvoll betont hat, als er seiner Autobiographie den Titel gab: *Ich sollte wirklich üben*. Es gibt Musiker, die dieses Schuldgefühl regelmäßig abbauen, indem sie diszipliniert üben, während andere, wie Rubinstein, es unregelmäßig abbauen, indem sie nur dann üben, wenn sie das Gefühl haben, es nicht länger hinausschieben zu können. Unter letzteren brüsten sich manche damit, wie wenig sie arbeiten, und behaupten sogar, weniger als in Wirklichkeit zu arbeiten. »Üben ist nichts weiter als eine schlechte Gewohnheit«, pflegte Fritz Kreisler zu sagen. Aber seine Begleiter haben berichtet, daß er zwar nicht das Programm geübt habe, das er jeweils gerade gab, daß er aber sorgfältig an künftigen Programmen gearbeitet habe.

Das Schuldgefühl, nicht genug zu üben, diente Rubinstein während seiner gesamten Karriere zwar als ständiges sanftes Alarmsignal, aber das von der nächsten denkwürdigen Episode in seinem Leben wachgerufene Schuldgefühl war viel stärker, wenn auch sporadischer – ein furchtbares Gefühl, das Rubinstein hin und wieder bis zu seinem Lebensende innerlich aufwühlte. Nach seiner Version der Geschichte – auch dies die einzige, die wir kennen – hat seine Mutter, die ihn mit zehn Jahren einem Schicksal als Pensionsgast überließ, ihm plötzlich geschrieben, sie werde nach Berlin kommen, um sich um ihn zu kümmern. Sie und sein Vater seien sich einig, daß er sie brauche, und da Frania, seine jüngste Schwester, nun aus dem Haus sei (sie hatte einen gewissen Leo Likiernik geheiratet, den Rubinstein später als unverbesserlichen Spieler und schlechten Ernährer bezeichnete), sei dies nun möglich geworden. Geld sei kein Hindernis, schrieb Felicja, da die von Arthurs Gönnern bereitgestellten Mittel ohne weiteres auch ihre Kosten decken würden.

Arthur war entsetzt: Er konnte den Gedanken nicht ertragen, daß seine Wohltäter nicht nur ihn, sondern auch seine Mutter unterstützten. Doch seine Wohltäter hatten es vermutlich bei ihrer jeweiligen Bank so eingerichtet, daß ihm durch Barth ein fester Geldbetrag in regelmäßigen Abständen zugute kam; ob Rubinstein das Geld nun für Kost und Logis bei Fremden verwendete – ein relativ aufwendiger Lebensstil –, oder ob er davon in einer bescheidenen Wohnung mit seiner Mutter lebte, die für ihn kochen und sich auch in anderer Weise um ihn kümmern würde, wäre den Geldgebern wohl egal gewesen. Es muß also andere Gründe gegeben haben, warum er so entschieden gegen den Plan seiner Mutter war. Alina Rubinstein hat vermutet, daß ihr Vater »den Gedanken nicht ertragen konnte, da er gerade in die Pubertät kam, allein bei seiner Mutter zu leben, und zwar weil ihn dieses Umhegt- und Umsorgtsein erniedrigt hätte, er sich dabei wie ein Kind vorgekommen wäre, während er sich doch gerade bemühte, ein Mann zu werden und als solcher gesehen zu werden, aber auch wegen des offenkundigen ödipalen Tabu-Schuld-Komplexes, den ein derartiges Arrangement mit sich gebracht hätte. Und daß die Wohltäter so ein Arrangement auch noch unterstützt hätten, wäre für ihn natürlich unerträglich gewesen.«[90] Außerdem wollte Rubinstein mit ziemlicher Sicherheit seine aufregende Beziehung zu seiner Ersatzmutter, Frau Kurt, fortsetzen. Falls seine echte Mutter in die Stadt käme, müßte er aus der Kurtschen Wohnung ausziehen, und mit seiner Erkundung der schönen neuen Welt des Sex würde es, zumindest vorübergehend, ein Ende haben. Rubinstein hat diesen Faktor zwar weder in seinen Memoiren erwähnt noch, wie es scheint, darüber mit Freunden und Familienangehörigen gesprochen, denen er in späteren Jahren seine bleibenden Schuldgefühle gegenüber seiner Mutter gestanden hat. Aber selbst wenn man bedenkt, welche demütigende Schmach ihm die Aussicht bereitet haben muß, mit seiner Mutter von der Barmherzigkeit seiner Wohltäter zu leben, kann man wohl kaum daran zweifeln, daß seine Unterrichtsstunden bei Frau Kurt ihn felsenfest darin bestärkten, seine Mutter an der Realisierung ihres Plans zu hindern.

Zunächst schrieb Rubinstein einen windelweichen Brief nach Lodz, um Felicja ihr Vorhaben, nach Berlin zu kommen, auszureden. Als das nicht funktionierte, sprach er praktisch mit all seinen wichtigen Berliner Bekannten, von Joachim abwärts, und verwahrte sich dabei so vehement gegen den Plan seiner Mutter, daß es ihm tatsächlich gelang, eine Anti-Felicja-Verschwörung zu organisieren. Die Mutter traf in Berlin im März 1903 ein (nicht 1902, wie Rubinstein in seinen Erinnerungen fälschlicherweise meinte), hatte, laut ihrem Sohn, Gepäck »für einen Aufenthalt von Jahren« dabei und ließ sich zunächst einmal in der Wohnung ihrer Schwester und ihres Schwagers häuslich nieder. Diese wollte sie als Basis benutzen, während sie sich nach einer passenden Bleibe für Arthur und sich umsah. Es dauerte allerdings nicht lange, bis sie merkte, daß Arthur wild entschlossen war, sie zur Abreise zu bewegen, und daß er dafür andere Verbündete gewonnen hatte. Es kam zu einer Reihe qualvoller Mutter-Sohn-Gespräche auf Parkbänken und in Cafés im und beim Tiergarten: Felicja weigerte sich, Arthur bei den Kurts zu besuchen, wo irgend etwas nicht ganz mit rechten Dingen zuging, wie sie vielleicht vermutete, und er hatte nicht die Zeit, wegen seines Studiums und anderer Tätigkeiten, sie bei den Meyers zu besuchen, die in einem anderen Stadtteil wohnten. Diese Treffen hatten nur zur Folge, Rubinstein in seiner Entschlossenheit und seine Mutter in ihrer Verbitterung zu bestärken. »Es war jammervoll«, erinnerte sich Rubinstein. »Sie bettelte, sie weinte, sie schrie mich an, doch ich blieb unerbittlich.«[91]

Die Pattsituation wurde schließlich von Joachim gelöst, diesem großen Deus ex machina in Rubinsteins frühem Leben. Er erklärte Arthur, er habe zu Paderewski über ihn gesprochen. Paderewski wolle den jungen Mann einladen, ihm in seinem Chalet in der französischsprachigen Schweiz vorzuspielen. Barth äußerte zwar Bedenken gegen das Vorhaben, weil Arthur in letzter Zeit nicht zufriedenstellend gearbeitet habe (»er hatte nicht unrecht«, wie Rubinstein rückblickend gesagt hat[92]), mußte sich aber Joachims Willen beugen. Martin Levy würde die Reise finanzieren, sagte Joachim, und Arthur müsse sofort losfahren, da Paderewski sein Haus in etwa einer Woche verlassen würde. Also bestieg Arthur eines Abends im Mai den Zug und ließ seine Mutter in Berlin zurück, genauso wie sie es ihm fünfeinhalb Jahre zuvor angetan hatte – wobei er ihr freilich seine Reise verschwieg. Er stahl sich einfach davon.

Ignacy Jan Paderewski war zu seiner Zeit sogar berühmter gewesen als Rubinstein eine Generation später. Wie Rubinstein war er im russisch besetzten Sektor von Polen geboren (im Jahre 1860), war aber von seiner Herkunft her katholisch und nationalistisch. In seinen frühen Jahren tat Paderewski sich mehr durch seine Entschlossenheit hervor, ein Pianist zu werden, als durch das, was er an den Tasten leistete. Aber als Helena Modrzejewska, die weltberühmte polnische Schauspielerin, ihn 1883 im privaten Kreis spielen hörte und (wichtiger noch) sah, erkannte sie augenblicklich sein Potential als Bühnenpersönlichkeit. »Paderewskis Kopf, mit seiner Aureole üppigen goldenen Haars und den zarten, fast femininen Zügen, sah wie der eines Engels von Botticelli oder Fra Angelico aus, und er schien so tief in sich versunken zu sein, daß dieser Anblick von einer fast hypnotischen Intensität war«, sagte sie. »Wir haben viel miteinander geplaudert, und ich empfahl ihm, öffentlich aufzutreten. Sein poetisches Gesicht, im Verein mit seinem Genie, mußte einfach zu großartigen Ergebnissen führen.«[93] Von Modrzejewska finanziell unterstützt, ging Paderewski nach Wien, um bei Leschetizky zu studieren, der ihm bei der Lösung einiger technischer Probleme behilflich war – obwohl Paderewski bereits viel zu alt war (Mitte Zwanzig), um noch zu lernen, wie man sich an den Tasten ungezwungen fühlt. Sein Berufsdebüt im Jahre 1888 in der Pariser Salle Erard war ein Triumph, mit dem er nicht gerechnet hatte, wie er später berichtete: »Es war ein überwältigender Applaus, ein überwältigender Erfolg, wenn man so will – und eine Katastrophe, diese Verantwortung!... Unmittelbar im Anschluß an mein Debüt verlangte die Öffentlichkeit entschieden nach einem zweiten Konzert. Und ich hatte nichts! Ich hatte kein anderes Programm.«[94]

Doch innerhalb von vier Jahren hatte Paderewski den größten Teil Europas und der USA erobert, und von der Jahrhundertwende bis zu seinem Tod im Jahre 1941 war sein Name international ein wahrer Inbegriff. Riond-Bosson, sein Chalet bei Morges im Kanton Waadt, war von den Früchten der ersten großen Erfolge des Pianisten 1889 gekauft worden. Zehn Jahre später zog Paderewski dort mit seiner langjährigen Geliebten und neuen Braut Helena de Rosen Gorska und seinem gelähmten neunzehnjährigen Sohn Alfred ein, dem Kind von seiner ersten Frau, die bei der Geburt gestorben war. Nur wenige Monate vor Arthurs Besuch in Riond-Bosson war der junge Alfred Paderewski dort gestorben.

Das Chalet und sein Grundbesitz erinnerten an den Landsitz eines Monarchen. Wenn Paderewski zu Hause war, versammelte sich der gesamte Haushalt – Familie, Gäste und Bedienstete – zu Mittag in der großen Halle. »Um ein Uhr kam der Meister lächelnd die Treppe herab und erkundigte sich bei jedem der Anwesenden mit ein paar passenden Fragen nach dessen Gesundheit und seinem Tun und Treiben«, sagte Fred Gaisberg. »Es war wie an einem kleinen Hof. Dann begab er sich allen voran in den Speisesaal, wo er vom Kopf der Tafel aus darauf achtete, daß für jeden gesorgt war.«[95] Arthur wurde nach seiner Ankunft in Riond-Bosson sofort in den Musiksalon geführt, wo er warten sollte. Er war eingeschüchtert von der bombastischen Umgebung wie von der abweisenden Art Madame Paderewskas und ihrer alten Tante, die durchs Zimmer gingen, bevor der Meister eintrat. »Ich wollte schon weglaufen, da geschah ein Wunder«, erinnerte sich Rubinstein. »Die mittlere Tür wurde schwungvoll aufgestoßen, und es erschien die

Sonne, jawohl die Sonne: Ein noch jugendlicher Paderewski, Mitte Vierzig, in einem weißen Anzug mit weißem Hemd; eine goldblonde Mähne, ein Schnurrbart von gleicher Farbe und ein Haarbüschel zwischen Unterlippe und Kinn gaben ihm das Aussehen eines Löwen. Doch sein Lächeln und sein Charme machten ihn so unglaublich strahlend wie die Sonne.«[96]

Trotz der natürlichen Warmherzigkeit und Freundlichkeit, mit der Paderewski ihn willkommen hieß, machte Arthur zahlreiche Patzer, als er seinem Gastgeber den zweiten Teil der *Paganini-Variationen* von Brahms vorspielte. Paderewski spürte, daß sein junger Kollege befangen war, und lud Rubinstein ein, die nächsten paar Tage in Riond-Bosson zu bleiben. Nach dem Abendessen an jenem ersten Tag bat Paderewski ihn, für seine anderen Hausgäste und für ihn zu spielen. »Und diesmal war ich in der richtigen Stimmung«, berichtete Rubinstein. »Ich legte mein ganzes Herz in meine Lieblingsstücke von Brahms, zwei Rhapsodien und ein Intermezzo, und spielte noch ein Impromptu von Chopin. Paderewski sprang auf, umarmte mich und rief: ›Ich wußte ja, daß Sie großes Talent haben! Ich werde Professor Joachim darüber schreiben.‹«[97]

Arthur verbrachte mehrere bezaubernde Tage in Riond-Bosson. Er kegelte im Garten und spielte Billard im Billardzimmer mit seinem Gastgeber, plauderte ausgiebig mit ihm und sah nach dem Diner zu, wie Paderewski gegen sich selbst Bridge spielte. Da Paderewskis Klaviertechnik unnatürlich war, war er ein Sklave der Tasten – ganz anders als Rubinstein, dessen natürliche Tastenfertigkeit fast grenzenlos war, der aber oft keine Neigung verspürte, das zu verbessern, was er einigermaßen gut ohne große Anstrengung konnte. Am letzten Abend spielte ihm Paderewski »zwei Stunden vor; er machte mich auf gewisse pianistische Schwierigkeiten aufmerksam, zeigte mir raffinierte Fingersätze und Pedaltechniken und anderes Wissenswerte«. Arthur war fasziniert von gewissen Details im Spiel seines älteren Kollegen und von seinem Ton, »doch sein übertriebenes Rubato und die immer wieder gebrochenen Akkorde sagten mir nicht zu«, bekannte er in seinen Memoiren.[98] Einige von Rubinsteins späteren spontanen Bemerkungen über Paderewskis Spiel und seine Auswirkungen auf den musikalischen Geschmack seiner Zeit waren erheblich spitzer. »Als ich über zwanzig war, mochten mich die Leute in Polen sehr, aber sie meinten, mein Chopin sei kalt. Warum? Weil Paderewski der Hauptvertreter von Chopin war, und er war allzu romantisch. Er war ein großartiger Musiker, aber für das Klavier eigentlich nicht begabt. Er hatte eine überwältigende Persönlichkeit – seinen größten Erfolg hatte er in der Bogenführung. Er spielte Chopin auf eine ganz sentimentale Art und Weise. Mit gebrochenen Akkorden beispielsweise. Ich habe diesen Stil bekämpft, weil ich wußte, daß Chopin besser war als das.«[99]

Als für Arthur die Zeit des Abschieds gekommen war, lud ihn Paderewski ein, in den Sommerferien erneut sein Gast in Riond-Bosson zu sein. Die Aussicht, ein so herrliches Erlebnis wiederholen zu dürfen, hob Arthurs Stimmung während des größten Teils der Rückreise, aber als sich der Zug Berlin näherte, begann er sich Sorgen zu machen, daß er mit seiner Mutter wieder aneinandergeraten würde. Doch mit dem, was ihn erwartete, hatte er nicht gerechnet: Felicja hatte den Kampf aufgegeben und war nach Lodz zurückgekehrt. Auf diese Weise machte Rubinstein unversehens die Erfahrung, daß die Erfüllung eines Wunsches oft eine stark negative Begleiterscheinung hat. »Es zerbrach etwas in mir«, erinnerte er sich, » – plötzlich tat die Mutter mir verzweifelt leid. Fast hätte ich sie angefleht zurückzukommen…«[100] Aber das tat er nicht. Sein Plan hatte funktioniert, und die Schale der Schuld hatte sich nun auf seine Seite geneigt.

K aum war Felicja Rubinstein verschwunden, da mußte Arthur sich darüber klarwerden, wie er mit Paderewskis Einladung umgehen sollte, die in einem Brief des gefeierten Pianisten an Joachim erneut ausgesprochen worden war. Paderewskis lobende Worte über Arthur mußten Barth zwar gefallen haben, als er davon erfuhr, aber die Einladung beunruhigte ihn: Er hatte Angst, daß ihm sein vielversprechendster Schüler gestohlen werden sollte und daß ein um die Welt reisender prominenter Künstler am Ende die Anerkennung für die harte Arbeit eines

Lehrers einheimsen würde, der nur hoffen durfte, durch seine Schüler zu Ruhm zu gelangen. Martin Levy, stets besorgt um Arthurs Zukunft, schrieb Paderewski im Namen des Jungen und beschwor ihn, Barth eine diplomatisch formulierte Anfrage zu schicken, Arthur für die fragliche Zeit freizugeben. Die Anfrage traf ein, und Arthurs Mentor und Folterer blieb keine Wahl, als seine Einwilligung zu erteilen, so schwer ihm dies auch fiel.

In jenem Sommer verbrachte Arthur drei Wochen bei Levy und seiner Familie in einer Villa bei Marburg. Anschließend fuhr er weiter nach Riond-Bosson, wo er entdeckte, daß er nicht der einzige Hausgast von Paderewski war. Seine Mitgäste waren der Dichter Alfred Nossig, ein Zionist aus Lemberg (Lwow), der das (deutsche) Libretto von Paderewskis Oper *Manru* geschrieben hatte, die zwei Jahre zuvor in Dresden uraufgeführt worden war; Nossigs Frau, »eine recht gut aussehende Dreißigerin, ein bißchen füllig vielleicht, mit lustigen Augen«, so Rubinstein[101] (»ogni donna mi fa palpitar«, singt Cherubino); sowie drei Konzertagenten – ein Franzose, ein Brite und ein in Rußland geborener und aufgewachsener Pole. Zu den Gelegenheitsbesuchern zählten der polnische Pianist, Komponist und Lehrer Zygmunt Stojowski (ein ehemaliger Paderewski-Schüler, achtzehn Jahre älter als Arthur) und der amerikanische Klavierfabrikant Charles Steinway. Paderewski bereitete sich gerade nervös auf eine bevorstehende Tournee durch Rußland vor – ein Land, das er fast genausosehr haßte wie Deutschland, wo er selten auftrat – und hatte wenig Zeit für seine Gäste; Arthur konnte üben, aber kaum seinem Gastgeber vorspielen. Es gab einige unangenehme Momente dank der überheblichen Madame Paderewska, die ihm ostentativ und herablassend Komplimente wegen seiner guten Manieren machte, als wollte sie sagen: Wie beachtlich bei einem Kind jüdischer Kaufleute! (Neunzig Jahre später bemerkte Daniel Barenboim dazu: »Ich glaube, diese Geschichte ist ganz bezeichnend für Rubinsteins Denken über sein Judentum: ›Auch ich kann mit der High Society zusammenkommen; auch ich kann mich mit Königin X und Lady Y treffen.‹ Das hat er mir gegenüber zwar nicht gesagt, aber diesen Eindruck habe ich jedenfalls gehabt. Er war sich absolut über seine Stellung in der

Gesellschaft im klaren – es machte ihm wirklich Spaß, nicht nur wegen der gesellschaftlichen Umgangsformen, sondern auch weil er den anderen etwas voraus hatte.«[102]) Dennoch verbrachte Arthur einen großenteils unterhaltsamen Sommer in der Suisse Romande und kehrte mit neuem Schwung nach Berlin zurück.

Barth war froh, daß sein vielversprechendster Schüler keine Stunden bei Paderewski genommen hatte, und begann Rubinstein nun menschlicher zu behandeln. Es war ein guter Augenblick in Barths Leben: Seine griesgrämige alte Stiefmutter war gestorben; er und seine Schwester waren in eine angenehme Wohnung in der Tauentzienstraße umgezogen, und sein Ansehen als Pädagoge befand sich auf dem Höhepunkt – was ihn in die Lage versetzte, zwanzig Mark pro Unterrichtsstunde einzunehmen. (Zum Vergleich: Die teuerste Konzertkarte kostete damals fünf Mark.) Aber ungewollt versetzte Barth Arthur einen gewaltigen Schock, als er ihm vorschlug, ihn zu adoptieren, um die Karriere des Jungen leichter zu gestalten. Außerdem legte er dem Schüler nahe, in die Fußstapfen des Meisters zu treten, indem er zu gegebener Zeit ein Lehramt an Joachims Schule übernehmen solle. Was eine Adoption dazu beigetragen hätte, ist nicht klar, außer daß damit vermutlich die Konversion zum Christentum verbunden gewesen wäre und Arthur damit hätte in Positionen aufsteigen und Formen der Anerkennung erlangen können, die Juden versagt waren. Rubinstein war viel zu eingeschüchtert, um zu erwidern, daß er nichts weiter wolle, als frei zu sein und zu spielen. Als eine Verwirklichung beider Möglichkeiten in weiter Ferne zu liegen schien, begann er sich gefangen zu fühlen. Zum Glück wurde er häufig zu Max Friedlaender eingeladen, dem führenden Musikwissenschaftler der Berliner Universität und einem Pionier in der Erforschung deutscher Volks- und Kunstlieder. Im Hause Friedlaender spielte Arthur Kammermusik mit so vollendeten Künstlern wie den Geigern Carl Flesch und Huberman und gab Frau Friedlaender, die in ihrer Jugend eine Leschetizky-Schülerin gewesen war, Klavierunterricht. Aber trotz dieser und anderer Atempausen verging der Seelenfrieden, den Rubinstein in den Wochen in Marburg und Riond-Bosson gefunden hatte, rasch wieder.

Eines Tages lief Arthur Jules Wertheim über den Weg – dieser war in die Stadt gekommen, um ein Konzert zu organisieren, in dem er seine eigenen Kompositionen mit den Berliner Philharmonikern spielen und dirigieren wollte. Arthur und Jules verabredeten sich für den nächsten Tag in Wertheims Pension. »Frederics Klugheit und Lebhaftigkeit; die so gut vorgetragenen, durchaus beachtlichen Kompositionen; das Vergnügen, wieder die Muttersprache zu sprechen; dazu die warme Behaglichkeit seines Zimmers – das alles mußte mich unreifen Knaben überwältigen«, erinnerte sich Rubinstein.[103] Die Bemerkung ist eigentlich seltsam zweideutig und steht kurz vor der Enthüllung, daß Jules homosexuell war. Doch nach Auskunft aller Leute, die Rubinstein in späteren Jahren näher kannten, war die Zweideutigkeit dieser Bemerkung völlig unbeabsichtigt: Homosexuelle Männer hätten sich zwar zu verschiedenen Zeiten in seinem Leben zu ihm hingezogen gefühlt, aber es sei nicht bekannt, daß Rubinstein mit irgendeinem von ihnen eine sexuelle Beziehung gehabt hätte. Und auf seine zweideutige Bemerkung folgte die Geschichte über »eine ganz reizende junge Dame..., die soeben von einem berühmten Dramatiker geschieden worden war«[104] und ganz vernarrt in Jules war, aber nichts gegen Jules' Vorschlag hatte, Arthur für sie das tun zu lassen, was das Objekt ihrer Verliebtheit nicht tun wollte. (»Die sehr anpassungsfähige Dame fand daran nichts auszusetzen und wandte ihre Aufmerksamkeit mir zu«, erinnerte sich Rubinstein.[105]) Arthur begann zu begreifen, daß die Zahl der zugänglichen Schlafzimmer auf der Welt praktisch unbegrenzt war; sein Interesse an Frau Kurt ließ nach, und sobald dieser Prozeß im Gang war, hielt es ihn immer weniger in Berlin.

Im Augenblick spannte ihn jedoch Wertheim für seine Pläne ein. »Ich half ihm bei den Vorbereitungen für sein Konzert, ich nahm tätig an seinem Leben teil. Da er von daheim genug Geld bekam, lud er mich häufig zum Essen ein, sogar in teure Restaurants, oder auch zu Konzerten und ins Theater.«[106] Dieses sorgenfreie Leben wurde zur Gewohnheit, und die Gewohnheit war schuld an Arthurs häufigen Geldsorgen im Laufe der folgenden drei Jahrzehnte. Jules war ein Kosmopolit und ein guter Unterhalter, und auch in dieser Hinsicht wurde er für Arthur zum

Vorbild. Aber das Wichtigste, was Jules Arthur vermittelte, bestand darin, daß er ihn »den wirklichen Chopin« lehrte, erklärte Rubinstein. »Ich kann gar nicht genug betonen, wie sehr ich dafür in seiner Schuld stehe… Obwohl er kein großer Pianist war – er hatte mit einem schlechten Gedächtnis und Mängeln der Technik zu kämpfen –, klang sein Chopin richtig… Und meine eigene Auffassung ist zu einem großen Teil von [Wertheims] tiefem und intuitivem Verständnis dieses Genies beeinflußt.«[107]

Rubinsteins Ansichten über Wertheims Klavierspiel waren viel freundlicher als die Meinungen anderer Zuhörer. In seinem 1919 in Berlin erschienenen Buch *Meister des Klaviers* hat Walter Niemann, ein bekannter Komponist und Musikschriftsteller, erklärt: »Die moderne polnische Akademie mag Jules Wertheim in Warschau vertreten. Dieser Warschauer Künstler, ein Neffe Tausigs, reißt keinen durch Elan oder Persönlichkeit fort. Gut musikalisch und technisch achtbar, wenngleich nicht mit letztem Schliff und wirklicher Überlegenheit ausgerüstet, ist er ein Spieler, der über eine mittlere lauwarme Gefühlstemperatur nie hinauskommt. Eine gewisse Steifheit und lähmende Zurückhaltung, ein inneres Lesen von Taktstrich zu Taktstrich klebt seinem Spiel an, das beim beträchtlichen Mangel inneren Flusses, innerer Entwicklung der aufbauenden und gliedernden Gestaltungskunst, der zeichnerischen Kontur und Klarheit, namentlich in den vernachlässigten Mittelstimmen, mehr als ratsam entbehrt. Seelische und klangliche Indifferenz aber vollendeten das Bild eines Spiels, das auch darin dem Akademisch-Schulgerechten und Angelernten vielfach verfallen bleibt.«[108]

Andererseits beschrieb im selben Jahr ein Kritiker in der *Gazeta Warszawska* Wertheim mit ähnlichen Worten: »Chopin die Würde des großen Musikers zurückzugeben, der es wert ist, neben… den größten Titanen der Musik zu stehen, ist die Pflicht und die Aufgabe, die Wertheim sich selbst gestellt und erfüllt hat, dank harter Arbeit, die von tiefem Nachdenken und nicht weniger tiefem Gefühl geleitet wird… Nichts geschieht um des Effektes willen, alles für die Kunst. Hier spricht nicht nur ein Pianist zu uns, sondern immer auch der große menschliche Geist, dessen Größe sich durch ihn manifestiert.«[109]

Wertheims Mutter und seine jüngere Schwester kamen ein paar Tage vor dem Konzert nach Berlin. Arthur verbrachte viel Zeit in ihrer Gesellschaft, ebenso Josef Hofmann, der elf Jahre älter war als Arthur und Anton Rubinsteins letzter Privatschüler gewesen war. In den sechs Jahren, seit sie einander kennengelernt hatten – als Arthur Josefs Vater Casimir vorgespielt hatte –, war Hofmann der Ruf eines der großen Klaviervirtuosen der Welt zuteil geworden. Arthur war zwar sehr beeindruckt vom phänomenalen Gedächtnis und der Technik der linken Hand seines älteren Kollegen, aber Hofmann blieb ihm eigentlich vor allem deshalb in Erinnerung, weil Rubinstein sich zunehmend darüber im klaren war, daß sie beide fasziniert waren von der zierlichen, schwarzäugigen, vollippigen und äußerst koketten Joanna (Joasia) Wertheim. Arthur war indes auch nicht immun gegen den Charme der Mutter, Aleksandra, die »hochgewachsen, brünett, sehr lebhaft und eine Spur kokett« war.[110]

Jules' Konzert fand am 2. Januar 1904 im Beethoven-Saal unter der Schirmherrschaft von Hermann Wolff statt. Er dirigierte seine Symphonie *Per aspera ad astra,* spielte und dirigierte seine Fantasie für Klavier und Orchester und begleitete die Sopranistin Selma Nicklass-Kempner bei einigen seiner Lieder. Laut Rubinstein war Wertheims Dirigat so unsicher wie sein Spiel, sein Kompositionsstil zu sehr von Tschaikowsky beeinflußt, und seine Symphonie enttäuschte mit ihrer »schwerfälligen, ungraziösen Instrumentierung, … hatte allerdings eine gewisse eigenständige, ganz naive polnische Frische«[111]. Rubinstein sprach von einem achtbaren Erfolg, aber die Kritik in der *Vossischen Zeitung* hätte kaum vernichtender ausfallen können: Der Kritiker nannte Wertheims Versuch, vor Publikum aufzutreten, »prätentiös«. »Hätte er wenigstens die Melodie seines kleinen Lieds aussingen lassen, dann hätte man vielleicht sagen können, daß es ein bescheidenes Talent in Betracht zu ziehen galt… Aber da Herr Wertheim auch große Orchesterwerke geschaffen hat…, muß man ihm ernsthaft raten, wieder die Schulbank zu drücken, damit er verstehen lernt, welcher ungeheuren technischen Vorarbeit und geistigen Reife der Bau großer Formen bedarf.« Während Jules in Berlin blieb und hoffte, daß sein eigenfinanziertes Debüt zu wei-

teren Engagements führen würde, kehrten Joasia und Aleksandra nach
Warschau zurück. Nach ihrer Abreise glaubte Arthur zu fühlen, daß er
in Joasia verliebt war, und begann ihr leidenschaftliche Briefe zu schik-
ken, die sie nicht beantwortete. Schließlich – vermutlich Ende Januar –
schrieb sie an ihren Bruder und bat ihn, Arthur einzuladen, sich rasch
nach Warschau zu begeben und bei einem großen Empfang in ihrem
Haus zu spielen. Ihr Vater würde ein anständiges Honorar zuzüglich der
Reisespesen zahlen, und Arthur könnte bei ihnen zu Hause wohnen.
»Das alles klang wie der typische, einer Sekretärin diktierte Ge-
schäftsbrief«, erinnerte sich Rubinstein, »doch enthielt er noch eine
Nachschrift: ›Namów Artura‹ (überrede Artur), und diese beiden Worte
sollten meinem Leben eine andere Richtung geben.«[112]
Eiligst begab sich Arthur nach Warschau – wo er entdecken mußte, daß
Joasia eine Affäre mit einem doppelt so alten Maler hatte. Sie demütigte
ihn noch mehr, indem sie ihn bat, ihr bei der Einfädelung ihrer Rendezvous behilflich zu sein. Fast siebzig Jahre später behauptete er: Ihr »kalter Egoismus steckte mich an … nie wieder hat mich später ein Erlebnis
derart verändert. Aus dem liebeskranken Werther, als der ich angekommen war, wurde ein Zyniker und Tunichtgut.«[113] Aber war dieser
liebeskranke Werther damals nicht gerade in erotische Affären mit mindestens zwei anderen Frauen – Frau Kurt und der geschiedenen Frau
des Dramatikers – und möglicherweise auch mit Jules verstrickt? Wäre
es nicht denkbar, daß Joasia durch ihren Bruder von Arthurs Affären
erfahren hätte und dann durch seine Beteuerungen, er würde nur sie
allein unsterblich lieben, gekränkt worden sei, so daß sie ihm das nur zu
gern mit gleicher Münze heimzahlen wollte? Die Männer in Rubinsteins
Generation waren es gewohnt, im Hinblick auf ihr Sexualverhalten mit
zweierlei Maß zu messen. So schien ihm keine dieser Fragen in den
Sinn gekommen zu sein, weder zu der Zeit, da er all dies erlebte, noch
später. Er hielt sich für den alleinigen Gekränkten und benützte diese
Kränkung als Ausrede – vor sich selbst – für sein ganzes künftiges
Fehlverhalten gegenüber Frauen. Er wollte ein homme à femmes und
Don Juan sein – und das wäre sein Recht, glaubte er, weil er von Joasia
Wertheim so schlecht behandelt worden war.

Trotz seiner Desillusionierung spielte Rubinstein bei Wertheims Soiree und erhielt viel Beifall. Er genoß auch das umtriebige, bohemienhafte Gesellschaftsleben der Familie, die eines der Zentren von Warschaus Musikkultur bildete. Jules' Großvater väterlicherseits, der ebenfalls Juliusz hieß, war Miteigentümer der Warschauer Zuckerfabrik gewesen. Sein Partner, Leopold Julian Kronenberg, war zusammen mit Reichmann und Mlynarski Mitbegründer der Warschauer Philharmonie. Jules' Vater, der zweiundfünfzigjährige Piotr (Pierre) Wertheim, den Rubinstein »Paul Harman« nannte, war ein erfolgreicher Bankier. Sein Stiefbruder Karl Tausig war Liszts Lieblingsschüler und ein führender Wagner-Schüler. Laut Stefan Spiess war Piotr ein bekannter Warschauer Exzentriker. Er war auf einem Auge blind und sehr klein – »er sah grotesk aus«, hat Maria Kempinska, Jules' Cousine ersten Grades, erklärt. Sie konnte sich 1991 noch immer erinnern, wie es bei der Familie im Ersten Weltkrieg zugegangen war.[114] Piotr war ein cholerischer Mann, der seine Familie terrorisierte.

Seine Frau Aleksandra Klementyna, geborene Leo – die Magdalena Harman in Rubinsteins Memoiren –, war die Tochter von Ferdinand Leo, dem Herausgeber der *Gazeta Polska,* einer führenden Tageszeitung. Außerdem war sie gut mit Henryk Sienkiewicz befreundet. Frau Wertheim hatte eine schöne Stimme und viel künstlerisches Feingefühl – so Spiess – und hat sogar mit dem berühmten Battistini in einer Aufführung von Verdis *Requiem* gesungen. Arthur begleitete sie manchmal bei improvisierten musikalischen Soireen. (In seiner Autobiographie hat Rubinstein erklärt, sie »hatte eine angenehme Stimme, sie sang auch mit dem richtigen Gefühl«. Auf der nächsten Seite vermerkt er dann aber, daß »ihre Stimme nicht reichte und ihr Vortrag dilettantisch blieb«.[115] Allerdings war er ihr ungeachtet ihrer mangelhaften Technik dankbar, daß sie ihn mit dem polnischen, russischen und französischen Liedrepertoire bekannt gemacht hat. Dazu zählten auch die selten aufgeführten *Lieder eines fahrenden Gesellen* von Gustav Mahler, der damals, im Alter von dreiundvierzig Jahren, viel besser als Dirigent der Wiener Hofoper denn als Komponist bekannt war.) Sie war eine attraktive Erscheinung, »geistreich, wenn auch ein wenig hysterisch«

– so Spiess – und ungeheuer stolz auf ihren Sohn und ihre beiden Töchter. (Lily, Lilka genannt – die »Pola« in Rubinsteins Memoiren –, war älter als Joasia und bereits verheiratet, als Rubinstein die Wertheims kennenlernte.) »Die Mitglieder der Familie vergingen geradezu vor lauter gegenseitiger Bewunderung, und die finanzielle Unabhängigkeit begünstigte ihr überfeinertes Wesen und ihr unkonventionelles Verhalten«, berichtete Spiess.[116] Laut Maria Fuks, einem Historiker der jüdischen Gemeinde Warschaus, waren nahezu alle Wertheims »durch starke und unterschiedliche Bande irgendwie mit der Musik verbunden«. Insbesondere Jules »lebte für die Musik in einem permanenten Zustand der Exaltiertheit …, was allerdings im Haus der Wertheims überhaupt nicht ungewöhnlich war«.[117]

Auf Jules' Veranlassung lobte Arthur die musikalischen Fähigkeiten seines Freundes gegenüber Piotr; dieses vorgespielte Vertrauen in den Sohn hat den zuvor skeptischen Vater offensichtlich beeindruckt, denn kurz nach Arthurs Rückkehr nach Berlin tauchte Piotr dort mit Plänen auf, die Warschauer Philharmoniker für ein Sonderkonzert am Ende der Saison zu engagieren. Als Dirigent war Jules, als Solist Arthur vorgesehen. Dieser würde bei den Wertheims in Warschau wohnen, dann mit ihnen in eine Villa übersiedeln, die sie für den Sommer in Zakopane, einem Kurort am Fuße der Hohen Tatra, gemietet hatten. Wäre die Entscheidung allein von ihm abhängig gewesen, hätte Arthur sofort geschrien; statt dessen jedoch mußte er zuerst Barths Erlaubnis einholen. Sorgfältig legte er sich seine Gründe zurecht: Falls er eine großangelegte polnische Karriere starten könnte, wäre es viel leichter für ihn, sich einen Namen in Rußland zu machen. Nach dem Abwärtstrend, den seine Karriere im Anschluß an sein erfolgloses Berliner Konzert vor einem Jahr genommen hatte, benötigte er neue Inspirationen. Rubinstein würde den Sommer damit verbringen, sein Repertoire auszuweiten. Doch Barth wischte alle Argumente beiseite: »Du bist faul, und wenn du dich längere Zeit ohne Aufsicht im Luxus suhlst, verdirbst du dir deine Zukunft völlig«, soll er laut Rubinstein gesagt haben – und in den darauffolgenden Jahrzehnten gab es durchaus Zeiten, in denen sich Barths Vorhersage beinahe erfüllte. Aber der Professor besaß das psychologische Feingefühl eines Bulldozers. Wieder ritt er auf seiner fixen Idee herum, er hoffe, Arthur würde eines Tages der Fakultät von Joachims Hochschule angehören – eine Aussicht, die der Junge entsetzlich fand –, und drohte damit, Arthurs Wohltätern nahezulegen, ihre finanzielle Unterstützung zurückzuziehen. Mit dieser Drohung verletzte er den Stolz seines Schülers. In blindem Zorn, der ihn in seinem Leben immer wieder übermannte, erklärte Arthur seinem Lehrer Barth, er wolle nicht mehr von irgend jemand unterstützt werden und habe keine Lust, ein so langweiliges und freudloses Leben wie Barth zu führen – lieber »eine einzige glückerfüllte Woche leben und dann sterben«. (Es war »eine der schlimmsten und überflüssigsten Taten, die ich je begangen habe«, gestand Rubinstein rückblickend.) Die nächsten Tage verbrachte er damit, Dankbriefe an seine Wohltäter zu schreiben, Joachim (»der sich wie üblich sehr verständnisvoll zeigte«)[118] und seinen Freunden Lebewohl zu sagen. Nachdem er Berlin verlassen hatte, verschwanden die meisten ehemaligen Freunde aus seinem Leben. Rubinstein und Frau Kurt weinten miteinander, berichtete er, aber er verschwieg, wie er sich von seiner anderen Geliebten verabschiedete – der, die sich seiner als sexuellem Stellvertreter von Jules angenommen hatte.

Endlich war es soweit – Arthur, Piotr und Jules bestiegen den Zug nach Warschau. Es war im Februar 1904, Arthur Rubinstein war gerade siebzehn Jahre alt geworden, aber seine offizielle Ausbildung war beendet. Nun wollte er *leben.*

3

DAS SÜSSE UND DAS GEMEINE LEBEN

In *L'antagonista,* einem 1976 erschienenen Roman des Italieners Carlo Cassola, wird die Kindheit der Hauptfigur in ein paar einführenden Seiten eher impressionistisch angedeutet als geschildert – in einer Art Vorspiel zu dem Buch. Sein Erwachsenenalter wird am Ende, in einer Art Nachspiel, zusammengefaßt. Der Hauptteil der – langen – Geschichte spielt während der Pubertät des Protagonisten. Cassola gibt dem Leser zu verstehen, daß sich die Denk- und Verhaltensmuster, die in diesen Jahren Gestalt annehmen, zu Demarkationslinien entwickeln, zwischen denen sich das Erwachsenenleben des Helden unvermeidlich entwickeln wird. Nach der Pubertät, will der Autor damit offenbar sagen, ist das Leben etwas, was man aus dem macht, was man ist – eine Reihe von Variationen über ein bereits feststehendes Thema.

Die Hauptfigur von *L'antagonista* ist dazu bestimmt, ein »normales« – ein unauffälliges – Leben zu führen, während die Leistungen und Ereignisse, die die Karriere eines berühmten darstellenden Künstlers bilden, außergewöhnlich und äußerst auffällig sind. Doch auch das Leben einer prominenten Persönlichkeit entfaltet sich innerhalb früh errichteter Grenzen. Arthur Rubinstein zum Beispiel war bereits ein seltsam vielschichtiger Mensch, als er Anfang Februar 1904, kurz nach seinem 17. Geburtstag, von Berlin nach Warschau fuhr: Er war stolz auf sein außergewöhnliches Talent, das er aber nicht besonders gewissenhaft – und schon gar nicht systematisch – kultivierte; er war sich seiner Musikalität sicher, aber nicht seiner Fähigkeit, sie ohne weiteres Training zu entwickeln; er war entschlossen, den Kontakt zu seinen Eltern auf ein

Minimum zu reduzieren, war deshalb aber voller Schuldgefühle ihnen gegenüber; er freute sich über seinen Erfolg bei Frauen, die doppelt so alt waren wie er, war aber bekümmert über den ausbleibenden Erfolg bei einem raffinierten Mädchen aus seiner Generation; er hatte sich an den Umgang mit dem Großbürgertum gewöhnt, schämte sich aber seiner Mittellosigkeit. Durch keines dieser Probleme ließ sich Rubinstein entmutigen, und einige bekam er sogar in den Griff. Aber von ihren Nebenwirkungen konnte er sich nie wieder freimachen.

Rubinsteins Aufführung von Jules Wertheims Fantasie und von Brahms' Erstem Klavierkonzert mit den Warschauer Philharmonikern unter Wertheims Stabführung – einer etwas schwankenden Stabführung, wie sich der Pianist erinnerte – fand am 13. Februar statt und verschaffte ihm eine Einladung, kurz danach ein Solokonzert am Konservatorium zu geben. In seinen Memoiren hat er nicht erwähnt, daß er am 10. März mit den Philharmonikern unter Leitung von Mlynarski Chopins Konzert in f-Moll sowie eine Liszt-Rhapsodie und als Zugabe eine Chopin-Etüde spielte.

Die Beherrschung und Pflege eines derart schwierigen Repertoires erfordert erhebliche Mühe. Rubinstein hat vielleicht nicht so viel Zeit an den Tasten verbracht, wie er es eigentlich hätte tun sollen, aber vermutlich hat er härter gearbeitet, als er in seinem Buch einräumt, auch wenn es dafür keinen anderen Grund gegeben hat – und es gibt keinen besseren – als den, daß er die Musik liebte, es liebte, Brahms und Chopin und andere Komponisten zu spielen. Zur gleichen Zeit allerdings lockte das Leben im Hause Wertheim mit unwiderstehlichen Ablenkungen: einem aufregend legeren Gesellschaftsleben, gutem und reichlichem Essen und Trinken sowie häufigen Abstechern in die wichtigen Theater der Stadt. Später erinnerte sich Rubinstein, die Italiener Mattia Battistini, Gemma Bellincioni, Giuseppe Anselmi und Enrico Caruso sowie die Polen Jean und Edouard de Reszke, Marcella Sembrich, Salomea Kruszelnicka und Janina Korolewicz-Waydowa am Teatr Wielki – dem großen Opernhaus – gehört und wunderbare Schauspieler und Sänger in Dramen und Operetten an anderen Theatern erlebt zu haben.

Eines Abends nahm Jules Arthur zum Abendessen im Haus der mit ihm befreundeten Familie Styczynski mit, um ihn mit einem genialen jungen Geiger bekannt zu machen, der dort Hausgast war. Paul (auch Pawel oder Pol) Kochanski war nur ein paar Monate jünger als Rubinstein und stammte aus Odessa, jener Stadt, die später auch Nathan Milstein und David Oistrach hervorgebracht hat. Kochanski hatte schon als kleines Kind mit dem Geigenspiel begonnen und war mit sieben Jahren ins Konservatorium von Odessa eingetreten, wo Mlynarski sein Lehrer war. Dieser hatte Odessa 1898 verlassen, aber drei Jahre später, als er die Warschauer Philharmoniker gründete, berief er den noch nicht einmal vierzehnjährigen Kochanski zum Konzertmeister des Orchesters. Er kümmerte sich auch um die Ausbildung und allgemeine Erziehung und behandelte ihn »wie einen Sohn«, wie Rubinstein sagte. Mlynarski glaubte, Paul sei dazu bestimmt, ein Solist von Weltrang zu werden, und 1903 brachte er einige reiche Polen, darunter auch die Styczynskis, dazu, das Studium des Jungen bei dem berühmten belgischen Geigen-pädagogen César Thomson am Brüsseler Konservatorium zu finanzie-ren. Nach nur vier Monaten in Thomsons Klasse gewann der sechzehn-jährige Kochanski den ersten Preis des Konservatoriums und trat das Leben eines herumreisenden Virtuosen an. Gleich zu Beginn seiner Karriere lernten Kochanski und Rubinstein einander kennen.

Die beiden Jungen hatten nicht nur den osteuropäisch-jüdischen Hinter-grund gemeinsam, sondern auch das Schicksal, »früher als für uns gut war, mit den Wurzeln ausgerissen und in einer vom Zufall regierten Welt der Kunst ausgesetzt« worden zu sein, wie Rubinstein es einmal formu-liert hat. Bei ihrer ersten Begegnung war der junge Pianist fasziniert vom »eckig[en] und kraftvoll[en]« Gesicht des jungen Geigers, mit dem betonten Kinn und der feinen Nase, besonders aber von seinen Augen: sie waren »kohlschwarz, mandelförmig, mit einem samtdunklen Aus-druck, der besonders während seines Spiels ergreifend sein konnte«. Noch vor dem Essen spielten sie an diesem Abend bei den Styczynskis Beethovens c-Moll-Sonate, »als hätten wir seit Jahren zusammen musi-ziert«, berichtete Rubinstein. Dies war die erste von vielen gesellschaft-lichen und künstlerischen Zusammenkünften. »Unsere Freundschaft hat unser Leben bereichert und veredelt«, erinnerte er sich.[1]

Rubinsteins Aufenthalt in Warschau wurde auch durch sexuelle Abenteuer bereichert. Wie es schon in Berlin geschehen war, wurden Frauen, die ein Interesse an Jules bekundeten, oft an Arthur weitergereicht, und der »hatte nichts weiter im Kopf, als mit dieser oder jener Frau bekannt zu werden – ich wollte jede haben… Ich bestürmte die fragliche Dame sogleich mit Liebeserklärungen, und in einigen Fällen, wo ich auf ein feuriges Temperament stieß, war die Schlacht gewonnen.«[2] Bei der Liaison, die ihn und andere am meisten erstaunt hat, war seine Gastgeberin Aleksandra Wertheim seine Partnerin. Später behauptete Rubinstein, Jules habe ihn darauf aufmerksam gemacht, daß seine Mutter in ihn verliebt sei, und er selbst habe die Situation nur ausgenützt. Man darf allerdings wohl zu Recht vermuten, daß ihre »Liebe« zu ihm nur vorgespielt war. Sie muß vor allem geschmeichelt gewesen sein von den Aufmerksamkeiten eines Siebzehnjährigen, der offensichtlich einer von Polens kommenden großen Musikern war. Genauso wie er geschmeichelt war von den Aufmerksamkeiten einer schönen, reichen, prominenten Frau, die dreißig Jahre älter war als er und bekanntermaßen ein flottes Leben führte. Ihr Alter und die Tatsache, daß sie die Mutter seines Freundes war, machten sie geeignet für die Mutterrolle, die zu spielen er in jenen Jahren von seinen Hauptgeliebten verlangte. Vielleicht hat er auch eine Affäre mit der Mutter haben wollen, um sich an ihrer Tochter Joasia zu rächen, die ihn abgewiesen hatte. Allem Anschein nach hat Rubinstein eine im Grunde gesunde Einstellung zum Sex gehabt: Wenn er gut war, dann war er gut, ganz gleich mit wem. Doch auch seine tiefe Überzeugung, daß er häßlich war und daß er sich beweisen mußte, er könne dieses Hindernis mit allen ihm zur Verfügung stehenden Mitteln überwinden, hat in dieser und all seinen späteren erotischen Beziehungen eine große Rolle gespielt. »Ich bin kein gutaussehender Mann«, hat er 1962 einem Interviewer gestanden, »darum hat natürlich das Klavier früher eine wichtige Rolle gespielt, wenn ich eine Frau überzeugen wollte, die mir wirklich etwas bedeutete. Sie müssen wissen, daß man nicht gut aussehen muß, um eine Frau zu bekommen. Man muß sie einfach nur davon überzeugen, daß man sie über alles in der Welt liebt. Ich gebe zu, es ist leichter, dies mit

Musik zu sagen. Kennen Sie das alte Sprichwort: ›Mütter haben immer große Angst vor Klavierlehrern, und Ehemänner von Sopranistinnen haben immer große Angst vor Tenören‹?« Damit erklärte er die Tatsache, daß er »immer das größte Glück bei Frauen« gehabt habe.[3]

Wäre die Beziehung Rubinstein–Wertheim ein paar Jahre früher veröffentlicht worden, hätte man vermuten können, daß Pier Paolo Pasolini sie in seinem Film *Teorema* (1968) verwendet hat, in dem ein junger Mann schließlich der Liebhaber aller Mitglieder einer wohlhabenden Familie wird. Obwohl es unwahrscheinlich ist, daß Rubinsteins zweideutige Bemerkung über seine Beziehung zu Jules irgendeine tiefere Bedeutung gehabt hat, so war diese Beziehung doch eng. Und in *Die frühen Jahre* hat er auch auf Jules' Hinweis, seine Mutter sei vermutlich in ihn verliebt, lachend erwidert: »… nächstens wirst du noch behaupten, auch dein Vater sei in mich verliebt.« Er hatte sich ja auch schon in Joasia Wertheim verliebt gehabt, auch wenn nichts darauf hindeutet, daß sie jemals ein Liebespaar geworden wären; nun war also die Mutter an der Reihe – und sie war nicht die letzte. Der bemerkenswerteste Aspekt an Rubinsteins Bericht über seine Affäre mit Aleksandra ist aber seine Klage darüber, daß seine Eltern sich nicht einschalteten, ihn mit aller Macht nach Hause holten, »um mir dann mit allen Mitteln ein Studium bei Leschetizky in Wien oder gar bei Busoni zu ermöglichen«.[4] Da er ja bewußt seine Eltern aus seinem Leben ausgeschlossen und sich nicht einmal die Mühe gemacht hatte, sie seit seiner Rückkehr nach Warschau im nahe gelegenen Lodz zu besuchen, denkt man bei diesem Prozeß an das Beispiel, das zuweilen angeführt wird (und das Rubinstein mochte), um das jiddische Wort Chuzpe zu erklären, was soviel wie Dreistigkeit oder Unverfrorenheit bedeutet: Ein junger Mann bringt seine Eltern um und bittet das Gericht um Milde, da er nun ja Waise sei. Diese Denkweise entsprach Rubinsteins Klage über seine Eltern. Er hatte sie zwar nicht umgebracht, aber er hatte ihnen unmißverständlich signalisiert, daß er mit ihnen so wenig wie möglich zu tun haben wollte. Seine Schwestern Jadzia und Hela erfuhren von seinen Warschauer Konzerten, besuchten einige und tadelten ihn dafür, daß er seiner Familie nicht Bescheid gesagt habe. Sie seien allerdings wieder besänftigt gewesen, als sie vernahmen, daß er Gast im Haus der reichen und prominenten Wertheims sei, berichtete er, und da habe ihn ihre Heuchelei doch mehr gekränkt als ihre anfängliche Empörung – »und ich ging ihnen nach Kräften aus dem Weg«.[5] Möglicherweise allerdings hatte Rubinstein eher Angst, daß seine Familie herausbekam, was wirklich im Hause Wertheim vorging. Und ein stets gegenwärtiger Unterton in seinen Bemerkungen über Mitglieder seiner Familie deutet darauf hin, daß er sie, nach Wertheim-Maßstäben, für nicht vorzeigbar hielt. Inzwischen sah er in sich einen urbanen jungen Burschen, der es gewohnt war, bei der Crème der kultivierten, assimilierten, großbürgerlichen jüdischen Gesellschaft in Berlin und Warschau ein und aus zu gehen, während die Lodzer Rubinsteins und Heimans provinzielle Jidden waren. Eine derartige Einstellung auf seiten eines Siebzehnjährigen überrascht nicht – überraschender ist vielmehr der Umstand, daß der Achtzigjährige, der diese Geschichte niederschrieb, offenbar den gleichen Standpunkt verteidigte.

Joasia Wertheim und ihre ältere Schwester Lily ärgerten sich über Rubinsteins neue Machtposition in ihrer Familie und lieferten sich mit ihrer Mutter hitzige Wortgefechte. Jules dagegen scheint die Affäre gefördert zu haben, und Papa Wertheim, der seine Freizeit meist bei einer jungen Ballerina verbrachte, hatte entweder keine Ahnung vom neuesten Seitensprung seiner Frau oder machte sich wahrscheinlich deswegen keine großen Gedanken. Allmählich aber wurden Rubinstein Frau Wertheims »Aufmerksamkeiten … unbehaglich«, erklärte er.[6] Sie wollte ihn die ganze Zeit im Bett haben, und das mochte er nicht. Seiner Tochter Eva hat er erzählt, »niemals habe er in der Zeit, in der er sich vor seiner Ehe herumgetrieben habe, im Bett der Frau, mit der er beisammen gewesen sei, *geschlafen,* weil er die Vorstellung nicht ertragen konnte, er würde vielleicht schnarchen, oder sein Haar würde durcheinandergeraten, er würde irgendwelche unangenehmen Geräusche von sich geben oder ungepflegt aussehen. Er hätte einfach dagelegen, mit offenen Augen bis zum Morgen, weil er sich beherrschen mußte. Das habe ich immer furchtbar traurig gefunden – anderen Menschen gegenüber so mißtrauisch, so unsicher zu sein. Und einmal, viele Jahre später, als er wegen einer Bruchoperation im American Hospital in Paris war, durfte ihn meine Mutter drei oder vier Tage lang nicht besuchen, weil er nicht wollte, daß sie ihn erblickte, wie er so hilflos dalag oder ein wenig grau aussah.«[7] Während der langen Sommerferien bei den Wertheims in Zakopane entzog er sich Aleksandra, wenn ihm danach war, indem er nachts am Klavier übte. In einer frühen Fassung seiner Memoiren schrieb er in fließendem, aber zuweilen unbeholfenem Englisch:

»Wenn alles im Hause schlief, ging ich gern hinunter in den Salon, dort öffnete ich dann den Flügel ganz, zündete zwei Kerzen an, stellte sie zu beiden Seiten der Notenablage auf und begann zu arbeiten. Die Kerzen und der aufgestellte Flügeldeckel mitten in der Nacht verliehen dem Raum etwas Feierliches und Gespenstisches; zuweilen spürte ich die Anwesenheit der Schöpfer, deren Werke ich gerade spielte.

Da ich nun frei war von der pedantischen Tyrannei von Prof. Barth, wollte ich die ganze Klavierliteratur auf einmal in mich aufnehmen, spielte jedes Musikstück, das ich liebte, kannte es nach ein paar Probeläufen in- und auswendig und verlieh ihm Leben und Form durch intensive Intuition, vernachlässigte aber leider die technischen Details und die Noten. Falls eine Passage sich weigerte, sich prompt meinen Fingern zu fügen, veränderte ich sie, wie es mir paßte und erinnerlich war, weigerte mich, einen Blick in die Noten zu werfen, und hielt nicht inne, wenn sich Ungenauigkeiten in mein Spiel schlichen.

Somit also haben die stillen und feierlichen Nächte von Zakopane den Grundstein für mein künftiges Repertoire gelegt. Ich spielte viel Bach und Beethoven, das meiste von Chopin und Brahms, etwas Schumann und nicht zuviel Liszt, außerdem ein paar moderne russische Komponisten, Medtner, Skrjabin, Ljadow, doch ich könnte nicht behaupten, ein einziges dieser Werke gut spielen zu können, auch wenn sich mein Publikum leicht durch meine Begeisterung und mein Temperament davon überzeugen ließ. «[8]

Die Repertoireliste, die Rubinstein ein paar Monate später einem Konzertagenten vorlegte, demonstriert, daß er – für einen Siebzehnjährigen! – in der Tat sehr viel einstudiert hatte: Beethovens Drittes und Viertes Klavierkonzert, 32 Variationen in c-Moll sowie die Sonaten op. 28, 31 (Nr. 2 und 3), 53, 57, 90, 101 und 111; Mozarts Klavierkonzerte KV 453 und 488 (seltsamerweise enthält die Liste nicht KV 595, das Rubinstein 1901 in Dresden gespielt haben will); Chopins zwei Klavierkonzerte, die Sonaten Nr. 2 und 3, die f-Moll-Fantasie, die Fantasie-Impromptu, die Barcarolle, drei Impromptus, die Scherzi Nr. 1 und Nr. 3, die letzten drei Balladen, vier Polonaisen, 17 der 24 Préludes, sämtliche Etüden (auch wenn er viele davon nie öffentlich gespielt hat), sechs Mazurken und zwei Walzer; Brahms' zwei Klavierkonzerte, die Sonate in f-Moll, zwei Rhapsodien (op. 79), die Variationen in D-Dur, die *Händel-Variationen,* die *Paganini-Variationen,* fünf Intermezzi, zwei Balladen und drei Capricci; Schumanns Klavierkonzert, *Carnaval, Sinfonische Etüden,* Fantasie, *Faschingsschwank aus Wien, Fantasiestücke, Davidsbündlertänze, Papillons,* zwei Nachtstücke, drei Novelletten und die Sonaten in g-Moll und fis-Moll; Saint-Saëns' g-Moll-Konzert; Tschaikowskys Erstes Klavierkonzert und ein *Lied ohne Worte;* Anton Rubinsteins Konzert in d-Moll; drei Scarlatti-Sonaten; vier Stücke von Bach (arrangiert von Liszt, Busoni und Tausig); Liszts Zwölfte Ungarische Rhapsodie, *Au bord d'une source, Leggerezza* und Valse impromptu; Tausigs Arrangement eines Strauss-Walzers; Giovanni Sgambatis Toccata; Griegs Lyrische Stücke und Balladen; Alexander Glasunows Sonate in e-Moll; Nikolai Medtners Sonate in f-Moll; und Paul Juons Humoreske. Diese Liste enthielt auch einige Werke von Karol Szymanowski, einem praktisch unbekannten zweiundzwanzigjährigen Komponisten, der in jenem Sommer 1904 in Zakopane in Rubinsteins Leben eintrat. In der zitierten Fassung seiner Memoiren schrieb Rubinstein:

»Während ich eines Nachts spielte, merkte ich, daß ich von draußen beobachtet wurde. Da mir das unangenehm war, ging ich ins nächste Zimmer, und dort erblickte ich durchs Fenster in der Dunkelheit einen Fremden, der unter einem Baum vor dem Salon stand. Er hatte ein Lodencape umgelegt, dessen Kapuze seinen Kopf bedeckte und ihm ein düsteres Aussehen verlieh. Ein wenig ängstlich, aber auch im stolzen Bewußtsein, der einzige Mann im Haus zu sein (Jules zählte nicht), riß ich energisch das Fenster auf und rief mit leicht zitternder Stimme: ›Was machen Sie da? Wer sind Sie? Verschwinden Sie sofort, sonst rufe ich den Wächter!‹ (Es gab gar keinen.) Eine sanft tönende Stimme erwiderte: ›Mein Name ist Gromadzki, ich bin ein Student und liebe Musik – ich hoffe, ich habe Sie nicht bei der Arbeit gestört.‹ Mein ängstlicher Zorn verflog, und erleichtert sagte ich mit überschwenglicher Herzlichkeit: ›Bitte kommen Sie doch morgen zum Tee vorbei und lernen Sie meine Freunde kennen – ich bin sicher, sie werden entzückt sein, so einem wahren Musikfreund zu begegnen.‹

Er werde mit Vergnügen kommen, sagte er, und ein wenig Musik mitbringen, die sein Kommilitone komponiert habe, worin ich mit gemischten Gefühlen einwilligte, da ich unreife Werke nicht mochte.

Am nächsten Tag stellte sich heraus, daß Bronislaw Gromadzki ein schüchterner und ein wenig unbeholfener Mann Anfang Zwanzig war, der holprig und abrupt sprach, als ob er in seinem Mund eine heiße Kartoffel herumwälzte. Er war ein Träumer und rührte uns mit der empfindsamen Schilderung seiner Bergwanderungen und der warmherzigen Zuneigung zu seinem Komponisten-Kommilitonen, und daher legte ich widerstrebend die Noten, die er mitgebracht hatte, auf die Ablage und begann sie zu studieren.

Es waren einige Etüden und Préludes, eine Klaviersonate, eine Violinsonate und Lieder eines gewissen *Karol Korwin Szymanowski* – Stücke von wahrer Genialität.

Dies war wirklich Musik, die meine tiefsten Empfindungen ansprach – seit der Offenbarung, die Chopin für mich gewesen war, hatte ich so etwas nicht mehr erlebt. Wer ist dieser Mann? Wo lebt er? Wo ist er jetzt? Ich mußte ihn kennenlernen!

Gromadzki erzählte uns mit einem seligen Lächeln alles, was er wußte.«[9]

Szymanowski entstammte einer Familie des polnischen Landadels, die seit Generationen in Tymoschowka gelebt hatte, einem Gut in der Nähe der großenteils von Juden bewohnten Stadt Elisawetgrad (unter dem sowjetischen Regime in Kirowgrad umbenannt) in der Ukraine. Es war eine musikalische Familie: Karols Eltern waren kompetente Amateurpianisten, und sein Vater spielte auch Cello; sein älterer Bruder Feliks war Pianist und Komponist der leichten Muse, und Stanislawa, die jüngere Schwester der Mutter, war Sopranistin. Eine weitere Schwester war Dichterin und die dritte Malerin. Die Szymanowskis waren eng verwandt mit den Pianisten Felix Blumenfeld, der später Wladimir Horowitz unterrichtete, und Heinrich Neuhaus, der noch später der Lehrer von Emil Gilels und Swjatoslaw Richter war. Karol begann schon mit zehn Jahren zu komponieren, studierte aber erst mit achtzehn systematisch Komposition, nachdem er nach Warschau gegangen war. Er war nicht, wie Rubinstein berichtet hat, am Warschauer Konservatorium eingeschrieben, sondern nahm vielmehr Privatunterricht bei Zygmunt Noskowski und Marek Zawirski, Professoren am Konservatorium.

Gromadzki war Medizinstudent und ein guter Geiger, der später von sich sagte, er sei »verrückt nach Musik, besonders guter Musik«. Er war den Szymanowskis durch einen Onkel vorgestellt worden, der Vizepräsident am regionalen Gerichtshof in Elisawetgrad war. Das Haus der Szymanowskis war »eine isolierte Oase der gehobenen und überaus verfeinerten Kultur«, hat Gromadzki erklärt, und sofort hatte er Freundschaft mit der ganzen Familie geschlossen. Nachdem er alle Stücke von Szymanowski durchgespielt hatte, die Gromadzki nach Zakopane mitgebracht hatte, erinnerte sich Rubinstein,

»schrieb ich an Szymanowski einen langen Brief, von dem mir kein einziges Wort mehr in Erinnerung geblieben ist – ich weiß nur, daß er geschrieben werden mußte. Ein paar Tage später traf Szymanowski in Zakopane ein. Ich sah einen jungen Mann aus dem Zug steigen, ziemlich groß, ein wenig hinkend; er trug eine Melone und einen dunklen Überzieher. Sein Gesicht war blaß, sein Mund sensibel, aber ein wenig feminin, er hatte eine gerade, gute Nase und schön geformte Ohren. Das Bemerkenswerteste an ihm waren seine Augen: Sie waren ganz groß, von einem wunderschönen Graublau, und eine träumerische Traurigkeit war in ihnen, ein unendlicher Charme, der sein wahres Selbst verriet, während seine übrige Erscheinung eher den Eindruck eines Botschaftsattachés vermittelte (was ihm gefiel).

Szymanowski und Gromadzki kamen in Begleitung einer anderen auffallenden Persönlichkeit, Stanislaw Witkiewicz [bekannt unter dem Namen Witkacy], Sohn eines Malers und Kunstkritikers und seinerseits Maler, Schriftsteller, Philosoph, Musiker, der stark beeinflußt war von Nietzsche und Strindberg, dekadent, pessimistisch und ein wenig mephistophelisch, begabt mit einer überragenden Intelligenz und einem ausgeprägten Humor. Wir vier wurden unzertrennlich. In den nächsten beiden Wochen durchstreiften wir das Tal um Zakopane, fuhren am silbrigen, klaren Flüßchen Dunajec entlang, der in einer steilen Kaskade fröhlich von den Bergen heruntersprang, unter riesigen, majestätischen Kiefern, die die Straßen säumten, und die Luft war frisch und süß wie der Kuß eines Kindes.

Wir stürzten uns in endlose Diskussionen über alle möglichen Themen, entschieden am Ende die Zukunft der Menschheit, wir stritten uns erbittert über Kunst, Musik, Literatur und fühlten uns überglücklich. Wenn wir am Abend wieder in Zakopane waren, ließen wir uns an einem Klavier nieder und spielten ganze Akte aus Wagner-Opern, Chopin und Brahms; Szymanowski spielte seine letzten Lieder, seine Violinsonate mit Gromadzki, und bis in die tiefe Nacht hinein gaben wir uns der Musik hin.

Von Jules sah ich nichts mehr, er interessierte sich gerade für einen jungen, talentierten Bildhauer, einen ›goral‹ [Bergbewohner] von außergewöhnlicher Schönheit. Frau W. war verwirrt über die Veränderung in meinem Leben, ohne deren tieferen Sinn zu verstehen, und die Schwestern behielten ihre feindselige Haltung mir gegenüber bei.«[10]

In seinen veröffentlichten Memoiren erklärt Rubinstein, Jules habe zwar seine Begeisterung für Szymanowskis Musik geteilt, sei aber eifersüchtig auf Rubinsteins sich vertiefende Freundschaft mit ihrem neuen Bekannten gewesen. Wie Jules war auch Szymanowski homosexuell, fühlte sich allerdings zuweilen stark zu Frauen hingezogen.

Während Rubinstein in Zakopane war, teilte Graf Konstanty Skarzynski, ein Freund der Wertheims, der bei Paris lebte, ihnen überraschenderweise in einem Brief mit, daß er Arthur mit einem gewissen Gabriel Astruc bekannt machen wolle, der gerade eine Konzertagentur in der französischen Hauptstadt aufbaute. Der Graf und seine Frau, eine ehemalige Opernsängerin, hatten Rubinstein voller Bewunderung in Warschau spielen gehört und wollten ihm bei seiner Karriere behilflich sein. Falls der junge Mann nach Paris kommen könne, schrieb Skarzynski, würden er und seine Frau sich freuen, wenn er bei ihnen abstiege, während er Astruc vorspielte. Rubinstein war begeistert von der Chance, seinen beruflichen Horizont zu erweitern, und in der frühen Fassung seiner Memoiren hat er dazu bemerkt:

»Wenn mich, nach meinem Bruch mit Berlin, Freunde oder Familienangehörige nach meinen Plänen fragten, hatte ich immer damit geprahlt, ohne jeden Grund oder irgendeine Hoffnung, nur so zum Spaß: ›Oh, im nächsten Winter werde ich in Paris spielen[.]‹ Und nun dieser Brief! Ich begann zu merken, wie verzweifelt ich versuchte, mich aus dem Zaubernetz zu lösen, das die Familie W. über mich geworfen hatte, wie sehr mir von meiner ganzen Natur her Jules' Musikverständnis fremd war, auch die Treibhausatmosphäre im Hause W., ihre Selbstverherrlichung, ihre ständigen Streitereien; wie sehr sie an die schwächsten Punkte in meinem Charakter gerührt hatten, indem sie mich in ein Luxusleben hineinstießen, auf das ich kein Recht hatte, und – was am schlimmsten war – bewirkten, daß ich mich zutiefst verabscheute.

Als mir Karol in Gestalt seines vermummten Freundes in jener Nacht unter dem Fenster erschien und diese unerwartete Einladung nach Paris eintraf, wurde mir mit meinen fünfzehn [sic] Jahren das selige und romantische Bewußtsein zuteil, einen Schutzengel um mich zu haben. Hastig arrangierte ich ein Konzert in Zakopane [im Hotel Morskie Oko], und indem ich die Eintrittskarten energisch meinen Freunden und Bekannten aufnötigte, nahm ich genug Geld ein, um nach Frankreich fahren zu können.«[11]

Rubinstein und Szymanowski unternahmen gemeinsam die langsame, nächtliche Zugfahrt von Zakopane in das rund 100 Kilometer weiter nördlich liegende Krakau, und auf dieser Fahrt bekam Rubinstein einen langanhaltenden Weinkrampf – das Leben war für diesen Siebzehnjährigen einfach zu kompliziert geworden, als daß er damit hätte gelassen fertig werden können. Szymanowski kümmerte sich diskret um ihn, und Rubinstein hat erklärt, ihre lebenslange Freundschaft habe in jener Nacht begonnen. Am folgenden Morgen trennten sie sich, und vierundzwanzig Stunden später traf Rubinstein in der Metropole ein, die ihm schnell die liebste Stadt der Welt wurde.

G abriel Astruc, 1864 als Sohn sephardischer Juden geboren, hatte als Jugendlicher für seinen Cousin und künftigen Schwiegervater gearbeitet, den Musikverleger Wilhelm Enoch, der die Werke von so bedeutenden Komponisten wie César Franck, Emanuel Chabrier und André Messager herausgebracht hatte. Mit siebzehn Jahren fing Astruc als Lektor im Buchverlag von Paul Ollendorff an, wo er die Bekanntschaft von Guy de Maupassant und Octave Mirbeau machte. Vier Jahre später begann er eine Karriere als Journalist, zuerst bei *l'Événement* und später für *Le Figaro, Liberté* und das *Journal des Débats*. Dank Enoch wandte er sich schließlich wieder der Musik zu und wurde eine Zeitlang unter anderem der Verleger von Maurice Ravel und Georges Enesco sowie der Gründer und Herausgeber der auflagenstarken Zeitschrift *Musica*. Astruc gründete den Racing-Club, entdeckte als einer der ersten in Frankreich die Liebe zum Jazz und engagierte professionelle schwarze amerikanische Musiker in Paris.

Astruc, der davon träumte, ein Pariser Musiktheater zu schaffen, das die Opéra durch die Darbietung eines modernen Repertoires mit den besten Künstlern übertrumpfen würde, tat mit vierzig Jahren den ersten Schritt, indem er eine Konzertagentur eröffnete. In den folgenden acht Jahren erwarb er sich einen Ruf als seriöser Impresario durch seine »Grandes Saisons de Paris«, in denen er der Stadt fast tausend Veranstaltungen verschaffte: Opern und Ballette, Vokal- und Instrumentalkonzerte sowie Kammermusik und Symphonien. 1905 organisierte er eine Reihe von italienischen Opernaufführungen mit Caruso und Melba, 1909 die erste große Saison von Sergej Diaghilews Ballets Russes, 1910 ein historisches Gastspiel des Ensembles der New Yorker Metropolitan Opera unter Toscanini, 1911 die Welturaufführung des »Mysterienspiels« *Le Martyre de Saint-Sébastien* von D'Annunzio und Debussy und vieles andere mehr. Diese Erfolge erlaubten es Astruc, den Bau des Théâtre des Champs-Élysées in der Nähe der gleichnamigen Prachtstraße zu organisieren. Das Theater eröffnete im Frühjahr 1913, und in den ersten drei Monaten erlebten Debussys *Jeux* und Strawinskys *Le sacre du printemps,* die den Lauf der Musikgeschichte veränderten, ihre Welturaufführung. Aber derartige Ereignisse sprachen die »Leute, die zählten« in Paris nicht an. Astruc machte fürchterliche Schulden; er wurde von der Action Française, einer rechten, antisemitischen Organisation, angegriffen und sah sich gezwungen, die Direktion des Theaters aufzugeben, das er geschaffen hatte. Marcel Proust schrieb ihm: »Ich habe den Brief gelesen, den Sie an Le Figaro geschickt haben und in dem Sie zu bescheiden sind, denn Sie haben vieles weggelassen, was Sie für die Kunst getan haben und welches Denkmal Sie Paris geschenkt haben. Die Schwierigkeiten, mit denen Ihr Projekt zu kämpfen hat, werden Ihnen viel eher einen Platz in der Geschichte der Künste einräumen, als dies ein unmittelbarer Erfolg vermocht hätte.«[12] Debussy erklärte Astruc in einem Brief: »Sie haben in der Vergangenheit soviel Hingabe inspiriert – es muß einfach möglich sein, daß Sie darin fortfahren!«[13] Aber es war nicht möglich. Das Debakel war ein schrecklicher Schlag für Astruc; später half er zwar seinem Freund Proust bei den Fahnenkorrekturen von *A la recherche du temps perdu* und schrieb seine eigenen Memoiren, aber er erholte sich nie ganz von der Niederlage an den Champs-Élysées. 1929 schrieb Maurice Martin du Gard in seiner Besprechung von Astrucs Memoiren: »Wir verdanken ihm unvergeßliche Produktionen und Konzerte von beispielloser Qualität«, und er bezeichnete Astruc als »ein großartiges Beispiel der Hingabe an die Interessen der Kunst«.[14] Astruc starb 1938, im Alter von vierundsiebzig Jahren. Aber im September 1904, als Rubinstein ihn zum ersten Mal sah, begann er gerade seine Karriere als Impresario. Vor kurzem hatte er Büroräume im Pavillon de Hanovre (33 Boulevard des Italiens,

Ecke Rue Louis-le-Grand) gemietet, und die einzige Künstlerin, die seine junge Société Musicale bislang unter Vertrag genommen hatte, war die fünfundzwanzigjährige Wanda Landowska.

Rubinstein und Skarzynski begaben sich von der Residenz des Grafen im Vorort Chaville in die Stadt, wo sie sich mit Astruc im Pavillon verabredet hatten. Nachdem Astruc ein paar kurze, freundliche Worte mit ihnen gewechselt hatte, bat er den Grafen, den jungen Pianisten am nächsten Nachmittag zum Vorspielen in das Pianohaus des Klavierfabrikanten Pleyel am Boulevard Rochechouart zu bringen. Dort fanden sich schließlich auch Rubinsteins Prüfer ein: Ravel, damals erst neunundzwanzig Jahre alt, der zehn Jahre ältere Paul Dukas (heute vor allem als Komponist des *Zauberlehrlings* bekannt) und der vierundzwanzigjährige Geigenvirtuose Jacques Thibaud, den Rubinstein in Berlin gehört und kennengelernt hatte. Rubinstein setzte sich an den Flügel und spielte auswendig die Passagen aus den Violinkonzerten von Bruch und Mendelssohn, die Thibaud besonders einprägsam gespielt hatte. Ravel und Dukas verstanden das Signal: Dieser Junge war ganz offensichtlich ein echter Musiker mit weitreichenden Interessen. Anschließend spielte er Klavierstücke von Bach, Beethoven und Chopin. »Einstimmig priesen [die Prüfer] meine Begabung... und rieten Astruc sehr entschieden, sich meiner anzunehmen.«[15] Rubinsteins Darstellung dieser Begebenheit muß korrekt sein, denn Astruc nahm Rubinstein und Skarzynski mit in sein Büro, um mit ihnen einen Vertrag – mit dem Datum 22. September 1904 – zu entwerfen, der noch heute im Archiv des Pianisten existiert. Hier die entscheidenden Klauseln:

»1. Beginnend mit der Unterzeichnung des vorliegenden Vertrags legt M. Arthur Rubinstein all seine Konzerte und all seine Engagements sowohl in Frankreich wie in den fünf Kontinenten der Welt exklusiv in die Hände der Société Musicale.

2. Für alle Konzerte, die die Société Musicale organisiert, wird sie M. Arthur Rubinstein die Reisekosten erstatten, die Hin- und Rückfahrt nach Paris, die ihn betreffende Publicity sowie die Kosten zur Beförderung von Instrumenten. Für diese Kategorie von Konzerten, in Frankreich und im

Ausland, wird M. Arthur Rubinstein 40 % (vierzig Prozent) der Brutto-einnahmen erhalten, nach Abzug der Gebühren für die Autorentantiemen und der Abgaben für die Armenfürsorge.

3. Für alle Engagements, bei denen die Société Musicale M. Arthur Rubinstein [nur] vertritt, wird letzterer 60 % (sechzig Prozent) der von den organisierenden Gesellschaften angebotenen Einnahmen erhalten. In diesem Fall wird die Soc. Musicale nicht zur Deckung irgendwelcher Spesen herangezogen.

4. Für alle privaten Soireen sowie für offizielle oder private Veranstaltungen werden die Gagen je zur Hälfte aufgeteilt, 50 % (fünfzig Prozent) für M. Arthur Rubinstein und 50 % (fünfzig Prozent) für die Soc. Musicale.

5. Die Soc. Musicale garantiert M. Arthur Rubinstein ein Mindestbrutto-gehalt von 6000 FF (sechstausend Francs) pro Jahr, zahlbar in monatlichen Raten von 500 FF (fünfhundert Francs), beginnend mit dem 30. November 1904.

6. M. Arthur Rubinstein verpflichtet sich, niemals über Konzerte oder Engagements zu verhandeln, ohne die Soc. Musicale als Vermittler einzuschalten und ohne letzterer alle Pläne mitzuteilen, die an ihn direkt oder indirekt in Frankreich oder im Ausland herangetragen werden.

7. M. Arthur Rubinstein verpflichtet sich, die Instrumente zu spielen, die die Soc. Musicale für seinen Gebrauch bestimmen wird; die Soc. Musicale verpflichtet sich ihrerseits, nur erstklassige Instrumente zur Verfügung zu stellen.

8. Die Soc. Musicale hat nicht das Recht, M. Arthur Rubinstein vorzuschreiben, irgendwelche bestimmten Stücke zu spielen; er wird eine gewisse Anzahl von Programmen vorschlagen, und die Soc. Musicale wird das Recht haben, daraus diejenigen auszuwählen, die ihr für die verschiedenen zu organisierenden Konzerte am geeignetsten erscheinen.

9. M. Arthur Rubinstein wird der Soc. Musicale eine Buße von 50 000 FF (fünfzigtausend Francs) zahlen, falls er irgendeine der obenstehenden Vereinbarungen bricht.

10. Der vorliegende Vertrag gilt für die Dauer von fünf Jahren, beginnend mit dem untenstehenden Datum. Er kann früher beendet werden, falls M. Arthur Rubinstein arbeitsunfähig wird.

11. Da M. Arthur Rubinstein noch minderjährig ist, bedarf der vorliegende Vertrag nach seiner Unterschrift noch der seines Vaters, M. Isaak Rubinstein, und seiner Mutter, Mme. Félice Rubinstein, geb. Heymann«

In seinen Memoiren erklärte Rubinstein, Astrucs Bedingungen seien »exorbitant« gewesen, und er habe den Vertrag wegen des garantierten Monatseinkommens unterschrieben (»... denn ich sah nur jene 500 Francs..., die mir wie ebensoviele glitzernde Sterne vorkamen«[16]). Die Bedingungen waren in der Tat nicht schlecht: Heutzutage stellen Musiker den Konzertorganisatoren eine Gage für ihre Auftritte in Rechnung. Die Manager der Künstler erhalten zwanzig Prozent der Gage und bezahlen weder die Reisespesen ihrer Klienten noch stellen sie ihnen Instrumente zur Verfügung. Damals organisierten die Manager der Künstler oft die Engagements und gingen dabei das Risiko ein, Geld zu verlieren. Vierzig Prozent der Nettoeinnahmen waren die übliche Gage für Künstler. Ein paar Jahre später, als Rubinstein einen seiner Meinung nach günstigeren Vertrag mit einem anderen Manager unterzeichnen wollte, war er durchaus bereit, den gleichen Prozentsatz zu akzeptieren. Außerdem ging Astruc das unübliche Risiko ein, Rubinstein ein monatliches Einkommen zu garantieren – eine Art laufender Vorauszahlung –, von dem der junge Mann anständig, wenn auch nicht im Luxus leben konnte. Debussy, dessen Ansichten über die meisten Impresarios alles andere als schmeichelhaft waren, hat Astruc als »unendlich viel uneigennütziger« bezeichnet, als es andere ihm bekannte Leute gewesen seien.[17]

Unter den mit der Schreibmaschine geschriebenen Vertrag setzte Rubinstein: »Gelesen und gebilligt, was oben geschrieben steht[.] Diese Vereinbarung wird durch eine endgültige Vereinbarung ersetzt, die die Garantie meiner Eltern trägt. 23. September 1904 Arthur Rubinstein.« Nachdem er ein paar Tage als Gast der Skarzynskis verbracht hatte, »die sich geradezu rührend um mich bemühten« (und die er nie wieder in seinen Memoiren erwähnte), fuhr Rubinstein nach Polen – zuerst nach Warschau, um bei den Wertheims abzusteigen, die aus Zakopane zurückgekehrt waren, und dann nach Lodz zu seinen Eltern. Rubinstein hatte Angst, Izaak und Felicja könnten seinen Plan nicht billigen. Seine Angst nahm zu, als »etwas Unerträgliches« geschah: »Mein Vater brach in Tränen aus und weinte wie ein Kind. So hatte ich ihn noch nie gesehen, und ich kam mir vor wie ein Verbrecher. Ich kann das nicht vergessen«, schrieb der achtzigjährige Rubinstein.[18] In seinen Memoiren erklärte er zwar nicht, was den Gefühlsausbruch seines Vaters proviziert hatte, aber Annabelle Whitestone hat er erzählt, sein Vater habe geweint, weil sein Stolz verletzt worden sei: Er habe das Gefühl gehabt, im Hinblick auf seinen begabten Sohn sei er stets ohnmächtig gewesen. (»Ich hatte immer den Eindruck, daß Arthur seine Eltern furchtbar leid taten – was natürlich immer auch mit den Schuldgefühlen verbunden war, die er ihnen gegenüber empfand«, erzählte Annabelle.[19]) Izaak unterschrieb jedoch den Vertrag und überredete die zögernde Felicja, es auch zu tun. Arthur, der nun praktisch die alleinige Kontrolle über seine Finanzen besaß, kehrte nach Warschau zurück. Von dort fuhr er in Gesellschaft von Piotr und Joasia Wertheim nach Paris weiter. Vater Wertheim brachte seine Tochter in die französische Hauptstadt, wo sie bei Jean de Reszke Gesang studieren sollte.

Astruc wohnte mit seiner Frau und seiner fünfjährigen Tochter Lucienne in der Rue Cardinet, nicht weit vom Arc de Triomphe entfernt, und half Rubinstein bei der Suche nach einem Zimmer. Er fand eines bei Monsieur Cordovinus im Haus Nr. 42 in derselben Straße. Rubinsteins Zimmer – in dem gerade ein kleines Bett und ein Klavier Platz hatten – kostete sieben Francs pro Tag, inklusive Vollpension, so daß ihm fast sechzig Prozent seines garantierten Monatseinkommens für andere Ausgaben verblieben. Oft wurde er von den Astrucs zum Essen eingeladen, und schon bald war er der Schwarm der kleinen Lucienne. (Sechzig Jahre später erinnerte sie ihn in einem Brief daran, sie habe zu den ersten Menschen gehört, die »Sie leidenschaftlich bewundert – und geliebt haben«.[20])

Rasch arrangierte der Impresario ein bombastisches Debüt für seinen neuen Künstler: Am 19. Dezember sollte Rubinstein im Nouveau-Théâtre als Solist zusammen mit dem berühmten Orchestre Lamoureux unter der Stabführung seines bekannten Dirigenten Camille Chevillard auftreten. Mary Garden, die dreißgjährige schottische Sopranistin, die zwei Jahre zuvor die Mélisande in der Welturaufführung von Debussys *Pelléas et Mélisande* gesungen hatte, würde ebenfalls in Rubinsteins Konzert auftreten. Die offizielle Schirmherrschaft übernahmen Saint-Saëns, dessen Zweites Klavierkonzert auf dem Programm stand, und Elisabeth de Caramon-Chimay, Gräfin Greffulhe, die den musikalischen Geschmack der Pariser High Society prägte – und übrigens ein Vorbild für Prousts Herzogin von Guermantes war. (»Bei Pariser Galas dominiert die aristokratische Silhouette der Gräfin Greffulhe, wo immer sie erscheint«, schrieb Astruc in seinen Memoiren.[21]) Man erwartete, daß der junge Künstler seinen beiden Gönnern seine Aufwartung machen werde. Er genoß die Begegnung mit dem neunundsechzigjährigen Saint-Saëns – als dieser hörte, daß Rubinstein Pole sei, spielte er ihm Chopins Scherzo in E-Dur vor (»etwas schnell für meinen Geschmack, aber technisch perfekt«, erinnerte sich Rubinstein[22]. Von der Gräfin, die er auf ihrem Landsitz, dem Château du Bois Boudran besuchte, fühlte er sich zunächst eingeschüchtert. Sie »begrüßte mich herablassend ohne ein Lächeln, stellte mich Don Roffredo Caetani vor und forderte mich sofort auf, etwas vorzuspielen. Ihr Pleyel war verstimmt und in übler Verfassung, aber es gelang mir, die As-Dur Polonaise von Chopin herunterzurasseln.«[23] Der junge, in Rom geborene Caetani, Fürst von Bassiano, war ein vorzüglicher Komponist – ein Schüler von Giovanni Sgambati, der seinerseits ein Liszt-Schüler war. Als Caetani erwähnte, er sei ein leidenschaftlicher Wagnerianer, setzte sich Rubinstein wieder an den Flügel und spielte das *Meistersinger*-Vorspiel auswendig. Dies beeindruckte den Fürsten so sehr, daß die Gräfin Rubinstein auf der Stelle versprach, die Grandes Auditions de France, ihr Verein adliger Musikförderer, werde bei seinem Debüt zugegen sein.

»Als ich das erste Konzert von Arthur Rubinstein ankündigte, in Zeitungsartikeln, in denen ich eigens seinen Vornamen unterstrichen hatte, verwechselte ihn das Publikum unbeirrt mit dem großen [Anton] Rubinstein«, schrieb Astruc in seinen Memoiren. »Der Enkel des glanzvollen Tenors Tamburini, der Stolz des italienischen Theaters, sagte zu mir: ›Ich dachte, Rubinstein sei tot!‹ Und [der Impresario] Raoul Gunsbourg, der ... kein Hindernis zum Erfolg kannte, empfahl mir kalt zu sagen, es sei der andere.«[24] Um Rubinsteins Namen machte sich auch Charles Joly, der Chefmusikkritiker von *Le Figaro*, als erstes Gedanken in einem Artikel über den jungen Pianisten, der fünf Tage vor dem Konzert erschien.

»›Ein Pianist namens Rubinstein! Unmöglich! Er muß sofort seinen Namen ändern!‹

Dies war die spontane Reaktion einer sehr gebildeten und klugen Person, der gegenüber ich kürzlich die Ankunft eines jungen Virtuosen in Paris erwähnte, der diesen ehrfurchtgebietenden Namen trägt...

Ein Treffen wurde augenblicklich arrangiert, und ein paar Tage später versetzte der junge Rubinstein seine Zuhörer zwei Stunden lang in Bewunderung und Erstaunen, indem er sich von seiner eigenen Phantasie inspirieren ließ oder die Wünsche der Anwesenden erfüllte, die seine Technik, sein Gedächtnis und vor allem seine Fähigkeiten als Interpret prüfen wollten. Die Bewunderung galt der Sicherheit und der majestätischen Schlichtheit seiner Kunst, die keine technische Schwierigkeit zu scheuen scheint und in der der Geist der Meister wie in einem Spiegel reflektiert wird; das Erstaunen galt seinem wahrhaft außergewöhnlichen Bildungsniveau, das ihm gestattet, nicht nur die Meister der klassischen und modernen Klavierliteratur zu spielen, sondern auch die Symphonien von Haydn, Mozart, Beethoven, Schumann und Brahms, die symphonischen Dichtungen von Richard Strauss und die lyrischen Dramen von Wagner – alles auswendig und stets mit dem gehörigen Ausdruck.

Die wenigen Auserwählten, die die Gelegenheit hatten, dem jungen Rubinstein zu lauschen, empfingen den gleichen überraschenden Eindruck. Edouard Colonne [ein berühmter Dirigent], Camille Chevillard, Paul Dukas, Ernest Van Dyck [ein belgischer Tenor], Gaston Salvayre [ein Komponist und Kritiker] und ein paar andere – sie alle staunten ebensosehr über das Ausmaß seiner musikalischen Kenntnisse wie über sein meisterhaftes Spiel.

›Was mich an diesem Künstler erstaunt‹, hat Monsieur Pierre Lalo, der hochrangige Kritiker von *Le Temps*, gesagt, nachdem er ihn gehört hatte,

›ist der Umstand, daß er ungeachtet seiner außergewöhnlichen Jugend gewöhnt ist, mit allen technischen Problemen fertig zu werden, so daß er in der Lage ist, über die Details des Werkes, das er interpretiert, hinauszuschauen, um ihm eine Gesamtdarstellung angedeihen zu lassen. Sein Blickwinkel ist weit, und dies ist auch sein Spiel. Er verliert sich nicht in jenen Details, an denen sich andere erfreuen, weil die technischen Probleme sich für ihn wie von selbst lösen. Diese Gelassenheit erlaubt es ihm, sich ganz der Interpretation der Meister hinzugeben, und darum muß er auf Anhieb zu den Größten gezählt werden.‹

Dies also ist der junge Künstler – er ist noch nicht einmal 18 Jahre alt –, den Paris zum ersten Mal am Montag abend hören wird … Er ist von mittlerer Größe, schlank und von natürlicher Eleganz; sein Haar ist typischerweise üppig, und er legt ein stolzes Gebaren an den Tag, das oft einer bezaubernden Schüchternheit weicht. Rubinsteins junges Gesicht ist eine Maske der Leidenschaften, die er interpretiert. Seine Augen, über die zuweilen blitzartig eine gewisse Unruhe huscht, bestätigen das Gefühl, das seine Finger übersetzen.«

Joly gab noch eine Kurzbiographie von Rubinstein zum besten und fuhr dann fort: »In einem Interview aus jüngster Zeit hat Rubinstein den klügsten aller Musikkritiker, nämlich Henry Gauthier-Villars, sehr beeindruckt: ›Seine Kunst als Interpret ist so großartig‹, hat letzterer erklärt, nachdem er den jungen Künstler mehrere Stücke von Brahms hatte spielen hören, ›daß es ihm sogar gelingt, einer Musik Farbe zu verleihen und sie dadurch genießbar zu machen, die ich für überaus trocken halte und der das französische Musikleben noch keinen Rang zugewiesen hat, der dem Beethovens und anderer großer Meister vergleichbar ist.‹ Und daher wird Arthur Rubinstein seinen Namen nicht ändern!«[25]

An die Pariser Musikkritiker zu Beginn des 20. Jahrhunderts hat sich Rubinstein voller Abscheu erinnert: Die Journalisten wurden üblicherweise von den Managern der Künstler bestochen, um entweder positive Besprechungen über die Leistungen ihrer Klienten zu schreiben oder um Kritiken zu veröffentlichen, die eigentlich die Manager formuliert hatten. Jolys Artikel, der keine Konzertkritik war, klingt jedoch aufrichtig. Gauthier-Villars, den Joly zitiert, war besser bekannt unter dem Pseudonym Willy – er war einer der großen Bohemiens von Paris. Als Rubinstein ihn kennenlernte, war er der Ehemann und literarische Mitarbeiter von Colette, die sieben Jahre zuvor ihre Tiergeschichten *Sept dialogues de bêtes* veröffentlicht hatte und später mit ihren Romanen berühmt wurde; auch sie lernte Rubinstein kennen.

Seine Vorbereitungen für das erste Konzert wurden durch die Ankunft von Aleksandra Wertheim in Paris unterbrochen. Angeblich wollte sie Joasia nahe sein – Piotr hatte nach Warschau zurückkehren müssen –, in Wirklichkeit aber ging es ihr um Arthur, von dem sie erwartete, daß er sie überallhin begleiten und viel Zeit mit ihr im Bett verbringen werde. Er gestand zwar ein, »daß ich mit Vergnügen in guten Restaurants speiste und meiner alten Theaterleidenschaft frönte«, aber es war ihm auch »peinlich, dauernd von ihr eingeladen zu werden« – und dieses süße Leben »bekam meiner Arbeit überhaupt nicht«.[26] Das Konzert wurde von Etienne Gaveau gesponsert, einem bekannten Klavierhersteller. Das bedeutete, daß Rubinstein einen Gaveau-Flügel spielen mußte, der kalt im Klang und schwach im Diskant war und andere Mängel gegenüber den Bechstein-Flügeln aufwies, an die Rubinstein gewöhnt war. Zwei Tage vor dem Konzert hieß es in einer Ankündigung im *Figaro,* das Programm von Rubinsteins Konzert, »über das man in den letzten Tagen soviel gehört hat«, enthalte außer dem Saint-Saëns-Konzert, den Stücken für Orchester ohne Klavier und Miss Gardens Darbietung von Debussys *Ariettes oubliées* noch »das Konzert in f-Moll von Chopin; die Rhapsodie in b-Moll [op. 79, Nr. 1] von Brahms und die Etüde in a-Moll [op. 25, Nr. 11] von Chopin ... Einige wenige Karten sind noch erhältlich bei Durand [dem Musikverleger] und im Nouveau-Théâtre.«[27]

Rubinstein war überaus nervös am Tag des Konzerts, das ein zwiespältiger Erfolg wurde. Im Chopin-Konzert ging sein »für gewöhnlich so guter, voller Ton ... auf dem unvertrauten und schwächlichen Gaveau-Flügel verloren, das zarte Filigran des Larghetto war kaum hörbar, und im dritten Satz patzte ich tatsächlich ein- oder zweimal«, erinnerte er sich. Rubinstein beklagte sich auch über den Dirigenten Chevillard: Was »›rubato‹ bedeutete, begriff er überhaupt nicht, und die überirdische Schönheit des Larghetto entging ihm ganz«.[28] In einem Interview, das vor seinen Memoiren erschien, räumte Rubinstein allerdings ein, er selber habe das Werk damals noch nicht angemessen studiert.[29] Das französische Publikum war großenteils allergisch gegen Brahms, die b-Moll-Rhapsodie (nicht ein Intermezzo, wie Rubinstein fälschlicherweise in seinen Erinnerungern schreibt) »stieß auf eisige Gleichgültigkeit«. Obgleich er die Schwierigkeiten von Chopins a-Moll-Etüde (der sogenannten *Sturm-Etüde)* »keineswegs beherrschte«, spielte er sie um der Effekte willen: »Mit der Linken donnerte ich aus Leibeskräften das heroische Thema hin, verschmierte mit Hilfe des Pedals die schwierigen Triolenpassagen und endete mit strahlendem Gepränge. Dies trug mir eine Ovation ein, auf der Galerie wurde sogar ›bravo!‹ gerufen.« (Er gestand »zu meiner Schande«, daß er in den folgenden Jahrzehnten oft auf ähnliche Tricks zurückgegriffen habe.) Rubinstein schloß mit dem Saint-Saëns-Konzert; es »geriet gut«, doch fühlte er sich »durch die Mängel meines Instruments wieder schwer behindert«. Das Publikum klatschte begeistert und verlangte sogar eine Zugabe. Saint-Saëns, der abends nicht gern ausging, hatte Rubinsteins Probe am selben Tag besucht und dem jungen Pianisten Komplimente für seine Interpretation des Konzerts gemacht. Später schickte Saint-Saëns ihm sein Photo mit der Widmung: »Pour A. R., avec l'admiration pour son grand talent. C. S.-S.«[30] Nach dem Konzert schleppte Astruc Rubinstein in die Redaktion des *Figaro,* um Charles Joly zu erläutern, was er über die Veranstaltung schreiben solle. (Die Rezension ist tatsächlich maßlos übertrieben – es lohnt nicht, sie zu zitieren.) Dort, berichtete Rubinstein, sei er auch dem – bereits im Alter von 27 Jahren berühmten – Dramatiker Henry Bernstein begegnet, der gerade eine Kritik seines neuesten Stücks diktierte. Dann eilte Rubinstein zu einem späten Souper mit Aleksandra und Joasia Wertheim. Aleksandra schenkte ihm eine goldene Uhr – »meine erste«, wie er sich erinnerte[31] –, zum Andenken an sein Pariser Debüt.

Die drei Solokonzerte, die Astruc für Rubinstein organisierte, fanden am 17. und 26. Januar sowie am 2. Februar 1905 im Salle des Agriculteurs statt, einem beliebten Pariser Festsaal in der Rue d'Athènes. Das erste dieser Konzerte umfaßte Beethovens *Waldstein-Sonate,* Schumanns *Carnaval* und eine Gruppe von Chopin-Stücken. Das Konzert wurde im *Figaro* von Alfred Delila gebührend gelobt.[32] Eine kürzere anonyme Besprechung des zweiten Konzerts stellte fest, Rubinstein habe »Schumanns *Sinfonische Etüden* und einige Werke von Brahms bewundernswert gespielt, aber in seinen feurigen und leidenschaftlichen Interpretationen von Chopins Sonate [op. 35, b-Moll mit dem Trauermarsch], Préludes und Etüden zeigte er, was wirklich in ihm steckt. Arthur Rubinsteins letztes Konzert wird am 2. Februar im Saal in der Rue d'Athènes stattfinden. Anschließend wird er von Paris nach Südfrankreich fahren, wohin er für einige herausragende Engagements eingeladen ist.«[33] Das letzte Konzert wurde nicht besprochen.

Astruc war zufrieden. Später erinnerte er sich, daß »der Erfolg meiner beiden Stars« – Landowska und Rubinstein – »Anfragen aus jedem französischen und ausländischen Musikzentrum zur Folge hatte. Die Agentur Wolff in Berlin und Impresarios aus Italien, England und Monte Carlo waren aufmerksam geworden.«[34] Astruc wurde gebeten, immer öfter zahlreiche und bedeutende musikalische Veranstaltungen zu managen. Aber Rubinstein hat nach eigener Aussage von dieser Situation nicht besonders profitiert: Seine ersten Pariser Auftritte hatten ihm nicht viele Einladungen zu weiteren Konzerten verschafft. Astruc dagegen hat seinen jungen Klienten anscheinend wirklich gemocht. Kurz nach Rubinsteins 18. Geburtstag begleitete ihn der Impresario nach Nizza, wo Rubinstein ein kleines Konzert vor einem unkundigen und unaufmerksamen Publikum im Salon Rumpelmayer, einer Teestube, gab – das waren dann auch schon die »herausragenden Engagements« in Südfrankreich, von denen der *Figaro* gesprochen hatte. Die Veranstaltung kann zwar Astrucs Kosten nicht eingespielt haben, trotzdem lud er Rubinstein zu einem Ausflug ins benachbarte Monte Carlo ein, wo sie am 14. Februar 1905 die Welturaufführung von Jules Massenets Oper *Chérubin* besuchten. Die Produktion, mit der schönen, dreißigjährigen Sopranistin Lina Cavalieri und dem Tenor Charles Rousselière in den

Hauptrollen, war von dem bekannten Impresario Raoul Gunsbourg organisiert worden. Mit Gunsbourgs Hilfe gelangte der noch minderjährige Rubinstein ins Spielcasino und spielte mit Geld, das Astruc ihm dafür gegeben hatte. Er gewann eine stattliche Summe, wie er später behauptete, aber dann verlor er alles wieder, als Colette, der er zufällig begegnete, ihm einen Tip gab, der nicht funktionierte. Das trug ihr Rubinstein sein Leben lang nach.[35]

Als Rubinstein nach Paris zurückgekehrt war, mußte er zu seiner Überraschung feststellen, daß seine Schwester Jadwiga zu Besuch gekommen war und das Zimmer neben dem seinen in Monsieur Cordovinus' Pension bewohnte. Er hatte den Verdacht, seine Familie »vermutete offenbar, daß ich ein gemachter Mann war«, und wollte am finanziellen Segen teilhaben. »Aus Erfahrung klug geworden«, stellte er Jadwiga seinen neuen Freunden und Bekannten nicht vor.[36] Ihr Besuch erwies sich dennoch als Segen: Rubinstein erkrankte schwer an Scharlach, und seine Schwester pflegte ihn aufopferungsvoll drei Wochen lang. Im Laufe seiner langsamen Genesung bekam er Abszesse in den Ohren und mußte sie sich aufschneiden lassen. In seinen Memoiren hat er dies verschwiegen, aber einigen Freunden hat er davon erzählt: Sein Gehör im rechten Ohr war für immer erheblich beeinträchtigt. Die kanadische Pianistin Janina Fialkowska, die Rubinstein in seinen letzten Jahren gut gekannt hat, glaubt, dies sei der Grund, »warum er so volltönend gespielt hat, warum er so gut einen vielfarbigen Klang zu vermitteln vermochte und warum er dieses großartige, wundervolle, einzigartige Klangbild entwickelt hat«.[37] Er habe Glück im Unglück gehabt, betonte Eva Rubinstein – geschädigt sei das Ohr gewesen, das zum Publikum hin, und nicht das Ohr, das bei Konzertaufführungen zum Orchester hin gerichtet gewesen sei.

Laut Rubinstein war das damalige Pariser Musikleben zwar nicht annähernd so reichhaltig wie das in Berlin, aber in vielerlei anderer Hinsicht fand er seine neue Basis viel angenehmer als die alte – vielleicht etwas zu angenehm. Die häufige Teilnahme an großen Diners bei reichen Bekannten steigerte seinen Sinn fürs süße Leben. Aber sein bescheidenes Monatsgehalt erlaubte es ihm nicht, dieser Neigung nachzugeben, wenn er nicht als Gast eingeladen war. Es war ihm durchaus bewußt, daß er in dieser »Phase meines Lebens ... zwischen dem täglichen Kampf ums Dasein und häufigen Abstechern in den raffiniertesten Luxus hin- und herpendelte«. Er sah sich dazu verurteilt, »das bedrückende Leben eines Menschen zu führen, dem es immer an Geld fehlt und der ständig Schulden hat«.[38] Paris war natürlich auch ein herrlicher Ort für die Jagd auf Frauen. Bei einer Einladung zum Abendessen im Haus von Lina Cavalieri beispielsweise lernte er eine erotisch attraktive junge Schauspielerin kennen, mit der er in jener Nacht ins Bett ging. Er verführte beinahe »Madame Dettelbach« – vermutlich ein Pseudonym –, die er kühnerweise auf den Hals geküßt hatte, als sie in der dunklen Opernloge ihres reichen Mannes saßen – aber dann kam ihm sein Scharlach in die Quere. Ähnliche Gelegenheiten mit anderen Frauen ergaben sich hin und wieder. In seinen Memoiren läßt Rubinstein zwar nicht durchblicken, daß zwischen ihm und Joasia Wertheim, deren Geliebter häufig bei ihr in Paris war, irgend etwas Ernstes passiert sei. Trotzdem hat er sie oft in ihrer Wohnung in der Avenue Victor-Hugo besucht, die sie mit zwei jungen Engländerinnen teilte, die gleichfalls bei Jean de Reszke studierten: Olga Lynn, später eine bekannte Gesangslehrerin in London, und Margaret Tate, eine Sechzehnjährige, die schon bald – unter dem leicht abgewandelten Künstlernamen Maggie Teyte – als Interpretin von Debussys Vokalwerken berühmt wurde, unter anderem in der Rolle der Mélisande. Diese drei jungen Damen stellten eine angenehme Gesellschaft dar. Als Joasia – die Maggie Jane nannte – unversehens Geld brauchte, um das sie ihre Eltern nicht bitten konnte (Rubinstein deutet in seinen Memoiren an, daß sie eine Abtreibung vornehmen lassen wollte), ließ er sich einen Vorschuß auf sein Gehalt auszahlen und gab ihr das Geld.

Bei Joasia Wertheim lernte Rubinstein eines Abends auch Jozef (Jozio) Jaroszynski kennen, einen reichen jungen polnischen Großgrundbesitzer, Musikliebhaber, Amateurpianisten und Bonvivant, der den jungen Musiker auf Anhieb mochte und ihm gutes Essen sowie Konzert- und Theaterkarten spendierte. Auch Astruc behandelte Rubinstein großzügig: Er lud ihn weiterhin oft zum Essen ein und sorgte dafür, daß er nach seiner Scharlachinfektion wieder zu Kräften kam. Zum Dank dafür wurde Rubinstein vertragsbrüchig: Er fuhr nach Lodz, angeblich zur Wiedergenesung, in Wirklichkeit aber gab er zwei Konzerte, die er heimlich arrangiert hatte, um Astruc die Vermittlungsprovision nicht zahlen zu müssen. Während eines Aufenthalts in Warschau schickte er seinem Manager ein paar freundliche Zeilen:

»Lieber Monsieur Astruc!
Ich bin glücklicher, als ich zu sagen vermag, in Warschau zu sein. Man macht hier Schwierigkeiten wegen der Pässe, aber ich glaube, ich bekomme meinen in 3 Tagen. Mein gesundheitliches Befinden ist gut, ich arbeite viel, und ich bin bereit, Konzerte zu geben. Ich glaube, ich habe vergessen, bei Ihnen meine Adresse zu hinterlassen; hier ist sie:
c/o M. Wertheim
Warschau, 9 Aleja Ujazdowska 9 [sic].

Ich werde im kommenden Winter einige großartige Engagements in Warschau und Lodz haben. Wie geht es Ihnen? Und Mme. Astruc?
Wenn Sie mich unbedingt benötigen, würden Sie dann bitte so gut sein und mir telegraphieren? Ich bin Ihnen so dankbar für Ihre Erlaubnis!
Tausend dankbare Grüße von Ihrem
Arthur Rubinstein
Mit besten Grüßen an Mme. Astruc.[39]

Rubinstein hatte deswegen Mühe, einen Paß zu bekommen, weil polnische Nationalisten sich die revolutionäre Situation in Rußland zunutze machen wollten und nach Unabhängigkeit drängten. Am 3. Mai 1905 – vermutlich kurz nach dem obigen Brief – schickte Rubinstein an Astruc ein verzweifeltes Telegramm: »Abreise gefährdet[,] erwarte Erlaubnis[,] leide furchtbar[.] Erbitte telegraphische Beruhigung – Arthur.«[40]
Schließlich jedoch kehrte Rubinstein nach Paris zurück, wo ihn Astruc strahlend mit der Neuigkeit empfing, ein Vertreter von William Knabe, einem Klavierhersteller in Baltimore, habe den jungen Pianisten einge-

laden, in der nächsten Saison Nordamerika seinen ersten Besuch abzustatten, unter der Schirmherrschaft seiner Firma. Die Klavierfabrik Knabe & Gaehle war 1837 in Baltimore von zwei in Deutschland geborenen und ausgebildeten Klavierbauern gegründet worden. Nach Gaehles Tod firmierte das Unternehmen weiter als Knabe & Co. Anfang des 20. Jahrhunderts waren William und Ernest Knabe, die Enkel des Gründers, Direktoren der Firma. William hatte von Rubinstein durch einen in Boston ansässigen Musikkritiker erfahren, der ihn zwei Jahre zuvor in Paderewskis Villa hatte spielen hören, und bot Rubinstein eine Tournee von drei Monaten mit insgesamt 40 Konzerten an. Die Reisekosten des Pianisten würden zwar seine Sponsoren übernehmen, aber seine Lebenshaltungskosten müsse er selbst aus der Gesamtgage von 4000 Dollar bestreiten – wovon 1600 Dollar an Astruc gingen. 2400 Dollar waren damals viel Geld – das entsprach immerhin zwei Jahresgehältern, die Rubinstein von Astruc erhielt –, und die Nachricht von diesem bedeutenden Engagement brachte Rubinsteins Namen dem Pariser Publikum wieder in Erinnerung. Der zwanzigjährige Sacha Guitry, der sich gerade einen Namen als Stückeschreiber und Schauspieler machte und sein Einkommen mit Karikaturen aufbesserte, fertigte von Rubinstein einen Scherenschnitt, der in den Zeitungen erschien. Das Original verkaufte er an Astruc, der in den zwanziger Jahren den »gewölbten Torso, die spitze Nase und das lockige Haar« dieses Scherenschnitts beschrieb und meinte, er ähnele Rubinstein »heute fast genauso wie vor zwanzig Jahren«.[41] Der Scherenschnitt ging im Zweiten Weltkrieg verloren.

Im August 1905 fuhr Rubinstein als Gast von Astruc und Gunsbourg nach Südfrankreich zum Festival d'Orange, das Gunsbourg leitete. Im römischen Amphitheater besuchte Rubinstein Aufführungen von Boitos *Mefistofele,* Berlioz' *Les Troyens* und das Gastspiel der Comédie Française mit Sophokles' *Oedipus Rex* und Corneilles *Le Cid.* Mehr als alles andere beeindruckten ihn die selten aufgeführten *Troyens* und das Spiel des berühmten Mounet-Sully in der Titelrolle des *Oedipus.* Cavalieri sang zwar die weibliche Hauptrolle in *Mefistofele,* aber der wahre Star der Inszenierung war der zweiunddreißigjährige russische Bassist Fjodor Schaljapin, der sich bereits mit Rubinstein in Paris angefreundet hatte. Da der Pianist zu den wenigen Menschen in Orange gehörte, die Russisch sprachen, verbrachten Rubinstein und Schaljapin viel Zeit miteinander – »zehn äußerst stürmische Tage«[42], wie sich Rubinstein später erinnerte, in denen er mit den Frauen ins Bett ging, die für ihn aus der umfangreichen Entourage des gutaussehenden Sängers abfielen. Von Orange aus fuhr Rubinstein in einen Schweizer Kurort, wo er als Gast der Wertheims erwartet wurde. Astruc begleitete ihn bis nach Lyon und spendierte ihm eine Nacht im »luxuriösesten Bordell von Lyon« – Rubinsteins Einführung »in die Unterwelt der Liebe«[43], wie er sagte. Die Gesellschaft der Wertheims war in einem Hotel in Caux, oberhalb von Montreux, abgestiegen. Gegen Ende ihres Aufenthalts unterhielten sie die anderen Hotelgäste und Besucher aus Nachbarstädten mit einer Aufführung von Oscar Wildes *Salome,* in einer deutschen Übersetzung und mit musikalischer Begleitung. Das Werk war 1905 offenbar *en vogue:* Richard Strauss' neue Oper mit dem gleichen Text wurde im Dezember uraufgeführt.

Im Herbst lernte Rubinstein in Paris den dreiunddreißigjährigen Alexander Skrjabin kennen – einen Komponisten, den er bewunderte. Rubinstein verärgerte Skrjabin aber, als er erklärte, er liebe die Musik von Brahms, die Skrjabin verabscheute. Der russische Komponist weilte in Paris, um der Welturaufführung seiner Dritten Symphonie unter der Leitung von Nikisch beizuwohnen (das war *Le divin poème* und nicht, wie Rubinstein in seinen Memoiren behauptet, das *Poème de l'extase,* das noch gar nicht geschrieben war. Auch Rubinstein war unter den Zuhörern. Später erinnerte er sich, das Publikum habe »mit Buhrufen« reagiert: »Ich sah, wie Dukas, [der Komponist und Kritiker Alfred] Bruneau und Fauré auf ihre Stühle stiegen und herzhaft auf den Hausschlüsseln pfiffen. Ich hingegen war von diesem Werk beeindruckt, manche Teile gefielen mir über die Maßen gut.«[44]

Zum Publikum der durch die Wertheims und ihre Gesellschaft im Sommer in der Suisse Romande improvisierten Aufführung der *Salome* gehörten auch Colonel Clayton, Adjutant des Herzogs von Connaught, König Edwards VII. Bruder und die französische Frau des Colonels, Baronesse de Fouquières. Offenbar gefiel ihnen Rubinsteins Spiel, denn sie luden ihn ein, im November für ein paar Tage ihr Hausgast in London zu sein, um »bei einem Empfang zu spielen, den sie zu Ehren des Herzogs und seiner Tochter Prinzessin Patricia geben wollten. Sie versprachen mir ein Honorar und die Vergütung meiner Reisekosten«, erinnert sich Rubinstein.[45] Seine erste Englandreise, bei der er mit der High-Society bekannt gemacht wurde, machte ihm Appetit auf weitere Besuche. »Claytons fahren in Schweiz[,]komme morgen [nach Paris.] Großer Erfolg«, telegraphierte er am 6. November 1905 an Astruc.[46] Unmittelbar nach seiner Ankunft in Paris gab Rubinstein der Einladung von zwei Prostituierten in den Folies-Bergère nach. Da er nicht genug Geld dabei hatte, um sie für ihre fachkundigen Dienste zu bezahlen, hinterließ er als Sicherheit seine wertvollen Manschettenknöpfe, die ihm die Claytons geschenkt hatten. Als Rubinstein genug Geld beisammen hatte, um die Knöpfe wieder auszulösen, hatte der Bordellwirt sie jedoch bereits verkauft.

A m 22. Dezember 1905 begleitete Astruc Rubinstein zur Gare Saint-Lazare, wo der Pianist einen Zug nach Le Havre bestieg. Dort ging er am nächsten Morgen an Bord des französischen Dampfers *La Touraine,* der nach New York auslief. Die Überfahrt war äußerst rauh. Als Rubinstein am Silvesterabend ein Konzert für diejenigen Passagiere gab, die nicht seekrank waren und ihre Kabinen verlassen konnten, mußte er auf dem Klavierstuhl festgebunden werden – der wiederum am Boden befestigt war. Rubinstein freundete sich mit einer hübschen Witwe mittleren Alters aus Los Angeles an sowie mit dem jungen französischen Grafen Armand de Gontaut-Biron, dessen Aufgabe es war, unter reichen Amerikanern diskret Werbung für die französische Automarke Panhard-Levassor zu betreiben. Der unerfahrene Rubinstein verlor all sein Geld beim Pokern an andere Mitreisende. Als Bernard Ulrich, der Tourneemanager, ihn am 2. Januar 1906 am Dock abholte, erbat der Pianist sogleich zehn Dollar Vorschuß, damit er der Schiffsbesatzung ein Trinkgeld geben konnte.
Ulrich hatte für Rubinstein ein Zimmer zu vier Dollar pro Nacht im

anständigen Netherland Hotel reservieren lassen, aber Gontaut überredete ihn, statt dessen im luxuriösen Waldorf-Astoria abzusteigen, das mehr als fünfmal soviel kostete. »Am meisten aber entzückte mich das traumhaft schöne Badezimmer, das erste Badezimmer, das ich ganz für mich allein hatte«, erinnerte sich Rubinstein.[47] Schon bald machte er seine ersten Erfahrungen mit amerikanischen Journalisten. Verglichen mit denen waren die französischen Kollegen wahre Muster an Genauigkeit und Objektivität. Es ist anzunehmen, daß Rubinstein auf die Frage »Komponieren Sie?« antwortete, er habe ein wenig Musik geschrieben, aber nichts Besonderes, und noch nie habe er irgendeine seiner Kompositionen aufgeführt. Aber das Statement der *Musical America* vom 6. Januar 1906 lautete: »Ich werde in meinen Programmen nur sehr wenige von meinen Kompositionen verwenden.« Außerdem wurde Rubinstein zitiert, er und Paderewski, mit dem er »viele Sommer« verbracht habe, seien »große Freunde«, und er habe in Warschau... bei dem russischen Massaker einen Bruder und zwei Cousins verloren... ›Ich werde die furchtbaren Szenen dieser Greueltaten nie vergessen. Das deprimiert mich ständig, und mein einziger Trost ist wohl mein Klavier. Diese Niedergeschlagenheit hat mich zu einer Sonate inspiriert, und vielleicht werde ich sie bei einem meiner Konzerte spielen.‹«[48] Rubinsteins US-amerikanisches Debüt war für Montag abend, den 8. Januar 1906, in der Carnegie Hall mit dem Philadelphia Orchestra angesetzt. Er war noch keine neunzehn Jahre alt, die Carnegie Hall noch keine fünfzehn Jahre alt – und das Philadelphia Orchestra hatte den fünften Jahrestag seiner Gründung erst vor zwei Monaten gefeiert. Als Debütstück wählte Rubinstein das g-Moll-Konzert von Saint-Saëns. Über die Knabe-Flügel war er überhaupt nicht erfreut – jedenfalls erklärte Rubinstein dies Jahre später (»Ich fand alle drei unzulänglich, im Klang dumpf, die Bässe schwach und die Mechanik ging schwer.«[49]) Seine schlimmsten Befürchtungen wurden erst durch George Hochman zerstreut, einen fähigen Techniker, der dafür sorgte, daß das Instrument besser klang. Der Brief, den Rubinstein auf Waldorf-Astoria-Briefpapier am Tag vor seinem Debüt an Astruc schrieb, zeigt, daß er nicht mehr unzufrieden über die Knabe-Flügel war.

»Lieber Monsieur Astruc,

es war völlig unmöglich zu schreiben, jeden Tag hatte ich mindestens 15 Interviews, 10 Besuche und jeden Abend Dinner, Theater, Supper etc. Haben Sie mein Telegramm bekommen? Ich schreibe Ihnen heute, um Ihnen zu sagen, daß ich auf höchst ungewöhnliche Weise überall bekannt gemacht worden bin. Ich bin schon ganz und gar berühmt hier. Morgen ist mein erstes Konzert. Ich hoffe, Sie denken an mich, ich möchte gut spielen, die Flügel sind gut, der Steinway ist natürlich besser, aber nicht so viel. Ich war bei [Heinrich] Conried [dem Generaldirektor der Metropolitan Opera], der mich für *eine ganze Stunde* empfangen und mit mir sehr, sehr freundlich geplaudert hat, anschließend hat er mir eine Loge für Tristan gegeben, ich habe auch Mrs. Vanderbilt und Astor und Gould kennengelernt. Genug für heute. Ich telegraphiere morgen, ich bin ganz nervös.

Also adieu! Morgen!!!!

Beste Grüße

Ihr Arthur

Grüßen Sie alle von mir. Mme. Astruc, [Robert] Brussel [Astrucs Sekretär, später Musikkritiker beim Figaro] etc.«[50]

Die Aufführung von *Tristan und Isolde* an der Metropolitan Opera, auf die Rubinstein sich bezieht, fand am 5. Januar mit Alois Burgstaller und Lillian Nordica in den Titelrollen statt. Alfred Hertz dirigierte. Im Jahre 1906 gehörten die Nachkommen der Tycoons des 19. Jahrhunderts – Cornelius Vanderbilt, John Jacob Astor und Jay Gould – zu den reichsten Berühmtheiten in den USA.

Rubinstein lernte Fritz Scheel, der seine Debütaufführung dirigieren sollte, bei ihrer ersten und einzigen gemeinsamen Probe kennen – am Vormittag des Konzerttages. Laut Rubinstein war Scheel, der deutschstämmige Gründer des Philadelphia Orchestra, »der typische deutsche Musiker, gut ausgebildet, verläßlich, aber kalt ... tüchtig, wenn auch gleichgültig«[51]. Doch an diesem Abend gefiel Rubinstein seinem Konzertpublikum. Auch der amerikanische Pianist Arthur Loesser – damals noch keine zwölf Jahre alt – saß im Publikum. Viele Jahre später erinnerte er sich, daß »der Eindruck, den Rubinstein hinterließ, unauslöschlich war. Er spielte das Konzert in g-Moll von Saint-Saëns, das ich noch nie gehört hatte. Ich war entzückt über das wohltönende Scherzo, und ich kann mich erinnern, als der Pianist zum letzten Abschnitt am Ende des dritten Satzes kam, mit seinen außergewöhnlichen aufsteigenden, zwischen Oktaven und Einzelnoten wechselnden Triolen, hat mir Vater [der Pianist Henry Loesser] einen kleinen Stoß versetzt, damit ich nur ja die außerordentliche Brillanz des Vortrags schätzte. Der Applaus war stürmisch, und Rubinstein mußte sich wiederholt verbeugen. Er ließ das Publikum nicht zu lange warten, sondern nahm wieder Platz, um ausgerechnet Liszts Mephisto-Walzer zu spielen! Eine ziemlich anstrengende Zugabe, unmittelbar im Anschluß an ein großes Konzert.« Rubinstein erinnerte sich an die Zugabe und erzählte Loesser: »Damals habe ich nicht gewußt, daß Zugaben in amerikanischen symphonischen Programmen tabu waren. Aber als ich wieder hinter die Bühne kam, war Scheel, der Dirigent, zutiefst beleidigt. Er wollte überhaupt nicht mehr mit mir sprechen.«[52] Rubinstein wußte nicht, daß Scheels Griesgrämigkeit ihm gegenüber der psychischen Labilität des Dirigenten entsprang. Wenige Monate später erlitt Scheel einen Nervenzusammenbruch und starb nur 14 Monate nach Rubinsteins Debütkonzert.

Die Brüder Knabe und ihre Frauen freuten sich über Rubinsteins Spiel und die Begeisterung des Publikums. Sie führten den Pianisten und Gontaut zu einem Abendessen in Delmonico's Restaurant aus. Die Kritiker hingegen waren weniger erfreut als die Knabes. Richard Aldrich schrieb in der *New York Times,* Rubinsteins Ankunft seien »ausführliche Geschichten über sein vergangenes und gegenwärtiges Können vorausgeeilt. Er war ein Wunderkind, wurde aber vor dem Schicksal von Wunderkindern bewahrt und ist heute ein reifer Künstler, auch wenn er noch ein Jugendlicher ist. Dieser junge Rubinstein ist zweifellos ein talentierter Jugendlicher, aber sein Talent scheint gegenwärtig hauptsächlich in seinen Fingern zu sitzen … [Im Saint-Saëns-Konzert] kann ein reifer Künstler eine gewisse Gewichtigkeit und Würde und viele der feineren stilistischen Verzierungen demonstrieren. Mr. Rubinstein ist noch kaum bis zu diesen Qualitäten vorgedrungen. Er ist noch ganz erfüllt vom Überschwang der Jugend wie von ihrer Neigung zur Übertreibung und gegenwärtig hauptsächlich daran interessiert, von seinem Geschick Gebrauch zu machen und nicht nur die Ohren, sondern auch die Augen seiner Hörer mit seiner Persönlichkeit und der Brillanz der Effekte zu beeindrucken, die er erzeugen kann. Dafür ist er gut ausgerüstet. Er verfügt über einen frischen und glänzenden Anschlag, eine bemerkenswert gewandte und flinke Technik – auch wenn diese insgesamt nicht makellos ist – sowie über viel Kraft in den Fingern und Armen. Er weiß, wie man es anstellt, aus all dem das Äußerste herauszuholen; seine Leistung ... war imponierend, auch wenn sie nie an irgendeine tiefere Bedeutung hinter den Noten denken ließ ... Rubinsteins Ton weist kaum warmherzige Schönheit auf, in seinen Effekten herrscht wenig Abwechslung ... Nach dem Konzert erhielt er viel Beifall, und dann spielte er wieder, ein reines Schaustück, ein Arrangement ... von Liszts Orchesterstück *Mephisto-Walzer ...*«[53]

Richard Schickel schrieb in seiner *Geschichte der Carnegie Hall,* Rubinsteins »karge Virtuosität entsprach nicht der herrschenden Zeitströmung«. Der junge Mann war schließlich ein Produkt der antispektakulären Musikschule von Brahms, Joachim und Barth. Sein natürlicher Umgang mit der Phrasierung galt als »unpoetisch« im Vergleich mit den freieren romantischen Virtuosen, denen das US-amerikanische Publikum zu Füßen lag. »Sollen doch die nächsten fünf Jahre ihm einen echten Herzenskummer bringen«, wünschte ein böswilliger Kritiker Rubinstein. »Laßt doch ein amerikanisches Mädchen ihn um ihren anmutigen kleinen Finger wickeln und ihm dann den angeblichen Sitz der Gefühle brechen – und Arthur Rubinstein wird der allergrößte Pianist sein.« Als der Tastenhitzkopf Josef Lhévinne Ende jenes Monats sein Debüt an der Carnegie Hall gab, löschte er den Eindruck aus, den Rubinstein hinterlassen hatte. Lhévinne hatte »augenblicklich und wirklich sensationell« Erfolg, so Henry T. Finck von der *New York Post.* »Vor kurzem wurde der Versuch unternommen, dem hiesigen Publikum einen neuen ›Rubinstein‹ vorzustellen, aber der echte Rubinstein II. ist Mr. Lhévinne«, fuhr Finck fort. »Er verfügt über die Technik des großen Anton, seinen

Schwung und seine Bravour, seine Brillanz und einen Großteil seiner Löwenkraft. Auch er kann einen Flügel zum Singen bringen.«[54] Gemeinsam mit Scheel und dem Philadelphia Orchestra wiederholte Rubinstein sein Carnegie-Hall-Programm in Brooklyn und dann in Baltimore, der Heimatstadt der Knabes, wo man ihm zu Ehren im Hause eines der Brüder ein Fest gab. Als Rubinstein wieder in New York war, machten Gontaut und sein Freund Marquis Melchior de Polignac – Inhaber der Champagnerfirma Pommery & Greno – ihn mit einer gutaussehenden Dame mittleren Alters aus der Schickeria bekannt, die Rubinstein in seinen Memoiren Dorothy nannte und die während seiner New-York-Aufenthalte das Bett mit ihm teilte. Er erhielt auch Besuch von Adolf Neumark, einem Cousin aus Lodz, der nach Amerika ausgewandert war, als Rubinstein noch ganz klein war.

Aus dem Waldorf-Astoria schrieb Rubinstein einen weiteren Brief an Astruc, um ihn auf dem laufenden zu halten.

»Lieber Monsieur Astruc,
alles läuft wunderbar. Mein erstes Konzert war ein Triumph! Ich mußte mich etwa zwölfmal verbeugen, gab zwei Zugaben, und das Publikum gab mir eine Ovation. Am nächsten Tag lief es in Brooklin [sic] genauso, vielleicht sogar noch besser. [William] Knabe ist hocherfreut, er bewundert mich, glaube ich, da er so nett zu mir ist. Und es war furchtbar schwer, Erfolg zu haben, da offenbar seit Paderewski niemand soviel Publicity vor einem Konzert gehabt hat. Eintausend lange Geschichten über mich, ganze Seiten, überall in Amerika nachgedruckt, die Wände voll mit mir, ach, es ist gewaltig. Jeden Tag empfange ich viele Leute, Pianisten, die mir vorspielen, Frauen – Gestern habe ich in Baltimore mit Mme. [Johanna] Gadski [einer berühmten Sopranistin] mit großem Erfolg gespielt. Anschließend hat Knabe einen großen Empfang für zweihundert Leute gegeben, und ich habe wieder gespielt, und die Leute waren ganz begeistert; was ich hier schreibe, ist zwar nicht bescheiden, aber es ist wahr, und ich glaube, ich mache Ihnen eine Freude, wenn ich Ihnen das schreibe. Die Zeitungen (Kritiken) sind unterschiedlich, es gibt schlechte, gute und hervorragende. Aber nicht eine einzige hat zu sagen gewagt, daß die

Publicity übertrieben gewesen sei – und das heißt schon eine ganze Menge. Wenn sie gemein und böswillig sind, sprechen sie von meiner Persönlichkeit; daß ich ein Jude sei oder daß ich ein Poseur sei etc. In ein paar Tagen schreibe ich Ihnen mehr – Adieu

Ihr Freund Arthur

Beste Grüße an Mme. Astruc, und bitte erzählen Sie es allen weiter.«

Am 15. Januar gab er sein erstes New Yorker Solokonzert – Bachs Toccata und Fuge in d-Moll, Beethovens *Waldstein-Sonate* und Schumanns *Carnaval* sowie eine Chopin-Gruppe – im Casino Theater an der Thirty-ninth Street. (»Warum man sich für diese unwahrscheinlich kleine Lokalität entschieden hat, weiß niemand«, erklärte Arthur Loesser. »Ich bin ziemlich sicher, daß es dort weder zuvor noch danach ein Klavierkonzert gegeben hat.« Aber anscheinend hatten die Knabes mit den jugen Shubert-Brothers Lee, Sam und Jacob, die damals die amerikanische Bühnenindustrie zu beherrschen begannen, einen Vertrag abgeschlossen. Viele Tourneekonzerte von Rubinstein sollten an Theatern stattfinden, die den Shuberts gehörten oder von ihnen gepachtet waren. Rubinstein mochte das Casino Theater, eines der Shubertschen Veranstaltungslokale in New York, zwar nicht, aber einige Theater in anderen Städten fand er weniger unangenehm.) Loesser hat dieses Konzert miterlebt und erinnerte sich, daß er »erschrocken, ja beunruhigt [war] über die unheimliche Geschwindigkeit und Verve, mit der er sich in das letzte *prestissimo* [der *Waldstein-Sonate*] stürzte!! Ein anderer Vorfall bei diesem Konzert hat dazu beigetragen, es in mein Gedächtnis einzugraben. Während der Pause trug einer der Platzanweiser ein Blumengesteck einen der Gänge hinunter und legte es auf die Bühne. Aber was für ein Objekt! Es hatte die Form eines Holzkreuzes, mannshoch, über und über mit Rosen bedeckt, glaube ich, außer in der Mitte, wo sich die beiden Arme kreuzten und wo sich die Photographie eines Porträts von Mozart befand! Rubinstein schenkte diesem belanglosen Ding, das da während der gesamten zweiten Hälfte seines Programms auf der Bühne stand, keine Beachtung, nicht einmal am Ende, als er seine ersten Ver-

beugungen gemacht hatte. Endlich, als er beschloß, nicht mehr herauszukommen, sah er es an, ein wenig zögernd, hob es auf und trug es mit
spitzen Fingern hinaus. Jahre später hat er mir erzählt, es sei von einem
exzentrischen ›Bewunderer‹ gewesen, der sich von ihm Geld geliehen
und es nie zurückgezahlt habe.«[55] Ein paar Tage später gab er ein weiteres Konzert im Casino Theater – diesmal spielte er Schumanns *Fantasie,* Chopins Sonate in b-Moll, Brahms' Variationen (vermutlich das
zweite Heft der *Paganini-Variationen)* und Liszts Zwölfte Rhapsodie.

Sein Debüt in Philadelphia gab Rubinstein mit Scheel und dem Orchester an der Academy of Music in einem Doppelkonzert (am 23. und
24. Januar), in dem er das Zweite Klavierkonzert von Chopin spielte.
Zwei Wochen später freute sich Rubinstein, daß er in Chicago in der fast
neuen Orchestra Hall mit dem örtlichen Orchester unter dem dreiunddreißigjährigen Frederick Stock gastieren durfte. Theodore Thomas,
der Gründer-Dirigent des Orchesters und ein Pionier im US-amerikani-
schen Musikleben, war ein Jahr zuvor gestorben. Die Kommentare der
Kritiker in vier Chicagoer Zeitungen reichten von pauschal negativ bis
überschwenglich positiv, aber alle stimmten darin überein, daß das
Publikum höchst begeistert von dem jungen Pianisten gewesen war. Am
11. Februar, einen Tag nach seinem zweiten Auftritt in Chicago, telegraphierte Rubinstein an Astruc: »Erfolg gesichert [,] Chicago Triumph [,]
voreingenommene New Yorker Kritiker werden sich ändern[.]«[56] Während seines Aufenthalts in Chicago sah er sich eine Varietévorführung
an und zog durch die Bordelle (wie ein »Museumsbesucher, ohne die
Ausstellungsstücke zu berühren«, wie er sagte[57]). Rubinstein machte
die Bekanntschaft des Schweizer Pianisten Rudolph Ganz, eines Busoni-
Schülers, der zehn Jahre älter als Rubinstein war und für den Rest seiner
fünfundneunzig Jahre eine führende Persönlichkeit im Musikleben
Chicagos bleiben sollte. Als Rubinstein kreuz und quer durch die meisten Oststaaten der USA zog – in Begleitung des amüsanten Hochman –, erlebte er zum ersten Mal ein Phänomen, das vielen reisenden
Künstlern vertraut war und ist: Nach der Erschöpfung während der
ersten paar Tage versucht man mit einem geradezu manischen Vergnügen das Tempo zu halten, jagt von einem Veranstaltungsort zum

nächsten weiter, zur nächsten Bahnstation, zum nächsten Hotel, zum nächsten Restaurant, zum nächsten Publikum, zu den Beifallsbekundungen des nächsten Publikums – und dann besteigt man wieder den nächsten Zug. Während Rubinstein auf diese Weise große Entfernungen zurücklegte, ständig vor einer neuen Situation stand und im Durchschnitt an jedem zweiten Abend auftrat – außer seinen vierzig vorgeplanten Konzerten erhielt er noch Einladungen für zusätzliche Auftritte in Baltimore, Washington, Providence und Cincinnati –, machte Rubinstein seine Konzertreise »zunehmend Vergnügen«, wie er sagte.[58]

In der Bostoner Jordan Hall spielte er am 16. März die Bach-Tausigsche Orgel-Toccata in d-Moll, Chopins Dritte Sonate, das zweite Heft von Brahms' *Paganini-Variationen,* einige kürzere Stücke von Chopin und Brahms sowie Liszts *Mephisto-Walzer.* Am Vormittag dieses Tages schrieb er Astruc einen Brief, in dem er auf die Kritik an seinem unverantwortlichen Umgang mit Geld einging.

»Mein lieber Monsieur Astruc,

mit allem, was Sie in Ihrem letzten Brief sagen, haben Sie absolut recht. Ich habe mich auf schändliche Weise ausnehmen lassen; ich selbst weiß nicht, wie es möglich war, aber 900 Dollar wurden im ersten Monat verschlungen, teils durch die Schuld meiner neuen Freunde (die hier natürlich sehr zahlreich werden) und auch erheblich durch meine Schwäche und meinen Mangel an Erfahrung mit Geld. Auf keinen Fall kann ich eine Entschuldigung dafür vorbringen, daß ich Ihrem Rat nicht mehr Aufmerksamkeit geschenkt habe, der ja so richtig und väterlich war und dem ich das nächstemal sicher besser folgen werde; was diese Erfahrung betrifft, so wird sie mir eine gute Lehre sein, und ich selbst leide darunter am meisten.

Schuld an meinem Schweigen war die gewaltige Menge Arbeit, die ich den ganzen Februar und bis jetzt im März zu erledigen hatte. Ich habe insgesamt 32 Konzerte gegeben (das ist wirklich eine Menge), allein im Februar (28 Tage) 17 Konzerte und 3 öffentliche Proben mit Orchester. Daraus können Sie ersehen, daß ich fast jeden Tag auf Reisen bin.

Ich sage Ihnen offen und ohne Übertreibung, daß ich in Amerika ganz großen Erfolg habe, vor allem für eine erste Tournee, welche ja so schwer ist. Ich habe mein Publikum fast überall mitgerissen, und die Kritiken sind wunderbar, ja einige haben mich als den Besten bezeichnet, sogar in sehr wichtigen Zeitungen. In Chicago, in Toronto, Montreal, Washington, Buffalo, St. Louis, Cleveland, Detroit und Philadelphia habe ich wahre Triumphe erlebt. Das Theodore Thomas Orchestra in Chicago [d.h. das Chicago Symphony Orchestra] und das Philharmonic Orchestra von Philadelphia laden mich die ganze Zeit ein, und alle Städte, in denen ich gespielt habe, wollen mich für eine zweite Tournee wieder haben.

Alle sagen, seit Paderewski sei niemand so umstritten gewesen wie ich – und nun bin ich in Amerika sehr gut bekannt. Die New Yorker Kritiker waren zum Teil sehr böse, anfangs aufgrund von Vorurteilen und dann, weil sie wütend waren über meinen großen Erfolg beim Publikum. Aber jeder von ihnen gibt zu, daß ich etwas kann, und findet, daß ich einer solchen Bösartigkeit wert sei.

[…] Was Ulrich angeht, so ist er sehr freundlich und sehr glücklich mit mir, wir sind sogar große Freunde geworden, aber ich glaube nicht, daß er Sie ganz korrekt über mich informiert, er ist ein ganz gerissener ›Businessman‹, und ich vermute, daß er mich ganz billig für eine künftige Tournee haben will. Aber lassen Sie sich nur ja nicht von ihm beeinflussen, nach der Tournee werden Sie die Ergebnisse sehen. Ich muß nur noch 8 oder 6 weitere Konzerte geben, heute in Boston, danach in Cincinnati, Indianopolis [sic], etc.

In Washington war Mrs. Roosevelt in meinem Konzert und hat mir eine herrliche Schachtel Blumen mit einem charmanten Briefchen geschickt. Glauben Sie ja nicht, daß diese dumme Geldangelegenheit mir im Hinblick auf die Knabes geschadet hat. Sie kennen mich und wissen, daß meine Charakterschwäche daran schuld ist, die wir alle so tief beklagen.

Tausendmal Dank für all die Freundschaft, die Sie mir erweisen, und glauben Sie, lieber Monsieur Astruc, an meine Dankbarkeit und warmherzigen Gefühle. Ihr

Arthur

Seien Sie nicht so bekümmert!!! Alles wird gut.«[59]

Die Feuilletonisten in amerikanischen Städten hatten alle Hände voll zu tun, als sie Rubinsteins Taten verfolgten. »Mädchen verrückt nach polnischem Pianisten« lautete eine Schlagzeile in der *Cincinnati Post* vom 27. März. Der Artikel lautete:

> »Der junge Rubinstein, der am Dienstag nachmittag am Grand Opera House spielen wird, gab am Samstag nachmittag ein ganz und gar ungeplantes Stegreifkonzert am Conservatory of Music ... Eine Reihe von Besuchen an berühmten lokalen Stätten führte den jugendlichen Spieler auch zum Conservatory of Music, wo ein Schülerkonzert eine große Menge von Schülern und deren bewunderungsvolle Mamas angelockt hatte.
>
> Im Nu sprach es sich in den Gängen herum, daß der polnische Pianist Miss Baur [vermutlich eine Direktorin des Konservatoriums] einen Besuch abstattete. Jede Förmlichkeit wurde augenblicklich von den etwa 400 Mädchen in den Wind geschlagen, die sich am Eingang zur Bibliothek versammelten und den leidenschaftlichen kleinen Pianisten aufforderten, herauszukommen und sich bewundern zu lassen ... Rubinstein rückte schließlich von seinem Entschluß ab, nur in regulären Konzerten zu spielen, und begab sich in Begleitung von Miss Baur zum Konzertsaal, wo er ein halbes Dutzend ausgewählter Stücke vor einem Publikum von lauter Mädchen spielte, die ihn jubelnd hochleben ließen.«

In *Die frühen Jahre* behauptet Rubinstein, daß er ein Engagement in San Francisco arrangiert hätte, damit er die Rocky Mountains überqueren und den Pazifik sehen könnte. Er schreibt weiter, daß die Knabes das San-Francisco-Konzert absagten, weil sie, laut Rubinstein, nicht bereit waren, die erheblichen zusätzlichen Reisekosten zu übernehmen – und die damit vielleicht sein Leben gerettet hatten: Rubinsteins Aufenthalt in San Francisco hätte den Tag des großen Erdbebens und des Feuers mit eingeschlossen. Statt dessen begab sich Rubinstein wieder nach Chicago zu einem Extrakonzert und wurde dort von Bertha Drew Hartzell besucht. Rubinstein aß tags darauf mit dem Ehepaar Drew zu Mittag und gab ihnen eine wohlweislich redigierte Fassung seiner Lebensgeschichte während der sechs Jahre nach Berthas Abreise aus Berlin zum besten. Aber die dramatische Geschichte von seiner um Haaresbreite vermiedenen Begegnung mit dem Tod in San Francisco erscheint doch unwahrscheinlich. Rubinsteins planmäßige Rückreise nach Frankreich war längst auf der *La Touraine* gebucht, die New York am 5. April verließ – dreizehn Tage vor der Katastrophe in Kalifornien.

Als Rubinstein an Bord ging, hatte er fast seine gesamten Einnahmen für teure Hotels und andere Extravaganzen ausgegeben. Die Knabes hatten freundlicherweise seine letzte Riesenrechnung im Waldorf-Astoria bezahlt. Aber als Rubinstein nach Europa zurückfuhr, hatte er weder Geld in der Tasche noch einen neuen Tourneevertrag in der Hand. Die Rückfahrt war, jedenfalls hinsichtlich des Wetters, viel ruhiger als die Hinreise. Für Rubinstein wurde sie durch die Anwesenheit von zwei Pianisten belebt, die damals viel berühmter waren als er: dem vierundfünfzigjährigen Franzosen Raoul Pugno, bekannt für sein Mozart- und Chopin-Spiel, und dem vierunddreißigjährigen Russen Josef Lhévinne, der ihn in New York in den Schatten gestellt hatte und um dessen wundervolle Technik der linken Hand ihn alle anderen Pianisten beneideten. Am letzten Abend auf See gaben die drei Virtuosen ein Konzert, um Geld für Seemannswaisen zu sammeln. Mit ihnen traten auf: Charles Gilbert, ein französischer Bariton – zuvor an der Met, aber damals an der konkurrierenden Manhattan Opera –, und seine Frau, eine Sopranistin. Am 13. April um ein Uhr morgens legte das Schiff in Le Havre an. In Paris mußte Rubinstein gegenüber Astruc einräumen, daß seine Tournee nur bedingt ein Erfolg gewesen war und daß die Knabes ihn für das kommende Jahr nicht wieder eingeladen hatten. Statt seine Aussichten durch Üben und intensiveres Studium zu verbessern, wurde Rubinstein immer träger. Eine Gelegenheit, das süße Leben zu genießen, bot sich bei der Einladung von Armand de Gontaut-Biron, der vor ihm nach Paris zurückgekehrt war. Der junge Graf erklärte, sein Bruder sei vorübergehend aus der gemeinsamen Luxuswohnung in der Avenue Kléber ausgezogen, und konnte Rubinstein leicht überreden, seine billige Pension zu verlassen und zu ihm zu ziehen. Rubinstein mußte sich keine Sorgen um die Miete mehr machen: Gontaut und seine Freunde

– die Blüte der jungen Pariser Gesellschaft – spendierten ihm immer wieder ein gutes Essen und sorgten dafür, daß er in die besten Häuser eingeladen wurde. So konnte Rubinstein fast sein ganzes Einkommen von Astruc für modische Kleidung und Accessoires ausgeben, für Geschenke für seine reichen Freunde und für Blumen für die Frauen, hinter denen er her war. Auf einem Photo, das zu Beginn jenes Sommers von ihm, Mr. und Mrs. William Knabe und deren Tochter im Bois de Boulogne aufgenommen worden war, sieht Rubinstein wie ein richtiger Dandy aus: kurzes, dunkles Jackett, weiße Hosen, Strohhut und schikker Spazierstock.

Dank seiner gesellschaftlichen Verbindungen durfte Rubinstein auf Soireen spielen, die Astruc für eine Gage von jeweils tausend Francs arrangierte. Sobald Rubinstein zu spielen anfing, »begannen meine eleganten Zuhörer lebhaft miteinander zu plaudern, nur gelegentlich unterbrachen sie sich und riefen ›Bravo‹, meist nach einer besonders lauten Passage«, erinnerte er sich.[60] Aber bei fünfhundert Francs (seinem Anteil an der »Beute«) pro Auftritt konnte er es sich nicht leisten, solche Angebote abzulehnen. Gelegentlich spielte er auch für ein aufmerksameres Privatpublikum, einmal mit dem Komponisten Gabriel Fauré, der damals berühmten jungen Dichterin Anne de Noailles und dem noch wenig bekannten fünfunddreißigjährigen Marcel Proust.

Gontaut unternahm erneut eine Geschäftsreise nach Amerika. Rubinstein wohnte zwar weiterhin in der Avenue Kléber und behielt auch die anderen Gewohnheiten bei, die er in Gesellschaft des Grafen angenommen hatte, aber allmählich wurde ihm bewußt, daß sein Leben schrecklich leer war und daß seine Karriere versandete. »Ich war schmal und blaß geworden mit tiefen Schatten unter den Augen und eingefallenen Wangen«, erinnerte Rubinstein sich.[61] Eines Tages wurde er von Dukas, vor dem er mit seinem amüsanten, nichtsnutzigen Leben geprahlt hatte, in dessen Wohnung eingeladen, wo ihm Dukas seine Sammlung pornographischer Bilder zeigte. Rubinstein glaubte – nicht unbedingt zu Recht –, daß sich der Komponist über sein törichtes Verhalten lustig machte, und beschloß, Dukas' Rat zu folgen: Rubinstein verließ eine Zeitlang Paris, um Ruhe zu finden, um wieder gesund zu werden und

Lust zum Arbeiten zu bekommen. Eine Zeitlang hatte Jules Wertheim Rubinstein wiederholt eingeladen, den kommenden Juli mit ihm im Hause von Freunden, auf dem Land bei Warschau, zu verbringen; aber Arthur hatte darauf nicht reagiert. Nach seiner Begegnung mit Dukas jedoch beschloß Rubinstein, Wertheims Einladung anzunehmen. Aber es war noch nicht Juli, und wie üblich hatte Rubinstein kein Geld.

»Lieber Monsieur Astruc«, begann ein undatierter Brief, den er in dieser schwierigen Zeit geschrieben hat,

> »ich habe heute 2 Stunden im Büro verbracht, um M. Becasse [der sich um die Buchhaltung der Société Musicale kümmerte] um 20 oder auch nur um 10 Francs zu bitten, damit ich etwas zu essen bekommen könnte, da ich seit gestern nichts gegessen habe.
>
> Außer den Trinkgeldern, die ich gegeben habe, mußte ich eine Wäschereirechnung über 20 FF bezahlen, und ich schuldete meinem Freund [Gontaut] ein paar Francs.
>
> Mein Freund hat mir seine Wohnung zur Verfügung gestellt, bis ich fahre, aber natürlich muß ich außer Hauses essen.
>
> Ich habe Sie persönlich nicht um Geld gebeten, da Leute zugegen waren, und ich kann nicht vor anderen Leuten darüber reden.
>
> Ich hoffe, ich kann am 1. Juli fahren, und sobald ich weg bin, werde ich kein Geld mehr benötigen, aber bis dahin brauche ich es fürs Essen und für kleine Ausgaben. Wollen Sie bitte die große Freundlichkeit haben, M. Astruc, zu veranlassen, daß mir das Geld in die Avenue Kléber 53 geschickt wird? Ich wäre Ihnen dafür sehr dankbar; ich leide wirklich sehr darunter, ständig M. Becasse darum zu bitten, als ob ich ihm etwas wegnehmen wollte.
>
> Mit großem Dank im voraus
> Ihr dankbarer
>
> Arthur Rubinstein

Ich weiß ja sehr gut, daß M. Becasse sich pflichtgemäß und nicht böswillig weigert, mir Geld zu geben, aber es ist trotzdem schrecklich für mich.«[62]

Es ist nicht bekannt, ob Astruc nachgegeben hat oder nicht. Bevor Rubinstein Paris verließ, stattete er Dukas mehrere Besuche ab, um mit ihm vierhändig den Klavierauszug seiner fast fertiggestellten Oper *Ariane et Barbe-Bleue* durchzuspielen. Wie Debussys *Pelléas* ist auch *Ariane* eine Vertonung eines Textes von Maurice Maeterlinck. Die Uraufführung fand im Mai des darauffolgenden Jahres an der Opéra-Comique in Paris statt. Obwohl diese Oper von Musikern mit so unterschiedlichen ästhetischen Ansichten wie Schönberg, Messiaen und Toscanini (der 1911 die amerikanische Premiere an der Metropolitan Opera dirigierte) bewundert wurde, hat sie doch nie einen sicheren Platz im Repertoire gefunden. Rubinstein liebte das Werk, aber vor allem war er dankbar für die väterliche Fürsorge des Komponisten, den Astruc in seinen Memoiren als einen großzügigen, herzlichen und außerordentlich bescheidenen Menschen mit vornehmem Charakter bezeichnet hat.

Wertheim holte Rubinstein am Warschauer Bahnhof ab. Zusammen fuhren sie zum Landgut der Familie Barylski, eines musikliebenden Versicherungsangestellten, dessen Frau und ihrer vier Söhne. Bei Landspaziergängen, beim Pilzesammeln und dank des frischen heimischen Essens gewann Rubinstein seine Kraft zurück und – wie Dukas es vorhergesagt hatte – auch seine Lust zur Arbeit. Rubinstein erweiterte sein Repertoire, übte das Vertraute und spielte für seine willigen und dankbaren Gastgeber. Seine Dankbarkeit für ihre Gastfreundschaft wurde aufgewogen durch ihre Freude, ihn als Gast zu haben. So begrenzt seine Erfolge in Frankreich und den USA auch gewesen sein mochten, man hatte doch in Polen von ihnen Notiz genommen. Als er nach Warschau zurückgekehrt war, um den Frühherbst bei den Wertheims zu verbringen, gelang es ihm rasch, Engagements an der Filharmonja zu bekommen – nicht drei, wie er in seinen Memoiren behauptet hat, sondern sechs. Rubinstein teilte Astruc mit:

»Ich habe Ihnen die ganze Zeit nicht geschrieben, weil ich sicher war, daß Sie das nicht sehr interessierte. Nun weiß ich überhaupt nicht, was ich

tun soll. Ich dachte, Sie würden mir am 15. September Anweisungen geben. In dieser Zeit habe ich äußerst hart gearbeitet und mich gleichzeitig
ausgeruht.

Mein lieber M. Astruc, statt daß Sie mir Geld geschickt haben, werde ich
Ihnen etwas mitbringen; ich habe hier (in Warschau) einige Konzerte angenommen, für die man mir 600 Rubel (1600 FF) geben wird. Das ist
heutzutage unter den gegenwärtigen schrecklichen politischen Umständen eine gewaltige Summe, und daher habe ich sofort zugesagt. Habe ich
richtig gehandelt? Ich werde Ihnen den auf französisch abgefaßten
Vertrag und das Geld mitbringen.

Wären Sie so freundlich, mir mitzuteilen, wann ich *absolut* zurückkehren
muß [?]

Ich empfinde viel Dankbarkeit und Freundschaft für Sie, aber ich glaube,
Sie hassen mich.

Alles Gute von Ihrem sehr ergebenen

Arthur Rubinstein

Mein Freund Wertheim ist in Paris.«[63]

Mit Mlynarski und den Philharmonikern gab Rubinstein fünf Konzerte,
alle in Moll-Tonarten: das Chopin-Konzert in f-Moll, das von Saint-Saëns
in g-Moll, das von Anton Rubinstein in d-Moll, das von Rimskij-Korssa-
kow in cis-Moll und Wertheims Konzert in b-Moll. Sein großes Solorepertoire für diese Konzerte umfaßte eine von Beethovens Sonaten in
C-Dur – vermutlich die *Waldstein-Sonate;* Chopins Dritte Sonate, die
Zweite Ballade und eine der c-Moll-Etüden; die *Fantasie* von Schumann;
eine Ungarische Rhapsodie, den *Mephisto-Walzer* und andere Stücke
von Liszt; Paderewskis Sonate in es-Moll; Debussys *Jardins sous la pluie*
aus den *Estampes;* Skrjabins Nocturne für die linke Hand und vier frühe
Etüden von Szymanowski (von 1902). Laut den Jahrbüchern der Filharmonja zählen diese Konzerte zu »den größten Erfolgen von 1906-07« in
Warschau[64]. Die Zeitungsberichte darüber erregten – neben der Legen-
de von seinen Triumphen in Übersee – die Aufmerksamkeit seiner
Familie. Zuerst kam seine Schwester Jadwiga aus Lodz, gewann seine

Unterstützung, um ihren Bruder Ignacy – der vor kurzem aus sibirischer Verbannung heimgekehrt, aber wieder in revolutionäre Umtriebe verwickelt war – sicher aus dem Herrschaftsgebiet des Zaren herauszuholen. Sie überredete ihn auch, eine Schneiderrechnung zu bezahlen, die ihr Gatte nicht sehen sollte. Dann, in Lodz, wo Rubinstein zwei Konzerte gab, fühlte er sich »verpflichtet«[65], die Hälfte seiner Einnahmen den Eltern zu schenken. Neben seinen eigenen Bedürfnissen und Extravaganzen sorgten diese Ausgaben dafür, daß seine Einkünfte so rasch wie immer dahinschwanden. Seine beruflichen Erfolge führten zu Einladungen in die Häuser der führenden Persönlichkeiten der Warschauer Gesellschaft, zu Nichtjuden – beispielsweise der Marquise Wielopolska, die Rubinstein »die ungekrönte Königin von Warschau« nannte – wie zu Juden – Rubinstein erwähnte Herrn und Frau Mieczyslaw Epstein, »nahe Verwandte der Pariser Rothschilds«. In einer derartigen Umgebung fühlte sich Rubinstein verpflichtet zu demonstrieren, wie gut es ihm ging.[66]

Der Erfolg seiner Warschauer Konzerte muß sein künstlerisches Selbstvertrauen wiederhergestellt haben, denn er beschloß, nach Paris und zu Astruc zurückzukehren und sich um weitere Engagements zu kümmern. Eines Tages jedoch, bevor er Warschau verließ, blieb er mit Lily Wertheim (der »Pola Harman« in seinen Erinnerungen) allein »am Teetisch« in ihrem Elternhaus sitzen. »Plötzlich verstummten wir. Mein Herz pochte schneller. Ich blickte ihr forschend in die Augen, sie wandte den Blick nicht ab. Nun wußten wir es: Wir liebten einander, tief und leidenschaftlich.«[67] Damit begann die letzte, die längste, die tiefste und letztlich auch die traurigste von Rubinsteins Wertheim-Affären.

Lily oder Lilka war Mitte bis Ende Zwanzig – sechs bis zehn Jahre älter als der neunzehnjährige Rubinstein. Sie war mit Herrn Radwan – dem »Herrn K.« in Rubinsteins Memoiren – verheiratet, und die beiden hatten zwei Töchter. 1991 schilderte Lilkas betagte Kusine Maria Kempinska sie als »nicht sehr schön, aber absolut charmant, eine sehr gute Musikerin, intelligent, vornehm, lieb und wundervoll«[68]. Liest man zwischen den Zeilen von Rubinsteins Beschreibungen, gelangt man zu der Schlußfolgerung, daß Lilka das am wenigsten ehrgeizige und anspruchsvolle Mitglied der Familie Wertheim war, eine zarte Person, rücksichtsvoll gegenüber anderen. Sein Leben lang suchte und fand Rubinstein Frauen, die für sein Ego nicht bedrohlich waren – schöne und/oder charmante Frauen, die sein Talent bewunderten und deren Zuneigung ihm sehr zugute kam. Er mochte zwar intelligente Frauen, die aber nicht so begabt sein durften, daß sie ihm ein wenig vom Rampenlicht wegnehmen könnten. (Im Laufe der nächsten Jahre hatte er Affären mit Sängerinnen, die damals so berühmt waren wie er oder gar noch berühmter, die seiner Ansicht nach jedoch in musikalischer und intellektueller Hinsicht unter ihm rangierten.) Lilka entsprach seinen unausgesprochenen und kaum uneingestandenen Kriterien mehr als jede andere Frau seit dem Tod seiner kleinen Cousine Noemi vor einem Dutzend Jahren. Die Affäre brachte logistische Probleme mit sich, nicht nur, weil Lilka bei ihrem Mann und ihren Töchtern lebte, sondern auch, weil diese neue Situation ihrer Mutter verschwiegen werden mußte, die vielleicht ab und zu eine sexuelle Beziehung mit Rubinstein hatte und die auf keinen Fall glücklich über diese Neuigkeit gewesen wäre. Lilka vertraute sich ihrer guten Freundin Zofia (Zosia) Kohn an, der jungen Tochter von Jozef Leon Kohn, einem prominenten Warschauer Anwalt. Zosia – die nur zu gern der Schwester von Jules Wertheim, in den sie sich verliebt hatte, einen Gefallen erwies – lud Lilka und Arthur ein, sich in ihrem Boudoir zu treffen, in dem auch ein Bechsteinflügel stand. Dort allerdings fühlte sich das Paar zu eingeschüchtert, um mehr zu tun, als Händchen zu halten und zu reden.

Aus Paris schrieb Jules an Rubinstein, er habe ein Zimmer in der Wohnung einer englischen Witwe in der Rue Lauriston 25 gemietet, im schicken XVI. Arrondissement, nicht weit entfernt von Gontauts Wohnung. In dieser Wohnung sei noch ein weiteres angenehmes Zimmer frei. Rubinstein trennte sich, wenn auch ungern, von Lilka und kehrte nach Paris zurück, vermutlich im Januar 1907. Astruc muß inzwischen zu folgender Schlußfolgerung gelangt sein: Wie enttäuscht auch immer er über Rubinsteins bisherige Leistungen war und wie sehr ihn der extravagante Lebensstil seines jungen Klienten bekümmerte, so war es doch sinnlos, ihm laufend ein Gehalt zu bezahlen, ohne weitere Engagements für ihn aufzutreiben. So arrangierte er es, daß Rubinstein an einem Galabenefizkonzert im Théâtre Sarah-Bernhardt teilnahm, zu Ehren von Francis Planté, dem achtundsechzigjährigen (nicht sechsundachtzigjährigen, wie Rubinstein in seinen Memoiren behauptet) Doyen der französischen Pianisten – einem ehemaligen Protégé von Liszt und Rossini. Bei dieser Veranstaltung gab es auch Rezitationen von Bernhardt selbst, von Lucien Guitry, Mounet-Sully, Benoît-Constant Coquelin und anderen Schauspielern sowie Gesangsdarbietungen der Sopranistinnen Félia Litvinne, Aline Vallandri und Lucienne Bréval sowie kurze Klavierstücke, die von Rubinstein und Planté gespielt wurden. Rubinstein verdarb beinahe den Abend, als er unabsichtlich als Zugabe das Stück auswählte, das Planté als seine Hauptnummer spielen sollte. Statt dessen spielte der ältere Pianist dann verärgert etwas anderes. Bei einer weiteren Gala befand sich Rubinstein auf der Bühne des alten Trocadéro mit Caruso und der Sopranistin Geraldine Farrar. Ihm kam »der gute Einfall, als letzte Nummer den ›Liebestod‹ aus *Tristan und Isolde* in der Transkription von Liszt zu spielen: ich hatte eine umwerfende Wirkung«, erinnerte sich Rubinstein. »Saint-Saëns, der anwesend war, lobte mich aufrichtig.«[69]

Nun trat Rubinstein auch wieder bei privaten Soireen auf, meist nur um Geld zu verdienen. Er war auch an den Vorbereitungen für die französische Erstaufführung von Richard Strauss' *Salome* beteiligt. Indirekt war er sogar für dieses Ereignis verantwortlich, so Astruc, der eines Tages durch die halb geöffnete Tür seines Büros »hörte, wie auf dem Klavier die Eingangsphrase vom Tanz der sieben Schleier erklang… Das war zuviel für mich«, erinnerte sich Astruc. »Ich verließ mein Refugium und lehnte mich an den Flügel, auf dem Arthur Rubinstein, der meine Schwäche für dieses Stück kannte, es mit unvergleichlicher Meisterschaft spielte. Diese Sitzung hatte zwei Dinge zur Folge: Erstens zog ich aus meiner Brieftasche eine Banknote, die Arthur – der heute [Ende der zwanziger Jahre] ein reicher Mann und sehr großzügig geblieben ist – sofort für generöse Trinkgelder für die Ober im Café Américain ausgab. Und dann ging ich in mein Büro zurück und sagte zu mir: ›Keiner außer dir kann als erster die *Salome* in Paris bringen.‹«[70] Die Opéra hatte sich zwar bereits die Rechte für die französische Premiere des Werks gesichert, das gerade internationale Beachtung fand – mehr noch wegen seines skandalösen Themas als wegen seiner musikalischen Neuerungen. Aber Astruc bediente sich eines juristischen Tricks, um diese Hürde zu umgehen: Falls die Opéra irgendwann einmal das Werk produzierte, würde sie es in einer französischen Übersetzung präsentieren, während Astruc die Rechte an der deutschen Originalversion für die Aufführungen erwarb, die er am Théâtre du Châtelet organisierte. Somit fand die Premiere unter seiner Schirmherrschaft im Mai 1907 statt, mit Strauss auf dem Dirigentenpodium und der neunundzwanzigjährigen tschechischen Sopranistin Emmy Destinn in der Titelrolle, die sie bereits im Jahr zuvor in Berlin gesungen hatte. Rubinstein half bei den Vorbereitungen, »probte mit Gruppen und auch mit Solisten... Sogar die Destinn bat mich, die letzte Szene mit ihr durchzunehmen...«[71] Sie verlangte auch, daß er mit ihr schlief – oder zumindest behauptete er, daß sie ihn dazu aufgefordert habe –, und pflichtschuldigst tat er, was von ihm erwartet wurde, obwohl »Herz und Gedanken« von Lily »beherrscht« waren. Destinn wirkte in jenen Jahren ziemlich muskulös (Toscanini, der mit ihr zwischen 1908 und 1915 an der Metropolitan Opera gearbeitet hat, soll gesagt haben, auf der Bühne »sah sie aus wie eine Köchin, sang aber wie ein Engel«[72]). Rubinstein war »restlos verstört«, als er die »starkfarbige Tätowierung einer Boa constrictor« entdeckte, die sich »von der Ferse aufwärts um ihr Bein« wand. »Ich war an jenem Abend wohl nicht in bester Form, doch machte es ihr nichts aus ...«[73]

In seinen Memoiren hat Rubinstein Destinn als weiblichen Don Juan dargestellt – unersättlich habe sie neue, junge Eroberungen gesammelt, während er doch nur nett zu ihr war und in Gedanken bei seiner großen Liebe in Warschau weilte. Destinns Version der Geschichte ist nicht bekannt. Man wird auch nie erfahren, wieviel ihr die Affäre mit Rubinstein bedeutet hat, die sich sporadisch über ein paar Monate erstreckte. Astruc meinte sich zu erinnern, das Paar gehört zu haben, wie es im Salon der Baronin Gustave de Rothschild Schumans Zyklus *Dichterliebe* und die Arie »Un bel dì« aus Puccinis neuester Oper, *Madama*

Butterfly, vortrug. Da hat Astruc indes vielleicht zwei Ereignisse durcheinandergebracht: einen Vortrag von *Dichterliebe,* den Rubinstein und Félia Litvinne bei der Comtesse de Béarn gaben, und eine Darbietung von zwei Arien aus *Carmen* und der Schlußszene von *Salome,* die Rubinstein und Destinn bei der Baronin de Rothschild zum besten gaben – bei ihrer »Soiree, die das Ende der Saison bezeichnete und als das bedeutendste gesellschaftliche Ereignis des Jahres galt«, erklärte Rubinstein.[74]

Salome machte großen Eindruck auf die Pariser Musikszene. In einem Brief an Astruc hat Debussy die Reaktionen von Musikern auf den Punkt gebracht: »Ich kann mir nicht denken, daß irgend jemand nicht begeistert ist von diesem Werk – einem absoluten Meisterwerk… beinahe ein so seltenes Phänomen wie das Erscheinen eines Kometen.«[75] Die Neugier auf Strauss' umstrittene Partitur führte zu mehreren privaten Engagements für Rubinstein, der die ganze Oper auswendig gelernt hatte: Für fünfhundert Francs spielte er sie vor Leuten, die sich mit dem vertraut machen wollten, was damals als ein Werk von großer harmonischer und dramatischer Kühnheit galt. Für die erheblich höhere Gage von einhundert Guineas ging Rubinstein Anfang Juni nach London, um den »Tanz der sieben Schleier« zu spielen und die amerikanische Sopranistin Olive Fremstad in der Schlußszene der Oper – die auf der britischen Bühne verboten war – auf zwei privaten Veranstaltungen zu begleiten, wobei einmal sogar König Edward VII. unter den Gästen war. Gastgeberin war Mrs. Potter Palmer, eine reiche Amerikanerin, die 1893 Präsidentin der Damensektion der Weltausstellung von Chicago gewesen war und die Astruc kannte. Wie sich Rubinstein erinnerte, habe der König anschließend ihm gegenüber bemerkt: »›Was ich da gehört habe, fand ich keineswegs anstößig…, und ich begreife nicht, was unsere Zensoren zu ihrem Verbot veranlaßt haben mag.‹ Offenbar hatte er insgeheim Schlüpfrigkeiten erwartet und war nun enttäuscht.«[76] Der Besuch in London verschaffte Rubinstein die Gelegenheit, ein paar Tage mit Destinn zusammenzusein, die einer der Stars der Covent-Garden-Saison von 1906/07 war (während er da war, sang sie in Aufführungen von *Der fliegende Holländer, Madame Butterfly* und *Cavalleria rustica-*

na). Es gefiel ihm so gut, daß er am 5. Juni an Astruc aus dem Hotel Victoria in der Northumberland Avenue schrieb: »Muß ich wirklich zurückkommen? Ich würde so gern noch ein paar Tage bleiben! Es wäre ungeheuer freundlich von Ihnen, mir kurz mitzuteilen, ob Sie mich brauchen! Die Soiree bei Mrs. Potter war bezaubernd – am nächsten Tag wiederholten wir das Ganze vor dem König, der charmant war. Mr. Boosey [ein Konzertagent] will mich mit Destinn für den nächsten Winter engagieren – ich treffe mich wieder mit ihm.«[77] Doch dieses Engagement kam nie zustande.

Seltsamerweise fiel Rubinstein keine Ausrede ein, um nach Warschau zu Lily zurückzukehren, sobald die musikalische und gesellschaftliche Saison in Paris zu Ende war, zumal er ohne einen Franc dastand, kein Zuhause hatte – seine Vermieterin hatte ihre Wohnung den Sommer über geschlossen – und sogar eine Nacht auf einer Bank beim Arc de Triomphe verbringen mußte. Selbst nach »mehreren schlaflosen Nächten«[78], die er einer durch Jules übermittelten Aufforderung Joasias verdankte, die Briefe zurückzugeben, die Lily ihm geschickt hatte (Jules war von Anfang an in die Lily-Arthur-Geschichte eingeweiht gewesen, Rubinstein kam der Aufforderung auch nach), versuchte er nicht herauszufinden, was da eigentlich los war. Warum er nicht sofort nach Warschau eilte, wird teilweise klar anhand eines Briefes, den Astruc ihn im Juli schreiben ließ, als ein Schneider, dem Rubinstein Geld schuldete, die Société Musicale verklagen wollte.

»Messieurs G. Astruc et C.ie
32 rue Louis le Grand
Paris

Meine Herren,
Hiermit bestätige ich, daß M. Franck, Schneider, zu Unrecht die Forderung erhoben hat, daß Sie die Summe von 1050 (eintausendundfünfzig) Francs zahlen, die ich ihm persönlich schulde.
Als ich am 15. Februar und am 5. März diesen Jahres die Wechsel über 500 und 550 FF zu Ihren Lasten ausgestellt habe, hatte ich gedacht, daß

diese Summe mir auf Ihrem Konto gutgeschrieben wäre. Aber ich erkläre, daß ich im Gegenteil Ihr Schuldner mit einer erheblichen Summe bin.
M. Franck kann daher Ihnen gegenüber keine rechtlichen Regreßansprüche erheben.
Mit freundlichen Grüßen

Arthur Rubinstein«[79]

Rubinstein muß wohl gezwungen gewesen sein, sich in der Nähe von Paris aufzuhalten, bis er seine Rechnungen beglichen hatte. Aber immerhin konnte er eine Einladung von Graf Nicolas Potocki, dem Nachkömmling einer Familie von polnischen Patrioten, annehmen, die Ferienzeit auf Potockis Landsitz in Grange Colombe bei Rambouillet, fünfzig Kilometer südwestlich der Hauptstadt, zu verbringen. Rubinstein hatte Potocki vor einiger Zeit durch Graf Recopé, Armand de Gontauts Freund, kennengelernt. Potocki unterhielt in seinem Pariser Haus einen offenen Mittagstisch für seine Freunde, und Rubinstein war ein eifriger Gast geworden. Der polnische Graf war sehr belesen und ein großer Liebhaber der Musik und der Frauen. So gab es genügend Stoff zur Unterhaltung zwischen ihm und seinem jungen Landsmann. Rubinstein spielte häufig für ihn allein, aber auch vor einer Schar von Schauspielerinnen, Kurtisanen und ihren Liebhabern, die der Graf in seinen Palast eingeladen hatte. Fast den ganzen August und September 1907 blieb Rubinstein auf dem Landsitz bei Rambouillet, übte auf dem Pleyel-Flügel, den der Graf für ihn gemietet hatte, lernte unter der erfahrenen Anleitung des Grafen Reiten, nahm an Angelausflügen teil (einmal verletzte er sich dabei einen Finger an einem Angelhaken und mußte sich einer schmerzhaften Operation unterziehen), speiste gern und gut mit Potocki und seiner Geliebten wie mit mehreren anderen Feriengästen. Rubinstein freundete sich mit dem Cousin des Grafen an, Stanislaw Rembielinski, einem Abenteurer und Weisen, den Rubinstein gegen Ende seines Lebens für einen der intelligentesten Männer hielt, denen er je begegnet sei. Eines Abends gelang es ihm, leidenschaftliche Küsse mit Potockis schöner junger Patentochter auszutauschen, die von seinem Spiel ganz aufgewühlt war. (Rubinstein hat berichtet, eine ähnliche Reaktion im Jahr davor bei der wunderschönen Nichte eines anderen polnischen Grafen, Jan Zamoyski, ausgelöst zu haben.) Über diesen Vorfall ärgerte sich der Sekretär des Grafen, Biernacki, der die Patentochter zu heiraten hoffte. Dies jedenfalls behauptete Rubinstein in seinen Memoiren, um die Abkühlung seiner Beziehungen zu Biernacki zu erklären. Ein Brief, den Biernacki am 1. September an den leidgeprüften Astruc schrieb, liefert allerdings eine andere Erklärung.

»Monsieur,

ich habe das Vergnügen gehabt, Sie im Namen von Graf Potocki aufzusuchen.

Ich schreibe Ihnen heute streng vertraulich und rechne mit Ihrer absoluten Diskretion.

Es handelt sich um folgende Angelegenheit:

Ich habe vielleicht eine zu große Rolle dabei gespielt, M. Rubinstein hier Zugang zu gewähren oder vielmehr ihm zu erlauben, hier Wurzeln zu schlagen.

Ich habe dem Grafen gesagt, daß er [Rubinstein] einen lukrativen Vertrag mit Ihnen habe und daß M. R. nur gute Dinge über Sie zu sagen habe.

Bedauerlicherweise trat bald eine völlige Kehrtwende im Hinblick auf Sie ein: [Rubinstein sagte] der Vertrag sei gebrochen worden, damit er nicht *ausgebeutet* werde, Sie würden vollständig abgefunden werden, eine Schuld werde beglichen und ein neuer Vertrag mit Baron Hochwächter unterzeichnet (der in diesem Unternehmen zwei Amerikaner zu Partnern hat), [Hochwächter gäbe Rubinstein] einen Fünf-Jahres-Vertrag – 3000 FF monatlich als feste Gage – garantiert für mindestens fünfzig Konzerte [pro Jahr] – 40 Prozent der Bruttoeinnahmen – Reisespesen – Unterbringung in Pariser Logis! Aber heute, vier Wochen nach dem neuen Vertrag, erklärt M. R., daß er ihn brechen wolle! Daß er sich nicht für eine so lange Zeit binden lassen wolle! Und ich sehe schon, daß all dies auf eine Bitte um einen Zuschuß von meinem Chef hinausläuft, damit er sich *den Ausbeutern* entziehen könne. Natürlich wird der Graf nichts dergleichen tun – aber ich könnte dafür getadelt werden, zu leichtgläubig ge-

wesen zu sein. Ich möchte gern sichergehen, daß all dies reine Phantasie ist und daß es sich in Wahrheit anders verhält. Antworten Sie mir frank und frei, wenn mich meine Ahnung trügt – Sie können mit meiner absoluten Diskretion rechnen, und falls Sie sich nicht die Mühe machen wollen zu schreiben, rufen Sie mich an…
Mit freundlichen Grüßen

Z. Biernacki

P.S. Wer ist M. Hochwächter[?]«[80]

Wer war Monsieur Hochwächter? Rubinstein hatte ein wildes Abenteuer mit Olive White gehabt, einem ehemaligen Revuegirl aus Amerika, die einen reichen New Yorker geheiratet hatte und Europa in Gesellschaft einer anderen jungen Amerikanerin bereiste. Die beiden bildeten ein Trio mit einem deutschen Baron – Hochwächter –, der sich in Olive verliebt hatte. Rubinstein verbrachte anscheinend viel Zeit mit ihnen, um sich einerseits Olives scheinbar unerschöpfliche Geldbörse zunutze zu machen und andererseits von der Bereitschaft der zweiten Frau zu profitieren, Tag und Nacht zu schmusen. (In seinen Memoiren versetzt Rubinstein diese Episode in den Sommer 1906, aber nach Biernackis Brief ist klar, daß 1907 das korrekte Jahr war.) Die konkreten Details der Story dieses Quartetts lassen sich nicht mehr ermitteln, aber Rubinsteins Version war sorgfältig redigiert. Er stellte Hochwächter als Glücksritter dar, der ihm Geld lieh, das in Wirklichkeit Olive gehörte (die – wie Rubinstein sagte – beabsichtigt hätte, es ihm zu schenken). Hochwächter forderte das Geld nach dem Ersten Weltkrieg zurück, zum Vorkriegskurs. Aber seine kurzfristige Klient-Manager-Beziehung zu dem Baron erwähnte Rubinstein mit keiner Silbe.
Biernacki mag vielleicht versucht haben, Rubinsteins Ruf aus persönlichen Gründen zu schädigen, aber an seinen Beschuldigungen kann wohl kaum ein Zweifel bestehen. Astruc wäre vielleicht nicht bestrebt gewesen, sich in die Rubinstein-Potocki-Biernacki-Affäre einzumischen, hätte er nicht bereits Rubinstein als Vermittler bei seinem anfangs erfolgreichen Versuch benutzt, Potocki als Finanzstütze für sein Traumprojekt zu gewinnen: die Errichtung des Théâtre des Champs-Élysées.

Daher maß Astruc dem so harmlos klingenden ersten Satz von Biernackis Brief –»Ich habe das Vergnügen gehabt, Sie im Namen von Graf Potocki aufzusuchen« – großes Gewicht bei. Am 5. September telegraphierte Astruc Biernacki: »Durch Brief enthüllte Situation ganz unerwartet. Werde Informationen bis Dienstag einholen. Seien Sie vor allem vorsichtig. Gruß & Dank. Astruc.«[81] Biernacki erwiderte zwei Tage später: »Mir kann man doch nichts weismachen. Ich habe es nicht gern, wenn man sich über mich lustig macht, indem man mich belügt, ich habe mich an Sie gewandt, weil ich im voraus wußte, daß alles, was ich vermutet habe, von Ihnen bestätigt werden würde.«[82]

Weitere Dokumente über diese Angelegenheit sind bislang nicht aufgetaucht. Aber Biernackis Version der Geschichte erklärt, warum Potocki in Astrucs Memoiren nicht bei den Leuten aufgeführt wird, die am Ende Geld für das Champs-Élysées-Projekt beisteuerten; sie erklärt das plötzliche und totale Verschwinden seiner großen Freunde Potocki und Rembielinski aus Rubinsteins Memoiren; sie erklärt Rubinsteins merkwürdige Feindseligkeit gegenüber Hochwächter. Vor allem erklärt sie, warum Astruc – von gelegentlichen Hinweisen abgesehen – nicht mehr auftaucht im weiteren Verlauf von Rubinsteins Memoiren, aus denen nirgendwo hervorgeht, daß der Fünfjahresvertrag zwischen Impresario und Pianist vor Ablauf des dritten Jahres gebrochen worden sei. Viele Jahre später hat Rubinstein sich in gesprächigen Augenblicken bewundernd über Astruc geäußert: Er sei »der größte Impresario, den Paris je gehabt hat ... nicht der übliche Impresario, der bloß von Kommissionen lebt«, sondern ein Mann mit »einer großen Vision, ... auf seine Weise ein Genie«, erklärte Rubinstein einem Interviewer. Er ging sogar so weit zu sagen, Astruc habe ihn als »Sohn des Hauses« behandelt, und er selbst sei schuld an seinem mangelnden Erfolg in Paris gewesen: »Ich war nicht reif, und leider hat Astruc gedacht, ich wäre es.«[83] Aber als es dann schwarz auf weiß in *Die frühen Jahre* stehen sollte, hat sich Rubinstein offenbar dafür entschieden, er müsse Astruc ein bißchen weniger bewundernswert und sich selbst ein bißchen weniger unrühmlich darstellen, als er es früher eingeräumt hatte.

Als Rubinstein nach seiner hastigen Abreise aus Rambouillet wieder in Paris war, kein Geld in der Hand, keinen Manager, keine bezahlte Arbeit in Sicht und Gläubiger auf den Fersen, richtete sich der Pianist auf einen deprimierenden Herbst ein. Vorübergehende Erleichterung kam in Form einer Einladung, an einem Galawohltätigkeitskonzert in Warschau teilzunehmen, wofür er anständig bezahlt würde. Die anderen Solisten sollten Kochanski und Joasia Wertheim sein, die unter dem Bühnennamen Joanna Devera in verschiedenen Opern und als Interpretin der Lieder ihres Bruders auftrat. Das Orchester würde von dem aufstrebenden jungen Komponisten-Dirigenten Gregor Fitelberg geleitet werden. Rubinstein nahm dreihundert Francs von Rembielinski an – bei dieser Gelegenheit wurde der Mann zum letzten Mal in Rubinsteins Memoiren erwähnt – und fuhr mit dem Zug nach Warschau. Da Rubinstein nicht bei den Wertheims wohnen wollte, stieg er im Hotel Victoria ab, wo auch Kochanski, Fitelberg und Szymanowski logierten. Beim Konzert spielte er das f-Moll-Konzert von Chopin, Paul das Tschaikowsky-Konzert, und Joasia sang einige Mahler- und Strauss-Lieder mit Orchester. Rubinstein, der im Publikum saß, während die anderen auftraten, behauptete später, es sei ihm gelungen, Joasias Blick einzufangen, als sie sang, und dadurch hätte sie ihren Einsatz verpaßt. Fitelberg mußte abklopfen und von vorn anfangen: Rubinstein war »recht zufrieden mit meiner kleinen Amateurhypnose«.[84]

Sein ohnehin schon ausgezeichneter künstlerischer Ruf in Polen wurde noch besser dank seiner schönen Leistung bei diesem Benefizkonzert, das zu zahlreichen Engagements in größeren und kleineren polnischen Städten führte. Rubinstein begann in einem Duo mit Kochanski aufzutreten. Die Programme ihrer Konzerte in der Warschauer Filharmonja am 9. und 23. November 1907 umfaßten Beethovens *Kreutzer-Sonate,* das Tschaikowsky-Trio in a-Moll – unter Beteiligung des Cellisten J. Sabelik – und, für Rubinstein allein, Werke von Chopin, Schumann, Liszt und Szymanowski (wieder die vier Etüden, obwohl Szymanowski ihm bereits die Variationen, op. 3, gewidmet hatte). Rubinsteins immer enger werdende Freundschaft mit Kochanski war einer der angenehmsten Aspekte seines Lebens in jenen Jahren. Beide waren nicht nur herausragende Musiker, sondern auch große Plauderer, Witzeerzähler und Imitatoren. Sie waren begabte jüdische Jungen, ungeheuer ehrgeizige Aufsteiger, liebten den Erfolg, besaßen einen starken Instinkt, ihn zu genießen, und waren hart genug, Rückschläge wegzustecken. Rubinsteins Tochter Eva hat sich zwar erinnert, daß ihr Vater lange nach Kochanskis Tod »immer davon sprach, wie sehr er ihn verehrt und geliebt hat«, aber dann fügte sie hinzu: »Ich hätte das gern erlebt, weil ich immer den Eindruck hatte, nach den Geschichten, die mein Vater erzählte, daß es so eine Art von Verhältnis war, wie man es mit sechzehn hat – man spielt einander Streiche und tut ähnliche Dinge. Ich habe nie etwas gehört, was mich glauben ließ, es habe da irgendeinen tieferen Kontakt gegeben, und ich weiß wirklich nicht, ob mein Vater dazu fähig war. Andere Männer stellten für ihn eine Bedrohung dar, und ich glaube, keine seiner Beziehungen, zu seiner Familie oder zu anderen Menschen, war völlig einfach.«[85] Dies ist ein viel härteres Urteil, als andere es abgegeben haben. Bestimmt hat Rubinstein für den Rest seines Lebens – das fast ein halbes Jahrhundert länger währte als das Kochanskis – von seinem Freund stets mit großem Gefühl gesprochen und ihn eher als einen Bruder betrachtet, als es seine eigenen Brüder für ihn gewesen waren.

Rubinstein traf Lilka Wertheim mehrmals in Zosia Kohns Schlafzimmer, aber Lilka achtete bei ihrem Verhalten peinlich genau auf Förmlichkeit. Dies verwirrte ihn, bis er einen bedrohlichen Brief von ihrem Mann erhielt: Verschwinde aus Warschau oder rechne mit einer kräftigen Tracht Prügel, gab er ihm zu verstehen. Radwan hatte offenbar seine Frau im vergangenen Frühjahr dabei ertappt, wie sie an Rubinstein schrieb. Er hatte dann mit den Wertheims gesprochen und verlangt, sie sollten seinen jungen Rivalen auffordern, Lilkas Briefe zurückzugeben, und ihm dabei behilflich sein, die Affäre zu beenden. Nachdem Rubinstein diese einschüchternden Zeilen erhalten hatte, forderte der Pianist – mit Hilfe aristokratischer Freunde, die wußten, wie man derartige Dinge richtig arrangiert – Radwan zum Duell. Radwan hatte mit einer derartigen Reaktion nicht gerechnet und war genauso ängstlich wie sein Herausforderer. Als sich die Protagonisten und ihre Sekundanten zur festgelegten Zeit am vereinbarten Ort trafen, unterschrieb Radwan zu jedermanns Erleichterung einen Widerruf. Während der verbleibenden Wochen seines Aufenthalts in Warschau tröstete Rubinstein sich in Gesellschaft der Genia Chmielnik, der Mätresse eines alten Grafen. Sie war ein »großes, statueskes, prächtiges Geschöpf mit ganz besonders üppigen Kurven«, erklärte Rubinstein. Sie war eine der vielen Frauen, die hinter dem hübschen Jules Wertheim her waren, aber sie akzeptierte Rubinstein bereitwillig als Ersatz. Nach seiner ersten Nacht mit Genia kam sich Rubinstein vor »wie ein Lehrling, der seine Meisterprüfung in der Kunst der Liebe bestanden hat«.[86]

Als Aleksandra Wertheim Rubinstein fragte, was denn aus seiner Freundschaft zu Lily im vergangenen Jahr und in den dazwischenliegenden Monaten geworden sei, antwortete er ausweichend – er wußte ja auch nicht mehr, wie es zwischen seiner Geliebten und ihm stand. Aufmerksame Leser von Rubinsteins Memoiren werden bemerken, daß seine Darstellung der Affäre viele merkwürdige Lücken aufweist, für die es mehrere Gründe gab: Zum einen konnte Rubinstein sich verständlicherweise über sechzig Jahre nach den Ereignissen nicht mehr an ihren exakten Ablauf erinnern. Zum andern hat er sich geweigert zuzugeben, wie schlecht er sich später gegenüber Lilka verhalten hat. Er wollte nicht schildern, wie sich sein Verhalten auf Lilka ausgewirkt hat. Schließlich war Rubinstein nicht gewillt, vorübergehende Irrungen und Wirrungen zu erwähnen, die ein Nachspiel für den Rest seines Lebens haben sollten.

Etwa 1911 hat Paul Kochanski Zosia Kohn geheiratet. Rubinstein hat bis ans Ende seiner Tage geglaubt, daß ihr Heiratsentschluß ein schwerer Fehler gewesen war. Zosia war zwar seit langem über ihre hoffnungslose Liebe zu Jules Wertheim hinweggekommen. Aber kurz vor ihrer Heirat mit Paul erzählte sie Rubinstein, sie sei in einen von den Barylski-Jungen verliebt, auf dessen elterlichem Landgut Rubinstein und Wertheim den Sommer 1906 verbracht hatten. Außerdem »war Zoasia Kochanska immer ein Snob«, erinnerte sich Rubinsteins Frau. »Für sie war Paul ein kleines bißchen ›zu jüdisch‹, nicht vornehm genug. Paul mochte einfache Menschen. Er spielte gern Karten und war ein wenig grob.«

(Viele Jahre später berichtete Rubinstein einem jungen Freund, Kochanski »konnte nicht mit Menschen umgehen... Er war ungeduldig und manchmal grob. Er wurde wütend, ließ die Leute stehen und warf die Tür hinter sich zu.«[87]) Nela Rubinstein fügte hinzu: »Zola war charmant, triebhaft und hochgestochener. Sie hätte Arthur gern geheiratet. So hatte sie sich einen richtigen Juden vorgestellt.«[88] Paul seinerseits hatte mit Rubinstein immer über Zosias häßliche Nase gelacht. Obwohl sie gut aussah und stets elegant gekleidet war – ihre Nase war groß, rot und unförmig: »Sie sah wie ein Penis aus«, hat einmal jemand gesagt, der sie gekannt hatte. Rubinstein wußte, daß Paul drei Jahre zuvor eines Nachts in Berlin mit Zosias Mutter im Bett war – er wußte dies, weil er selbst mit Frau Kohn in der darauffolgenden Nacht im Bett war. Er und Paul hatten Witze über ihre doppelte Eskapade gemacht. (Rubinstein bezeichnete sie in seinen Memoiren irreführenderweise als »Frau eines Bankiers« aus Warschau.) Aus all diesen Gründen vermutete Rubinstein, daß Zosia und Paul nicht aus Liebe geheiratet hatten – sie wollte die Frau eines berühmten Musikers werden, und er wollte der Schwiegersohn eines reichen, großzügigen, musikliebenden Anwalts werden, der ihm als Hochzeitsgeschenk eine Stradivari kaufte. Rubinstein weigerte sich, an ihrer Hochzeit teilzunehmen. Nach außen hin war diese Beleidigung bald verziehen, aber Zosia sah darin eine Entschuldigung dafür, daß sie in späteren Jahren mehr als einmal Unruhe stiftete. So etwa »verführte« sie Arthur (so behauptete er jedenfalls). Rubinstein sah dies als Betrug an Paul an, seinem besten Freund, und vermutlich auch an Lilka, seiner Geliebten und Zosias Freundin. Kurz, Paul wie Arthur hatten ein sexuelles Verhältnis mit Zosia und mit ihrer Mutter. Arthur war der einzige Beteiligte in diesem merkwürdigen Quartett, der über alle Seiten des Vierecks Bescheid wußte. Selbst für Rubinstein schien es zu weit zu gehen, die Episode öffentlich zu bekennen.

In aller Unschuld fragt Rubinstein sich in seinen Memoiren, warum er beschlossen hatte, nach Berlin zu gehen, als er Warschau im Januar 1908 verließ. Schließlich hätte er ja auch nach Paris zurückkehren –

oder in Warschau bleiben können. »Vergebens habe ich versucht, eine vernünftige Antwort auf diese Frage zu finden«, schrieb er.[89] Es gibt zumindest zwei vernünftige Antworten: sein Bruch mit Astruc, den er gegenüber seinen Lesern nicht erwähnen wollte, und sein Verlangen, die in Berlin weilende Emmy Destinn wiederzusehen. Diesen Grund erwähnte Rubinstein nur beiläufig, um nicht den Eindruck zu erwecken, er wäre nicht völlig in seiner Leidenschaft für Lily Wertheim aufgegangen. Destinn begrüßte ihn in aller Freundschaft, doch sie reiste in Gesellschaft eines neuen Verlobten. In *Die frühen Jahre* machte Rubinstein sich erbarmungslos lustig über das Paar: Destinn sei eine Sammlerin von Bonapartiana gewesen, und ihr Freund habe ausgesehen wie ein kleiner Napoleon, dessen unnapoleonische Augen allerdings wenig Intelligenz und Vitalität verrieten. Vermutlich ärgerte sich Rubinstein über die Situation mehr, als er zugeben wollte: Er muß eifersüchtig auf den neuen Mann gewesen sein – und enttäuscht darüber, daß er für seinen Lebensunterhalt nicht mit Destinns Unterstützung rechnen konnte.

Rubinstein stieg im Hotel Bellevue am Potsdamer Platz ab. Er übte – wenn ihm gerade nichts Interessanteres einfiel – an einem kleinen Bechsteinflügel, den ihm der Hersteller zur Verfügung stellte, und sah zu, wie seine bescheidenen Geldreserven zur Neige gingen. Weil sich Rubinstein seines mangelnden beruflichen Erfolges schämte, ging er alten Freunden und Bekannten aus dem Weg – von Barth ganz zu schweigen. Joachim, sein großzügiger Deus ex machina, war fünf Monate zuvor gestorben. Dagegen machte Rubinstein die Bekanntschaft des dreißigjährigen Ossip Gabrilowitsch, »der nicht nur ein guter Pianist, sondern auch ein liebenswerter Mensch war«.[90] Die beiden verbrachten einen Musizierabend bei Josef Lhévinne und seiner Frau Rosina, die später zur meistgefragten Klavierlehrerin ihrer Zeit wurde. Meistens allerdings sah Rubinstein nur seine Verwandten: die Meyers natürlich und seine Schwester Jadwiga, die aus Lodz gekommen war, um am vermeintlich wilden gesellschaftlichen Leben ihres Bruders teilzunehmen. Jadwiga fuhr aber wieder ab, nachdem sie ihren Schmuck versetzt hatte, um Rubinstein dreihundert Mark zu leihen. (Er habe die Gegenstände bei einem späteren Besuch in der Stadt wieder ausgelöst, erklärte er.) Als auch dieses Geld zur Neige ging, bat Rubinstein seinen Freund Jozef Jaroszynski telegraphisch um Hilfe. Jaroszynski hatte gerade einen erklecklichen Geldbetrag an Kochanski gegeben, der in Gelddingen genauso leichtsinnig war wie Rubinstein. Der reiche Landedelmann nahm an, Rubinstein, der ihn oft um Geld bat und es gewöhnlich auch bekam, weine nur Krokodilstränen, während er sich in Berlin vergnügte – und ging auf diese Bitte nicht ein.

Am 28. Januar 1908 wurde Rubinstein einundzwanzig, ein Alter, in dem sich die meisten gutbürgerlichen jungen Menschen gerade anschicken, ohne elterliche Führung zurechtzukommen. Rubinstein war bereits über die Hälfte seines Lebens allein zurechtgekommen. Er hatte bereits mehr von der Welt gesehen, als es den meisten Menschen je möglich ist. Er hatte höchstes Lob und tiefste Mutlosigkeit erfahren, Lust und Ekel, das süße und das gemeine Leben. Und doch war er verzweifelt: Seine Karriere ging nicht voran; er hatte sich mit Astruc überworfen und war mit Lily nicht weitergekommen. Destinn hatte ihm den Laufpaß gegeben. Er hatte gerade noch so viel Geld, daß er sich mittags und abends Brötchen und Würstchen bei Aschinger leisten konnte. Er durfte nicht einmal aus seinem Hotel ausziehen, weil er die immer größer werdende Rechnung nicht bezahlen konnte. Eines Nachmittags versuchte Rubinstein sich aufzuhängen, mit Hilfe der Kordel seines abgetragenen Morgenrocks, die er an einem Kleiderhaken im Badezimmer befestigte. Er stellte sich »auf einen Stuhl, legte mir die Kordel um den Hals und stieß den Stuhl weg. Die Kordel zerriß, und ich fiel mit einem Plumps auf den Boden.« Er gab zwar zu, daß sich die Geschichte albern anhöre, bestand aber darauf, daß sie wahr sei. Viele Jahre später wurde er ärgerlich, wenn ihn seine Kinder darauf hinwiesen, er müsse doch gewußt haben, daß der alte Morgenrockgürtel sein Gewicht nicht tragen konnte. Für ihn bestand die Moral der Geschichte darin, »daß unter all den Gedanken, die mir durch den Kopf gingen, einer mir das Geheimnis des Glücklichseins entschlüsselte...: ›Liebe das Leben bedingungslos im Guten wie im Schlechten.‹«[91] In späteren Jahren hat Rubinstein zwar, um sich zu trösten, ein wenig zu oft auf dieses Prinzip verwiesen, aber er hat danach gelebt – so gut er es vermochte.

R ubinsteins Bruder Stanislaw und sein Schwager Maurycy Landau schickten ihm schließlich das Geld, das er benötigte, um seine Berliner Hotelrechnung wenigstens zur Hälfte zu begleichen. Rubinstein kehrte nach Warschau zurück, wo er mehrere Monate lang dem Müßiggang frönte, indem er Kochanski, Fitelberg, die Kohns und die Wertheims besuchte – alle außer Lily, an die er offenbar nicht viele Gedanken verschwendete. Er und Jaroszynski unterhielten sich ausgiebig. Am Ende fühlte sich der Landbesitzer so schuldig, ungewollt zum Selbstmordversuch seines jungen Freundes beigetragen zu haben, daß er ihn einlud, eine Woche bei ihm zu verbringen – zuerst auf dem Familiengut in der Ukraine und dann in ihrem Stadthaus in Kiew, wo er ihm ein fürstliches Geschenk aushändigte: viertausend Rubel. Sofort schlug Rubinstein vor, sie beide und Kochanski sollten das Geld doch auf einer Tour durch europäische Hauptstädte – Berlin, Paris und London – ausgeben. Jaroszynski war zwar verblüfft, jedoch mit dem Vorschlag einverstanden. Kochanski ließ sich leicht überreden mitzufahren. Am Ende bezahlte Jaroszynski die Hälfte der Kosten aus seiner eigenen Tasche, und alle genossen diesen Trip sehr. (Zehn Jahre später, im Zuge der Russischen Revolution, verloren Jaroszynski und seine Familie all ihre Besitztümer. Dann war Rubinstein in der Lage, die einstige Freigebigkeit seines großzügigen Freundes zu erwidern.) Ihr letzter gemeinsamer Aufenthalt war Karlsbad – Karlovy Vary in der Tschechischen Republik –, wo Jaroszynski zur Kur weilte. Rubinstein und Kochanski nahmen etwa tausend Mark mit einem Konzert im Kursaal ein. Rubinstein unternahm zwei Abstecher in das etwa hundert Kilometer westlichere Bayreuth, um den *Parsifal* zu hören. Die Oper überwältigte ihn. Anschließend fuhr er nach München, um eine Vorstellung des *Tristan* sowie den gesamten *Ring* unter der Leitung des Wagner-Schülers Felix Mottl zu besuchen. Diese Vorstellungen waren der Höhepunkt von Rubinsteins Wertschätzung der Wagnerschen Werke.
Als Rubinstein wieder in Warschau war, konzentrierte er sich darauf, die Beziehungen zu zwei Menschen zu festigen, die er bei vorhergehenden Aufenthalten in der Stadt kennengelernt hatte: Der erste, der russische Oberst Stremouchow, war ein Musiknarr, für den Rubinstein und Ko-

chanski häufig spielten, damit er ihnen half, sie vom russischen Wehrdienst zu befreien, zu dem sie mit Erreichen des einundzwanzigsten Le-
bensjahres verpflichtet waren. Die Einberufung war eines der schlimmsten Probleme der russischen Judengemeinden, wie Paul Johnson in
seiner *Geschichte der Juden* erklärt hat: »Die Regierung forderte feste
Quoten von jüdischen Wehrpflichtigen von den örtlichen Gemeinden.
Aber dabei wurde die [massenhafte] Auswanderung nicht berücksich-
tigt. Die Juden sollten eigentlich nicht mehr als 4,13 Prozent aller Re-
kruten stellen. Die Regierung bestand auf 6,2 Prozent. Tatsächlich wurden rund 5,7 Prozent eingezogen, was zu offiziellen Beschwerden über
das ›jüdische Defizit‹ führte – und damit wiederum die antisemitische
Empörung darüber provozierte, daß sich Juden der Wehrpflicht ent-
zögen. Tatsächlich aber stellten sie zwischen zwanzig und fünfunddreißig Prozent mehr als ihren gerechten Anteil. Seit 1886 wurden die
Familien für den nicht abgeleisteten Wehrdienst von Wehrpflichtigen ju-
ristisch verantwortlich gemacht und zu hohen Geldbußen verurteilt;
dem Wehrdienst konnte man sich nur durch massive Bestechung entziehen.« Die Kategorie von Juden, die als beruflich »nutzlos« für den
Staat eingestuft wurde, mußte dreifache Wehrpflichtquoten erfüllen.[92]
Polnische Juden mußten in einer Armee dienen, die nicht nur ihre ethnische Gruppe verfolgte, sondern auch ihr Land besetzte – ihr Verlangen, die Einberufung zu umgehen, war daher doppelt so stark. Rubinstein mußte sich lange Zeit mit diesem Problem herumschlagen.
Der andere Mann, um dessen Wohlwollen Rubinstein sich im Herbst
1908 bemühte, war Fürst Wladyslaw (oder Ladislas) Lubomirski, ein
führender Wohltäter im Warschauer Musikleben. Als er Komposition
bei Fitelberg studierte, hatte er den Polnischen Komponisten-Verlag ins
Leben gerufen und damit begonnen, Aufführungen der Musik von
Fitelberg, Szymanowski, Ludomir Rozycki, Mieczyslaw Karlowicz und
Apolinary Szeluto zu fördern – der Gruppe des sogenannten *Mloda
Polska,* des *Jungen Polen.* Diese jungen Männer – alle um die zwanzig
bei ihrem ersten, erfolgreichen Konzert im Februar 1906 – wollten die
Ohren des musikalischen Warschau neuen Musiktrends aus dem Aus-
land öffnen wie für ihre eigenen Werke Reklame machen. 1908 beschloß

Lubomirski, die junge Warschauer Philharmonie zu retten, die in den drei Jahren seit Mlynarskis Rücktritt als musikalischer Leiter eine harte Zeit durchgemacht hatte. Dank der finanziellen Unterstützung des Fürsten und unter Fitelbergs Stabführung wurde dem Ensemble wieder zu neuem Glanz verholfen. Nela Rubinstein, die Lubomirski viele Jahre später kennenlernte, nannte ihn »einen wunderbaren Musikliebhaber, einen großartigen Aristokraten und einen charmanten Mann«.[93]

Rubinstein hat gesagt, er habe das g-Moll-Konzert von Saint-Saëns ohne Gage bei einem Galakonzert zum Start des neugebildeten Ensembles gespielt, aber in den Aufzeichnungen der Philharmoniker findet sich keine derartige Aufführung – was allerdings nicht mit Sicherheit bedeutet, daß sie nicht stattgefunden hat. Dagegen sind in diesen Aufzeichnungen zwischen dem 13. November 1908 und dem 5. März 1909 vier Rubinstein-Auftritte mit dem Orchester enthalten. Fitelberg und Henryk Opienski waren die Dirigenten, ihr Solist spielte Beethovens Viertes, Chopins Erstes und Brahms' Zweites Klavierkonzert und vermutlich auch zum ersten Mal ein Werk, das bald zu seinem Standardrepertoire gehörte: das Konzert Nr. 2 in c-Moll des fünfunddreißigjährigen Sergej Rachmaninow. Rubinstein hatte bereits Rachmaninows Elegie und Prélude aus den *Morceaux de fantaisie (Fantasie-Stücken),* op. 3, in einem Konzert in der Filharmonja im Oktober 1908 gespielt, etwa um die gleiche Zeit, als er in Warschau zum ersten Mal Brahms' *Paganini-Variationen,* die selten gespielte Erste Klaviersonate von Franck sowie mit Kochanski Francks berühmte Sonate für Violine und Klavier gab. Während dieser Saison trat Rubinstein in verschiedenen polnischen Städten auf. Als er am 23. März 1909 wieder in Warschau war, spielte er bei einem Sonderbenefizkonzert für die Schuleinschreibungsgesellschaft Beethovens *Kreutzer-Sonate* mit Kochanski, ein Brahms-Trio mit Kochanski und seinem Bruder Eli, einem guten Cellisten, sowie Solostücke von Chopin. Am 19. April führten Kochanski und Rubinstein erstmals Szymanowskis Sonate in d-Moll für Violine und Klavier öffentlich auf. »Pawel und Artur boten eine ausgezeichnete Interpretation meiner Violinsonate op. 9, doch die Kritiken waren schwach und nicht gerade aufregend«, berichtete Szymanowski in einem Brief.[94]

Für Rubinstein bestand jedoch das große Ereignis dieser Monate darin, daß endlich seine Liebschaft mit Lily Wertheim Radwan aufblühte. Heimlich wechselten sie eines Abends in ihrem Elternhaus ein paar Worte und verabredeten ein Rendezvous. Rubinstein bestach den Wachmann im Hotel Victoria, wo er wohnte, an bestimmten Nachmittagen zwischen vier und fünf Uhr den Lieferanteneingang nicht abzuschließen. »Zwei-, dreimal in der Woche saß ich in meinem Zimmer, die Ohren gespitzt, erlauschte atemlos das leise Quietschen der Seitentür«, berichtete er, »und gleich darauf lag Pola in meinen Armen. Wir liebten uns und redeten, redeten und liebten uns wieder. Es war der Himmel auf Erden.«[95] Es dauerte allerdings nicht lange, bis ihre Eltern und ihr Mann erfuhren, was da vor sich ging. Laut Rubinstein begaben sich Piotr und Aleksandra Wertheim zu Lilys Haus, schlugen sie, nahmen ihr ihre beiden Töchter weg und drohten, sie in eine Irrenanstalt einsperren zu lassen. Rubinstein kümmerte sich sogleich darum, daß sie bei seinen Schwestern Jadzia und Hela unterkam, die in einem Kurort in dem von den Deutschen besetzten Teil Polens weilten, und begleitete sie bis zur Grenze, aber nicht darüber hinaus: Sein Paß war eingezogen worden, weil die Angelegenheit mit seinem Wehrdienst noch nicht geregelt war.

Rubinsteins Beziehungen zur Familie Wertheim – »Mutter, Tochter, Bruder und Schwester«, wie er sagte – wurden rasch ein Lieblingsthema der Warschauer Klatschspalten. Rubinstein wurde als geldgieriger Gigolo dargestellt. Aber als Kochanski und Szymanowski ihn zu überreden versuchten, das Problem dadurch zu lösen, daß er Lily heiratete, wies er darauf hin, daß sie als Katholikin nicht geschieden werden könne und er selbst noch nicht in der Lage sei, eine Frau zu ernähren. »Drittens entspricht es nicht meiner Art, eine Frau zu heiraten, die älter ist als ich und zwei Kinder von einem anderen Mann hat.« Als Szymanowski ihm vorwarf, er würde Lily also nicht lieben, protestierte er vehement. Laut Rubinstein – und wieder einmal ist seine Version die einzig existierende – habe Piotr Wertheim Lily mit einem Trick nach Berlin gelockt, um sich mit ihr angeblich auszusprechen, und sie dann in eine Anstalt für Geisteskranke gesteckt. Sie schrieb einen verzweifelten Brief an Rubinstein, ein freundlicher Wärter gab ihn für sie auf. Rubinstein besorgte sich sofort einen falschen Paß, lieh sich etwas Geld von Kochanski und eilte nach Berlin. Der erwähnte Wärter verhalf Lily zur Flucht. Sie und Rubinstein kehrten zur großen Überraschung ihrer Eltern nach Warschau zurück. »Von nun an durfte sie weder ihr Heim betreten noch ihre Kinder sehen«, berichtete Rubinstein, »allerdings hatte sie ein kleines Einkommen aus dem großväterlichen Erbteil.«[96] Lily und Arthur waren, mit Unterbrechungen, vier oder fünf Jahre lang ein Liebespaar. Er erwähnte, er habe mit ihr im Sommer 1909 einige Wochen auf dem Landgut von Pauline Narbut, einer Dame der feinen Warschauer Gesellschaft, verbracht, ließ sie dort aber zurück, als er nach Warschau zurückkehrte, um sich auf die bevorstehende Saison vorzubereiten. Nach seinen Worten habe er sie auf einige seiner polnischen Konzertreisen mitgenommen. Zwischen 1909 und 1914 waren sie in Warschau oft zusammen. Rubinstein sagte, er habe sie seinen Eltern vorgestellt, die sie herzlich aufgenommen hätten. Er war mit ihr 1910 in Wien, Berlin und Rom, sie wohnten 1912 eine Zeitlang zusammen in London, im März 1913 in Wien sowie einen Teil des Sommers 1913 in Zakopane. Maria Kempinska, Lilys Kusine, meinte zwar, Rubinstein und Lily »können eigene Kinder gehabt haben«[97], aber nach allen anderen vertraulichen Quellen innerhalb wie außerhalb der Familie war dies nicht der Fall. In *Die frühen Jahre* erwähnte Rubinstein, er habe für eine »dringende« Operation Lilys bezahlt. Annabelle Whitestone gegenüber erklärte er, es habe sich dabei um eine Abtreibung gehandelt – die damals illegal war.

Wenn man sämtliche Stellen über Lily in seinen Memoiren zusammennimmt, dann steht Rubinstein wie ein Schuft da, weil er darauf bedacht war, nicht in ihrer Gesellschaft gesehen zu werden, wann und wo immer er glaubte, seine Karriere oder wichtige soziale Kontakte könnten dadurch Schaden erleiden. Die offiziell akzeptablen Verhaltensstandards waren damals viel rigider als heute. Auch Lily bemühte sich, in der Öffentlichkeit so wenig wie möglich mit Rubinstein gesehen zu werden, weil sie hoffte, wieder das Besuchsrecht für ihre Töchter zurückzuerlangen. Es ist unrealistisch, unvernünftig und vermutlich schlichtweg idiotisch zu erwarten, daß ein Mensch mit einem großen Talent nicht alles mögliche unternimmt, um sein Recht und seine Fähigkeit zu schützen, dieses Talent auch auszuüben. Doch gibt es in Rubinsteins Memoiren mehr als nur einen Hinweis darauf, daß einer von seinen Gründen, nicht mit Lily gesehen zu werden, geschweige denn sie zu heiraten, die Tatsache war, daß sie älter war. In einem anderen Zusammenhang erklärte er, »meine eingefleischte Eitelkeit, mein Stolz und ein gewisser Mangel an Bescheidenheit« hätten es erfordert, sein Verhalten zu rechtfertigen: »Ich konnte es einfach nicht ertragen, in einem Zustand der Schwäche und Minderwertigkeit gesehen zu werden, ich mußte die Fassade des Erfolges wahren, auch wenn meine Sache denkbar schlecht stand. Das ist ein unerfreulicher Charakterzug, ich gebe es gerne zu.«[98] Nicht anders verhielt es sich auch in seinem Verhältnis mit Lily.

Zu Beginn des Ersten Weltkriegs hatte ihre Liebesgeschichte an Reiz verloren, und als der Krieg vorbei war – in dem sie überhaupt keinen Kontakt miteinander hatten –, war auch die Liebe zu Ende. »Er hat sie wirklich geliebt, aber er hat sie auch einfach fallengelassen«, erklärte Rubinsteins Frau viele Jahre später.[99] Dennoch verband sie mehrere Jahre lang eine zarte Liebe, und die Affäre hatte keinen bitteren Nachgeschmack. Lily und Arthur trafen sich noch einmal Mitte der zwanziger Jahre in Paris, nach dem Tod ihres Mannes. Sie stellte ihn ihren Töchtern vor, die sie schon lange hatte wiedersehen dürfen. Ein paar Jahre später, etwa mit fünfzig, bekam Lily Brustkrebs. Sie wollte sich nicht operieren lassen und suchte statt dessen einen Quacksalber auf, der nichts für sie tat. Sie starb 1932 – im selben Jahr, als Rubinstein heiratete. Jemand berichtete ihm, sie habe dazu traurig bemerkt: »Er beginnt sein Leben jetzt, da meines zu Ende geht.«[100] Maneta Radwan, eine ihrer Töchter, lebte später mit Graf Zamoyski, einem Bildhauer, zusammen. Die andere Tochter, Jadwiga, heiratete Bronislaw Mlynarski, Rubinsteins künftigen Schwager. Beide Töchter waren empört über das Erscheinen des ersten Bandes von Rubinsteins Memoiren im Jahre 1973 – obwohl Rubinstein alle Wertheim-Namen sorgfältig verändert hatte. Aber Rubinstein stand mit ihnen auch weiterhin bis zum Ende des

Jahrzehnts in freundschaftlichem Kontakt. Maria Kempinska hat sich erinnert, als Maneta Radwan, die sich zu einer »reizenden Frau, wie ihre Mutter« entwickelt habe, krank wurde und im Sterben lag, sei »Nela Rubinstein sehr nett zu ihr« gewesen.[101]

Sehr aufschlußreich, nicht zuletzt wegen einiger Andeutungen, ist ein Brief, den Rubinstein am 7. August 1909 aus Warschau an Astruc schickte.

»Sie müssen ja glauben, ich sei tot! Ich war völlig beschäftigt mit den Problemen wegen meines Militärdienstes, weswegen ich Rußland [und die russisch besetzten Gebiete] nicht verlassen durfte. Außerdem konnte ich nicht außerhalb von Rußland spielen, und ich habe allein zwanzigmal in Warschau gespielt. In St. Petersburg wurde ich von M. Glasunow eingeladen, vor Pressevertretern und Musikern zu spielen, und ich bin für ein Symphoniekonzert in diesem Winter engagiert worden.

Nun, in diesem Winter werde ich einige gute Sachen machen, und Fürst Ladislas Lubomirski kümmert sich um meine Angelegenheiten und will mich endlich groß herausbringen! Ich habe bereits eine Vereinbarung mit [Karl] Fernow [einem Direktor der Konzertagentur Wolff] in Berlin getroffen; am 3. Februar [1910] gebe ich dort an der Philharmonie ein Konzert mit Orchester und dann zwei Solokonzerte. Anfang November (1909) habe ich Engagements in Krakau, Lemberg, Prag, Budapest und vermutlich auch in Wien (das werde ich in sechs Tagen erfahren). Daher möchte ich gern im Dezember in Paris spielen. Mein Wunsch wäre es natürlich, zuerst mit Orchester zu spielen und anschließend zwei Solokonzerte zu geben. Wäre es möglich, etwas mit Chevillard oder Colonne zu arrangieren? Ich wäre sogar bereit, mit ihnen ohne Gage zu spielen. Oder wäre es besser, wenn ich den Saal und das Orchester selbst engagiere? Möchten Sie mit mir eine Vereinbarung treffen? In diesem Fall könnten wir ja etwas Entsprechendes für die verschiedenen Konzertkategorien ausarbeiten. Ich werde vermutlich in zwei Wochen nach Paris fahren, um all das in die Wege zu leiten, aber zuvor wäre ich Ihnen dankbar, wenn Sie mir meine Anfragen beantworten würden, da ich über all dies mit dem Fürsten sprechen möchte. Mir wäre sehr an Dezember (oder Ende November) gelegen, weil ich anschließend in Deutschland und Rußland spielen will. In London werde ich etwas mit dem polnischen Dirigenten M. Mlynarski machen, aber das ist noch nicht entschieden. Fürst Lubomirski hat inzwischen den Saal der Warschauer Philharmonie mit dem Orchester für zwei Saisons übernommen. Mein guter Freund G. Fitelberg (ein großartiger Komponist und Dirigent) ist der musikalische Leiter; er wird mein Konzert in Berlin dirigieren.

Also adieu, mein lieber M. Astruc, ich würde mich freuen, von Ihnen zu hören, und sagen Sie mir, ob ich jetzt nach Paris fahren soll. Mit den besten Grüßen

Ihres ergebenen

Arthur Rubinstein

Falls Sie Kritiken und Zeitungsartikel über mich haben, schicken Sie sie mir doch bitte. Ich wohne im Hotel Victoria.«[102]

In *Die frühen Jahre* erklärte Rubinstein, Alexander Glasunows Einladung, in St. Petersburg zu spielen – sein erster richtiger Auftritt in Rußland –, sei durch Maurycy Landau auf einer Geschäftsreise in die russische Hauptstadt vermittelt worden. Landau hatte Glasunow kennengelernt, der einer der bekanntesten Komponisten Rußlands und der Direktor des berühmten St. Petersburger Konservatoriums war. Der Kaufmann aus Lodz hatte von den Fähigkeiten seines jungen Schwagers geschwärmt. Glasunow war bereit, Rubinstein vor geladenen Gästen spielen zu lassen. Als Jude ohne Sondergenehmigung durfte sich Rubinstein nur einen Tag lang in St. Petersburg aufhalten. Aber damit hatte er genug Zeit, ein Hotel zu buchen, im Saal zu üben, vor einem überaus begeisterten Publikum zu spielen (auch wenn Glasunow darauf hinwies, derartige Begeisterungsstürme seien bei russischen Konzerten üblich), ein Nickerchen zu machen und wieder abzureisen.

Die Pariser Auftritte, die Rubinstein für die Saison 1909/10 einfädeln wollte, kamen nicht zustande. Aber es gelang ihm tatsächlich, Fürst

Lubomirski dazu zu bewegen, ihn zu »überreden«, seine Unterstützung anzunehmen, in Form einer Bürgschaft von 10 000 Rubeln, mit denen Rubinstein die Kosten der Konzerte abdecken konnte, die er in den großen europäischen Hauptstädten geben wollte. In seinem Brief an Astruc deutete Rubinstein an, Lubomirski würde für ihn tun, wozu Astruc nicht imstande gewesen wäre. Doch aus einem zweiten Brief an Astruc geht hervor, daß der französische Impresario auf den Vorschlag seines ehemaligen Klienten positiv reagiert hatte. »Ich habe Ihren Brief vom 30. September erhalten und ihn dem Fürsten gezeigt«, schrieb Rubinstein am 13. Oktober. »Ich wäre überaus froh, diese Vereinbarung mit Ihnen treffen zu können, und die Versicherung Ihrer Freundschaft zu mir hat mich sehr gefreut. Die Summe für die Pariser und Londoner Konzerte erscheint mir etwas hoch – mir stehen nur 8000 FF zur Verfügung, da ich bereits ein wenig für Berlin und Wien ausgebe und noch einige Konzerte mehr in Rußland haben möchte.«[103]

Kurz darauf jedoch redete Fitelberg, der Hauptprotégé des Fürsten, Lubomirski ein, daß man Rubinstein in Gelddingen nicht trauen könne. Rubinstein glaubte, Fitelberg sei eifersüchtig auf andere Musiker, die sich imstande zeigten, Lubomirskis Geldbörse auch ohne Fitelbergs Vermittlung anzuzapfen. (Nela Rubinstein, die Fitelberg viel später kennenlernte, hat gesagt: »Er war ein begabter Dirigent, aber er hätte aus Ehrgeiz getötet.«[104]) Erst einige Wochen später hatte Rubinstein Gelegenheit, mit dem Fürsten zu sprechen und ihre Beziehungen ins reine zu bringen. Sobald das erledigt war, fand Rubinstein einen in Warschau ansässigen Manager – Herrn Dropiowski –, der sein Debüt in Wien arrangierte, das noch als Europas heimliche Musikhauptstadt galt. Im Großen Saal des Musikvereins spielte Rubinstein am Sonntag, dem 12. Dezember 1909, Beethovens Viertes, Brahms' Zweites und Saint-Saëns' Zweites Klavierkonzert mit dem seit drei Jahren bestehenden Tonkünstlerorchester (den heutigen Wiener Symphonikern). Die Leitung hatte der Gründer des Orchesters, der fünfunddreißigjährige Oskar Nedbal, ein Tscheche, der Komposition bei Dvorák studiert hatte und dabei war, sich einen Namen als Komponist von Wiener Operetten zu machen. Rubinstein regte sich zwar zunächst darüber auf, daß er auf einem Bösendorfer-Flügel statt auf einem Bechstein spielen sollte, aber am Ende fand er das Instrument »höchst brauchbar«. Die *Neue Freie Presse* kündigte das Konzert an (»Artur Rubinstein, der zum ersten Mal in Wien spielt, hat großen Erfolg in Amerika, Paris und London gehabt«, stand in einem winzigen Artikel)[105], aber Julius Korngold, der Musikkritiker der Zeitung, schrieb keine Rezension über das Konzert, das nur eine von vielen musikalischen Veranstaltungen war, die in der Stadt jeden Tag stattfanden. Doch war das Konzert unter der Schirmherrschaft von Hugo Knepler von der Konzertagentur Gutmann so erfolgreich, daß sich der vierundsiebzigjährige (nicht sechsundachtzig, wie Rubinstein in *Die frühen Jahre* behauptet) Ludwig Bösendorfer, der vor kurzem in den Ruhestand getretene Chef der Klavierfabrik, bewogen sah, Rubinstein einzuladen, am 22. Dezember ein Solokonzert im Konzertsaal der Firma zu geben – in jenen Jahren ein wichtiger Veranstaltungsort in Wien. Auch dieser Auftritt war ein Erfolg, obwohl sich Rubinstein verständlicherweise über den achtzigjährigen Theodor Leschetizky, den Doyen der Klavierlehrer, ärgerte – »er beobachtete unentwegt meine Hände durch ein riesiges Fernglas«.[106] Ferner waren an diesem Abend im Bösendorfer-Saal anwesend, wie sich Rubinstein erinnerte: zwei berühmte Liszt-Schüler, Moriz Rosenthal und Emil Sauer – beide fünfundzwanzig Jahre älter als Rubinstein –, Franz Schalk, erster Dirigent der Wiener Hofoper und ein ehemaliger Schüler von Bruckner, und der bekannte Geiger Arnold Rosé.

Bevor Rubinstein von Polen nach Wien gefahren war, hatte Lubomirski ihn Graf Aleksander Skrzynski vorgestellt, einem reichen und kultivierten galizischen Polen, der laut Rubinstein als »einer der begehrtesten Junggesellen Europas« galt.[107] Nela Rubinstein, die Skrzynski Mitte der zwanziger Jahre gekannt hatte, als sie ein Teenager und der Graf Ministerpräsident des unabhängigen Polen gewesen war, erzählte, sie habe sich in ihn »verknallt«: »Er war ein sehr attraktiver Mann«, erinnerte sie sich.[108] 1909 oder 1910, als Rubinstein ihn kennenlernte, war Skrzynski ein siebenundzwanzig- oder achtundzwanzigjähriger Attaché an der österreichischen Botschaft im Vatikan. Er verkehrte in den besten Kreisen der römischen Gesellschaft. Nachdem er Rubinstein hatte spielen hören, erbot er sich, dem jungen Pianisten bei seinem italienischen Debüt behilflich zu sein. Er lud Rubinstein nach Rom ein, arrangierte und sponserte ein privates Konzert im Ballsaal des Grand Hotel, wozu er viele einflußreiche Leute bat, darunter Graf Enrico San Martino di Valperga, den Präsidenten der Accademia di Santa Cecilia, Roms wichtigster Musikinstitution. Dieser Privatauftritt, der vermutlich im Frühjahr 1910 stattfand, erweckte große Begeisterung. Rubinstein wurde für hochbezahlte Privatkonzerte in den Häusern der Marchesa Dora di Rudinì und der Marchesa Luisa Casati engagiert. Vor allem aber lud San Martino ihn ein, in der kommenden Saison ein öffentliches Konzert mit Orchester zu geben.

Rubinstein verliebte sich in Italien. Er nutzte jeden freien Augenblick, um Rom zu besichtigen und andere berühmte Städte aufzusuchen: Florenz, Venedig und insbesondere Neapel. Hier wurde Rubinstein von einem Führer geprellt, hier bot man ihm eine zehnjährige Prostituierte an, hier stellte ihm ein homosexueller englischer Schriftsteller nach. Während seines ersten Italienaufenthalts machte Rubinstein auch die Bekanntschaft von Giovanni Sgambati, einem der bekanntesten italienischen Pianisten und Komponisten von Instrumentalmusik (Rubinstein hatte bereits eine Sgambati-Toccata in seinem Repertoire). Ebenso lernte Rubinstein Modest Iljitsch Tschaikowsky kennen, einen der jüngeren Brüder des Komponisten, der in Rom lebte.

Fürst Lubomirski sponserte tatsächlich das Berliner Konzert in der Philharmonie am 3. Februar 1910, von dem Rubinstein in seinem Brief an Astruc gesprochen hatte. Rubinstein spielte Beethovens Viertes und Brahms' Zweites Klavierkonzert mit den Berliner Philharmonikern unter Fitelberg, der dann Mahlers Vierte Symphonie dirigierte – damals ein selten gehörtes Werk. (Vier Tage zuvor hatten er und Fitelberg das gleiche Programm in Warschau mit den einheimischen Philharmonikern gegeben.) »Daß ich diese himmlische Musik unter der Stabführung eines mir zutiefst verhaßten Menschen spielen sollte, machte mich geradezu hysterisch«, erinnerte sich Rubinstein, aber die Berliner Kritiker »fanden an diesem Abend mehr zu loben als zu tadeln. Alles in allem war es kein großer Erfolg, aber ein ehrenvoller.«[109] Barth, der bei diesem Konzert anwesend war, schickte Rubinstein einen Brief, in dem er auf die Stärken und Schwächen in seinem Spiel hinwies. Sechs Wochen später, als Rubinstein wieder nach Berlin kam und im Beethoven-Saal ein Konzert gab, besuchte er Barth, der, wie er sagte, ihn angeschrien habe, warum er eine »Schweinerei«[110] wie die Stücke von Debussy in sein Programm aufnehmen wolle. Doch in dieser Hinsicht trog Rubinstein sein Gedächtnis, denn das Programm bestand aus Beethovens *Waldstein-Sonate,* Brahms' Zwei Rhapsodien, op. 79, Szymanowskis *Variationen über ein polnisches Volkslied* und einer Chopin-Gruppe. Über dieses Konzert schrieb der Kritiker der *Vossischen Zeitung:*

»Als tüchtiger Techniker zeigte sich Herr Arthur Rubinstein, von dem ich sechs Chopinsche Stücke zu hören vermochte. [Am Abend von Rubinsteins Konzert – 14. März 1910 – hatten Nikisch die Berliner Philharmoniker und der Mahler-Schüler Oskar Fried ein Konzert für den Verein der Musikfreunde dirigiert, und der herausragende amerikanische Geiger Albert Spalding gab ein Konzert im Bechstein-Saal. Der Kritiker war offenbar verpflichtet, sich jedes Konzert teilweise anzuhören.] Er ist zweifellos ein talentvoller Pianist, der bei seiner Jugend sich geistig ausreifen wird. Augenblicklich herrscht bei ihm verstandesmäßige Kühle vor, auch sein Anschlag vermittelt uns keine herzlichen, vollsaftigen Klänge, er ist im Piano etwas kurztönend und bekommt im Forte oft etwas Herbes, das zwar durchdringend, aber ohne Größe ist. Namentlich die Barcarolle und das Fis-Dur-Impromptu wurden von dem Konzertgeber mehr konventionell als liebevoll behandelt. Herr Rubinstein hat noch Zeit, sich zu vertiefen, es wird ihm hoffentlich gelingen.«[111]

Das war genau die Sorte deutscher Kritik, an die Rubinstein immer voller Zorn zurückdachte: Er spielt zwar in technischer Hinsicht gut, aber sein Musizieren ist nicht tief genug. Nach seiner Selbsteinschätzung war genau das Gegenteil der Fall: Wie die meisten Menschen mochte er es gar nicht, wenn andere an seiner Selbsteinschätzung zweifelten. Barth hingegen soll dem Vernehmen nach einem anderen Schüler erklärt haben, trotz seines verräterischen Verschwindens aus Berlin habe Rubinstein in den dazwischenliegenden Jahren anscheinend »ein wenig gearbeitet«. Rubinstein erinnerte sich, daß zu seinen Besuchern nach dem Konzert Emma Engelmann und ihr Sohn Hans, Max Friedlaender und seine Familie gehörten, ja sogar Frau Kurt, die allerdings »etwas schüchtern«[112] war, als sie Lily sah, die mit Rubinstein reiste. Dank Dropiowskis Tüchtigkeit begann Rubinstein nun öfter in polnischen Städten aller drei Sektoren zu spielen. Häufig bediente er sich des einen oder anderen der zahlreichen Paßfälscher von Warschau, um die Grenzen passieren zu können. Eines der ungewöhnlichsten Ereignisse der Saison war ein ausschließlich Chopin gewidmetes Konzert in Lemberg zum 100. Geburtstag des Komponisten. Rubinstein teilte sich das Programm mit Ignaz Friedman, einem weiteren polnisch-jüdischen Klaviervirtuosen, der fünf Jahre älter war als er: Friedman spielte die Zweite Sonate, Rubinstein die Dritte Sonate, zusammen spielten sie das Rondo in C-Dur, op. 73, in der Fassung für zwei Klaviere. Da Lubomirski ihn mit einigen Mitgliedern des örtlichen Adels bekannt machte – Graf und Gräfin Roman Potocki, Fürstin Radziwill und Gräfin Tarnowska –, feierte Rubinstein einen spektakulären Erfolg in Lemberg und stellte Friedman in den Schatten. Lange Zeit war er in der Stadt sehr beliebt.

Vier Jahre vor seinem Tod hatte Anton Rubinstein einen Wettbewerb für Komponisten und Pianisten ins Leben gerufen und großzügig ausgestattet, der alle fünf Jahre stattfinden sollte. Als Arthur Rubinstein gegen Ende 1910 am fünften Wettbewerb teilnahm, war der Rubinstein-Preis bereits an einige bemerkenswerte Talente verliehen worden: Der vierundzwanzigjährige Ferruccio Busoni hatte den ersten Kompositionspreis von 1890 bekommen, der zwanzigjährige Nikolai Medtner den Klavierpreis von 1900 und der zwanzigjährige Wilhelm Backhaus den Klavierpreis von 1905. Als Kochanski und Antek Moszkowski – der einer kultivierten, begüterten jüdischen Familie in Warschau angehörte, mit der sich Rubinstein angefreundet hatte – versucht hatten, ihn dazu zu überreden, sich an diesem Wettbewerb zu beteiligen, hatte er sich zunächst mit dem Hinweis geweigert, seine Technik sei noch nicht genügend ausgereift. Erst als er in der Zeitung las, daß Piotr Arkadjewitsch Stolypin, der Ministerpräsident von Zar Nikolaus II., ein Gesuch Glasunows und der Wettbewerbsjury abschlägig beschieden hatte, es nichtansässigen jüdischen Wettbewerbsteilnehmern zu gestatten, sich in St. Petersburg länger als die gesetzlich erlaubten vierundzwanzig Stunden aufzuhalten, da habe er sich, wie Rubinstein sagte, entschieden hinzufahren, weil ihn diese Vorschrift persönlich gedemütigt habe. Am Ende vermied es die Regierung, sich selbst Unannehmlichkeiten zu bereiten, indem sie die Angelegenheit ignorierte, bis der Wettbewerb vorbei war. Erst danach »erinnerten« die Behörden Rubinstein an die Abreise.

Mindestens ein Detail seiner Darstellung des Wettbewerbs stimmt nicht: Rubinstein behauptet, das Konzert in d-Moll seines großen Namensvetters – ein Pflichtstück – erst wenige Tage vor der Veranstaltung gelernt zu haben. Doch es ist auf der Repertoireliste aufgeführt, die er Astruc vor sechs Jahren gegeben hatte. Rubinstein hat es bekanntermaßen mindestens schon in der Saison 1906/07 öffentlich aufgeführt. Er hat es schließlich erneut am 16. Dezember 1910 in Warschau gespielt, etwa zur Zeit des Wettbewerbs. Der Rest der Geschichte ist schwer zu verifizieren. Nach Rubinsteins Erinnerung bestanden die anderen – alle zwischen 1885 und 1891 geborenen – Wettbewerbsteilnehmer aus den Russen Alexander Borowski, Julius Isserlis, Ljew Pouishnow und Leo Sirota, den Schweizern Edwin Fischer und Emil Frey und dem Deutschen Alfred Hoehn. Sie alle machten schließlich erfolgreich Karriere. Der einzige, der neben Rubinstein zu anhaltendem Ruhm gelangte, war Fischer. Das wichtigste Mitglied der Jury, neben ihrem Leiter Glasunow, war Anna Nikolajewa Essipowa (auch Anette Essipoff genannt), ihrerseits eine großartige Pianistin. Sie war eine der zahlreichen ehemaligen Schülerinnen und fast ebenso zahlreichen Ex-Frauen von Leschetizky und Professorin für Klavier am St. Petersburger Konservatorium bis zu ihrer Pensionierung im Jahre 1908. Zu ihrem musikalischen Nachwuchs zählt auch Sergej Prokofjew. Einige Aspekte von Rubinsteins Schilderung des Wettbewerbs scheinen übertrieben zu sein: Das Publikum hätte vor Begeisterung getobt, die Jury wäre nach dem ersten Satz des Rubinstein-Konzerts aufgestanden und hätte applaudiert, Essipowa hätte bei seinem Chopin geweint, alle wären sicher gewesen, daß allein er gewinnen würde. Aber diese Schilderung kann durchaus auch korrekt sein, nicht nur weil Rubinstein dazu neigte, seine musikalischen Erfolge eher herunterzuspielen als zu übertreiben, sondern weil er offen erklärte, einige der anderen Teilnehmer hätten besser als er gespielt, zumindest im einen oder anderen Teil des Wettbewerbs. Große Komplimente machte er Hoehn für seine Interpretation von Beethovens *Hammerklavier-Sonate,* noch enthusiastischer fiel sein Urteil über Freys Spiel aus (»wundervoll … sein Programm war insgesamt ein reiner Ohrenschmaus«[113]). Frey war der offizielle Pianist am rumänischen Hof und ein vielversprechender Komponist; er gewann den Kompositionspreis ebenso wie einen der Klavierpreise. Der erste Klavierpreis ging an Hoehn. Rubinstein glaubte, er selbst habe deswegen nicht gewonnen, weil Hoehns Förderer und Gönner, der Großherzog von Hessen, den ersten Preis für seinen Protégé als Gunstbeweis von seiner Schwester, der Zarin Alexandra, verlangt habe. Aber Rubinstein gab zu:»In meinem innersten Herzen allerdings weiß ich, daß Hoehns Vortrag der *Hammerklavier-Sonate* – ein viel bedeutenderes Stück als meine kleine e-Moll Sonate [op. 90 von Beethoven] – und Freys glänzendes Spiel meine Siegessicherheit stark beeinträchtigt hatten.« Am Ende wurde ihm ein »besonderer erster Preis, eine lobende Erwähnung … einstimmig zuerkannt«[114] – dies hieß nichts anderes, als daß die Jury ihn ex aequo als Sieger betrachtete, ihn aber nicht an den 2000 Rubeln beteiligte, die ganz an Hoehn gingen. Rubinsteins Parteigänger, zu denen Stefan Grostern – Zosia Kohns Cousin, bei dem Rubinstein wohnte – und André Diedrichs, der örtliche Bechstein-Vertreter, gehörten, regten sich darüber auf, aber der Bericht über die Ereignisse beim Wettbewerb erweckte die Neugier von Sergej Kussewitzky, einem sechsunddreißigjährigen russischen Kontrabaßvirtuosen jüdischer Herkunft, der zwei Jahre zuvor als Dirigent debütiert hatte. Damals hatten er und seine Frau, eine reiche Erbin, einen bedeutenden Musikverlag, eine Konzertagentur und das Kussewitzky-Orchester gegründet.

Kussewitzky schickte ein Telegramm an Diedrichs und bat Rubinstein, ihn sofort in Charkow aufzusuchen. Rubinstein fuhr die 1300 Kilometer von St. Petersburg nach Charkow mit der Bahn, spielte Kussewitzky und seiner Frau vor, wurde vom Fleck weg als Solist für eine Reihe von Konzerten engagiert, die Kussewitzkys Agentur im Laufe der Saison in verschiedenen russischen Städten sponsern würde, nahm eine großzügige Vorauszahlung auf seine Gage sowie eine Fahrkarte nach Warschau entgegen und bestieg dann wieder den Zug zu einer weiteren Reise über 1300 Kilometer.

Am 4. Januar 1911 spielte Rubinstein Chopins Zweites und Brahms' Erstes Klavierkonzert mit den Warschauer Philharmonikern. Zwei Wochen später gab er in Rom sein erstes offizielles Debüt in Italien im Augusteum, einem Konzertsaal, der auf den Ruinen des Grabmals von Kaiser Augustus errichtet worden war. Er spielte das g-Moll-Konzert von Saint-Saëns und das d-Moll-Konzert von Rubinstein (nicht das Vierte von Beethoven, wie er in seinen Erinnerungen irrtümlich meinte) mit dem Orchester von Santa Cecilia unter der Leitung von Bernardino Molinari sowie die As-Dur-Ballade und eine As-Dur-Polonaise von Chopin und – dank der tosenden Begeisterung des römischen Publikums – zahlreiche Zugaben. Da er noch nicht das Problem mit seinem russischen Wehrdienst gelöst hatte, hatte er weiterhin Probleme mit seinem Paß. Daher bat er Modest Tschaikowsky, sich beim diplomatischen Corps der Russen in Rom für ihn zu verwenden. Tschaikowsky machte ihn mit dem Botschafter, Fürst Dolgoruki, bekannt, einem von Lina Cavalieris Liebhabern und einem Nachkommen einer der ältesten russischen Adelsfamilien. Rubinstein erbot sich, ein paar Stücke auf einem Empfang der Botschaft zu spielen, und am nächsten Tag gab ihm der Fürst einen eindrucksvollen Diplomatenpaß, bat ihn aber, diesen nach seiner Ankunft in Warschau zu vernichten. Doch als Rubinstein erlebte, daß er mit einem militärischen Gruß empfangen wurde, als er den Paß der russischen Grenzpolizei vorwies, beschloß er, ihn jedem vorzuzeigen, bei dem er sich eine ähnliche Wirkung versprach. Doch die Geschichte mit dem Paß hat noch einen rätselhaften Aspekt: Rubinstein behauptete, er habe das Jahr 1889 statt 1887 als sein Geburtsjahr angegeben, als ihn der Sekretär des Botschafters danach fragte, um sich selbst jünger zu machen als ein Wehrpflichtiger[115]. Danach hat er viele Jahre lang das spätere Datum verwendet. Aber das Mindestalter für Wehrpflichtige war einundzwanzig, und 1911 wäre ein 1889 geborener junger Mann zweiundzwanzig gewesen. Diese Taktik wäre also sinnlos gewesen. Entweder ist diese Story nicht wahr, oder die Zeit, in der sie sich abgespielt hat, ist falsch angegeben, was wahrscheinlicher ist. Jedenfalls hatte diese Lüge im Hinblick auf sein Alter, samt der Tatsache, daß Riemanns *Musiklexikon* sie schließlich aufgriff und dann versehentlich statt der Neun eine Sechs druckte, zur Folge, daß für den Rest von Rubinsteins Leben Freunde, Kollegen und Orchestermanager ihm stets die falschen Geburtstagsglückwünsche schickten: zum 50. Geburtstag 1936 und 1939, aber nicht 1937, zum 75. in den Jahren 1961 und 1964, aber nicht 1962 gratulierten, und so weiter – selbst nachdem er das Ganze in *Die jungen Jahre* geklärt hatte.

Kurz nach seiner Rückkehr nach Warschau fuhr Rubinstein nach Rußland, um seinen Vertrag mit Kussewitzky zu erfüllen. In Moskau und St. Petersburg spielte er das d-Moll-Konzert von Rubinstein mit dem Dirigenten und seinem Orchester (wobei er von Kussewitzkys Fähigkeiten als Begleiter nicht viel hielt) und gab Solokonzerte, die unter anderem Beethovens *Hammerklavier-Sonate* enthielten. Nach seiner Darstellung war sein Erfolg beim Publikum zwar besser als zufriedenstellend, aber nicht sensationell, während man ihn in Charkow und in Rostow am Don »mit echtem Enthusiasmus«[116] empfangen habe. In Kiew, der letzten Station der Tournee, wurde ihm zunächst nur lauwarmer Applaus zuteil. Aber schließlich gab er noch drei weitere Konzerte und erzielte einen großartigen Erfolg, dank dem Interesse neuer Freunde: Dmitri Lwowitsch Dawydow und seiner Frau Natalja. Dmitris Mutter, Alexandra, war Tschaikowskys Schwester, und als Tschaikowsky 1878 an Alexandras Mann geschrieben hatte, er wolle sein *Kinderalbum,* op. 39, Dawydows jüngerem Sohn Wladimir widmen, hatte er hinzugefügt: »Allerdings mache ich mir Sorgen, daß Mitiuk [Dmitri, der damals acht war] beleidigt sein könnte. Aber kann man ihm denn Musik widmen, wenn er sagt, er mag sie nicht?«[117] 1911 allerdings hatte Dmitri seine Einstellung zur Musik offenkundig geändert – und außerdem hatte Rubinstein, als Freund von Dmitris Onkel Modest Tschaikowsky, ein ausgezeichnetes Entrée bei den Dawydows. Dazu kam, daß Werbowka, das Landgut der Dawydows, nicht weit von Tymoszowka war, dem Gut der Szymanowskis; die beiden Familien kannten einander gut. Karol Szymanowski hatte stets warmherzig von Natalja Michailowna Dawydowa gesprochen, und Rubinstein pflichtete ihm da völlig bei: Für ihn war sie einer jener »so seltenen Menschen, die man nie vergißt – ich war sofort von ihrer edlen und gescheiten Herzlichkeit gefangen genommen«.[118] Die Dawydows gehörten seit langem zu den ersten ukrainischen Adelsfamilien – auch wenn Dmitris Großvater wegen seiner Teilnahme am Dekabristenaufstand von 1825 mehrere Jahre nach Sibirien verbannt worden war. Dmitri konnte die Spitzen der Kiewer Gesellschaft dazu bewegen, Rubinsteins Konzerten beizuwohnen. (Einer der Besucher, die aus rein musikalischen Gründen kamen, war ein siebenjähriger Pianist namens Wladimir Horowitz, der in Kiew lebte.) Dann luden die Dawydows ihren neuen jungen Freund ein, einen Teil des kommenden Sommers bei ihnen auf Werbowka zu verbringen.

Über den Antisemitismus in Osteuropa ist viel geschrieben worden. Paul Johnson hat erklärt, warum die antijüdischen Gesetze der russischen Regierung das Problem noch verschärften: »Während es getauften und geschickten Juden gutging, wurden andere durch diese Gesetzgebung in Armut gestürzt oder kriminalisiert, so daß russische Nationalisten am Ende die Rasse ebenso beneideten wie verachteten und den Juden vorwarfen, sie seien gleichzeitig parfümiert und schmutzig, Profitmacher und Bettler, habgierig und Hungerleider, skrupellos und dumm, nutzlos und einfach zu ›nützlich‹… Rußland war damals das einzige Land in Europa, wo der Antisemitismus offizielle Regierungspolitik war.«[119] Der Antisemitismus grassierte gewiß in Osteuropa, nicht zuletzt auch in Polen, wo die Juden über zehn Prozent der Bevölkerung bildeten – in den großen Städten war dieser Prozentsatz noch viel höher. Und doch gab es, wie die Geschichte des jungen Rubinstein gezeigt hat, auch ein großes Maß an wechselseitiger Befruchtung zwischen den nichtjüdischen und jüdischen weltlichen Kulturen. Kultivierte Polen, und viele gehörten dem Adel an, kümmerten sich großzügig um die Förderung seines Talents und hielten ihn für einen richtigen Polen, der wert und würdig war, die polnische Musik in der Welt zu repräsentieren, ungeachtet seiner ethnischen Herkunft. Paderewski, die Skarzynskis, Jaroszynski, Mlynarski, die Szymanowskis, die Barylskis, Skrzynski, zwei Zweige der Familie Potocki, Rembielinski, Lubomirski und viele andere unterstützten ihn in moralischer wie materieller Hinsicht, was für ihn von größtmöglichem Nutzen war. Rubinstein errang auch die Sympathie von Fürst Dolgoruki und der Dawydows, hochangesehenen Angehörigen des russischen Adels – der traditionellerweise noch antisemitischer war als sein polnisches Gegenstück. (Natalja Dawydowa allerdings, deren Mädchenname Gudim- oder Hudim-Lewkowitschowna war, könnte jüdischer oder teilweise jüdischer Herkunft gewesen sein.)

Von diesen Leuten interessierten sich einige für Rubinstein nur deshalb, weil er ein besonderes Talent besaß. Ihre Aufgeschlossenheit hätte vielleicht nicht einem Arthur Rubinstein gegolten, der eine Bekleidungsfabrik in Lodz leitete oder Hühnchen in Pultusk rupfte – aber schließlich war eine derartige Einstellung auch unter den Juden üblich. Rubinstein hat eingestanden, als junger Mensch habe er in seinem Volk in den Ghettos einerseits nur »Massen von schüchternen kleinen Männern mit Bärten und Pejes [gesehen], die sich vor allem und jedem fürchten«, und sich gefragt, warum »sie ihre Gaben und ihre Intelligenz nicht zu Besserem als zum Kleiderhandel« nutzten. Auf der anderen Seite begreife er »sehr gut die Empörung der Nichtjuden«, wenn er »sehe, wie reiche Juden und ihre Frauen sich in der Öffentlichkeit aufführen, wie sie mit ihrem Geld protzen … und sich überall vordrängen«. Er wisse, daß es auch »eine sehr kultivierte Elite« gebe, aber sie sei »zu klein, sie gleicht den schlechten Eindruck nicht aus, den die vielen anderen machen«. Als er diese Ansichten gegenüber einem bekannten jüdischen Arzt in Warschau zum besten gab, hat ihn dieser gefragt: »[H]aben Sie je über die Ursachen der Erscheinungen nachgedacht, die Sie da so scharf verurteilen?« Dann lieh ihm dieser Dr. Goldflam Heinrich Graetz' vierbändige, epochale *Geschichte der Juden,* die zwischen 1853 und 1876 erschienen war. Als Rubinstein sie schließlich gelesen hatte, war er »fortan bewußt Jude und stolz darauf«, einer Gemeinschaft anzugehören, die ihre Identität trotz »Verbannung, Verfolgung, Inquisition, Folter, Mord, Verstoßung« bewahrt habe.[120] Er wurde zwar nie ein religiöser Mensch, behielt aber seinen ethnischen Stolz bis ans Ende seines Lebens.

Rubinstein verbrachte das Frühjahr 1911 zumindest teilweise in Warschau. Am 17. April spielte er die Ballade von Ludomir Rozycki – der ihn vierzehn Jahre zuvor an der Haustür seines Vaters gedemütigt hatte – mit den Warschauer Philharmonikern unter Fitelberg. Auf dem Programm stand auch die Erstaufführung von Szymanowskis Zweiter Symphonie. Neun Tage später spielte er Szymanowskis *Variationen über ein polnisches Volkslied,* op. 10, für Klavier, in einem gemischten Programm, auf dem auch zum ersten Mal Mlynarskis Symphonie in F-Dur *(Polonia)* stand. Einen Teil des Sommers hielt sich Rubinstein auf Werbowka, dem Gut der Dawydows, auf, wo er im selben Zimmer und Bett schlief, das Tschaikowsky während seiner sommerlichen Besuche benutzt hatte. Häufig besuchte er Szymanowski, der sich im nahegelegenen Tymoszowka befand. Rubinstein glaubte entdeckt zu haben, daß seine Gastgeberin und Szymanowski ein tiefes Gefühl verband; jedenfalls blieb Natalja Michailowna »unweigerlich im Zimmer«, wenn Rubinstein Szymanowskis soeben vollendete Zweite Sonate in A-Dur, op. 21 übte, für den Pianisten »ein sehr schwieriges, kompliziertes Werk, aber ein Meisterstück, voller Einfälle, von unwiderstehlicher Leidenschaftlichkeit«.[121] Er erinnerte sich, daß er von der Lektüre von Stefan Zeromskis Roman *Popioly (Die Asche)* fasziniert war, bezeichnete ihn aber fälschlicherweise als ein neues Werk – es war bereits 1904 erschienen – und irrte sich, als er erklärte, das Buch habe »später« teilweise Szymanowskis Zweite Symphonie inspiriert, die schon 1910 vollendet worden war.

Im Herbst gab Rubinstein Konzerte in Krakau, Lemberg und anderen galizischen Städten sowie in Rußland: in Moskau, Charkow, Rostow,

Saratow und – dank einer besonderen Einladung eines Kaviarhändlers, der ein Freund von Schaljapin war – sogar in Astrachan, das mit der Bahn etwa zweitausendfünfhundert Kilometer von Warschau entfernt war. Am 1. Dezember 1911 trat Rubinstein bei der Welturaufführung von Szymanowskis Zweiter Sonate in der Berliner Philharmonie auf. Das Werk stellte den zweiten Teil des Programms dar, während der erste Teil aus der Zweiten Symphonie des Komponisten bestand, mit den Berliner Philharmonikern unter Fitelberg. Das Konzert und die anschließende Tournee wurden von der reichen, verwitweten Mutter von Szymanowskis Freund Stefan Spiess gesponsert. Nach dem erfolgreichen Berliner Konzert kehrte Rubinstein nach Warschau zurück, um Brahms' Zweites Klavierkonzert unter Zdzislaw Birnbaum, dem neuen Dirigenten der Philharmoniker, zu spielen, den der Pianist Wiktor Labunski, Rubinsteins künftiger Schwager, als »vielseitig begabten Mann mit einem phänomenalen Gedächtnis« bezeichnete – »aber ohne ein besonderes Talent fürs Dirigieren«.[122]

Von Warschau aus fuhr Rubinstein nach Leipzig, zu einer Aufführung des Szymanowski-Programms am 15. Dezember. Die negative Darstellung dieser Veranstaltung in seinen Memoiren deckt sich nicht mit dem Bericht von Bronislaw Gromadzki, der sich im Publikum befand: »Die Alberthalle war vollbesetzt. Der ›Chef‹ des Musiklebens war Artur Nikisch [Dirigent des Leipziger Gewandhausorchesters], der, wie jedermann wußte, niemals die Konzerte besuchte, die er nicht dirigierte. Sein Erscheinen bei Szymanowskis Konzert weckte Erstaunen und Eifersucht. Fitelberg stand bereits vor dem Orchester, als Nikisch eine Loge neben dem Orchestergraben betrat. Ein Geysir oder Vulkan hätte kein größeres Erstaunen hervorrufen können. ›Nikisch! Nikisch! Nikisch-sch-sch-sch!‹ hörte man das verblüffte Publikum flüstern. Nikisch bat um Ruhe und applaudierte Fitelberg, und das Publikum schloß sich ihm an. Das Konzert begann. Nach der Ouvertüre kam es zu einer weiteren Überraschung. Nikisch stand auf und ging in die Loge, in der Szymanowski stumm und verlegen saß. Das Publikum raste. Nikisch hörte sich den Rest des Programms von Szymanowskis Loge aus an.«[123] Merkwürdigerweise hat Rubinstein, der Nikisch verehrte, diese einzige dokumentierte Gelegenheit nicht vermerkt, bei der ihn der berühmte Dirigent spielen hörte. Die Reaktionen der Leipziger Kritiker auf Szymanowskis Werke waren zwar gemischt, aber einstimmig lobten sie Rubinstein. »Herr Artur Rubinstein entfaltete an dem komplizierten Sonatenwerk eine reiche Kunst der Klangschattierungen und Virtuosität«, berichtete die *Neue Zeitschrift für Musik.* »Mit größter Bravour und glühendem Temperament spielte Arthur Rubinstein die gleichfalls nicht wenig orchestrale Zweite Klaviersonate des jungen Warschauer Tonmeisters«, meldeten die *Signale für die musikalische Welt.* Eugen Segnitz schrieb in der *Allgemeinen Musikzeitung:* »... des genannten Tonsetzers zweite Pianofortesonate (op. 21, A-dur) [ist] ein technisch sehr schwieriges und kompliziertes Werk, das Arthur Rubinstein ausgezeichnet und auch überaus temperamentvoll vermittelte... Das Publikum nahm beide Kompositionen beifällig auf und spendete besonders den ausführenden Künstlern manche Ehrungen.«[124]

Am 18. Januar 1912 wurde das gleiche Programm in Wien gegeben, wo Szymanowski kurz zuvor einen Vertrag bei der Universal Edition unterschrieben hatte, einem der bedeutendsten Verlage für neue Musik. Das Konzert fand im Großen Saal des Musikvereins statt, mit dem Konzertvereinsorchester unter Fitelberg, und der neunundzwanzigjährige Komponist erlebte einen wahren Triumph. Während Rubinsteins Aufenthalt in Wien gaben er und Stanislawa Szymanowska, die Sängerin unter den Schwestern des Komponisten, ein gemeinsames Konzert mit Karols Musik im Saal eines Privatclubs. Am 9. Februar spielte Rubinstein Brahms' Zweites Klavierkonzert mit dem Tonkünstlerorchester unter Fitelberg. Dem österreichischen Komponisten Joseph Marx zufolge spielte Rubinstein das Brahms-Konzert »mit wunderbarer Einbildungskraft« und mit »der gleichen schwer zu definierenden persönlichen Note«, die er in »die Zweite Sonate von Szymanowski und später in spanische Musik« einbrachte. Marx war viel mit seinen polnischen Kollegen zusammen – die »das Musikleben der Stadt genossen« – und berichtete, daß »im Hotel [Krantz] eine wahrhaft künstlerische Idylle herrschte. Man stand gegen Mittag auf, diskutierte im Morgenrock des langen und breiten über Kunst und Leben, rauchte große Mengen von

Zigaretten, trank Wermuth und brachte Rubinstein dazu, Strauss' *Salome* zu spielen, was er mit meisterlichem Können tat.« (Marx hat auch erklärt, Rubinstein »versuchte Richard Strauss dafür zu interessieren, Szymanowskis Zweite Symphonie zu dirigieren, und Szymanowski hoffte, daß es dazu kommen würde, aber Strauss hielt das Versprechen nicht, das er Rubinstein in Rom gegeben hatte, und sagte: ›Davon weiß ich nichts.‹«[125]) Max von Oberleithner, ein Wiener Kaufhausbesitzer und fähiger Amateurkomponist, lud Rubinstein zum Abendessen ein und bat ihn, für seine Gäste zu spielen. Das war ein übler Streich, den man einem Künstler da spielte, aber Rubinstein war gern damit einverstanden, weil, wie er sagte, viele der anderen Gäste bekannte Musiker gewesen seien. Anschließend bat er Oberleithner, ihm eintausend Kronen zu leihen. Oberleithner lieh ihm achthundert und ließ ihn ein Schreiben unterzeichnen (vom 28. April 1912), indem Rubinstein versprach, das Geld bis zum 15. Januar 1913 zurückzuzahlen. Dieses Versprechen hielt er nicht ein. Siebenundfünfzig Jahre später ließ eine Wienerin, Frau Renee von Bronneck-Uhlenhut, Oberleithners einzige lebende Erbin, durch einen Anwalt Rubinstein verklagen (offenbar erfolglos), ihr 3000 Dollar zu zahlen – was nach der Kaufkraft des Jahres 1969 etwa achthundert österreichischen Kronen vor 1914 entsprach.

Rubinstein genoß in Wien ein wildes Gesellschaftsleben – so wild, daß Szymanowski und Fitelberg fast um den Verstand gebracht wurden. Der Komponist schrieb an Spiess: »Du kennst ja unsere Lebensweise, zum Beispiel in Berlin. Nun, hier sind wir von etwa viermal mehr Menschen, mehr Lärm und allgemeinem Tohuwabohu umgeben ... Wir sind erschöpft und sogar gelangweilt von dieser Lebensweise ... Ich sehne mich allmählich mehr und mehr nach wirklicher Arbeit. Aber andererseits erkennen und fühlen wir beide, Ficio [Fitelberg] und ich, die positiven Folgen dessen, was wir hier tun, so daß man weiterhin geduldig herumziehen muß. Die Konzerte in Wien und sogar in Leipzig waren ein großer Erfolg ... Ficio und ich sind so selten allein, daß wir uns mehr mit einer Art von Zeichensprache als mit Worten verständigen. Unser einziges wirkliches ›Zuhause‹ ist das Haus der Godowskys!!, die uns mit heftiger Zuneigung überschütten.«[126]

Leopold Godowsky zählte zu den Menschen, die die Szymanowski-Konzerte in Wien hörten und sowohl die Musik wie die Künstler mochten. Mit zweiundvierzig Jahren gehörte Godowsky – ein in Wilna geborener Jude – zu den berühmtesten Klaviervirtuosen der Welt. Einen Teil des Jahres verbrachte er damit, fortgeschrittene Studenten an der Wiener Akademie der Tonkunst zu unterrichten. Er, seine amerikanische Frau und ihre vier halbwüchsigen Kinder sorgten rasch dafür, daß Szymanowski, Fitelberg und Rubinstein sich wie zu Hause fühlten. Rubinstein empfand es zwar als Ehre, von Godowsky eingeladen zu werden, die Vorbereitungsklasse an der Akademie zu übernehmen, aber er wollte sich seine Freiheit bewahren, wie er sagte. Er und Szymanowski fühlten sich sehr zu Dagmar hingezogen, Godowskys vierzehnjähriger Tochter, die – so Rubinstein – »einer persischen Miniatur« glich: »Schwere schwarze Zöpfe, mandelförmige Augen, eine hübsche Nase und volle rote Lippen ließen sie älter erscheinen, als sie war…; sie betrug sich recht kokett gegen uns…« Die frühreife Sirene ließ ihre Gäste glauben, sie sei bereits mehr als flüchtig befreundet mit Josef Hofmann, der über zwanzig Jahre älter war als sie, und mit dem Komponisten Franz Lehár, der sechs Jahre älter als Hofmann war. »Eine kleine Hexe, diese Dagmar!« erinnerte sich Rubinstein.[127] Szymanowski schrieb an Spiess: »Die Hauptschwierigkeit besteht darin, daß ich von der jungen Tochter [der Godowskis] eingenommen bin, die ich einfach anbete, und ich weiß nicht warum, aber ich fürchte, ich werde noch einige Unannehmlichkeiten mit dieser reizenden Familie haben.«[128] Dagmar hingegen war von Rubinstein eingenommen. Viele Jahre später hat sie in ihren scheinbar offenherzigen, tatsächlich aber äußerst selbstzensierten Memoiren geschrieben:

»Artur war alles, wovon ich je geträumt und was ich je gewollt hatte… Ich wußte nicht, womit ich ihn mehr anziehen konnte – als Nonne oder als Haremstänzerin… Ich stellte mich mir in beiden Rollen vor, aber Artur hat sich von mir überhaupt kein Bild gemacht. Er sah mich so, wie ich war: als kleines Mädchen mit Zöpfen und einer großen Schleife am Rükken, die immer Falten bekam, wenn ich mich setzte.

Meine grenzenlose Liebe zu Artur läßt sich unmöglich beschreiben. Ich habe ihn wie einen Gott angebetet. Ich habe ihn so sehr geliebt, daß ich sogar seine Geliebten liebte. Wenn sie seiner Liebe wert waren, dann folgte daraus, daß sie Göttinnen sein mußten. Ich hatte mehr Göttinnen als Mr. Bulfinch. Arturs Kopf war grotesk, seine Hände waren herrlich, und ich habe immer gedacht, daß seine Füße Hufe wären. Er sah einfach wie Pan aus. Er war meine Qual und mein Traum.

Wenn er auf unserem Bechstein spielte, verließ ich mein Bett und versteckte mich auf den Stufen im Treppenhaus und weinte. Während er beim Essen mit den Eltern saß, ging ich zu seinem Mantel in der Diele und drückte meine Wange dagegen. Nach dem Essen lag ich auf der Lauer, und bevor die Bediensteten den Tisch abräumen konnten, lief ich zu seinem Platz und nahm seinen Löffel als Souvenir mit auf mein Zimmer. Ich legte ihn unter mein Kopfkissen. Mein Tagebuch war übersät mit Flecken von Tränen und Makronen. Hat Artur denn nicht gewußt, daß ich für ihn sterben würde? Er hätte mich nur darum bitten müssen. Irgendwie wäre dies die drastischste Art und Weise gewesen, mein Liebe zu zeigen: ihm mein Leben zu opfern... Ich spielte die Szene täglich, wie andere Kinder Himmel-und-Hölle spielten... Ich hauchte mein Leben in hundert verschiedenen Szenen aus; und irgendwo auf der Bühne meiner Phantasie spielte Artur genial Chopins Trauermarsch voller wilder Selbstvorwürfe, während er meinen weiß gekleideten, zerschmetterten kleinen Leib betrachtete...

Die Aufmerksamkeiten anderer Männer waren mir unangenehm und ließen sie in meinen Augen dumm erscheinen... Vor diesen Bewunderern war ich eine strahlende junge Dame – vor Artur war ich ein befangenes kleines Mädchen, das keinen Ton herausbrachte. Er wußte nicht einmal, daß es mich gab!

Gewiß, Artur ist mit mir – an Sonntagen – spazierengegangen. Ach, Wien!... Was für ein Glück, durch diese Traumstadt einfach mit Artur zu laufen!

Er nahm mich ins [Kunsthistorische] Museum mit, wo er meinen Sinn für Malerei bildete. Er lehrte mich, Velasquez zu lieben, was leicht war, und Murillo für süßlich zu halten, was schwer war. Ich habe Holbein so geliebt, daß ich nie davon gesprochen habe. Ich hatte Angst, Artur, der soviel Einfluß auf mich hatte, könnte ihn mir schlechtmachen. Sein Wort war Gesetz.

Sein bester Freund, der Komponist Karol Szymonowski [sic], war so schön wie Byron. Er hinkte auch, freilich nur ganz leicht. Karol wollte mich heiraten und war bereit, eine lange Verlobungszeit auszuharren. Eines Tages kam er zu uns, mit weißen Handschuhen und einem Seidenhut, und bat Pa um meine Hand. Mehr bekam er nicht... Ich mochte lieber einen Mann, den ich nicht haben konnte.«[129]

Schließlich warf Szymanowski Rubinstein vor, er würde mit Dagmar flirten. Kochend vor Wut beschloß Rubinstein, ernsthaft mit ihr zu flirten, wie er sagte. »Von diesem Augenblick an sprachen Karol und ich ein ganzes Jahr kein Wort miteinander, danach führte Dagmar selber die Versöhnung herbei.«[130] Dagmar hat erklärt, sogar Jahre später noch, als sie verheiratet gewesen und wieder geschieden war, habe Rubinstein »mich noch immer wie ein Kind behandelt«[131]. Aber Rubinsteins Frau meinte: »Arthur muß mit Dagmar Godowsky geschlafen haben, als sie fünfzehn gewesen war.« Später war Dagmar, laut Nela Rubinstein, »eine widerliche Person. Sie war groß. Sie sah wie eine Puffmutter aus.« Dagmar habe zwar eine »großartige Vitalität« besessen, hat Frau Rubinstein erklärt, aber »sie hat Arthur um Geld gebeten, und er hat es ihr gegeben«.[132]

W
ährend seines Wiener Aufenthalts hörte Rubinstein den bereits berühmten Pablo Casals, als er sein dortiges Debüt mit einem Cellokonzert von Emanuel Moór gab. Das jedenfalls behauptete Rubinstein. Wieder einmal stimmen die Fakten nicht mit Rubinsteins Story überein: Casals hatte sein Wiener Debüt bereits 1910 gegeben. Als der Cellist Anfang 1912 wieder in die Stadt kam, hat er auch nicht das Moór-Konzert gespielt. Vielleicht war Rubinstein bei beiden Auftritten zugegen gewesen und hat sie in seiner Erinnerung miteinander verknüpft. Die beiden Musiker hatten sich ein paar Jahre zuvor in Paris kennenge-

lernt. Beide hatten sich über die Liebe des andern zu Brahms gefreut: Rubinstein, der zehn Jahre jünger als Casals war, hatte den Cellisten damit beeindruckt, daß er sich sogleich an einen Flügel setzte und das Erste Klavierkonzert von Brahms fast ganz spielte, das Casals – so Rubinstein – noch nie gehört hatte. Nun, in Wien, machte der Cellist den Pianisten mit seinem britischen Manager Montague Vert Chester von der alteingesessenen N. Vert Concert Agency bekannt. Chester schlug vor, Rubinstein möge sein offizielles Londoner Debüt unter der Vert-Ägide geben. Fürst Lubomirski, der ebenfalls in Wien war, erklärte sich bereit, finanziell dafür zu bürgen. Laut Rubinstein regte Casals an, daß dem Solodebüt des Pianisten ein gemeinsames Konzert vorausgehen solle: Der Cellist war bereits in England beliebt, und die Veranstaltung würde Rubinsteins Namen dem Publikum auf eine besondere Weise nahebringen. In Wirklichkeit jedoch haben die ersten beiden Solokonzerte von Rubinstein vor dem gemeinsamen Auftritt mit Casals stattgefunden.

Rubinstein schrieb an Lily und überredete sie, mit ihm nach London zu fahren, wo sie sich eine möblierte Wohnung am Hanover Square nahmen. Am 1. Mai 1912 gab Rubinstein in der 550 Plätze umfassenden Bechstein Hall (später Wigmore Hall) sein offizielles Englanddebüt. Der anonyme Kritiker der *Times* mochte Rubinsteins »lebhafte und poetische Darbietung« von Schumanns *Carnaval,* hatte allerdings ein paar Vorbehalte: »Der Valse noble war eine Spur zu schwer und bedächtig, und die Papillons waren zu rasch, so daß man die Figuren nicht hören konnte; andererseits gab es kaum etwas, was man sich anders gewünscht hätte. Der Spieler verfügt über einen abwechslungsreichen und gut kontrollierten Ton, der von einem ganz zarten *Piano* bis zu einem vollen und sonoren (zuweilen fast zu lauten) *Fortissimo* reicht. In schnellen Passagen war gestern sein Anschlag äußerst klar und strahlend, und ganz allgemein gesagt ist seine Technik ausreichend komplett, so daß er mühelos alle Schwierigkeiten zu bewältigen vermag. An den Etüden von Liszt in seinem Programm hätte er dies freilich ausreichend bestätigen können, ohne auch noch eine lange und schwülstige Sonate in A-Dur von Karol Szymanowski geben zu müssen, an der fast das einzig Interessante die Art und Weise war, wie sie es Mr. Rubinstein ermöglichte, sein bravouröses Spiel vorzuführen.«[133]

Rubinsteins zweites Konzert fand am 6. Mai statt. Er und Casals gaben ihr gemeinsames Konzert am 16. Mai in der 2300 Plätze umfassenden Queen's Hall. »Señor Casals eröffnete sein Programm mit Brahms' Sonate in e-Moll für Violoncello und Klavier, wobei Mr. Arthur Rubinstein den Klavierpart spielte«, berichtete die *Times*. »Die Phrasierung beider Spieler im Allegretto war über jedes Lob erhaben. Außer im Trio dieses Satzes, wo es in der Auffassung des anzuschlagenden Tempos eine geringfügige Differenz gab, waren die beiden Spieler die ganze Zeit bestens aufeinander eingestimmt.« Casals wurde von Coenraad van Bos in ein paar virtuosen Stücken begleitet. Dann »schloß das Konzert mit einer überragenden Darbietung von Griegs ein wenig manierierter Sonate in a-Moll für Violoncello und Klavier, bei der Señor Casals noch einmal zusammen mit Mr. Rubinstein auftrat.«[134] Rubinstein hat sich später daran erinnert, wie dankbar er Casals gewesen war, daß er ihn während des gesamten Konzerts als Partner und nicht als Begleiter behandelt hatte. Der Pianist bezeichnete zwar die Phrasierung des Cellisten in der Brahms-Sonate als »zu süßlich«, gestand aber: »Ich war stolz darauf, mit diesem großen Meister zu spielen... man bejubelte uns, und wir mußten den letzten Satz [der Grieg-Sonate] wiederholen.«[135] Kurz darauf gerieten Rubinstein und Casals wegen einer unbedeutenden Geldsumme in Streit miteinander. Wer in dieser kleinlichen Angelegenheit nun recht oder unrecht hatte, läßt sich heute unmöglich ermitteln, aber der Vorfall kühlte ihre Beziehung für die Dauer ihres langen Lebens ab.

Rubinstein hatte für seine Solokonzerte und seinen Auftritt mit Casals so viel Lob geerntet, daß für ihn zwei zusätzliche Solokonzerte am 24. Mai und am 4. Juni in der Bechstein Hall angesetzt wurden. Außerdem gelang es Jacques Thibaud, der bei Rubinsteins erstem Solokonzert zugegen gewesen war, ihn dazu zu bewegen, mit ihm in zwei der drei Konzerte aufzutreten, die der Geiger in den folgenden Wochen in der Bechstein Hall geben sollte. Das erste fand am 23. Mai statt; sie spielten Guillaume Lekeus Sonate. Der Kritiker der *Times* berichtete:

»Dies war eine sehr geglückte Kombination, denn beide Spieler fingen genau den intimen und doch rhapsodischen Charakter der Musik ein, und während beide der Musik die größte Freiheit vermittelten, ließen sie es nicht zu, daß das Tempo … mit ihnen durchging.«[136] Ausführlicher war Rubinstein an Thibauds letztem Konzert am 5. Juni beteiligt: »M. Thibaud genoß die Zusammenarbeit mit Mr. Rubinstein, und so wurden sehr schöne Darbietungen von Beethovens Sonate in F-Dur, op. 24 *[Frühlingssonate]* sowie von Francks einziger Sonate für Violine und Klavier gegeben«, so die *Times*. »Die beiden Spieler waren glänzend aufeinander abgestimmt; sie verstanden die Musik und einander so gut, daß man kaum in Versuchung geriet, zwischen beiden größere Unterschiede zu machen, als anzudeuten, daß die leidenschaftlich intellektuelle Phrasierung des Pianisten der Beethoven-Sonate besonderen Rang verlieh und daß die emotionale Wärme und Inbrunst von M. Thibauds Stil die Interpretation von Francks Werk beherrschte… Beethovens Romanze in F-Dur trug zusätzlich zur Freude an diesem Konzert bei…«[137]

Damit war der Erfolg von Rubinsteins Londoner Saison besiegelt, die ihren großartigsten Augenblick am Abend zuvor erlebt hatte, beim zweiten seiner beiden Sonderkonzerte in der Bechstein Hall: Seine Darbietung von Schumanns *Sinfonischen Etüden* war, dem Kritiker der *Times* zufolge, technisch brillant und musikalisch originell, aber Skrjabins Sonate, op. 53, die man in London zum ersten Mal hörte, »verblüffte das Publikum so sehr, daß auf das abrupte Ende absolutes Schweigen folgte, nicht aus bösem Willen, sondern weil alles annahm, dies könne noch nicht das Ende sein. Unter anderem enthielt dieses so vielfältige Programm einige bezaubernde und zarte Stücke von Karol Szymanowski, die mit vollkommenem Geschmack und Schliff gespielt wurden.«[138]

Aus den drei Londoner Konzerten, die Rubinstein ursprünglich während seines fünfwöchigen Aufenthalts hatte geben wollen, waren sieben geworden. Doch mußte er zu seinem Bedauern feststellen, daß er daran nichts verdient hatte. Fürst Lubomirski mußte die Verluste ausgleichen, erzählte Rubinstein und deutete an, daß Chester Lubomirski und ihn betrogen hätte. Aber dieser Besuch in London war wichtig für ihn: Er

war der Start seiner Karriere in England und der Beginn einer Freundschaft mit zwei ganz unterschiedlichen Ehepaaren: den älteren Bergheims und den jungen Drapers. John Bergheim, ein wohlhabender, in
Jerusalem geborener jüdischer Geschäftsmann, und Clara, seine pro-
testantische englische Frau, hatten von Rubinstein durch einen gemeinsamen Wiener Bekannten gehört. Sie gingen in seine Konzerte, luden
ihn in ihr Haus ein und trugen dazu bei, ihn finanziell über Wasser zu
halten, indem sie ihn engagierten, auf ihren Dinnerpartys zu spielen.
John Bergheim hätte gern das Management von Rubinsteins Kariere in
England selbst in die Hand genommen, aber er kam ein paar Monate
später bei einem Autounfall ums Leben. Mehrere Jahre lang indes war
Rubinstein oft Mrs. Bergheims Hausgast, wenn er London besuchte –
und seine Aufenthalte waren oft ausgedehnt.

Rubinstein meinte zwar, er könne Lily den älteren und konventionell
denkenden Bergheims nicht vorstellen, aber er brachte sie zu Paul und
Muriel Draper mit, jungen Erben aus New England mit einem mäßig
bohemienhaften Lebensstil und einem beträchtlichen Vermögen. Paul,
ein ehrgeiziger Sänger, talentiert und der Musik hingegeben, hatte in
Florenz studiert, war aber im Herbst 1911 nach London übergesiedelt,
um sich aus einem Liebesverhältnis zu lösen und bei dem begabten
Tenor und Lehrer Raimund Zur Mühlen zu studieren. Seinem Weiter-
kommen stand freilich stets sein Alkoholismus im Weg. Muriel, geborene Sanders, war eine intelligente und freimütige Frau, die sich etwas
darauf zugute hielt, eine scharfe Beobachterin zu sein. Einer ihrer
Freundinnen zufolge

»war Paul stets ein ›Gentleman‹, ganz gleich, wie betrunken er war; als er
eines Nachts splitternackt den Gang entlangrannte, die Arme hoch erhoben, [das Haar] vom Kopf abstehend, sah er wie eine schwache Zeichnung von Blake aus, aber zugleich zweifelsohne wie ein Gentleman.
Aber Muriel war nicht nur eine Dame im idyllischen, altmodischen
Sinne des Wortes, also mit langen, schlanken Armen und Beinen, voller
Schwung und einer Zufriedenheit ausstrahlenden Haltung, die nur Damen jemals besitzen werden; sie hatte ... zudem noch etwas unendlich

Elegantes und Königliches an sich, so daß sie sich alle sprachlichen Eigenheiten oder Gesten erlauben durfte, die ihr in den Sinn kamen – ganz gleich, was sie sagte oder tat, konnte sie doch nie die Grenzen ihrer elfenbeinzarten Damenhaftigkeit verlassen.«[139]

In ihrer Florentiner Zeit hatten die Drapers kaum Geld, aber in London wurden sie plötzlich »reich und schick«, so dieselbe Freundin, und zwar wegen Pauls »fast unheimlichem Glück« bei Pferdewetten. »Und schon bald – wirklich ziemlich bald – hatten sie anscheinend mehrere Hunderttausend, ein großes Haus, und Muriel saß immer in einer Loge in der Oper, ganz in elfenbeinfarbenem Satin, über ihrem kleinen, blassen Gesicht ein Paar pechschwarzer Rabenflügel.«[140] Die beiden waren entschlossen, das Haus, das sie in der Holland Street in Kensington gemietet hatten, in einen musikalischen Salon für die besten Talente umzuwandeln, die in London wohnten oder es besuchten, und wandten sich an Montague Chester um Hilfe. Muriel berichtete, Chester »ermahnte uns, nicht das Debüt eines jungen polnischen Pianisten, Arthur Rubinstein, zu verpassen, der damals praktisch unbekannt war«.[141] Rubinstein erinnerte sich, die Drapers nach der Serie seiner Solokonzerte kennengelernt zu haben. Aber nach Muriels Erinnerung hat sich das ganz anders abgespielt: Eines Abends, erzählte sie, habe Chester den jungen Pianisten zum Dinner mitgebracht.

»Als Rubinstein das Zimmer betrat, wurde es plötzlich kleiner. Er hatte einen jungen, kurzen Körper und breite Schultern, von denen aus lange Arme in den kraftvollsten sensiblen Händen endeten, die ich je gesehen habe. Über diesen Schultern sprang ein altersloses, grotesk häßliches Gesicht aus einem wunderschönen Kopf hervor. Dieser Kopf war gekrönt von einem wirr gewellten graubraun-blonden [sic] Wuschelhaar, das von einer hohen konzentrierten Stirn aggressiv abstand. Die vor lauter Intensität hellen Augen schienen eher Hieroglyphen der Intelligenz zu sein als Augen in einem Gesicht, wozu auch eine triste semitische Nase beitrug, die mit gezügelter polnischer Feinheit geschnitten war. Blasse, feste volle Lippen lächelten mit nervöser Traurigkeit über seltsamen Zähnen, und nur das Kinn durfte sich ein wenig von dem vorwärtsstürmenden Tempo seiner Vitalität ausruhen. Es gönnte sich eine winzige Pause in dem atemlosen Rennen, alles in sich aufzunehmen. Im nächsten Augenblick merkte man, daß seine Rückwärtsbewegung mit einer Wildheit gebändigt war, die einen Napoleon hätte besiegen können ...

Es war schwierig, sich mit diesem Dynamo zu unterhalten – Worte gingen in diesem Wirbel unter. Wir aßen einfach, zu viert. Danach gingen wir in den großen hohen Salon, und dann begann diese Nervosität in uns allen, jedenfalls in dreien von uns, ob dieser Pianist ungefragt spielen werde oder nicht, oder ob er überhaupt spielen würde, wenn man ihn fragte. Sogar Chester begann mit mir über Politik zu reden, und das war sehr anstrengend. Schließlich wandte ich mich verzweifelt an Rubinstein und sagte: ›Wenn Sie so spielen, wie Sie *sind,* dann fangen Sie bitte an.‹

Also erhob er sich mit wunderbarer polnischer Höflichkeit, verbeugte sich, dankte mir und ging zum Flügel. Er nahm Platz und stürzte sich sofort in die *Hammerklavier-Sonate* von Beethoven ... so wie sie gespielt werden sollte und wie sie erdacht worden sein mußte. Durch seine Finger wurde daraus ein Werk von monumentaler Großartigkeit. So war der junge polnische Pianist im Jahre 1911 [sic].«[142]

In dieser veröffentlichten Schilderung ihrer ersten Begegnung mit Rubinstein ließ Muriel Draper Lily weg, vielleicht aus Diskretion – die sie allerdings nicht immer in ihrem Buch an den Tag legte – oder vielleicht im nachhinein aus Eifersucht. Ihre gehässige und übertriebene Formulierung, Rubinsteins Gesicht sei »grotesk häßlich« gewesen – die noch schlimmer war als Dagmar Godowskys Hinweis auf seinen »grotesken Kopf« –, kann ihm ganz und gar nicht gefallen haben (Rubinstein war einundvierzig, als ihr Buch *Music at Midnight* bei Harper & Brothers in New York und London erschien). Dies erklärt vielleicht, warum sich Rubinstein in seinen viel später erschienenen Memoiren die Mühe machte, sie auf eine – wie er meinte – nicht gerade schmeichelhafte Weise zu beschreiben: »ein schmaler, langer Schädel, das Haar immer von einem Netz gehalten« – einem Netz aus Seidenstrümpfen, so eine andere Freundin –, »hoch angesetzte Wangenknochen, eine kurze, etwas platte Nase und ein übertrieben breiter Mund mit dicken, sehr roten Lippen gaben ihr das Aussehen einer weißen Negerin.«[143] Aber diese Beschreibung kann er auch aus dem über fünfunddreißig Jahre früher erschienenen Buch der erwähnten Freundin, Mabel Dodge Luhan, übernommen haben: Muriels »blondes, negroides Profil mit der platt gedrückten, langen Nase ging in den Umriß des vorstehenden Kieferknochens mit den dicken, vorstehenden, intelligenten, scharlachrot bemalten Lippen über«, heißt es bei Luhan.[144] Doch zog Rubinstein irgend etwas zu den Drapers hin – eine Zeitlang wußte er einfach nicht, was dieses Etwas war, aber er und Lily haben oft die Holland Street aufgesucht. Als Lily nach Polen zurückkehrte, frequentierte er das Haus weiterhin allein oder in Gesellschaft anderer Musiker. Casals, Thibaud und der Pianist Harold Bauer folgten Rubinsteins Beispiel und kamen in den »großen Salon mit dem Oberlicht«, wie Muriel dies ausdrückte, mit »einem Steinway-Flügel, allen Sofas, die wir aus dem ganzen Haus hineinstellen konnten, [und] Büchern mit geschriebenen Worten und geschriebenen Klängen«.[145] Sie spielten Solowerke oder Kammermusik für die Drapers und alle möglichen Gäste, die meist einen unersättlichen Appetit auf Musik hatten. »Alle anderen Künste haben mehr oder weniger festgelegte Grenzen... Die Musik zwingt einen zu erkennen, daß es jenseits davon mehr gibt, zu dem wir den Schlüssel verloren haben«, schrieb Muriel, als sie versuchte, sich ihren eigenen Appetit zu erklären.[146] Aber sie erwähnte weder den Appetit ihres Mannes nach starken Getränken noch die Tatsache, daß sie sich den fünfundzwanzigjährigen Pianisten in dieser Angelegenheit als Vertrauten auserkoren hatte.

Nach der Londoner Saison verbrachte Rubinstein den Sommer 1912 großenteils als Gast der Dawydows in der Ukraine. In diesem Jahr habe er die Szymanowskis in Tymoszowka nicht besucht, sagte er, weil er und Karol sich nach ihrem Bruch wegen Dagmar Godowsky noch nicht wieder ausgesöhnt hätten. Aber diese Behauptung wird durch die 1947 entstandenen Memoiren eines prominenten polnischen Schriftstellers in Frage gestellt. Jaroslaw Iwaszkiewicz, ein ferner Verwandter der Szymanowskis, verbrachte den Sommer 1912 teilweise bei ihnen und erinnerte sich: Rubinstein war »häufiger Gast in Tymoszówka, und ich hatte das Glück, sein Spiel zu hören. Damals war er noch nicht der Interpret der Spanier, er spielte Chopin und Beethoven, aber auch die Musik seines Freundes Karol; später hat er dessen Musik fast völlig vernachlässigt.«[147] (Genauer gesagt: Seit den vierziger Jahren hat Rubinstein nur noch ein paar von Szymanowskis Kompositionen gespielt, dies aber recht häufig.) Der Komponist arbeitete an seiner Oper *Hagith* und lud Rubinstein ein, sich die bereits fertigen Teile anzuhören. Iwaszkiewicz »ergriff … die Gelegenheit und bat Karol, zuhören zu dürfen. Leise wie eine Maus setzte ich mich in der Ecke des Salons aufs Sofa, ohne durch das mindeste Geräusch zu stören. Auf diese Weise hörte ich alles, was Karol seinem Freund Rubinstein vorspielte… Wie groß war aber meine Verwunderung, als auch Rubinstein nach dem Anhören der Musik, was wohl eine Stunde gedauert hatte, zu Karol sagte: ›Weißt du, mein Lieber, ich verstehe nichts davon!‹… Karol begann dann, Rubinstein einzelne Themen zu erläutern und den Inhalt der Oper zu erzählen. So erfuhr ich, daß die Partie des jungen Königs einem Sopran zugedacht war, so daß das Duett mit Hagith, der Höhepunkt der Oper, ein Duett zweier Soprane sein würde. Rubinstein brachte Karol von dieser Absicht ab, und das mit einem heute ziemlich amüsanten Argument: ›Mein Teurer, das wird wie im *Rosenkavalier!* Dieses *travesti* ist unerträglich, ich hörte das Stück unlängst in Dresden [wo die Oper im Jahr zuvor uraufgeführt worden war]. Das Finale ist so langweilig, daß man es nicht aushalten kann.«[148] Iwaszkiewicz erinnerte sich auch daran, daß Rubinstein bei einem Treffen in Tymoszowka in jenem Sommer Szymanowskis Bruder Feliks bei einer Aufführung – in Frauenkleidung – vom »Tanz der sieben Schleier« aus *Salome* begleiten sollte, daß aber das Auto, das den Pianisten von Werbowka nach Tymoszowka brachte, während eines Unwetters in einer Schlammpfütze steckenblieb. Karol mußte die Klavierbegleitung übernehmen.

Zu Beginn der Konzertsaison 1912/13 bekam Rubinstein einen neuen Manager. Warum er sich von seinem bisherigen Manager Dropiowski trennte, ist nicht bekannt. Rudolf Ignaz Eisenbach – Ignaz Friedmans Vetter, der Sekretär des Geschäftsführers des Krakauer Konzertsaals und ein echter Bewunderer von Rubinsteins Spiel – schlug Rubinstein vor, seine Tourneen ordentlich zu arrangieren, sich um seine Publicity zu kümmern, höhere Gagen auszuhandeln und in Städten, in denen Rubinstein bereits bekannt war, Konzerte ohne die Mithilfe örtlicher Manager zu organisieren, die stets große Anteile der Einnahmen für sich behielten. Für diese Dienste verlangte Eisenbach zehn Prozent von Rubinsteins Nettoeinkünften. Eisenbach war bereit, für seine eigenen Reisekosten selbst aufzukommen, »bis Sie mir solche Auslagen ohne Schwierigkeiten zurückerstatten können«.[149] Mit anderen Worten: Eisenbach wollte als moderner Konzertmanager fungieren und sich darüber hinaus um Rubinstein auf dessen Tourneen kümmern. Nachdem Rubinstein sich an Eisenbachs Chef gewandt hatte, der nur Gutes über seinen Mitarbeiter berichtete und ihn mit Bedauern ziehen ließ, schlossen Rubinstein und Eisenbach einen Dreijahresvertrag, der beide Seiten zufriedenstellte. Der neue Manager erwies sich als geschickt und effizient – Rubinstein erinnerte sich: »Er druckte und verschickte einen ansprechenden Prospekt, der nicht nur mein Bild enthielt, sondern auch Auszüge aus Kritiken.«[150]

Ein noch heute existierender Brief des Managers an Astruc (wegen eines voraussichtlichen Rubinstein-Konzerts in Paris im Jahre 1913 – das nie stattfand) trägt den gedruckten Briefkopf:

RODOLPHE IGN. EISENBACH
SECRÉTAIRE
ET REPRÉSENTANT UNIQUE
d'ARTHUR RUBINSTEIN
PIANISTE[151]

Rubinsteins Engagements im Herbst 1912 führten ihn nach Lodz und in den russischen Teil Polens, nach Krakau und in andere galizische Städte sowie nach Kiew, St. Petersburg und kleinere Städte in der Ukraine und in Rußland. Um Weihnachten verbrachte Rubinstein mehrere Wochen in Warschau, fuhr dann über Wien nach Rom, wo das Konzert im Augusteum »gut besucht [war], ich hatte auch viel Beifall, doch mein jämmerliches Honorar deckte kaum die Reisekosten«[152]. Nach den Aufzeichnungen der Accademia di Santa Cecilia jedoch hat Rubinstein zwischen seinem Debüt im Jahre 1911 und 1924 weder im Augusteum noch im Konzertsaal der Accademia gespielt. Rubinstein sagte, er habe ein paar Tage in Venedig verbracht, bevor er wieder nach Wien gefahren sei, um zwei erfolgreiche Konzerte im Musikvereinssaal zu geben. Godowski lobte zwar seine Interpretation der *Hammerklavier-Sonate,* drängte ihn aber, härter zu üben. Die vor kurzem verwitwete Clara Bergheim war ebenfalls in Wien und stellte Rubinstein, zusammen mit ihrer Nichte Madge und deren Mann, Fred McGarvey, Geld zur Verfügung, womit »meine Konzerte in London, Wien, Berlin und an anderen bedeutenden Plätzen finanziert werden« sollten.[153] Szymanowski hielt sich gleichfalls gerade in Wien auf, ebenso wie der polnische Musikwissenschaftler Zdzislaw Jachimecki, der am 12. März 1913 an seine Frau schrieb:

»Gestern, gegen sieben... bin ich zu Karol gefahren. Arthur Rubinstein und Frau Radwan waren zugegen. Karol spielte *Hagith* ... Ich aß allein mit Rubinstein und Frau Radwan zu Abend, in der Kaiserbar trafen wir dann Karol und Ficio [Fitelberg]...

[13. März:] Gestern nachmittag ... spielten wir ein wenig Roulette. Arturek gesellte sich auch dazu und spielte mit. Mit meinem System habe ich drei Kronen gewonnen und sie dann, gegen mein System, wieder verloren. Dann kamen ein Librettist [von Opern], Karol Feliks [Felix] Dörmann, und der romantische Dr. Effenberger dazu, der früher einen Bart wie Christus trug, aber nun – da er aus der Kaiserlichen Bibliothek geworfen wurde, weil er die Frau von irgend jemand verführt hat – rasiert und todtraurig ist. [Hans Effenberger, alias Sliwinski, war ein Musikkritiker und ein Freund von Rubinstein, Szymanowski und Fitelberg. Als Rubinstein ihn kennenlernte, versuchte er sich dadurch über Wasser zu halten, daß er heimlich einen internationalen Katalog der pornographischen Literatur erarbeitete.] ... Am Abend aßen wir alle miteinander bei Dreher. Arturek verschwand, sehr zum Leidwesen von Frau Radwan. Für diese Menschen wären selbst 30 000 Kronen im Monat nicht genug.

Heutzutage muß Rubinstein mindestens 100 Kronen pro Tag für seine eigenen Ausgaben und die von Herrn und Frau Radwan und von Eisenbach aufwenden. Sie sind immer unzufrieden und sehnen sich bescheiden nach Millionen, ohne sie können sie nicht die Kraft zur Arbeit oder den Mut zum Leben finden. Ich habe ihnen empfohlen, sich ein Beispiel an der bescheidenen Art und Weise zu nehmen, in der ich mein eigenes Leben eingerichtet habe.«[154]

Es überrascht kaum, daß Rubinstein, der es haßte, sich solche Vorträge anhören zu müssen, aus dem Restaurant verschwand. Ein Rätsel ist nur, warum Herr Radwan, Lilys Ehemann, mit seiner Frau und deren Liebhaber auf Reisen ging. Jachimeckis Brief sagt darüber leider nichts aus. Rubinstein fuhr weiter nach Berlin, zu einem Konzert an der Singakademie. Der Höhepunkt seines dortigen Aufenthaltes, sagte er, sei ein Nachmittag gewesen, an dem er mit Emma Brandes Engelmann, in deren Haus er wohnte, Bearbeitungen von Beethoven- und Schubert-Quartetten für das Klavier zu vier Händen gespielt habe. Dies war die letzte Begegnung mit den Engelmanns, die er in seinen Memoiren erwähnt hat. Anschließend gab Rubinstein weitere Konzerte in Galizien, fuhr wieder nach Wien – im April hörte man ihn bei einem Konzert von Szymanowskis Werken im Saal des Wiener Tonkünstlervereins – und kehrte im Mai 1913 nach London zurück. Er stieg bei Mrs. Bergheim ab, während er sich auf zwei Konzerte in der Bechstein Hall unter der Schirmherrschaft von Daniel Mayer vorbereitete, den Eisenbach an Stelle von Montague Chester als Korrespondenzagent eingesetzt hatte. Das erste Programm am 20. Mai umfaßte eine Bearbeitung einer Bach-Toccata und -Fuge, Beethovens Sonate in e-Moll, op. 90, Szymanowskis *Variationen über ein polnisches Volkslied,* Chopins *Polonaise-Fantasie* sowie andere Stücke von Chopin und Liszt. Der Kritiker der *Times* meinte, das Szymanowski-Stück sei »interessant wegen des Reichtums an genialer Ornamentik, mit denen das einfache Thema befrachtet wird, und eine derartige Ornamentik… bietet dem Pianisten eine vortreffliche Gelegenheit, sein technisches Können unter Beweis zu stellen, und ihm gelang es mit besonderem Erfolg, die tonale Climax in der Coda aufzubauen«. Der Kritiker bezeichnete Rubinsteins Interpretation der *Polo-naise-Fantaisie* als »einfühlsam und nachdenklich, neben seiner techni-schen Stärke«.[155] Der Erfolg dieses und des folgenden Konzerts am 6. Juni führte zu einem Engagement im Juli mit dem bekannten Diri-genten Henry Wood und seinem Orchester. Auch Schaljapin war in Lon-don und gab sein phänomenal erfolgreiches Debüt in *Boris Godunow.* Bei einem Essen für seine englischen Bewunderer »spielte mein Freund Artur Rubinstein«, erinnerte sich Schaljapin später.[156] Fred Gaisberg von der Gramophone Company lernte Rubinstein in Schaljapins Woh-nung in der Jermyn Street kennen. Der Pianist beeindruckte ihn als ein »Gay Lothario«, und Gaisberg sagte, ihn habe »seine Frühreife und sein satirischer Witz verblüfft. Er kam mir wie eine junge Ausgabe meines guten Freundes Landon Ronald [Komponist, Dirigent und Pianist] vor, dem er erstaunlich ähnlich sah.«[157]

Ein paar Monate zuvor waren die Drapers in ein Doppelhaus – Edith Grove 19 und 19A – umgezogen, das in der Nähe der Fulham Road nörd-lich der Themse stand. Dort richtete Muriel ein richtiges Musikzimmer ein: »Indem ich alle Innenwände von 19A herausreißen ließ, machte ich aus einem Haus einen Raum, der groß genug war für das Mendelssohn-Oktett«, schrieb sie. »Ich ließ nur noch die Ziegelmauern stehen, die für Fenster und einen Kamin durchbrochen wurden, sowie das Dach des Hauses, in das ein Oberlicht eingebaut und das mit Eisenstangen abge-stützt wurde. Durch ein Loch in der Zwischenwand wurde eine Treppe von 19A nach 19 angelegt, und ein massives Mäuerchen, das beide von-einander abtrennte, wurde abgetragen. Und dann zogen wir ein... Ar-thur Rubinstein ... besorgte uns einen einzigartigen Bechstein-Flügel. Ein Kien-Lung-Wandschirm stand frei auf einer Seite des Raums, und ein riesiges Sofa wurde vor eine andere Seite gestellt. Viele kleine Stühle für die Musiker und viele große Sitzgelegenheiten für die Zu-hörer wurden ausgesucht; Bodenkissen, die so groß waren, daß ein hal-bes Dutzend Leute darauf sitzen konnten oder ein müder Künstler dar-auf schlafen konnte, falls er erschöpft von einem Auftritt kam, stapelten sich in den Ecken des Zimmers...«[158] Neben Rubinstein und Harold Bauer nahmen in jenem Jahr an den allabendlichen Musikorgien der

Drapers noch die Pianisten Benno Moiseiwitsch, Irene Scharrer und Landon Ronald teil. Die Geiger waren, neben Thibaud, Kochanski (den Rubinstein mitgebracht hatte – »dafür werde ich immer in seiner Schuld stehen«, meinte Muriel), Pedro García Morales, Louis Persinger (der künftige Lehrer des noch nicht geborenen Yehudi Menuhin) und ein weiterer Dirigent, Enrique Fernández Arbós. Als Bratschisten kamen Lionel Tertis – der Rubinstein vermittelte, was für ein starkes und feines Instrument die Bratsche sein kann –, Rebecca Clarke (die Frau des Komponisten und Pianisten James Friskin) und Gertrude Bauer, Harolds Schwester. Neben Casals spielten die Cellisten Augustín Rubio und Felix Salmond, der Flötist Georges Barrère und die jungen Mitglieder des vielversprechenden neuen London String Quartet. Einmal gelang es dem neunzehnjährigen Bratschisten und aufstrebenden Dirigenten Eugene Goossens, siebzehn Musiker in den Raum für eine Aufführung von Wagners *Siegfried-Idyll* zu quetschen. In seinen fast vierzig Jahre später erschienenen Memoiren schreibt Goossens, all seine anderen kammermusikalischen Auftritte »verblaßten neben« der »Abfolge musikalischer Erlebnisse« im Edith Grove.[159] Tertis erklärte in seinen Memoiren, »keine öffentlichen Aufführungen hätten jemals an eine derart unbekümmerte, hinreißende Inspiration heranreichen können. Proben gab es keine; es wurde frisch drauflos musiziert, und die Ausführenden waren keine Blödmänner.«[160]

Rubinstein erinnert sich, bei verschiedenen Gelegenheiten und mit wechselnden Partnern das f-Moll-Quintett und das c-Moll-Quartett von Brahms, Schumanns Quintett, Schuberts Trio in Es-Dur und den Liederzyklus *Winterreise,* die Franck-Sonate für Violine und Klavier, Auszüge aus der *Götterdämmerung* und verschiedene Lieder von anderen Komponisten gespielt zu haben. Nach Muriels Erinnerung hat Arthur Schuberts *Forellenquintett* mit Thibaud, Tertis, Casals und Salmond gespielt und Paul Draper bei Szymanowskis neuen *Liebesliedern des Hafis* begleitet.

Zuweilen brachte Muriel Henry James, einen neuen Bekannten, in den Edith Grove mit. Über seine Reaktion auf ein Konzert berichtet Muriel: »Im letzten [Satz], als Arthur Rubinstein die Musik aus dem Flügel mit einem sich steigernden Tempo herausbrannte, das sogar diese großen Künstler ein wenig atemlos machte, während er sie zum Höhepunkt des Trios hochjagte, richtete H. J. seine hörenden Augen auf ihn und ließ sie unverwandt auf ihm ruhen, bis die Aufführung beendet war.«[161] Als die Musiker anschließend sich zu ihnen gesellten, um sich mit James zu unterhalten, stellte Muriel sich vor, wie sich der Romancier in Gedanken Notizen von den besonderen Eigenschaften jedes einzelnen machte, auch von der »lebensverachtenden Geschwindigkeit, mit der es Arthur Rubinstein gelang stillzustehen«.[162] Goossens berichtet über einen dieser Abende: »Zwischen den Quartetten erging sich Henry James über die Tugenden und Schönheiten der großen klassischen Musik, und die meisten von uns lauschten hingegeben der ruhigen Eloquenz seines Vortrags. Er dachte eher laut vor sich hin, als daß er eine Rede hielt, und darum ist es schwer, sich nach so vielen Jahren an seine Worte zu erinnern.«[163] Rubinstein meinte, James hätte sich nichts aus Musik gemacht und sei nur nach Edith Grove gekommen, weil er Muriels Gesellschaft genoß, aber vielleicht fühlte er sich durch den monumentalen Ruf von James nur eingeschüchtert. Von den Nichtmusikern, die in die Häuser der Drapers kamen, waren Rubinstein James' amerikanischer Landsmann, der Maler John Singer Sargent, und der englische Schriftsteller Norman Douglas jedenfalls sympathischer.

Die Soireen in Edith Grove waren nicht der einzige Grund, warum Rubinstein nach seinem Konzert mit Sir Henry Wood in London blieb. Da er im Augenblick keine Engagements hatte, konnte er Geld sparen, indem er weiterhin in Mrs. Bergheims Haus mit seiner reichlichen Dienerschar lebte. Dann erlebte er in Covent Garden die epochale Saison von Diaghilews Ballets Russes – und dabei die Musik von Igor Strawinsky »als Offenbarung«. Die Balletttruppe gab die britische Erstaufführung von *Le Sacre du Printemps* nur wenige Wochen nach der skandalumwitterten Welturaufführung in Paris. Danach brauchte Rubinstein »Wochen intensiven Studiums, ehe ich die Größe dieser Komposition erkannte«, während er sich von *Der Feuervogel* und *Petruschka* unmittelbar angesprochen fühlte. Vor allem aber wollte er nur ungern nach Warschau – zu Lily – zurückkehren, denn ein paar Monate zuvor, nachdem Muriel ihm ihren ganzen Kummer wegen Paul anvertraut hatte, entdeckte er, daß er ihr gegenüber tiefere Gefühle hegte. »Plötzlich nahm ich sie in die Arme, küßte sie, murmelte beschwichtigende Worte, streichelte ihr Haar. Ich verliebte mich.«[164]

In *Music at Midnight* ließ sich Muriel Draper zwar über die privaten Irrungen und Wirrungen vieler Freunde von ihr aus, aber nicht über ihre eigenen oder die ihres Mannes, der in ihrer Darstellung eine recht stereotype Figur ist. Offensichtlich hat sie nur für die Tribute der Berühmtheiten gelebt, die ihr Haus beehrten, aber nie teilte sie mit, welche ihre ernsthaften Bewunderer gewesen waren, ganz zu schweigen, ob sie sich in den einen oder anderen verliebt oder mit ihnen gar eine Affäre gehabt hatte. Rubinstein ist in *Die frühen Jahre* ungewöhnlich wortkarg hinsichtlich Details und Erklärungen seiner Affäre mit Muriel – und es war eine richtiggehende Affäre –, vermutlich weil er selbst nie ganz dahintergekommen ist. Muriel war eine beunruhigende Frau. Als sie plötzlich verkündete, sie und Paul würden in diesem Sommer 1913 eine alte Freundin in Florenz besuchen, und Rubinstein fragte, ob er mitfahren wolle, da sagte er »auf der Stelle zu«[165], obwohl er Lily versprochen hatte, sie in Zakopane zu besuchen. Muriel bemerkte dazu in ihrem Buch nur: »Am Ende der Saison fuhren Paul und ich nach Florenz zu einem kurzen Besuch bei Mabel Dodge. Robin de la Condamine [ein Schauspieler], der abwechselnd in London und in Florenz lebte, kam mit uns, und wir nahmen Arthur Rubinstein und John McMullin mit [laut Rubinstein ›ein junger, gutaussehender Amateur-Innenarchitekt und Muriels Busenfreund‹[166]] – Mabel hatte uns gesagt, wir könnten jeden mitbringen, den wir mochten.«[165] Mabel Ganson – die nacheinander mit den Herren Evans und Dodge verheiratet gewesen war und später nacheinander die Herren Sterne und Luhan heiratete – war eine vierunddreißigjährige Amerikanerin, die sich Florenz als Wohnsitz auserkoren hatte. Sie beschäftigte sich nebenbei mit radikaler Kunst und radikaler Politik: Zu ihren damaligen und späteren Freunden zählten Gertrude Stein, D. H. Lawrence, Max Eastman und John Reed. Sie ließ kubistischen Malern und der freudianischen Psychoanalysebewegung beträchtliche finanzielle Mittel zukommen. Mabel war die Frau, mit der

Paul Draper in Florenz zwei Jahre zuvor eine Affäre gehabt hatte – eine
Affäre, die die scheinbar so harte Muriel zu einem Selbstmordversuch
getrieben hatte –, aber Mabel hielt Muriel für den interessanteren Partner des Ehepaars Draper. In der Renaissancevilla Curonia, die sie übernommen hatte, spielte sie die Gastgeberin für Aberdutzende von Haus-
gästen – oder fand sich zumindest mit ihnen ab. Muriel erinnert sich:

»Der Lunch ... war keine einfache Angelegenheit. Arthur Rubinstein und
Paul kamen meist spät herein, nachdem sie einige neue Sczymanowski-
Lieder gesungen hatten. Da seine Lieder unvergleichlich schwierig sind,
blieben die beiden minutenlang neben den Stühlen stehen, während wir
darauf warteten, daß sie darauf Platz nahmen, und diskutierten über ein
musikalisches Intervall. Arthurs Stimme bewegte sich in der Kategorie
von Komponistenstimmen, aber sein musikalisches Gedächtnis war absolut unbestechlich, und er konnte sehr laut singen. Normalerweise hatte
er recht, und Draper gab sich schließlich in aller Freundschaft geschlagen, setzte sich und begann mit seiner späten Spaghetti-Mahlzeit. Arthur
summte vor unersättlicher musikalischer Begeisterung während des
Essens weiter. Das setzte für Mabel dem Ganzen die Krone auf ... sie bestellte den Wagen, rauschte hinaus und fuhr nach Bologna. Kein Wunder,
die Ärmste fühlte sich aus ihrem eigenen Haus vertrieben.
Ein Mittagsschläfchen stimmte uns wieder versöhnlich, und beim Abendessen standen die Chancen fifty-fifty, daß es friedlich verlief. Natürlich
machte sich Carl [Van Vechten, der Romancier sowie Musik- und Schau-
spielkritiker] nichts aus Bach, und Arthur spielte ihn, sooft ich ihn darum
bat, und das geschah jeden Abend.«[168]

Laut Rubinstein verstand sich Van Vechten »wie kein zweiter auf Wortgefechte«, und Reed – den »Mabel sich zum Gefährten ausersehen«
hatte – nannte er einen »mürrischen und abweisenden Kerl«. Von der
neununddreißigjährigen Gertrude Stein sagte er nur, sie »stritt sich endlos mit Van Vechten«. Norman Douglas, der vorbeigekommen war, um
sich den menschlichen Zirkus anzusehen, fluchte mit allen. Auch Rubinstein war nach eigener Auskunft »ständig gereizt und eifersüchtig«.[169]

Paul kehrte nach ein paar Tagen nach London zurück. Muriel, McMullin und Rubinstein fuhren nach Venedig, um ein bißchen »auszuspannen«, wie Rubinstein sagte. Eines Tages freilich erklärte Muriel ihren Reisegefährten, sie sei schwanger (die Drapers hatten bereits einen kleinen Sohn, Paul jr., der später ein bekannter Tänzer wurde), und fuhr unverzüglich nach London, um Paul Sen. mit der Neuigkeit zu beglücken. Als der Zug anfuhr, sprang Rubinstein auf. Er begleitete Muriel bis nach Paris, dann kehrte er deprimiert nach Venedig zurück. Auch wenn Rubinstein dies nicht in *Die frühen Jahre* gesagt hat, er war deprimiert, weil Muriel ihm erklärt hatte, das Kind, das sie erwarte, könne zwar seines sein, aber sie wolle doch weiterhin Mrs. Paul Draper bleiben und (richtiger- oder fälschlicherweise) davon ausgehen, daß auch ihr zweites Kind genauso ein Draper sei wie ihr erstes. In *Music at Midnight* allerdings hat sie ihre Kinder ganz bewußt »meine Söhne« statt unsere Söhne genannt.

In Venedig holte Rubinstein sein Gepäck und fuhr über Wien und Krakau nach Zakopane. Er und Lily hielten sich »sechs oder sieben Wochen« in Zakopane auf. Zwischen ihnen »herrschte das denkbar beste Einvernehmen, jeder genoß die Gegenwart des anderen«, berichtete Rubinstein, auch wenn er ihr von Muriels merkwürdiger Macht über ihn beichtete:»Ich habe mich in diese Person verguckt, das war nicht zu ändern, aber ich mag sie nicht leiden!« Ob er ihr auch gesagt hat, er könnte der Vater des Kindes sein, das Muriel erwartete? Vermutlich nicht. Ein paar Wochen zuvor hatte er Norman Douglas innerlich recht gegeben, als dieser ihm klarmachte, falls Lily seine Liebe verloren hätte, »trägt sie selbst die Schuld daran – sie ist eben nicht stark genug, dich an sie zu fesseln«. Nun aber erklärte er Lily:»Ich liebe dich mehr denn je!« Rubinstein zufolge habe Lily zu ihm gesagt:»Ich habe das seit langem kommen sehen, Arthur. Ich bin für dich zu alt, und du hast mit mir nur Ärger und Kummer.« Sie stiegen im Haus von Madame Zagorska ab, einer Kusine von Joseph Conrad. Ihre Tochter Aniela hatte einige Werke von Conrad ins Polnische übersetzt. Die abendliche Tafel der Zagorskas zierte gewöhnlich ein erlauchter Kreis führender Autoren der polnischen Literatur: Witkacy, den Rubinstein 1904 in Zakopane kennengelernt hatte; der Romancier Stefan Zeromski und der Dichter Leopold Staff. Ein anderer zahlender Pensionsgast war Polens künftiger Befreier und Diktator Jozef Pilsudski, in der Erinnerung des Pianisten »ein großer, düsterer Mann«, der »kaum etwas« sagte. Wenn Rubinstein nicht gerade gesellige Abendessen, angenehme Spaziergänge und »schöne Liebesnächte« mit Lily genoß, saß er am Flügel der Zagorskas und bereitete seine Programme für die bevorstehende Konzertsaison vor.[170]

Rubinstein erwähnte in seinen Memoiren nicht und erinnerte sich vielleicht auch nicht daran, daß er am Ende des Sommers Zakopane verließ und die Dawydows und die Szymanowskis in der Ukraine noch einmal besuchte. Iwaszkiewicz berichtete, daß Rubinstein genau in dem Augenblick, da er selbst am Ende seiner Sommerferien aus Tymoszowka abreiste, ganz begeistert von der Musik Strawinskys – seiner Neuentdeckung – im Wagen der Dawydows erschien, um die Partitur von *Petruschka* mit Karol durchzuspielen. Dies war Szymanowskis erste Begegnung mit dem Werk. Anschließend schrieb er an Stefan Spiess: »Artur ist jetzt hier, aber er wird in Kürze wieder abreisen. Wir machen eine Unmenge Musik. Strawinsky (der vom russischen Ballett) ist ein ziemliches Genie, ich bin von ihm sehr beeindruckt, und par conséquence [sic] beginne ich nun die Deutschen zu hassen (ich meine natürlich nicht die alten!).«[171] Für Szymanowski waren diese Sitzungen am Flügel mit Rubinstein der Anfang einer neuen musikalischen Ära. Für Iwaszkiewicz war diese Episode, als er im Abstand von über dreißig Jahren zurückblickte, eine Abgesang auf eine Welt am Rande der Selbstvernichtung. »Aus der Ferne erreichte noch ein wilder ›Trepak‹ mein Ohr, den die beiden Künstler spielten. Ich konnte nicht ahnen, daß dies mein letzter Aufenthalt in Tymoszówka gewesen war… Einige Jahre später war das meiste aus diesem Haus im Teich versenkt, darunter auch der Flügel, das Haus selbst verbrannt und der Park abgeholzt. Wie es heute dort aussieht – weiß ich nicht.«[172] Als Natalja Dawydowa im Oktober 1919 an Szymanowski schrieb, erinnerte sie sich »mit großer Zärtlichkeit der gemeinsam verbrachten Jahre, an Artur und alles, was so wunderschön und großartig war!« Dann fügte sie hinzu: »Ich bin einmal sehr glücklich gewesen, nun kann ich unglücklich sein. Da gibt es noch immer ein gewisses Reservoir, ein Überbleibsel des Glücks, das man mir nicht entreißen kann. Es gibt noch immer einen Teil von mir, der am Leben ist.«[173]

Nicht einmal die weitblickendsten Politiker, ganz zu schweigen von der Clique der mit sich selbst beschäftigten Künstler und feinen Kreise, in denen Rubinstein verkehrte, konnten sich im Herbst 1913 vorstellen, daß eine Katastrophe von noch nie dagewesener Größe schon bald Europa verschlingen würde. Als Rubinstein zu seiner umtriebigen Konzerttournee aufbrach, galt seine Hauptsorge seinem zu groß geplanten Repertoire – das er zum Teil nur unvollkommen beherrschte. Später gab er Eisenbachs Habgier die Schuld an seiner eigenen Verantwortungslosigkeit. Zu seiner Herbstsaison zählten eine Tournee in Galizien, sein erster Auftritt in Rumänien (nach einem öffentlichen Konzert in Bukarest gab er eine Privatveranstaltung für die alte Königin Elisabeth im königlichen Palast) und weitere Konzerte in Polen. Am 21. November spielte er Beethovens Drittes und Viertes Klavierkonzert mit den Warschauer Philharmonikern unter J. Oziminski, zwölf Tage später gab er wieder ein Konzert in der Filharmonja mit Werken von Bach, Chopin und Schumann sowie Szymanowskis Zweiter Sonate. Dazwischen (und nicht im Januar 1914, wie er in seinen Memoiren behauptete) spielte er in Rußland und in der Ukraine. Sein Konzert in Kiew am 24. November war nicht gut besucht, so Anna Szymanowska, die Mutter des Komponisten, die anwesend war und ihrem Sohn nach Wien schrieb, ein Auftritt Skrjabins ein paar Tage später habe ein volleres Haus gehabt: »Es waren so viele Menschen da, und ich war ganz neidisch an Arthurs Statt, der nur 50 Silberrubel eingenommen hatte.«[174] Dies bestätigt Rubinsteins Bemerkung, die Honorare auf dieser Tournee »reichten kaum aus, die Reisekosten zu decken«.[175] Karol Szymanowski überwinterte in Zakopane, wo Rubinstein ihn zu Beginn des neuen Jahres besuchte. »Artur war bis heute bei mir, und ich war glücklich, aber gerade ist er abgefahren«, schrieb der Komponist an Spiess am 20. Januar 1914.

»Es ist ein so schöner und angenehmer Ort, aber ich weiß nicht, wie lange ich ihn noch vertragen kann.«[176]

Am 20. Februar gab Rubinstein im Mittelsaal des Wiener Konzerthauses ein Solokonzert. Das Programm bestand aus Beethovens *Waldstein-Sonate;* der g-Moll-Ballade von Brahms, seinem Capriccio in b-Moll, sechs Walzern aus op. 39 und der Rhapsodie in Es-Dur; Szymanowskis Etüde in b-Moll und zwei Préludes; Debussys *Poissons d'or;* zwei *Goyescas* von Enrique Granados (eine von Rubinsteins frühesten öffentlichen Aufführungen spanischer Musik) und Chopins Barcarolle, die Ballade in As-Dur, das Nocturne in Fis-Dur, das Scherzo in cis-Moll und die Polonaise in As-Dur. Ein Korrespondent des *Kurjer Warszawski (Warschauer Kurier)* berichtete, Rubinstein habe in Wien zunehmend Erfolg: »Die Zahl seiner Bewunderer wächst hier mit jedem seiner Auftritte. Der riesige Musikvereinssaal war eine Woche vor dem Konzert ausverkauft.«[177] Rubinstein behauptete, er habe bei diesem Besuch in Wien auch die Klavierquintette von Brahms und Schumann mit dem Rosé-Quartett im Musikvereinssaal aufgeführt. Aber dieses gemeinsame Konzert hat vermutlich zu einem anderen Zeitpunkt stattgefunden, da es in den Konzertankündigungen der *Neuen Freien Presse* von 1914 nicht aufgeführt ist. Das Rosé-Quartett befand sich damals auf dem Höhepunkt seiner europaweiten Berühmtheit. Der erste Geiger, der fünfzigjährige, in Rumänien geborene Arnold Rosé, war der Konzertmeister der Wiener Philharmoniker und des Hofopernorchesters und mit Mahlers Schwester verheiratet. Rosé hatte Rubinsteins Entwicklung seit dem Wiener Debüt des jungen Pianisten verfolgt. Das erste gemeinsame Konzert des Ensembles mit Rubinstein muß Rosé davon überzeugt haben, daß die Partnerschaft funktionierte, da er den Pianisten einlud, sich der geplanten Spanientournee in der Saison 1914/15 anzuschließen. »Nichts hätte mir mehr Freude machen können«, erinnerte sich Rubinstein[178], der sich schon seit langem zu Spanien und allem Spanischen hingezogen fühlte, aber die politischen Ereignisse verhinderten eine Realisierung dieses Plans.

Von Wien begab Rubinstein sich nach Budapest zu einem Konzert (Bach-Liszt, Brahms, Chopin, Szymanowski, Skrjabin und Liszt) am

24. Februar im Königssaal, dann nach Rom, wo er auf einer von der Marchesa Casati gegebenen Soiree spielte. (Erneut erinnerte sich Rubinstein später, er habe ein Konzert im Augusteum mit dem Santa-Cecilia-Orchester unter Bernardino Molinari sowie ein Konzert im herrlichen Saal der Accademia di Santa Cecilia gegeben, aber die Aufzeichnungen der Accademia enthalten keine derartigen Veranstaltungen.) Anschließend fuhr Rubinstein nach Berlin zu einem Konzert im Beethoven-Saal. Den Kritikern gefiel es besser als seine Auftritte im Jahr zuvor, und sie – ganz zu schweigen von Rubinstein selbst – wären überrascht gewesen, hätten sie damals erfahren, daß er nie wieder in Deutschland auftreten werde.

In London – der nächsten Station seiner Tournee – hatte er eine Unterredung mit Paul Draper, der dahintergekommen war, daß Rubinstein in Muriel verliebt war. Rubinstein versicherte ihm, es sei nichts Kompromittierendes geschehen, er halte die Angelegenheit für beendet – und Paul gab sich damit zufrieden. Etwas Kompromittierendes war zwar geschehen, und die Angelegenheit war keineswegs beendet, aber Rubinstein begann sich wieder häufig im Edith Grove sehen zu lassen. Sanders (»Smudge«) Draper, vielleicht sein Sohn, war im vergangenen Dezember zur Welt gekommen. Muriel berichtete, als das Baby »drei Tage alt war, ging es zu seiner ersten [musikalischen] Party. Man trug mich nach unten und bettete mich auf das große Sofa, und ich kuschelte mich in eine Ecke mit ihm im Arm, wo es ganz friedlich lag, wach war und schlief, wann es ihm beliebte, und an mir nuckelte, wenn es hungrig war. Dies gefiel besonders Casals, dessen Ehrfurcht vor der Geburt und vor Kindern einer Leidenschaft gleichkam, die in ihrer Intensität fast archaisch war… Casals spielte eine Bach-Suite und Arthur Rubinstein die b-Moll-Sonate von Chopin und ein wenig Skrjabin.«[179] Aber Rubinsteins erster Beitrag zu Smudges musikalischer Früherziehung kann eigentlich erst stattgefunden haben, als das Baby drei *Monate* alt war – vermutlich jedoch erst Ende April oder Anfang Mai 1914.

Einer der Freunde, die Rubinstein in jenem Frühjahr zu den Drapers mitbrachte, war Schaljapin, der nach London gekommen war, um in den Rollen des Kontschak und des Galitzki in Borodins *Fürst Igor* aufzutreten. »Er liebte Arthur Rubinstein«, erinnerte sich Muriel, »und da das Gebiet der Kammermusik seinem Ohr relativ unvertraut war, bereitete es ihm ungeheures Vergnügen zu erleben, wie es sich sozusagen unter seinen Augen entwickelte. Ein großartiger Mann!«[180] Rubinstein schrieb in seinen Memoiren, er habe auch Strawinsky – den er in jenem Frühjahr kennengelernt hatte – in den Edith Grove mitgebracht. Aber die Tatsache, daß Muriel, die immer gern mit berühmten Namen um sich warf, darüber nichts in ihrem Buch verlauten ließ, läßt Zweifel daran aufkommen. Allerdings hat Rubinstein in London im Juni 1914 Strawinsky mit Kochanski bekannt gemacht. Strawinsky wurde ein Bewunderer von Kochanskis Spiel und hat ihm eine Bearbeitung für Geige und Klavier von drei Stücken aus dem *Feuervogel* gewidmet.[181] Es kann kein Zweifel daran bestehen, daß eine Freundschaft zwischen Strawinsky und Rubinstein in den zehner und zwanziger Jahren wirklich bestand. Rubinstein war ja auch einer der wenigen Freunde, denen gegenüber Strawinsky das vertrauliche »tu« der Anrede auf Russisch und Französisch verwendete.[182] Nach Strawinskys Tod hat der betagte Rubinstein den Komponisten »eine seltsame Persönlichkeit, aber voller Genialität« genannt – was für ein Understatement! »Er war kein gutaussehender Mann, besaß aber ungeheuren Charme. Ich weiß noch, wie oft er in unseren Unterhaltungen seine Nase einsetzte. Es war eine sehr bedeutende Nase, die fast unabhängig von ihm zu existieren schien und die ihm vor jedem Satz vorauseilte, den er betonen wollte: Erst kam die Nase, dann Strawinsky, als ob er gutheißen wolle, was die Nase erklärt hatte.«[183]

Rubinstein trat in diesem Frühjahr fünfmal in London auf, jedesmal in der Bechstein Hall. Seine beiden Solokonzerte fanden am 5. und 19. Mai statt, erneut unter der Schirmherrschaft von Daniel Mayer. Beim ersten Konzert spielte er Skrjabins Sonate, op. 53, deren Londoner Premiere er zwei Jahre zuvor gegeben hatte. Der Kritiker der *Times* berichtete: »Da ist etwas in Mr. Rubinsteins Spiel, was uns sehr an das von M. Skrjabin erinnert... – etwas in der raschen Auffassung der wahren Bedeutung jeder einzelnen Phrase und in der Sicherheit, mit der ihr Charakter den Hörern in scharfen Umrissen und im brillanten Ton vermittelt wird.«[184]

Auch das zweite Konzert wurde gut aufgenommen, ebenso wie die beiden gemeinsamen Konzerte, die Rubinstein mit Kochanski gab. Das
erste davon, am 13. Mai, bestand ausschließlich aus zeitgenössischer
Musik. Dazu der *Times*-Kritiker: »Die Spieler konnten unmöglich das
Gefühl gehabt haben, daß Korngolds op. 6« – die Sonate für Violine und
Klavier in G-Dur des sechzehnjährigen Wunderknaben Erich Wolfgang
Korngold – »schöne Musik wäre, und sie waren zu ehrlich vorzutäu-
schen, was sie nicht empfanden. Die Sonate wurde dem Publikum einfach hingeworfen…« Im mittleren Stück des Programms trat Rubin-
stein nicht mit Kochanski auf, sondern mit Paul Draper – es war die
Londoner Erstaufführung von Szymanowskis *Liebesliedern des Hafis*
(1911) in deutscher Sprache. »Mr. Paul Draper [hat] eine klare und
reine Stimme, eine jener Stimmen, die man als einen Tenor mit Bariton-
Qualität klassifizieren könnte… Der Vortragsstil war vornehm und die
Artikulation ebenso klar wie schön. Die Lieder… sind Miniaturen… –
alles andere als vertonte Stücke.« Am Ende dieses Konzertes spielten
Kochanski und Rubinstein Max Regers Sonate in fis-Moll, op. 84 (1905).
Rubinsteins letzter Auftritt in jener Londoner Saison fand auf einem
Benefizkonzert für einen Mr. C. Karlyle statt, einen Gesangslehrer und
Musikkritiker, dem es sehr schlecht ging. Rubinstein spielte Debussys
Poissons d'or, Chopins A-Dur-Polonaise sowie, mit Kochanski, Mozarts
Sonate in e-Moll. Unter den zahlreichen Mitwirkenden befanden sich
Rubinsteins alte Freundin Emmy Destinn, der französische Bariton
Dinh Gilly – der einer von Destinns vielen Liebhabern gewesen sein
soll – sowie der englische Tenor Frank Mullings.
Paul Drapers erfolgreiche Darbietung von Szymanowskis *Hafis*-Liedern
fiel zeitlich in etwa mit seinem finanziellen Ruin zusammen. Er hatte
gerade eine katastrophale Pechsträhne beim Pferderennen und nahm
Rubinstein und einen weiteren Freund – als Glücksbringer, wie er hoff-
te – zum Epsom Derby von 1914 mit, wo er sein gesamtes restliches
Vermögen setzte. Muriel hat sich an die Heimkehr des Trios erinnert:

»Sozia [sic] Kochanska war bei mir, als Paul [Draper] mit Arthur Rubinstein und einem ruhigen, komischen kleinen Priester aus dem Tempel

der vornehmen Versager, Groton School, hereinkam. Paul war grau und blaß. Arthur war seltsam rot im Gesicht, der kleine Priester weniger ruhig als sonst. Alle drei strahlten eine tiefe Verstörung aus... Die gute Sozia verspürte in ihrer behütend freundlichen Art, wie sich gleich etwas Düsteres herabsenken würde, und daher führte sie den geistlichen Gentleman und Rubinstein über die Treppe von 19A in den kleinen Salon von Edith Grove 19. Paul und ich waren allein.

Er wurde noch grauer und sagte dann:

›Das ganze Geld ist weg. Es ist schon seit einer ganzen Weile weggegangen. Das letzte heute nachmittag – *alles.*‹

›Möchtest du eine Tasse Tee?‹ fragte ich.«[185]

Laut Mabel Dodge Luhan hatten die Drapers »das Haus langfristig gemietet und dafür die Miete im voraus bezahlt; sie hatten die Möbel und all diese schönen Kleider. Aber es dauerte nicht lange, und dann hatten sie nichts anderes mehr. Schon bald nahm ihnen die Telephongesellschaft das Telephon weg, die Gaswerke stellten das Gas ab. Die Bediensteten gingen, außer ein oder zwei treu Ergebenen, deren Spielleidenschaft genauso stark war wie die ihres Herrn... Gleichwohl kamen die unerschütterlichen Angehörigen der Londoner Schickeria weiterhin zu den Drapers, wo Muriel, in ihren Worth-Kitteln, sie mit gedünstetem Reis und dem Lachen bewirtete, das sie brauchten und so liebten...«[186] Rubinstein berichtete, daß Muriel und Paul vor dem vollständigen Ruin nur durch das deus-ex-machina-artige Eingreifen von Pauls neunundzwanzigjähriger Schwester Ruth Draper bewahrt worden seien, die bald in der gesamten englischsprachigen Welt als Sprecherin und Verfasserin von Monologen und Monodramen berühmt wurde. Ruth gab »aus Liebe zu dem Bruder ihr Vermögen dran..., um ihn vor seinen Gläubigern zu retten und fürs erste über Wasser zu halten«, sagte Rubinstein. Paul »zeigte sich von diesem Opfer zutiefst gerührt, Muriel hingegen war ganz Königin, die von einer Vasallin einen Tribut entgegennimmt«.[187] In der Tat hat Muriel ihre berühmte Schwägerin in ihren Memoiren nur selten erwähnt.

Eine Zeitlang gingen die Musikorgien im Edith Grove so weiter wie bisher. Muriel erinnerte sich an den Abend, an dem Arthur zusammen mit Paul und Zosia Kochanski den scheuen Szymanowski bei seinem ersten Besuch fast ins Haus trug. Sie hat den Vorfall ins Jahr 1913 verlegt, aber es war eben doch erst im Sommer 1914 gewesen. »Von dem Augenblick an, da [Szymanowski] Edith Grove betrat, wurde er darin einer der am meisten geliebten Menschen«, schrieb sie. »Rubinstein spielte uns an diesem Abend die ganze Partitur [von *Hagith*] vor.«[188]

An einem anderen Abend, an dem auch Kochanski, Casals, Tertis und Pierre Monteux – der oft die Bratsche in Kammerensembles spielte, nachdem er Aufführungen der Ballets Russes dirigiert hatte – zugegen waren, sagte Thibaud, er würde das Violinkonzert von Brahms spielen, wenn Rubinstein ihn begleitete. Leider gab es keine Noten davon im Haus, aber, so Muriel, »Arthur nahm die Herausforderung an... Arthur wurde ein ganzes Orchester... In der unbeleuchteten Ecke des Studios spielten sie das gesamte Werk, ohne einen Patzer oder eine ungeschriebene Pause. Es versteht sich, daß sie es noch nie miteinander gespielt hatten. Arthur hatte es überhaupt noch nie gespielt gehabt.«[189]

Rubinstein hatte schließlich Mrs. Bergheims Haus verlassen, um bei den Drapers zu wohnen, die – bevor die Pferde sie im Stich ließen – ein weiteres Haus gemietet hatten, das mit dem ihren verbunden war. Sie hatten noch eine Wand durchgebrochen und einen Teil der neuen Räume in »angenehm getrennte Gästeapartments« umgewandelt, wie Muriel sich ausdrückte.[190] Szymanowski, den Rubinstein mit Strawinsky bekannt gemacht hatte, war ebenfalls ein Hausgast. Als Jaroszynski nach London kam, wurde auch er ein häufiger Besucher, sehr zu Muriels Bestürzung. Szymanowski und Rubinstein hatten ihn ihr als scheuen, sensiblen Kunstkenner geschildert, aber sie erlebte ihn als tolpatschigen, ungehobelten und anstrengenden Gast. Er beging sogar die Sünde, während der Darbietung eines Mozart-Quartetts und eines Beethoven-Trios durch ein Ensemble aus Rubinstein, Kochanski und Casals zu schlafen, erwachte allerdings wieder, als Rubinstein eine Chopin-Polonaise zu spielen begann. »Er hörte aufmerksam zu, als Arthur genial hindurchbrauste«, erinnerte sich Muriel, »und am Ende lächelte er mich verschlafen an und sagte: ›Er spielt gut, mein Freund, nicht wahr?‹ ›Gewiß‹, erwiderte ich.«[191] Erst als sie ihm riesige Mengen Pfirsich Melba vorsetzte und mit ihm über Schweinezucht diskutierte, begannen Gastgeberin und Gast einander zu verstehen.

Rubinsteins letzter öffentlicher Auftritt vor dem Krieg war eine Aufführung von Beethovens Drittem Klavierkonzert mit dem London Symphony Orchestra unter dem belgischen Dirigenten Henri Verbrugghen am 25. April 1914 in der Queen's Hall, im Rahmen eines von Daniel Mayer organisierten Beethoven-Festivals. Die anderen Klavierkonzerte wurden von Frederic Lamond, Ernö Dohnányi und Max Pauer gespielt. Außerdem gab es noch alle neun Symphonien sowie das Violinkonzert mit Efrem Zimbalist.[192] (Rubinstein hat dieses Ereignis in seinen Memoiren eineinhalb Jahre später angesetzt.)

Als die Spannung zwischen den Deutschen und ihren Verbündeten einerseits und der russisch-französisch-britischen Allianz andererseits zunahm, fuhr Paul Draper plötzlich nach Deutschland, angeblich um aus erster Hand die Kultur zu studieren, der das deutsche Lied entsprungen war. Doch wahrscheinlich wollte er eher, wie Rubinstein meinte, »dem selbstfabrizierten Scherbenhaufen entfliehen«.[193] Szymanowski fuhr am Tag der Ermordung des österreichischen Erzherzogs Franz Ferdinand in Sarajewo nach Tymoszowka, aber Rubinstein blieb in London. Muriel erinnerte sich, daß er bei ihr war, als sie erfuhr, England habe den Krieg erklärt. Rubinstein setzte sich an den Flügel und spielte das melancholische Thema des Hirten aus *Tristan und Isolde*. Allerdings weicht ihre Darstellung von Rubinsteins Rolle im Krieg erheblich von seiner Version ab. Sie deutet an, daß er sich aus äußeren Erwägungen heraus zum Handeln genötigt sah: »John McMullin brachte [in den Edith Grove] einen jungen Mann mit, der aus Staubwedeln und verblichenen Fenstervorhängen Hüte machte. Einen Tag lang hockte er im Schneidersitz auf dem chinesischen Ruhebett in einer Ecke des Studios, und ohne sich von irgendwelchen Kriegen aus der Ruhe bringen zu lassen…, formte er himmlischen Schnickschnack, den ich mir auf den Kopf setzen sollte… Rubinstein machte das so wütend, daß er nach Rußland ziehen wollte, weil ihm der Tod lieber war als ein derartiger Affront. Leider gelangte er nicht über die russische Grenze und hätte genausogut einen Tag lang die Hutmacherkunst über sich ergehen lassen können, denn er mußte sowieso wieder zurückkommen.«[194] Rubinstein dagegen erklärte:»Ich sah ihr [Muriel] an, daß sie mich verachtete, weil ich nicht Soldat wurde; ich vermochte ihr nicht zu erklären, daß in einem dreigeteilten Polen Brüder auf Brüder schießen mußten und daß ich wohl mit Freuden gegen die Deutschen kämpfen würde, allerdings nicht an der Seite der Russen.« Erst als es hieß, die russischen Polen dürften unter ihrer eigenen Fahne kämpfen und eine unabhängige polnische Legion werde innerhalb der französischen Armee gebildet, da habe er beschlossen,»unverzüglich nach Paris abzureisen und der polnischen Legion beizutreten«.[195]

Rubinstein ging tatsächlich nach Paris, wo er, nach wechselvollem Glück – je nachdem, welche offizielle Einstellung in Rußland und Frankreich gegenüber Polen herrschte –, dank Gabriel Astrucs Vermittlung Arbeit fand als Zivilübersetzer von Dokumenten, die man deutschen Kriegsgefangenen abgenommen hatte. Er sah seinen Bruder Ignacy wieder. Die beiden fanden sich, zusammen mit anderen polnischen Emigranten, oft im Café de la Rotonde am Montparnasse ein. Rubinstein war auch häufig Gast bei einer rumänischen Witwe, deren hübsche ältere Tochter Klavier spielte. Er war zu ihr»bei Tische ausgesucht höflich, küßte sie allerdings auch in unbeobachteten Momenten oder drückte ihr unter dem Tisch die Hand«. Aber als sie eines Tages in seinem Hotel auftauchte und bei ihm bleiben wollte, ärgerte er sich über ihren Leichtsinn und vor allem über ihre Gedankenlosigkeit, ihn zu belästigen. »Sonderbares Mädchen, diese Marguerite, eigentlich lieb und reizend, doch hat sie mir an jenem Tag den Spaß an Paris gründlich verdorben«, äußerte sich Rubinstein über sie wie Don Giovanni über Donna Elvira.[196] Kurz darauf, sagte Rubinstein, habe er aus einer Londoner Zeitung erfahren, daß er engagiert worden sei, Beethovens Viertes Klavierkonzert mit dem London Symphony Orchestra im Januar 1915 zu spielen (in Wirklichkeit das Zweite Klavierkonzert von Brahms am 7. Dezember 1914 unter dem Dirigenten Verbrugghen). Entweder war das Engagement unmittelbar nach seinem Auftritt mit demselben Orchester und Dirigenten schon früher in diesem Jahr zustande gekommen, oder Rubinstein selbst hatte sich zu einem späteren Zeitpunkt darum bemüht, allein oder mit Hilfe eines Agenten. Eisenbach, ein galizischer Pole und darum ein österreichischer Untertan, war mit Angehörigen der österreichischen Botschaft in London unmittelbar nach Kriegsausbruch heimgefahren. Er wird in Rubinsteins Memoiren nicht mehr erwähnt. Kein anderer Agent hätte unaufgefordert versucht, ein Konzert für Rubinstein oder einen anderen Künstler zu vereinbaren, wenn dessen Aufenthaltsort nicht bekannt war. Wie auch immer das Ganze sich in Wahrheit abgespielt hatte – Rubinstein brachte einen russischen Oberst in seinem Bekanntenkreis dazu, alle Formalitäten zu erledigen: »Er bescheinigte mir amtlich, daß ich mit meinem Klavierspiel für die Alliierten kriegswichtige Arbeit verrichtete«[197], erinnerte Rubinstein sich, und spätestens Anfang Dezember 1914 war er wieder in London. Damit war für Rubinstein der Krieg zu Ende – er hatte nur drei Monate gedauert.

Zusammen mit der Geigerin Sylvia Sparrow – einer ehemaligen Schülerin von Kochanski und Thibaud und Freundin von Albert Sammons, dem ersten Geiger des London String Quartet – mietete Rubinstein ein Atelier und begann Klavierstunden zu geben. Er nahm sich auch ein billiges Zimmer in der Fulham Road, das in der Nähe des Ateliers und des Edith Grove war, wo weder der Krieg noch das finanzielle Desaster die musikalischen Hochgefühle dämpfen konnten. Lionel Tertis erinnerte sich, genau in jenen Monaten habe er »an einigen der wunderbarsten Kammermusikabende, die man sich vorstellen kann« in »Mrs. Drapers Keller« teilgenommen, wo »die Zusammenkünfte in der Regel von Mitternacht bis Tagesanbruch dauerten!«[198] An einem dieser Abende brachte Thibaud seinen geschätzten älteren Kollegen Eugène Ysaÿe mit, der mit seinen siebenundfünfzig Jahren einer der berühmtesten Geiger der Welt war. »Thibaud spielte mit Arthur eine Mozart-Sonate«, erinnerte sich Muriel, »und als Warwick Evans, Albert Sammons [und] Waldo Warner [alles Mitglieder des London String Quartet] ... eine Stunde später erschienen, spielten sie das Quartett für Klavier und Streichtrio in c-Moll von Brahms. Ysaÿe weinte vor Freude bei dieser Darbietung.«[199] In dieser Umgebung gefiel es ihm so sehr, daß er mehr

als einmal wiederkam, um in *la cave* zu spielen, wie er Muriels Studio
nannte. »Unter den unzähligen Werken, die wir aufführten und die von
Duetten bis zu Oktetten reichten, ist mir eines besonders in Erinnerung
geblieben«, meinte Tertis:

> »Brahms' Klavierquartett in c-Moll, gespielt von Ysaÿe, Casals, Rubin-
> stein und mir. Wunderbar, diese Köstlichkeit und Fülle des Klangs! Ysaÿe
> mit seinem großartigen Tonvolumen und seinem herrlichen Phrasieren,
> Casals, der im langsamen Satz mit göttlich reinem Ausdruck spielte,
> Rubinstein mit seiner dämonischen Gewalt über die Tasten (seine Wild-
> heit im Scherzo war erschreckend) – was für ein Erlebnis war das für
> mich, mit solchen Giganten zu verkehren.
> Zum Glück habe ich Rubinstein kennengelernt, als er ein junger Mann
> Mitte Zwanzig und ich Mitte Dreißig war. Damals war er ein wunderbarer
> Pianist, aber er hatte mehr Muße, mit seinen Freunden zusammenzusein,
> als in späteren Jahren, und mir war es eine Freude, mit ihm bei vielen
> Gelegenheiten zu musizieren. Von den zahlreichen Partys, bei denen wir
> zusammenkamen, ist mir eines besonders unauslöschlich in Erinnerung
> geblieben: seine außergewöhnliche Begabung, Auszüge aus irgendeiner
> Symphonie oder Oper zu spielen, die einem gerade einfiel – ein erstaunli-
> ches Kunststück, bei dem er nie versagte.«[200]

Tertis berichtete auch, daß in der gleichen Zeit »Ysaÿe eine Nachricht
von Lord Curzon erhielt«, dem ehemaligen mächtigen Vizekönig von
Indien, der damals Lordsiegelbewahrer in Asquiths Notkoalitionsregie-
rung war. Der König und die Königin des vom Krieg heimgesuchten
Belgien hatten eine ihrer kleinen Töchter nach England geschickt, wo
sie in Curzons Landsitz Hackwood bei Basingstoke bleiben sollte. Curzon lud Ysaÿe, den Landsmann des Kindes, ein »zu kommen und ein
wenig Musik zu machen«, erzählte Tertis. »Arthur Rubinstein war in
London, und Ysaÿe holte drei weitere Musiker dazu, damit wir ein
Quintett bildeten: Albert Sammons, Emile Doehaerd [ein belgischer
Cellist] und mich. Wir machten einen Tagesausflug dorthin und wurden
von Lady Ravensdale, Lord Curzons Tochter, begrüßt und reizend unter-

halten. Wir spielten Kammermusik in Hülle und Fülle, aber wir alle (einschließlich unserer Gastgeberin [die jedoch während der Darbietungen, laut Rubinstein, einschlief]) waren so vertieft, daß wir nicht auf die Zeit achteten und den letzten Zug nach London verpaßten. Also verbrachten wir auf Hackwood die Nacht, ohne das nötige Gepäck. Lord Curzon trieb eine unbenutzte Zahnbürste auf, die er unter uns Fünfen versteigerte. Er lieh mir einen seiner Pyjamas – den Pyjama eines viel größeren und weitaus umfangreicheren Mannes als ich ... Wie es den anderen Mitgliedern des Quintetts erging, ist nicht überliefert.«[201] Irene, Lady Ravensdale, war noch keine zwanzig Jahre alt, hübsch, selbstsicher und charmant. Rubinstein hat dies bemerkt und notiert.

Der Unterhalt des Hauses im Edith Grove wurde schließlich für Muriel eine zu große Belastung. Sie entschloß sich, mit ihren beiden kleinen Jungen nach Amerika zurückzukehren. Paul war nach seinem unklugen Abstecher nach Deutschland bereits dort. Rubinstein behauptete, bei Muriels Abreise nicht zugegen gewesen zu sein, und erklärte, »mein völliges Unvermögen, ihr in irgendeiner Hinsicht zu helfen, hatte mich doch sehr bedrückt«.[202] Aber ihrer Darstellung zufolge war er tatsächlich bei der nächtlichen Party anwesend, die am Edith Grove kurz vor ihrer Abreise stattfand:

»[Norman] Douglas war bei mir. Leute kamen. Arthur, zurück aus Rußland [sic], war zum Abendessen gekommen ... Ysaÿe ... kam bald darauf. Dann erschien das London String Quartet. Barrère, durch einen glücklichen Zufall in London, eilte mit seiner Flöte herein ...
Ysaÿe spielte den ersten Satz von Mozarts e-Moll-Sonate mit Arthur ... Sammons und Arthur gaben anschließend mein Lieblingsstück, die Violinsonate in A-Dur von Brahms, und dann spielte Arthur Bach ... Barrère, Ysaÿe und Arthur spielten die herrliche Serenade für Geige, Klavier und Flöte, eines von Beethovens frühesten und hübschesten Meisterwerken. Als es vorbei war, spielte Arthur die b-Moll-Sonate von Chopin ... Ich ging hinunter und rief die anderen aus dem Studio zum Frühstück. Wir zündeten noch einmal die treue alte Kaffeemaschine an und köpften zum letztenmal Eier im Eßzimmer von Edith Grove. Arthur und ich such-

ten in der Küche nach etwas Butter für Rühreier und entdeckten dabei zwei kleine Flaschen Champagner und eine kleine gelbe Terrine mit paté-de-fois-gras [sic] ... Die Zeit des Abschieds war gekommen ... Ich wandte mich noch einmal um. Und da standen sie dort in der Tür, Ysaÿe, Rubio, Barrère, Sammons, Warner, Petrie und Evans, die Instrumente wunderbarerweise in der Hand, und spielten einfach göttlich. Ich weiß zwar nicht mehr, was sie gespielt haben, aber während ihr Spiel mich über den Bürgersteig und ins wartende Taxi hineingeleitete, vernahm ich aus dem offenen Dachfenster von 19A die herrlichen Akkorde der *Hammerklavier-Sonate.*«[203]

Eine Zeitlang indes ging das Musikleben im Edith Grove weiter: Muriel hatte vorgeschlagen, Sylvia Sparrow solle das Haus bewohnen, bis die Miete ausgelaufen sei. So gab es auch weiterhin Soireen, dank der finanziellen Unterstützung durch Juanita Gandarillas, einer jungen Chilenin, deren Familie eine wichtige Rolle in Rubinsteins Leben zu spielen begonnen hatte. Juanitas Mann, José Antonio (Tony) Gandarillas, hatte eine Tante, Eugenia Errazuriz – die reiche, schöne Ex-Frau mittleren Alters eines chilenischen Diplomaten –, die Rubinstein 1906 im Pariser Haus der amerikanischen Künstlerin Romaine Brooks kennengelernt und spielen gehört hatte und von ihm außerordentlich beeindruckt gewesen war. Ende 1914 oder Anfang 1915 – kurz nach Rubinsteins Rückkehr von seiner kurzen Kriegsdiensttätigkeit in Paris – erfuhr Errazuriz durch John Singer Sargent, daß der Pianist in London lebte. Augenblicklich lud sie ihn zu sich ein. Sargent erklärte ihm, die Dame spreche zwar eine seltsame und zuweilen unverständliche Mixtur aus Spanisch, Französisch und Englisch, besitze aber einen »unfehlbaren Geschmack« im Hinblick auf sämtliche Künste.[204] Rubinstein mußte ihm bald völlig recht geben, ja, die Chileninnen eroberten rasch sein Herz – und er das ihre. Sie verehrten ihm kostbare Geschenke und luden ihn zu ihren Dinnerpartys ein, auf denen er Augustus John, Harold Nicolson und viele andere bekannte britische und ausländische Gäste kennenlernte und manchmal auch für sie spielte. Es dauerte nicht lange, da hatte Errazuriz, die gern eine Schirmherrin der Künste war,

Rubinstein in einer wunderschönen, elegant möblierten kleinen Wohnung – inklusive Butler und Bechstein-Konzertflügel – in der Royal Hospital Road, Ecke Tite Street, in Chelsea untergebracht. Sein neues Zuhause lag in der Nähe des Edith Grove, des Ateliers, das er sich mit Sylvia Sparrow teilte, von Sargents Atelier und vor allem der größeren Wohnung der Chileninnen an der Ecke Tite Street und Chelsea Embankment.

Am 5. August 1915 überließen die Russen Warschau, Lodz und den Rest des russischen Sektors in Polen den Deutschen. Rubinsteins Sorge um das Schicksal von Lily, seiner Familie und seiner vielen Freunde in der Heimat muß groß gewesen sein, wurde aber gemildert durch die Aussicht auf ein neues Abenteuer: Durch den Dirigenten Enrique Fernández Arbós, den er aus dem Musikzimmer im Edith Grove kannte und der gerade seine Geigenprofessur am Londoner Royal College of Music aufgegeben hatte, war Rubinstein zum ersten Mal eingeladen worden, in Spanien aufzutreten. Rubinstein erinnerte sich an die genaueren Umstände in einem kurzen Essay, den er fast ein halbes Jahrhundert später in Madrid schrieb:

»Mit seinem [Madrider] Symphonieorchester veranstaltete [Arbós] jeden Sommer herrliche Saisons im Casino von San Sebastián. 1915 hatte er die seltsame Idee, ein Brahms-Festival zu organisieren, und ich nenne diese Idee deshalb seltsam, weil damals die Spanier – wie das Publikum in vielen anderen Ländern – die Musik des bedeutenden Komponisten aus Hamburg leidenschaftlich haßten. Im Rahmen dieses Festivals sollte der französische Pianist Maurice Dumesnil das Konzert in d-Moll spielen. Aber es war Krieg, und Dumesnil konnte sein Land unmöglich im Stich lassen. Verzweifelt schrieb Arbós an einen Agenten in London und bat ihn, einen Pianisten zu schicken, der in der Lage sei, das fragliche Konzert zu spielen, wobei er meinen Namen nannte, als einen der Brahms-Interpreten, die er am meisten schätzte. Natürlich wollte der Agent – der nicht der meine war – zuerst diese Chance einem der von ihm vertretenen Künstlern anbieten, aber keiner von ihnen war auf so eine schwierige Aufgabe vorbereitet, und im allerletzten Augenblick rief er mich an.

Mein Glück war unbeschreiblich. Mein Leben lang hatte ich mir sehnlichst gewünscht, Spanien zu sehen. Schon mit sieben oder acht Jahren hatte ich das Gefühl gehabt, von spanischer Musik, ihren besessenen Rhythmen mit ihrer unwiderstehlichen Kraft, wie verzaubert zu sein. Damals erzählte man mir, man habe in Mexiko das spanische Lied *La Paloma* gespielt, als man Kaiser Maximilian hinrichtete, und zutiefst beeindruckt, wie ich von dieser Geschichte war, stiegen mir jedesmal Tränen in die Augen, wenn ich den lieblichen Habanerarhythmus dieses Liedes hörte.

Leider wurde meine Freude über die Reise nach Spanien schon bald getrübt. Ich war zwar Pole, aber russischer Untertan, und durfte auf keinen Fall England ohne die Genehmigung der [russischen] Botschaft verlassen, an die ich mich nicht zu wenden wagte. Und wenn sie mich nun, sobald ich mich vorgestellt hätte, nach Rußland zum Kämpfen schickten? ... Im letzten Augenblick, als ich schon nahe daran war aufzugeben, gelang es mir, diese unbeschreiblichen Schwierigkeiten zu überwinden, dank einer Dame [Errazuriz], die mit dem [russischen] Botschafter befreundet war, und einer Sondergenehmigung vom englischen Kriegsministerium.«[205]

Anfang August 1915 ging Rubinstein an Bord eines englischen Kriegsschiffs, das nach Bilbao auslief. Die Fahrt war zwar langsam und unbequem – jeder an Bord mußte ständig eine Schwimmweste tragen, für den Fall eines Angriffs durch feindliche U-Boote –, erwies sich aber als außerordentlich lohnend. Mit achtundzwanzig Jahren schickte Arthur Rubinstein sich an, das Land seiner Träume kennenzulernen und seine Karriere um eine neue und wichtige Dimension zu erweitern.

4

DER LATINO AUS LODZ

In der Belle Époque zogen jeden Sommer viele prominente Bürger von Madrid rund dreihundertfünfzig Kilometer nach Norden, um die Ferien in San Sebastián am Golf von Biscaya zu verbringen. Rubinstein traf am 9. August 1915 dort ein, nur vierundzwanzig Stunden vor seinem Konzert mit Arbós. Zu den Feriengästen gehörten zu der Zeit der Ministerpräsident Eduardo Dato, der Innenminister José Sánchez Guerra, der Minister für Erziehung und Kunst Graf Esteban de Collantes, der Regierungschef Marquis de Lema, die Königinmutter María Cristina und Hunderte andere Vertreter der spanischen Aristokratie, der Regierung und des Großbürgertums. Für manche dieser Spitzen der Gesellschaft reichte das Strandleben als Zerstreuung nicht aus, daher wurden Theaterstücke, Varietéshows, Ballette, Stummfilme und andere Formen der Unterhaltung in vier Theatern und zwei Kinos angeboten. Zentrum des Gesellschaftslebens war das Gran Casino, das nicht nur Spielsäle aufwies, sondern auch ein ausgezeichnetes Restaurant, ein Café »con afternoon tea todos los días« sowie ein Theater, in dem neben Stücken wie *Nieta y abuela (Enkelin und Großmutter)* von Jacinto Benavente – dem künftigen spanischen Nobelpreisträger – auch viele Konzerte von international bekannten Musikern gegeben wurden.

In seinen Memoiren schilderte Rubinstein verständlicherweise voller Freude und Stolz, aber sehr bescheiden, wie warmherzig man ihn in San Sebastián empfing. Seine spanischen Debütauftritte waren nicht nur ein Erfolg – sie waren ein Triumph, wie er ihn so unmittelbar und so gewaltig noch nie erlebt hatte. Das erste Konzert, ein reines Brahms-Pro-

gramm, begann am 10. August um 17 Uhr mit der *Akademischen Fest-
ouvertüre,* nach der Rubinstein die Bühne betrat, um das Erste Klavierkonzert zu spielen. Am nächsten Tag schrieb der Kritiker (Shabiroya)
von *La Voz de Guipúzcoa,* einer örtlichen Tageszeitung:»Vom ersten
Augenblick an konnten wir feststellen, daß wir einen großen Pianisten,
einen großen Künstler, einen absoluten Musiker vor uns hatten. Sein
enormes Talent als Pianist mit einer gigantischen und perfekt ausgewo-
genen Technik, seinem schönen Klang und seine großartige Musikalität schlugen die Zuhörer in Bann. Sie feierten den großen Künstler
mit herzlichem Beifall am Ende des ›maestoso‹ [des ersten Satzes] und
während des ganzen Werkes, das einen tiefen Eindruck hinterließ…«
Lushe Mendi, der Musikkritiker der anderen Lokalzeitung, *El Pueblo
Vasco,* schrieb von den »herrlichen Effekten«, die der »herausragende
Pianist« erzielte, und fuhr fort:»Señor Rubinstein ist ein absoluter
Künstler. Er verfügt über eine enorme Technik … [und] er empfindet
die Musik auch, die er spielt…« Aber diese Reaktionen wurden noch
von denen auf das zweite Konzert am nächsten Tag in den Schatten
gestellt, als Rubinstein sein getreues g-Moll-Konzert von Saint-Saëns
und drei Solostücke von Chopin spielte. Für Mendi war das Konzert
»eines jener Hörerlebnisse, die man nicht so leicht vergißt«, und Rubinstein habe das Saint-Saëns-Konzert »auf eine erstaunlichere Weise [ge-
spielt], als wir es jemals – ich wiederhole: jemals – gehört haben, und
vergessen Sie nicht, daß wir dieses Werk schon mehrmals von dem herausragenden französischen Komponisten selbst gehört haben!« Noch
begeisterter berichtete Shabiroya über das Konzert:

»Der grandiose Erfolg, den dieser außergewöhnliche Künstler gestern
erzielt hat, war epochal. Uns fehlen die Worte, den Eindruck angemessen
wiederzugeben, den wir empfingen, als wir diesem kolossalen Pianisten
lauschten. Er hat alles: musikalisches Talent von höchstem Rang, eine gewaltige und perfekte Technik, einen überaus schönen Ton, der singt und
mit dem Gefühl der Stimme verwandt ist, Bravour, Phantasie, einen guten
Geschmack in allem, was er interpretiert, und das Temperament eines
außergewöhnlichen Künstlers.

Selten haben wir einen so großartigen und einmütigen Beifallssturm erlebt wie den, der diesem höchst beachtenswerten Künstler gestern zuteil
wurde. Nach dem ersten Satz des Saint-Saëns-Konzerts in g-Moll brach
das Publikum in Bravorufe und lauten Applaus aus, so daß er sich immer
wieder verbeugen mußte. Dann, nach dem Scherzo, sprengte die Ovation
alle Grenzen, und das Publikum, fasziniert von dieser wunderbaren Art,
so musikalisch und so außerordentlich vergeistigt zu spielen, applaudierte mit wahnsinniger Begeisterung.

Am Ende wurde das abschließende Presto von Saint-Saëns' wunderbarem
Konzert mit einer derartigen Geschwindigkeit und einem so großen
Rhythmusgefühl vorgetragen, daß das Publikum ganz verblüfft und benommen war und der hypnotischen Kraft des kolossalen Künstlers erlegen schien, und noch vor dem Ende der Nummer brachen einzelne
Menschen in Begeisterungsrufe aus, die zu einer allgemeinen Ovation
anschwollen. Maestro Arbós, das Orchester und das gesamte Publikum
huldigten dem jungen Pianisten, dessen natürliches Lächeln nicht gewin-
nender hätte gewesen sein können.

Im zweiten Teil – den Soli – hörten wir einen Chopin, wie wir ihn noch nie
gehört hatten, einen Chopin jenseits aller Kritik. So muß er sein, das ist
der wahre Chopin! Welche Poesie, welch intensives Gefühl, welche Phantasie! Selbst diejenigen, die die höchsten Ansprüche an eine Chopin-Inter-
pretation stellen, applaudierten frenetisch, überwältigt vom siegreichen
Talent Arthur Rubinsteins... Daß das Publikum dem herausragenden
Künstler wahnsinnigen Beifall gespendet habe, ist gar kein Ausdruck.
Nachdem er wiederholt auf die Bühne gerufen worden war, spielte er uns
als Zugabe Chopins Etüde in As-Dur, und sie war ideal, weil sie jedem
einen Eindruck von der höchsten Kunst dieses außergewöhnlichen Pianisten vermittelte. Da er jung und ungeheuer talentiert ist, wird er noch
ruhmreiche Tage erleben und eine triumphale Karriere machen.«[1]

Die Königinmutter empfing Rubinstein im Palacio de Miramar und habe, laut Arbós' Memoiren, »interveniert, damit er noch zwei Solokonzerte gäbe«.[2] Vermutlich liegt hier eine Erinnerungstäuschung vor:
Außer einem dritten Konzert mit Orchester, das vielleicht auf María Cri-

stinas Verlangen und/oder auf öffentlichen Wunsch hin zusätzlich zustande kam, fand nur noch ein Solokonzert statt, und zwar nicht vor dem 30. August. Rubinstein muß diesem Ereignis große Bedeutung beigemessen haben, denn er sagte dafür einen Auftritt in Henry Woods Londoner Promenade Concerts ab. (Laut Wood sei der englische Pianist William Murdoch »für das ›Kaiser-Konzert‹ ganz kurzfristig eingesprungen…, als Arthur Rubinstein in Portugal [sic] aufgehalten wurde«.[3]) Rubinsteins drittes Orchesterkonzert in San Sebastián fand am 13. August statt. Er spielte Beethovens Viertes Klavierkonzert sowie bei seinen Soloauftritten Debussys *Poissons d'or,* Skrjabins Nocturne für die linke Hand und Liszts Zwölfte Ungarische Rhapsodie. Dann verbrachte er zwei Wochen als Tourist in Madrid, Toledo, Córdoba, Sevilla und Granada. Die 2000 Kilometer lange Bahnfahrt hatte ihn keineswegs erschöpft, sondern geradezu erfrischt, und das Konzert, das er nach seiner Rückkehr in San Sebastián gab, hätte kaum besser verlaufen können. Als Lushe Mendi vierzig Minuten vor Konzertbeginn beim Casino eintraf, »drängte sich eine riesige Menge ungeduldig im großen Treppenhaus des Haupteingangs und auf den kleinen Treppen an den Seitentüren und wartete auf den Augenblick, da der Saal geöffnet wurde. Dort harrten wir eine gute Viertelstunde aus, dicht zusammengedrängt und mehr oder weniger heftige Püffe und Schubser einsteckend, bis die Anweisung erging, die Türen zu öffnen. Das Gerangel, das dann folgte, war höchst ungebührlich. Da war jeder auf sich allein gestellt… inmitten einer riesigen Woge wie während der fürchterlichsten Unwetter.«[4]
Das Programm bestand aus der Toccata und Fuge in d-Moll von Bach in der Bearbeitung von Tausig, einem Brahms-Capriccio, einer Chopin-Gruppe (der Barcarolle, der fis-Moll-Polonaise, einigen Préludes, der Berceuse und dem b-Moll-Scherzo), Debussys *La Soirée dans Grenade,* Rachmaninows Prélude in g-Moll, einer Etüde von Szymanowski und erneut aus der Liszt-Rhapsodie. Als Zugabe spielte Rubinstein Chopins As-Dur-Polonaise. Publikum und Kritiker gerieten wieder in Ekstase, und sogar Francisco Gáscue y Murga, der bekannte baskische Musikwissenschaftler und örtliche Korrespondent der *Revista Musical Hispano-Americana* – einem für Musiker weitaus bedeutenderen Organ als

die Zeitungen von San Sebastián –, erklärte, Rubinstein gehöre »in die erste Reihe« der Pianisten.[5] Noch wichtiger war das Angebot, im kommenden Winter zwanzig Konzerte in verschiedenen spanischen Städten zu geben. Rubinstein nahm an. Nach einem Abschiedsessen, das Arbós ihm zu Ehren gab, kehrte Rubinstein mehr als befriedigt nach Großbritannien zurück.

Er hätte in Europa kaum einen größeren kulturellen und klimatischen Sprung machen können als von Spanien nach Nordschottland. In dem Städtchen Forres am Moray Firth verbrachte er den Spätsommer und Frühherbst als Gast in einem großen Haus, das Eugenia Errazuriz und Juanita und Tony Gandarillas gemietet hatten. Er übte, spielte für seine Gastgeber, ging reiten, spielte Billard, las und genoß es, hochherrschaftlich bewirtet zu werden. Auf der Rückreise nach London machte Rubinstein einen Zwischenstopp in Leeds, um ein Konzert zu geben – sein örtliches Debüt –, aber nach einem gemeinsamen Konzert mit Ysaÿe in London kehrte er bereits wieder nach Schottland zurück: Am 13. November 1915 gab er in der St. Andrew's Hall in Glasgow sein schottisches Debüt und spielte dabei zum ersten Mal Tschaikowskys Erstes Klavierkonzert. Das Scottish Orchestra wurde von Emil Mlynarski dirigiert, der zu Beginn des Krieges mit seiner Familie nach Rußland geflohen war. Er konnte Rubinstein daher nichts Neues von ihren Freunden in dem von den Deutschen besetzten Teil Polens berichten. Rubinstein erinnerte sich, daß die Probe mit dem Orchester am Vormittag vor dem Konzert »bedeutende Mängel« in seinem Spiel aufdeckte und daß Mlynarski ihm kostbare »Ratschläge für den Vortrag dieser anspruchsvollen Komposition gegeben« hatte. Der Dirigent habe einige der allzu häufigen Fortissimo-Vorzeichen im Klavierpart durch wechselnde Piano-Crescendo-Zeichen ersetzt, »und damit erhöhte sich die Wirkung des Ganzen«. Außerdem warnte Mlynarski Rubinstein davor, die Walzerfolge im zweiten Satz allzu schnell zu spielen. »Nie habe ich dieses Konzert gespielt, ohne daß mir seine Hinweise wieder eingefallen wären, und ihm danke ich meine Erfolge in Glasgow und Edinburgh.«[6] Diese Geschichte hörte sich allerdings ein wenig anders an, als Mlynarski sie Wiktor Labunski, einem seiner künftigen Schwiegersöhne, erzählte. »Artur kam offenkundig unvorbereitet zur Probe, verhaspelte sich an mehreren Stellen und klang ziemlich vage«, berichtete Labunski. »Als sie wieder im Hotel waren, fragte Emil Artur, was mit ihm los sei; Artur Rubinstein gab zögernd zu, daß er die gedruckte Partitur des Konzerts nie zuvor gesehen und geglaubt habe, er würde es gut genug kennen, um es spielen zu können. Emil gab ihm die Partitur... ›Hier‹, sagte er, ›du wirst jetzt so lange üben, bis du sie gelernt hast.‹ Artur verbrachte den ganzen Nachmittag an den Tasten, mit dem Ergebnis, daß er an jenem Abend eine großartige Darbietung gab, sehr zur Freude des Publikums und seines gestrengen Mentors. Als Emil mir diese Geschichte erzählte, fügte er hinzu: ›Wenn Artur nur wirklich hart arbeiten wollte, wäre er der größte Pianist der Welt.‹«[7]

Sechzehn Tage nach seinem schottischen Debüt spielte Rubinstein das Saint-Saëns-Konzert in der Londoner Queen's Hall für die Royal Philharmonic Society. Es war sein erster Auftritt mit dem Dirigenten Thomas (später Sir Thomas) Beecham, der acht Jahre älter war als er.

In *Die frühen Jahre* behauptete Rubinstein fälschlicherweise, seine erste große spanische Tournee hätte Anfang Januar 1916 begonnen, und er hätte einen Vertrag mit dem jungen Ernesto de Quesada und seiner in Madrid ansässigen Daniel Concert Agency unterzeichnet, als die Tournee bereits voll im Gange gewesen wäre. Tatsächlich begann die Tournee erst in der zweiten Februarhälfte 1916. Sie wurde von Anfang an von dem auf Kuba geborenen Quesada organisiert, der um die Jahrhundertwende in Boston studiert und für die Konzertagentur Wolff in Berlin gearbeitet hatte, bevor er nach Spanien gegangen war. Er hatte Rubinstein im Sommer 1915 in San Sebastián kennengelernt und sich sofort seine spanische Reiseplanung für 1916 vorgenommen. Die Direktoren der örtlichen Philharmonischen Gesellschaft in Bilbao, wo Rubinstein zwei seiner frühesten Auftritte während der Tournee hatte, nämlich am 23. und 24. Februar, beklagten sich zunächst bei Quesada darüber, daß er ihnen Rubinstein schickte statt die berühmtere Teresa Carreño oder Busoni. Aber nach dem ersten Konzert waren ihre Einwände verflogen. »Gestern abend hörten wir zum ersten Mal diesen wunderbaren Pianisten namens Rubinstein«, schrieb der Kritiker der Lokalzeitung *El Nervión,* »und wir gestehen in aller Bescheidenheit, daß er uns mit seiner Beherrschung der Tasten ebenso wie mit seinem erstaunlichen Aneignungs-, Darbietungs- und Interpretationsvermögen verführt hat... Rubinstein erhielt ungeheuren Beifall, was sich heute wiederholen wird, und dies mit Recht.«[8] Rubinstein teilte sich sein zweites und ebenso erfolgreiches Konzert in Bilbao mit dem achtzehnjährigen Cellisten Gaspar Cassadó. In Oviedo, am 26. Februar, spielte Rubinstein Beethovens *Waldstein-Sonate,* Liszts Zwölfte Rhapsodie und vier Chopin-Stücke; zwei Tage später, in einem weiteren gemeinsamen Konzert mit Cassadó, gab er als lokale Premiere Chopins Dritte Sonate sowie die Rhapsodie in Es-Dur, op. 119, von Brahms und *Navarra* von Isaac Albéniz. Dies widerspricht der Behauptung des Pianisten, er habe es erst später auf der Tournee gewagt, spanische Musik in Spanien zu spielen, nachdem Albéniz' Witwe und Tochter ihn dazu ermutigt hätten. Ein ähnliches Programm gab er in Santander, wobei er erneut die Bühne mit Cassadó teilte und wieder Musik von Albéniz spielte.

Nach mehreren Auftritten in anderen Städten gab Rubinstein sein Madrider Debüt im Teatro Lara am 10. März 1916 sowie weitere Konzerte am 13., 15. und 17. März. Seine Programme enthielten die Stücke, die er in Oviedo gespielt hatte, und Werke von Debussy, Ravel, Skrjabin, Szymanowski, Liszt und anderen. Die Konzerte waren ungeheuer erfolgreich, aber es gab auch einige negative Stimmen, wie aus einem Rechtfertigungsartikel von Miguel Salvador in der *Revista Musical Hispano-Americana* hervorgeht. Salvador war der Präsident der Philharmonischen Gesellschaft, der Nationalen Musikgesellschaft und der Musikabteilung der Kulturvereinigung. »Wir verwahren uns entrüstet ... gegen all jene Leute, die in ihm einen *pianolaista* zu sehen wünschten, will sagen, einen großartigen Techniker, der nichts als Tempo und viel Lärm macht, aber völlig mechanisch und hirnlos ist; zum Glück hatten wir recht, als wir erklärten, sie würden ihre Meinung ändern, da sie sie alle inzwischen zurückgenommen haben. Diese Geschlagenen haben ihren Wankelmut zwar eingestanden, aber zugleich die wirklichen oder eingebildeten Schwächen angeführt, die sie an ihm wahrgenommen haben wollten: Die Mehrheit nannte sein *übertriebenes* Tempo…, *übertriebenen Romantizismus* in gewissen Werken, Mangel an meisterhafter Beherrschung der Pedale, die Verwechslung einiger Passagen und zweideutige Interpretationen.« Einige dieser negativen Kriterien entsprachen bemerkenswerterweise der Kritik, die Rubinstein in Deutschland hatte einstecken müssen, wo er gelegentlich als oberflächlicher Virtuose bezeichnet worden war. Sie waren aber auch das genaue Gegenteil dessen, was in der zweiten Hälfte seiner Karriere häufig über Rubinstein gesagt wurde: Ab den dreißiger Jahren wurde seine Technik oft durchschnittlich genannt, während sein musikalisches Können als profund galt – eine Ansicht, die seinem Selbstverständnis entsprach. Salvador hingegen war von Anfang an davon überzeugt, daß Rubinsteins technische und musikalische Vorzüge bei weitem seine Schwächen überwogen. »Ich gebe zu, daß er zuweilen zu schnell ist, daß einige Passagen nachlässig sind und daß die Pedaltechnik verbessert werden könnte«, meinte er, »aber selbst in jenen Passagen hält er sicher die Hauptlinie und bewahrt, was meiner Meinung nach seine größte Qualität als Pianist ist, nämlich ein Gespür für Ebenen oder Abstufungen in der Quantität des Klangs.«

Salvador wollte mit seiner Verteidigung von Rubinstein nicht eine Armee von Feinden abwehren, sondern nur ein paar versprengte Abweichler inmitten eines überwältigenden Triumphs. Im Laufe der spanischen Tournee – bei deren zwanzig geplanten Konzerten es nicht blieb – kehrte Rubinstein nach Madrid zurück. Hier spielte er am 27. März das Saint-Saëns-Konzert mit Arbós und dem Madrider Symphonieorchester und gab am 14. April ein Solokonzert, das Szymanowskis Variationen über ein polnisches Volkslied, op. 10, und Skrjabins Fünfte Sonate enthielt. Salvador berichtete, einige der gespielten Stücke seien zwar »sehr modern« gewesen, aber das Publikum der Sociedad Nacional de Música, »das aus wahren Musikliebhabern besteht, war fasziniert von dem Programm und den Werken«.[9] In jenen Jahren war Rubinstein tatsächlich ein engagierter Interpret zeitgenössischer Musik – nicht der Musik von Schönberg, Berg, Webern oder anderen avantgardistischen Komponisten der deutschen Schule, sondern von vielen französischen, slawischen und spanischen Zeitgenossen. Von den Komponisten, die er 1916 auf seiner spanischen Tournee spielte, war Debussy vierundfünfzig Jahre alt, Rachmaninow dreiundvierzig, Ravel einundvierzig, Medtner sechsunddreißig und Szymanowski vierunddreißig; Albéniz war sieben Jahre zuvor im Alter von neunundvierzig Jahren und Skrjabin 1915 dreiundvierzigjährig gestorben.

Ein Konzert in Barcelona am 24. März 1916 enthielt *La Maja y el ruiseñor (Das Mädchen und die Nachtigall)* aus den *Goyescas* des neunundvierzigjährigen Enrique Granados, dessen Kinder anwesend waren. Sie erwarteten ihre Eltern aus Amerika zurück, wo die Opernversion der *Goyescas* gerade eine erfolgreiche Premiere an der Metropolitan Opera erlebt hatte. Doch Stunden zuvor war das Schiff, auf dem der Komponist und seine Frau den Ärmelkanal überquerten, von den Deutschen torpediert worden: Granados wurde von einem Rettungsboot aufgefischt, aber als er seine Frau im Wasser ums Überleben kämpfen sah, sprang er zurück, um sie zu retten, und ertrank mit ihr. Als Granados' Kinder zuhörten, wie Rubinstein die Musik ihres Vaters spielte, hatten sie noch keine Ahnung von der Katastrophe. Die Aufführung erwies sich, wie Granados' Tochter Natalia später schrieb, als eine »posthume Hommage an Maestro Granados«. Vermutlich irrte sie allerdings, als sie Rubinstein und Granados als »aufrichtige und einander zugetane, wenn auch nicht intime« Freunde bezeichnete, weil nicht überliefert ist, ob die beiden einander je kennengelernt haben, und Granados' Name taucht nicht einmal in Rubinsteins Memoiren auf.

Ende April trat Rubinstein wieder im Palau de la Musica Catalana in Barcelona auf, um ein spanisches Werk zu spielen, das er erst vor kurzem einstudiert hatte und das ihm stets am Herzen lag: *Iberia,* eine zwischen 1906 und 1909 von Albéniz geschriebene Klaviersuite. Er hatte Albéniz 1904 oder 1905 in Paris kennengelernt, aber nicht geahnt, daß der »rundliche und lustige Spanier« – so Rubinstein über ihn im Jahre 1963 – ein fähiger Komponist war. Ein oder zwei Jahre danach »gab Paul Dukas mir ein Heft mit Noten und sagte: ›Schau dir das mal an – das wird dich bestimmt interessieren, da du ja so verrückt nach spanischer Musik bist.‹ Es war das erste Heft von Isaac Albéniz' *Iberia.* Ich glaubte zwar, gut vom Blatt spielen zu können, aber es schien mir doch furchtbar schwer zu sein. Sein inneres Wesen jedoch, das so ganz und gar spanisch war, hat sofort meine Begeisterung geweckt.«[10] Während eines Aufenthaltes in Palma de Mallorca auf seiner Spanientournee von 1916 (und nicht in der folgenden Saison, wie er in seinen Memoiren meinte) spielte Rubinstein Teile des Albéniz-Werks dessen Witwe und Töchtern vor. Sie erklärten ihm, er habe es genauso wie Albéniz gespielt – wobei er auch »›viel überflüssiges Beiwerk in den Begleitstimmen‹« wegließ, wie ihm die Tochter Laura bestätigte[11] –, und sie ermutigten ihn, das Werk öffentlich aufzuführen. »Ich war kein Andalusier, aber ich stellte mir vor, daß sich Albéniz das Stück genau so gedacht hatte«, sagte er über vierzig Jahre später in einem Interview. »Albéniz war zwar ein außerordentlich kreatives Genie, doch er hat die Kunst der musikalischen Konstruktion nie gelernt, und fast alle seine Werke haben ihre Wurzeln in der Folklore bewahrt. Man hat ihm dies gesagt, und als er die *Iberia*-Suite schrieb, arbeitete er daher so intensiv daran, daß er sie übertrieben schwierig machte. Am Ende war sie fast unspielbar, und darum ist ihr seinerzeit der Erfolg versagt geblieben.«[12]

Rubinstein hatte offenbar geglaubt, daß die Begegnung mit der Familie von Albéniz ihn dazu ermächtigt habe, alle Änderungen vorzunehmen, die er für richtig hielt. »Ich habe mich bemüht, Albéniz von einigen technischen Hürden zu befreien, mit denen der Komponist einen internationalen Akzent zu setzen versucht hat«, erklärte er einem anderen Interviewer. »Ich habe dies getan, um ihn im Gegenteil eher echt spanisch zu machen.«[13] Zu einem weiteren Reporter sagte er: »Albéniz hat die Möglichkeiten des Klaviers nicht allzugut gekannt, und oft hat er ein wenig unbeholfen geschrieben. Daher mußte ich seine Musik erst in Ordnung bringen, damit sie für meine Finger geeignet war, und seine unpianistischen spanischen Vignetten zum ›Klingen‹ bringen, wie wir sagen. Haben Sie schon mal versucht, *Navarra* so zu spielen, wie Albéniz es geschrieben hat? Sie werden sehen, es ist unmöglich. Man bricht sich dabei nicht nur die Finger, sondern es ist auch ohne Wirkung... Ich habe damals sonst alles ganz rasch gelernt. Aber ich brauchte drei Wochen, um alle zwölf Stücke von Albéniz' *Iberia* zu erlernen.«[14] Als

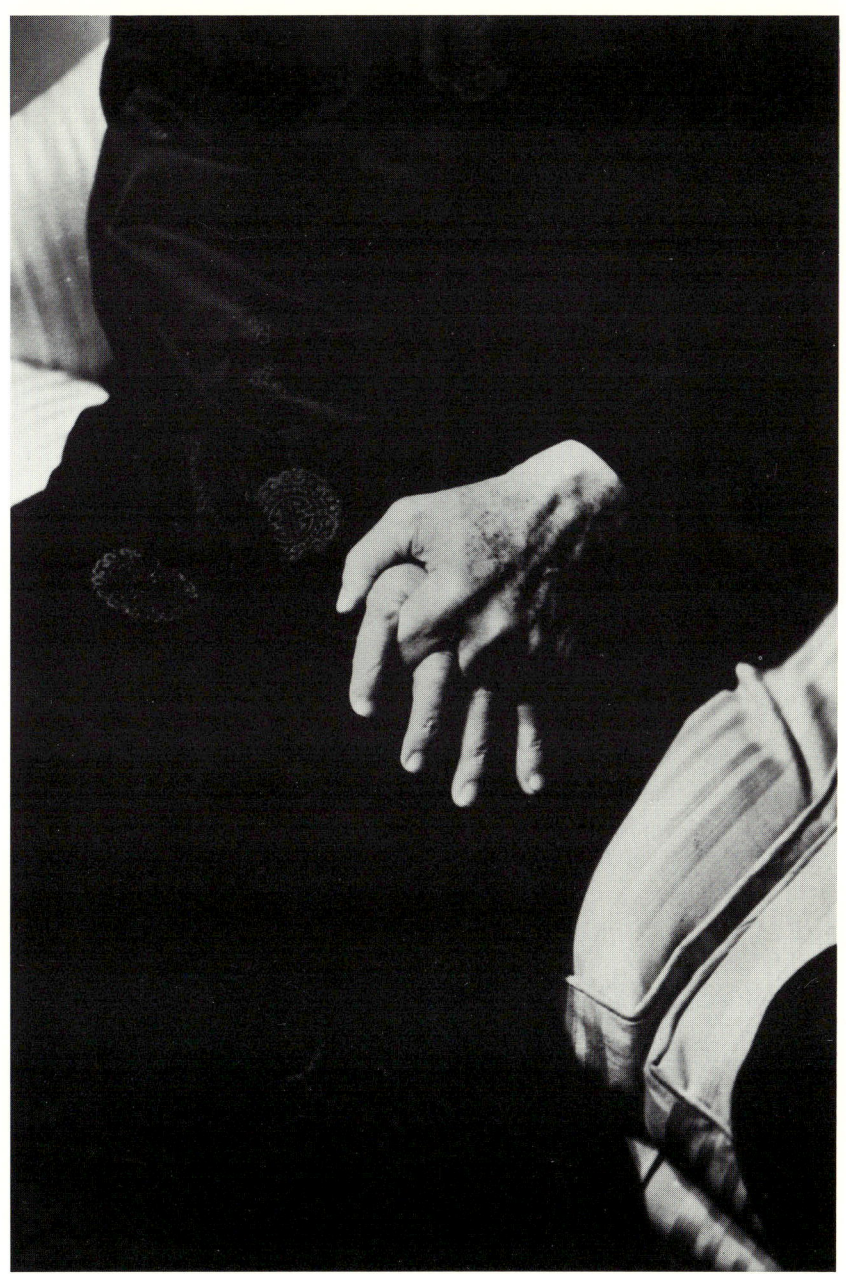

Eine typische Handhaltung von Rubinstein – wenn er nicht am Klavier saß.

*Oben links: Arthur im
Berliner Tiergarten,
Anfang 1900.*

*Oben rechts: Arthur im
Berliner Tiergarten,
Frühjahr 1900.*

*Unten rechts: Der 17jährige
Rubinstein zur Zeit seines
Pariser Debüts, 1904.*

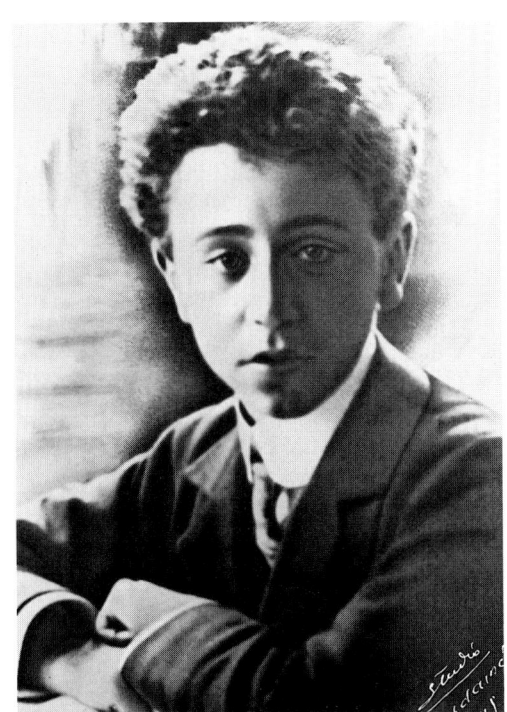

Lodz 1912: Arthurs Eltern, Izaak und Felicja Heiman Rubinstein.

Rubinstein mit Pastora Imperio und Manuel de Falla in Madrid, 1917. (Archivo Manuel de Falla)

*Rio de Janeiro, 1918.
Von links nach rechts:
Rubinstein, Darius
Milhaud, Paul Claudel
und Henri Hoppenot.*

*Eine undatierte Karikatur
aus den dreißiger Jahren.*

Genf, zwanziger Jahre: die Jury eines Klavierwettbewerbs. Von links nach rechts: Rubinstein (mit einer Kopfbandage nach einem glimpflich verlaufenen Verkehrsunfall), Alfred Cortot, ein Unbekannter, Ernest Schelling, Professor Pembauer.

Mit Zosia und Paul Kochanski und (ganz rechts) Maurice Ravel, zwanziger Jahre.

Paris, um 1930. Von links nach rechts: Alexander Steinert, Paul Kochanski,
Vladimir Horowitz, Rubinstein.

London, Juli 1932. Nela und Arthur auf ihrem Hochzeitsempfang mit ihrer
Gastgeberin, Sybil Lady Cholmondeley.

In den vierziger Jahren.

Nela und Arthur in Kalifornien in den vierziger Jahren, mit dem Maler Elias Kanarek und einem Teil des Triptychons, das er gerade für sie malte.

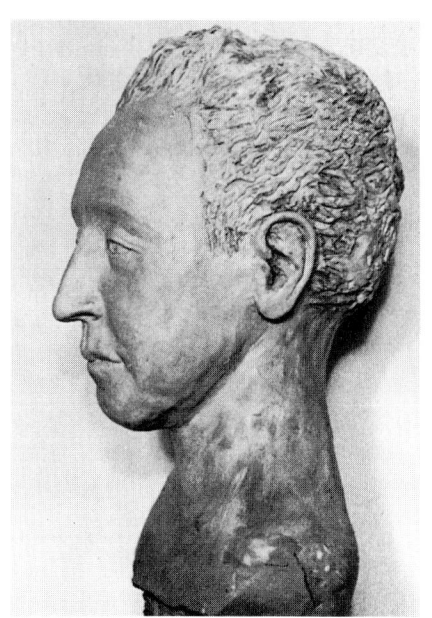

Mit Andrés Segovia,
vierziger Jahre.

Eine von Nela Rubinstein
gefertigte Büste, Mitte der
vierziger Jahre.

Ankunft in Buenos Aires im Jahre 1940: Eva, Nela, Paul, Arthur.

*Rubinstein im Jahre 1941:
Amüsiert er sich über eine
Geschichte, die jemand anders
erzählt hat?*

*Die Rubinsteins vor ihrem neu
erworbenen Haus an der Tower
Road, Beverly Hills, 1948.
Von links nach rechts: Arthur,
der Johnny hält, Paul, Nela mit
Alina auf dem Arm, Eva.*

Bei einer Probe mit Heifetz und Piatigorsky in Ravinia, Chicago, 1949.

Auf der Piazza San Marco in Venedig, fünfziger Jahre.

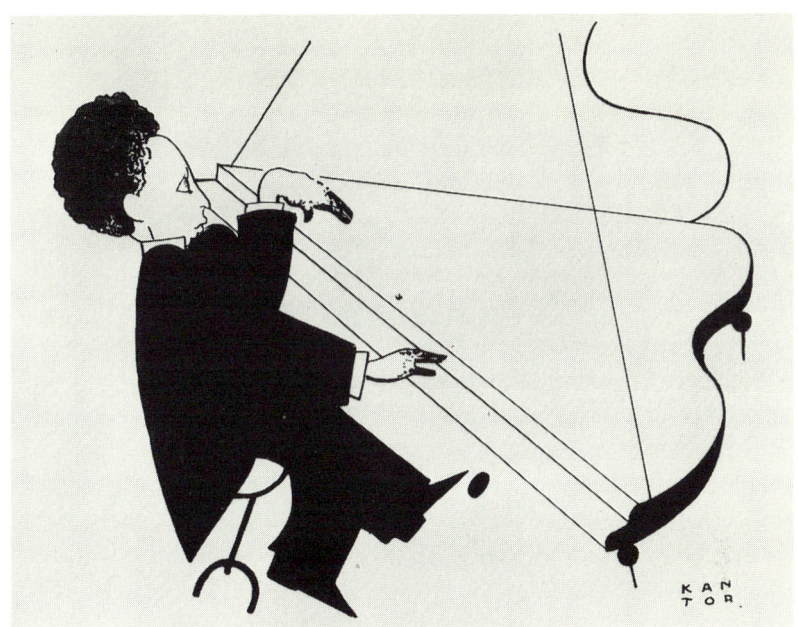

Ein Karikatur von Kantor.

Auf einem Skilift in Aspen, Colorado, fünfziger Jahre.

Mit Charlie Chaplin und einer jungen Bewunderin an Bord des Schiffes, auf dem Chaplin die USA für immer verließ, 1952.

Rubinstein glaubte, soweit zu sein, setzte er das Werk in Madrid und Barcelona aufs Programm, wobei er es auf drei Gruppen zu je vier Stük- ken verteilte und in drei aufeinanderfolgenden Konzerten spielte, die auch Werke von anderen Komponisten enthielten. Im Hinblick auf die Madrider Konzerte erklärte er, man könne »ohne Übertreibung sagen, daß diese drei Konzerte den Wendepunkt in meiner Laufbahn bedeute- ten. Jede einzelne Komposition wurde mit donnerndem Jubel begrüßt, und ich sah mich dann genötigt, sie zu wiederholen. Am Ende erhielt ich die größte Ovation meines Lebens, ich mußte mich Dutzende Male ver- beugen, wurde von Blumen fast erdrückt und von einer Bravo! rufenden Menge ins Hotel geleitet. Señora Albéniz, Laura, Fernandéz Arbós, de Falla und andere Musiker gratulierten mir aufrichtig.«[15]

Eine ähnliche Reaktion gab es in Barcelona, wo er am 22., 26. und 29. April 1916 die Konzertreihe wiederholte (die Programme enthielten auch Stücke von Beethoven, Schumann, Chopin, Liszt, Schubert-Tau- sig, Rachmaninow, Debussy und Medtner), aber einige Kritiker äußer- ten Vorbehalte. »Obwohl er zwar immer verschwenderisch mit seinen herausragenden Qualitäten als Interpret umgeht, haben wir doch noch nie erlebt, daß Arthur Rubinstein sich so total, jugendlich und über- strömend hingegeben hat wie in der Interpretation von *Iberia*«, berich- tete Federico Lliurat in der *Revista Musical Catalana*. »Im allgemeinen schien er vor allem empfänglich zu sein für den strahlenden, sonnigen Aspekt von *Iberia,* den er gewiß vortrefflich vortrug... Aber ist dies... der wichtigste Aspekt von *Iberia?*« Für den Kritiker offenbar nicht, und im folgenden verglich er Rubinsteins Interpretation mit der eines katalanischen Pianisten, Joaquim Malats, der nach Lliurats Meinung das Werk subtiler als Rubinstein gespielt habe. Er beklagte sich auch dar- über – was einem ziemlich beckmesserisch vorkommt –, daß nach je- dem einzelnen Stück »so verrückt geklatscht wurde, daß man den Be- zug zum vorhergehenden Stück und zur Kontinuität von *Iberia* verlor«.[16] Aber Lliurat war selbst ein katalanischer Pianist und daher vielleicht schlicht befangen. Einige damalige sowie spätere Musiker haben an Rubinsteins Vereinfachungen des Werks Anstoß genommen. Die Pianistin Gaby Casadesus hörte Rubinstein *Navarra* in den zwanziger Jahren spielen und habe, wie sie sagte, »mit Erstaunen bemerkt, daß er nicht alle Noten spielte. Da ich damals daran arbeitete, kannte ich es gut, und ich war wirklich überrascht, daß ein Pianist von seiner Größe derartige Gedächtnislücken haben konnte. Er spielte das Thema auf wunderbare Weise, mit unglaublichem Stilgefühl, aber dies hinderte ihn offenbar nicht daran, ein paar Noten wegzulassen.«[17] In Spanien jedoch wurde der Name Rubinstein so eng mit dieser Musik verbunden, daß 1958 ein Reporter von *La Vanguardia* in Barcelona Rubinstein fragte: »Wer verdankt wem mehr: Sie Albéniz oder Albéniz Ihnen?« Worauf Rubinstein erwiderte: »Ich habe nichts weiter für Albéniz getan, als sein Werk durch meine Interpretation zu verbreiten.«[18] Fünf Jahre später schrieb Rubinstein: »Ich war dem Komponisten begegnet, der mich dazu gebracht hat, mein Bestes als Interpret zu geben. Von da an waren meine größten Erfolge untrennbar verbunden mit dem Namen des geschätzten und gefeierten Isaac Albéniz.«[19]

Rubinstein war bei der Uraufführung von Manuel de Fallas *Noches en los jardines de España (Nächte in spanischen Gärten)* am 9. April 1916 (nicht 1917, wie er in seinen Memoiren fälschlicherweise gemeint hat) in Madrid zugegen. Das Stück faszinierte ihn, und später führte er es in Argentinien erstmals in der westlichen Hemisphäre auf. Er freundete sich bald mit de Falla an, der ihn in ein Cabaret mitnahm, wo die Zigeunersängerin und -tänzerin Pastora Imperio »ein kleines Stück, das er für sie geschrieben hatte«, zum besten gab, wie Rubinstein viele Jahre später berichtete. »Und wissen Sie, was es war? *El amor brujo,* dessen Thema Pastora ihm vorgeschlagen hatte. Sie hatte es dem Komponisten vorgesummt und gesagt: ›Das hab' ich zu Hause von meiner Mutter und meiner Großmutter gehört.‹ Sobald de Falla es aufgeschrieben hatte, sagte sie zu ihm: ›Gib mir ein Stück Papier, ich werde es umändern, damit es zu meinem Stil paßt.‹«[20] In seinen Memoiren erinnerte sich Rubinstein, de Falla habe ihm erlaubt, den »Feuertanz« aus *El amor brujo* für Klavier zu bearbeiten, und begeistert berichtete er von dem ungeheuren Erfolg, den er mit seiner Bearbeitung gehabt habe. In einem früheren Interview allerdings enthüllte er, daß die Geschichte noch einen anderen Aspekt hatte. »Ich muß heute [um 1960] noch immer in hohem Maße vom ›Feuertanz‹ von de Falla leben, aus dem ich an einem unseligen Abend in Spanien ein Klavierstück gemacht habe. Wissen Sie, ich habe das Stück von einer kleinen Tanzkapelle spielen gehört. Es wurde von einer berühmten Zigeunertänzerin getanzt, und ich sagte zu de Falla, der ein Freund von mir war: ›Das ist ein gutes Klavierstück‹. Darauf er: ›Unsinn‹. Nun, ich habe es … entsprechend für Klavier bearbeitet und in Madrid gespielt, und wissen Sie, wenn ich es nicht dreimal wiederholt hätte, dann hätte man mich vielleicht umgebracht. Das Publikum wollte mich nicht gehen lassen. Die Leute schrien und tobten. Ich war nicht bereit, dasselbe Stück dreimal zu spielen, aber sie wollten mich einfach nicht gehen lassen. Und dann habe ich gemerkt, daß das ein Stück war, das jedes Publikum der Welt fasziniert, auch die Chinesen, die Japaner, wen auch immer. Ich glaube, wenn es auf dem Mond einmal Konzerte geben wird, dann werde ich sofort den ›Feuertanz‹ spielen und könnte damit auch dort Erfolg haben.«[21]

Rubinsteins Einstellung nicht nur gegenüber dem »Feuertanz«, sondern gegenüber spanischer Musik generell war allerdings ausgesprochen ambivalent. Auf der einen Seite war er verständlicherweise stolz auf seine Leistung: »Sehr früh in meiner Karriere habe ich eine gewisse Neigung zu spanischer Musik an den Tag gelegt«, erzählte er fast ein halbes Jahrhundert später dem amerikanischen Musikkritiker Samuel Chotzinoff. Aber, fuhr Rubinstein fort, »ich muß gestehen, daß ich zwar gern Freude bereitet habe mit spanischer Musik, daß aber mein Herz in Wirklichkeit eher den alten und neuen Klassikern gehörte – Bach, Mozart, Beethoven, Schubert, Schumann, Chopin. Es gehörte auch den Impressionisten, Debussy, Ravel und unserem Polen Szymanowski... Ich habe spanische Musik so gespielt, daß mein Publikum mir kaum widerstehen konnte. Und das, mein Lieber, war tragisch für mich... Ich gab [den Leuten], was sie wollten und wie sie es wollten, und hatte damit großen Erfolg. Aber mein Herz war leer. Musikalisch gesprochen, habe ich ein Doppelleben geführt.«[22]

Zu Beginn seines Aufenthalts in Madrid machte Rubinstein die Bekanntschaft der Infantin Isabel, der Tante des Königs und dann des jungen Königs Alfonso XIII. und der Königin Victoria Eugenia. Es gab Gerüchte, er hätte mit der Königin eine Affäre gehabt; als ihn seine Frau und seine ältere Tochter vierzig Jahre später danach fragten, wies er den Vorwurf ärgerlich zurück, und sein Ärger schien ihnen zu bestätigen, daß die Geschichte wahr sei. Aber am Ende seines Lebens, als er sich oft offen über seine früheren erotischen Abenteuer ausließ, bestätigte er, die Königin habe ihn zwar gemocht, aber zu einer Affäre sei es nicht gekommen. Durch die Königsfamilie und durch die gut eingeführte Familie Errazuriz-Gandarillas – die während Rubinsteins erstem Aufenthalt in Madrid dort eintraf – lernte er eine Menge Herzöge und Herzoginnen, Grafen und Gräfinnen, Marquis und Marquisen kennen. Anfangs verständigte Rubinstein sich mit den spanischen Granden in einer der fünf Sprachen, die er beherrschte. Rasch sprach er immer fließender Spanisch – und zwar so gut, daß er den Akzent der Madrider Arbeitervorstädte imitieren konnte. (Er konnte sich schließlich auch auf portugiesisch und italienisch ausdrücken, aber er beherrschte beide Sprachen nicht besonders gut. Als man ihn am Ende seines Lebens einmal wegen seiner Kenntnisse in acht Sprachen rühmte, erwiderte er, er würde gern »sieben hergeben für eine einzige gute«.[23])

Rubinstein liebte die High Society, und die High Society liebte ihn. In der Karwoche fuhr er über Toledo und Córdoba nach Sevilla in Gesellschaft des Herzogs und der Herzogin Fernán-Núñez und ihrer vorwiegend aristokratischen Entourage. Bevor sie via Málaga, Granada und Ronda nach Madrid zurückkehrten, unterbrach die betuchte Gesellschaft die Fahrt in Algeciras, von wo aus Rubinstein und ein paar andere einen Tagesausflug über die Straße von Gibraltar nach Tanger machten. Auf der Rückfahrt nach Algeciras lernte er eine schöne, aber unglückliche junge Kriegswitwe kennen, mit der er auf einer Parkbank mit Blick auf den Felsen von Gibraltar sexuellen Verkehr hatte. Gleich danach lief sie weg, und er hat sie nie wiedergesehen.

Die Kombination aus öffentlicher Anerkennung und der Aufnahme in die höchsten Adelskreise gaben nicht nur Rubinsteins Ego mächtig

Auftrieb – sie bewies ihm auch, daß für eine lebenslange Karriere als Pianist doch mehr sprechen könnte, als er zuvor gedacht hatte. »Ich sage Ihnen ganz ehrlich«, erklärte er rund vierzig Jahre später in einem Interview, »daß ich am Anfang meiner Karriere gegenüber der gesellschaftlichen Stellung eines Pianisten eine ziemlich schreckliche, unangenehme Verachtung empfand. Ich hielt sie für etwas Minderwertiges. Wissen Sie, ich war natürlich ein geborener Musiker. Ich liebte die Musik über alles, ich lebte durch die Musik – sie ist ein sechster Sinn von mir. Aber das Klavierspielen – diese Art und Weise, die Zähne des Klaviers zu putzen, hat mich geärgert, wissen Sie; ich meine, die Tonleitern rauf und runter – für mich sah das genau wie Zähneputzen aus… Man ist gezwungen, das stundenlang zu machen, und natürlich ist es ganz und gar notwendig. Aber ich habe es gehaßt. Und dann habe ich gedacht: Die größten Pianisten überzeugen manchmal das Publikum nicht, weil die Leute sagen, er ist trocken oder er ist dies oder das, wissen Sie. Die Kritiker – sie kritisieren. Ich habe bemerkt, daß nur eins zählt: das Publikum magisch in Bann zu schlagen. Sie verstehen, was ich meine? Eine Antenne auf Ihr Publikum auszurichten. Und dann habe ich zu meiner Überraschung manchmal erlebt, wie minderwertige Techniker, wissen Sie – ich meine, Pianisten, die alle falschen Noten auf der Welt gespielt haben – ich habe zu ihnen gehört, verstehen Sie – Sänger, die nicht die besten Stimmen hatten – …, daß sie das Publikum unglaublich im Griff hatten. Auf irgendeine magische Art und Weise. Eine Art von… Nervenkontakt. Das Publikum fühlte sich sofort gezwungen, ihnen zuzuhören… Es geht darum, unsere Art von Gefühl unserem Publikum zu vermitteln, aufzuzwingen. Unser Gefühl muß überwältigend sein, damit dieses Gefühl dem Publikum weitergegeben wird.«[24] Im Jahre 1916 in Spanien hat die intensive Reaktion des Publikums auf sein Werk Rubinstein gezeigt, daß er mit dem Versuch, große Gefühle zu vermitteln, zum ersten Mal durchweg Erfolg hatte. Folglich wurde er nicht wie ein Accessoire des Lebens – als amüsantes Anhängsel – behandelt, sondern wie ein wesentlicher Teil davon.

Dieses Gefühl, endlich zur Gesellschaft zu gehören und eine nützliche Funktion zu erfüllen, hat seit Hunderten von Jahren zahllose ausländische Musiker in die romanischen und lateinamerikanischen Länder gezogen, ungeachtet der Tatsache, daß das Konzertleben in Südeuropa und Südamerika normalerweise planloser organisiert ist als in Nordeuropa und Nordamerika. Insbesondere die meisten südländischen Orchester sind weniger zuverlässig und fähig als ihre Kollegen im Norden. Aber wenn alles gutgeht, kann ein Künstler ein Publikum selbst in einer kleineren oder mittleren Stadt in Spanien oder Italien, Argentinien oder Brasilien mitreißen und von ihm in Hochstimmung versetzt werden, von ihm einen »Kick« bekommen, wie ihm das nur selten in New York, London, Berlin oder Wien gelingt. Der anhaltende Krieg spielte zwar vermutlich ebenfalls eine Rolle dabei, daß sich Rubinstein schließlich bewußt entschied, sich in dieser Zeit von England fernzuhalten, war aber wahrscheinlich nicht sein einziger Beweggrund. Das Vergnügen, die Befriedigung, vor südländischem Publikum aufzutreten, trug entscheidend dazu bei, daß sich Rubinstein mit den unbefriedigenden Flügeln, den akustisch unzulänglichen Sälen und den niedrigen Gagen abfand, über die er sich in Spanien allerdings oft beklagte.

Im Unterschied zu anderen Künstlern – selbst zu Künstlern, die weitaus weniger berühmt waren als er – war Rubinstein nicht besonders kleinlich, was die Bedingungen betraf, unter denen er spielen mußte. Sogar in seinen letzten aktiven Jahren, als er seine Auftritte ohne weiteres auf die kulturellen Hauptstädte der Welt hätte beschränken können, spielte er auch weiterhin in Provinzstädten, und gewöhnlich nahm er »die Flügel – und die Klavierstimmer –, die am jeweiligen Ort zur Verfügung standen«, wie Franz Mohr, Steinways Chefkonzerttechniker, berichtete.[25] Die bewundernswerte, liebenswerte Seite seines »vollkommenen Egoismus«, wie Rubinstein dies nannte, war sein Verlangen nach Kommunikation, sein inniger Wunsch, mit anderen zu teilen, was das Beste in ihm war. In Spanien konnte er dieses Verlangen nach Herzenslust befriedigen. »1916 hat Spanien mich angenommen, wissen Sie, genauso wie Amerika Paderewski angenommen hat«[26], sagte er zu einem amerikanischen Interviewer fast ein halbes Jahrhundert später. Ein Journalist in Barcelona hatte für dieses Phänomen eine Erklärung parat:

»Nos quiere y España le corresponde.«[27] Er liebt uns, und Spanien erwidert diese Liebe.

Rubinstein bewies seine Liebe nicht nur damit, daß er *in* Spanien spielte, sondern auch daß er die Musik *von* Spanien – Werke von Albéniz, de Falla und, seltener, von Granados, Federico Mompou, Joaquín Turina und Ernesto Halffter – auf der ganzen Welt spielte. Außerdem vermittelte Rubinstein seine Begeisterung für spanische Musik anderen nichtspanischen Musikern, auch Szymanowski, worauf der polnische Musikwissenschaftler Jachimecki 1927 hinwies: »Eine vorübergehende Neigung zu den charakteristischen Merkmalen der spanischen Musik tauchte in Szymanowskis Werk zur selben Zeit auf wie der Einfluß von Debussy und die Ästhetik der Tonmalerei der französischen Schule. Dieses Interesse an spanischer Musik rührte zweifellos von seinen häufigen Kontakten mit dem genialen Pianisten Artur Rubinstein her, der genau zu der Zeit, als er sich an vorderster Stelle so begeistert propagandistisch und interpretatorisch für Szymanowskis Werk einsetzte, auch alle Zuhörer mit unvergleichlichen Interpretationen der heißblütigen und so unverkennbar südländischen Musik von Isaac Albéniz und Enrique Granados verzauberte.«[28]

In *Die frühen Jahre* erwähnte Rubinstein, er sei Diaghilew und seinem Ensemble der Ballets Russes – einschließlich dem Primoballerino und Choreographen Leonid Massine – in San Sebastián Anfang Juni 1916 begegnet. Doch die Truppe trat damals gerade in Madrid auf, und auch Rubinstein war dort anwesend: Er gab sogar unter anderem eine private Darbietung eines Klavierauszugs von *Der Feuervogel* im Hause der Herzogin von Montellanos für ein geladenes Publikum, zu dem auch Strawinsky selbst und Königin Victoria Eugenia gehörten. Am Tag zuvor war Strawinsky – vermutlich durch Rubinsteins Vermittlung – zum ersten Mal mit Eugenia Errazuriz zusammengekommen, die sofort bereit war, dem in Geldnot befindlichen Komponisten bis zum Ende des Krieges monatlich mit tausend Francs unter die Arme zu greifen. Ein paar Monate später arrangierte sie ein erstes Treffen zwischen Strawinsky und Pablo Picasso, der ebenfalls vorübergehend ein Nutznießer ihrer Freigebigkeit war. Es kam fünf Jahre später zu einer kurzen Affäre zwischen Strawinsky und Juanita Gandarillas. Rubinstein wußte vermutlich davon, ebenso wie ihm die Tatsache bekannt gewesen sein mußte, daß Strawinsky zu der Zeit, als er ihm in Madrid begegnete, eine Affäre mit der 25jährigen Lydia Lopouchowa hatte, die die Titelrolle in der *Feuervogel*-Produktion der Ballets Russes tanzte. In seinen Memoiren erwähnte Rubinstein allerdings nur, daß Lopouchowa später den Wirtschaftswissenschaftler John Maynard Keynes geheiratet hat. Irgendwann hatte Rubinstein vielleicht eine Affäre mit Tamara Karsawina, Nijinskijs Partnerin in der Glanzzeit der Ballets Russes und eine der berühmtesten Ballerinen der Geschichte. Nela und Eva Rubinstein waren der Meinung, daß es so gewesen sei, aber Arthur erwähnte die Geschichte in seinen Memoiren nicht. Seine Zurückhaltung könnte der Tatsache zugeschrieben werden, daß die zwei Jahre ältere Karsawina noch lebte, als *Die frühen Jahre* erschien, aber da er eine derartige Affäre auch anderen Vertrauten gegenüber nicht erwähnt hat, ist dies doch eine fragwürdige Geschichte.

Rubinstein erlebte Diaghilew und Massine auch in San Sebastián, aber nicht vor Anfang Juli, als der Impresario und sein Choreograph dort eintrafen, um die Aufführungen zu arrangieren, die Ende des folgenden Monats stattfinden sollten. Die ganze Truppe kam erst im August, und Rubinstein, der in dem Seebad Urlaub machte, erinnerte sich, außer Lopouchowa die Tänzer und Tänzerinnen Lila Kaschouba, Adolph Bolm und die Geschwister Schabelski kennengelernt zu haben; dazu den dreiunddreißigjährigen Dirigenten Ernest Ansermet, den Rubinstein später als einen »Mann von großem persönlichem Charme und umfassender Bildung« bezeichnete[29]; zwei russische Maler – vermutlich das berühmte Ehepaar Michail Larionow und Natalja Gontscharowa, die in jenem Sommer dort waren – und die heute legendäre Muse und Schirmherrin der Künste, Misia Godebska Sert, Halbschwester von Ravels Freund Cyprien (Cipa) Godebski und Frau des Malers José María Sert. Durch den Krieg gerieten die Mitglieder von Diaghilews Truppe in fürchterliche finanzielle Schwierigkeiten – wie jeder andere auch, der nicht direkt oder indirekt mit der Waffenindustrie zu tun hatte. Rubinstein reichte ihnen zwei helfende Hände, indem er in einem Benefizkonzert unter Ansermets Leitung spielte. Mit dem Geld, das dabei eingenommen wurde, konnten die Hotelrechnungen der Tänzer bezahlt werden, und Diaghilew, der in London war, um Geld bei alten und neuen Mäzenen aufzutreiben, brachte ihm als Dankeschön zwei hübsche Krawatten mit. Während seines Aufenthalts in San Sebastián hörte Rubinstein auch, wie de Falla dem skeptischen Diaghilew erste Skizzen der Musik zu dem Ballett *El Sombrero de tres picos (Der Dreispitz)* vorspielte; drei Jahre später sorgte die Premiere des Werkes in London für einen der größten Erfolge der Ballets Russes. Am 20. September 1916 besuchten Diaghilew, Massine und Misia Sert ein Konzert, in dem Rubinstein das Erste Klavierkonzert von Tschaikowsky mit Arbós spielte. Diaghilew und Misia, erinnerte sich der Pianist, »fanden größten Gefallen an meinem Spiel, und erst von jenem Tage an datiert meine wahre Freundschaft mit Diaghilew«.[30]

Rubinsteins Saison 1916/17 begann, wo die Saison 1915/16 geendet hatte: in Spanien. Er bereiste das Land kreuz und quer, von den Kanarischen Inseln im Atlantik bis zu den Balearen im Mittelmeer, vom Baskenland im Norden bis Andalusien im Süden. Über fünfzig Jahre später erklärte er, er könne sich keine spanische Stadt vorstellen, in der er auf dieser Tournee nicht gespielt hätte, und mittendrin hatte er seinen dreißigsten Geburtstag gefeiert. Am 2. Juni 1917 besuchte er die Galapremiere eines längeren Gastspiels der Ballets Russes in Madrid, mit Nijinskij in der Rolle des Sklaven in Rimskij-Korsakows *Schéhérazade.* In der Pause begegnete Rubinstein erstmals Pablo Picasso, der die Bühnenbilder für *Parade,* das neue Ballett der Truppe, geschaffen hatte. Bis zum Ende ihres Lebens blieben Rubinstein und Picasso Freunde, obwohl oder vielleicht gerade weil sie einander nur selten sahen. (Ein Rubinstein-Porträt von Picasso ging im Zweiten Weltkrieg verloren – »es wurde gemalt, bevor er ›Picasso‹ und ich ›Rubinstein‹ war«, pflegte der Pianist zu sagen –, aber siebenundzwanzig Porträtskizzen, die der Künstler 1958 von dem Pianisten angefertigt hat, existieren heute noch.)

Als das zweieinhalb Wochen dauernde Gastspiel der Ballets Russes am 19. Juni zu Ende ging, begab sich Rubinstein in Begleitung von Ernesto de Quesada zum ersten Mal nach Südamerika, an Bord des Dampfschiffs *Infanta Isabel* – man hatte ihm die fürstliche Gage von 4500 Goldpfund für fünfzehn Konzerte in Buenos Aires und Montevideo angeboten. Rubinsteins Abreise (Mitte Juni, nicht Mitte Mai, wie er in seinen Memoiren behauptete) hatte bis zuletzt in Frage gestanden, weil sein Paß infolge der umwälzenden politischen Veränderungen in Rußland ungültig geworden war. Am Ende sorgte König Alfonso dafür, daß Rubinstein einen spanischen Sonderpaß als Bürger von Polen erhielt – ein Land, das nach dem Völkerrecht noch gar nicht existierte. Einen Paß, »›dessen Identität von mir persönlich garantiert ist‹«, hatte der König Rubinstein versichert. »›Damit dürften Sie in alle Länder unbehelligt reisen können.‹«[31] (Zwei Jahre später, als Rubinstein das Dokument gegen einen Paß aus einem inzwischen wirklich unabhängigen Polen eintauschte, erklärte ihm der überraschte polnische Beamte, der den Fall bearbeitete, er, Rubinstein, dürfe stolz darauf sein, »als erster von einer fremden Macht als Bürger des Unabhängigen Polen anerkannt worden zu sein«.[32]) Auf dem Schiff nach Argentinien lernte Rubinstein Regina Badet kennen, eine französische Schauspielerin, die ebenfalls für eine Südamerikatournee engagiert worden war. Für die Dauer der Überfahrt sei sie seine Bettgenossin gewesen, sagte er.

Wie in Spanien stellte sich auch in Lateinamerika der Erfolg für Rubinstein rasch ein und erwies sich von Dauer. Ein Empfehlungsschreiben von Pastora Imperio an ihren Bewunderer Luis Mitre, den Besitzer von *La Nación,* der wichtigsten Zeitung von Buenos Aires, verschaffte dem Pianisten eine ausgezeichnete Vorabpublicity. Sein erstes Konzert – am 2. Juli 1917 im Teatro Odeón, unter der Schirmherrschaft von Faustino da Rosa, dem führenden Impresario der Stadt – wurde vom Publikum und von den Kritikern warmherzig aufgenommen. Unter der Überschrift »Ein glänzender Pianist – Mr. A. Rubensteins [sic] Debüt am Odeon« schrieb der anonyme Kritiker des englischsprachigen *Buenos Aires Herald:*

»In den vergangenen zwölf Monaten hat es verschiedene Pianisten von eigenständigem Wert gegeben, die vor dem Publikum von Buenos Aires gespielt haben, aber es ist zu bezweifeln, ob Musikliebhaber jemals eine derart genußreiche Kombination aus Einfühlungsvermögen und Technik erleben durften, wie sie ihnen gestern durch Mr. A. Rubenstein im Odeon-Theater geboten wurde. Daß das Haus voll sein würde, war vielleicht nur ein natürlicher Tribut an den Ruhm des Pianisten, dessen Ansehen in London und Paris außer Frage steht, aber man kann doch mit ziemlicher Sicherheit sagen, daß sich nur wenige der Anwesenden, die keine Gelegenheit hatten, den Künstler in privatem Kreise zu hören, darüber im klaren waren, wie sehr sich sein Auftreten mit seinem Rufe in Übereinstimmung befand. Ohne übertriebene Manierismen setzte sich dieser junge Mann an den Steinway-Flügel und spielte… Sein Programm war für ein Debüt in Buenos Aires sehr gut zusammengestellt. Es begann mit der Bach-Tausig-Toccata…, anschließend gab es Beethovens Sonate op. 53 *[Waldstein-Sonate]*, im zweiten Teil ausschließlich Chopin. Aber was für ein Chopin! Ein Scherzo, ein Nocturne, eine Ballade, ein Walzer, eine Polonaise. Angesichts einer derart vollkommenen Darbietung fiel einem die Wahl schwer… Ein wahrhaft stürmischer Applaus erfolgte auf den Abschluß von Albéniz' *Navarra* im dritten Teil. Das Nocturne für die linke Hand von Skrjabin war vielleicht Mr. Rubensteins größter Triumph im Hinblick auf die Kombination von Fingerfertigkeit und Ausdruck… Liszts Zwölfte Rhapsodie schloß ein höchst attraktives Programm ab, und die warmherzige Aufnahme hat Mr. Rubenstein ganz sicher wohl verdient… Denn ohne irgendwelche Vergleiche ziehen zu wollen, läßt sich doch mit ziemlicher Sicherheit sagen, daß eine derartige Klaviermusik auf dieser Seite des Atlantiks eine ganz große Ausnahme darstellt.«[33]

Im Laufe der Tournee wurde Rubinsteins Beliebtheit immer größer. Außer den vom Kritiker des *Herald* angegebenen Werken umfaßte das beachtlich umfangreiche Repertoire des Pianisten in dieser Saison noch Beethovens Sonaten *Die Jagd* in Es-Dur (op. 31, Nr. 2), die *Appassionata* und die *Hammerklavier-Sonate;* etwa dreißig Stücke von Chopin, darunter die Zweite und Dritte Sonate; Albéniz' *Iberia* (vollständig); Skrjabins

Fantasie, op. 28; *Ondine* aus Ravels *Gaspard de la nuit;* des weiteren verschiedene Werke von Liszt, Szymanowski, Rachmaninow, Schumann, Mendelssohn, Brahms, Medtner, Debussy, de Falla und Granados sowie Liszts Liebestod-Bearbeitung aus *Tristan und Isolde.*

Der argentinische Gesandte in Spanien, ein Bewunderer von Rubinsteins Madrider Konzerten und Schwiegersohn des ehemaligen argentinischen Präsidenten Manuel Quintana, lud den Pianisten sofort zum Essen zu Quintanas Witwe Susana ein, die ihn mit den Spitzen der argentinischen Gesellschaft bekannt machte. Diese »bemerkenswerte Frau war mir... eine rechte Mutter«, erinnerte Rubinstein sich, »ich aß beinahe täglich im Kreise der Familie, sie versäumte keines meiner Konzerte, ja, sie erschien sogar zu früher Stunde verstohlen im Hotel, um nachzuprüfen, ob meine Garderobe einwandfrei instand gehalten wurde. Auch empfahl sie mir einen italienischen Schneider, der mir für meine Auftritte die besten Fräcke lieferte, die ich je besessen habe. Und endlich legte ich auf ihren Rat hin mein Geld in Papieren des Crédito Argentino an, für die der Staat bürgte und die sechs Prozent abwarfen.« Doña Susana schenkte ihm auch zum Abschied »eine Perle von schönstem Regenbogenglanz, die ihrem Mann gehört hatte... Ihre Perle ziert auch heute noch meine Krawatte«, berichtete er sechzig Jahre später.[34]

Rubinstein lernte auch mehrere bedeutende einheimische Musiker kennen – unter anderem den Komponisten, Dirigenten, Pianisten und Pädagogen Alberto Williams, der Komposition bei César Franck und Charles Wilfrid de Bériot studiert hatte; den Komponisten Carlos López Buchardo, den Rubinstein für hochbegabt, aber faul hielt, sowie den Pianisten Ernesto Drangosch, der in Berlin bei Barth zur gleichen Zeit wie Rubinstein studiert hatte. In Montevideo, wo Rubinstein sein erstes Konzert am 21. Juli gab, lernte er den uruguayischen Komponisten und Geiger Eduardo Fabini, den Geiger Joaquín Mora kennen, den ehemaligen Zimmergenossen von Paul Kochanski während ihrer Studentenzeit in Brüssel. Rubinstein erneuerte außerdem die Bekanntschaft mit Wilhelm (Guillermo) Kolischer, einem polnisch-jüdischen Landsmann und ehemaligen Barth-Schüler, der sich anschickte, eine einflußreiche Persönlichkeit im uruguayischen Musikleben zu werden.

Rubinstein erlebte in Montevideo sogar einen noch größeren Erfolg als in Buenos Aires. Sein erstes Programm dort bestand großenteils aus den gleichen Stücken wie bei seinem ersten Konzert in Buenos Aires, außer daß *Navarra* durch Debussys *L'Isle joyeuse* und Ravels *Ondine* ersetzt wurde. »Das Konzert, das heute abend gegeben wird, hat unter Musikern und *aficionados* angesichts des Ruhms des bedeutenden Interpreten wahrhaft hohe Erwartungen geweckt«, kündigte *El Día* an[35], und eine mit »Enne« gezeichnete zwei Tage später erschienene Kritik bewies, daß diese Erwartungen noch übertroffen worden waren. »Gestern abend«, schrieb »Enne«, »im ersten Teil des Konzerts..., spielte dieser Konzertkünstler Beethovens Sonate op. 53 *[Waldstein-Sonate]*. Dem außergewöhnlichen Interpreten gelang es..., auf angemessene Weise und ohne jede Zurückhaltung die ungewöhnliche Intensität des Klangs und die wunderbare Behendigkeit zu enthüllen, die auf den ersten Blick die Grundmerkmale dieses großartigen Künstlers zu sein scheinen. Zuweilen erzielt Rubinsteins Spiel eine derart stürmische Wirkung, daß man den Eindruck hat, einem Konzertwettstreit mehrerer Klaviere beizuwohnen...« Der Kritiker erging sich so ausführlich und aufgeregt über die Beethoven-Darbietung, daß er sich schon nach dem ersten begeisterten Satz über Rubinsteins Chopin gezwungen sah innezuhalten: »Genug für heute, so daß mich morgen vielleicht der Mangel an Papier nicht daran hindern wird, andere Gedanken über den großen polnischen Interpreten mitzuteilen, der derzeit in Montevideo weilt.«[36] Derselbe Kritiker berichtete dann, daß am Ende des zweiten Konzerts, das Schumanns *Carnaval,* Auszüge aus Albéniz *Iberia,* Chopins Polonaise, op. 44, sowie Liszts Zwölfte Rhapsodie und seine *Tristan*-Bearbeitung umfaßte, »eine große Schar Bewunderer ihn auf den Schultern zu seinem Logis trugen«.[37] Ein Artikel in der Zeitung vom folgenden Tag versicherte den Lesern, Rubinstein habe »offiziell versprochen, im kommenden September nach Montevideo zurückzukehren, wobei er erklärte, noch nie sei er von einem anderen Publikum mit der Zuneigung und Begeisterung empfangen worden, die ihm hier zuteil geworden seien, weil er überall sonst mehrere Male hätte auftreten müssen, bevor er einen derartigen Erfolg wie in Montevideo erzielt hätte«.[38]

Außer seinem glänzenden Spiel verdankte Rubinstein es vielen hochrangigen musikalischen und gesellschaftlichen Kontakten, daß er sich eine unerschütterliche Position in Lateinamerika aufbauen konnte. Zusätzlich leistete Quesada, der sich um die organisatorischen Details kümmerte, gute Arbeit. In späteren Jahren waren Rubinstein und Quesada jedoch unterschiedlicher Meinung, wer von beiden denn nun die südamerikanische Karriere des anderen initiiert habe. Rubinstein räumte zwar ein, Quesadas »Managertalent« habe ihm fünf Konzerte in Santiago und in Valparaiso in Chile sowie viele Sonderkonzerte in Buenos Aires und Montevideo verschafft, doch er beklagte sich auch darüber, Quesada habe die Reise – für die ihm Rubinstein ein Honorar plus Spesen bezahlt hatte – dazu genutzt, Zweigstellen in Buenos Aires und anderen südamerikanischen Städten einzurichten. Manager-Künstler-Beziehungen sind oft schwierig: Die Manager jammern über die egomanischen Ansprüche ihrer Künstler, und die Künstler jammern, sie würden von ihren Managern ausgebeutet. Oft sind beide Klagen berechtigt. Rubinstein war mißtrauisch hinsichtlich der meisten Menschen, auf die er sich verließ – Manager, Agenten, leitende Mitarbeiter von Klavierfirmen, Klaviertechniker, Sekretäre und Butler –, und dies zuweilen mit gutem Grund. Im Umgang mit nahezu all seinen Managern und Agenten, von Barth (der sich um die geschäftlichen Arrangements seiner frühesten Konzerte gekümmert hatte) bis Astruc, von Eisenbach bis Quesada, und vielen anderen mehr im Laufe der Jahre, kam es häufig zu Augenblicken der Spannung und mehr als ein paarmal vorübergehend oder für immer zum Bruch. Die Tatsache, daß seine berufliche Beziehung zu und seine warmherzige persönliche Freundschaft mit Quesada und später mit Quesadas Söhnen sechs Jahrzehnte lang gehalten haben, spricht nur für diese Familie. Rubinstein profitierte davon, daß er eine einzige Agentur hatte, die als eine Art Clearingstelle für seine geschäftlichen Angelegenheiten in der spanisch- und portugiesischsprachigen Welt fungierte.

Der überaus herzliche Empfang, der ihm in Montevideo bereitet worden war, brachte Rubinstein zu dem Entschluß, sogar noch früher wiederzukommen, als er es versprochen hatte, und die Konzerte, die er am

8. und 12. August im Teatro Urquiza gab, verschafften ihm rasch einen noch größeren Erfolg. »Unter Umständen wie den gestrigen«, schrieb »Enne« nach dem zweiten Konzert, »kann man nicht mehr von einem ›Interpreten‹ von Chopin und Albéniz sprechen – man muß ihn vielmehr einen ›Mitarbeiter‹ nennen, der das Leben einflößt, das die Schöpfer ihren unsterblichen Werken verliehen haben...«[39] Im Anschluß an ein *gran concierto extraordinario* am 17. August im Odeón von Buenos Aires begab sich Rubinstein auf die lange und beschwerliche Zugreise nach Chile, wo er innerhalb von vier Wochen nicht nur seine geplanten Konzerte, sondern auch noch mehrere Sonderkonzerte in Santiago gab. Auf dem Umschlag des Programmhefts zum *último concierto extraordinario,* das am Donnerstag, den 13. September, zu einer ungewöhnlichen Zeit – um 16.30 Uhr – begann, stand der Hinweis: »Der Künstler hat diese Uhrzeit gewählt, damit er den Anschlußzug nach Buenos Aires erreichen kann, der heute um 19.30 abfährt.« Als Rubinstein wieder in der argentinischen Hauptstadt war, gab er neben seinem ohnehin schon dichtgedrängten Programm von öffentlichen *conciertos extraordinarios* hochbezahlte Konzerte für private Organisationen wie die Sociedad Wagneriana, die Sociedad Hebraïca und den exklusiven Jockey Club – allein das letztere Engagement brachte ihm die erstaunliche Gage von 20 000 Pesos ein. Mitte September fuhr er wieder nach Montevideo und trat im Teatro Solís auf. Das letzte dieser Konzerte war zwar als »Abschiedsvorstellung« angekündigt worden, aber am 1. Oktober war Rubinstein erneut in der uruguayischen Hauptstadt, spielte wieder und »ließ in keinem Augenblick irgendein Anzeichen physischer Müdigkeit oder interpretatorischer Schwäche erkennen, obwohl er... acht Zugaben gespielt hatte«, berichtete *El Día.* »Uns fehlt der Platz, all die Gefühle zu beschreiben, die wir gestern abend erlebten... Die Begeisterung, die das Publikum den ganzen Abend zum Ausdruck brachte, erreichte ungewöhnliche Ausmaße, und der große polnische Konzertkünstler wurde mit dem stärksten Beifall bedacht, den selbst die berühmtesten Künstler bei uns je vernommen haben. Und diesmal hat das Publikum nicht übertrieben, weil Rubinstein einfach den größten Applaus verdient...«[40]

Mitte Oktober gab Rubinstein zwei Konzerte mit einem aus sechzig Musikern bestehenden Orchester unter der Stabführung von Drangosch im Teatro de la Opera von Buenos Aires: Am 13. Oktober spielte er Beethovens Viertes und Tschaikowskys Erstes Klavierkonzert, am 17. jeweils das Zweite Klavierkonzert von Brahms und Saint-Saëns sowie *Les Djinns* von Franck. Anschließend fuhr er nach Montevideo zurück, wo er am 26. Oktober im Teatro Solís zusammen mit Nijinskij das Programm einer absolut desorganisierten Galavorstellung anführte, die – wie sich herausstellte – der letzte öffentliche Auftritt des siebenundzwanzigjährigen Tänzers war, bevor ihn seine Geisteskrankheit zum Aufhören zwang. Am Teatro La Lira gab Rubinstein am 25., 28. und 30. Oktober drei Solokonzerte. Das letzte wies ein Mammutprogramm auf, das aus der *Hammerklavier-Sonate, Carnaval* und einer Reihe von Stükken bestand, die er in seiner Vorankündigung nicht aufgeführt hatte, sondern für die er sich vielmehr an Ort und Stelle entschied: Stücke von Albéniz, Debussy, Skrjabin, Liszt, Mendelssohn und Chopin. Rubinstein verabschiedete sich von seinem Publikum in Montevideo mit der As-Dur-Polonaise von Chopin. Der Kritiker von *El Día* schrieb:»Die Beifallsstürme, die dieser polnischen Hymne galten, schienen nicht enden zu wollen, und unter den spontanen Umarmungen der Männer und dem überschwenglichen Händedrücken der Frauen verließ der berühmte Künstler wenig später das La Lira, und auf der Straße begleitete ihn noch ein langes Stück Wegs der begeisterte Beifall seiner Bewunderer.«[41]

Beschwingt von den Erinnerungen an seine südamerikanischen Erfolge kehrte Rubinstein nach Spanien zurück, wo er den neuen Steinway-Konzertflügel antraf, den er aus New York über die Zweigstelle der Firma in Buenos Aires bestellt hatte. Der Anschlag des Instruments war zwar »ein bißchen zu schwer«, aber es hatte einen »schönen Klang«, erzählte er 1979 Vivian Perlis. Es muß ihn dazu inspiriert haben, einmal gründlich zu üben: Aus den Programmheften seiner Konzerte im Madrider Teatro Odeón am 6., 8. und 10. April 1918 geht hervor, daß er sein Repertoire um die schwierige Liszt-Sonate, das *Alborada del gracioso* aus Ravels *Miroirs* sowie *Vers la flamme,* eines von Skrjabins letzten

Werken, erweitert hatte. Er verbrachte die Saison 1917/18 – wie die Saison 1916/17 – ausschließlich in Spanien. Am 27. April fand an der Madrider Universität ein besonderes Konzert statt, als Rubinstein auf einer Gedenkveranstaltung für Debussy spielte, der am 25. März gestorben war; zu den anderen Teilnehmern zählten auch die polnische Sängerin Aga Lachowska, die Madrider Philharmonie und de Falla, der eine Rede über »Die große Kunst von Claude Debussy« hielt. Am Ende der Saison bat Rubinstein Joaquín Peña, seinen Manager in Barcelona, einen Käufer für den Steinway zu suchen. Peña, der Schulden abbezahlen mußte, »verkaufte ihn in meiner Abwesenheit und behielt das Geld«, so der Pianist.[42] Aber die Erinnerungen an den Spaß, den er die Monate zuvor gehabt hatte, mögen ihn über den Verlust hinweggetröstet haben, denn dank der dicken Börse, die er aus Südamerika zurückgebracht hatte, konnte er die »Rolle des Neureichen und Parvenüs« spielen, berichtete er. In Madrid verbrachte er »die Nächte mit meinen Freunden aus der Aristokratie und zahlte meist auch die Rechnungen«. Unter diesen Leuten befand sich auch »ein gescheiter und recht gewandter junger Mann«, den Rubinstein in *Mein glückliches Leben* Juan Avila nannte, dessen wirklicher Name aber Jaime Zulueta war. Als der Pianist seinen Freunden erzählte, er suche einen Sekretär, der ihn auf seiner bevorstehenden Südamerikareise begleiten solle, trat Zulueta – dessen Abenteuerlust stärker war als sein Verantwortungsgefühl gegenüber seiner Frau und seinen Kindern oder stärker als sein Stolz auf seine aristokratische Herkunft – an ihn heran und übernahm, sehr zu Rubinsteins Überraschung, diesen Job.[43]

Rubinstein machte von seinem Geld oft mit echter Großzügigkeit Gebrauch, und zwar nicht nur um anzugeben oder für das eigene Wohlergehen. Im Laufe jener Saison beispielsweise erfuhr er, daß Strawinsky noch knapper als sonst bei Kasse war, denn das neue bolschewistische Regime in Rußland hatte dem Komponisten das Recht auf Tantiemen für die meisten seiner Kompositionen entzogen, einschließlich der immer beliebter werdenden Werke *Feuervogel*, *Petruschka* und *Le sacre du printemps*. Rubinstein erbot sich sofort, ihm zu helfen. »Herzlichen Dank an Rubinstein«, telegraphierte Strawinsky am 23. März 1918 an Señora

Errazuriz. »Werde ein bedeutendes Klavierstück eigens für ihn komponieren.«[44] Und am 1. Mai schrieb de Falla an Strawinsky: »Lieber Freund, Arthur Rubinstein hat mir anvertraut, Ihnen den beigefügten Wechsel über 5000 Francs zu schicken (über die Agence de Crédit Lyonnais in Genf). Die Zeit war knapp, und [Rubinstein] war außerstande, ihn vor seiner Abreise aus Madrid selbst abzuschicken. Er hat mich auch gebeten, seine besten Wünsche zu übermitteln und Ihnen mitzuteilen, daß er zu Ihrer Verfügung steht, bis August im Plaza Hotel in Buenos Aires, sollten Sie zu irgendeiner Entscheidung hinsichtlich der Komposition gelangen (was er Ihnen ganz und gar überläßt)... Wie Sie ja wissen, hatte Ihr guter Freund [Rubinstein] einen wahren Triumph in Spanien erlebt, und seine Beliebtheit nimmt mit jedem Tag zu. Nun wird er mehrere Monate in der Republik Argentinien verbringen.«[45]

Das Stück, das Strawinsky für Rubinstein schreiben wollte, »wurde die *Piano-Rag-Music*«, erklärte Robert Craft, Assistent des Komponisten in dessen letzten Jahrzehnten. »Die Widmung für ihn in Strawinskys Skizzenbuch für das Werk (der eingekreiste Name des Pianisten) geht allen musikalischen Notationen voraus.« Am 23. Juli 1919 schrieb Strawinsky im Schweizer Morges an Ansermet: »Zeigen Sie Kling [Verlagsleiter von J. & W. Chester, Strawinskys Londoner Verlag] mein neues Stück für Klaviersolo, Piano-Rag-Music genannt, das ich kürzlich für Art. Rubinstein komponiert habe.«[46] Craft wies aber auch darauf hin, daß Rubinstein in *Mein glückliches Leben* die Geschichte der Komposition durcheinandergebracht habe. In Wirklichkeit »telegraphierte der Pianist am 15. Oktober 1919 aus London an Strawinsky und verlangte für ein Jahr das exklusive Recht zur Aufführung des *Rag*. Strawinsky telegraphierte am selben Tag zurück, wobei er den Wunsch ignorierte und erklärte, er habe das Manuskript bereits nach New York an einen beiderseitigen Freund geschickt, und empfahl Rubinstein, sich ein Exemplar von J. & W. Chester zu besorgen, bevor er London verlasse. Rubinstein hat die Musik nicht verstanden und sie nie gespielt.«[47] In seinen Memoiren schrieb hat der Pianist: Es kam »mir vor wie eine Komposition für Schlaginstrumente, hatte nichts mit Ragtime oder irgendeiner anderen mir bekannten Musik zu tun. Ich gebe zu, ich war bitter, bitter enttäuscht…«[48] Mit gutem Grund kann man davon ausgehen, daß Rubinstein nicht bloß enttäuscht, sondern beleidigt war wegen Strawinskys Entscheidung, sich bei ihm mit einer vom Jazz inspirierten Komposition zu bedanken: Zu der Zeit, da der Rag beendet wurde, war die Einstellung des Pianisten gegenüber den USA ausgesprochen negativ – darüber gleich mehr –, und der Jazz war für ihn eines seiner Lieblingssymbole für die Degeneriertheit Amerikas. Gegen Ende seines Lebens hat Rubinstein über Strawinsky gesagt: »›Seine ersten Werke waren sehr russisch und besonders schön. Aber später hat er den Kontakt zu Rußland verloren. Wissen Sie, jeder Komponist braucht sein Heimatland und seine Volksmusik – leider war er von seinem Heimatland getrennt worden.‹«[49] Aber was soll man dann von Komponisten halten – von Josquin Desprez über Händel bis Chopin –, die die meisten ihrer bedeutenden Werke fern von ihrem Heimatland komponiert haben? Und schließlich schrieb Strawinsky auch fast alle »russischen« Werke, als er bereits die meiste Zeit im Ausland verbracht hatte. Rubinstein frönte schlicht dem üblichen Zeitvertreib, seine instinktiven Vorlieben und Abneigungen zu rationalisieren.

Rubinstein teilte seinen neuen Reichtum in der Saison 1917/18 auch ein wenig mit de Falla, indem er ihm den Auftrag gab, ein Klavierstück für ihn zu schreiben. Pflichtschuldig machte sich der Komponist ans Werk, und 1919 vollendete er die *Fantasía bœtica* (oder *bética*), sein umfangreichstes und kompliziertestes Soloklavierwerk. *Bœtica* ist der lateinische Name der antiken römischen Provinz, die in etwa dem modernen Andalusien entsprach, und *Betis* ist der poetische Name des Guadalquivir, der durch Sevilla, Córdoba und einen Großteil der übrigen Region fließt. In einem Brief an einen Freund spricht de Falla von dem Stück als »dem einzigen, das von mir, im Hinblick auf seine Instrumentaltechnik, mit ›rein pianistischen‹ Absichten geschrieben wurde. Etwas anderes: Der Titel *Bœtica* hat keinen ›speziell sevillanischen‹ Verweischarakter. Meine Absicht war es nur, damit unserer römisch-andalusischen Rasse zu huldigen.«[50] Dazu die de-Falla-Kennerin Susanne Demarquez: »Ein Werk, das Bética und einem berühmten Pianisten gewidmet war, mußte die Region feiern und gleichzeitig die Kunst dessen, dem es gewidmet ist. Daraus folgt, daß Volksmelodien, Flamencorhythmen und Gitarreneffekte auf das Klavier übertragen werden… Von Anfang an gelingt es dem Komponisten, ein Gefühl der Verzauberung zu betonen, und zwar durch thematische Wiederholungen, die dem zigeunerhaften Wesen des Werks entsprechen.«[51] Ursprünglich wollte Rubinstein das Werk 1919 in Spanien uraufführen, aber er konnte es nicht rechtzeitig einstudieren und führte es statt dessen zum ersten Mal 1920 in New York auf. Kurz nach ihrer Entstehung zählte der Musikwissenschaftler Wladimir Jankéléwitsch die *Fantasía* zu de Fallas Meisterwerken, und Jankéléwitschs Kollege Henry Prunières bezeichnete sie als »direkte, tiefe Musik, die aus dem Herzen kommt und in einer ebenso schönen wie originellen Form Ausdruck findet«.

»Leider hat die Zeit diese begeisterten Urteile nicht bestätigt«, bemerkte Demarquez dazu ein halbes Jahrhundert später[52], aber in den letzten Jahren ist die *Fantasía* ein Repertoirestück für die meisten spanischen Pianisten geworden. Rubinstein war mit dem Stück nicht glücklich, und nachdem er es mehrmals aufgeführt hatte – 1922 in London, 1923 in Madrid, Málaga und Barcelona, 1924 in Buenos Aires, 1925 in Paris und 1926 in Cádiz –, nahm er es wieder aus seinem Repertoire.[53] Ein paar Jahre später, schrieb der de-Falla-Fachmann Jaime Pahissa, »hat de Falla Rubinstein bei Versailles im Haus eines italienischen Fürsten getroffen, und als sie gingen, bat Rubinstein ihn, ein Werk für ihn zu schreiben. De Falla erwiderte, er habe ja bereits die *Fantasía Bœtica* für ihn geschrieben, die er nie gespielt hätte, außerdem wolle er keine Werke für Klavier mehr schreiben… Rubinstein verteidigte sich damit, daß er sagte, [das Stück] sei zu lang gewesen, und fügte noch weitere Entschuldigungen hinzu. De Falla erzählte ihm dann, er habe daran gedacht, die *Fantasía Bœtica* für Klavier und Orchester zu bearbeiten. Dies hielt Rubinstein für eine ausgezeichnete Idee, ebenso [Eugene] Cools [der Verlagsleiter von Eschig, de Fallas Verlag], als er später davon erfuhr. Allerdings wurde sie nie verwirklicht.«[54] Im Alter verurteilte Rubinstein die *Fantasía* scharf als »unmäßig verlängerten ›Feuertanz‹, doch ohne die Wirkung des Vorbildes, unnötig unterbrochen

durch ein kurzes Intermezzo, das so klang, als habe es sich da hinein-
verirrt. Um alles noch schlimmer zu machen, eignet sich die Koda, die
ebenso brillant klingen sollte wie das Ende von ›Feuertanz‹, nicht fürs
Klavier...«[55]
Rubinsteins mangelnde Begeisterung für die *Fantasía* hat seiner
Freundschaft mit dem Komponisten nicht geschadet. Sie kamen zusammen, wann immer sie sich zur selben Zeit in derselben Stadt befanden,
und ein Teil ihrer Korrespondenz existiert noch heute. In einem dieser
Briefe (vom 21. Februar 1921) wollte de Falla unbedingt wissen: »Wie
ergeht es der Fantasía?« Aber er schrieb auch: »Ich habe voller Freude
erfahren, daß Sie in London sind. Dies läßt mich hoffen, daß ich von
Ihnen etwas Neues erfahren und Sie bald sehen werde... Wie lange
werden Sie in Europa sein? Ich lebe seit einigen Monaten in Granada.
Mit meiner Gesundheit stand es nicht zum besten, aber Gott sei Dank
geht es mir allmählich besser. Vor einiger Zeit hatte ich Eschig gebeten,
die Fahnen der Spanischen Lieder an Sie nach New York zu schicken –
haben Sie sie erhalten? Schreiben Sie mir doch, wie es Ihnen geht...«[56]
Weiter gibt es noch eine Mitteilung von Rubinstein an de Falla vom
24. Januar 1929, geschrieben auf dem Briefpapier des Gramophone Building, Hayes, Middlesex, England: »Lieber Freund – ich würde sehr gern
für ›The Gramophone Company Limited‹ Ihre beiden Tänze (ritueller
Feuertanz und Schreckenstanz [beide aus *El amor brujo*]) spielen, mit
den kleinen Änderungen, die beizulegen ich mir die Freiheit genommen
habe – ich hoffe, diese Idee mißfällt Ihnen nicht –, wenn Sie dazu bereit
sind, schreiben Sie bitte ein paar Zeilen an diese Firma – (Copyright-
Abteilung) natürlich werden Sie alle Tantiemen erhalten, die Ihnen
zustehen... Tausend freundschaftliche Grüße von Ihrem glühendsten
Bewunderer und Freund A. Rubinstein.« In Wahrheit hatte Rubinstein
die Stücke bereits am Tag, bevor er den Brief schrieb, aufgenommen
und wollte sich, auf ausdrücklichen Wunsch der Gramophone, nur die
Routinegenehmigung des Komponisten einholen. Eine Woche später
schickte de Falla seine Genehmigung »mit großer Freude (und Ehre)«.[57] Am 10. Juli 1940 schrieb der kranke Komponist von seinem letzten Wohnsitz in Villa de Lago in Argentinien an den Pianisten: »Lieber

und geschätzter Arturo Rubinstein: Nur eine kurze Nachricht (die außerdem diktiert ist, da ich gerade eine Operation hinter mir habe), um
Ihnen zu sagen, wie überaus leid es mir tut, nicht bei Ihnen sein und
Ihre Konzerte [in Buenos Aires] erleben zu dürfen! Wollen Sie herkommen? Ich hätte es so gern! Ich umarme Sie von ganzem Herzen.«[58]
Rubinstein besuchte seinen alten Freund tatsächlich, wie sich herausstellte zum letztenmal (de Falla starb 1946), und schenkte ihm ein Photo
von sich und seinen beiden kleinen Kindern.

Anfang 1918 hörte Rubinstein im Madrider Teatro Real Gabriella
Besanzoni in der Titelrolle von *Carmen*. Besanzoni, eine italienische
Mezzosopranistin, die an der Schwelle zu einer großen internationalen
Karriere stand, war »die größte Carmen, die ich je gehört habe«, erklärte Rubinstein im zweiten Teil seiner Memoiren[59], obwohl er bereits
in *Die frühen Jahre* geschrieben hatte: »Nie habe ich ›Carmen‹ besser
gesungen gehört« – nämlich von Emmy Destinn.[60] Besanzonis Stimme
»erreichte in der Tiefe mühelos ein baritonales Register, und ebenso
mühelos war ihre Höhe in den Spitzentönen«, berichtete er. Genauer gesagt war sie ein Mezzosopran mit der stimmlichen Tiefe eines Alt – ein
wunderbarer Stimmtypus, der heute fast ausgestorben ist. »Sie hatte
etwas von einem wilden, sinnlichen Tier an sich«, erinnerte sich Rubinstein. »Besanzoni war durchaus nicht schön, aber sie war die echte
Verkörperung von Mérimées Zigeunerin, und das außer Rand und Band
geratende Publikum überschüttete sie mit Beifallsstürmen, wie ich sie
in Madrid nie zuvor gehört hatte.« Laut Rubinstein hatte Besanzoni eine
Affäre mit Faustino da Rosa, der sie »für das [Teatro] Colón in Buenos
Aires gewinnen [wollte], und deshalb, und auch um letzte Details
meiner Konzertreise mit mir zu besprechen, hielt er sich in Madrid auf.«
Da Rosa vermied es bewußt, Besanzoni und Rubinstein miteinander
bekannt zu machen. Aber eines Abends, als sich die beiden Künstler im
Gang des Hotel Palace, wo beide abgestiegen waren, über den Weg liefen, »packte sie mich ganz unerwartet beim Kopf und küßte mich so
wild auf die Lippen, daß es blutete«, erzählte Rubinstein. Am nächsten

Tag – dem Beginn des Karnevals – fuhren sie zusammen in einer offenen Kutsche durch das Menschengedränge auf dem Paseo de la Castel-
lana. Als sie wieder im Hotel waren, »nahm Gabriella mich bei der Hand,
führte mich auf ihr Zimmer und sagte dabei: ›Legen wir uns ein wenig
hin und ruhen wir uns aus, *caro*.‹ Drei Stunden später verließ ich sie,
zwar ermüdet, doch überschäumend glücklich…, doch ich hielt dies
mehr für die Laune einer heißblütigen Frau. Darin nun irrte ich. Die
Affäre nahm sehr bald ernstere Züge an. Gabriella betrug sich wie eine
verliebte Frau.«[61]
Aber Rubinstein war nicht verliebt: »Dieses Abenteuer erfüllte mich
selbstverständlich mit Stolz, Carmen umarmt zu haben«, aber er dachte
nicht daran, Don José zu spielen, *un homme ivre, jaloux et troublé dans
l'âme*. Carmen sollte sich entweder nach ihm richten oder ihn in Frieden
lassen. Nachdem sie sich in Madrid verabschiedet und vereinbart hatten, sich in Buenos Aires wiederzusehen, war er entsetzt, als Besanzoni
überraschenderweise bei einem Konzert auftauchte, das er in Valencia
gab, und ihm verkündete, sie habe ihre Abreise nach Buenos Aires verschoben, so daß sie dasselbe Schiff nehmen könnten. »›Unmöglich!
Falls da Rosa merkt, daß wir auf demselben Schiff gereist sind, wird er
unsere Verträge aufkündigen‹«, erklärte er ihr. »Zum Glück lief ein italienischer Dampfer vor der Überfahrt nach Buenos Aires noch Barcelona
an, und ich nötigte sie, darauf Passage zu nehmen.«[62] Nach einer anderen Quelle hat Besanzoni die Reise, wie ursprünglich geplant, mit der
übrigen italienischen Truppe angetreten, mit der sie in Buenos Aires
auftreten sollte[63], auf jeden Fall aber nahmen Rubinstein und Zulueta ein
anderes Schiff. Während der Überfahrt stand dem Pianisten und seinem Sekretär »eine liebliche junge französische *demimondaine*« erotisch zu Diensten, »und wenn uns niemand störte, amüsierten wir uns
miteinander in den Nischen zwischen den Rettungsbooten an Deck«,
erinnerte sich Rubinstein.[64]
Seine Beschreibungen von Besanzoni sind sogar noch weniger detail-
liert und aufschlußreich als seine Schilderungen der meisten anderen
Frauen, die er liebte und/oder mit denen er eine Affäre hatte. Er stellte
sie als eine sexuell hemmungslose, aber klischeehaft dümmliche Sänge-

rin dar, und er verabscheute den niedlichen Spitznamen »Tutullo«, den sie sich für ihn ausgedacht hatte. Die Tatsache, daß sie nur Italienisch sprach – das er so gut wie gar nicht beherrschte, als die Affäre begann –, hätte sowieso einen hochgemuten Gedankenaustausch zwischen ihnen verhindert, selbst wenn beide eloquente Philosophen gewesen wären.[65] Der große Tenor Aureliano Pertile, einer von Besanzonis Kollegen, erzählte seinem Sohn, Besanzonis Moral sei so lose gewesen, daß sie mit jedem ins Bett gegangen wäre, der ihrer Karriere dienlich gewesen wäre, und Pertile *fils* konnte es kaum glauben, »daß ein so kultivierter Mann wie Rubinstein eine Affäre mit Besanzoni gehabt haben konnte«.[66] Doch selbst wenn dies wahr ist, muß es nicht unbedingt bedeuten, daß sie für Rubinstein keine ernsten Gefühle hegte. Über Besanzoni ist wenig bekannt. Sie wurde in Rom geboren, verheimlichte aber ihr wahres Alter. Das wahrscheinlichste der verschiedenen Geburtsdaten, die man ihr angedichtet hat, ist der 20. September 1888. In diesem Falle war sie im Februar 1918, als sie den einunddreißigjährigen Rubinstein kennenlernte, neunundzwanzig Jahre alt. Sie studierte in ihrer Heimatstadt, gab ihr Debüt 1911 als Sopran, baute dann ihr tieferes Register aus und debütierte zwei Jahre später erneut als Alt, und zwar im Teatro Costanzi in Rom. Im Anschluß an ihre Verpflichtungen in Madrid und Buenos Aires im Jahre 1918 war sie eineinhalb Jahrzehnte lang eine der begehrtesten lyrischen Mezzosopranistinnen der Welt. Sie war eine jener ungewöhnlichen Sängerinnen, die von ihren Kollegen nicht nur bewundert, sondern auch geliebt werden. Lina Pagliughi, die berühmte Sopranistin, bezeichnete Besanzonis Gesang als »gewaltig« und fügte hinzu, sie sei »ein göttlicher Mensch [gewesen] – warmherzig, verständnisvoll«.[67] Gilda dalla Rizza, eine große Sopranistin aus Besanzonis Generation, gestand, sie selbst habe sich geweigert, sich in der Rolle der Carmen zu versuchen, weil es »in jenen Tagen Gabriella Besanzoni gab, und keiner kam heran an den Samt in ihrer Stimme und die Verve ihrer Persönlichkeit«.[68] Gianna Pederzini, die nach Besanzonis Abgang die beliebteste Carmen an der Scala wurde, nannte ihre Vorgängerin »die sympathischste Person, die man sich vorstellen konnte«[69] – und jeder, der viel Zeit in Opernhäusern verbracht

hat, weiß, daß Freundlichkeiten von absteigenden Diven gegenüber aufstrebenden Kolleginnen »eher einmalig als selten« sind, wie die Italiener sagen.

Die Opernsaison 1918 am Teatro Colón, in der viele populäre Werke
durch herausragende italienische Künstler, auch durch Besanzoni, aufgeführt wurden, war zum Teil ein Geschenk an Argentinien seitens der
italienischen Regierung. Sie versuchte gerade, internationale Unterstützung für geplante Nachkriegsansprüche auf bestimmte Grenzgebiete
des zerfallenden Habsburgerreiches zu mobilisieren. Laut Rubinstein
wachte da Rosa in Buenos Aires eifersüchtig über Besanzoni. Der Pianist und die Sängerin konnten sich nur noch einmal sehen, bevor Rubinstein zu einer langen und unbequemen Bahnreise nach São Paulo und
dann nach Rio de Janeiro aufbrechen mußte. Sein brasilianisches Debüt
am 11. Juni 1918 eröffnete auch die Saison am Theatro Municipal in Rio.
»Große Neugier herrscht im Hinblick auf diesen Künstler, dem ausgezeichnete Empfehlungen und Erfolge in verschiedenen Kapitalen vorausgeeilt sind und der, auch wenn er hier noch nicht bekannt ist, doch
schon die Ursache für Debatten ist«, kündete ihn das *Jornal do Commercio* an.[70] Worum es bei diesen Debatten ging, darüber klärte am
nächsten Tag die Besprechung von Oscar Guanabarino auf, dem führenden Musikkritiker der Stadt.

»Keiner von den Pianisten, die bei uns gastiert haben, hat so viele Debatten provoziert wie Señor Arthur Rubinstein, bevor man ihn hier kennengelernt hat, und dies ist darauf zurückzuführen, daß sein Name der
gleiche wie der des berühmten russischen Pianisten und Komponisten
Antonio Rubinstein ist…

Das Konzert begann mit der *Toccata und Fuge in d-Moll* von Bach-Tausig;
doch zunächst einmal sollte festgehalten werden, daß die Atmosphäre
der Frivolität, die sich um den unbekannten Künstler gebildet hatte, zu
Unsicherheit und Mißtrauen führte, so daß die Reaktion unvorhergese-
hen und unerwartet war; und im Nu, mit den ersten Passagen der *Toccata,* war das ganze Publikum erobert, gebannt von den außergewöhnlichen Eigenschaften dieses wahrhaft erstaunlichen Pianisten…

Wir hatten das Fugenspiel des großen [portugiesischen] Pianisten [José] Vianna da Motta für mustergültig gehalten, aber Señor Arthur Rubinstein übertraf völlig unsere Erwartungen. Unser Erstaunen hielt noch an, als der großartige Künstler sich anschickte, die *Waldstein-Sonate* von Beethoven zu spielen, eine Sonate, die uns bis gestern noch nie jemand auf diese Weise offenbart hatte, so voller Details wie der verschiedensten Phrasen, die in der Wiederholung einzeln als andere und individuelle Faktoren aufscheinen.«

Das Programm, das außerdem eine Chopin-Gruppe und Stücke von Albéniz, Ravel, Skrjabin und Liszt enthielt, setzte Guanabarino und die anderen Zuhörer auch weiterhin in Erstaunen, und der Kritiker berichtete: »Als das Konzert mit Liszts Zwölfter Rhapsodie endete, auf eine Weise gespielt, wie wir es noch nie gehört hatten, verließen wir das Theater, um Zeit zu haben, diesen Artikel zu schreiben; und dort ließen wir ihn zurück, während er den Wünschen seines Publikums Folge leistete«[71] – mit anderen Worten: Zugabe um Zugabe spielte. Nach einem zweiten Auftritt Rubinsteins, zwei Abende nach dem ersten, überschlug sich Guanabarino geradezu: »Ein weiteres Konzert und ein weiterer Sieg, der noch größer werden wird, denn all die vielen Künstler auf den Rängen des Theatro Municipal geraten in Verzückung über den erstaunlichen Pianisten, der nicht nur der Gesellschaft von Rio noch nie dagewesene Abende der Klavierkunst beschert, sondern auch neuen Generationen überaus nützliche Lehren erteilt… Señor Rubinstein hat gestern noch mehr Beifall erhalten als bei seinem ersten Konzert – dies scheint unmöglich, aber es ist eine Tatsache.«[72]
Zwei Tage später schrieb Guanabarino: »Drittes Konzert gestern und dritter Triumph.«[73] Diesem Konzert folgte ein zusätzliches Konzert am Sonntagnachmittag, dann kamen ein viertes Abonnementkonzert, ein »Sonderkonzert«, ein fünftes Abonnementkonzert, ein zweites Sonntagnachmittagskonzert, ein »großes Volkskonzert«, ein »letztes Abonnementkonzert«, ein »letztes Abendkonzert« und eine »Abschiedsmatinée« – insgesamt also zwölf Konzerte in neunzehn Tagen. Das Publikum von Rio konnte von Rubinstein nicht genug bekommen,

und die Begeisterung in seinem letzten Konzert grenzte an Hysterie. Er spielte Zugabe um Zugabe, und dann »strömten die *senhoras e senhoritas* auf die Bühne«, berichtete Guanabarino, und »der Künstler wurde bestürmt, Programmhefte und Postkarten zu signieren; aber dies waren so viele Menschen, daß es nicht möglich war, alle Wünsche zu befriedigen. Señor Rubinstein bat um Licht und Luft; eine Gasse tat sich auf, und der Gefangene flüchtete sich in seine Garderobe. Aber so leicht entkam er den Standhaften nicht – sie warteten am Hinterausgang des Theaters und trugen ihn zu seinem Automobil, unter dem Beifall von etwa dreihundert Menschen, die den Wagen bis zur Avenida begleiteten. Dann fuhr er fort, und die Gruppe winkte ihm mit Taschentüchern hinterher oder klatschte in die Hände und schrie: ›Auf Wiedersehen! Auf Wiedersehen!‹… ›Noch nie habe ich‹, erzählte er uns, ›ein so aufmerksames, so freundliches oder begeistertes Publikum erlebt wie dieses. Ich bin überaus dankbar, und ich werde diese Konzerte für immer in Erinnerung behalten.‹«[74] Und der namenlose Kritiker des *Correio da Manha,* einer anderen Zeitung in Rio, erklärte: »Falls, wie wir glauben, Arthur Rubinstein sich ein wenig nach dem Publikum von Rio zurücksehnen wird, dann wird sich das Publikum gewiß für lange Zeit die angenehmsten Erinnerungen an den erlesenen Künstler und seine Interpretationen bewahren, die Musterbeispiele für die Meister der Kunst der Musik sind.«[75]

Der Erfolg dieser Konzerte ebnete den Weg für Rubinsteins anhaltende Beliebtheit in Brasilien sowie für seine Liebe zu Rio mit seiner wunderschönen natürlichen Lage. Während seines ersten Besuchs machte er die Bekanntschaft der anerkannten brasilianischen Komponisten Alberto Nepomuceno und Francisco Braga (einem Schüler von Massenet) sowie der beiden »glänzenden« (so Rubinstein) Pianistinnen Antonietta Rudge und Guiomar Novaës. Rudge kennt man heute hauptsächlich als Schwester von Ezra Pounds Lebensgefährtin, der Geigerin Olga Rudge, aber Novaës, die 1918 erst einundzwanzig Jahre alt war, machte eine lange und erfolgreiche internationale Karriere. Rubinstein erwies in seinen Memoiren Luigi Chiafarelli (den er allerdings fälschlicherweise Schiafarelli nannte), dem in São Paulo ansässigen Lehrer von Rudge und Novaës, seine Reverenz: Chiafarelli sei ein Klavierlehrer gewesen, »dessen Ruf Schüler aus dem Ausland anlockte…, sehr klug, beherrschte vier Sprachen, war sehr belesen und hatte viel Verständnis für die menschliche Psyche und die Weltpolitik. Das Auffallendste an ihm war aber sein ausgeprägter Sinn für Humor. Schon bei meinem ersten Besuch schlossen wir Freundschaft, und wir blieben jahrelang befreundet.«[76]

Auch eine Freundschaft mit Darius Milhaud bahnte sich in den Wochen von Rubinsteins Aufenthalt in Rio an. Aufgrund einer schweren rheumatoiden Arthritis war der junge französische Komponist kriegsdienstuntauglich. Er war statt dessen als Sekretär des französischen Botschafters in Brasilien eingestellt worden. Dieser Botschafter war sein Freund Paul Claudel, der Dichter und Dramatiker, der seinen Lebensunterhalt als Diplomat verdiente. Fünf Jahre zuvor, im Alter von einundzwanzig Jahren, hatte Milhaud damit begonnen, die Bühnenmusik für Aufführungen der *Orestie* in Claudels französischer Übersetzung zu schreiben; 1918 arbeiteten sie am Ballett *L'homme et son désir* zusammen. Damals hatte der fünfzigjährige Claudel seine bedeutendsten Werke – besonders die Stücke *Tête d'or (Goldhaupt)*, *Partage de midi (Mittagswende)* und *L'Annonce faite à Marie (Verkündigung)* – längst geschrieben, während die Werke *Le Bœuf sur le toit* und *La Création du monde,* mit denen der Name Milhaud hauptsächlich verbunden wird, noch gar nicht entstanden waren. In *Mein glückliches Leben* schilderte Rubinstein ein orgiastisches Essen mit Milhaud und Claudel in einem Dachrestaurant: Der Schriftsteller konsumierte beträchtliche Mengen Wein, rezitierte laut und auswendig Verse von Rimbaud sowie seine eigenen Gedichte und warf dann Weintrauben auf Passanten in der Straße unter ihnen. Während ihres restlichen Aufenthalts in Rio waren Rubinstein und Zulueta häufig in der französischen Botschaft zu Gast – wo der Pianist auch Henri Hoppenot kennenlernte, einen weiteren Karrierediplomaten und künftigen Milhaud-Librettisten. Und im Gegenzug besuchten Claudel und Milhaud Rubinsteins Konzerte. Der Mangel an diplomatischem Taktgefühl bei Claudel beeindruckte den Pianisten: So schlug er einmal einem Musikkritiker auf die Hand, als dieser nach einem Konzert das Begleitkärtchen an einem Blumenstrauß in Rubinsteins Garderobe lesen wollte; die Frau des brasilianischen Außenministers fuhr er an, sie »rede dummes Zeug«, nachdem sie sich abfällig über einige beliebte zeitgenössische französische Autoren geäußert hatte; und als er einmal ein Porträtphoto von Rubinstein machen wollte (Claudel war ein eifriger Amateurphotograph), schrie er den Pianisten an: »Sie sitzen da wie ein Leichnam...«[77] Aber er war beeindruckt von Rubinsteins künstlerischen Fähigkeiten. »Wir haben hier gerade einen wahrhaft erstaunlichen Pianisten namens Arthur Rubinstein«, schrieb er am 21. Juni 1918 an seine Schwägerin Elisabeth Sainte-Marie Perrin. »Kennst Du ihn?«[78]

Während der südamerikanischen Tournee überwachte Zulueta die Kassenbelege von potentiell skrupellosen Managern, überredete ein paar unfreundliche Musikkritiker, ihre Meinung zu ändern, und kümmerte sich um die Reisearrangements und die gesellschaftlichen Verpflichtungen. Nach Rubinsteins Konzerten in Rio und São Paulo buchte Zulueta für sich und seinen Chef Plätze auf einem Schiff, das sie nach Buenos Aires zurückbrachte, wo Rubinstein neue Triumphe feierte, alte Freundschaften erneuerte, ein wenig Zeit mit Besanzoni verbrachte – wenn da Rosa ihnen den Rücken zukehrte – und Zuluetas Rat befolgte, einen Kammerdiener einzustellen. Rubinstein und seine Zwei-Mann-Entourage fuhren sodann mit der Bahn nach Chile, und nach einer weiteren Reihe erfolgreicher Konzerte begaben sie sich per Schiff von Valparaiso nach Lima in Peru. Hier erklang plötzlich mitten in einem Rubinstein-Konzert am 11. November im Publikum der Ruf »*Armisticio! Armisticio!*« Wie alle anderen lief auch Rubinstein hinaus auf die Straße, um den Waffenstillstand jauchzend und weinend zu feiern. Danach zog er von Lokal zu Lokal, begleitete die *Marseillaise* »auf einem verstimmten Klavier, wenn eines zur Hand war«, und hatte anschließend »den größten Kater meines Lebens«. Wollte er aber am Ende des Krieges so schnell wie möglich nach Europa zurückkehren, um zu erfahren, wie es seinen Eltern und Geschwistern, Lily und ihren Kindern, den Kochanskis und Szymanowskis sowie unzähligen anderen Freunden und Bekannten auf beiden Seiten der deutschen Linien im Krieg und während der bolschewistischen Revolution ergangen war, um ihnen notfalls beizustehen? Derartige Gefühle erwähnte er erst später in seinen Erinnerungen, ja, zunächst räumte er sogar ein, es sei »eine unangenehme Neuigkeit« gewesen, als Zulueta ihn verlassen und augenblicklich nach Europa zurückkehren wollte. Die Abreise seines Mitabenteurers war »ein schwerer Schlag für mich«, erklärte er. »Unsere kombinierte Vitalität hatte mir ein ganz besonderes Kraftgefühl vermittelt.«[79] Aber die Tournee ging weiter. Nach einem Galawohltätigkeitskonzert zugunsten der französischen, englischen und amerikanischen Rote-Kreuz-Organisationen verließ Rubinstein Lima in Begleitung seines Kammerdieners Enrique und da Rosas Repräsentanten Señor Biancamano. Im nahen Callao gingen sie an Bord eines Schiffes und fuhren gen Kuba, wo Rubinstein sich für einige Konzerte verpflichtet hatte.

Bei seiner Ankunft in Panama City oder Balboa (nicht Colón, wie er in seinem Buch sagte – Colón befindet sich auf der karibischen Seite des Kanals) erhielt er ein Telegramm von Besanzoni, die ihm mitteilte, er solle dort auf sie warten, damit sie zusammen nach Kuba weiterreisen könnten. Ihre Nachricht beunruhigte ihn: Er hatte keine feste Freundin mehr gehabt, seit seine Affäre mit Lily sich fünf Jahre zuvor im Sande verlaufen hatte, und er wußte nicht, ob er überhaupt eine neue Gefährtin haben wollte. »Ich will nicht leugnen, daß Gabriellas Anerbieten meiner männlichen Eitelkeit wohltat, doch vor den zu erwartenden Komplikationen und der Verantwortung schreckte ich zurück. Heiraten wollte ich Gabriella keinesfalls, und es stand zu befürchten, daß sie eben dies wünschte.«[80] Gleichwohl kam sie zu ihm, und Rubinstein erging sich in seinen Memoiren ausführlich und amüsiert über die Launen des Schicksals auf dem Rest ihrer Reise. Er schilderte Besanzonis Wut über die amerikanischen Wachsoldaten in ihrem Hotel in Panama, die dagegen waren, daß ein unverheiratetes Paar ein Zimmer miteinander teilte (»Wie kann man eine Frau und einen Mann daran hindern wollen, glücklich zu sein?« wollte sie wissen). Dann trat der Pianist an den amerikanischen Zivilgouverneur mit der Bitte heran, ihnen Plätze auf einem der wenigen Schiffe zu besorgen, die nach Kuba gingen und zumeist mit Militärpersonal überfüllt waren. Der Gouverneur stellte zu seinem

Erstaunen fest, daß dies der gleiche Arthur Rubinstein war, der ihm 1901 als vierzehnjähriges Wunderkind in einem Zug von Berlin nach Dresden ein Autogramm gegeben hatte. Nun erteilte der Gouverneur Rubinstein, Besanzoni und Enrique US-Visa – unter der Bedingung, daß die beiden Künstler ein Open-Air-Konzert für die Soldaten geben mußten. Biancamano setzte sich von der Tournee ab, und schließlich fuhr die kleine Gruppe durch den Panamakanal bis Colón (nicht Balboa, wie es in den Memoiren heißt), wo sie auf ein anderes Schiff umstieg. Rubinstein erinnerte sich auch an die wie Halsabschneider aussehende Mannschaft des zweiten Schiffes; an den Zwischenaufenthalt in Santa Marta in Kolumbien, wo sie bei unvorstellbarer Hitze eine Ladung Bananen – und einen ganzen Schwarm Insekten – an Bord nahmen; an seine und Besanzonis Entscheidung, den Seelenverkäufer bei einem Halt in New Orleans zu verlassen; an die Schwierigkeiten, mit seinem spanisch-polnischen Paß durch den amerikanischen Zoll zu kommen; an die lange Bahnfahrt von New Orleans nach Miami und endlich an die Überfahrt nach Havanna, wo Rubinstein zusammenbrach und sechzehn Stunden schlief.

Sein Bericht über ihr kubanisches Abenteuer ist außergewöhnlich wirr, was Daten, Namen und sogar geschilderte Ereignisse betrifft. Der örtliche Impresario, den er Antonio Braccale nannte, war Adolfo Bracale. Die Aufführungen von *Carmen* und *Aida,* in denen, laut Rubinstein, Besanzoni Ende 1918 oder Anfang 1919 mit Caruso in Havanna gesungen haben soll, fanden in Wirklichkeit erst im Mai und Juni 1920 statt. Der große Tenor befand sich während des gesamten früheren Zeitraums in New York. Noch verwirrender ist Rubinsteins Erklärung, Maria Barrientos, die gefeierte katalanische Sopranistin, habe ihn in Havanna darauf aufmerksam gemacht, daß er als Solist bei mehreren großen Orchestern in den USA während der folgenden Wochen angekündigt sei: Auch Barrientos trat in der Saison 1920 mit Caruso in Havanna auf, war aber in der Saison 1918/19 nicht auf Kuba, soweit ich dies feststellen konnte. Tatsache ist allerdings, daß Rubinstein, bevor er Buenos Aires verließ, ein Angebot des wichtigen New Yorker Agenten R. E. Johnson erhielt, fünfzehn Konzerte auf einer USA-Tournee zu geben.

Die Gagen – vierhundert Dollar pro Konzert – waren zwar weitaus geringer als die, die Rubinstein in Lateinamerika bekommen hatte, aber er war erpicht darauf, dreizehn Jahre nach seiner Debüttournee nach Nordamerika zurückzukehren. Es freute ihn besonders zu erfahren, »daß dieses Angebot nicht meiner Erfolge in Südamerika wegen erfolgte, sondern auf die dringende Empfehlung von Eugène Ysaÿe«.[81] Rubinstein hatte Johnson sein Interesse an dem Vorschlag mitgeteilt und die Verträge und einen Vorschuß angefordert. Da er beides nicht erhielt, setzte er seine Südamerikatournee fort. Obgleich seine ersten beiden Konzerte in Havanna höchst erfolgreich waren und Bracale veranlaßten, weitere Auftritte zu vereinbaren, bat Rubinstein Johnson telegraphisch um eine Bestätigung dessen, was – wie er behauptete – Barrientos ihm gesagt habe. Die Antwort, so Rubinstein, sei ein wenig vage gewesen, aber die Möglichkeit, mit dem Boston Symphony Orchestra und anderen wichtigen Ensembles aufzutreten, bewog ihn dazu, das Risiko einzugehen.

Besanzoni wollte ihre kubanischen Auftritte absagen und Rubinstein nach New York begleiten, aber er überredete sie dazu, zunächst ihren Vertrag in Havanna zu erfüllen und erst später zu ihm zu kommen. In seinen Memoiren gab er nicht zu, daß er sie nur deshalb zum Bleiben überredet hatte, weil er Muriel Draper in New York zu sehen hoffte, aber ein wenig später erklärte er immerhin:»Bemüht, meine Gefühle zu analysieren, kam ich zu dem Ergebnis, daß ich Gabriella lieb hatte, ohne in sie verliebt zu sein, während es sich mit Muriel Draper genau umgekehrt verhielt; die mochte ich eigentlich nicht, aber ich war verliebt in sie und fürchtete mehr als alles, wieder unter ihren Einfluß zu geraten.« Mit diesem Einfluß, sagte Rubinstein, habe es innerhalb von vierundzwanzig Stunden nach seiner Ankunft in New York ein Ende gehabt: Zufällig (so behauptete er) sei er Muriel in der Halle des Ritz-Carlton-Hotels begegnet, wo er sich mit Dagmar Godowsky zum Lunch verabredet hatte. Als »ich ihr [Muriel] die Hand küßte, passierte etwas höchst Sonderbares. Ich fühlte mich befreit. Frei. Als wäre sie mir ganz unbekannt.«[82] Er erfuhr, daß sie und Paul geschieden seien. Bei späteren Aufenthalten in Amerika sah er beide gelegentlich, jeden für sich, und vermutlich sah er auch den kleinen Sanders Draper, der möglicherweise sein Sohn war. Pauls früher Tod im Jahre 1925 ging Rubinstein sehr nahe, auch wenn er dies in seinen Memoiren nicht erwähnte. Im Oktober jenes Jahres schrieb Muriel Draper, die sich in Oxford aufhielt, an eine Freundin in Amerika: »Arthur ist gerade in London aufgekreuzt, und ich werde mit ihm morgen zu Mittag essen – er hat solche Angst, mich zu sehen – ich auch. Er hat schreckliche Angst vor Gefühlen, vor dem Anblick von Leid und Schmerz, weißt Du – das ist eine sonderbare Feigheit an ihm… Er hat Paul wirklich sehr gern gehabt und ihn so gut gekannt, und Du weißt ja, was Paul für ihn empfand.«[83] 1932 begegnete Arthur Muriel in Moskau, wo er ein Konzert geben sollte, während sie dort »als Beauftragte der kommunistischen Partei der USA« war. Er berichtete: »Muriel beharrte darauf, Russisch mit uns zu sprechen. Das fand ich lächerlich, was wiederum sie ärgerte. Ich habe sie danach nicht mehr gesehen und auch nicht den Wunsch danach verspürt.«[84] Sanders Draper ist im Zweiten Weltkrieg gefallen.

Wie seine Berichte über die Beziehungen zu anderen Agenten ist Rubinsteins Darstellung seiner Beziehung zu R. E. Johnson eine Mischung aus sanftem Lob und harschem Tadel: Der Manager wird ebenso verbal karikiert (hinkend, vulgär, versoffen und stets mit seiner vollbusigen Assistentin zusammen) wie kritisiert. Das Engagement mit dem Boston Symphony Orchestra war dem Pianisten durch die Lappen gegangen, und zwar aufgrund einer Verspätung: Johnson hätte ihm zu spät einen Vertrag vorgelegt, so Rubinstein; Rubinstein hätte sich zu spät für diese Tournee entschieden, so Johnson. Aber es folgten ja noch Auftritte in New York, Chicago und Cincinnati. Rubinsteins zweites New Yorker »Debüt« fand am 20. Februar 1919 in der Carnegie Hall statt. Unter den Zuhörern befanden sich Sergej Prokofjew, Josef Hofmann, Josef Lhévinne, Jacques Thibaud und Besanzoni, deren Ankunft in New York am Vortag seinen Nerven nicht gutgetan habe, wie Rubinstein sagte. Laut einem Tagebucheintrag des siebenundzwanzigjährigen Verlegers Alfred A. Knopf war auch John Galsworthy da. Er traf sich mit dem Schriftsteller und seiner Frau »in der Carnegie zu Arthur Rubinsteins Debüt. Wahrhaft ein Meisterpianist. Großartig Bach [Orgel-Toc cata und Fuge in d-Moll, in der Bearbeitung von Tausig] und Beethoven Waldstein. Dann Chopin [As-Dur-Ballade] und die beste Darbietung der fis-Moll-Polonaise, die ich je gehört habe. [Außerdem gab es die Berceuse und das Nocturne in Fis-Dur.] Mrs. Galsworthy war ›fasziniert‹ vom cis-Moll-Scherzo und der c-Moll-Etüde, die als Zugabe gespielt wurden. Die Zwölfte Rhapsodie von Liszt war absolut transzendental. Ich sehe für diesen jungen Mann eine ungeheure Popularität voraus. Er hat eine Ausstrahlung, und man vergißt nie, daß er ein *Mann* ist. Keinerlei Manierismen – eine wunderbare linke Hand und ein schönes Stakkato. Erstaunliche Genauigkeit in Läufen und großen Akkorden – auch ein beachtliches Vermögen, die allgemeinen Konturen einer komplizierten Komposition zu zeichnen. Nur in der As-Dur-Ballade hat er seine Tonlage sozusagen zu tief angesetzt, so daß die ungeheure Klimax, die er den Tasten hätte entlocken können, eigentlich nie kam. Sein Debussy war großartig, besonders l'Ile Joyeuse; ebenfalls die Triana von Albéniz. Ein hervorragendes Programm – das am besten zusammengestellte und interessanteste Klavierkonzert, das ich meiner Erinnerung nach je besucht habe. Den Galsworthys hat es wirklich gut gefallen.«[85]

Nicht jeder äußerte sich so begeistert wie Knopf über das Konzert, bei den Kritikern rief es gemischte Reaktionen hervor. »Ein Pianist mit Charme und technischer Finesse ist Arthur Rubinstein, der gestern nachmittag sein erstes Klavierkonzert in der Carnegie Hall gab«, schrieb Richard Aldrich in der *New York Times*. »Der Newcomer hat hier schon einmal gespielt, vor zehn oder zwölf Jahren, heißt es…« Aldrich erinnerte sich offensichtlich nicht mehr daran, daß er eine – großenteils negative – Kritik über Rubinsteins US-Debüt im Jahre 1906 geschrieben hatte. Der Rest seines unbeholfen geschriebenen, herablassenden Artikels basiert auf schiefen Vergleichen und fachchinesischem Geschwätz.

»Rubinstein ist ein Minimalist – stilistisch ist er eher mit Emil Sauer verwandt … oder sogar mit dem magischen de Pachmann als mit dem ersten und einzigartigen Anton seines Namens oder mit Josef Hofmann und Ethel Leginska [einer in England geborenen Leschetizky-Schülerin, die ein paar Monate älter als Rubinstein war]. Doch während seine dynamische Skala innerhalb ihres Umfangs nicht breit ist, hat er erstaunlicherweise Erfolg. Er ist stilistisch ein bißchen altmodisch; die Wiener Schule, mit ihrem leichten Anschlag, die fehlende Tiefe in seinem Akkordspiel, die allzu raschen Tonleitern, im Klang ebenfalls oberflächlich; vor allem sein Pedalspiel nach statt vor seiner Attacke. Die Trizepse spielen eine unbedeutende Rolle. Fingerfertigkeit und Stakkato, glänzende Prägnanz bei einem großartigen Spiel mit der linken Hand, sind unleugbare Qualitäten, verbunden mit einem lieblich singenden Klang und einem musikalischen Temperament – Merkmale, die für ein halbes Dutzend Pianisten reichen würden. Seltsamerweise war sein Ton gelegentlich hart und seine Phrasierung nicht duktil, sondern ein wenig eckig. Es war schließlich ein Debüt mit seiner unvermeidlichen Nervosität… Von diesem Rubinstein kann man wohl sagen: Er kam, spielte und gefiel. Aber ein Minimalist.«[86]

Laut Arnold T. Schwab, dem Biographen des bekannten Musikers, Schriftstellers, bohemienhaften Ästheten und Musikkritikers James Gibbons Huneker, sei diese Kritik von Huneker geschrieben worden – der ebenfalls für die *New York Times* schrieb – und nicht von Aldrich. Aber da sie in Aldrichs gesammelten Kritiken, *Concert Life in New York, 1902-1923,* abgedruckt ist, nehme ich an, daß Aldrich sie geschrieben hat. Ein drei Wochen später stattfindendes zweites Rubinstein-Konzert gefiel Aldrich (oder Huneker) viel besser. Die Kritik trug die Überschrift: »Ein glänzendes Klavierkonzert«.»Rubinstein neigte zwar noch immer dazu, Beethoven zu schnell zu spielen« – faßte Schwab die Reaktionen des Kritikers zusammen –, »aber er hatte seinen Trizeps gefunden und folglich einen tieferen, größeren und variableren Ton. Bei Debussy, Ravel und Albéniz war Rubinstein ›einfach faszinierend‹. Die spanische Musik war ›positiv elektrisierend‹, erklärte der Rezensent, und ›allein schon die diabolische Verve, die Farbzusammenstellung und der Elan würden den Ruf eines weniger musikalischen Künstlers ausmachen‹«.[87]

Zwischen seinen beiden Solokonzerten in der Carnegie Hall spielte Rubinstein das Zweite Klavierkonzert von Brahms mit dem New York Symphony Orchestra unter Walter Damrosch am 22. Februar, ebenfalls in der Carnegie Hall. Außerdem fuhr er in Gesellschaft von Besanzoni nach Cincinnati, um das Vierte Klavierkonzert von Beethoven mit dem Cincinnati Symphony Orchestra unter Ysaÿe. Gemeinsam mit Ysaÿe, der für vier Jahre als musikalischer Leiter des Orchesters engagiert war und sich im zweiten Jahr befand, gab Rubinstein ein Sonatenkonzert (*Beethovens Kreutzer-Sonate,* die d-Moll-Sonate von Brahms und die A-Dur-Sonate von Fauré). Als Rubinstein wieder in New York war, spielte er am 2. April (und nicht in der folgenden Saison, wie er sich fälschlicherweise erinnerte) im Großen Ballsaal des Commodore Hotels Chopins A-Dur-Polonaise, Liszts Liebestraum, Mendelssohns *Spinnerlied,* die *Triana* aus Albéniz' *Iberia,* Debussys *La plus que lente* und Schuberts *Marche militaire* in der Bearbeitung von Tausig. Er spielte im Rahmen eines Programms – »The First Pershing Square Musicale« –, in dem auch Mary Garden, Mischa Elman und Caruso auftraten.

In der gleichen Zeit fing Rubinstein damit an, Klavierwalzen zu bespielen. Von 1904, als Welte-Mignon das »Reproduktionsklavier« überarbeiteten, bis Ende der zwanziger Jahre, als sich die Qualität phonographischer Aufnahmen aufgrund neuer elektronischer Aufnahmetechniken erheblich zu verbessern begann, waren Klavierrollen ein beliebtes Medium der musikalischen Reproduktion. Die meisten Pianisten waren zwar über die Resultate nicht glücklich – Tempi und dynamische Nuancen ließen sich nicht mit absoluter Genauigkeit reproduzieren –, aber nur wenige konnten dem Geld widerstehen, das ihnen die Firmen boten. Rubinstein bespielte die meisten seiner Rollen für die New Yorker Firma Aeolian Duo-Art, die mit ihm einen Fünfjahresvertrag über jährlich 6000 Dollar, bei drei Rollen pro Jahr, abgeschlossen hatten. Aeolian stellte ihn auch einmal frei, damit er drei Rollen für den Konkurrenten Ampico Pianola bespielen konnte. In der Aeolian-Werbung hieß es, Rubinstein »hat Amerika zum ersten Mal 1906 besucht und dabei für einen Jugendlichen eine erstaunliche Fingerfertigkeit und andere technische Fähigkeiten bewiesen. Nach dreizehn Jahren ist er als fertiger Künstler und als Musikinterpret von seltenem Vermögen zu uns zurückgekehrt. Er ist viel auf Reisen und hat in allen Teilen der zivilisierten Welt mit glänzendem Erfolg Konzerte gegeben.«[88] Rückblikkend war es Rubinstein peinlich, daß er mit Godowsky, dem jungen Virtuosen Mischa Levitzki und dem Komponisten-Pianisten Leo Ornstein an einer sechs Städte umfassenden Reihe von Schaukonzerten teilgenommen hatte. Er ließ sich darüber 1977 in seiner Antwort auf einen Brief von Ornsteins Sohn Severo aus: »Ihr Brief bereitete mir Freude und eine wunderbare Überraschung, daß Ihr Vater noch lebt und es ihm gutgeht«, schrieb Rubinstein. »Ich kann mich besser an ihn erinnern, als Sie dies vielleicht glauben, weil ich ihn nicht nur wegen seines Werks und seines Spiels in den frühen zwanziger Jahren bewundert habe, sondern auch mit ihm, Godowsky und Lewicki [sic] auf eine lustige und ein bißchen schändliche Konzerttournee gegangen bin. Wir mußten uns auf der Bühne ein Stück anhören, das von uns auf dem Pianola gespielt wurde, und es dann live wiederholen. Das Stück Ihres Vaters, und daran erinnere ich mich noch genau, war das Nocturne in F-Dur von Chopin.« Einige von Rubinsteins Walzen – die ursprünglich zwischen 1920 und 1925 herauskamen – wurden Anfang der neunziger Jahre des 20. Jahrhunderts auf CDs neu herausgebracht.

Jahrzehnte nach seiner Amerikatournee von 1919 erzählte Rubinstein Samuel Chotzinoff, sie sei »ein persönlicher Triumph und eine künstlerische Katastrophe gewesen. Ich lernte jeden kennen, ging zum Essen aus, wurde von hübschen Mädchen und schönen Frauen abgelenkt, und all das benötigte soviel Zeit und Energie, daß ich das Klavier vernachlässigte. Die Kritiker spürten dies und äußerten sich kritisch… Ich war eindeutig nicht erfolgreich bei meinem zweiten amerikanischen Unternehmen, und ich nahm an, daß ich nie wiederkommen würde.«[89] »Katastrophe« ist natürlich eine Übertreibung: Rubinstein wurde nur für einen begabten und interessanten Pianisten unter vielen gehalten statt für einen großen Künstler. »Ich kam wieder nach Amerika nach meinem großen südamerikanischen Erfolg, meinem spanischen Erfolg«, bemerkte er über vierzig Jahre danach gegenüber einem anderen Interviewer. »Nun, sie gestanden mir zu, ich würde spanische Musik perfekt spielen. Aber sie kritisierten immer alles andere, einschließlich

Chopin – sie zogen mir stets andere vor. Ich hatte also drei gefährliche Kollegen: Da gab es Paderewski, Hofmann und Rachmaninow. Sie müssen zugeben, sie haben es [ihren Erfolg] verdient!«[90] Praktisch gesehen bestand das Hauptproblem darin, daß Rubinstein »nicht etwa mit Angeboten überschwemmt« wurde, wie er sich erinnerte.[91] Andererseits ging es ihm in New York großartig, wie seine Bemerkungen gegenüber Chotzinoff andeuten. Mehr als einmal kam er mit Diaghilews Tänzerstar Adolph Bolm zusammen, den er 1916 in Spanien kennengelernt hatte, sowie mit Richard (ursprünglich Ryszard) Ordynski, einem polnischen Theaterregisseur, der in Rubinsteins Berliner Zeit Max Reinhardts Assistent war und zwischen 1916 und 1920 über fünfzigmal an der Metropolitan Opera inszeniert hatte. Rubinstein begegnete auch dem achtzehnjährigen Jascha Heifetz, der in der vorigen Saison in New York erstaunlich erfolgreich debütiert hatte und bereits für einen der größten Geiger aller Zeiten gehalten wurde. »Mein Klavierspiel interessierte ihn weniger«, räumte Rubinstein ein, »dafür aber um so brennender, in welchen Geschäften ich Schlipse und Schuhe kaufte ...«[92] Dagmar Godowsky, die die beiden Musiker miteinander bekannt gemacht hatte, tauschte mit Rubinstein, der wie sie im Biltmore Hotel abgestiegen war, auch hin und wieder den neuesten Klatsch aus – vermutlich allerdings nicht, wenn die eifersüchtige Besanzoni in der Nähe war. Und natürlich verkehrte Rubinstein mit der High Society: unter anderem mit den großen Musikmäzenen Mr. und Mrs. Charles Lanier, mit dem mit Lina Cavalieri verheirateten Millionär Bob Chanler sowie mit dem Verleger der *New York Times* Adolf Ochs.

Von all seinen neuen Bekannten schätzte Rubinstein am meisten Sergej Prokofjew, der einen Großteil der Saison in und nahe der Stadt verbrachte. Rubinstein war höchst beeindruckt von den neuen Werken, die ihm der noch nicht einmal achtundzwanzigjährige Komponist vorspielte. Als Prokofjew Rubinsteins Spiel gefiel, machte ihn das »glücklicher als der Beifall ganz Südamerikas«.[93] Zusammen mit Mary Garden traten sie in einem Benefizkonzert für das Rote Kreuz an der Met auf (Prokofjew als Dirigent eines seiner eigenen Werke). Die Veranstaltung wurde von der jungen Elsa Maxwell organisiert, der bekannten schillernden Partylöwin und Wohltäterin – im besten Sinne des Wortes, so Rubinstein. Einmal begegneten Rubinstein und Prokofjew sich bei einem Essen der »Bohemians«, wie der Spitzname des New York Musicians' Club lautete: Prokofjew war in Begleitung von Carolina (Lina) Codina, einer wunderschönen Einundzwanzigjährigen mit kastilischen, katalanischen, französisch-hugenottischen und polnischen Vorfahren, die in New York bei ihrer Mutter lebte und Gesang studierte. Beim Essen hörte Codina (die sich später den Künstlernamen Llubera zulegte), wie Rubinstein Prokofjew fragte:»Wo hast du denn diese Schönheit aufgegabelt?« Er hatte sie für eine junge Amerikanerin gehalten und nicht mitbekommen, daß sie neben vielen anderen Sprachen auch Russisch sprach.»Ich wurde so rot im Gesicht, daß ich am liebsten davongelaufen wäre«, erinnerte sie sich später.»Als ich Rubinstein nach sechzig Jahren wiedersah, erinnerte er mich an dieses Essen.«[94] Rubinstein blieb mit beiden befreundet und sah sie oft in New York sowie später in Paris nach ihrer Heirat im Jahre 1923. In seinen Memoiren behauptete Rubinstein, er wäre Anfang 1921 in New York bei der Welturaufführung von Prokofjews Drittem Klavierkonzert dabeigewesen, mit dem Komponisten als Solist und Walter Damrosch als Dirigent. Aber die Welturaufführung fand erst acht Monate später in Chicago statt und wurde von Frederick Stock dirigiert. Vielleicht hat Rubinstein dabei an die New Yorker Premiere des Stücks am 26. Januar 1922 gedacht – als er wieder in den USA war –, bei der der Komponist auch als Solist auftrat, aber Albert Coates dirigierte. Vermutlich hat Rubinstein jedoch eine der ersten Aufführungen von Prokofjews Oper *Die Liebe zu den drei Orangen* in Chicago Ende 1921 miterlebt, und er besuchte die Premiere des Ersten Violinkonzerts des Komponisten am 18. Oktober 1923 an der Pariser Opéra, mit Marcel Darrieux als Solist und Kussewitzky als Dirigent.

Merkwürdigerweise führte Rubinstein nur einige kurze Stücke aus Prokofjews umfangreichem Œuvre für Klavier auf, die Sonaten und Konzerte ließ er links liegen. Er mochte zwar die großen Werke – besonders die späten Sonaten – und nahm sich oft Zeit, sie sich von anderen Pianisten anzuhören, aber vermutlich war er der Meinung, daß zu seinem pianistischen Können nicht die glänzenden Perkussionstechniken zählten, die Prokofjews Musik großenteils erfordert.»Ich war einfach zu faul, sie so gut zu lernen, daß ich sie öffentlich hätte spielen können, doch las ich daheim die Noten, spielte sie im Kopf absolut perfekt und gab mich damit zufrieden«, erklärte er in seinen Memoiren.[95] In seiner letzten aktiven Saison betonte er in einem Interview:»Ich werde mit dem Gefühl sterben, daß es mindestens hundert Werke gibt, die ich gespielt haben könnte – die Sechste Sonate von Prokofjew beispielsweise, ebenso das Erste und das Dritte Klavierkonzert.«[96] Der Komponist kehrte Mitte der dreißiger Jahre des 20. Jahrhunderts in die Sowjetunion zurück und durfte nie wieder ausreisen. Obgleich er und Rubinstein einander nicht mehr begegneten, hielt Rubinstein Prokofjew bis ans Ende seines Lebens nicht nur für einen »bedeutenden Komponisten« – überraschenderweise war er für ihn auch »der bedeutendste russische Komponist«, also noch bedeutender als der »Kosmopolit« Strawinsky.[97] In ein Autographenalbum, das Prokofjew gehörte, hatte Rubinstein geschrieben:»Der Roi-Soleil hat gesagt: ›L'état c'est moi.‹ Du, mein lieber Prokofjew, könntest sagen: ›Le soleil c'est moi.‹«[98]

Rubinstein und Besanzoni waren im Biltmore Hotel zwar in getrennten Suiten abgestiegen, aber die New Yorker Musikwelt wußte, daß sie ein Paar waren. Rubinstein stellte fest, daß er mit Managern, Agenten und leitenden Angestellten von Schallplattenfirmen im Namen seiner Gefährtin verhandelte statt im eigenen Interesse. Diese Situation kann ihrer Beziehung nicht gutgetan haben. Besanzoni unterschrieb einen Vertrag, der sie verpflichtete, in der folgenden Saison an der Met zu singen, Aufnahmen für die Victor Talking Machine Company zu machen und eine Reihe von zehn Konzerten für je 3000 Dollar zu geben – siebeneinhalbmal soviel, wie Rubinstein für seine Auftritte erhielt. Aber beide Künstler wurden für das späte Frühjahr und den Frühsommer nach Mexico City zu Engagements eingeladen, die sich für sie als lukrativ erwiesen: Besanzoni sang in *Carmen* und anderen Opern mit einem Ensemble, dem auch Pertile und die Sopranistin Rosa Raisa angehörten, und Rubinstein gab vier Konzerte pro Woche – insgesamt sechsundzwanzig –, um den offenkundig wahnsinnigen pianistischen Appetit des einheimischen Publikums zu befriedigen. Chotzinoff, der Mexiko in jenem Sommer besuchte, wollte seinen Augen und Ohren kaum trauen: »Das Haus war bis auf den letzten Platz besetzt, und das Publikum erhob sich geschlossen und rief Bravo, als [Rubinstein] auf die Bühne kam. Am Ende des Programms verlangte man lauthals *Navarra, Sevilla, Córdoba* und andere Stücke von Albéniz, die damals alle neu für mich waren, aber die das mexikanische Publikum überaus liebte... Man ließ ihn zahllose Zugaben spielen, und als das Konzert schließlich aus war, wurde er von hysterischen Mexikanern auf den Schultern zu seinem Hotel getragen. Als ich wieder in New York war und von diesem erstaunlichen Triumph berichtete, bemerkte jemand scherzhaft, die Mexikaner hätten vermutlich geglaubt, sie würden Anton Rubinstein hören, nicht Artur.«[99]

All dies ereignete sich inmitten der blutigen Revolution, die Pancho Villa gegen die Regierung von Venustiano Carranza angezettelt hatte. Der Rebell Emiliano Zapata war gerade erst ein paar Wochen zuvor umgebracht worden, überall sah man Gewehre, Greueltaten wurden begangen, »Eisenbahnzüge wurden überfallen, Banditen zogen ungehindert im Lande umher«, berichtete Rubinstein. »Doch nichts konnte der unglaublichen Vitalität dieses Volkes Abbruch tun.« Kurz darauf erinnerte er sich, »daß wir nach jedem Auftritt unsere Gage in wunderhübschen Goldstücken zu zwanzig Pesos ausgezahlt bekamen. Wir machten uns das Vergnügen, diese Münzen auf dem Tisch zu Türmchen zu häufen und anzustaunen.«[100] Immer mehr Konzerte kamen zu den sechsundzwanzig dazu – die Goldtürmchen wurden größer. Rubinstein fuhr zu einigen Konzerten nach Guadalajara, gab gemeinsame Konzerte mit Besanzoni in San Luis Potosí und Monterrey, kehrte dann nach New York zurück, um sich mit Johnson für Engagements in den USA in der kommenden Saison abzustimmen. Er bestieg dann ein Schiff nach England, während Besanzoni nach Mexico City zurückfuhr, »wo sie mit Caruso aufzutreten hatte«, wie er sagte.[101] Diese Auftritte fanden allerdings nicht vor Oktober statt. Besanzoni kehrte vermutlich wegen anderer Vorstellungen nach Mexico City zurück und blieb während des ganzen Sommers da, während sie der Saison mit Caruso gespannt entgegensah. Die Aufführungen mit dem berühmtesten Tenor aller Zeiten fanden auf der Plaza de Toros statt, auf der zwanzigtausend Menschen Platz hatten. Carusos Biograph Howard Greenfield schrieb: »Die übrigen Rollen waren zwar… schwach besetzt, aber der Tenor hatte das Glück, den Gegenspieler der Carmen von Gabriella Besanzoni zu singen, der einzigen Sängerin im Ensemble, die dieses Anlasses würdig war.«[102]

Der Arthur Rubinstein, der im Sommer 1919 in Clara Bergheims Haus in Hampstead erschien, mit Koffern, Reisetaschen und einem Kammerdiener im Schlepptau, wollte unbedingt die Erinnerung an den mittellosen Arthur Rubinstein auslöschen, der dreieinhalb Jahre zuvor nach Spanien aufgebrochen war. Dieser neue Rubinstein hatte international Erfolg, war ein vermögender Mann und gefiel sich darin, wie er freimütig zugab, »meiner Eitelkeit die Zügel schießen« zu lassen, nachdem er in London »jahrelang ohne einen Penny in der Tasche eine jämmerliche Existenz geführt hatte…Und über Nacht wurde aus mir der ›reiche Freund‹«[103], der bei Asprey einkaufte und den Menschen, die freundlich zu ihm gewesen waren, kostbare Geschenke mitbrachte. Aber Rubinstein spielte auch Kammermusik mit seinen alten Freunden Sammons, Tertis und Evans in Sylvia Sparrows Atelier und gab Ordynski, der via London von New York nach Warschau fuhr, etwas Geld und ein Freßpaket für seine Eltern und Geschwister mit, in der Hoffnung, daß sie noch am Leben und bei guter Gesundheit waren. Dann begab Rubinstein sich zu einer Tournee nach Spanien, wobei er einen Zwischenstopp in Paris einlegte, um seinen Bruder Ignacy zu besuchen. Der Revolutionär hatte die Kriegsjahre als Journalist– genauer gesagt als Horoskopsteller – für die linke Zeitung *La Dépêche de Toulouse* verbracht. Ignacy berichtete seinem Bruder alle Neuigkeiten, die er über die Familie in Erfahrung gebracht hatte: Ihre Eltern hatten den Krieg überlebt und waren in Lodz, genauso wie die meisten ihrer Onkel, Tanten, Brüder, Schwestern, Nichten und Neffen. Ihre Schwester Hela und deren Kinder waren in Warschau, aber über Jadwiga und ihre Familie gab es nichts Neues, außer daß sie während des Einmarschs der Deutschen nach Rußland geflüchtet waren. Arthur konnte es sich damals oder kurze Zeit danach nicht leisten, seine Familie zu besuchen. Außerdem war er gekränkt, daß *sie* wegen des Freßpakets beleidigt waren, das er ihnen (zusammen mit kostbareren Geschenken) geschickt hatte, obwohl er die Lebensmittel doch »bei Fortnum & Mason in hübschen Packungen« eingekauft hatte.[104]

Seine Spanientournee war »nicht weniger erfolgreich als die vorangegangene«, erinnerte er sich.[105] In deren Verlauf wurde er in Madrid von einem Journalisten interviewt, der sich das Pseudonym »El Caballero Audaz« (»Der kühne Kavalier«) zugelegt hatte. Anders als die meisten Zeitungsinterviews bietet dieser Artikel zumindest die Umrisse eines interessanten Porträts des Interviewten, und zwar kurz vor dessen dreiunddreißigstem Geburtstag.

»Ich sah mich in dem Raum um [berichtete der Journalist]: ein Luxusappartement im Hotel Palace, das sich von allen anderen Appartements dadurch unterschied, daß das Bett mit mehreren herrlichen, großen, bestickten Manilaschals bedeckt und dekoriert war und daß auf den Tischen etwa zwanzig Atelieraufnahmen schöner Frauen standen – in leidenschaftlichen Widmungen erklärte jede, sie sei sehr in unseren berühmten Interviewpartner verliebt…

›Du meine Güte, Rubinstein! Das ist ja ein ganzer Harem‹, murmelte ich.

›Das ist nicht weiter erstaunlich. Es hat nichts zu bedeuten. Das sind lauter Andenken. Ich umgebe mich gern mit Dingen, die schön anzusehen sind. Ich fühle mich weniger einsam, wenn ich morgens die Augen aufmache und mein Blick auf die reizenden Physiognomien dieser kleinen Engel fällt. Im übrigen sollten Sie beachten, daß sie uns alle anlächeln, daß keine von ihnen uns mit irgendwelchen Kümmernissen belästigt.‹

›Erinnert jede Sie an einen Augenblick der Liebe?‹

Lächelnd erwiderte er: ›Wenn nicht der Liebe, so doch an einen angenehmen Augenblick in meinem Leben. Und alle zusammen bereiten mir himmlische Freude. Sie kommen aus allen Ländern.‹

›Außer Spanien?‹

›Doch, auch aus Spanien – und wie! Schauen Sie‹ – und dann zeigte er mir das Porträtphoto einer schönen und beliebten Künstlerin, deren Namen er diskret abdeckte. Er fuhr fort: ›Mit diesen Schals, die ich in Sevilla gekauft habe, und mit diesen Photographien gelingt es mir, die feindselige Kälte von Hotelzimmern zu mildern und sie mit meiner Persönlichkeit zu erfüllen, ihnen Charakter zu verleihen – die Suiten sehen dann nicht mehr so streng aus und verwandeln sich in friedvolle kleine Winkel. Meinen Sie nicht auch?‹

Ich pflichtete ihm bei und nahm Platz. Währenddessen wühlte Rubinstein in den Taschen seines herrlichen seidenen Morgenmantels…, holte ein Zigarettenetui heraus und bot mir ein ägyptisches Zigarillo an. Er ist jung, schlank und elegant. Sein Profil ist scharf, seine Nase ist breit und ein wenig gekrümmt, die grauen Augen funkeln, sein Haar ist blond und ganz lockig, seine Manieren sind untadelig. Er ist wie ein Märchenprinz. Am interessantesten an Arturo Rubinstein ist sein Konversationsstil, der originell und ganz entzückend ist. Sein Spanisch ist nahezu korrekt… Ich fragte ihn: ›Was ist Ihre größte Untugend?‹

Er dachte einen Augenblick nach. ›Ich weiß nicht‹, erwiderte er schließlich. ›Ich bin ein Mensch mit kleinen Lastern. Ich liebe Frauen maßlos – allerdings halte ich dies nicht für ein Laster, sondern im Gegenteil eher für eine Tugend, die gefördert werden sollte. Wenn ich Söhne hätte, würde ich ihnen sagen: ‹Hört nicht auf zu lieben, liebt, bis ihr sterbt.› Denn für mich ist dies die wichtigste Aufgabe im Leben.‹

›Welches war der traurigste Augenblick, den Sie je erlebt haben?‹

›Ich habe nicht einen einzigen Tag so gelebt, daß ich gewünscht hätte, ich hätte ihn nie erlebt – infolgedessen habe ich nie einen traurigen Augenblick gehabt. Man kann es bedauern, Dinge aus Bequemlichkeit getan zu haben, aber die, die einem das eigene Wesen, das eigene Herz diktiert hat – niemals!‹

›Und Ihr glücklichster Augenblick?‹

›Ach, ich habe so viele gehabt! Wie Sie sehen, geht es mir heute nicht gut – ich habe fürchterliche Kopfschmerzen. Ich muß heute nachmittag nach Barcelona fahren, doch in diesem Augenblick, da ich mit Ihnen plaudere, bin ich glücklich.‹

›Ich auch‹, erwiderte ich und dankte ihm mit einem Lächeln für seine Liebenswürdigkeit. ›Aber sagen Sie mir, Rubinstein – was ärgert Sie am meisten im Leben?‹…

›Alles und nichts macht mich ungeduldig. Manchmal ärgert mich ein wenig der Gedanke, daß ich an keinem Tag mein eigener Herr bin.‹

›Und der Tod?‹

›Oh, der regt mich gar nicht auf, der ist etwas, was mich anzieht!‹

›Was bereitet Ihnen das größte Vergnügen während Ihrer Konzerte?‹

›Wenn ich die Musik höre, die ich spiele. Und wenn ich das Gefühl habe, das Publikum unter meiner Kontrolle zu haben. Es ist schon merkwürdig, wie ein Künstler aus dreitausend Zuhörern eine einzige Seele formt, die sich ihm hingibt! Und was wir eine Seele nennen, erweist sich als eine Art elektrischer Strom, ein Fluidum, ein Röntgenstrahl. Wenn ich am Klavier sitze, ganz in mich versunken, nehme ich genau alle Bewegungen war, die sich im Publikum abspielen – einmal habe ich in meinen Händen und in meinen Nerven gespürt, und zwar genau in dem Augenblick, da er den Saal betrat, wie ein Künstler hereinkam, der ein Freund von mir ist und den ich nicht erwartete. Ohne ihn gesehen zu haben, sagte ich zu mir: ›Smith ist da.‹ Und in der Tat war Smith genau in diesem Augenblick hereingekommen, und ich hatte gespürt, wie er mich ansah.‹…

›Wieviel Geld haben Sie mit Ihrer Kunst verdient?‹

›Pfui! Eingenommen habe ich etwa drei Millionen [alte spanische] Dollar, die ich gut ausgegeben habe, indem ich so lebe, wie es mir gefällt, und ganz bestimmt dürfte kein Millionär sein Geld so verwenden, wie ich es mit den Früchten meiner Arbeit tue. Denn für mich fängt Geld erst in dem Augenblick an, etwas wert zu sein, in dem man es klug auszugeben beginnt. Genauso wie ein Blatt von Ihrem Notizblock erst dann einen Wert bekommt, wenn Sie darauf zu schreiben beginnen. Was nützen einem Papierblätter, wenn man keine Ideen hat? Morgan, Rothschild und Rockefeller sind Sklaven ihres Geldes, Diener ihres Goldes. Da fällt mir in diesem Zusammenhang ein bemerkenswertes Erlebnis ein: Ich hielt mich gerade in Rom mit einer sehr geliebten, hübschen kleinen Dame [Lily Wertheim] auf, aber wir hatten keinen Pfennig! Eines Abends lud mich der amerikanische Botschafter zu einem Bankett ein und stellte mich dem berühmten Millionär [J. P.] Morgan vor. Ein furchtbarer, abstoßend aussehender Mensch. Er hatte eine riesige Nase von der Farbe einer roten Bete, übersät mit Eiterbläschen; winzige, wäßriggraue Augen; seine Zähne waren teilweise von einem grünlich-schwarzen Belag bedeckt; und er hatte einen Schmerbauch. Mitleidig sah ich ihn an – was für ein armer Kerl. Was nützte ihm sein ganzes Geld? Überhaupt nichts. Denn ich konnte ihm, aus der ganzen Fülle meiner Kunst heraus, ein paar angenehme Augenblicke geben, indem ich Musik machte – dafür konnte er mir, trotz all seines Reichtums, keinen geistigen Wert bieten, der auch nur einen Pfennig wert war. Also habe ich mich doch im Leben als viel nützlicher erwiesen als Morgan, der Millionär, nicht wahr?‹

Ich pflichtete ihm bei... ›In welchem Land würden Sie gern leben?‹

›In London zum Leben; in Italien zum Anschauen; in Andalusien und Rio de Janeiro zum Lieben.‹

›Welchen Musiker bewundern Sie am meisten?‹

›Unter den Virtuosen Pablo Casals.‹

›Und unter den Komponisten?‹

›Strawinsky.‹

›Möchten Sie über einen unangenehmen Vorfall sprechen, von dem Sie und das Madrider Publikum betroffen waren?‹

›Ach, inzwischen ist alles wieder in Ordnung; gestern haben das Publikum und ich Frieden geschlossen, mit großer Begeisterung... Ich liebe das Madrider Publikum – es verwöhnt mich jedesmal mehr, und bei all dieser gegenseitigen Zuneigung möchte ich, daß meine Freunde auch Freunde des Madrider Publikums sind. Also gut: Eines Abends spielte ich Ravels berühmte Walzer [*die Valses nobles et sentimentales*], die Lieblings-stücke von mir sind. Zu meiner Überraschung und Betrübnis bemerkte ich, daß das Publikum meinen Freund Ravel ziemlich links liegenließ. Das war unmöglich, und zur Revanche wiederholte ich die Komposition, wobei ich meine ganze Seele hineinlegte. Ich versuchte das Publikum davon zu überzeugen, daß es ungerecht gewesen war; das Publikum lehn-te mein Verhalten ab – aber [gestern] gab es große Freude, Versöhnung. Ich spielte, was sie verlangten, und sie überschütteten mich mit Ova-tionen. Es war ein bewegender, liebevoller Applaus.‹«[106]

Von Spanien fuhr Rubinstein im Spätherbst 1919 nach England zurück, wobei er erneut in Paris einen Zwischenstopp einlegte. Vermutlich hat er bei diesem Aufenthalt, und nicht ein Jahr später, wie seine Memoiren unterstellen, Milhaud besucht. Dieser nahm ihn in die Bar Gaya in der Rue Duphot mit und stellte ihn den anderen fünf Mitgliedern von »Les Six« vor: Georges Auric, Francis Poulenc, Arthur Honegger, Louis Durey (mit einunddreißig Jahren der Älteste) und »die schöne Germaine Tailleferre«.[107] Unter dem Einfluß von Eric Satie und Jean Cocteau – die Rubinstein ebenfalls kennengelernt hat – waren diese jungen Komponisten gerade dabei, sich im französischen Musikleben einen Namen zu machen. Poulenc war zwar noch keine zwanzig, aber seine Klaviermusik interessierte Rubinstein weit mehr als die der anderen. Bald fing Rubinstein an, einige Stücke öffentlich zu spielen, und Poulenc widmete ihm seine *Promenades*. Laut James Harding, der über Les Six schrieb, habe sich Rubinstein »einmal mit Milhaud und Auric zusammengesetzt, um eine Klavierbearbeitung von *Le Bœuf sur le toit* zu spielen«. (Der Titel eines der bekanntesten Orchesterwerke von Milhaud war der Name einer Lieblingskneipe der Gruppe.) »Obwohl das Stück ursprünglich nur für vier Hände gedacht war, verwandelte es sich unter Rubinsteins spontaner Mitwirkung in ein völlig überzeugendes Arrangement für sechs.«[108]

Auch de Falla war in Paris, und Rubinstein schrieb ihm ein paar Zeilen (auf dem Briefpapier des Hôtel Meurice, Rue de Rivoli): »Mein lieber Freund – ich muß in großer Eile nach London fahren und habe eine große Bitte an Sie – Seien Sie doch so freundlich, und schicken Sie mir (falls möglich) in New-York (Hotel Ritz) das Exemplar Ihrer spanischen Lieder. Besanzoni möchte sie unbedingt singen, und dies wäre ein Triumph für Sie – die anderen Exemplare sind bei Vallin-Pardo, wie ich Ihnen sagte – Sie können sie mir unbesorgt geben, es wird ihnen schon nichts passieren. Tausend Grüße! Ihr ergebenster Arthur Rubinstein. Meine Adresse in London Hotel Ritz.«[109] (Eugénie Vallin-Pardo, besser bekannt als Ninon Vallin, war eine beachtete französische Sopranistin.) De Falla hat die Lieder zwar geschickt, aber was schließlich aus Rubinsteins Vorschlag geworden ist, wissen wir nicht.

Bevor er nach Amerika aufbrach, gab Rubinstein in englischen Provinzstädten gemeinsam mit Emma Calvé und Jacques Thibaud eine kurze
Konzertserie. Die einundsechzigjährige französische Sopranistin – eine
der großen Diven ihrer Generation und »Schöpferin« bedeutender
Rollen von Mascagni und Massenet – hatte schon lange von der Opern-
bühne Abschied genommen, trat jedoch noch auf dem Konzertpodium
auf. Ihre Stimme war zwar nicht mehr gut in Form, aber sie war ein alter
Hase und eine angenehme Gesellschaft. Sie genoß es, so zu tun, als
würde sie mit ihren beiden Mitstars flirten, die so jung waren, daß sie
ihre Söhne hätten sein können. Bei ihren und den meisten von Thibauds
Nummern sprang ein anderer Begleiter ein, doch Rubinstein und
Thibaud führten gemeinsam Beethovens *Frühlingssonate* auf, und Rubinstein spielte eine Gruppe von Solostücken. So zumindest war Rubinstein diese Episode in Erinnerung geblieben. Der bekannte englische
Begleiter Ivor Newton berichtete in seinen Memoiren, daß er damals an
einer Provinztournee als Begleiter des russischen Tenors Wladimir
Rosing teilgenommen habe, und zwar »in der prickelnden Gesellschaft
von Calvé und Artur Rubinstein«. Thibauds Name wurde nicht genannt.
Falls Newtons Version korrekt ist, hat Rubinstein vielleicht zwei verschiedene Tourneen durcheinandergebracht.[110] Am 30. Dezember 1919
gab Rubinstein ein großangekündigtes Konzert in der Wigmore Hall.
»Mr. E. A. Michell hat die Ehre, Arthur Rubinstein zu präsentieren, den
er zum Glück auf dem Weg von Spanien in die Vereinigten Staaten gewinnen konnte«, hieß es in der Vorankündigung. »Da Mr. Rubinstein
Anfang Januar ausgedehnte Tourneen in Nord- und Südamerika antreten muß, wird das gegenwärtige Ereignis definitiv für beträchtliche
Zeit sein einziges Konzert in London sein.«[111] Die Veranstaltung war ein
Erfolg, und Michell blieb Rubinsteins Londoner Agent bis weit in die
dreißiger Jahre hinein.
Während seines Londoner Aufenthalts verkehrte Rubinstein mit dem
ehemaligen Premierminister Lord Asquith, dessen eigenwilliger und
scharfzüngiger Frau Margot, ihrem musikalischen Sohn und späteren
Filmregisseur Anthony (»Puffin«), dem Herzog und der Herzogin von
Rutland und deren Tochter, der Schauspielerin Diana Cooper, sowie mit

Tony und Juanita Gandarillas und deren hochrangigen Freunden. Rubinstein lernte Christabel McLaren, geborene Macnaghten, kennen, die Frau von Henry Duncan McLaren, sowie Baron Aberconway. Er freundete sich auch mit William Jowitt an, einem zwei Jahre älteren Rechtsanwalt – noch mehr allerdings mit Jowitts Frau. In *Mein glückliches Leben* wird Lesley Jowitt (geborene McIntyre) mehrmals beiläufig als angenehme, flüchtige Bekannte erwähnt, aber Rubinstein gestand einmal Annabelle Whitestone, er habe Mrs. Jowitt geliebt und eine Affäre mit ihr gehabt. In seinem Buch verschwieg er dies, um die Gefühle von Penelope, dem einzigen Kind der Jowitts, nicht zu verletzen. Vielleicht wollte er auch vor seinen Lesern nicht eingestehen, daß sein Interesse an Besanzoni damals fast nur noch eine Frage der Eitelkeit war. Er schilderte Annabelle Whitestone Lesley als einen der reizendsten, liebenswertesten Menschen, den man sich nur vorstellen könne, und er fügte hinzu, ihr Mann habe seine Freizeit lieber damit verbracht, die *Times* zu lesen, statt sich seiner Frau zu widmen, die er 1913 geheiratet hatte. (Nach den Wahlen von 1945 wurde Jowitt Lordkanzler in der Labourregierung, als Baron Jowitt of Stevenage; er starb 1957.) Rubinstein habe auch gesagt, daß William Jowitt »von Zeit zu Zeit nach Paris zu fahren pflegte, zu einem speziellen Haus, und sich schlagen ließ. Eine gewisse Abartigkeit. Und doch besaß er diese Gleichgültigkeit, wie sie die meisten Engländer haben«, berichtete die Engländerin Whitestone. »Engländer verstehen nur sehr wenig von Frauen. Es gibt nichts Schlimmeres für eine Frau als Gleichgültigkeit. Arthur war einer der ganz wenigen Männer, die wirklich wußten, wie man mit Frauen umgehen muß, wie man es fertigbringt, daß sich eine Frau wohl fühlt – indem man ihr das Gefühl vermittelt, sie sei die einzige Frau, die existiert. Auch wenn es nicht wahr ist, hat man bei ihm das Gefühl, daß es keine andere Frau gibt, daß man das göttlichste Wesen auf Erden ist. Und er hatte diese unglaubliche Art, ohne sich im geringsten darum bemühen zu müssen. Das Gefühl ging von ihm aus. Er saß eben nicht da und machte billige Komplimente, und er war auch nicht einer von diesen Männern, die gewisse ›Techniken‹ haben, um eine Frau zu halten. Es war so natürlich wie sein Spiel – gelassen.«[112]

Rubinstein wäre bei Feministinnen bestimmt nicht gut weggekommen, und in mancherlei Hinsicht scheint seine Einstellung gegenüber Frauen ausgesprochen pubertär gewesen zu sein. Mit neunzig Jahren erklärte er in einem Interview: »Frauen haben mich stets aus einer ganzen Menge von Gründen angezogen. Ich weiß nicht, ob Sie es je bemerkt haben, aber sie sind doch ganz anders als wir, nicht wahr? Ihr Haar, ihre Augen, ihr Mund, ihre Brust, ihre Taille – je weiter man nach unten geht, desto mehr wird einem klar, daß sie anders sind. Und diese Andersartigkeit liebe ich vor allem anderen. Schauen Sie genau hin: Sie werden bemerken, daß ich mich nicht irre. Und dann müssen Frauen nicht intelligent sein, um verführerisch zu sein, und auch in dieser Hinsicht sind sie ganz anders als Männer. Es ist für mich immer wichtiger gewesen, daß Frauen feminin sind statt vergeistigt. Bei allem Respekt vor Wertunterschieden – manchmal erinnern sie mich an meine Leidenschaft für Zigarren: Sie sind absolut köstlich, aber man muß sie ständig neu anzünden!« [113]

Über Rubinsteins Beziehung zu Lesley Jowitt sagte Whitestone: »Lord Jowitt hatte nichts dagegen, daß Arthur mit seiner Frau ins Theater und zum Essen ging; ob er wußte, daß da noch etwas anderes passierte, weiß ich nicht.« Nach dem Erscheinen des ersten Bandes von Rubinsteins Memoiren kam Penelope Jowitt nach einem Konzert zu ihm und bat ihn, eine Widmung in ihr Exemplar zu schreiben. Laut Ms. Whitestone habe Rubinstein später dazu bemerkt: »›Vielleicht habe ich es sehr schlecht ausgedrückt, aber ich schrieb: ‹Für Penelope, die ich liebte, bevor sie geboren wurde.› Das hört sich so an, als wäre sie vielleicht meine illegitime Tochter gewesen, was überhaupt nicht der Fall war.‹ Damit wollte er sagen, daß er ihre Mutter geliebt hat. Und er hat ihre Mutter wirklich enorm geliebt.« [114]

Mit Sicherheit kann man annehmen, daß Rubinstein diesen Umstand gegenüber Besanzoni nicht erwähnte, als sie sich im Januar 1920 bei seiner Rückkehr nach New York wieder trafen. Zwei Monate zuvor hatte Besanzoni ihr überaus erfolgreiches Debüt als Amneris in *Aida* an der Met gefeiert. Aber anschließend, erzählte sie »Tutullo«, sei ihre Arbeit von der in Ungarn geborenen, vom Sopran- ins Altfach übergewechselten Margarete Matzenauer und der amerikanischen Sopranistin Geraldine Farrar sabotiert worden, die beide entschlossen waren, Besanzoni von ihrem Repertoireterritorium fernzuhalten – insbesondere von der Rolle der Carmen. In einem Brief vom August 1919 hatte der Generaldirektor der Met Giulio Gatti-Casazza Besanzoni allerdings als »eine bizarre und unberechenbare Frau« bezeichnet – sie selbst wird wohl genausoviel wie ihre Rivalinnen zu ihrem Sturz beigetragen haben. Was für Gründe es dafür auch immer gegeben haben mag – jedenfalls sang Besanzoni in zehn Wochen an der Met nur fünfzehn Vorstellungen. Ihr Vertrag wurde nicht erneuert, und die Konzerttournee sowie die meisten Aufnahmesitzungen, die im Jahr zuvor geplant worden waren, wurden abgesagt. Immerhin wurde sie eingeladen, in der nächsten Saison an der Lyric Opera von Chicago zu singen. Rubinstein erinnerte sich: »Caruso war empört« darüber, wie man Besanzoni in New York behandelt habe. Das Vertrauen, das der große Tenor in sie setzte, wurde drei Jahre später gerechtfertigt, als Toscanini sie für Hauptrollen an der Scala engagierte, wo sie zum Publikumsliebling avancierte. Doch zur Zeit ihrer Niederlage an der Met war Besanzoni wütend und niedergeschlagen. Rubinstein »blieb einige Stunden bei ihr und versuchte nach Kräften, ihren Mut und ihre Vitalität wiederherzustellen«, berichtete er. Doch er war erleichtert, als sie nach ihrer letzten Met-Vorstellung am 26. Januar Richtung Italien fuhr: »Nach Gabriellas Abreise war ich frei und konnte mich mehr der Arbeit widmen.«[115]

Alle Stellen über Besanzoni in Rubinsteins Buch deuten zusammengenommen darauf hin, daß er sich viel mehr bemühte, sich ihr zu entziehen, insbesondere als Bettgenosse, als mit ihr zusammenzusein. Vielleicht harmonierte er mit ihr sexuell nicht so recht und empfand daher ihre Begegnungen als unangenehm. (Besanzoni sei nach der ersten Erregung sehr ermüdend und anstrengend gewesen, berichtete er Whitestone, die darauf hinwies, daß »nur wenige von Arthurs wirklichen Geliebten Künstlerkolleginnen waren, und Besanzoni war so launisch«.[116]) Besanzoni und Rubinstein sahen einander indes in Havanna wieder, etwa vier Monate nach der alles andere als triumphalen Abreise der Sängerin aus New York. Im darauffolgenden Jahr waren sie erneut ziemlich oft in New York beisammen – eine Tatsache, die Rubinstein in seinen Memoiren nicht erwähnte. Ende 1921 sahen sie sich in Paris wieder. Ein Notruf des wegen finanzieller und sexueller Probleme (Impotenz bei Lopouchowa, erzählte Rubinstein Whitestone) deprimierten Strawinsky habe Rubinstein – wie er selbst behauptete – daran gehindert, Besanzoni vom Bahnhof abzuholen. Statt dessen überredete Rubinstein den darüber gar nicht glücklichen Szymanowski, sie und ihre Schwester an diesem Abend ins Folies-Bergère auszuführen. Über Rubinsteins mangelnde Aufmerksamkeit regte sich Besanzoni fürchterlich auf. Er berichtete, sie habe ihm vorgeworfen, ein Verhältnis mit dem homosexuellen Szymanowskis zu haben, und ihn daher nie wiedersehen wollen. Außerdem behauptete er, Besanzonis Schwester habe einmal erfolglos versucht, ihn zu verführen. Zwei Jahre später heiratete Gabriella Enrique Lage, einen reichen brasilianischen Industriellen. Nach ihrem Abschied von der Bühne leitete sie das Theatro Municipal in Rio de Janeiro – laut Lina Pagliughi mit großem Geschick.[117] Rubinstein und Besanzoni schlossen endlich Frieden, und während seiner Konzerttourneen sahen sie einander gelegentlich wieder. Ricardo, Ernesto de Quesadas Sohn, erinnerte sich, daß er um 1947, »als ich noch ein Kind war, mit meinen Eltern in Rio bei Rubinstein – Hotel Gloria – war und daß er nicht nur die üblichen Konzerte gab, sondern auch einen bedeutenden Orden vom Kulturminister verliehen bekam; daher fand eine Cocktailparty im neuen, von Oscar Niemeyer entworfenen Gebäude des Ministeriums statt – und ich begegnete dort einer alten (heute würde ich nicht sagen, daß sie damals alt war) und wunderschönen Dame: la Besanzoni«.[118] Nela Rubinstein erinnerte sich, daß Besanzoni auch weiterhin »Arthur sehr gern hatte. Als sie im Sterben lag, da wollte sie ihm, glaube ich, einige Juwelen oder so etwas vermachen, und ihre Familie schirmte sie absolut ab, damit er ihr nicht zu nahe kam«.[119] Gabriella Besanzoni starb am 8. Juni 1962 mit dreiundsiebzig Jahren in ihrer Geburtsstadt Rom.

A m 25. Januar 1920 – einen Tag vor Besanzonis letzter Vorstellung an der Met – spielte Rubinstein dort in einem Konzert mit dem Hausorchester unter Richard Hageman. Der Anteil des Pianisten am Programm bestand im g-Moll-Konzert von Saint-Saëns, Chopins Scherzo in cis-Moll und der *Berceuse* sowie Liszts Zehnter Ungarischer Rhapsodie; die anderen Teilnehmer waren die Sopranistin Marie Sundelius und der Bassist Giovanni Martino. Bei diesem Konzert sowie im Laufe seiner Tournee nahm man Rubinstein zwar warmherzig auf, aber er wurde in Nordamerika keine große Berühmtheit. So war er vielleicht ganz erleichtert, als er zu Konzerten nach Südamerika fuhr, wo man ihn als heimkehrenden Helden empfangen würde und wo seine Gagen seine Sonderstellung widerspiegelten. Doch bei seiner Ankunft in Rio de Janeiro war er gar nicht erfreut zu erfahren, ‹daß Ernesto de Quesada eine Konzertreihe zwischen ihm und dem in Paris ansässigen fünf Jahre älteren rumänischen Pianisten Georges Boskoff aufgeteilt hatte. Rubinstein mochte Boskoff als Mensch, aber als Künstler schätzte er ihn nicht. Rubinstein freute sich jedoch darüber, Konzerte mit Musik für zwei Klaviere mit Edouard Risler zu geben – einem Franzosen, dessen Beethoven-Interpretationen er überaus bewunderte. Außerdem genoß er die Begegnung mit Artur Napoleão dos Santos, einem Musikverleger und »ehemals berühmten Pianisten, der mir im reifen Alter von achtundneunzig Jahren mit erstaunlicher Präzision ein Stück von Gottschalk vorspielte«, berichtete Rubinstein.[120] (Der italo-portugiesisch-brasilianische Musiker hatte Rubinstein offensichtlich auf den Arm genommen – er war erst siebenundsiebzig.)

Dies war vielleicht der Aufenthalt in Rio, bei dem Rubinstein einen Anfall von Schuldbewußtsein hatte, weil er nicht genügend übte. »Einmal, in Rio«, erzählte er Chotzinoff, »traf ich den großen Pianisten Godowsky zufällig in der Halle meines Hotels. ›Ich werde Sie heute abend hören‹, sagte Godowsky strahlend. Ich erbleichte. ›Bitte, bitte, kommen Sie nicht‹, flehte ich ihn an. ›Ich kann unmöglich in Ihrer Gegenwart mogeln.‹« Und Rubinstein gestand: »Wie alle Menschen, die ein Doppelleben führen, war ich nur an der Oberfläche glücklich. Nach außen hin war ich ein beneidenswerter Mann. Meine Gewandtheit am Klavier war

unglaublich, aber meine Technik war fragwürdig.«[121] Was seinen
Aufenthalt in Brasilien im Jahre 1920 so besonders denkwürdig machte,
war jedoch eine Episode, die er ein paar Jahre danach in einem Artikel
für die Warschauer Zeitschrift *Muzyka* schilderte.

»Während eines Aufenthalts in Rio wurde ich auf den Namen [Heitor]
Villa-Lobos aufmerksam, den ich bis zu diesem Augenblick nicht gekannt
hatte… Er war arm, seine schwierigen Lebensumstände hatten ihn
gezwungen, eine Stelle in einem drittklassigen Kino-Orchester anzunehmen… Er spielte Cello und viele andere Instrumente; er hatte einen derartigen Instinkt für Instrumente, daß er einmal, als er für einen kranken
Freund – einen Geiger – einspringen mußte, die Geige ohne langes
Nachdenken packte, sie vor sich wie ein Cello aufstellte und den gesamten Part des Freundes spielte. Aber Storys dieser Art interessierten
mich weniger als die Tatsache, daß dieser glänzende Musiker auch ein
Komponist war, der einen individuellen schöpferischen Stil besaß. Alle
Berufsmusiker, mit denen ich Gelegenheit hatte über Villa-Lobos zu sprechen, ergingen sich nur schroff und verächtlich über ihn, aber aus ihren
Schilderungen hörte ich das Unverständnis heraus, welches stets typisch
ist für unsere Ansichten über etwas, was jenseits des Reichs der üblichen
und leicht verständlichen Ideen liegt.
An meinem ersten freien Abend begab ich mich zu dem Kino, in dem
Villa-Lobos arbeitete. Das Orchester spielte gerade einige Stücke aus
dem internationalen Repertoire… Ich begann mich schon zu langweilen,
als etwas Unerwartetes geschah. Eines der Orchestermitglieder, das sich
während der Pause im Saal umsah, entdeckte mich im Publikum. Als der
nächste Teil begann, vernahm ich Musik, die völlig anders war als das,
was im vorhergehenden Teil gespielt worden war. Es war ein wilder, exo-
tischer Tanz, wahnwitzig in seinem unaufhörlichen rhythmischen Pulsieren, außergewöhnlich farbig, von einer klaren Harmonie und Instrumentierung. Ich verspürte sofort ein erfrischend ungewöhnliches Talent in
dieser Musik… Ich begab mich hinter die Bühne, stellte mich ihm vor
und erkundigte mich nach weiteren Einzelheiten des Stücks, das gerade
dargeboten worden war. Ich erhielt eine unerwartete Antwort: ›Solche

Dinge können Sie doch nicht interessieren‹, sagte Villa-Lobos brüsk. Er kehrte mir den Rücken zu und verschwand im Dunkel der Hinterbühne. Ein paar Tage vergingen. Eines Morgens wurde ich von Schritten und Lärm im Vorraum meiner [Hotel]suite wach... Ich sah mich mehr als zehn Musikern mit Instrumenten unterm Arm gegenüber, und vor ihnen stand Villa-Lobos. Mit ein paar Worten verkündete er mir, er habe es sich anders überlegt und wolle mir einige seiner Kompositionen vortragen. ›Dies sind meine Freunde, sagte er, ›nette Menschen, die bereit sind, ihre einzige freie Zeit für mich zu opfern.‹

... Um das gesamte Orchester zu arrangieren, mußte das Wohnzimmer in einen Konzertsaal umgewandelt werden. Der Kleiderschrank, die Tische, Sessel und Sofas wurden beiseite geschoben. Schließlich hatten alle Platz genommen, und das ›Konzert‹ konnte beginnen. Ich glaube, ich werde es mein Leben lang nicht mehr vergessen. Villa-Lobos' Musik war nicht nur hinreißend schön, sondern besaß auch eine Eigenschaft, die man nur selten findet. Diese Eigenschaft war die absolute Einzigartigkeit seines Stils, und sie ist bis zum heutigen Tag typisch für die Musik von Villa-Lobos. Sie war mit nichts vergleichbar. Ihre Farbe, Klangfülle und Form waren uns Europäern unbekannt... Man hätte schon taub sein müssen, um nicht zu verspüren, welche Möglichkeiten diese Musik barg. Ich gab mich ihrem Reiz hin und lauschte ihr mit Entzücken und aufrichtiger Freude.

Villa-Lobos verfügt über alle Elemente, die der Definition von Schönheit und den ästhetischen Anforderungen unserer Epoche Genüge tun. Für uns Musiker besteht die Tragödie unserer Zeit im Chaos und in der Unordnung auf dem Gebiet der Musikästhetik. Gefährliche, fatale Elemente aus der Arena der Weltpolitik haben Eingang in unsere Musik gefunden. In der derzeitigen Politik sehen wir das alte, aristokratische Europa auf den Knien vor dem allmächtigen Amerika, der Heimat des Dollars, der Sportrekorde, des Kultes der brutalen Kraft und der plebejischen Selbstzufriedenheit. In der Musik erleben wir es, wie die vornehme und subtile, von den großen Meistern der Vergangenheit überlieferte Hochkultur den brutalen Effekten des von dumpfen Vorstellungen erfüllten amerikanischen Primitivismus nachjagt.

Welche Ironie des Schicksals! Ich möchte lachen, wenn ich die verschiedenen Arten von in Europa entstandenen ›Jazz‹-Kompositionen höre, wenn ich sehe, wie viele Bemühungen und wie viele Talente verschwendet werden, wieviel Inspiration Jahr für Jahr auf dem heidnischen Altar des Jazz verbrannt wird, der heutzutage in Europa so beliebt ist. Nach Meinung einiger entschlossener ›Modernisten‹ ist der Jazz der typischste Ausdruck unserer Zeit, die umfassendste Erklärung des Geistes der Yankee-Rasse. So spricht man in Europa. Doch in Amerika ist es allgemein bekannt, daß die drei Komponisten, die die Schöpfer und Propheten des modernen Jazz sind – Irving Berlin, [George] Gershwin und Jerome Kern – ethnisch gar nicht mit Amerika verbunden sind; und der fähigste Propagandist des Jazz in Europa ist Jean Wiener [oder Wiéner, ein französischer Komponist; Rubinstein will damit sagen, daß dies alles Juden osteuropäischer Herkunft waren]. Dies sind junge Menschen, nicht ohne Talent, geistreich, gewandt und – vor allem – kompromißbereit. Wenn Mr. Wiener die anrührenden Worte ›Für euch, die amerikanischen Neger‹ als Widmung über seine Kompositionen setzt, folgt er seiner Bestimmung und seinen Absichten. Aber wenn das kraftvolle Talent von Strawinsky schrumpft, sich selbst klein macht und sich den pygmäenartigen Idealen des Jazz zu beugen versucht; wenn er nach harter Arbeit *Rag-Time* produziert, eine Imitation des Jazz – dann macht dies einen kläglichen Eindruck. Es erinnert einen an die ganze Arglist und Feigheit europäischer Politiker, die den Potentaten aus dem Land des Dollars schmeicheln wollen.

Villa-Lobos hat nicht die geringste Absicht, irgend jemandem zu schmeicheln. Er ist schöpferisch tätig mit dem Glanz und der Kraft des Genies; was seine Fruchtbarkeit und Leichtigkeit der Selbstdarstellung angeht, erinnert er einen an Schubert…

… Die nie versiegende Kraft primitiver Menschen hört man aus jedem Takt der Musik von Villa-Lobos. Sie ist nicht zerstörerisch und brutal, sondern vielmehr schöpferisch, in ungezügelter Bewegung vorauseilend. Außerdem ist Villa-Lobos ein Sohn Südamerikas. Ein Abgrund trennt ihn von den oberflächlichen, von Negromanie erfüllten Moden und Worten der Länder Nordamerikas. Er bringt neue schöpferische Werte in die moderne Musik ein, weil er auf die reichhaltige Volkskunst seines wundervollen Heimatlands zurückgreift, und sein starker und origineller Individualismus spiegelt sich in jedem Takt seiner Musik wider.

... Als ich Villa-Lobos kennenlernte, stand er in dem Ruf, ein Verrückter zu sein. Ich habe alles für ihn getan, was ich konnte. Ich habe ihm drei seiner größeren Stücke in Auftrag gegeben, um ihm zumindest teilweise finanzielle Unabhängigkeit zu verschaffen. Ich nahm die Kompositionen von Villa-Lobos in mein Repertoire auf und unterstützte ihn mit all der Autorität, die ich in seinem Land genoß. Als ich zwei Jahre später wieder nach Rio de Janeiro kam, war Villa-Lobos in aller Munde, und man sprach über seine künstlerischen Neigungen. Noch ein paar Jahre später galt er als ein ›Meister‹, und die berühmtesten Musiker nannten ihn ihren ›Kollegen‹. Vor zwei Jahren sprachen die Gäste bei einem Essen im Haus eines der reichsten Industriellen von Rio de Janeiro über Villa-Lobos. Ich sagte, ich hielte ihn für einen der bedeutendsten Komponisten unseres Jahrhunderts, und man würde ihn in Europa, wo er seine größeren Werke aufführen lassen könnte, enthusiastisch begrüßen. Der Gastgeber unterbrach mich mit der lakonischen Frage: »Und wieviel Geld wird dafür benötigt?« Ich nannte eine phantastische Summe. Wenig später hielt ich einen Scheck über diese Summe in der Hand. Villa-Lobos organisierte einige Konzerte in Paris unter Beteiligung seines exotischen Orchesters. Es war ein künstlerisches Ereignis, das nicht so schnell aus dem Gedächtnis der Pariser Musiker verschwunden sein wird. Zum allerersten Mal vernahmen sie eine neue musikalische Kunstform, die die Ernsthaftigkeit und Impulsivität der Inspiration mit einer vollkommenen Beherrschung der Technik vereint – sie ist etwas ganz Besonderes und von einem neuartigen Reiz.

Heute ist Villa-Lobos dreiundvierzig und auf dem Höhepunkt seiner schöpferischen Entwicklung. Wir hoffen inständig, daß dieser kraftvolle Künstler unsere kranke moderne Musik heilen wird, die dabei ist, sich selbst auf der Suche nach neuen Zielen zu verlieren.«[122]

Rubinsteins Interesse an dem nur fünf Wochen jüngeren Villa-Lobos trug tatsächlich zum Start der internationalen Karriere des Komponisten bei, dessen exotische Musik sich in der zweiten Hälfte der zwanziger Jahre großer Beliebtheit bei Pariser Musikern erfreute. Aus Rubinsteins Artikel geht nicht nur hervor, wie sehr er an Villa-Lobos glaubte, sondern auch, wie sehr er sich über Amerika ärgerte, daß es nicht ihn, Rubinstein, an sein kollektives Herz gedrückt hatte. Das gleiche Europa, das der Welt gerade den schlimmsten Krieg der Geschichte aufgenötigt hatte, verkaufte seine zarte, vornehme Seele an jene vulgären Amerikaner und besudelte sich darum mit »Negromanie«, so Rubinstein. (Sein Artikel war genau so verfaßt, wie viele konservative deutsche Musiker über den schädlichen Einfluß der Juden auf das europäische Musikleben schrieben. Aber Rubinsteins Ärger verflog ein paar Jahre später, als Amerika ihn als einen der Klaviergiganten seiner Zeit zu akzeptieren begann; Rubinsteins Kinder wurden im Geiste der Abscheu vor rassistischen Vorurteilen erzogen.) Aus dem Artikel geht auch sein weniger heftiger, aber nicht minder realer Ärger über Strawinsky hervor, der ihm die *Piano-Rag Music,* die mit *Rag-Time* verwandt ist, gewidmet hatte, die Rubinstein für seiner unwürdig hielt. Ganz abgesehen davon, daß er Jazz für »niedere Kunst« hielt, begriff er offensichtlich nicht, daß für eklektische Genies alles zur Verwertung da ist. Genauso wie Picasso sich gezwungen sehen konnte, einen zerbrochenen Baustein in eine überaus persönliche Darstellung eines menschlichen Kopfes umzuwandeln, war Strawinsky fasziniert von musikalischen Formen, die viel einfacher als seine eigenen waren. Er sah sich gezwungen, sie nicht zu kopieren, sondern umzuwandeln, ihnen seinen Stempel aufzudrücken. Strawinsky bleibt die größte Persönlichkeit in der Musikgeschichte des zwanzigsten Jahrhunderts, während Villa-Lobos ein begabter, origineller Komponist unter vielen war – was Rubinsteins Scharfsinn, mit dem er das exzentrische Talent des brasilianischen Komponisten erkannte, oder seinen großzügigen Beitrag zur Entwicklung dieses Talents um keinen Deut schmälern soll.

Um dem Pianisten seine Dankbarkeit zu erweisen, schrieb Villa-Lobos zwischen 1921 und 1926 ein Klavierwerk, das Rubinstein »sehr lang und kompliziert« nannte. »*Rudepoêma* pour piano solo à Arthur Rubinstein«, so beginnt die Widmung auf dem Manuskript; und weiter heißt es:

»Mein ehrlicher Freund. Ich weiß nicht, ob ich wirklich Deine Seele in diesem Rudepoêma eingefangen habe, beteure aber von ganzem Herzen, Dein Temperament aufs Papier gebannt zu haben wie eine intime Kodak-Kamera. Wenn mir das gelungen ist, bist Du der wahre Komponist dieses Werkes.« *Rudepoêma* bedeutet rohes, wildes (oder unausgefeiltes) Gedicht. Rubinstein erklärte, als Villa-Lobos ihm das Stück gegeben habe, habe er ihn gefragt, ob er ihn denn »für einen wilden Pianisten halte«. Der Komponist habe »erregt« erwidert: »›Wir sind beide Wilde! Auf pedantisches Detail geben wir nichts. Ich komponiere, und du spielst direkt aus dem Herzen, wir machen lebendige Musik…‹« Rubinstein erschien das Werk als »ein gewaltiger Versuch, die Wurzeln der brasilianischen *caboclos* zu zeigen, ihre Trauer und ihre Freude auszudrücken, ihre Kämpfe und ihren Frieden, und es endete mit einem wilden Tanz… eine gigantische Improvisation… [Villa-Lobos'] enorme musikalische Erfindungsgabe entschädigte aber häufig für den Mangel an Form und seine Weigerung, sich zu disziplinieren.«[123] Rubinstein studierte das Werk ein und führte es danach viele Jahre lang auf, wenn auch nicht allzu häufig. (Eva Rubinstein erinnerte sich, es ihren Vater Ende der vierziger oder Anfang der fünfziger Jahre üben gehört zu haben. »Er rackerte und quälte sich damit ab«, berichtete sie, »und einmal rief er, im Hinblick auf dessen wilden Rhythmus: ›Glaubt Villa-Lobos *wirklich,* daß diese Musik wie ich ist?‹«[124]) Die einzigen Stücke von Villa-Lobos, die oft in Rubinsteins Programmen bis zum Ende seiner Karriere auftauchten, waren Auszüge aus der Soloklaviersuite, der der Komponist den Titel *Prole do bêbê (Kinder des Babys,* also Puppen) gegeben hatte.

Von Brasilien fuhr Rubinstein nach Montevideo, wo er am 28. Juli 1920 das Zweite Klavierkonzert von Saint-Saëns und de Fallas *Nächte in spanischen Gärten* mit einem Orchester unter der Leitung von Maurice Dumesnil spielte. (Dumesnil, besser bekannt als Pianist, hatte 1915 ein Konzert in San Sebastián abgesagt – was zu Rubinsteins äußerst wichtigem Spaniendebüt führte.) In Buenos Aires – einer weiteren

Station auf seiner Tournee – bändelte er mit der Frau eines reichen und bekannten Grundbesitzers an, wie er sagte[125]. Sie wohnte im Hotel Plaza, wo auch Rubinstein abgestiegen war. Die Affäre bot einige logistische Schwierigkeiten, aber das kühne Paar kam zum Ziel.

An Bord des Schiffes, das Rubinstein nach England zurückbrachte, verlor er beim Kartenspiel eine erhebliche Geldsumme an seinen Kollegen und Landsmann Ignaz Friedman. Einige Klavierhistoriker halten Friedman in technischer Hinsicht für einen besseren Pianisten als Rubinstein – darüber ließe sich streiten, aber daß Friedman der bessere Pokerspieler war, scheint unbestreitbar.

Bei der Ankunft in London wurde Rubinstein am Bahnhof von Paul und Zosia Kochanski abgeholt – »eines der schönsten Wiedersehen meines ganzen Lebens«, erinnerte er sich.[126] Sie erzählten einander alles, was sie seit ihrer Trennung vor über sechs Jahren erlebt hatten. Als die Kochanskis eine Wohnung im Hause Cork Street 3, in der Nähe von Piccadilly, mieteten, beschloß Rubinstein, sich im selben Gebäude auch eine Wohnung zu nehmen. Am 2. Dezember gaben Paul und Arthur ein gemeinsames Konzert in der Wigmore Hall. Sie spielten die Bach-Sonate in E-Dur, die Beethoven-Sonate in c-Moll und die Brahms-Sonate in d-Moll. Rubinstein ging auf eine kurze Tournee in England, bei der er zusammen mit der herausragenden Sopranistin Elisabeth Schumann auftrat, einer Lieblingskünstlerin von Richard Strauss. Gern erinnerte sich Rubinstein an »das Vergnügen, ihre herrliche Stimme zu der brillanten Begleitung von Ivor Newton zu hören«.[127] Rubinstein gab außerdem drei bedeutende Solokonzerte in der Wigmore Hall. Zu den Rezensenten dieser Konzertreihe gehörte auch Ezra Pound, der damals in London lebte und gelegentlich Musikkritiken unter dem Pseudonym William Atheling für *The New Age* schrieb. Er war zwar kein Berufsmusiker, begriff aber viel leichter als die meisten professionellen englischen Musikkritiker seiner Zeit die Bedeutung Rubinsteins als Interpret. Einige von Pounds Bemerkungen sind in ihrer Exzentrik schlichtweg ein Ärgernis, aber es lohnt sich doch, einmal einen Blick darauf zu werfen. In einem am 9. Dezember 1920 erschienenen Artikel schrieb Pound:

»Arthur Rubinstein (Wigmore, 11. November) begann mit der Bach-
D'Albert-Toccata in F-Dur: eine Festigkeit des Rhythmus, das Ganze wie
ein Bündel straff gespannter Drahtseile, die herumwirbelten und den
Hörer erfaßten und festhielten; ein barbarischer Lärm, glänzend struktu-
ral, passend zu einem Zeitalter, das sich der afrikanischen Skulptur angenommen hat. Dann fiel Rubinstein zurück in den faden Anfang des
Franck-Preludes, mit einem enormen technischen Aufwand; er erwies
sich als hoffnungslos sentimentaler Pyrotechniker in der Chopin-Barcarolle, gab die Etüde als Geschwindigkeitstest, und was auch immer
man zum Lobe seiner Polonaise sagen mag, so war sie doch alles andere
als eine Interpretation von Chopin.

... Rubinstein kehrte zurück in der ziemlich seichten Alertheit von
Poulenc, war gut im ›Marche‹ von Prokofjew und im ›Dance‹ von de Falla.
Die anderen beiden Prokofjew-Nummern waren entbehrlich, und was
›Suggestion diabolique‹ betrifft, so ist der arme alte Teufel ein derart
abgenudelter Schlager, daß man sich schämt, ihn noch weiter mit Steinen
zu bewerfen. ›Diabolique‹ Unsinn.

Da Rubinstein ein so großer Pianist ist, daß alle anderen Starspieler erscheinen, um ihm zuzuhören, können wir genausogut auch seine ›Kunst‹
analysieren; sic. Für ihn ist das Klavier keine Kurzform des Orchesters –
es ist nicht das Mittel, mit dem ein Interpret sein orchestrales Denken
ausdrücken kann. Seine Technik ist angemessen – es ist jene ungeheure
Technik, wie sie von einem Meisterpianisten oder einem Trapezvirtuosen
verlangt wird. Über einen bestimmten Punkt hinaus ist jede große Konzentration von Technik zwangsläufig interessant. Aber Rubinsteins Persönlichkeit ist gewöhnlich – nur in einem Punkt ist er ein überragender
Künstler, das heißt in seinem Rhythmus. Und dessen bezwingende Kraft
reißt das Publikum mit, aus dem gleichen Grund, aus dem ein wirklich
großartiger Schlagzeuger oder selbst ein normal guter Tamtamspieler
mitreißt. Für Rubinstein ist das Klavier ein Schlaginstrument; es ist kein
kleines Orchester; es ist eine sagenhaft vielfältige Trommel oder eine
Reihe von Trommeln ...

... Jenen Teil der Musik, der sich durch schieren Rhythmus ausdrücken
läßt, kriegt er hin: die Toccata, den Marsch, den Tanz; aber Musik, um

menschliche Leidenschaft oder Träumerei oder Psychologie zu interpre-
tieren, nein. Er drückt entweder vollkommen gewöhnliche und banale
Nichtigkeiten aus oder sentimentalen Quatsch – er ›interpretiert‹ nicht
irgend etwas Interessantes...

... in seinem Bach ist Rubinstein vielleicht der einzige Musiker, der es
geschafft hat, die Qualitäten musikalisch umzusetzen, die Vlaminck und
Picasso an afrikanischer Schnitzerei bewundert haben. Aber nicht Chopin, und gewiß nicht Debussy.«

Rubinstein bekam vermutlich Pounds Kritiken nie zu Gesicht; falls
doch, muß er entsetzt gewesen sein über eine Beschreibung seines
Spiels, die das genaue Gegenteil von dem war, wie es für ihn sein sollte
und seiner Meinung war – und wie es auch wirklich war. Rubinstein hielt
sich vor allem für einen Vermittler menschlicher Gefühle auf einem
Instrument, das zum Singen gebracht werden mußte, statt wie ein
Schlaginstrument zu klingen. Und die Tatsache, daß der Dichter dem
Pianisten bessere Noten für seinen Bach als für seinen Chopin gab, ist
entweder ein Tribut an die revolutionären Eigenschaften von Rubin-
steins Chopin-Spiel oder ein Beweis für die schiere Narretei von Pounds
Geschmacksvorstellungen – wenn nicht gar beides.
In einer am 23. Dezember erschienenen Besprechung erklärte Pound:
»*Arthur Rubinstein* zwingt mich, meine Worte zurückzunehmen, oder
vielmehr ein Wort: Debussy, denn in der Wigmore (am 7. Dezember)
gab er eine der besten *öffentlichen* Darbietungen einer Debussy-Grup-
pe, die ich je in England gehört habe. Meine übrige Kritik an seiner
Arbeit scheint mir noch immer zuzutreffen...« Und in einer Rezension,
die am 6. Januar 1921 erschien, schrieb Pound: »Arthur Rubinstein ist...
gänzlich der Interpret; er war großartig bei Bach (18. Dezember) und
widerwärtig bei Chopin. Der Rest des Konzerts ist bereits von unserer
vorhergehenden Kritik seiner früheren Konzerte abgehandelt worden,
außer daß er mehr orchestrale Farbe in die Fuge brachte und möglicherweise noch schärfer wegen des Chopins verurteilt zu werden verdiente.«[128]
Beim Londoner Publikum und beim Großteil der Londoner Presse

wurde Rubinstein gut, aber ohne besondere Begeisterung aufgenommen. In *Mein glückliches Leben* führte er das auf seine »Popularität in den Londoner Salons«[129] zurück, was ihn eher als Dandy denn als ernsthaften Künstler abstempelte. Doch zwanzig Jahre vor der Veröffentlichung dieser Memoiren gestand er einem amerikanischen Interviewer: »Als ich in englischen Privathäusern gespielt habe, habe ich hohe Gagen bekommen – ja, zweihundert Pfund, was damals wirklich ein großes Honorar war. Aber ich war zu faul, zu bequem zum Üben und habe genausoviele Noten ausgelassen, wie ich gespielt habe.«[130] Der Schallplattenproduzent Fred Gaisberg hatte zwar den Eindruck, daß Rubinstein »England mehr oder weniger links liegenließ«, aber Gaisberg fügte hinzu, »außer ein paar Leuten aus den besseren Kreisen, die seine Konzerte in der Wigmore Hall treulich besuchten, hatte er eigentlich keine Anhänger im populären Sinn«.[131]

Als er wieder unterwegs nach Spanien war – vermutlich zwischen dem ersten und zweiten Wigmore-Hall-Konzert –, machte Rubinstein einen seiner mittlerweile gewohnten Zwischenstopps in Paris. Er schaute bei Ignacy vorbei, der ihm berichtete, daß ihre Mutter ernsthaft erkrankt sei, aber Rubinstein fuhr nicht nach Polen, um sie zu sehen. Auch Jaime Zulueta war in Paris – Rubinstein lief ihm im Maxim's in die Arme. Der Pianist und sein ehemaliger Sekretär gaben sich gleich einem ausschweifenden Nachtleben mit anscheinend ständig zu Diensten stehenden schönen Frauen hin. Rubinstein sah auch Strawinsky. Der ärgerte sich zwar, daß der Pianist die *Piano-Rag-Music* gar nicht schätzte, aber »vergaß auf der Stelle alles, was vorangegangen war«[132], so Rubinstein, als er Strawinsky Teile aus *Petruschka* vorspielte. Im darauffolgenden Jahr schrieb Strawinsky eine inzwischen berühmte eigene Klavierbearbeitung dreier Stücke aus diesem Ballett – die sogenannte *Petruschka-Sonate*. (»Ich habe *Petruschka* für Rubinstein beendet, eine sehr virtuose Transkription«, schrieb der Komponist am 10. September 1921 an Ansermet.[133]) Wie viele andere Pianisten auch fand Rubinstein die Bearbeitung »schwer zu spielen«. Später erklärte er, Strawinsky habe ihm freie Hand gelassen, die eine oder andere Passage zu bearbeiten, damit sie »den dynamischen Fortgang des Stückes« nicht hindere[134], und jahrzehntelang hatte er mit dieser retuschierten Bearbeitung in vielen Ländern großen Erfolg.

Rubinstein behauptete, in Paris im Herbst 1920 nach sechseinhalb Jahren auch Szymanowski wiedergesehen zu haben, aber aus den Briefen des Komponisten aus jener Zeit geht hervor, daß das Treffen in London stattfand, nachdem Rubinstein von seiner Spanientournee zurückgekehrt war. Szymanowski war bereit, mit seinem und Rubinsteins altem Wiener Freund Jan Sliwinski (alias Hans Effenberger) zusammenzuarbeiten und bei der Organisation von Konzerten in verschiedenen Ländern unter der Schirmherrschaft des polnischen Amtes für Auslandspropaganda mitzuhelfen. »Als ich [in London] ankam«, schrieb Szymanowski am 26. Dezember an seine Familie in Warschau, »erwarteten mich Pawelkowie [Diminutiv, soviel wie ›die lieben Paulchen‹ – Paul und Zosia Kochanski] und Arturek am Bahnsteig auf der Victoria Station – am selben Ort, wo wir uns vor sieben Jahren getrennt hatten – wir waren alle sehr bewegt – aber schon bald war es so, als hätten wir uns nur ein paar Wochen oder Monate nicht gesehen.«[135] Laut Rubinstein hätte Szymanowski ihm gleich gestanden, daß seine Homosexualität sich inzwischen stärker manifestiert habe, und ihm sogar von einer gerade laufenden großen Affäre erzählt. Rubinstein arrangierte ein Treffen zwischen Diaghilew und Szymanowski in der – letztlich vergeblichen – Hoffnung, daß der Impresario dem Komponisten eine Auftragsarbeit erteilen würde. Dabei entdeckte Szymanowski zu seinem Entsetzen, daß Diaghilews Begleiter der junge Mann war, den er für seinen eigenen Partner gehalten hatte. Der »Verräter« – dessen Namen Rubinstein verschwieg – war Boris Kochno, der kurz darauf das Libretto für Strawinskys Oper *Mavra* schrieb.

Szymanowski erzählte Rubinstein vermutlich nicht, daß er während der abwechselnd furchtbaren und öden Kriegsjahre einen Roman geschrieben hatte, in dem der Pianist eine der Figuren war. *Ephebos* wurde zwar nie veröffentlicht – das Manuskript wurde zu Beginn des Zweiten Weltkriegs vernichtet –, aber Iwaszkiewicz, der es gelesen hatte, erinnerte sich viele Jahre später an eine Szene, in der Kochanski und Rubinstein Szymanowskis Musik spielten. »Mit großer Präzision beschrieb er die

Art und Weise ihres Spiels, und zwar nicht allein die innere Interpretation, sondern sogar ihre äußeren Manieren (zum Beispiel das Hochhüpfen Rubinsteins am Flügel). Liebevoll schildert Szymanowski die Aufführung der Sonate Korabs...« Korab war das Alter ego des Komponisten. »Wenn ich den Verlust des gesamten Manuskripts bedauere, so bedauere ich am meisten diese Konzertepisode«, bemerkte Iwaszkiewicz.[136]

Szymanowskis Freundschaft mit Rubinstein und den Kochanskis wurde in den Wochen, die sie zusammen in London verbrachten, sehr viel enger. In einem Brief an seine Familie, die ihr ganzes Geld und ihr ukrainisches Gut infolge der bolschewistischen Revolution verloren hatten, sagte Szymanowski über Rubinstein, er sei »jetzt so nett – immer voller Leben, Lust, Interesse an und Sympathie für Menschen, nur daß er jetzt eine gewisse Stellung erlangt und Geld im Rücken hat (nicht so viel, um Euch die Wahrheit zu sagen, wie man sich erzählt – *entre nous!)* – und es links und rechts an alle verteilt, die es brauchen, und sich nie weigert zu helfen. Dies ist eine äußerst nette Eigenschaft von ihm, um so mehr als er dies mit außerordentlichem Feingefühl tut. Das habe auch ich erlebt – natürlich habe ich ihn nicht um Geld gebeten, aber er hat mich regelrecht gezwungen, ein Scheckheft anzunehmen, mit dem ich auf mehrere hundert Pfund zurückgreifen konnte, er nahm mich zum Schneider mit, fädelte irgendwelche Sachen ein usw. usw. Das Geld, das ich Mama geschickt habe, ist natürlich auch von ihm, und was mich an ihm so bezaubert hat, war der Umstand, daß er mir all die Schecks direkt aushändigte, damit ich in meinen *faits et gestes* völlig frei wäre und mich nicht in irgendeiner Weise daran gehindert fühlen würde, beispielsweise meiner Familie Geld zu schicken; in dieser Hinsicht ist er wirklich auf eine elegante Weise zartfühlend. Übrigens hängt er sehr an Mama – und er hat sehr gelacht, als ich ihm die Stelle in Mamas Brief vorlas, wo sie schreibt ›erinnere Arturek an mich‹, und er hat mich gebeten, Mamas Hände zärtlich zu küssen.«[137]

Arthur und Zosia konnten auf ein reges Gesellschaftsleben nicht verzichten, und Paul und Karol ließen sich von jeder Gesellschaft verführen, die ihnen geboten wurde, wenn auch nicht immer klaglos. »Ich

bin zum zweitenmal am Meer bei Brighton, im Haus von Lady Leavis'
mit Arturek«, schrieb Szymanowski im oben zitierten Brief an seine
Familie. »Es ist sehr schön dort, wenn auch in dieser Jahreszeit trist und
düster… Fast jeden Tag kommt der ›Club‹ – wie Pawelek das nennt –
gegen zwölf Uhr mittags in unsere Wohnung (wir haben zwei winzige
Drei-Zimmer-›Flats‹, eine für die Pawelkowie, und ich bin mit Arturek
und seinem spanischen Diener in der zweiten) – und das heißt: verschiedene sehr nette und hübsche Damen, Freunde von Arturek, von
den Pawelkowie, von mir usw., und am Ende ist es zuviel – muß ich
gestehen – Pawel und ich fluchen, man würde so gern ein wenig Frieden
und Ruhe haben. Wir gehen fast nie in die Theater – weil es am Abend
immer irgendein förmliches Dinner gibt. Das ist nun schon so ein richtiger kleiner Fimmel von uns hier… Ich hab' ganz vergessen zu schreiben, daß Arturek jetzt als Pianist wirklich absolut first class ist! Er hat
seine alten Eigenheiten (eine gewisse Nachlässigkeit usw.) völlig abge-
legt, er kann alles sehr gut auswendig, hat eine phantastische Technik –
ein unglaubliches Repertoire, und ist wirklich ein absolut erstklassiger
Künstler… Arturek wird mit mir nach Polen fahren, wo er unbedingt
öffentliche Benefizkonzerte geben will. Dieser Patriotismus von ihm ist
eine schöne Eigenschaft…«[138]
Karol berichtete schon bald, Arthur, Paul und Zosia würden »ganz hartnäckig« versuchen, ihn dazu zu überreden, »meine diplomatische
Tätigkeit niederzulegen«, die ihn nach Skandinavien führen würde,
»und einfach bei ihnen zu bleiben und mir einen guten Namen im Ausland zu machen. Darauf beruht der Plan zu einer gemeinsamen Reise
nach Amerika, wo Arturek großartige Verbindungen und einen guten
Namen hat. Da auch Hans Effenb. mich dazu angestachelt hat, hab' ich
mich schließlich dazu durchgerungen, trotz der Vorbehalte, die ich
gegen die Reise und gegen Amerika generell habe.« Rubinstein hatte
mehrere Konzerte auf der anderen Seite des Atlantiks arrangiert, und
Kochanski sollte sein amerikanisches Debüt mit dem New York Symphony Orchestra unter Walter Damrosch geben. Die Freunde hofften,
Szymanowski würde wichtige Leute kennenlernen und so viel Erfolg
haben, daß es mit ihm endlich finanziell bergauf ginge. Am 8. Januar

1921 gaben Kochanski und Szymanowski unter der Schirmherrschaft von Michell in der Wigmore Hall gemeinsam ein Konzert für Violine und Klavier. Am 15. ging das Quartett in Liverpool an Bord der *Carmania* und fuhr nach New York. »Wir haben ausgezeichnete Kabinen, die mit einem Privatbad verbunden sind«, notierte Szymanowski in seinem Tagebuch – einem schönen Führer durch eine typische Rubinstein-Tournee. Während Szymanowski und Zosia sich damit beschäftigten, die Symptome der Seekrankheit zu ignorieren, spielten Paul und Arthur Pikett. Am 19. schrieb Szymanowski: »Arturek hat viel [Klavier] gespielt. Unter anderem meine *Maski [Masken]*«, drei Stücke für Klavier, die 1915/16 entstanden waren. Am 22. Januar 1921, zwei Tage vor der Ankunft in New York, gaben die drei polnischen Künstler ein Bordkonzert zugunsten der Seemannswaisen. Am New Yorker Dock erwarteten Paul Draper, Kochanskis amerikanischer Manager George Engels und seine Frau die Reisenden, die bald darauf in Zimmern auf der 20. Etage des Biltmore Hotel untergebracht waren. Am selben Abend besuchten sie eine Gastspielvorstellung der Chicago Lyric Opera im Manhattan Opera House und erhielten Besuch von Muriel Draper. Rubinstein machte seine Freunde auch mit der im Chicagoer Ensemble singenden Besanzoni bekannt, mit der er noch nicht Schluß gemacht hatte.

Am nächsten Tag, dem 25. Januar, gab es einen »Vormittagsausflug zu Arthurs Bank in der Stadt«, berichtete Szymanowski. »Frühstück im Ritz mit Besanzoni; sie ist sehr nett. Nach dem Frühstück auf Wohnungssuche. Besuch bei Muriel. Sie war nicht zu Hause.« Am Abend gingen sie wieder ins Manhattan Opera House, und Rubinstein stellte Szymanowski Mary Garden vor, Leiterin des Chicago-Ensembles und – so der Komponist – »eine furchtbare alte Hexe«. Anschließend gab es »ein gemeinsames Dinner im Ritz« mit Muriel. Am nächsten Morgen empfingen die Freunde Paul Draper in ihrer Suite und frühstückten dann im Ritz Grill mit Prokofjew, der laut Szymanowski »einen sehr guten Eindruck macht«. Dann ging es zum Dirigenten Kurt Schindler »zu wunderbarem Schnaps«, berichtete Szymanowski, der offenbar unter Entzug litt – es herrschte ja die Prohibition. Den Abend verbrachten sie in der Wohnung des Millionärs und Malers Bob Chanler, der anscheinend Prostituierte für diejenigen beschaffte, die sich vergnügen wollten. Am 27. gingen die Freunde in eine frühe Nachmittagsvorstellung von Ruth Draper im Princess Theater (»Nichts Neues«, kommentierte Szymanowski), in ein Spätnachmittagskonzert von Fritz Kreisler in der Carnegie Hall (»Ernüchterung!«) sowie in einen Film im Capitol Theater, und schließlich schafften sie es noch zum Tee im Hause von Mrs. Dorothea Linzee Blagden, Ruths und Pauls Schwester. Dort sahen sie den Pianisten, Komponisten und Dirigenten Ernest Schelling sowie den Mäzen der Met Otto Kahn, den Rubinstein vergeblich zu überreden versuchte, Szymanowskis Werk in irgendeiner Weise zu fördern. Am darauffolgenden Samstag nahmen sie an einer großen Party im Hause Lanier teil, und am Sonntag abend waren sie auf einer noch wilderen Party bei den Chanlers. »Arthur spielte entzückend. Ich wurde ein wenig betrunken und benahm mich ziemlich schlecht«, berichtete Szymanowski. Am 31. aßen sie mit Besanzoni im Restaurant des Beaux Arts zu Abend, »wo ein wunderbares Jazz[ensemble] (haitianischen Blues, den wir so lieben, mit Arthur) [spielte]«. Bei einem Abendessen am 1. Februar im Hause von Rubinsteins Freund Hoyty Wiborg sprach Szymanowski wieder mit Prokofjew und Ruth Draper und machte die Bekanntschaft von Fürst Battenberg, dem Bruder der spanischen Königin, von Lord Allington, den er als »jung – äußerst nett und hübsch« schilderte, sowie von Mrs. Cornelius Vanderbilt, die er als »W. K.« bezeichnete – das kann im Polnischen »Großherzogin« oder aber »große Hure« bedeuten.

Am 2. Februar teilte Szymanowski seiner Familie seine allgemeinen Eindrücke von Amerika mit: »Wir vier sind uns bereits darüber im klaren (Arthur hat uns das ja schon immer gesagt), daß dies vielleicht ein Land ist, das man gut und gern besuchen kann, wegen der Dollars – aber hier zu leben, nein, nicht für alle Schätze der Welt!... Bislang haben wir hier mehr oder weniger wie in London gelebt, besuchen und lernen eine Menge Leute kennen. Dies ist hier sogar noch wichtiger als in Europa, da sich das gesamte künstlerische und kulturelle Leben anscheinend in den Händen verschiedener reicher alter Weiber befindet...« Am nächsten Tag zogen die Freunde in eine Sechs-Zimmer-Wohnung um, die sie im Hause 145 East Thirty-fifth Street gemietet hatten. Am 4. Februar notierte Szymanowski, er habe ausgezeichnet mit Rubinstein und Besanzoni gefrühstückt und am Abend *Way Down East* angesehen, den neuesten Film von D. W. Griffith (»ein wunderbarer Film«). »Frühstück bei Mrs. Lanier« am 5., für »Arthur, Paul und mich. Nach dem Frühstück meine Stücke gespielt. Sie mochte sie sehr.« Am nächsten Tag kamen R. E. Johnson und Paul Draper zum Tee in die Wohnung der Polen; Rubinstein, Kochanski und Szymanowski spielten. Während Kochanski und Szymanowski dessen *Mity (Mythen,* drei 1915 entstandene Gedichte für Violine und Klavier) vortrugen, kam der Schweizer Komponist Ernest Bloch mit den Noten seiner Ersten Sonate für Violine und Klavier, deren Welturaufführung später in dieser Saison von Kochanski und Rubinstein gegeben wurde. »Arthur und Paul miß-handeln die ganze Zeit die *Sonate* dieses verdammten Bloch«, notierte Szymanowski am 18. Februar in seinem Tagebuch, und am nächsten Tag berichtete er, die ganze Familie Bloch – auch die »sehr reizende« kleine Tochter (Suzanne, die damals dreizehn war und später als Spezialistin für frühe Musik bekannt wurde) – sei vorbeigekommen, um sich anzuhören, wie die beiden Künstler eine Probe des Stücks absolvierten. Die Familie war angetan, und Szymanowski bemerkte, Rubinstein und Kochanski hätten »wunderbar gespielt«.[139]

Rubinstein fuhr am 7. Februar, nach einem Frühstück mit seinen Mitbewohnern plus Besanzoni, Johnson und Johnsons Assistentin, nach Chicago, wo er ein Konzert geben sollte. Am 10. notierte Szymanowski in seinem Tagebuch: »Artur kam heute vormittag zurück. Er hatte großen Erfolg in Chicago. Glänzende Kritiken.«[140] Rubinstein erwähnte dies in *Mein glückliches Leben* nicht– dafür aber Kochanskis Debüt im Violinkonzert von Brahms in der Carnegie Hall. Offenbar war es für Rubinstein das angenehmste und denkwürdigste Ereignis während seines vierten Aufenthalts in Nordamerika. Paul »hatte fürchterliches Lampenfieber!« notierte Szymanowski am 14. Februar in seinem Tagebuch, aber »er spielte wundervoll, und – er wurde außerordentlich gut aufgenommen. *Il es fait* – anscheinend, Gott sei Dank. Jede Menge Leute im

Künstlerzimmer. – Alle Freunde, allgemeine Begeisterung.« Rubinstein schrieb: »Paul hatte ein sensationelles Debüt…, und nie habe ich ihn mit mehr Inspiration spielen gehört…, und die bedeutendsten Orchester rissen sich um Paul.«[141] Szymanowskis erste Amerikareise war jedoch nicht so erfolgreich. Iwaszkiewicz berichtete, der »Aufenthalt in den USA, an denen er kein gutes Haar ließ und an die er sich nicht akklimatisieren konnte, führte zu absolut keinen konkreten Ergebnissen, im Gegensatz zu den Erwartungen von Rubinstein und Kochanski, die sich in finanzieller Hinsicht für Karol viel versprochen hatten«.[142] Aber Stanislaw Golachowski, ein anderer Freund, wies darauf hin, daß Szymanowski »zahlreiche Kontakte in der internationalen Musikfachwelt knüpfen, viele Dirigenten und Virtuosen kennenlernen [konnte], was später der Popularisierung seiner Werke in der ganzen Welt zugute kam«.[143]

Am 21. Februar schrieb Szymanowski in seinem Tagebuch: »Am Abend Arthurs Konzert mit [Willem] Mengelberg [und dem nur kurze Zeit existierenden National Philharmonic Orchestra] in der Carnegie Hall. d-Moll-Konzert von Brahms. Arthur spielte fabelhaft und hatte großen Erfolg.« Zwei Tage später hörte Szymanowski Rubinstein erneut in der Carnegie Hall bei einer Nachmittagsveranstaltung. Anschließend waren beide zum Tee bei Ruth Draper.

Szymanowski genoß einen Abstecher nach Florida und in die Karibik zusammen mit Rubinstein, der ein paar Konzerte in Havanna arrangiert hatte. Sie verließen New York per Bahn am 26. Februar und trafen zwei Tage später in Miami ein. Dort unternahmen sie, laut Szymanowskis Tagebuch, einen Bootsausflug, fuhren zum Angeln und sahen Charlie Chaplins neuesten Film *The Kid*. Von Key West nahmen sie ein Schiff nach Havanna, über das Szymanowski mit großer Begeisterung berichtete:

»[7. März] Hier ist es ganz, ganz wunderbar! Es ist nicht wie die Vereinigten Staaten – scheußlich! Typischer Charme des Südens und der romanischen Rassen! Ich bin im Himmel! Wir trinken eine ganze Menge! Das Hotel Inglaterra ist eine Wonne – so altmodisch. Wir zwei frühstücken. Wir treffen uns mit dem Agenten, Brenly. (Netter Mann.) Besuch bei Fontanill (Kritiker). Wir fahren mit dem Automobil spazieren. Wir besuchen die Zigarrenfabrik ›Romeo y Julieta‹… Am Abend eine spanische Komödie im Teatro Nacional…

[8. März] Wir spazieren den ganzen Tag durch die Stadt, genießen die Sonne, das Meer und das südliche Leben… Frühstück im ›Dos Hermanos‹ – wir haben ein Photo davon gemacht. Nachmittags Siesta, weil die Hitze fürchterlich ist. Am Abend der erste Akt einer spanischen Operette (nichts Besonderes) und ein oder zwei [Akte] eines spanischen Schauspiels im Nacional…

[9. März] … Arthur hat ein wenig geübt, Konzert um fünf mit außergewöhnlichem Erfolg, Bravorufe usw., usw. Abendessen im ›Dos Hermanos‹… Dann ein kleiner Abendspaziergang.

[10. März] … Abends mit Arthur beim Jai-allai (baskisches Pellote). Ein ganz wunderbares Spiel! Ich bin richtig nervös geworden. Arthur hat etwa 50 Dollar gewonnen. Dann sind wir mit Choué und zwei anderen Jungs ins Casino gegangen, wo Arthur beim Roulette verloren hat…

[11. März] … Nach dem Lunch ging Arthur spielen, und ich kümmerte mich um die Pässe und Tickets. Konzert um fünf. Eine Menge Leute, große Begeisterung!! Arthur spielte ausgezeichnet. Nach dem Konzert Dinner mit [dem Impresario Adolfo] Bracale – seiner Frau und zwei anderen Leuten (einem alten italienischen Maestro – nett). Ein fröhliches Dinner. Eine Menge getrunken. Ausgezeichnetes spanisches Essen. Dann ging ich mit Arthur ins Casino, wo es einen Ball für die Amerikaner gab. Arthur spielte Roulette bis vier – Er verlor etwa hundert Dollar…

[12. März] Müde stehen wir um sieben auf. Packen. Freunde kommen vorbei, um sich zu verabschieden. Um elf gehen wir an Bord. Leider müssen wir das herrliche Havanna verlassen!… Wir sind so erschöpft, daß wir uns in unseren Kabinen hinlegen müssen. Um fünf Uhr nachmittags treffen wir im abscheulichen Key West ein. Gleich gibt es Ärger mit Amerikanern am Bahnhof. Mein Gott, wie lästig sie sind! Vor dem Lunch trinken wir heimlich die letzte Flasche Kognak.«

Die beiden Musiker kehrten am 14. März zu später Stunde nach New York zurück. Am nächsten Morgen schaute Besanzoni vorbei, um mit ihnen zu frühstücken, aber der »arme Arthur fuhr gleich nach dem Frühstück nach Chicago«, notierte Szymanowski in sein Tagebuch. Am 21. »(abends) kam, zu unserer großen Freude, Arturek unerwartet zurück«, und die beiden Musiker »fuhren zu Naps [Lord Allington], der traurig und einsam war, auf ein Glas Wein. Wir drei haben uns gut unterhalten.« Am nächsten Abend besuchten sie Hoyty Wiborg, und »Arthur spielte wunderbar spanische Musik. Ungeahntes Gefühl des Glücks und der Erfüllung. Naps kam dazu. Wir vier fuhren zu ihm auf einen Cocktail.« Ein paar Tage später begab sich Rubinstein noch einmal nach Chicago; er kehrte am Abend des 28. zurück und hatte »wieder einmal Erfolg gehabt… Wir spielten vierhändig *Petruschka.* Dann imitierte Arthur die Ballets Russes (er spielte wunderbar), *Tamara, Scheherazade* usw.«[144]

Für Rubinstein war eine der wichtigsten Stationen der amerikanischen Tournee von 1921 sein erster Auftritt als Solist mit dem Boston Symphony Orchestra. Unter Monteux' Stabführung spielte er am 1. und 2. April das Vierte Klavierkonzert von Beethoven (und nicht das f-Moll-Konzert von Chopin, wie er in seinen Memoiren meinte) und wurde von den meisten Kritikern sehr gelobt. »Mr. Rubinstein … gab eine exzellente Darbietung des Konzerts«, schrieb der alte Hase Philip Hale im *Herald.* »Das Andante ist eine von Beethovens größten Schöpfungen. Gerade seine Schlichtheit ist für viele ein Stolperstein… Mr. Rubinsteins technisches Vermögen, so herausragend es ist, wurde nicht ostentativ zur Schau gestellt – es stellte sich gern in den Dienst des Komponisten.« Der junge Olin Downes, künftiger Chefkritiker der *New York Times,* bezeichnete die Darbietung in der *Post* als »wunderbar« und meinte, Rubinsteins Spiel sei »glanzvoll, ohne metallisch oder oberflächlich zu sein. Er war phantasievoll, poetisch, ohne auch nur einen

Augenblick lang jene tiefere männlich-kraftvolle Note zu verlieren, die in der zartesten Passage von Beethoven zu spüren ist. Wir können uns an eine schönere Darbietung des D-Dur-Konzerts nicht erinnern. Mr. Rubinstein mußte sich wiederholt verbeugen.« Nur H. T. Parker, der ehemalige Lehrer von Charles Ives, war, in *Transcript,* anderer Meinung: Er bezeichnete Rubinstein als altmodischen, manierierten Virtuosen, erklärte, er sei über die Oberfläche des ersten und des letzten Satzes »gekonnt hinweggeglitten«, und wies mahnend darauf hin, daß der zweite Satz »tiefer verläuft als seine Virtuosen-Untiefen, und diese Eigenschaft, die man gestern bei Dirigent wie Pianist ziemlich vermißte, ist der eine und einzige Daseinsgrund für dieses Konzert in Konzertsälen im Jahre 1921«.[145]

Rubinstein behauptete, sein alter Freund John Singer Sargent habe ihm während seines Bostoner Aufenthalts die Deckengemälde mit biblisch-klassischen Themen gezeigt, die dieser gerade in der Boston Public Library angefertigt hätte, aber die Bilder waren bereits etwa zehn Jahre zuvor vollendet worden. Nach seinem zweiten Bostoner Konzert nahm Rubinstein den Nachtzug nach New York und traf am nächsten Morgen um sieben Uhr mit zwei guten Nachrichten in der Wohnung ein: Seine Bostoner Auftritte seien ein »Triumph« gewesen, und Monteux wolle Szymanowskis Zweite Symphonie für die kommende Saison in Boston ins Programm aufnehmen. An diesem Abend, bei »einem sehr netten Essen« bei Hoyty Wiborg, »spielte Arthur sehr schön«, schrieb Karol. »Ich habe ihm wieder mit Entzücken zugehört.« Komponist und Pianist verbrachten das Wochenende vom 9./10. April teilweise in Wiborgs Landhaus in East Hampton auf Long Island. (»Ozean zauberhaft. Ein angenehmes Haus. Alles war ausgelassen«, berichtete Szymanowski.) Am 12. April »fuhr Arthur nach Minneapolis und anderswohin zu Konzerten«. Sobald Rubinstein nach New York zurückgekehrt war, fuhren die vier Polen an Bord desselben Schiffes nach England, das sie nach New York gebracht hatte.

Anfang Mai waren Szymanowski und Rubinstein in Paris, wo der Komponist auf englisch einen Brief an einen gewissen Mr. Ben Friedman schrieb, den er in New York kennengelernt hatte: »Sie kennen Arthur ja gut genug, und mit ihm schwingt überall dieses unglaubliche Leben! In ein paar Tagen habe ich mit ihm Paris besser kennengelernt als je zuvor... Arthur möchte hier nicht spielen. Er sagt einfach, er müsse sich für einige Zeit ausruhen, und er genießt Paris auf seine Weise – und die ist sehr gut; er ist von vielen interessanten Leuten umgeben, geht mit uns in Ausstellungen, Museen – Theater, kauft alle Neuausgaben von Dichtung und Musik...«[146] Nach ein paar Wochen weilte Rubinstein schon wieder in London, wo Strawinsky sein und Kochanskis Hausgast in der Cork Street war. Rubinstein besuchte vermutlich am 10. Juni 1921 die erfolglose Premiere von Strawinskys Symphonien für Bläser und wurde sicher, wenn auch nur am Rande, in die gegenseitigen Schuldzuweisungen einbezogen, die das Fiasko auslöste. Strawinsky erklärte in einem Interview, schuld an diesem Mißerfolg sei Kussewitzky, der die Aufführung dirigiert hatte, und Kussewitzky schickte daraufhin der *Times* einen Leserbrief, in dem er über das Stück herzog. Strawinsky fragte sich, warum Rubinstein ihm bei der Verteidigung gegen Kussewitzkys Attacke nicht behilflich gewesen war, und Ende Juli schrieb er an Ansermet: »Artur behauptet zwar, Kussewitzky habe sich sogar bei meinen Feinden in Mißkredit gebracht, dank diesem Brief. Aber wieso hat ihm dann keiner meiner Freunde geantwortet? Sind sie alle Feiglinge?«[147] (In *Mein glückliches Leben* stellte Rubinstein fälschlicherweise Strawinskys Oktett statt die Symphonien für Bläser in den Mittelpunkt dieser Geschichte.) Diese Episode war der Anlaß dafür, daß Diaghilew Strawinsky davor warnte, seinen jüdischen Freunden zu trauen – auch wenn die Bemerkung gegen Kussewitzky gerichtet war und nicht gegen Rubinstein, dessen Freundschaft mit Strawinsky intakt blieb.

Zur selben Zeit allerdings stellte ein anderer Komponist seine Beziehung zu Rubinstein auf den Prüfstand. Anfang August schrieb Szymanowski einen ungewöhnlichen Brief an seinen Pianistenfreund:

»Ich möchte auch gern über einige persönliche Dinge sprechen – da ich Deine Schreibaversion kenne, erwarte ich von Dir darauf keine Antwort – bis wir einander sehen –, und zwar mündlich. Es fällt mir schwer, darüber zu schreiben – und darüber zu sprechen war unmöglich, und das

Schlimmste ist, daß ich in letzter Zeit nicht mehr an Dich heranzukommen scheine. Ich möchte diese Angelegenheit gern klar darlegen, sofort. Wie Du weißt, Artek, gehörst Du nicht zu der Sorte Menschen, mit denen man beiläufig befreundet bleiben und von denen man sich ebenso beiläufig für immer trennen kann. So scheint es mir wenigstens. Ich möchte, daß Du endlich weißt, was Du für mich bist. Es ist weder eine Frage der Freundschaft noch der Zuneigung oder gar der Liebe. Es ist, wenn Du so willst, nichts von alldem oder alles zusammen. Du ›existierst‹ einfach in meinem Leben, und das ist das Wichtigste. Du verstehst sicher, was ich meine. Und daher hat es im Winter und Frühling [in England und Amerika], trotz allem, was Du für mich getan hast, trotz Deiner ganz außerordentlichen Güte und Feinfühligkeit, für mich mehrmals den Anschein gehabt, als habest Du ›aufgehört zu existieren‹, und dann habe ich schrecklicher gelitten, als ich je leiden würde, wenn mich mein liebster Liebhaber betrogen hätte. Denn am Ende sind erotische Angelegenheiten eine Frage des Unterleibs [Original deutsch] und unterstehen der ihnen gemäßen Logik. Aber in diesem Fall ist es so, daß alles Persönliche, die höchste Logik im Leben, aufbegehrt und leidet. Glaub ja nicht, Arturek, daß ich phantasiere und Hirngespinsten [Original deutsch] nachjage. Auf einer gewissen (und sehr tiefen) Ebene des Lebens wird die Einsamkeit unerträglich. Und auf dieser Ebene sind Trennungen und Abschiede viel schlimmer als in der wildesten Liebschaft. Ich schreibe Dir dies heute ganz gelassen und logisch – denn ich habe nun einmal die Eigenheit, mich besser an gute als an schlechte Dinge aus der Vergangenheit zu erinnern –, und daher denke ich an Dich noch immer mit dem alten warmherzigen Gefühl. Allerdings könnte ich nicht noch einmal so einen Winter ertragen wie den letzten – ich kann Dir nicht erklären, was ich meine, indem ich irgend etwas Konkreteres schriebe als dies. Glaub mir, dieses Gefühl hat nie die Form von Groll Dir gegenüber angenommen (vielleicht in gewissen Augenblicken und auf eine ganz besondere Weise). Gleichwohl habe ich etwas Unausgesprochenes, etwas Schwebendes, irgendeine ständige Gefahr verspürt (daß ich Dich ganz verlieren würde). Ich weiß, daß Du es nicht ertragen kannst, wenn jemand Dir zur Last fällt. Doch ein geheimster Instinkt sagt mir, Dir all dies zu schreiben, und ich weiß, daß es getan werden muß. Es ist durchaus möglich, daß ich an alldem schuld bin. Seit den letzten Jahren fehlt es mir noch an Selbstvertrauen, solche widerwärtigen Selbstzweifel bedrücken mich, daß mich das immer einschüchtert und *me rend gauche* [mich linkisch macht] im Leben. Vielleicht waren gerade diese Eigenschaften von mir schuld an meiner Einstellung Dir gegenüber, der Du gerade das Leben so meisterst. Wenn ich mich in meine ›Einsamkeit‹ stürzte oder meine überwältigenden Gefühle Dir gegenüber nicht auszudrücken vermochte, da konntest Du einfach nicht verstehen, was ich im Laufe all dieser langen Jahre geworden bin, in denen wir einander nicht gesehen hatten. – Zu diesem Zeitpunkt könnte ich soviel darüber sagen, daß ich lieber nicht damit anfangen will, selbst wenn ich es irgendwann einmal, wenn ich Dich sehe, *werde tun müssen.* Keine Sorge, Artuschka [russischer Diminutiv], Du wirst nicht ›benutzt‹ werden – es geht weder darum, daß ich mich über mein Los beklage, noch verlange ich moralische Unterstützung – genaugenommen fühle ich mich sehr *stark* gegenüber dem Leben – es ist nur so, daß Du irgendwie *organisch* in mein tiefstes Verständnis von Leben eintrittst, und wenn ich Dich nicht hinter irgendeiner Tür oder jenseits irgendwelcher Berge oder Flüsse habe – oder vielmehr Dich irgendwo weit weg habe –, dann wäre das für mich gleichbedeutend mit unerträglichem Leiden. Du kannst absolut sicher sein, daß niemand *auf der Welt* Dich so tief, so vollkommen [und] auf eine so spezielle Art und Weise versteht wie ich, und daher ist Deine Meinung für mich wichtiger als die von irgend jemand anderem. Für mich bist Du das Maß und das Gewicht all dessen, was im Leben einen Wert besitzt – was bedeuten daneben Trivialitäten oder Meinungsverschiedenheiten oder ähnliche Dinge [?] Ich weiß nicht, wie Du diesen Brief aufnehmen wirst, aber ich bin sicher, daß Du spüren wirst, wie *tief* die Gefühle sind, die sich in ihm widerspiegeln.

Ich sage noch einmal, daß ich keine Antwort erwarte – wir werden einander vermutlich sowieso sehen – aber ich füge meine Adresse bei [im Städtchen Bydgoszcz] und bitte Zosienka [Zosia Kochanska], mir kurz mitzuteilen – ob sie sich bereits entschieden haben, wann sie [wieder nach Amerika] fahren werden, wo wir uns treffen sollen usw., usw. Einstweilen umarme ich Dich in Liebe ebenso wie die lieben Paulchen – Und schönste Grüße an [unsere] Freunde, besonders an Elsie [nicht näher identifiziert], die mir einen so netten Brief geschickt hat, und ich – Schwein, das ich bin – habe nicht geantwortet – wie üblich.

Auf Wiedersehen, à bientôt

Dein Karol«[148]

Szymanowski schickte diesen Brief nie ab, und Rubinstein hatte von seiner Existenz keine Ahnung, bis die führende Szymanowski-Forscherin Teresa Chylinska ihm eine Abschrift davon schickte, als er neununddreißig Jahre alt war. Mit Hilfe seines Freundes Roman Jasinski erklärte Rubinstein Chylinska teilweise den Inhalt des Briefes. Jasinski: »Auch wenn Arthur damals Karol noch immer für seinen engsten und liebsten Freund hielt und ihm auch weiterhin im Rahmen seiner Möglichkeiten half, so hatte er doch das Gefühl, daß sein Glaube an Szymanowskis großes Talent in gewisser Weise nachließ. Da er seinerzeit Komponisten vom Format Strawinskys und Prokofjews nahestand und ihre außergewöhnliche Originalität sehr bewunderte, glaubte er, daß Szymanowski zu oft verschiedenen Einflüssen (nacheinander Skrjabin, Reger und den französischen Impressionisten) nachgegeben habe, statt sich seinen eigenen Stil anzueignen. Arthur hat wörtlich gesagt: ›Ich hätte es gern gesehen, wenn er ein wenig von seinem Polentum zum Ausdruck gebracht und nicht auf die gleiche Weise weitergemacht hätte, die bis zu einem gewissen Grade unoriginell war.‹ Arthur mochte weder die deutschen Liedtexte noch das deutsche Libretto der Oper *Hagith,* das, wie er sagt, auch von einem deutschen Komponisten vertont worden sein könnte. Es war ihm unangenehm und kühlte Arthurs Sympathie für Szymanowskis Musik in gewisser Weise ab. Außerdem sorgte in jener Zeit die innere Verwandlung von Szymanowski (Kochno usw.)« – gemeint ist Szymanowskis zunehmend offene Homosexualität und seine oben erwähnte Beziehung zu Boris Kochno – »für eine gewisse Distanz zwischen [ihm und] Rubinstein, einem Mann mit ganz normalen Instinkten. Und Szymanowski war von Haus aus zu sensibel, um diese Dinge nicht gespürt zu haben. Vermutlich war er deswegen bekümmert, und da er für völlige Klarheit sorgen wollte, schrieb er diesen Brief. Jedenfalls hatten sie danach nie irgendeine ›grundsätzliche‹ Diskussion über dieses Thema, und Arthur war froh, daß sein Freund sich bald fand und so viele wahrhaft polnische Kompositionen schuf, die ›seine eigenen‹ waren.« Jasinski fügte hinzu, daß Szymanowskis Brief »großen Einfluß« auf den älter gewordenen Rubinstein gehabt habe.[149] Ungeachtet seiner komplizierten Gefühle gegenüber Rubinstein begann Szymanowski, eine erneute Reise nach Amerika mit ihm und den Kochanskis zu planen, die im Herbst stattfinden sollte. Am 21. August schrieb Zosia an Karol: »Strawinsky hat uns ein paar Zeilen geschickt... Er schreibt, daß Arthur im Casino von Biarritz spielt, ich weiß nicht, ob er Glück hat oder nicht. – Weißt Du, ganz unter uns, ich ruhe mich gerade von Arthurs Herumgesause aus. Genauso, wie ich ihn in vielerlei Hinsicht liebe – so langweilt mich doch andererseits seine Oberflächlichkeit fürchterlich, die oft kindlich, aber schrecklich leer ist. Bitte behalte diese aufrichtige Bemerkung für Dich – weil Arthur sie mir nie verzeihen würde.«[150]

Auf seiner fünften USA-Reise besuchte Rubinstein auch zum ersten Mal Kalifornien, wo er am 25. und 27. November das g-Moll-Konzert von Saint-Saëns mit Alfred Hertz und dem San Francisco Symphony Orchestra spielte. Langfristiger wirkten sich auf seine Karriere allerdings seine New Yorker Auftritte aus. Unter den Leuten, die ihn dort in jenem Herbst spielen hörten, befand sich auch der extravagante Impresario russischer Abstammung Solomon Israelovich Hurok, der ein Jahr jünger als Rubinstein war. Hurok wanderte 1906 in die USA ein – dem Jahr von Rubinsteins erster Amerika-Tournee – und begann schon bald damit, Konzerte für jüdische Arbeitervereine zu organisieren. Nach dem Ersten Weltkrieg betätigte er sich als Agent für ein paar wichtige darstellende Künstler, und in Kürze spielte er eine bedeutende Rolle in dieser Kunstsparte in Amerika. »Rubinsteins vulkanische Persönlichkeit beeindruckte mich nicht weniger als seine kolossale Kunstfertigkeit am Klavier, als ich ihn in der Saison 1921/22 zum ersten Mal in der Carnegie Hall hörte«, erinnerte sich Hurok in seinen Memoiren. »Er war in jeder Hinsicht einzigartig: im dynamischen Umgang mit seinem

Instrument, in seinen großartigen Interpretationen, in seinem Charme, der einen Schwarm von Verehrern hinterließ, wo immer er vorbeizog... Ich umwarb ihn in jener Saison, lieh ihn mir von seinem Manager R. E. Johnson für Konzerte in Philadelphia und in der Brooklyn Academy of Music aus.«[151] Gegenüber der *New York Times* erklärte Rubinstein 1976, zu seiner ersten Begegnung mit Hurok sei es gekommen, als »Schaljapin, der mein lieber Freund war – fast mein großer Bruder, ich liebte ihn –, mich in sein Hotel hier in New York zum Frühstück einlud. Und dort saß ein kleiner Mann in der Ecke. Schaljapin behandelte ihn schrecklich, befahl ihm, da sitzen zu bleiben, den Mund zu halten und solche Sachen. Ich spielte auf dem Klavier *Petruschka,* und der kleine Mann – der natürlich Hurok war – meinte, es sei gut... Damals veranstaltete Hurok preiswerte Konzerte hier im Hippodrome. Mischa Elman, der Zirkus, Pferdeshows, [die Sopranistin Amelita] Galli-Curci, einfach alles – ach, wie es da stank. Hurok erinnerte sich an die Begegnung mit mir bei Schaljapin und suchte mich auf. ›Ich habe Titta Ruffo für ein Konzert engagiert, aber er kann nur ein paar Arien singen – wollen Sie daher zwei Nummern in seinem Programm spielen?‹ Ja, das wollte ich. Zufällig war Ruffo nicht bei Stimme, aber ich war in Form, und das Publikum ließ mich mitten im Konzert zwei Zugaben spielen. Hurok war sehr beeindruckt.«[152]

Rubinsteins amerikanische »Verehrer«, wie Hurok es formulierte, waren doch nicht so zahlreich, um ihm zum absoluten Erfolg auf höchstem Niveau zu verhelfen. George Engels – Kochanskis Manager, für den Rubinstein Johnson verlassen hatte – organisierte einige bedeutende Engagements für Rubinstein für den Herbst 1922, unter anderem Debütauftritte mit dem New York Philharmonic Orchestra (er spielte Mozarts A-Dur-Konzert, KV 488, am 24. November und Beethovens Viertes Klavierkonzert am 28. November, beide Male unter der Stabführung von Josef Stransky) und Aufführungen des Tschaikowsky-Konzerts mit Frederick Stock und dem Chicago Symphony Orchestra am 1. und 2. Dezember. Aber »er war nicht glücklich in Amerika«, wie Hurok sagte. Zu den Ursachen dieses Unglücklichseins zählte ein Streit mit der Firma Steinway. Im hohen Alter unterhielt sich Rubinstein mit der amerikanischen Musikhistorikerin Vivian Perlis über sein Verhältnis zu Klavieren und erklärte, er sei »mit Bechstein geboren«, und das sei in seiner Frühzeit in Berlin »wirklich mein Klavier« gewesen. »Es war technisch vollkommen«, sagte er. »Ich konnte am besten spielen. Ich war absolut glücklich. Es war unvergleichlich.« Später freilich sei er vom Steinway überwältigt gewesen, den er Busoni habe spielen hören und der einen »tieferen Klang« gehabt habe. Er habe dann einige in Hamburg hergestellte deutsche Steinways in den Häusern von Berliner Freunden gespielt, »und ich entdeckte, daß sie einen schönen Ton haben, viel tiefer als der Bechstein, aber die Mechanik war sehr schwierig für mich, [sie] war für ganz starke Finger gedacht«, während seine jungen Finger den altmodischen, leichteren Bechstein-Anschlag gewohnt waren.[153] Nachdem er Berlin verlassen hatte, spielte er auf verschiedenen Klavieren – auf dem Gaveau bei seinem Pariser Debüt, auf dem Knabe während seiner ersten USA-Tournee, auf dem Bösendorfer zur Zeit seiner ersten Wiener Auftritte. 1917, als er in der Lage war, einen guten Flügel zu erwerben, wählte Rubinstein den Steinway, und es war das Klavier, auf dem er während seiner ersten Aufenthalte in Nordamerika nach dem Ersten Weltkrieg spielte. Doch auf der Tournee von 1921/22 entdeckte er, daß die Firma Steinway einen unzulänglichen, mittelgroßen Flügel für ein Konzert bereitgestellt hatte, das er in der Kimball Hall von Chicago geben sollte. Er beschloß, statt dessen auf einem normal großen Mason & Hamlin-Konzertflügel zu spielen, der zufällig im Saal stand. Er »erwies sich als einer der bestklingenden Flügel, die ich je gespielt habe«, erinnerte Rubinstein sich. Als man bei Steinway davon erfuhr, erklärte man ihm, er dürfe auf seiner Tournee ihre Flügel nicht mehr benutzen. Er mußte sich mit Knabe-Instrumenten begnügen – und das bedeutete »jedesmal einen harten Kampf gegen die schwergängige Mechanik«, so Rubinstein.[154] Der Streit wurde am Ende beigelegt, aber zumindest bis 1932 warb Rubinstein in den Programmheften europäischer Konzerte für Gaveau-Flügel.

Die Tournee entschädigte ihn indes dafür gelegentlich mit kleinen Annehmlichkeiten. Einmal beispielsweise wurde er in New York »einer reizenden kleinen Blondine« vorgestellt – einer ehrgeizigen, neunzehnjährigen Schauspielerin namens Tallulah Bankhead, die ihn bat, für sie etwas zu spielen. Als er ablehnte, machte sie einen Kopfstand für ihn, »und man sah alles. Danach spielte ich selbstverständlich.«[155] Gleichwohl »kehrte er nach der Saison 1922[/23] erst 1927 [in die USA] zurück«, berichtete Hurok. »Dann gelobte er, dieses Land für immer zu meiden.«[156]

»Und so kehrte ich schließlich Amerika den Rücken, kam nach Europa zurück und begann, es mit Europa zu meinen Bedingungen aufzunehmen«, erzählte Rubinstein viele Jahre später während eines Interviews in Paris. »Und am Ende habe ich gesiegt, ich war sehr erfolgreich hier.«[157]

D as »Paris der zwanziger Jahre« ist heute eine Klischeevorstellung geworden, aber in den Jahren nach dem Ersten Weltkrieg war die *Ville Lumière* in der Tat einer der großartigsten Schmelztiegel der intellektuellen und künstlerischen Tätigkeit, den die westliche Kultur je gekannt hat. Marcel Proust und Piet Mondrian, Marie Curie und Jean Renoir, James Joyce und Pierre Teilhard de Chardin, Paul Valéry und Pablo Picasso, Henri Bergson und Colette, Gaetano Salvemini und Josephine Baker, Gertrude Stein und Salvador Dalí, André Gide und Ernest Hemingway, Alberto Giacometti und F. Scott Fitzgerald, Joan Miró und Blaise Cendrars – diese Liste läßt sich noch lange fortsetzen – lebten teilweise oder ganz in diesem Jahrzehnt in Paris. Unter den Komponisten wählten Ravel, »Les Six«, Strawinsky, Prokofjew, de Falla, Szymanowski, Villa-Lobos und andere die Stadt entweder zu ihrem Wohnsitz oder hielten sich häufig hier auf, ebenso wie viele der gefeiertsten Musiker der Welt. Rubinstein, der seit seinem Bruch mit Astruc im Jahre 1907 nicht mehr in Paris gelebt hatte, begann sich wieder zu dieser Stadt hingezogen zu fühlen. Sein fröhlicher Bericht in *Mein glückliches Leben* über das reichhaltige Gesellschaftsleben der aristokratischen und künstlerischen Pariser Kreise und über die Leichtlebigkeit seiner *demimonde* deutet an, daß er bereits 1920 wieder davon zu träumen begann, wie schon 1904, die französische Hauptstadt zu seiner

Operationsbasis zu erklären. Spätestens im Juni 1922 zog er ins Hôtel Villa Majestic ein, das für ein paar Jahre sein Hauptquartier wurde. (Im April hatte Rubinstein wieder eine Tournee durch Südamerika unternommen. Kochanski spielte zur selben Zeit in Buenos Aires, und Zosia gab einige Neuigkeiten, die Paul ihr mitgeteilt hatte, an Szymanowski weiter: »Arthur hat sich in eine Argentinierin verliebt, die er dort kennengelernt hat – Paul billigt seinen Geschmack nicht – Besanzoni ist einen Tag vor ihrer Ankunft abgereist – sie sagen, sie habe ein unmögliches Leben geführt, habe sich bis 5 Uhr morgens in der Hotelbar betrunken – Arthur hat erfahren, daß sie skandalöse Affären mit jedem hat.«[158]) Besonders glücklich war Rubinstein, als er sich kopfüber ins Pariser Nachtleben stürzen konnte. Chotzinoff erinnerte sich, ihn »in einem Pariser Restaurant [gesehen zu haben] ... [in] der Nacht des berühmten Quatre Arts [Quat'z Arts] Balls. In dieser Nacht ... dürfen sämtliche Fesseln der Zivilisation abgeworfen werden, die Festteilnehmer nehmen sich Freiheiten heraus, die normalerweise verboten sind oder mißbilligt werden. Rubinstein (der in Begleitung von Jascha Heifetz war [Chotzinoffs Schwager]) trug ein bizarres, bodenlanges Gewand, unter dem seine weiße Haut hervorschimmerte. Ähnlich unbekleidete oder entkleidete Menschen spazierten herein und waren sich offensichtlich ihres seltsamen Aussehens nicht bewußt. Die Zeitungen ließen sich am nächsten Morgen über das ungewöhnliche Verhalten der Studenten und ihrer Gäste auf dem Ball aus.« Rubinstein schilderte die Veranstaltung als eine Orgie: Männer und Frauen, die einander nicht kannten, kopulierten auf dem Boden, und es kam zu gespielten Vergewaltigungen. Heifetz, berichtete er, wollte seinen Augen nicht trauen und hatte Angst vor einer Polizeirazzia, die aber nicht stattfand. Chotzinoff: »In den frühen Morgenstunden kehrten Rubinstein und Heifetz auf dem Heimweg in ein Nachtlokal am Montmartre ein, lösten den Geiger und den Pianisten des Etablissements ab und spielten, zur Freude des Wirts, stundenlang.« Dies ereignete sich im Restaurant Abbaye de Thélème an der Place Pigalle; das Publikum bestand im wesentlichen aus Domingo Merry del Val, dem Bruder eines Kardinals und des chilenischen Botschafters in England, und zwei Prostituierten, die seine

Tischgenossinnen waren. Vierzig Jahre später erzählte Rubinstein Chotzinoff:»Was waren das für glückliche Zeiten... Ganz anders als die verkrampfte Fröhlichkeit von heute. Wenn wir heutzutage tanzen, dann aus Verzweiflung, wie auf einem Vulkan, wirklich ein *danse macabre*. Ein beunruhigender Tanz wie Ravels *La Valse*.«[159]

Was jedoch seine Auftritte in Paris anbelangte, mußte Rubinstein auch weiterhin den richtigen Augenblick abwarten. Ein Durchbruch gelang im Frühjahr 1923: Zulueta hatte sich mit Jacques Hébertot angefreundet, dem Direktor des Théâtre des Champs-Élysées – Astrucs Schöpfung –, und ihm »eingeredet..., es könnte ihm nichts Besseres widerfahren, als mich für Konzerte zu verpflichten«, wie Rubinstein meinte.[160] Seine ersten Nachkriegsauftritte in Paris fanden am 2., 7. und 13. Mai statt, kurz vor einer seiner Spanien-Tourneen. »Der große polnische Künstler, der ideale Interpret von Chopin, hat seit siebzehn Jahren nicht mehr in Paris gespielt – seit seine Karriere gerade erst begonnen hatte.«[161] Rubinsteins erstes Programm umfaßte Werke von Chopin, Debussy und Albéniz, das zweite Werke von Bach, Beethoven, Poulenc, Prokofjew, Ravel, Szymanowski und Liszt und das dritte Werke von Franck, Schumann, de Falla, Villa-Lobos und Chopin. Die Auftritte wurden vom Publikum und von einem Großteil der Presse gefeiert, auch wenn es durchaus kritische Stimmen gab – vor allem Jean Marnold, dem Ravel *Le Gibet* gewidmet hatte, das zweite Stück in seiner Klaviersuite *Gaspard de la nuit*. Marnold verwendete ein Viertel seiner langen, unnötig abfälligen Besprechung im einflußreichen *Mercure de France* dazu, den Pianisten aufs schärfste wegen des Plakats am Théâtre des Champs-Élysées zu tadeln, auf dem »Concerts Rubinstein« angekündigt worden waren statt genauer »Concerts Arthur Rubinstein« – als ob potentielle Kartenkäufer Arthur mit Anton hätten verwechseln können, der neunundzwanzig Jahre zuvor gestorben war. Marnold, der das zweite Konzert besucht hatte, legte sich auch mit Rubinstein an, weil dieser den Namen des Bearbeiters der Orgel-Toccata in F-Dur von Bach, mit der das Konzert begann, nicht auf dem Programm hatte drucken lassen. Marnold tat deren Darbietung mit folgenden Worten ab: »M. Arthur Rubinstein ist in einem Galopp hindurchgehetzt – etwas Besseres läßt sich dazu nicht sagen. Dann folgte die *Appassionata*. Das Alter der *Appassionata* ist unverkennbar … M. A. Rubinstein war sich darüber offenkundig im klaren und hat sie entsprechend behandelt. Er hat sie sogar zu ihren äußersten Konsequenzen getrieben … Er schien sich förmlich auf sie geschwungen zu haben, als wäre sie ein Geisterpferd, dessen Flanken er plötzlich mit seinen Sporen durchbohrte oder das er mit einem Peitschenhieb antrieb, zügelte und dann unversehens wieder laufen ließ …«

Aber Marnold ging der Gaul durch, als er schrieb, Rubinsteins »Musikalität ist unendlich offener und seine Kultur raffinierter. Darum spielt er vermutlich Beethoven so schlecht [sic!]. Man spürt, daß er zeitgenössische Musik liebt und versteht, und wenn er seinem Hang nicht nachgibt, sie mit selbstproduzierten Effekten aufzuzäumen, erzielt er Vollkommenheit. Die ›Alborada del Gracioso‹ [von Ravel] war überhaupt nicht schlecht, aber in dem mit unbedingter Leidenschaft interpretierten ›Vallée des Cloches‹ [von Debussy] war er ganz ausgezeichnet. Und seine weitreichende Neugier macht bei M. Maurice Ravel nicht halt. Er ist einer der nützlichsten Propagandisten der ›neuen Musik‹, um Caccinis Begriff zu verwenden. Außer drei reizenden kleinen Stücken von M. Sergej Prokofjew spielte er M. Francis Poulencs ›Promenades‹ – eine Premiere, glaube ich … M. Arthur Rubinstein, der sie hervorragend interpretierte, verdient viel Dank und Lob dafür, daß er sie in sein Repertoire aufgenommen hat …«[162]

Die meisten anderen Rezensenten waren allerdings freundlicher als Marnold im Hinblick auf Rubinsteins Umgang mit Bach und Beethoven und mindestens ebenso begeistert über seine Darbietungen moderner Musik. Henry Prunières, einer der maßgebendsten Musikwissenschaftler und Kritiker seiner Generation, faßte die allgemeine Reaktion in *La Revue musicale* zusammen: »Rubinstein hat einen ganz außergewöhnlichen Geist, wie er sonst keinem der heutigen Virtuosen zu Gebote steht, und wir können diesem großen Künstler gar nicht dankbar genug sein, daß er sich nicht damit zufriedengibt, Triumphe durch die üblichen Virtuosenstücke zu erzielen, sondern in seinen Programmen den jungen Komponisten erheblichen Platz einräumt, deren Werke er verteidigt und auf der ganzen Welt verbreitet.«[163] Der Erfolg dieser Konzerte führte zu einem Vertrag zwischen Rubinstein und Marcel de Valmalète, einem französischen Manager, der dann die meisten der französischen und einen Teil der ausländischen Auftritte über viele Jahre hinweg organisierte. Rubinstein war von 1923 bis zum Ende seiner Karriere ein großer Liebling des Pariser Publikums, und während der restlichen zwanziger Jahre war die Salle Gaveau einer seiner bevorzugten Aufführungsorte. Dort spielte er am 23. Oktober 1924 die *Chaconne* von Bach-Busoni, Schumanns *Fantasie,* Strawinskys *Petruschka-Sonate* sowie Stücke von Debussy, Szymanowski und Chopin. Am 12. November 1925 enthielt sein Programm Beethovens *Waldstein-Sonate* sowie kürzere Werke von Brahms, Ravel, Skrjabin, Busoni, Szymanowski, Prokofjew, Chopin und Liszt; am 6. Dezember 1925 wurden größere Gruppen von Stücken Chopins, Debussys und Albéniz' aufgeführt; am 20. Januar 1927 spielte er zwischen Beethovens *Waldstein-Sonate* und der *Appassionata* sieben Stücke von Chopin. Vier Tage später gab er ein Potpourrikonzert, das aus kurzen Werken von Bach-Tausig, Brahms, Beethoven, Prokofjew, Villa-Lobos, Poulenc, Albéniz, Mompou, Turina und de Falla bestand.

Als Rubinstein *Mein glückliches Leben* diktierte und zu der Geschichte seines Pariser Erfolgs kam, war sein autobiographisches Erzählen, wie es im Vorwort heißt, längst zur Auflistung von konsumierten Mahlzeiten und Liebesaffären verkommen, neben detaillierten Berichten über seine Auseinandersetzungen mit Konzertmanagern. Der Wechsel des Tons war unvermeidlich: Sobald Rubinstein es zu beträchtlichem internationalem Ruhm gebracht hatte, verwandelte sich sein Berufsleben in eine Reihe von Reisen zwischen einzelnen Städten und Ländern. Ein chronologischer oder sonstwie gestalteter Bericht auch nur von fünf oder gar zehn Prozent der annähernd sechstausend Auftritte, die er im darauffolgenden halben Jahrhundert erlebte, hätte das Ganze zu einer äußerst stumpfsinnigen Lektüre gemacht – er tat recht daran, dieser Falle auszuweichen. Eine andere Ursache für diesen Wechsel im Erzählton war die allmähliche Erstarrung von Rubinsteins Repertoire. Noch Mitte der zwanziger Jahre führte er eine beachtliche Menge zeitgenössischer Musik auf, wie die Programme von einigen seiner Auftritte in der Londoner Wigmore Hall bezeugen: Am 14. Mai 1924 spielte er Ravels *Valses nobles et sentimentales,* zwei Stücke von de Falla, drei Stücke von Debussy und zwei Stücke von Albéniz; am 9. Juli 1924 umfaßte sein Programm Milhauds *Saudades do Brazil (Sumaré, Leme* und *Ipanema),* Szymanowskis Vier Mazurken (ihre Welturaufführung; später Teile der Zwanzig Mazurken, op. 50), Strawinskys *Petruschka-Sonate* und zwei Stücke von Albéniz; am 1. November 1924 spielte er in einem Sonderkonzert für die Pianoforte Society zwei Stücke von Debussy und wiederholte die *Petruschka-Sonate* und Szymanowskis Vier Mazurken; am 11. November 1924 präsentierte er Werke von Albéniz, Granados und de Falla; am 24. Januar 1925 gab er Stücke von Ravel, Milhaud, Debussy, Prokofjew und Albéniz, und am 31. Oktober 1925 bestand sein Programm aus vier Stücken von Villa-Lobos' *Prole do bêbê,* Ravels *Vallée des cloches,* Debussys *L'Ile joyeuse,* Busonis *Turandots Frauengemach,* Skrjabins *Vers la flamme* und Prokofjews *Suggestion diabolique.* Im Rahmen der prestigeträchtigen Konzertreihe der Royal Philharmonic Society in der Queen's Hall (am 28. Oktober 1926 unter dem Dirigenten Sir Henry Wood) spielte Rubinstein auch lieber de Fallas *Nächte in spanischen Gärten* als ein vertrauteres Konzert aus dem 18. oder 19. Jahrhundert.

Zwar erlernte und spielte er auch weiterhin von Zeit zu Zeit neue Werke von bereits erwähnten zeitgenössischen Komponisten ebenso wie Werke der Polen Alfred Gradstein (Drei Mazurken) und Roman Maciejewski (Zwei Mazurken), des polnischstämmigen Amerikaners Karol Rathaus *(Kujawiak),* des Ungarn Béla Bartók *(Allegro barbaro),* der Engländer Arthur Bliss (Sonate für Violine und Klavier, mit Lionel Tertis) und John Ireland (Klavierkonzert in Es-Dur, mit Sir Henry Wood), der Sowjets Dimitrij Schostakowitsch (Vierzehntes Prelude, Polka) und Aram Chatschaturjan (Klavierkonzert in Des-Dur), des Amerikaners George Gershwin (Zweites Prelude) und des Jugoslawen Marko Tajcevic (Sechs Balkanstücke) – aber sein Interesse an neuer Musik ließ doch in der Mitte seines Lebens nach und als er entdeckte, daß man ihn zunehmend mit seinem bereits bekannten Repertoire zu hören wünschte. »Ich glaube, er hat sich von seinem Ruf und von der Zahl der Konzerte, die er gab, verzehren lassen«, meinte 1991 Madeleine Milhaud, die Witwe des Komponisten. »Man muß schon Zeit haben, um Musik zu entdecken, die nicht von der Art ist, wie man sie jeden Abend spielen soll. Einmal haben wir ihn in Florenz beim Maggio Musicale gesehen, und er hat zu mir gesagt: ›Ich habe nicht das gemacht, was ich eigentlich hätte machen sollen.‹ Ich hatte diesen Satz ganz vergessen, bis er ihn zwanzig Jahre später wieder zu mir sagte, und dann habe ich darüber nachgedacht. Ich glaube, er hat damit gemeint, daß er zwar viel für Villa-Lobos getan und Strawinskys *Petruschka* sowie etwas Musik von Milhaud und anderen gespielt hat, aber daß es noch Aberdutzende von [zeitgenössischen] Komponisten gegeben hat, die es zu entdecken galt. Ich glaube nicht, daß er den Mut dazu hatte. Aber rührend ist doch die Tatsache, daß er dies gespürt und bedauert hat.«[164]

Rubinstein wußte, daß die letzten beiden Drittel seiner Karriere in musikalischer Hinsicht bei weitem nicht so kunterbunt waren, wie das erste Drittel. Offenkundig glaubte er, er müsse dies in seinen Memoiren dadurch kompensieren, daß er immer ausschweifendere anekdotische Berichte über amüsante Vorfälle, Dinnerpartys, erotische Eskapaden und oberflächliche Begegnungen (oder wie sie ihm eben in Erinnerung geblieben waren) mit berühmten, mächtigen oder einfach nur reichen Leuten auftischte. Zu den – in seinen Memoiren fast immer ungenannten – Frauen, mit denen er in jenen Jahren ins Bett ging, zählten eine amerikanische Schauspielerin, die sich ihm in Paris an den Hals warf; eine junge Bekannte, die auf ihren Freund in Evian wartete, wo Rubinstein gerade Urlaub machte; eine chilenische Freundin, ebenfalls in Evian; eine Tänzerin, die eine Freundin von Vera Soudeikine war (Strawinskys Lebensgefährtin und künftige Frau); »einige lebhafte junge verheiratete Frauen« in Paris; eine junge Pariser Klavierstudentin, die er in einem Nebenzimmer des Ateliers einer bekannten Modeschöpferin liebte – für den Preis eines Kleides, das sich ihr Mann für sie nicht leisten konnte; zwei ansonsten nicht näher bestimmte »Freundinnen« und die liebe alte Mania Szer aus Lodz. Über die Aristokraten, Politiker, Magnaten, Philanthropen, Musiker, Schriftsteller und Maler, deren Namen in *Mein glückliches Leben* auftauchen, hatte er nur wenig Interessantes zu sagen.

Darüber hinaus verzichtete Rubinstein an diesem Punkt seiner autobiographischen Darstellung fast ganz auf die – wenn auch noch so geringe – chronologische Sorgfalt, die er zuvor an den Tag gelegt hatte. Ereignisse aus den frühen zwanziger Jahren werden zuweilen mit Vorfällen aus den dreißiger Jahren in einen Topf geworfen – Daten werden nicht genannt –, Schilderungen von Konzerten, die in einem bestimmten Jahr stattfanden, folgen viele Seiten später Berichten über Konzerte, die mehrere Jahre früher gegeben worden waren. So reihte er beispielsweise auf Seite 213 der deutschen Ausgabe von *Mein glückliches Leben* die Uraufführung von Marcel Achards Stück *Jean de la lune* (1929) unter die Ereignisse ein, die 1921/22 stattfanden. Auf Seite 226 ff. schilderte er Begebenheiten, die sich beim Internationalen Musikfestival in Venedig von 1932 abspielten; ein paar Seiten später verwies er auf die Uraufführung von Strawinskys *Pulcinella,* die bereits 1920 stattgefunden hatte, und auf Seite 252, wo er von seinem Leben im Jahre 1924 erzählt, erinnerte Rubinstein sich an ein Konzert für zwei Klaviere mit Saint-Saëns, der schon 1921 gestorben war, und Planté, der sich 1922 aus dem Konzertbetrieb zurückgezogen hatte. Außer in ein paar speziellen Fällen waren dies unbeabsichtigte Fehler: Rubinstein erinnerte sich entweder einfach nicht an die richtige Abfolge der Ereignisse oder stellte fadenscheinige gedankliche Verbindungen zwischen Ereignissen her, ohne sich die Mühe zu machen, sie zu erklären. Der flüchtige Leser mag vielleicht diese Zeitsprünge nicht einmal bemerken, aber der sorgfältige Leser droht zuweilen den Faden zu verlieren.

Mein glückliches Leben weist auch ein gewisses chronologisches Durcheinander auf, das man höflicherweise als das Ergebnis eines tieferliegenden psychologischen Bedürfnisses bezeichnen könnte, die Geschichte neu zu erfinden. So behauptete Rubinstein, kurz nach seiner Rückkehr aus den USA nach Europa im Frühjahr 1921 sei er nach Paris gefahren, und dort »erwarteten mich sehr, sehr traurige Nachrichten. Von Ignacy mußte ich hören, daß die Eltern beide gestorben waren. Meine Mutter starb an Krebs, mein Vater, den ich nie krank gesehen

hatte, überlebte sie nur um zwei Monate. Er starb an einer Lungenentzündung, aber das war wohl nur ein Vorwand; er konnte den Tod seiner Frau nach zweiundfünfzig Jahre währender Ehe nicht verwinden.
Das alles machte mich sehr unglücklich. Ich hatte beabsichtigt, beide in
eine Kur zu schicken, und dazu war es nun zu spät.«[165] Vielleicht hatte
Rubinstein seine Worte nur schlecht gewählt – so jedenfalls geht aus
diesen Sätzen hervor, daß er sich darüber ärgerte, nicht die Zeit für die
großartige Geste gehabt zu haben, seine Eltern in eine Kur zu schicken,
statt daß er über ihren Tod traurig war. Aber welche Gefühle er in dieser
Hinsicht auch immer empfunden haben mochte – jedenfalls stimmt
diese Geschichte hinten und vorn nicht. Felicja Rubinstein starb nicht
Anfang 1921, sondern vielmehr am 25. März 1922. Das bedeutet, daß ein
weiteres Jahr verging, in dem sie schwerkrank war und ihr jüngster
Sohn sich nicht die Mühe machte, sie zu besuchen. Izaak Rubinstein
starb am 27. April 1924 – über zwei *Jahre,* und nicht Monate, nach seiner
Frau. In der ganzen Zeit, die dazwischenlag, schaffte es Arthur nicht,
ihn zu sehen. Er hatte seine Eltern spätestens im Herbst 1913 zum letzten Mal gesehen, und soweit bekannt ist, hatte er ihnen nicht einmal
geschrieben. Die Geschenke, die er ihnen 1919 durch Ryszard Ordynski schickte, sind offenbar der einzige Kontakt gewesen, den er zu ihnen
in den letzten Jahren ihres Lebens hatte.

Warum mied er seine Eltern nach dem Krieg so ganz und gar? Sicher
nicht, weil es ihm an Zeit oder Geld fehlte: Sein europäischer Konzertkalender war in jenen Jahren nicht so voll, und er hatte in Lateinamerika
so viel Geld verdient, daß er in der Lage war, überall in den besten
Hotels abzusteigen und sich einen Diener zu leisten, der ihn begleitete.
Aber wenn Arthur es schon zu Beginn seiner Karriere für undenkbar
gehalten hatte, Felicja und Izaak den Wertheims vorzuzeigen, wieviel
weniger vorzeigbar müssen sie ihm dann fünfzehn, zwanzig Jahre später
erschienen sein, als er eine Berühmtheit war und beim König von
Spanien, den Asquiths und den Rothschilds ein und aus ging. Auf Nela
Rubinstein, die Arthur erst nach dem Tod seiner Eltern kennenlernte,
machte ihr Mann den Eindruck, als ob er für seine Eltern »keine herzlichen Gefühle« empfände. »Ich glaube, sie hatten einfach nicht viel mit-

einander gemeinsam.« (»Herrenausstatter« nannte er sie wegwerfend, so sein Sohn John.[166]) »Sie standen einander nahe, aber nur soweit es Artek und sein Talent und Geld und all das betraf«, erklärte Frau Rubinstein. »Das endete dann immer mit: ›Was wirst du Tante Soundso geben?‹ Es waren sehr nette Menschen«, erinnerte sie sich – und damit meinte sie die Geschwister ihres Mannes, die sie kannte, ebenso wie seine Eltern –, »aber auch äußerst unbegabt, wenn es darum ging, irgend etwas für sich selbst zu tun.«[167] Allerdings hätten selbst diese Faktoren ihn nicht veranlaßt, jeden Kontakt zu seinen Eltern abzubrechen. Er hat wohl eher so gehandelt, weil er »schreckliche Angst vor Gefühlen und vor dem Anblick von Schmerz« gehabt habe, wie Ruth Draper meinte. »Eine merkwürdige Feigheit seinerseits.«[168] Da der Schmerz seiner Eltern zum Teil darauf zurückzuführen war, daß er sie vernachlässigt hatte, wurden seine schreckliche Angst und seine Feigheit noch durch Schuldgefühle verstärkt. Vielleicht hatte er ja auch andere und bessere Gründe für seinen Groll auf sie, als er öffentlich oder privat zu erklären gewillt war. Sicher ist nur, daß seine Gefühle ihnen gegenüber bis zu ihrem Tod – ja, bis zu seinem eigenen Tod – eine Mischung aus Liebe, Zorn und Schuld blieben, genauso wie sie es in seiner Berliner Zeit gewesen waren. Hier hatte seine Strategie, seine Mutter zur Rückkehr nach Lodz zu zwingen, so gut funktioniert, daß er Gewissensbisse bekam.

Die Angst, seinen Eltern gegenüberzutreten, muß in ihren letzten Lebensjahren enorm stark gewesen sein. Sie hinderte ihn wohl sogar daran, in das gerade unabhängig gewordene Polen zurückzukehren, auf das er doch so stolz war, wie er in den ersten fünf Jahren des neuen Nationalstatus immer behauptete. Doch kaum waren die alten Rubinsteins tot, eilte Arthur heim. Selbst dann bestand der Mann, der sich selbst für einen polnischen Patrioten und für einen Gegner der »Schmeichler der Potentaten des Landes der Dollars« hielt, auf der Bezahlung in Dollar, denn »der polnische Zloty war eine sehr unsichere Währung«. Zynisch fügte er hinzu: »Ich kannte meine Warschauer gut; sie waren und blieben die Snobs, die sie schon unter der russischen Herrschaft gewesen waren. Sie bewunderten mich dafür, daß ich in meinem Vaterland so lange nicht gespielt hatte...«[169] Aber Mlynarski hatte bereits im März 1921 an die Kochanskis geschrieben: »Die Neuigkeiten über Artek [d.h. über seine Erfolge] machen mich glücklich, grüßt ihn herzlich von mir. Sagt ihm, er soll auch herkommen, mit Dollars, und mir irgendwie beim künstlerischen Leben helfen.«[170] Natürlich hat Mlynarski, der die Warschauer Oper leitete, nur gescherzt, als er vorschlug, Rubinstein zu bitten, das finanziell in arger Bedrängnis befindliche Unternehmen zu unterstützen. Es ist aber klar, daß der Künstler Rubinstein herzlich willkommen gewesen wäre.

Daß Rubinstein Polen geliebt hat – die Kraft des Volkes angesichts seines Unglücks, die Stadt Warschau, seine Kultur, die natürliche Eleganz der Frauen –, steht außer Zweifel; daß er in späteren Jahren bereit war, für die Rechte Polens in der Familie der Völker einzutreten, selbst als das Land von einem kommunistischen Regime beherrscht war, das er verabscheute, läßt sich beweisen. Aber Rubinstein war ein Kosmopolit und Internationalist, und er hätte dies auch zugeben sollen. (Er tat dies zumindest bei einer Gelegenheit: »Ich hasse alle *Nationen* der Welt – außer vielleicht die Schweiz, die immer neutral bleiben konnte, weil die anderen sie brauchen konnten«, erklärte er 1972 in einem Interview der *New York Times*. »Können Sie denn ein Wort von dem glauben, was Ihre politischen Führer sagen? Alles Heuchler!«[171]) Er liebte Polen, er liebte Paris, er liebte Spanien, er liebte Rom und Venedig, er liebte London, und schließlich liebte er auch Israel und viele Aspekte des Lebens in den USA – aber in Wahrheit war er ein Weltbürger, der gegenüber dem Nationalismus so zurückhaltend war, wie das für Juden ganz natürlich ist, die, als Gruppe, immer wieder von den meisten Nationen, in denen sie sich aufgehalten haben, so schlecht behandelt worden sind und werden.

Und doch waren Rubinsteins Gefühle gegenüber Polen im Grunde so positiv, daß er in seinen Memoiren nicht einmal die antisemitischen Bemerkungen erwähnte, mit denen der konservative Teil der polnischen Presse zuweilen über ihn herzog. Wie die Geschichte des 20. Jahrhunderts so dramatisch beweist, sind Kosmopoliten im allgemeinen und jüdische Kosmopoliten im besonderen bei hitzköpfigen Nationa-

listen nicht sehr beliebt, und in den zwanziger Jahren war der Antisemitismus in den ultranationalistischen und ultrakatholischen Kreisen der polnischen Gesellschaft endemisch. Im Herbst 1924, nur ein paar Monate nach dem ersten Nachkriegsauftritt Rubinsteins in Polen, empfand Iwaszkiewicz – ein nichtjüdischer Pole – das Bedürfnis, ihn zu verteidigen. »Die Publicity über Rubinstein, diesen Dandy, der über alle europäischen Höfe und die Salons von Amerika herrscht, hat die Einstellung der Leute gegenüber seinem Musizieren nicht unbedingt günstig beeinflußt«, schrieb er in einer Warschauer Literaturzeitschrift. »[Aber] man sollte doch die titanische Kraft bewundern, mit der sich Rubinstein am Klavier von jedem Hauch von Snobismus reinigt. Da gibt es keine Pose, nichts geschieht um des Effektes willen oder fürs Publikum – da gibt es nur großartige, edle, ausgezeichnete Musik… Und ob Rubinstein aus Lodz oder Pacanow stammt [das heißt aus Städten mit einem großen jüdischen Bevölkerungsanteil], interessiert mich genausowenig wie die Frage, ob Mickiewicz' oder Chopins Mutter eine Jüdin war. Mir genügt es, daß [Mickiewicz und Chopin] uns die größten Schätze der polnischen Kultur vermacht haben und daß [Rubinstein] einer der größten Interpreten solcher Schätze ist. Und die Tatsache, daß es Rubinstein für einen Augenblick gelungen ist, das große Antlitz von Chopin zu enthüllen, ein Antlitz, das mit so vielen Masken von so vielen anderen Interpreten bedeckt worden ist, reicht aus, ihm offiziell die edelste polnische Herkunft zu bescheinigen. Daß einige Polen dies nicht verstehen, läßt sich leider nicht ändern! Genauso, wie es ›schreckliche Juden‹ gibt, so gibt es auch ›schreckliche Polen‹, die viel mit ihnen gemein haben – insbesondere die *Gereiztheit*.«[172]
Im großen und ganzen jedoch war Rubinstein in den zwanziger und dreißiger Jahren sehr beliebt bei polnischen Musikliebhabern, ungeachtet ihrer ethnischen Herkunft. In Krakau beispielsweise gab er zwischen Oktober 1924 und Januar 1936 mindestens dreiundzwanzig Solokonzerte, für andere polnische Großstädte existieren ähnliche Statistiken. Wiktor Labunski, in den zwanziger Jahren der Leiter der Klavierabteilung am Krakauer Konservatorium, sagte über Rubinsteins Spiel in jenen Jahren: »Sein Talent und seine Persönlichkeit waren ein-

fach überwältigend und nahmen einem den Atem. Er hatte etwas ganz Einzigartiges ..., trotz der Tatsache, daß er manchmal zuwenig geübt hatte und seiner Noten nicht ganz sicher war. Wie Nicolas Orloff [ein glänzender russischer Pianist, fünf Jahre jünger als Rubinstein] einmal gesagt hat: ›Sein Talent dringt ihm aus allen Poren.‹«[173] Rubinstein vernachlässigte auch nicht die künstlerischen Kreise Polens. Er kam nach Warschau, quartierte sich bei Ryszard Ordynski ein – wo er auf einer Couch schlief, die für ihn zu kurz war – und stürzte sich sofort ins turbulente Gesellschaftsleben, in dem sein Gastgeber eine gewisse Rolle spielte. »Arthurs Aufenthalt hier war ziemlich meteorartig, weil er so kurz war (hier in Warschau nur eine Woche, dann ging's in die Provinzen)«, schrieb Szymanowski am 12. Dezember 1924 aus Warschau an die Kochanskis in New York, »aber ich bin nicht mit ihm mitgezogen. Seine Konzerte waren ein großer Erfolg – die Filharmonja war beide Male voll. Arturek hat ausgezeichnet gespielt und einen großartigen Eindruck hinterlassen. Bei seiner Ankunft in Warschau war er so bewegt, wie nicht einmal ich es von ihm erwartet hatte.«[174] »Meteorartig« charakterisiert nicht nur Rubinsteins Besuche in Polen: Während der ganzen zwanziger Jahre unternahm er eine internationale Tournee nach der andern; kreuz und quer bereiste er Europa und seine Nachbarländer, entdeckte neue Auftrittsorte – die Balkanstaaten, die Türkei, Nordafrika und den Nahen Osten – und suchte wieder mehr oder weniger beliebte alte auf. Mit besonderem Stolz erinnerte er sich an seinen ersten Besuch in Palästina, wo er gratis in einem Flugzeughangar – dem einzigen ausreichend großen Raum – vor einem begeisterten Publikum aus hier geborenen wie eingewanderten Juden spielte. Die Zuhörer mußten während des gesamten Programms stehen, da es keine Stühle gab. Spanien durfte Rubinstein Jahr um Jahr erleben: Er eilte zwar von Stadt zu Stadt, doch es gelang ihm fast immer, aus jeder Situation Freude und Genuß herauszuholen und sein Vergnügen mit seinem Publikum zu teilen. Paco Aguilar, ein Mitglied des Lautenquartetts der Familie Aguilar, hinterließ eine denkwürdige Schilderung eines Rubinstein-Konzerts in Granada – es fand vermutlich am 8. Mai 1925 statt und bestimmt nicht in der Saison 1919/20, wie Rubinstein in seinen Memoiren fälschlicherweise meinte. Der Pianist hatte sich auf der Fahrt von dem 166 Kilometer entfernten Almería verspätet, und das Publikum begann schon wieder zu gehen, als Rubinsteins Wagen plötzlich vor dem Theater vorfuhr.

»Ein schwarzes Bündel, ein großer Mantel mit einem kleinen Hut … durchquerte das Foyer in Richtung [Bühne]. Es war Rubinstein. Er ging nicht, er stürmte drauflos. Das Zuknallen der Wagentür, das man vernahm, als der Mann das Foyer bereits zur Hälfte durcheilt hatte, vermittelte eine Vorstellung von der Hand, die sie zugeschlagen hatte … Bis es [Ernesto de Quesada] schaffte, auf die Bühne zu kommen, hatte [Rubinstein] sich längst vor dem Publikum verbeugt, das sich wieder auf seine Plätze begeben hatte, und nahm Maß an den Tasten … Sein Frack war untadelig. Er hatte sich im Wagen umgezogen, während er mit 100 Stundenkilometern dahinfuhr …

[Rubinstein spielte Chopin und spanische Musik] Ein Wunder? Ja. Der größte spanische Pianist, der ein Verständnis für polnische Musik hatte, war in Polen geboren.

In der ersten Pause gab es Begrüßungen, Umarmungen und neue Bekanntschaften. Die Mitglieder des Quartetts plauderten mit dem Pianisten, der von ihnen begeistert war. Er mußte dieses Treffen einfach feiern.

›Laßt uns noch irgendwo hingehen – was meint ihr?‹

›Morgen?‹

›Heute abend!‹

›Sind Sie nicht müde?‹

›Wovon?‹

›Vom Konzert, von der Fahrt.‹

›Ach was, ich bin doch beim Fahren gesessen! Und was das Konzert betrifft – ich werde statt dem Strawinsky etwas anderes spielen, und zwar schnell.‹

›Sie werden nicht *Petruschka* spielen?‹

›Es lohnt sich nicht. Ihr habt doch schon gemerkt, daß das Publikum lieber ‹romantische› Musik hören will. Es ist nicht bereit, sich diesen ‹Wirbelsturm› anzuhören. Behaltet es für euch: Ich bin eigentlich nicht in der Lage, es heute abend mit dem Stück aufzunehmen. Ihr wißt ja, was *Petruschka* ist – ein Gigant, ein Zyklon!‹

›Wir kennen das Werk zwar, aber nicht die Fassung, die Strawinsky für Sie gemacht hat.‹ Elisa, die Sprecherin des Quartetts, fügte hinzu: ›Dieses Stück hat uns am Programm am meisten interessiert.‹ Das freundliche Versprechen des Pianisten, es für das Quartett bei der nächstmöglichen Gelegenheit zu spielen, und der Wunsch, sich nach dem Konzert noch zusammenzusetzen und den Abend miteinander zu verbringen, genügten, daß man einmütig für die Programmänderung war.

Als Rubinstein erneut am Flügel Platz genommen hatte, ruhte sein Blick auf der Loge der Aguilars. Ihr Lächeln wurde mit einem leichten, aber ausdrucksvollen Nicken erwidert. Der Pianist mußte etwas sagen – er war verpflichtet, die Programmänderung anzukündigen. Die vier Lautenisten hielten den Atem an. Rubinstein sah in ihre Richtung.

›Ich spiele nun…‹ Er schien ein paar Sekunden lang nachzudenken. In Gedanken suchte er nach dem richtigen Stück, das er spielen wollte. Seine Hände veränderten zwei- oder dreimal ihre Position auf den Tasten. Endlich entschied er sich. Er hatte eine Idee. Eine großmütige Geste wurde von einem verschmitzten Blick begleitet. ›Ich spiele nun *Petruschka*.‹ Wie von einer inneren Triebfeder hochgeschnellt, sprangen die vier Aguilars auf und durchbrachen die Stille mit frenetischem Beifall. Das Publikum sah verständnislos drein – der Pianist hatte doch nur angekündigt, was längst im Programmheft stand. Aber das mitreißende Verhalten des angesehenen Quartetts ließ die anderen Zuhörer in den Beifall einstimmen, während ein Kommentar im Saal die Runde machte: ›Er hat es den Aguilars gewidmet.‹«[175]

In den zwanziger Jahren und weit bis in die dreißiger Jahre hinein war Italien fast genauso verrückt nach Rubinstein wie Spanien. Das italienische Publikum »hat mich nie im Stich gelassen«, sagte er in späteren Jahren oft. Besonders Rom war »seine« Stadt: Zwischen März 1924 und Februar 1937 gab er acht Konzerte für die Accademia di Santa Cecilia und neun Konzerte mit dem Orchester von Santa Cecilia unter Bernar-

dino Molinari, Mario Rossi und Ferruccio Calusio, in Klavierkonzerten
von Beethoven, de Falla, Mozart, Saint-Saëns, Tschaikowsky, Chopin,
Brahms und Liszt. Er hatte auch eine Affäre mit einer römischen Ade-
ligen, die er in *Mein glückliches Leben* Fürstin Carla Palladini nannte, die
aber in Wirklichkeit die Marchesa Paola Medici war. Die 1895 als Prin-
cipessa Paola di Viggiano, Marchesa Sanfelice di Monteforte geborene
war die Tochter von Fürst Ludovico Sanfelice di Viggiano Monteforte
und der französisch-belgischen Fürstin Jeanne Marie Emilie de Bauf-
fremont, Hofdame der Königin von Italien. 1917 heiratete Paola den
Marchese Luigi Medici del Vascello, einen Anwalt und Parlaments-
abgeordneten, der in den zwanziger Jahren ein leidenschaftlicher
Faschist wurde. Rubinstein schilderte die Marchesa als »Schönheit im
wahren Sinne des Wortes, mit einem zarten runden Gesicht und herrlich blasser Haut. Das schwarze Haar trug sie seitlich gescheitelt und
ließ es in Wellen über die Ohren fallen. Die dunklen Augen waren von
langen Wimpern beschattet, und die starken Brauen bewirkten, daß
man sich von oben herab angesehen glaubte, doch war ihr Blick voller
Humor.«[176] Er fand sie erst ein wenig unangenehm, als sie sich in
Venedig kennenlernten, aber anscheinend hat sie sich in ihn verliebt.
Nach seiner Schilderung – die wieder einmal die einzige ist, die es darüber gibt – hat sie sich ihm praktisch an den Hals geworfen, als sie sich
das nächstemal in Paris begegneten, und damit begann ihre Affäre.
Möglicherweise war dies bereits im Herbst 1923 oder im darauffolgenden Winter. Die Affäre dauerte, mit Unterbrechungen, mindestens bis
zum Sommer 1928. Schließlich löste der Vatikan die Ehe der Medicis
auf, aber schon davor gelang es der Marchesa, mit Rubinstein nicht nur
in Italien und Frankreich zusammenzusein, sondern auch mit ihm nach
Südamerika, Osteuropa, auf den Balkan und nach Nordafrika zu reisen.
Allerdings konnte er sie nur selten zu den verschiedenen Empfängen
und Essen mitnehmen, zu denen er auf seinen Tourneen eingeladen
wurde. Eine Adelige, die die High Society liebte, sich aber damit abfand,
sich allein in einem Hotelzimmer aufzuhalten, während ihr Mann – ein
Bürgerlicher, noch dazu ein jüdischer Bürgerlicher – mit der Aristokratie verkehrte, mag wirklich sehr verliebt gewesen sein. Sie hat Ru-

binstein sogar gefragt, ob er sie heiraten wolle, falls sie eine Scheidung erlangen würde. Verlegen brachte er eine Reihe von Ausflüchten vor – woraufhin sie ihn offenbar als einen unter mehreren Liebhabern behandelt hat, als eine Zerstreuung unter vielen in einem Leben ohne ein inneres Zentrum.

Aber laut Luli Oswald, einer Pianistin, die in Rio de Janeiro lebt, hatte die Affäre eine weitere Folge: sie selbst. Sie sagte, sie sei die Tochter von Rubinstein und Paola Medici und sich ihres genauen Geburtsjahrs nicht sicher. 1967 haben ihre nominellen Eltern, Odoardo und Maria Oswald Marchesini, sowie Frau Marchesinis Schwester, Enrichetta Margherita Oswald Alfieri, eine eidesstattliche Versicherung unterzeichnet. Darin erklärten sie, daß Luli ihnen von ihren »wirklichen biologischen Eltern«, Paola Medici, Fürstin von Viggiano, und Arthur Rubinstein, dem »jungen polnischen Pianisten«, anvertraut worden sei, weil sie die »Frucht einer verbotenen Liebe« gewesen sei. Ihr wirklicher Name war Luisa Maria Theresia; ihr gesetzlicher Name lautet Margarida Henriqueta Marchesini – der Name eines verstorbenen Kindes ihrer nominellen Eltern. Sie übernahm von ihrer Adoptivmutter ihren Künstlernamen Oswald. Deren Vater, Henrique Oswald, war ein bekannter brasilianischer Musiker, den Rubinstein seit seinem ersten Aufenthalt im Lande gekannt hatte. Als Baby sei Luli zunächst »bei ihren echten Eltern geblieben, mußte aber von ihrer Geburt an versteckt werden«, wie es in der eidesstattlichen Erklärung heißt. Als es den Marchesinis anvertraut wurde, trug das Baby ein goldenes Halsband, in das der Name Lulli (im Italienischen mit Doppel-l) eingraviert war und an dem »ein wunderschöner ... Stern aus den schönsten Diamanten« hing. »Wir haben versprochen, das Geheimnis zu wahren und dem Kinde all unsere Liebe zu geben.« Die Marchesinis, begüterte Leute, gaben Luli ein angenehmes Zuhause und sorgten dafür, daß sie daheim und im Ausland Musik studierte. Sie hat mir geschrieben, daß sie als junge Frau oft mit Rubinstein im Drake Hotel in New York zusammengekommen sei, wo ihre Freundin Felicja Blumental, eine polnisch-brasilianische Pianistin, wohnte (und wo auch Rubinstein selbst in späteren Jahren gewohnt hat). »Dort hat er mir ausgezeichnete, wenn auch nur wenige Unterrichtsstunden erteilt«, berichtete sie. »Aber ohne Nelas Wissen. Und das war eine unangenehme Situation für mich. Ein anderes Mal trafen wir uns in Dallas (Texas). Er hat mich nach Houston eingeladen, wo er mit Barbirolli spielen wollte... Dort waren wir im Rice Hotel abgestiegen, und noch einmal hat er gesagt, kein Mensch dürfe es wissen, außer meiner Managerin Mrs. Lankford und einem Freund, der ihn auf seinen Reisen begleitete. Ich habe nie erfahren, wer [dieser Freund] war.« (Es war vermutlich Louis Bender, der engagiert worden war, Rubinstein auf seinen nordamerikanischen Tourneen in späteren Jahrzehnten zu begleiten.) »Arthur hat mich dann nach Budapest geschickt, wo ich bei Prof. Josef Gatz [sic; vermutlich Gát, einem Bartók-Schüler und bekannten Klavierlehrer] studieren sollte, und anschließend für ein paar Wochen nach Warschau zu Prof. Margherita Trombini Kazuro, um die [besondere] Interpretation polnischer Musik zu erlernen und auf diese Weise eine Imitation seines eigenen Stils zu vermeiden, die sich bereits in meiner spontanen Art zu spielen bemerkbar machte.« Sie heiratete einen gewissen Herrn Teixeira de Freitas; sie hatten sieben Kinder und wurden später geschieden. Luli Oswald trat in Nord- und Südamerika auf, zog sich 1972 aus dem Konzertleben zurück und begann 1986 wieder aufzutreten. All diese Informationen sind meiner Korrespondenz mit Frau Oswald zwischen November 1994 und März 1995 entnommen. Dies habe ich auch Angehörigen der Familie Rubinstein sowie Annabelle Whitestone, Lady Weidenfeld, mitgeteilt. Eva Rubinstein hat gesagt, sie, ihre Schwester Alina und ihr Bruder John hielten die Geschichte von Lulis Herkunft für »mehr als vermutlich wahr, für ziemlich wahrscheinlich«. Alina habe sich daran erinnert, daß ihr Vater ihr von einem unehelichen Kind von ihm in Südamerika erzählt habe; Nela Rubinstein und Lady Weidenfeld waren zwar skeptischer, wollten aber diese Möglichkeit nicht ausschließen.

Irgendwann Mitte der zwanziger Jahre hat Rubinstein seine Suite im Pariser Villa Majestic aufgegeben und ein Haus am Montmartre gemietet. Sein Entschluß mag ein Signal eines Dranges zur Veränderung gewesen sein, der schon lange in ihm geschlummert hatte, der sich aber bald noch entschiedener äußern sollte. Jeanne de Marjerie, eine Freundin, hatte Rubinstein auf ein zur Vermietung stehendes Haus aufmerksam gemacht, die Nr. 15 in der abschüssigen Rue Ravignan, an der Ecke Rue d'Orchampt; sein bisheriger Bewohner war der Schauspieler Pierre Fresnay gewesen. In den ersten Jahrzehnten des 20. Jahrhunderts war Montmartre eines der lebendigsten Pariser Viertel, was das künstlerische und intellektuelle Leben betraf; gleiches gilt für die *demimonde,* die Rubinstein so liebte. Er war glücklich über sein Haus und freute sich, daß Madame de Marjerie und seine alte Freundin Eugenia Errazuriz ihm bei der Einrichtung behilflich waren. Da Rubinstein sich schon seit langem mit Enrique, seinem argentinischen Diener, zerstritten hatte, besorgte Madame de Marjerie ihm einen französischen Diener. Dieser diente ihm viele Jahre lang bestens, wie Rubinstein sagte, und ermöglichte ihm den Unterhalt eines Hauses für einen geschäftigen Junggesellen, der von Hausarbeit keine Ahnung hatte. Wiktor Labunski und sein Bruder Feliks haben Rubinstein in der Rue Ravignan besucht, und Wiktor schilderte das Haus später als »nicht groß, aber … geschmackvoll eingerichtet. Alle Gegenstände im Hause – Möbel, Gläser, Porzellan – waren von bester und anscheinend auch teuerster Qualität. Natürlich gab es einen Flügel sowie eine Reihe interessanter Gemälde, meist von zeitgenössischen Künstlern. Und dann die Bücher – Hunderte von Büchern in Schränken, darunter auch einige seltene Bücher, Erstausgaben usw. Artur ist ein perfekter Gastgeber, und er hat uns das Gefühl vermittelt, als ob unser Besuch für ihn von ungeheurer Bedeutung wäre und als ob wir die wichtigsten Menschen auf der Welt wären. Ich glaube, er vermittelt jedem dieses Gefühl, und dies ist vielleicht eines der Geheimnisse seiner unglaublichen Beliebtheit bei Menschen jeden Alters und aus allen Ländern. Er war zu uns höchst bezaubernd.« Labunski gab ein erfolgreiches Pariser Konzert, nach dem ihm Rubinstein gratulierte, indem er »zu einer feudalen Party für etwa achtzehn bis zwanzig Leute in einem der besten Pariser Restaurants einlud«, erinnerte sich Labunski. »Es gab phantastisches Essen, Champagner, sympathische Menschen, interessante Unterhaltungen.

In den über dreißig Jahren seit dieser ersten Rubinstein-Party bin ich von Artur viele Male zu kleinen und großen Gesellschaften eingeladen worden, bei ihm zu Hause und in Restaurants, und jedesmal habe ich seine Großzügigkeit, seine Eleganz und seinen guten Geschmack in allem bewundert: Essen, Wein, Zigarren, Kleidung. Ich habe nie einen anderen Menschen gekannt, dessen Gewohnheiten so vollkommen mit seiner Persönlichkeit übereinstimmten.«[177]

Das Haus Rue Ravignan 15 war genau das richtige für Rubinstein: Er konnte Klavier spielen oder Gäste einladen, wann immer er Lust dazu hatte, und sich ausruhen, wenn ihm danach war. Aber Anfang 1926 brachte ihn das Pariser Debüt eines zweiundzwanzigjährigen Pianisten aus Kiew ein wenig um den Schlaf. Wladimir Horowitz, ein Flüchtling aus der neugeschaffenen Sowjetunion, machte beim Publikum wie bei der Kritik ungeheuer Furore. Nur drei Jahre nach Rubinsteins entscheidendem Triumph in der Stadt war jemand gekommen, um dem Champion den Titel streitig zu machen. Dies ist zumindest der Eindruck, den Rubinstein in seinem Buch vermittelte. In Wahrheit gab es genügend Platz für beide Künstler, ebenso wie für Alfred Cortot, Walter Gieseking und all die anderen herausragenden Pianisten der damaligen Zeit. Jeder hatte seine Anhänger, und die Bewunderer des einen waren nicht unbedingt die Kritiker der anderen. Aber als Rubinstein Horowitz zum ersten Mal spielen hörte, reagierte er anfangs mit Verwunderung und Selbstekel: »Horowitz besaß nicht nur Brillanz und Technik, er spielte mit einer lässigen Eleganz, einem Zauber, der unbeschreiblich ist«, erinnerte sich Rubinstein. Aber dann nahm er wahr, daß Horowitz »in mir nicht den Ebenbürtigen [sah], und das deprimierte mich mehr und mehr. Ich fühlte im Innersten, daß ich der bessere Musiker war, meine Auffassung von Sinn und Gehalt der Musik reifer war, und doch war ich mir zugleich schrecklicher Mängel bewußt – meiner Nachlässigkeit im Detail…«[178] Die beiden Pianisten kamen oft zusammen – gewöhnlich im Haus ihres Freundes Alexander Steinert, eines amerikanischen Komponisten –, um das Repertoire für zwei Klaviere und Bearbeitungen von Orchestermusik zu spielen. Manchmal gesellte sich zu ihnen der junge französische Pianist Jacques Février, der nach Rubinsteins Meinung am besten vom Blatt spielen konnte. Am Ende hatte Rubinstein Paris genauso sicher im Griff wie Horowitz, und ganz sicher hat der ältere Pianist dort weitaus öfter gespielt als der jüngere.

Später muß Rubinstein erkannt haben, daß das Wichtigste, was er in seiner Karriere während der zwanziger Jahre erlebt hatte, nicht seine Eroberung von Paris, die Ausweitung seiner Grenzen auf Länder, in denen er noch nie zuvor gespielt hatte, die beunruhigende Konkurrenz, die Horowitz in der internationalen Szene darstellte, oder irgendeines der anderen Hochs und Tiefs in seinem Leben als Konzertkünstler gewesen war, sondern vielmehr seine erste berufliche Begegnung mit Fred Gaisberg. Der 1873 in Washington, D.C., geborene Gaisberg hatte von seinem 16. Lebensjahr an mit der noch in den Kinderschuhen steckenden Tonträgerindustrie zu tun gehabt. 1898 war er nach England gegangen, um den Verkauf von Emil Berliners flachen Phonographenplatten anzukurbeln, deren Beliebtheit bald die der zylindrischen Tonträger von Thomas Edison übertraf. 1925 wurde Gaisberg der künstlerische Direktor der Gramophone Company, der das Label His Master's Voice (HMV) gehörte. Walter Legge, der eine Generation später die britische Schallplattenindustrie für klassische Musik beherrschte, hat gesagt, Gaisberg »glaubte, seine Aufgabe sei es, die besten Künstler ins Studio zu bekommen und die besten Klangbilder von dem, was diese Künstler ständig in der Öffentlichkeit produzierten, auf Wachs zu erhalten, wobei er hin und wieder mit seinem überzeugenden diplomatischen Geschick launische Geister einlullte und ruhigstellte«.[179] Als er 1928 sein diplomatisches Geschick dafür einsetzte, Rubinstein dazu zu überreden, ein paar Platten zu machen, hatte das elektrische Tonaufzeichnungsverfahren, zu dem die Verwendung von Mikrophonen gehörte, erst kurze Zeit vorher die alte akustische Methode ersetzt, bei der die Künstler in große Hörner spielen oder singen mußten.* Dank dieser Entwick-

---

* Heute glaubt man, daß Rubinstein um 1910 mindestens eine Aufnahme für das polnische Label Favorit gemacht hat; die noch existierende Platte enthält Liszts Zwölfte Ungarische Rhapsodie und eine Bearbeitung des Walzers *An der schönen blauen Donau*. Donald Manildi berichtet: »Das Spiel ist ziemlich lässig und schludrig, die Klangqualität ausgesprochen schlecht.«

lung hatte sich die Klangqualität der Aufnahmen schlagartig verbessert.

Rubinstein hat berichtet, nachdem Gaisberg seinen Londoner Auftritt
mit dem neuen Klavierkonzert von John Ireland erlebt hatte, habe er ihn
zum Mittagessen in der Zentrale der Gramophone Company in Hayes,
Middlesex – am Stadtrand von London – mitgenommen. Dabei versprach er Rubinstein hoch und heilig, falls dieser eine Testaufnahme
machen würde, dann würde sie nicht ohne die Erlaubnis des Künstlers
herausgebracht werden. Rubinstein war zu einem Versuch bereit; Gaisberg brachte ihn in ein Aufnahmestudio, wo ihn ein Blüthner-Flügel
erwartete. Rubinstein wandte zwar ein, das Instrument sei kein richtiger Konzertflügel, aber Gaisberg überredete ihn, das Klavier doch einmal zu probieren.»Nun, dieser Blüthner hatte den schönsten singenden
Ton, den ich je gefunden habe«, erinnerte sich der Pianist.»Ich war
ganz begeistert und beschloß, die geliebte *Barcarolle* von Chopin zu
spielen. Dieses Klavier inspirierte mich. Ich glaube, ich habe nie im
Leben besser gespielt. Und als die Aufnahme abgespielt wurde, geschah
das Wunder… Ich gestehe, mir standen die Tränen in den Augen…
Gaisberg hatte gewonnen.«[180] In Wirklichkeit fand die Aufnahmesitzung am 9. März 1928 statt, zwei Jahre vor der Premiere von Irelands
Konzert, und auch nicht in Hayes, sondern mitten in London, im Studio
»C« der Small Queen's Hall. Die Sitzung samt Lunch in Hayes wurde
vermutlich 1930 abgehalten, als die Gramophone Company Rubinstein
dazu bewegen konnte, seine Aufnahmen in ihrer Zentrale zu machen.
Dort waren die akustischen Bedingungen besser als in ihren gemieteten Studios in London.

Rubinsteins erste Testaufnahmen umfaßten nicht nur die *Barcarolle,*
sondern auch Debussys *La Cathédrale engloutie,* das Capriccio in b-
Moll, op. 76, Nr. 2, von Brahms, Schuberts Impromptu in As-Dur, op. 90,
Nr. 4, Chopins Walzer in As-Dur, op. 34, Nr. 1, und de Fallas »Rituellen
Feuertanz« und »Schreckenstanz« aus *El amor brujo.* Außer den de-
Falla-Auszügen wurden alle Stücke an diesem Tag zweimal aufgenom-
men – einmal auf dem Blüthner und einmal auf einem Steinway; die de-
Falla-Stücke nur auf dem Steinway. Von diesen Aufnahmen wurden nur

der Chopin-Walzer und das Brahms-Capriccio herausgebracht; man verwendete die Steinway-Version des Walzers, aber aus den Aufzeichnungen der Firma geht nicht hervor, welche Version des Brahms-Stücks genommen wurde. Rubinstein begab sich am 18. April wieder in die Small Queen's Hall, um in den Studios »C« und »D« die später auch veröffentlichten Fassungen der Chopin-Barcarolle und des Schubert-Impromptus noch einmal aufzunehmen sowie Versionen anderer Stücke, die nicht veröffentlicht wurden; bei dieser zweiten Sitzung hat er nur den Blüthner-Flügel verwendet. Weitere Sitzungen, mit einem Bechstein-Flügel, fanden am 23. und 24. Januar und am 1. Februar 1929 statt und lieferten gelungene Aufnahmen von vier Albéniz-Stücken und der *Cathédrale engloutie* sowie nicht gelungene Versionen von zwei Brahms-Stücken. Am 22. und 23. Oktober 1929 machte Rubinstein seine erste große Aufnahme: das Zweite Klavierkonzert von Brahms mit dem London Symphony Orchestra unter Albert Coates. In seinen Memoiren hat Rubinstein fälschlicherweise behauptet, die Sitzungen hätten ein paar Tage vor dem Antritt einer Südamerikatournee stattgefunden (seine nächste Reise nach Südamerika fand aber erst 1931 statt), die Ergebnisse hätten ihm nicht gefallen und: »Gaisberg hatte mich betrogen«, weil er die Platten herausbrachte.[181] Es besteht zwar kein Grund, seine negative Meinung über die Aufnahme anzuzweifeln, aber in den Akten der Gramophone Company findet sich nirgendwo ein Einspruch Rubinsteins aus der damaligen Zeit. »Das Brahms-Konzert hat all unsere Tests bestanden, und wir haben eine Reihe sehr guter Platten bekommen«, informierte ein Brief aus der Künstlerabteilung des Hauses im Januar 1930 Rubinstein routinemäßig. »Das Werk wird in England in ein oder zwei Monaten herausgebracht werden.«[182] Rubinstein hat darauf nicht geantwortet – zumindest nicht schriftlich –, und aus der Firmenkorrespondenz geht hervor, daß er kurz darauf unbedingt die Aufnahme auch in Frankreich herausgebracht haben wollte.

Im Sommer 1932 hatte Rubinstein sein Aufnahmerepertoire um eine beträchtliche Zahl von Chopin-Stücken erweitert; dazu kamen kurze Werke von de Falla, Liszt, Granados, Villa-Lobos, Debussy und Albéniz; die letzte Sonate (d-Moll, op. 108) für Violine und Klavier von Brahms, mit Kochanski; und drei wichtige Klavierkonzerte (das Zweite von Chopin, das A-Dur von Mozart, KV 488, und das Erste von Tschaikowsky) mit dem London Symphony Orchestra unter der Leitung des jungen John Barbirolli. Finanziell gesehen warfen die Aufnahmen für Rubinstein anfangs nicht viel ab, doch die Einnahmen vervielfachten sich rasch. 1930 beispielsweise zahlte ihm die Gramophone Company nur ein Voraushonorar von 30 Pfund pro achtundsiebziger Schallplattenseite, und in der zweiten Hälfte des Jahres 1930 verdiente er nur etwa 130 Pfund an Tantiemen über die Voraushonorare hinaus. Aber bereits in der ersten Hälfte des Jahres 1931 erreichten die Tantiemen über die Voraushonorare hinaus 450 Pfund – das war zwar keine Riesensumme, doch ein gewaltiger Zuwachs gegenüber der vorherigen Zahlung. Anscheinend hat er verstanden, daß hier Geduld vonnöten war, und seine einzige Unzufriedenheit mit der Gramophone Company damals bezog sich im wesentlichen auf die Art und Weise, wie seine Aufnahmen in Frankreich vertrieben und vermarktet wurden. Im allgemeinen stand die Gramophone Company Rubinstein zu Diensten: Ihre Mitarbeiter hielten den Kontakt zu den Managern des Pianisten und bemühten sich nach Kräften, ihre Vertreter im Ausland auf bevorstehende Rubinstein-Tourneen in ihrem jeweiligen Gebiet aufmerksam zu machen. Ziel war es, mit seinen Live-Auftritten die Plattenverkäufe anzukurbeln. Somit bieten die EMI-Musikarchive einen guten Überblick über Rubinsteins berufliche Reisen; die folgende unvollständige karge Liste beispielsweise beweist, daß er damals zwar noch nicht soviel unterwegs war wie später, daß aber sein Konzertkalender vom Spätsommer 1929 bis zu Frühjahrsbeginn 1932 alles andere als leer war.

Frankreich (Seebäder), 1. – 20. August 1929
Frankreich, 1. – 10. Oktober 1929
Italien, 1. – 8. November und 11. – 31. Dezember 1929
Rumänien, 1. – 9. Januar 1930
Polen, 12. – 31. Januar 1930
Frankreich (Süden), 7. – 15. März 1930
Spanien, 16. – 31. März 1930

(Südamerika, Mai bis ? 1930: abgesagt)

Polen, 2. – 4. Juni 1930 (Warschau, mit Kochanski, 2. Juni; Lodz, 4. Juni)

Frankreich, 8. – 12. Dezember 1930; 11. – 16. Januar 1931 (einschließlich Monte Carlo)

Wien, Mittlerer Musikvereinssaal, 21. Januar 1931

Polen, 27. Januar – 9. Februar 1931 (Auf dieser Reise besuchte Rubinstein Szymanowski in dem Haus, das der Komponist in Zakopane gemietet hatte, während er seine Ballettpantomime *Harnasie* vollendete.[183])

Wien, Großer Musikvereinssaal, 11. Februar 1931

Budapest, 13. Februar 1931

Belgien (Lüttich), 28. Februar 1931

Südamerika (Brasilien, Chile, Argentinien, Uruguay), Mai – Oktober 1931

Paris, 10. Oktober 1931

Polen, Budapest, 28. Oktober – 29. November 1931

Belgien, 18./19. Dezember 1931

Paris, 26./27. Dezember 1931

Polen, Anfang Januar 1932

Wien, Prag, 18./19. Februar 1932

Belgien, 21. – 24. Februar 1932

Paris, 25. Februar 1932 (Rubinstein spielte das Zweite Klavierkonzert von Brahms mit dem Orchestre Symphonique de Paris unter Nicolas Slonimsky, der heute eher als Musiklexikograph bekannt ist denn als Dirigent. »Rubinstein war in Paris sehr beliebt, und sein Erscheinen auf der Bühne wurde mit tumultartigem Applaus begrüßt«, hat Slonimsky in seinen Memoiren geschrieben. »Unmittelbar nach seiner Nummer verschwand er.«[184])

Frankreich, 27. Februar – 3. März 1932

Rom, 18. – 20. März 1932

Nordafrika, 30. März – 5. April 1932

Die Liste enthält nicht Rubinsteins viele britischen Engagements. Eines der wichtigsten fand am 29. Oktober 1930 statt, als er das Tschaikowsky-Konzert im Rahmen des zweiten Konzerts des vielversprechenden neuen BBC Symphony Orchestra unter seinem Chefdirigenten Adrian Boult spielte – dies war einer von Rubinsteins ersten Auftritten im neuen Medium Rundfunk. Zwei Tage später gab er ein großes Konzert in der Londoner Queen's Hall.

Nach jeder ausgedehnten Reise kehrte Rubinstein nach Paris zurück, wo er inzwischen neue Freundschaften geschlossen hatte: mit Eve Curie, der musikalischen Tochter der berühmten Wissenschaftler Marie und Pierre Curie (Rubinstein lernte auch Marie Curie kennen, die sich, als polnische Kommunistin, am dandyhaften Wesen ihres Landsmannes störte); mit Moïse Kisling, einem bekannten polnischen Maler, der seit langem in Paris wohnte; und mit der Förderin der Künste, der Prinzessin Edmond de Polignac, geborene Winnaretta Singer aus der Nähmaschinen-Familie Singer. Auch alte Freunde kamen von Zeit zu Zeit nach Paris, und 1932 sah Rubinstein zum ersten Mal nach mehreren Jahren Ruth Draper wieder. Seit ihrer letzten Begegnung hatte sie eine Affäre gehabt, die ihr Leben verändert hatte: mit Lauro De Bosis, einem siebzehn Jahre jüngeren italienischen Intellektuellen, der aufgrund seiner antifaschistischen Einstellung im französischen Exil lebte. 1931 hatte er allein einen selbstmörderischen Flug von Südfrankreich nach Rom unternommen, um antifaschistische Flugblätter über der Hauptstadt abzuwerfen. Seine Mission hatte er zwar ohne Schwierigkeiten durchführen können, aber auf dem Rückflug ging seiner Maschine der Treibstoff aus. Er stürzte ins Mittelmeer, gerade dreißig Jahre alt. Nun, ein Jahr später, schrieb Draper an eine Freundin: »Arthurs Konzert war wunderbar, und ich habe mich reizend mit ihm unterhalten – er bleibt einfach der lebenswichtige, treue Freund, den man auch nach Jahren des Schweigens und der Gleichgültigkeit wiederfinden kann. Er hat sofort die Bedeutung und die Schönheit von Lauro verstanden; und es hat mir gutgetan, all diese Begeisterung und Lebensenergie, die ich immer in den beiden entdeckt habe, in ihm wieder zu verspüren. Seine Musik war wie ein reißender Strom funkelnder Musik – heilend und stark – himmlisch schön in den Andantes und von wildem Leben erfüllt in den spanischen Sachen – mein Gott, wie er sie spielt!… Anschließend ging ich zu einer Party bei Mme. [Misia] Sert und rezitierte, und das brachte mich wieder zurück in die Zeit im Edith Grove und zu Pauls Freude an Arthurs Genie.«[184] Unter den gegebenen Umständen hat es Rubinstein vermutlich lieber unterlassen, Draper davon zu erzählen, daß er auf seiner letzten Rom-Reise eine herzliche Privataudienz bei Benito Mussolini gehabt hatte. Diese Begegnung war vielleicht von Paola Medici oder einem ihrer Freunde in der römischen Aristokratie arrangiert worden – einer Gruppe von Leuten, die sich größtenteils zwar privat über die Faschisten lustig machten, aber alle Vorteile nutzten, die ihnen das Regime gewährte. Auch wenn die Begegnung lange vor dem antisemitischen Kurs der faschistischen Regierung stattgefunden hatte, so hatte Mussolini doch seit langem bewiesen, daß sein Regime diktatorisch und militaristisch war. Wie die meisten anderen ausländischen Besucher – auch der politisch gewitzte Winston Churchill – war Rubinstein überzeugt, daß Mussolini der vom Schicksal auserkorene Mann für Italien wäre.

Eine andere alte Freundin, die Rubinstein in jenen Jahren gelegentlich in Paris besuchte, war Dagmar Godowsky. »Pa und [Artur] zeigten mir die Stadt – Pa bei Tage, Artur bei Nacht«, erinnerte sie sich. »Auch Andrés Segovia hat mir Paris gezeigt... Aber am wunderbarsten war es, mit Artur zusammenzusein. Er hat mich mit Maurice Ravel im *Le Bœuf sur le Toit* bekannt gemacht, Ravels Lieblingslokal. Wir sind ihm dort oft begegnet, und eines Abends hat er mir die Photographien seiner geliebten Katzen gezeigt... Aber Artur, der sich mir gegenüber immer noch untadelig verhielt, war der einzige Mann auf der Welt, auf den ich keinen Eindruck machte! Da war ich nun, eine geschiedene Frau, eine für null und nichtig erklärte Frau, und er behandelte mich noch immer wie ein Kind. Dabei brauchte er mich nur anzusehen, und ich hätte wie eine Frau gehandelt... Als er mir Photographien zeigte, die er gerade aus Polen mitgebracht hatte – Bilder eines hübschen Mädchens –, war ich nicht im geringsten eifersüchtig. Es war das alte Muster. Wenn Artur eine liebte, mußte sie wunderbar sein. Sie hieß Aniela Mlynarski, und ihr Vater war Direktor der Warschauer Oper. Sie war exquisit.«[186]

So exquisit, daß Rubinstein sie heiraten wollte.

5

VEREINEN UND EROBERN

Im Laufe eines Interviews, das in Madrid Ende 1919 stattfand, konnte ein Journalist Rubinstein folgende Aussagen zum Thema Liebe und Ehe entlocken:

»Alle meine Frauen, die hinreißenden Frauen, mit denen ich geträumt habe, haben mich interessiert. Die unerhörte Anziehung, die die Natur zwischen den beiden Geschlechtern eingerichtet hat, um die Art zu erhalten, ist in mir ungemein stark. Aber den Gedanken an Ehe finde ich entsetzlich; wenn Sie eines Tages hören, daß ich geheiratet hätte, dann wissen Sie, daß ich wahnsinnig geworden bin. Für einen Künstler ist die Ehe ein Unglück. Ich möchte jeden Tag in einem anderen Geisteszustand erwachen, bereit für neue Empfindungen – zu heiraten hieße, alles andere im Leben aufzugeben. Ich bin genügend herumgekommen, um alle verheirateten Künstler auf der Welt erleben zu können; nun denn, 98 von hundert sind unglücklich, und die anderen beiden hören auf, Künstler zu sein...

Wissen Sie, was ich am liebsten mag? Glückliche Augenblicke, Ewigkeiten sammeln, ohne jemals aufzuhören, so daß sie einmal die Augenblicke der Enttäuschung ersetzen könnten. Ich weiß nicht, ob ich mich da klar ausgedrückt habe. Ich möchte gern jede Frau und jeden Freund im höchsten Augenblick der Zuneigung verlassen und nie so lange warten, bis die Ernüchterung kommt. Manche Frauen streben nach dem Unmöglichen, nach einer immerwährenden Liebe, und in ihrer Dickköpfigkeit schwächen sie nur die Liebe und die glücklichen Erinnerungen, die man eigentlich erstreben sollte. Wie lange zwei Menschen einander lieben, ist unwichtig. Unvergeßlich ist nur die Intensität, mit der sie lieben. Man kann eine Frau vierzig Jahre lang lieben, aber wie? Der göttliche Teil dieser Liebe, der einzige Teil, der zählt, ist der furchtbare und exaltierte Wahnsinn der ersten drei Wochen. Alles, was dann noch bleibt, sind Überreste. Ein Tag in Venedig, in vollkommener Freiheit, in Gesellschaft einer Frau, von der man geträumt hat, ist mehr wert als ein ganzes prosaisches, angenehmes Eheleben.‹«[1]

Millionen Menschen mit einer ähnlichen Einstellung zur Ehe haben geheiratet, und dies hat auch Rubinstein getan. Sein Sinneswandel erfolgte 1926 in Warschau. Während einer Konzertpause, nachdem er Beethovens Viertes Klavierkonzert mit den Philharmonikern unter Mlynarski gespielt hatte, empfing er in seiner Garderobe die beiden jüngsten der drei Töchter des Dirigenten und eine von Mlynarskis Nichten, die ihm gratulieren wollten. Später hat er sie als die »drei Grazien…, drei polnische Schönheiten« bezeichnet. »Die größte war blond, voller Lebhaftigkeit und Charme… [Doch] galt meine Aufmerksamkeit fast ungeteilt jener großen Blondine,… und es war, als wären wir allein im Zimmer.«[2]
Aniela – kurz Nela – Mlynarska war das jüngste von Emils fünf Kindern. »Die älteste war Wanda, sie hat den Pianisten Wiktor Labunski geheiratet«, erinnerte sich Nela Rubinstein viele Jahre später. »Sie war zwölf Jahre älter als ich, und sie war sogar meine Patin. Dann gab es noch Bronek – Bronislaw –, der acht Jahre älter als ich war; dann noch einen anderen Bruder, sechs Jahre älter – Feliks; und Ala [Alina], die vier Jahre älter war. Und schließlich mich, ich wurde am 30. Juli 1908 geboren. Mein Vater hatte fünf Brüder; sie waren alle verheiratet und hatten Kinder – wir waren insgesamt siebzehn Cousins und Cousinen. Ich war die jüngste in diesem ganzen Clan, in dieser ganzen Schar von Mlynarskis.«[3] Während des Ersten Weltkriegs hatten Nela und der Großteil ihrer Familie auf Ilgowo gelebt, einem litauischen Gut am Njemen, das seit dem 18. Jahrhundert der Familie ihrer Mutter gehört hatte, den Hryncewiczes. Sofort nach dem Krieg wurde ihr Vater zum General-

intendanten des Teatr Wielki von Warschau ernannt, einem der bedeutendsten Opernhäuser in Osteuropa. Ein großer Teil des Ostflügels dieses grandiosen Opernhauses wurde von der Wohnung des Direktors
eingenommen. Hier zog Nela ein, als sie Ende 1920 oder Anfang 1921
von Ilgowo nach Warschau zurückkehrte. Sie wurde sogleich an der
Kowalczykowna-Jawurkowna-Schule angemeldet, einer ausgezeichneten Privatschule für Mädchen, die ihre Schwester Alina bereits besuchte. Eine Freundin von Alina erinnerte sich später, wie sie Nela dort kurz
nach ihrer Aufnahme kennengelernt hatte: »Zwei große blaue Augen,
ein Paar straff geflochtene, lockige blonde Zöpfe und ein beigefarbenes
handgestricktes Wollkleid ›schlitterten‹ mir über den gebohnerten Korridor in einem Paar Fellpantoffeln direkt in die Arme. Alina hatte so oft
und liebevoll von ihrer ›kleinen Schwester‹ gesprochen, daß ich wußte,
das mußte sie sein. Anscheinend hatte Alina Nela auch von mir erzählt.
Wir umarmten einander überschwenglich, und von diesem Augenblick
an war unsere Freundschaft fürs Leben besiegelt.« Die neue Freundin,
Halina Lilpop, war die Tochter eines führenden Warschauer Architekten, die Urenkelin des gefeierten Bassisten Wilhelm Troszel und die
künftige Frau des Dirigenten Artur Rodzinski. Im späteren Leben erinnerte sie sich, daß die zwölfjährige Nela »klein für ihr Alter und sehr,
sehr anmutig [war]. Ohne jede förmliche Anleitung hatte sie bereits
wunderschön zu tanzen angefangen und gehofft, eine Ballerina zu
werden... Ich strebte damals danach, entweder Porträtmalerin oder
Architektin zu werden. Das Schicksal wollte es, daß wir beide im selben
Beruf landeten und einander bei der Beschaffung unserer ›Stellen‹
halfen.«[4]
Über ihre tänzerischen Bestrebungen hat Nela Rubinstein siebzig Jahre
später gesagt: »Ich bin immer ganz schön faul gewesen. Ich war sehr
begabt, und wann immer ich etwas machte, sah es sehr gut aus. Aber
das Leben in Warschau war für mich als junges Mädchen viel zu kompliziert. Erst ging ich in die Schule, dann nahm ich Ballettunterricht,
dann ging ich in alle Konzerte, Stücke und Opern. Wir führten ein viel
zu reiches Leben, als mir guttat. Ich hätte mich beispielsweise hinsetzen
und Mathematik lernen müssen, aber ich ging jeden Tag in die Oper,

und mein Vater, der mich liebte, fragte mich nach meiner Meinung über die Sänger. Sie sangen bei uns im Salon, und mein Zimmer lag gleich daneben. Wenn ich arbeiten sollte, wurde ich oft gestört; ich war alles andere als eine gute Schülerin. Irgendwie rackerte ich mich in dem einen oder anderen Fach ab, und es gab auch einige Fächer, in denen ich gut war, aber Mathematik und ähnliche Dinge waren eine Katastrophe. Man konnte eigentlich nie richtig lernen, weil das Telephon ständig klingelte – irgendwelche Leute wollten Karten für die Oper – und es wie in einer Fabrik zuging.« Nelas Mutter verbrachte den Großteil ihrer Zeit auf Ilgowo, für dessen Verwaltung sie verantwortlich war. Wenn Frau Mlynarska weg war, mußte ihr Mann auf seine Töchter in Warschau aufpassen. »Oft hatte es jedoch den Anschein, als ob die Mädchen auf ihn aufpaßten, indem sie seine Hausdamen spielten und sich um den komplizierten Haushalt eines Operndirektors kümmerten«, erinnerte sich Halina Rodzinska.[5] Nela hat dies bestätigt. »Armer Papa!« sagte sie. »Wir haben versucht, ihm soviel wie möglich zu helfen. Bereits mit vierzehn, fünfzehn war ich so etwas wie eine Hausdame für ihn und behütete ihn. Stokowski kam, oder Backhaus oder Battistini; sie mußten unterhalten werden, und wir Töchter hatten da zu sein. Und dann meine Brüder und meine Cousins – immer waren eine Menge Jungen da! Es war nicht leicht. Aber natürlich war das genau das, was ich mochte.«

Das ungewöhnlich berauschende Leben, das Alina und Nela in jenen Jahren führten, verlieh ihnen, wie es Frau Rodzinska später genannt hat, »eine reizvolle Selbstsicherheit, die weit über ihr Alter hinausging«.[6] Was ihre jeweilige Lebenserfahrung betraf, lag eine große Kluft zwischen Nela Mlynarska und Rubinstein, als sie sich kennenlernten. Sie war erst vor ein paar Monaten achtzehn Jahre alt geworden und hatte stets im Schoße ihrer geliebten und liebevollen Familie gelebt, während er auf die Vierzig zuging und ein Wanderleben geführt hatte, seit er zehn gewesen war. Er fühlte sich aber an jenem Abend in seiner Garderobe augenblicklich zu ihr hingezogen. Er hätte Nela und die anderen beiden »Grazien« – ihre Schwester Alina und ihre Cousine Hela – gern zu einer Party mitgenommen, die seine Freunde Stanislaw und Zofia

Bernstein Meyer für ihn nach dem Konzert geben wollten, aber die Meyers meinten, die Mlynarska-Mädchen seien dafür doch noch zu jung. (»Sie wollten es bloß nicht, weil sie auf jeden eifersüchtig waren, der sich Arthur nahte«, hat Nela gesagt.) Er ärgerte sich zwar über seine Gastgeber, hatte aber das Gefühl, sie nicht vor den Kopf stoßen zu dürfen. Am nächsten Tag fuhr er ab, um Konzerte in Krakau und Lemberg zu geben, aber sobald er wieder in Warschau war, rief er Szymanowski an und »bat ... Karol, uns eine Einladung zum Tee bei Mlynarskis zu verschaffen«, erinnerte er sich. (»Das stimmt«, bestätigte Nela, »sie kamen miteinander.«) Und bei dieser Gelegenheit, die Rubinstein mit einer ähnlichen Begegnung mit Lily Wertheim fast zwanzig Jahre zuvor verglich, passierte es: »Uns beide traf der *coup de foudre.*«[7] (»Ja, ich erinnere mich«, pflichtete Nela ihm lächelnd bei.)

Kurz darauf besuchte Nela eines Abends ein Konzert, das ihr Vater und Rubinstein in Lodz mit dem örtlichen Orchester gaben. Am nächsten Morgen standen sie auf dem Gang im Zug nach Warschau und »redeten endlos und tauschten die ersten Liebesworte«, erinnerte sich Rubinstein.[8] Nela hat erzählt, während dieser Reise habe sie »eine Art Vision [gehabt]. Ich habe mich wirklich in ihn verliebt, und irgendwie sah ich vor mir, wie mein Leben mit ihm sein würde.« Sie verabredeten sich für den nächsten Vormittag in einem Park, in der Nähe des Chopin-Denkmals; dort erklärte er ihr, daß er sie heiraten wolle, aber daß ihn ihre große Jugend und der Altersunterschied zögern ließen. Er habe nie zuvor das Verlangen gehabt zu heiraten, sagte er, obwohl dies zweimal, mit Engländerinnen, zur Debatte gestanden habe. (»Er hat mir von ihnen erzählt«, berichtete Nela. »Eine war eine Pamela Soundso, aber es ist nie wirklich dazu gekommen.«) Er schlug vor, sie sollten damit noch warten, um festzustellen, ob sie beide sicher seien, daß sie dies wirklich wollten, und sie willigte ein. Vom gewaltigen Altersunterschied abgesehen, schienen Nela und Arthur ein ideales Paar zu sein – aufgrund ihres polnischen und musikalischen Backgrounds, ihres natürlichen Umgangs mit der bohemienhaften Künstlergesellschaft, ihrer Liebe zu gutem Essen, der Anpassungsfähigkeit auf Reisen und sogar ihrer Sprachgewandtheit: Nela sprach bereits Polnisch, Russisch, Litauisch und

Französisch, später beherrschte sie auch fließend Englisch und Spanisch und konnte sich auf deutsch verständigen.

Rubinstein setzte seine Konzerttournee fort – Monate vergingen. Er und Nela warteten darauf, voneinander zu hören, aber keiner wollte als erster einen Brief schreiben. »Daß ich gar nichts von ihr hörte, verstörte mich schrecklich«, erklärte er in seinen Memoiren, fügte aber hinzu: »… doch was hätte ich in einem Brief anderes sagen können, als was ich ihr bereits im Park gesagt hatte?«[9] Und sie: »Als Arthur wegfuhr und mir nie schrieb, erwartete er, daß ich ihm schreiben würde, und ich liebte ihn damals wirklich aufrichtig, und daher fing ich damit an. Da lachten mich gleich alle aus: ›Schaut nur, wie töricht Nela ist – sie glaubt, daß Arthur es wirklich ernst meint.‹ Weil er selbst damals in Warschau immer eine Frau und dann noch eine und noch eine hatte, immer war da irgendeine. Und so gab ich es irgendwie wieder auf.« Dieses Mißverständnis suchte sich Zosia Kochanska zunutze zu machen, die noch immer komplizierte Gefühle gegenüber Arthur hegte. Als sie erfuhr, daß der Mann, den sie ihrem eigenen Ehemann vorgezogen hätte, der kleinen Nela Mlynarska einen Heiratsantrag gemacht hatte, wurde sie eifersüchtig. Während jener Monate fuhr Nelas Bruder Bronek einmal nach Paris; auch die Kochanskis waren dort, und er besuchte sie. Bronek »liebte Zosia und Paul«, erklärte Nela.»Sie waren für ihn wie Schwester und Bruder. Er hatte großes Vertrauen zu ihr, aber sie war eine Schlange – ihr durfte man nicht trauen. Und Bronek, der mich anbetete, sagte in seiner unschuldigen Liebe für mich zu ihr:»Zosia, schau, du kennst doch Arthur viel besser als ich. Glaubst du, daß er sich wirklich ernsthaft für Nela interessiert? Weil sie manchmal ein bißchen weint und traurig ist.‹ Nun, statt es so hinzustellen, wie es wirklich war, erzählte Zosia Arthur: ›Weißt du, die Mlynarskis wollen wissen, ob du dich erklären willst.‹ Sie hätte genausogut einen Eimer kaltes Wasser über ihm ausgießen können. Er war in dieser Angelegenheit ohnehin schon ganz befangen.«

Da trat ein dritter auf – Mieczyslaw (auch Miecio oder Mietek genannt) Münz, ein siebenundzwanzigjähriger, in Krakau geborener Pianist, der bei Busoni studiert und 1920 sein erfolgreiches Debüt in Berlin gegeben hatte. Labunski zufolge, der ihn gut kannte, hatte Münz »außergewöhnliches Talent und persönlichen Charme… Er entstammte einer jüdischen Mittelschichtfamilie (sein Vater war ein nicht sehr wohlhabender Anwalt), absolvierte sein Studium in Krakau und Wien und verschaffte sich in jungen Jahren ein Plätzchen in Wiener Musikkreisen. Doch sein Ehrgeiz strebte nach Höherem, und so beschloß er, sein Glück in den USA zu suchen. Er begab sich [1922] mit einer ganz bescheidenen Geldsumme dorthin… Das Glück war ihm hold – innerhalb einer Saison machte er sich auf dem sogenannten ›big circuit‹ einen Namen. Die Heimkehr des Krakauer Jungen, der Erfolg gehabt hatte, war ein Triumph – man veranstaltete Feste für ihn und lud ihn zum Abendessen ein. Er hat nie vergessen, daß wir seine Freunde gewesen waren, schon bevor er seine ersten Erfolge in Wien gehabt hatte, und während des Sommers hat er uns oft besucht oder uns zu Partys bei sich zu Hause eingeladen… Es ergab sich, daß Wandas Schwester Nela uns hin und wieder besuchte und dabei die Bekanntschaft von Münz machte.«[10]

Nun kommt der Auftritt oder vielmehr: Wiederauftritt einer vierten. Paola Medici kreuzte in Paris auf, als Arthur dort war. Als er nach einem ganzen Jahr ohne jeglichen Kontakt zu Nela wieder nach Warschau fuhr, um ein Konzert zu geben, begleitete ihn Paola – gegen seinen Wunsch, wie er behauptete. »Mit Nela zu telephonieren wagte ich nicht, auch nicht, ihr ungebeten einen Besuch zu machen, denn ich wußte nicht, ob sie mich empfangen würde.« Statt dessen nahm er eine Einladung zu einem Empfang an, der in der britischen Botschaft vom Botschafter Max Muller und seiner Frau gegeben wurde, die Rubinstein in Rom kennengelernt hatte. Die Mullers luden auch die Fürstin Medici ein – ohne Rubinsteins Wissen, wie er sagte, weil er bei Ordynski wohnte und sie in einem Hotel abgestiegen war. Aber sie habe angerufen und Rubinstein gebeten, ihn zu diesem Empfang zu begleiten, und er habe dies galanterweise akzeptiert. »Als [Paola] und ich den großen Empfangssaal betraten, waren die ersten Personen, auf die mein Blick fiel, Emil Mlynarski und seine Tochter«, erzählte Rubinstein. »Mir blieb fast das Herz stehen… Emil schüttelte mir warm die Hand, Nela kehrte mir ostentativ den Rücken. Es war dies einer der seltenen Momente in meinem Leben, da ich mich wirklich jämmerlich gefühlt habe.« Später drängte Rubinstein »Nela... fast gewaltsam in eine Ecke, um mit ihr zu reden. Sie blickte mich eisig an..., erklärte sich aber einverstanden mit meinem Besuch« am nächsten Tag bei ihr zu Hause.[11]

Nela hat zwar gemeint, ihr Bruder und nicht ihr Vater sei mit ihr bei diesem Empfang gewesen, bestätigte aber ansonsten Arthurs Bericht über das, was an jenem Abend passiert war, wie über ihr Treffen am nächsten Tag. Er erzählte ihr von seiner Affäre mit Paola, »und nun rechneten wir uns gegenseitig unsere Erwartungen und Enttäuschungen vor, unsere Zweifel und unsere Empörung über die Einmischung Dritter und was wir deshalb alles hatten ausstehen müssen«, erinnerte er sich. Und sie erklärte ihm daraufhin, sie hätte sich »›darüber hinweggesetzt, hättest du nur ein einziges Mal geschrieben. Du hast mich gebeten, auf dich zu warten, aber ahnst du denn, was es für ein junges Mädchen bedeutet, auf einen Mann deines Rufes zu warten, der [es] nicht einmal für nötig hält, ihr ein einziges Mal im Laufe vieler Monate zu versichern, er meine es aufrichtig und er sei wirklich der Mann, den sie liebt?‹« Nela hat gesagt, auch dieses Zitat sei im wesentlichen korrekt, und hinzugefügt: »Das war alles, wissen Sie. Er hat erwartet, daß *ich* überschwengliche Briefe schreiben würde, aber dazu war ich nicht erzogen worden. Ich war zu stolz.« An diesem Tag begann sich ihre Beziehung wieder zu erwärmen, aber Arthur war doch höchst beunruhigt, als Nela ihm von Münz erzählte, der sie gebeten hatte, ihn zu heiraten: »›[Er] ist sehr verliebt in mich, schickt mir Blumen und Briefe... Ich sagte ihm, ich sei in dich verliebt, gab aber zu, ich glaube nicht mehr, daß du mich heiraten wirst.‹« Arthur versuchte Nela zu überzeugen, daß dem nicht so sei. Sein Konzert an diesem Abend wurde »grauenhaft«, berichtete er. Paola »saß selbstzufrieden neben Mullers, und ich sah Nela umringt von ihren Freundinnen, mit denen sie flüsterte, ohne recht acht zu haben auf mein Spiel.« (Nela bestritt später, daß sie unaufmerksam gewesen wäre.) Am nächsten Tag eröffnete Rubinstein ihr seinen Plan, im kommenden Jahr in Südamerika zu spielen, um »so viel Geld zu verdienen, daß ich meiner künftigen Frau ein anständiges Leben bieten könnte. Denn... ich war auch noch der alte Verschwender und lebte üppig von den Einnahmen des jeweiligen letzten Konzertes, während mein Bankkonto meist so gut wie nichts aufwies... Ich benutzte alle mir zur Verfügung stehenden Liebesworte, und sie willigte endlich ein, auf mich zu warten.«[12] Und dann ging er auf Reisen, nach Rumänien, Griechenland und Ägypten – mit Paola Medici! (Nela erinnerte sich später an die Zeit nach dem Zweiten Weltkrieg, »als Arthur in Rom spielte, da schickte er Paola Medici einen Wagen, der sie zu seinen Konzerten brachte. Es war eine großartige Geste – er hielt sich gern für einen Don Juan. Das tat er mehr für sich selbst als für sie, um dem Bild zu entsprechen, das er sich von sich selbst machte. Am Ende arbeitete sie als Verkäuferin in einem Laden, und als wir sie zum letztenmal sahen, hatte sie nur noch einen Zahn. Das war meine Rache«, fügte Nela selbstironisch hinzu.)

Arthurs Behauptung, Nela habe eingewilligt, auf ihn zu warten, hat sie später folgendermaßen kommentiert: »Eingewilligt ja, aber sein Besuch hatte mich zutiefst beunruhigt. Ich schrieb dann an Münz, ich sei noch nicht soweit, ich hätte Rubinstein gesehen und er hätte sich mir erklärt, und ich sei mir noch nicht endgültig im klaren. Daher brach [Münz] sofort seine ganze Tournee [in den USA] ab und kam etwa eine Woche später [in Warschau] an. Und dann ließ Arthur noch nichts von sich hören! Ich dachte, jetzt! Jetzt vielleicht! Aber nein, nichts! Ich weiß nicht, was er sich dabei dachte: Er fuhr nach Buenos Aires, um Geld zu verdienen – aus heiterem Himmel hatte er die Idee, er müßte Geld verdienen, als ob ich irgendeine Millionärin wäre, die Geld brauchte. Ich brauchte überhaupt nichts, ich war ja ganz und gar nicht verwöhnt.« Und wieder schrieb sie Rubinstein nicht, weil er ihr nicht schrieb, und er schrieb ihr nicht, weil sie ihm nicht schrieb.

Falls allerdings Odoardo Marchesinis und Luli Oswalds Behauptungen stimmen, dann könnte Rubinstein durchaus ein zusätzliches und vordringlicheres Motiv gehabt haben, 1928 nach Südamerika zu fahren: um gemeinsam mit Paola Medici – die ihn vielleicht auf der Reise begleitet hat – dafür zu sorgen, daß ihre kleine Tochter zu den Marchesinis kam. Diese Geschichte ist völlig plausibel. Wenn er wirklich gewußt hat, wie er behauptete, daß er Nela heiraten wollte und daß sie einen weiteren ernsthaften Verehrer hatte, der jünger als er war, warum hat er sie dann nicht sofort geheiratet? Auch wenn er Ende der zwanziger Jahre nicht gerade ein schwerreicher Mann war, so waren seine finanziellen Verhältnisse doch mehr als geordnet, und eine weitere Südamerika-Tournee, und wäre sie noch so lukrativ gewesen, hätte irgendwelche langfristigen wirtschaftlichen Probleme auch nicht gelöst. Die Tatsache, daß Arthur und Paola das Kind weggeben mußten, und zwar weit weg von Europa, würde erklären, warum er »aus heiterem Himmel«, wie Nela dies nannte, entschlossen war, nach Südamerika zu fahren, ohne zuerst Nela geheiratet zu haben.

Was auch immer hinter all dem steckte – zwei schwere Schocks aus Warschau trafen Rubinstein 1928 in Südamerika. In einem Café im brasilianischen Pernambuco las er in der Zeitung, der siebenundvierzigjährige Jules Wertheim sei einem Herzschlag erlegen, während er in einem Konzert mit den Warschauer Philharmonikern am 6. Mai das Vorspiel von Wagners *Meistersingern* dirigierte. Aleksandra, seine Mutter, die einundsiebzig Jahre alt war, hatte sich das Konzert im Radio angehört. Rubinsteins komplizierte Affäre mit Lily Wertheim, nach der er ein Jahrzehnt lang nicht mehr nach Polen gekommen war, hatte seine Freundschaft mit Jules praktisch beendet, auch wenn sie einander nach einem Rubinstein-Konzert in Warschau noch einmal kurz gesehen hatten. Wertheim war in der Saison 1915/16 stellvertretender Dirigent der Warschauer Philharmoniker und danach häufig ihr Gastdirigent gewesen. Von 1919 bis 1921 war er Professor für Instrumentierung, Dirigieren und Notenlesen am Staatlichen Konservatorium in Warschau gewesen und hatte Klavier an der Karlowiczer Musikschule gelehrt. Aber Jules starb, ohne sich einen Namen als bedeutender Komponist gemacht zu haben. Der Zerstörung, die der Zweite Weltkrieg gar nicht so viele Jahre später in Polen anrichtete, fiel das meiste anheim, was von seinem Werk erhalten geblieben war. Überdies forderte sie viele Opfer unter den Menschen, die sich dafür interessiert hatten.

Der andere Schock ereilte Rubinstein in Buenos Aires. Eines Abends, als er selbst nicht auftrat, besuchte er ein Konzert, das Fitelberg dirigierte, sein alter Freund und Feind. Im Künstlerzimmer »strahlte er mich an«, erinnerte sich Rubinstein, »und sagte: ›Für Sie habe ich Neuigkeiten, Arthur. Nela Mlynarska hat sich in Warschau mit Mieczyslaw Münz verheiratet. Ich meine, das wird Sie interessieren…?‹… Ich erstarrte, war aber nicht eigentlich überrascht. Seit Monaten rechnete ich mit dieser Möglichkeit. Und doch – etwas in mir erstarb… Nun war mir alles einerlei. Ich … beschloß, das nächste Schiff nach Frankreich zu nehmen.« Falls jedoch die Oswald-Marchesini-Geschichte stimmt, dann hört sich Rubinsteins Erklärung hohl an, da er, wie er selbst einräumte, während seines Aufenthalts in Buenos Aires seine alte Freundschaft mit der Frau des reichen Grundbesitzers »zu erneuern« vermochte – die Frau aus der logistisch so schwierigen Affäre vor acht Jahren. (Ob Paola Medici ihn nun nach Brasilien begleitet hatte oder nicht – offenbar war sie in Argentinien nicht bei ihm.) Nein, die Rolle des liebeskranken Werther war Rubinstein ganz und gar nicht auf den Leib geschrieben.

Als er wieder in Europa war, besuchte Rubinstein mehrmals Deauville, verlor über eine Million Francs beim Glücksspiel und betrachtete diesen Verlust als »mein Hochzeitsgeschenk für Nel«, sagte er.[13] Sie hat allerdings davor gewarnt, seine Geschichte »für bare Münze zu nehmen. Weil er in dieser Hinsicht stets übertrieben hat. Die Story hört sich so dramatisch an: sofort [aus Argentinien] abzureisen und dann hierherzukommen [nach Frankreich] und sein ganzes Geld zu verlieren – und sich gleichzeitig großartig zu amüsieren, wissen Sie! Ich will ihm gar nicht absprechen, was er empfunden hat: Er hat es wirklich so empfunden, er war sauer, er war wütend, aber er ist den Dingen niemals auf den Grund gegangen – daß ein junges Mädchen wie ich damals ein bißchen mehr brauchte, als im Salon nur den Kopf verdreht zu bekommen. Ich war wirklich sehr jung und unerfahren, und er hatte alle möglichen Erfahrungen gemacht. Und dann hatte ich es noch mit diesem Jungen [Münz] zu tun, der wirklich sehr lieb und gutmütig und ganz verliebt war – er hat meinetwegen wirklich den Kopf verloren.«

Nela hat Münz als einen sehr guten Pianisten bezeichnet, der aber nicht so kühn wie Rubinstein war. Trotz seines Erfolges in den USA begann er sich aufs Unterrichten zu verlegen, statt eine große Karriere zu machen.

»Er hatte ein goldenes Herz – er war viel netter als Arthur«, erklärte sie und wies darauf hin, daß der Altersunterschied zwischen Münz und ihr – er war acht Jahre älter – »normaler« war als die einundzwanzigeinhalb Jahre, die zwischen ihr und Rubinstein lagen. »Ich war damals ja so naiv. Ich dachte, mein Gott, niemand wird mich jemals wieder so lieben. Ich kann doch so eine Liebe nicht zurückweisen. Ich mochte ihn. Es war zwar nicht so wie bei Arthur – bei ihm war mein Gefühl besonders stark –, aber ich war von der Liebe von Münz hingerissen. So etwas ist sehr ansteckend.« Labunski sprach von »einem stürmischen Werben, und dazu gehörten auch telegraphisch aus New York, San Francisco und Yokohama zugestellte Blumen... Einige der nahen und fernen Verwandten [der Mlynarskis] hatten Bedenken, daß Nela einen Juden heiratete. Für den engeren Familienkreis spielte diese Tatsache keine Rolle: Musiker haben im großen ganzen nicht diese absurde Vorstellung, insbesondere im Hause Mlynarski nicht, wo ein Judenjunge [Kochanski] wie der eigene Sohn aufwuchs.«[14] Damit das Paar heiraten konnte, mußte allerdings er oder sie konvertieren, und Münz tat dies schließlich. »Ich spreche gar nicht gern darüber«, hat Nela erklärt, »aber er mußte sich taufen lassen, weil damals noch die kirchliche und die standesamtliche Trauung zusammen vollzogen wurden – man konnte sie nicht voneinander trennen.« Keiner von beiden war religiös, und das Problem hat sie damals anscheinend nicht weiter beunruhigt. Sie wurden im August 1928 getraut, kurz nach Nelas 20. Geburtstag. Halina Rodzinska erinnerte sich noch, wie Miecio seine Braut in seinem großen, leuchtendroten Cadillac zur Kirche fuhr, aber Nela erklärte: »Es ist schon komisch, wie man sich an manche Dinge einfach nicht mehr erinnern kann: Von meiner Hochzeit ist mir nichts in Erinnerung geblieben. Und wohin fuhren wir dann? Zurück zur Oper, wo wir wohnten. Es muß auch so etwas wie ein Mittagessen gegeben haben – etwas ganz Einfaches. Und ich habe niemals in Weiß geheiratet. Heute bedaure ich das, denn es ist so hübsch.« Das junge Paar zog nach Cincinnati, wo Münz ein Lehramt am Konservatorium übernommen hatte. Doch Nela kam es bald so vor, als lebten sie und Miecio zusammen auf einer verlassenen Insel: Sie war das bewegte Warschauer Kulturleben gewohnt, während sich die außermusikalischen Interessen ihres Mannes, erinnerte sie sich, hauptsächlich auf Bridge beschränkten. Labunski:»Rein äußerlich schienen Nela und Mietek ein glückliches Paar zu sein. Aber es war durchaus nicht alles in Ordnung zwischen ihnen, und im Laufe der Jahre wurde es schlimmer.«[15]

Da Rubinstein sein erotisches Leben nicht durch seine Verlobung hatte beeinträchtigen lassen, überrascht es nicht weiter, daß sich seine Enttäuschung über den Verlust von Nela Mlynarska nicht auf seine Libido auswirkte. In seinen Memoiren erwähnte er »eine hübsche, reizende chilenische Freundin« sowie »eine sehr schöne Polin«; beide nahm er nach Spanien mit – getrennt natürlich. Unter seinen Affären und Onenight-stands der Jahre 1928–32, die er nicht erwähnte, gab es auch eine Liebesgeschichte mit Juliette Achard, der schönen jungen Frau des bekannten Dramatikers Marcel Achard. Rubinstein hatte das Paar 1929, nach der Uraufführung von Achards *Jean de la lune*, kennengelernt. Zu dieser Zeit war der Schriftsteller dreißig Jahre alt; die Affäre mit Juliette fing vermutlich kurz danach an. Rubinstein erzählte Freunden, daß Marcel Affären mit vielen anderen Frauen hätte, und es ist durchaus denkbar, daß der Schriftsteller von Juliettes Affäre mit einem der Lieblingspianisten von Paris wußte und sie akzeptierte.

Im Herbst 1931 war Rubinstein wegen eines Konzerts in Warschau; er wohnte, wie üblich, bei Ordynski, und sein Gastgeber veranstaltete ihm zu Ehren eine Party. Halina Lilpop, die dabei war, hat fünfundvierzig Jahre später darüber geschrieben:

»Ich kam... in Gesellschaft meiner Nachbarn und Rubinsteins Freunden, den Meyers... Als Rubinstein eintrat, kehrte respektvolle Stille ein, die Leute traten beiseite wie bei der Teilung des Roten Meers, dann gab es Applaus... Sogleich begab er sich dorthin, wo die Meyers und ich standen, und dabei lernte ich ihn kennen... Am Ende des Abends bat er mich, ihn am nächsten Abend zum Essen und zum Tanzen in einem Warschauer Nachtclub zu begleiten, der Oaza (der Oase), zusammen mit der Schauspielerin Marysia Modzelewska und unserem Gastgeber Ordynski...

Wir vier amüsierten uns an diesem Abend sehr miteinander. Wie jeder bestätigen wird, der Rubinstein jemals in der Rolle des Gastgebers erlebt hat, stellte er ein hervorragendes Menu mit den besten Weinen zusammen. Nachdem wir gegessen hatten, forderte Artur mich zum Tanzen auf. Auf dem Tanzboden, auf dem wir im Foxtrottrhythmus dahinglitten, erklärte er, er hätte ›genug vom Alleinsein‹.

›Und nun?‹ fragte ich.

›Und nun schaue ich mich nach einer Frau um, einer Polin. Die Französinnen, die Spanierinnen, die Italienerinnen – sie sind alle so launenhaft. Ich möchte ein Herz, ein treu ergebenes polnisches Herz‹, schloß er.

Kaum vernehmbar hörte ich innerlich eine tief in der Erinnerung verborgene Unterhaltung.

›Ich kenne da eine schöne junge Frau. Sie war einmal sehr verliebt in Sie.‹

›Hätte ich sie übersehen können? Wer?‹

›Nela Mlynarska.‹

›Ach. Aber sie ist mit Münz verheiratet und lebt in Amerika.‹

›Falsch‹, entgegnete ich. ›Sie läßt sich gerade von Münz scheiden…‹

Arturs Freude spiegelte sich in seinem faszinierenden und unwiderstehlichen Lächeln wider.«[17]

(Obwohl das Ehepaar Münz bereits in Trennung lebte, war das Scheidungsverfahren noch nicht eingeleitet worden.)

Während dieses Warschauer Aufenthalts, Ende Oktober oder im November, sah Arthur Nela in einem Konzert in der Filharmonja, bei dem er zum ersten Mal den Cellisten Gregor Piatigorsky hörte (»nach Casals der beste«, meinte Rubinstein). Nach dem Konzert gingen Arthur und Nela ins Tanzlokal Adria, wo sich Halina Lilpop und Ordynski zu ihnen gesellten. Als Rubinstein und Nela miteinander tanzten, »fragte sie halb im Scherz und halb im Ernst: ›Nun, würdest du mich jetzt heiraten?‹ Worauf ich im gleichen Ton erwiderte: ›Gewiß doch, das müßtest du eigentlich wissen. Von nun an wandelte sich unser Verhalten zueinander. Es wurde ein ernsthafter Flirt. Ich brachte sie nach Hause… Beim Abschied küßten wir uns zum ersten Mal.«[18] Als er nach dem Abschluß seiner Herbsttournee wieder in Paris war, erhielt Arthur eine Postkarte von Nela. Sie war in Zakopane und lud ihn ein, zu Silvester dorthin zu ihr und ihrer Schwester Alina zu kommen. Er begab sich auf die lange Reise, nur um dann am Morgen nach seiner Ankunft zu erfahren, daß Nela vorhatte, an diesem Tag (am 31. Dezember) mit Freunden Ski zu laufen. Damit begann ein Urlaub voller Zank, Verlegenheiten und gegenseitiger Beschuldigungen. Laut Rubinstein bestellte er zu ihrem ersten gemeinsamen Abendessen eine Flasche teuren Champagner, und Nela weigerte sich, ihn zu trinken. Während sie beim Skilaufen war, vertrieb ihm »eine blendend aussehende Dame mit schwarzem Haar« die Zeit – sie war ein Rubinstein-Fan und hatte in der Pension zufällig das Zimmer neben dem seinen bekommen. Während des ganzen Silvesterabends ließ ihn die dunkelhaarige Schönheit nicht aus den Augen, und Nela ärgerte sich darüber. Er wollte Skilaufen lernen, und Nela lachte ihn aus. Er beschloß, seine Künste zu beweisen, indem er denselben steilen Hügel hinunterfuhr, dessen Fuß sie und ihre Freunde gerade erreicht hatten, und dabei stürzte er fast zu Tode. (»Unten angelangt, wußte ich nicht, wie ich bremsen sollte, wurde in die Luft geschleudert und landete kopfüber im Schnee… Meine Beine ragten in die Luft, und man hielt mich für tot… Mein Gesicht war blutverschmiert, als es endlich zum Vorschein kam…; beim Aufprall hatte ich etliche Platzwunden erlitten. Man machte in der Hütte viel her von mir…«[19])

Nela zufolge gibt es allerdings »eine Menge Ungereimtheiten« in Arthurs Version der Geschichte. »Wenn ich heute darauf zurückblicke, mag sie sich natürlich aus seinem Blickwinkel anders abgespielt haben. Tatsache ist, daß er dorthinkam, um mit mir zusammenzusein, aber ich hatte bereits meine Verabredungen getroffen. Mein geliebter Bruder Feliks hatte TB [Tuberkulose] und mußte in Zakopane leben. Und ihm wurde das Leben gerettet« – wenn auch nur vorläufig – »durch einen wunderbaren Arzt, einen Dr. Sokolowski… Er war ein vielbeschäftigter Arzt, der Leiter des großen Sanatoriums [von Zakopane], und bevor Arthur kam, hatte ich mich mit ihm zum Skilaufen verabredet; dieses Versprechen mußte ich halten. Arthur konnte das nicht begreifen – nichts war so wichtig wie er! Als ich daher sagte, ich würde mit dem Doktor fahren, hat sich Arthur darüber total geärgert. Er versuchte sich zu rächen – ich glaube, er hat sofort mit irgendeiner Frau zu schlafen versucht, die dort in derselben Pension war. Er sagt, er habe mit ihr geflirtet, und Flirten bedeutet vermutlich sofort mehr; und ich muß sagen, daß ich nach allem, was geschehen war, nicht das Gefühl hatte, ihm über den Weg trauen zu können. [Seine Version der] Zakopane-Geschichte war ein wenig wirr, da er es mir heimzahlen wollte, daß ich diesen Skiausflug unternommen hatte. Daher wollte er sofort an einem Tag das Skilaufen lernen, und er hat sich fast das Genick gebrochen. Ich hatte noch nie in meinem Leben soviel Angst gehabt: Ich sah, wie er heruntergeschossen kam und wie sich sein Kopf in den Schnee bohrte. Ach, er war schon ein merkwürdiger Mensch! Neben seinen liebenswerten Seiten hatte er immer auch etwas Nachtragendes. Er war unglaublich mißtrauisch in allem. Er nahm kaum etwas für bare Münze und suchte immer gern nach einem verborgenen Motiv. Ich war es so leid! Weil ich ganz anders war – ich war viel mehr geradezu. Es war sehr schwierig. Und manchmal, später im Leben, wurde es sogar ziemlich kompliziert.

Es war sehr schwierig, wieder zueinander zurückzufinden«, fuhr Nela Rubinstein fort und spielte damit auf die drei Jahre an, die sie getrennt von Arthur gelebt hatte. »Ich war manchmal ein bißchen scharf, und ich hatte meinen Stolz, er war immer da. Es war nicht einfach, und ich war immer noch verheiratet. Aber dann sprachen wir davon, daß ich mich scheiden lassen würde. Münz' Vater war ein lieber alter Anwalt, der es schmerzlos über die Bühne brachte… Ich mußte die Religion wechseln, um eine Scheidung zu bekommen, da dies für Katholiken unmöglich war. Ich glaube, ich bin evangelisch – was mir übrigens sehr gefällt. Aber das ist gar nicht so großartig, da ich dies einzig und allein nur tat, um die Scheidung zu bekommen… Als ich Münz verließ, hat er nie ganz begriffen, wie ihm geschah, aber er hat mir einen langen, wunderbaren Brief geschrieben und mir für die schönsten Jahre seines Lebens gedankt.« Dazu Rubinstein: Münz »benahm sich denkbar großmütig; obschon tieftraurig darüber, daß Nela ihn verließ, tat er alles, was in seinen Kräften stand, ihr ihre Freiheit zurückzugeben«.[20] Fast fünf Jahrzehnte später erklärte er, er glaube, daß Nela Münz verlassen hätte, weil der infolge des Börsenkrachs von 1929 sein Geld verloren habe. Allerdings hätte sich Münz nicht so edelmütig gegenüber seiner Frau verhalten, wie er es tat, wenn sie ihn aus einem derartigen Grund verlassen hätte, und Rubinstein wäre äußerst töricht gewesen, eine Frau zu heiraten, der er eine derartige Handlungsweise zutraute.

Zu Beginn des neuen Jahres 1932 fuhr Nela nach Dresden, um bei der in Hannover geborenen Tänzerin und Choreographin Mary Wigman zu studieren, einer Pionierin des modernen Ausdruckstanzes in Europa. Arthur begab sich auf eine Tournee, die ihn in die Türkei, nach Griechenland und Ägypten führte. In Kairo erhielt er kurz vor einem Konzert ein Telegramm von Nela. Wie er in *Mein glückliches Leben* behauptete, habe darin gestanden: »›Liege im Krankenhaus (folgt die Adresse) erbitte dringend Geld, Nela.‹«[21] Er gab das Konzert, wies das Geld telegraphisch an und fuhr dann nach Dresden. Aber Annabelle Whitestone hat er erzählt, das Telegramm hätte mit den Worten begonnen: »Du hast mich angesteckt.« Whitestone berichtete: »Er hat sich entsetzlich schuldig und verantwortlich gefühlt. Er hat geglaubt, es wäre vielleicht irgendeine schreckliche Geschlechtskrankheit gewesen, und er war wirklich drauf und dran, Selbstmord zu begehen. Er dachte: ›Mein Gott, diese junge Frau – was hab' ich ihr nur angetan?‹ Daher fuhr er nach Dresden, begab sich ins Krankenhaus und erfuhr, daß Nela schon wieder zu Hause sei. Er traf sie völlig gesund an. Sie sagte: ›Ich hatte Angst wegen einiger furchtbarer Symptome‹, die sich schließlich in Nichts auflösten.« In seinen Memoiren hat Rubinstein abschließend nur erklärt: »Diese gute Neuigkeit feierten wir mit einer herzlichen Umarmung und machten gleich Pläne für den Abend.«[22] Aber Ms. Whitestone hat gemeint, diesen Vorfall habe er Nela sein Leben lang übelgenommen. »Er sagte: ›Eine Frau, die mich liebte, hätte mir nie so ein Telegramm geschickt. Wie konnte sie mich derart beschuldigen und mir Schuldgefühle vermitteln?‹ Deswegen haben sie sich fast bis zuletzt gestritten und angeschrien. Sie sagte immer: ›Nun, was hätte ich denn tun sollen? Ich habe eben gedacht, daß es das gewesen ist.‹«[23]

Und die gegenseitigen Vorwürfe nahmen kein Ende. Arthur erinnerte sich, daß er eine *Parsifal*-Aufführung mit Nela besucht hatte, als sie beide in Dresden waren, daß sie aber während des zweiten Akts gehen mußten, denn »die beleibten deutschen Blumenmädchen, die den armen Parsifal verführen wollten, kamen uns lachhaft vor«[24]. Nela hingegen erklärte indigniert: »Als ich jung war, bin ich sechsmal in *Parsifal* gegangen und *gestanden,* aber als ich mit ihm hinging, war er so ungeduldig, daß wir nach zwei Stunden gingen.« Arthur sagte, Madame Mlynarska habe ihn »mit einem kühlen Händedruck« empfangen, als er und Nela ihren Eltern eröffneten, daß sie heiraten wollten. Nela jedoch sagte, es war »kein kühler Händedruck. Meine Mutter war schüchtern – und dann stand da ganz plötzlich dieser Unmensch, dieser Don Juan mit ihrer geliebten kleinen Tochter... Und vergessen Sie nicht, nach allem, was in Warschau geschehen war – meine Mutter bekam sein ganzes Tun und Treiben dort mit. Sie hat tatsächlich ausgerufen: ›Das hat uns noch gefehlt!‹, als sie erfuhr, daß ich Arthur heiraten würde. Aber Vater war nie dagegen, weil er Arthur respektierte, er hat sein Talent ungeheuer bewundert, und er hat gewußt, daß ich nicht bloß ein kleines Mädchen war, daß ich etwas anderes brauchte, und das war einfach in Ordnung. Er hatte deswegen keine Bedenken.« Später, als Nela und Arthur nach Prag fuhren und der Zug in Pilsen hielt, schlang er Würstchen von einem Würstchenverkäufer am Bahnsteig hinunter, als er »Nela mißbilligend aus dem Fenster schauen sah. Ich ließ das dritte Paar liegen wie ein ertappter Schuljunge – welch bedrohliche Vorzeichen für die Ehe!«[26] Dazu Nela: »Das ist nicht fair! Das ist doch einfach nur so dahingesagt. Er hat gegessen, was er wollte; vielleicht habe ich mit dem Zeigefinger gedroht und gelächelt, auf liebevolle Art, aber nicht ernsthaft.«

Von Mitte April bis Anfang Mai 1932 begleitete Nela Arthur auf einer Tournee, die nach Rom, Palermo und sogar bis nach Tunis ging. Dann mußte sie ihn verlassen, aber sie verabredeten, sich in Spanien zu treffen, wo er im Laufe des Monats eine Reihe von Konzerten geben sollte. Als sie in Barcelona eingetroffen sei, habe er sie mit Blumen empfangen, sagte er, aber sie habe ihm sofort erklärt, sie hätte schreckliche

Zahnschmerzen, und dann habe sie ihm sogar – zu seinem großen Entsetzen – den schlechten Zahn gezeigt. »Das hat Arthur nie vergessen«, berichtete Whitestone. »Darauf ist er immer wieder zu sprechen gekommen – daß sie sich eigentlich ganz romantisch in Barcelona treffen sollten, und sie hätte an nichts anderes denken können, als einen Zahnarzt aufzusuchen. Dann wollte er ihr die Morgenröte über Granada zeigen«, als sie sich der Stadt in einem von einem Chauffeur gesteuerten Mietwagen näherten, »doch sie schlief tief und fest – sie war einfach zu müde. Sie haben sich wegen derartiger dummer kleiner Dinge gestritten. Sogar bevor sie verheiratet waren, hatten sie ein unglaubliches Talent, einander auf die Nerven zu gehen.«[27] Aber Nela wollte diese Geschichte korrigieren, »weil sie mich ganz wahnsinnig macht... Die Ärzte hatten [in Warschau] bei mir mit der Wurzelbehandlung begonnen und gesagt: ›Wenn Sie nach Barcelona kommen, müssen Sie zum Zahnarzt gehen, damit er die Behandlung abschließt.‹ Nun, er hat gesagt, er hätte mich mit Rosen und anderen Sachen in seinen Armen abgeholt, und ich wäre angekommen und hätte ihn nicht mal geküßt, sondern bloß gesagt: ›Wo gibt es hier einen Zahnarzt?‹ oder so etwas... Aber natürlich ließ ich mich umarmen und küßte ihn. Doch vermutlich hat er mich gefragt, weil er ja gewußt hat, daß sich der Zahn in diesem schrecklichen Zustand befand. Er hätte auch sagen können, daß ich gelitten habe – aber das zählte ja nicht. Seine Version hat mich verletzt, weil ich weiß, daß es so nicht gewesen ist. Ich war doch so glücklich! Und dann das Ganze so zu verdrehen, es so aussehen zu lassen, als ob ich nur mit mir selbst beschäftigt gewesen wäre und seine poetischen Blumen ignoriert hätte. Ich habe nichts ignoriert; ich habe alles gesehen und es großartig gefunden.« Trotz dieses schlechten Beginns war Nelas erster Besuch in Spanien angenehm, und über ein halbes Jahrhundert später hat sie geschrieben: »Am selben Tag, da ich Arthur kennenlernte, habe ich von ihm gelernt, Spanien zu lieben – wegen der Begeisterung, mit der er mir von Spaniens Schönheit erzählte, von der Vielfalt der Landschaft, von der Freundlichkeit dieser Menschen, vom spanischen Publikum, das ihm mit wahrer Liebe begegnete... Ich konnte selbst feststellen, daß während seiner Konzerte ein außergewöhnlicher elektrischer Strom zwischen Arthur und dem Publikum entstand und ihm die Begeisterung bis hinaus auf die Straße folgte.«[28] Von dieser Reise ist ihr auch noch in Erinnerung geblieben, daß Arthur »ein wunderbarer Führer war, er zeigte stets alles, was er selbst gesehen hatte und mochte«.

Von Spanien aus fuhr Nela nach Wilna, um sich ihre Scheidungspapiere zu besorgen. Sie hatte ihren Unterricht bei Mary Wigman aufgegeben, teils wegen ihrer bevorstehenden Ehe und teils wegen der sich verschlechternden politischen Lage in Deutschland. Von Wilna begab sie sich via Warschau nach Paris, wo sie und Arthur heiraten sollten. Er hatte sich inzwischen für kurze Zeit in Paris aufgehalten und war dann nach London gefahren, um einige Plattenaufnahmen zu machen. Anschließend kehrte er wieder nach Paris zurück, wo ihn Jacqueline de Rothschild – die Tochter von Baron Edouard und Baronesse Germaine de Rothschild – vor Nelas Ankunft sah.

»Eines Tages kam Artur Rubinstein, der ein guter Freund meiner Mutter gewesen war, als ich ein Kind war, bei mir im Atelier vorbei. Ich hatte in ihm nie etwas anderes gesehen als einen Freund meiner Mutter. Hin und wieder hatte er mit mir gesprochen, aber er war intensiv auf sich selbst konzentriert...

Rubinstein und ich tranken Tee miteinander und plauderten. Ich gestand ihm, wie schlecht es mit meiner [ersten] Ehe klappte.

›Gibt es jemand anderen?‹ wollte Rubinstein wissen.

›Ja, ich liebe wirklich einen anderen, aber es ist verrückt.‹ Er sagte nichts, und ich fuhr fort: ›Zufällig ist er Musiker, aber er ist sehr viel älter als ich...‹ Stille. ›Ich glaube, Sie kennen ihn.‹

Er spitzte die Ohren; seine Miene verriet ein gewisses Interesse. Dann wechselte er das Thema, sprach von seinen Konzerten, seinen Erfolgen, seinem Ruhm.

Ich kam auf mein Problem zurück. ›Sie kennen ihn‹, wiederholte ich. ›Vielleicht haben Sie erraten, wer es ist?‹

›Nein, das habe ich nicht‹, erwiderte er und stand auf, als ob er gehen wollte.

›Ich bin sicher, daß Sie es wissen‹, beharrte ich, während ich ihm zur Tür folgte.

›Nein, wirklich nicht.‹ Er wandte sich um, sah mich an, und seine aufgerissenen Augen schienen sagen zu wollen: Sag's mir. Er sagte noch einmal: ›Nein‹, diesmal ein wenig zögerlich.

Schließlich sagte ich: ›Alfred Cortot.‹

Er verzog das Gesicht, als wäre er geohrfeigt worden. Er verabschiedete sich freundlich. Kurz darauf erfuhr ich, daß er eine junge Polin namens Nela geheiratet hatte ... Die Möglichkeit, in ihm etwas anderes zu sehen als einen Freund meiner Mutter, wäre mir nie in den Sinn gekommen. Umgekehrt wäre die Möglichkeit, daß jemand ihn nicht lieben würde, *ihm* nie in den Sinn gekommen. Was für ein Mißverständnis!«[29]

Arthur und Nela waren in Paris wiedervereint; er brachte sie zwar im Hotel Scribe unter, aber normalerweise war sie bei ihm in der Rue Ravignan, wo er sie mit vielen seiner Freunde bekannt machte. (Fast dreißig Jahre später suchten Arthur und Nela das Haus mit ihren beiden jüngeren Kindern und Joseph Roddy auf, einem Autor, der an einer Story über den Pianisten für die Zeitschrift *Look* arbeitete. Roddy erinnerte sich später daran in einem Brief an Rubinstein: »An der Tür befand sich ein Klopfer, den Sie gut kannten, und Mrs. Rubinstein freute sich ganz besonders darüber, daß er nach so vielen Jahren noch immer da war. Sie erklärte den Kindern, daß sie ihn Ihnen geschenkt hatte, bevor Sie verheiratet waren, weil viele von den Montmartre-Kumpels ständig bei Ihnen hereinplatzten, ohne anzuklopfen. ›Lauter Klavierstimmer, meine Lieben‹, haben Sie Ihrem Sohn und Ihrer Tochter versichert.« Mit seinem Brief schickte Roddy Rubinstein nach New York den Klopfer, den er dem Besitzer des Hauses abgekauft hatte. Rubinstein war darüber hocherfreut. »Ich denke, das war die Geste eines großartigen Gentleman wie eines Mannes mit Sinn für Humor«, schrieb er zurück. »Ich werde diesen Klopfer aufbewahren als ein Überbleibsel aus einer der besten Zeiten meines Lebens ...«[30]) Zu ihren Besuchern gehörten auch die Achards und die Kochanskis. Nela erinnerte sich: »Paul hat Arthur so geliebt, daß er zu mir gesagt hat: ›Versprich mir, daß du ihm nicht weh tun wirst.‹ Und ich habe ihm nicht weh getan. Das war für mich wie ein heiliger Eid.«

Arthur und Nela erfuhren, daß für eine Heiratsgenehmigung nach französischem Recht eine viel längere Aufenthaltsdauer erforderlich war, als sie warten wollten. Daher beschlossen sie, nach England zu gehen, wo ein zweiwöchiger Aufenthalt genügte. In London, sagte Rubinstein, schlossen seine Freunde »Nela warm und großmütig in ihr Herz, ganz auf jene echt englische Manier«. Lady Cholmondeley erbot sich, den Hochzeitsempfang zu geben, und Lesley Jowitt, seine ehemalige Geliebte, »stand Nela in jeder Weise wie eine Mutter zur Seite«. Sie schenkte Arthur eine alte goldene Uhrkette zur Hochzeit, Christabel McLaren überreichte einen Originalbrief von Chopin, und Sylvia Sparrow – die einen Mr. Caunter geheiratet hatte – überraschte ihn mit einem »königlichen Hochzeitsgeschenk«, wie er es nannte: zwei Abende mit der »Kammermusik, die wir am meisten liebten«.[31] Die Teilnehmer waren Jacques Thibaud, Lionel Tertis, Felix Salmond und natürlich die Gastgeberin und der Bräutigam. Während der Woche vor der Hochzeit nahm Rubinstein Chopins *Berceuse* und zwei Mazurken (op. 63, Nr. 1, und op. 33, Nr. 2) für HMV [His Master's Voice] auf; alle drei Platten wurden von ihm akzeptiert und dann herausgegeben.

Die Hochzeit fand am 27. Juli 1932 statt, drei Tage vor Nelas 24. Geburtstag; Arthur war fünfundvierzigeinhalb Jahre alt, minus einen Tag. In seinen Memoiren hat er geschildert, wie sie frühmorgens zu Asprey's fuhren, um die Eheringe abzuholen, dann legte er »den eleganten Cut an…, dazu den Zylinder und weiße Handschuhe« und ging mit Nelas Bruder Bronislaw – den Rubinstein aus Polen als Trauzeugen geholt hatte – »zum Lunch ins Quaglino in der Bury Street«. (Damals pflegte Rubinstein im Georgian House in der Bury Street abzusteigen, wenn er London besuchte.) Er war »plötzlich von Schrecken erfüllt beim Gedanken daran, daß ich im Begriffe stand, meine Freiheit aufzugeben«, berichtete er. Aber er und Bronislaw begaben sich zum Standesamt, um sich mit Nela zu treffen, die ein bißchen zu spät kam: »Ich war so nervös, daß ich vergessen hatte, zum Friseur zu gehen, und mußte eine Lockenschere benutzen«, erzählte sie. »Arthur und Nela, seine dreiund-

zwanzigjährige Braut, wurden am Mittwoch in einem Standesamt getraut und bekamen später einen herrlichen Empfang bei Lady Cholmondeley«, schrieb Ruth Draper an eine Freundin. »Ich habe sie in den Tagen davor immer wieder gesehen, ich habe eingekauft und ihr beim Packen geholfen und mich auch sonst ganz nützlich gemacht! Sie ist ein süßes kleines Ding, zierlich und zart wie eine Blume, sehr jung (wenn auch schon geschieden) und liebenswert... Er ist ganz ernst und will anscheinend wirklich heiraten und Kinder haben. Ich war so glücklich, dabeizusein – nur der [polnische] Botschafter, der Bruder der jungen Frau, zwei andere alte Freunde [einschließlich Lesley Jowitt] und ich waren bei der Trauung dabei. Das Zeremoniell ist übrigens sehr hübsch – so rasch und einfach... Wir bekamen zwei Abende davor im Atelier einer alten Freundin ununterbrochen wunderbare Musik zu hören, und ich fühlte mich in alte Edith-Grove-Zeiten zurückversetzt.«[32]
Nach der Trauung fuhren die Frischvermählten zu Lesley »auf ein Glas Champagner«, berichtete Rubinstein, und von dort zum Empfang von Lady Cholmondeley: »Das diplomatische Corps... war samt Damen gekommen..., bekannte Musiker, Schriftsteller, Schauspieler und Maler«. (»Da waren so viele bedeutende Leute, und alle sprachen sich mit Vornamen an«, erinnerte sich Nela.) Leider waren Paul und Zosia Kochanski nicht da, und Rubinstein glaubte, daran wäre Zosia schuld gewesen. »Vermutlich ihre späte Rache dafür, daß ich bei ihrer eigenen Hochzeit« – zwanzig Jahre zuvor – »gefehlt hatte, doch nicht sie fehlte mir ja, sondern einzig er«.[33]
Am Abend schließlich gab Rubinstein ein Essen im Quaglino, »und ich war zum ersten und letzten Mal in meinem Leben richtig betrunken«, erinnerte er sich.[34] (Nela hat gesagt, Arthur sei sogar schon vor dem Essen betrunken gewesen, weil er und ihr Bruder stundenlang dem Champagner zugesprochen hätten.) Aber er erwähnte in seinen Memoiren dann doch lieber nicht, daß er das Abendessen verließ, »um eine seiner Ex-Geliebten aufzusuchen«, wie sich Nela erinnerte. »Das habe ich ihm bis heute nicht verziehen. Er wollte sie trösten, weil sie so verzweifelt darüber war, daß er heiratete. Immer wollte er äußerst elegant mit seinen früheren Geliebten umgehen. Er glaubte, dies wäre wichtiger, als

bei mir zu sein, und er ließ mich an unserem Hochzeitstag mitten in London sitzen – yes, Sir!« Die Frau war Irene, Lady Ravensdale, Lord Curzons sechsunddreißigjährige Tochter, die Rubinstein im Ersten Weltkrieg zum ersten Mal gesehen und mit der er später eine Affäre gehabt hatte. (Nicholas Mosley, der Romancier und Biograph, der den Titel Lord Ravensdale durch seine Tante Irene erbte, hat mir in einem Brief vom 27. Februar 1995 geschrieben, er habe zwar keinen schriftlichen Beweis gesehen, aus dem hervorging, daß Rubinstein und Lady Ravensdale ein Liebespaar gewesen seien, habe aber gewußt, daß sie gute Freunde waren, und daher habe er angenommen, sie hätten sich auch geliebt. Er schilderte seine Tante als warmherzigen Menschen, und jedem gegenüber, den sie mochte, sei sie großmütig gewesen.) »Ich erinnere mich sehr gut an sie«, fuhr Nela fort, »sie war ziemlich groß – hübsch, aber ein eher männlicher Typ.« Rubinstein habe es seiner Frau nicht erzählt, es aber schließlich anderen Leuten gestanden, daß er an diesem Nachmittag »mit seiner Ex-Freundin geschlafen hat, und damit wollte er sich beweisen, daß er kein Gefangener seiner Ehe sei«, hat Eva Rubinstein erklärt.[35]

»So nett habe ich Arthur noch nie erlebt gehabt«, schrieb Ruth Draper in einem Brief zwei Tage nach Rubinsteins Hochzeit. »Da ist seine ganze Liebenswürdigkeit zum Ausdruck gekommen, und ich glaube wirklich, daß die Chancen – mindestens – fifty-fifty stehen!«[36]

Im Alter von achtundachtzig Jahren hat Rubinstein einem Interviewer erklärt: »Sie [Nela] ist sehr viel jünger als ich – einundzwanzig Jahre. Als ich sie geheiratet habe, hat mir das angst gemacht, ich habe genau gewußt, daß es nichts ausmachte, als ich fünfundvierzig und sehr stark war. Aber wenn ich fünfundsiebzig und sie nur etwas über fünfzig sein würde, dann würde das etwas ganz anderes sein. Also haben wir uns darüber unterhalten und einen herrlichen Plan gemacht, wie so einen Fünfjahresplan in Rußland. Wir sagten, wir würden jeweils fünf Jahre nur wie eines zählen. Wir haben natürlich gelacht dabei... Ich habe immer Hemmungen, von meiner Frau in einem häßlichen Zustand gesehen zu werden. Ich kämme mir das Haar, während sie noch schläft, so daß sie mich nie mit zerzaustem Haar sieht.«[37] Ein paar Jahre später hat er seine Vorstellungen von Liebe und Ehe ein wenig ausführlicher festgehalten. »Meine lange Erfahrung mit Frauen hatte mich gelehrt, daß der Liebhaber [gegenüber dem Ehemann] immer im Vorteil ist, er zeigt sich der Angebeteten im besten Licht und nur, wenn er gut in Form ist. Er braucht nicht zu lange, aber auch nicht zu kurz bei ihr zu verweilen, das Verhältnis ist immer frisch, immer zur rechten Zeit schickt er ihr Blumen. Er bleibt diskret und wird nur im richtigen Moment leidenschaftlich, und damit hat er Erfolg. Hingegen der Gatte: Immer ist er anwesend, auch wenn sie ihn nicht sehen mag. Oder aber er ist abwesend, wenn sie seiner dringend bedarf. Mag sein, er schnarcht, sieht morgens müde und zerknautscht aus, hat schlechte Manieren im Bad. Er muß ihre Sorgen teilen, nötigt sie, an den seinen teilzunehmen. Man streitet über Geld, die Lebenshaltungskosten, über Kinder, Dienstboten usw. So unterschieden sehe ich Liebes- und Eheleben.«[38] War es Rubinstein eigentlich nicht in den Sinn gekommen, daß sich diese Worte ausgesprochen egoistisch ausnahmen? »Er zeigt sich ... nur, wenn er gut in Form ist... Er braucht nicht... zu verweilen... das Verhältnis... schickt er ihr Blumen... hat er Erfolg...« Wollte er wirklich diesen Eindruck vermitteln? Kann man den »richtigen Augenblick« berechnen, in dem man leidenschaftlich ist? Ist ein verliebter Mensch dazu imstande, sich darüber Gedanken zu machen, wie er oder sie die Dinge im Griff behalten kann? Sollten langjährige Partner sich daran stören, die Probleme des Lebens miteinander zu teilen? Daß Rubinstein Liebesaffären für attraktiver hielt als die Ehe, ist ja nicht das Problem. Die Frage ist vielmehr, wie er angedeutet hat, ob der wichtigste Aspekt einer Liebesbeziehung – sei sie nun eine kurze, wahnsinnig intensive Affäre, eine lange, beständige Partnerschaft oder irgend etwas dazwischen – der oberflächliche Eindruck ist, den ein Partner auf den anderen macht, gegenüber dem, was beide füreinander empfinden und voneinander halten. Falls Rubinsteins Aussage seine wahren Gedanken und Gefühle über diese Fragen wiedergab, dann läßt sich nur annehmen, daß dieses Bedürfnis, die Dinge im Griff zu haben, einen ganzen Bereich seines

Gefühlslebens furchtbar undurchsichtig gemacht haben muß. Andererseits war der musikalisch-emotionale Bereich seines Lebens außergewöhnlich reichhaltig – wenn er Musik machte, war er vermutlich in der Lage, sich in einem Maße preiszugeben, wie es sich wenige Menschen auch nur vorstellen können.

Und doch, trotz dieser aus heutiger Sicht so von Grund auf wirren Einstellung zur Ehe paßte sich Rubinstein seinem neuen Zustand so gut an, wie es für einen reisenden Virtuosen möglich ist, besonders für einen, der fünfundvierzig Jahre lang Junggeselle gewesen ist. Da er Nela nicht verletzen wollte, hielt er seine Affären geheim. Es freute ihn, daß seine Freunde Nela für charmant hielten, und seine Freunde freute es wie ihn, daß sie sich rasch zu einer hervorragenden Köchin entwickelte. »Da er ein berühmter ›Gourmet‹ war«, schrieb Nela über Arthur in der Einleitung eines Kochbuchs, das sie nach seinem Tod herausgab, »kannte er die besten Restaurants auf der ganzen Welt. Dann kam ich dahinter, daß ich ein merkwürdiges, aber sehr nützliches Talent besaß: So wie jemand vielleicht ein absolutes Gehör hat, war ich in der Lage, die Zutaten selbst in ziemlich raffinierten Gerichten herauszufinden und zu identifizieren – und daraus entwickelte ich ein Spiel (und eine Herausforderung!), sie zu Hause nachzukochen, ohne um das Rezept zu bitten. Daß mir das gelang, machte mir großen Spaß und gab mir den Mut, etwas hinzuzufügen, zu verändern oder zu improvisieren und am Ende zu erfinden!«[39] Und schon bald luden die Rubinsteins häufig Gäste ein, und der Erfolg ihrer Partys beruhte hauptsächlich auf Nelas Kochkünsten.

Zur selben Zeit weitete sich Arthurs beruflicher Horizont erneut aus: Er spielte in Holland, Skandinavien, in der Schweiz und in anderen Ländern, in denen man ihn zuvor noch nicht gehört hatte. Im Spätherbst 1932 fuhr er nach Rußland und in die Ukraine, um erstmals in der neuen Sowjetunion aufzutreten. Er und Nela hielten das Land für deprimierend und wenig kultiviert, aber die Konzerte in Moskau, Leningrad, Odessa, Kiew und Charkow waren ein großer Erfolg. Rubinsteins Konzert in Odessa wurde auch von dem siebzehnjährigen Swjatoslaw Richter besucht, der ihm viele Jahre später erzählt hat, daß dieser Abend ihn dazu gebracht habe, eine Karriere als Musiker einzuschlagen – davor habe er sich nicht dazu entschließen können. In dieser Stadt spielte der sechzehnjährige Emil Gilels Rubinstein vor, der so beeindruckt war, daß er den jungen Mann seinem alten Freund Harry (Heinrich) Neuhaus weiterempfahl, dem führenden Klavierlehrer am Moskauer Konservatorium. Neuhaus nahm Gilels später als fortgeschrittenen Schüler an. Zuvor in dieser Saison hatte Rubinstein in London die vier Chopin-Scherzi aufgenommen. Er wurde zwar als Schallplattenkünstler immer beliebter, aber aus irgendeinem Grund wurde von den Direktoren der Gramophone Company »beschlossen, unsere Option nicht wahrzunehmen, sondern künftig mit diesem Künstler nur noch ohne Vertrag auf Honorarbasis Aufnahmen zu machen«, wie es in einem internen Memorandum von Ende Oktober 1932 hieß. Möglicherweise auf Anraten von E. A. Michell, seinem britischen Manager, mag Rubinstein lieber für eine Einzelvereinbarung optiert haben statt für einen Jahresvertrag, wohl in der Hoffnung, die Firma auf Zack zu halten, aber spätestens 1934 basierte seine Aufnahmetätigkeit erneut auf einem Jahresvertrag. Während des ganzen Jahrzehnts erhielt er für seine Solo- und Konzertaufnahmen ein Honorar von zehn Prozent ohne Vorauszahlung sowie für seine Kammermusikaufnahmen ein Honorar von fünf Prozent. Dieser Teil der Vereinbarung war zwar zufriedenstellend, aber Rubinstein war der Meinung, daß für seine Platten nicht genügend Publicity gemacht würde. »Ich wünschte, Sie könnten sich zu einer kleinen speziellen Pressereklame für Rubinstein durchringen«, schrieb Michell Anfang 1933 an Gaisberg. »Sie haben ja unseren Freund Schnabel so wunderbar präsentiert – könnte Rubinstein nicht das gleiche für das Tschaikowsky-Konzert bekommen?« Gaisberg erwiderte: »Sie irren sich, was die kolossale Reklame für Schnabel betrifft. So etwas multipliziert sich von selbst, und größtenteils wurde es von verschiedenen Kritikern und Musikschriftstellern gratis gegeben. Wir versichern Ihnen, daß unsere spezielle Reklame für Schnabel das absolute Minimum gewesen ist. Jedenfalls wird Rubinstein sehr gut behandelt, und unsere englische Firma hat regelmäßig Ausgaben seiner Platten in ihrem Angebot und ihm wichtige Positionen eingeräumt. Außerdem gehören die Titel, die er aufgenommen hat, zu den beliebtesten in der Klavierliteratur. Rubinstein ist einer unserer besonderen Spitzenreiter, und wir werden uns hüten, ihn zu vernachlässigen.« (Drei Monate später unterrichtete Michell Gaisberg zwar davon, daß Rubinstein »einen Weltvertrag mit de Koos in Holland abgeschlossen hat, der es für angebracht hält, die englische Konzertorganisation auf [Wilfrid] Van Wyck zu übertragen«, aber Michell arbeitete weiterhin mit der Gramophone zusammen.[40])

Als die Rubinsteins aus der Sowjetunion nach Paris zurückkehrten, wußte Nela, daß sie schwanger war. Sie habe das Kind in Moskau empfangen, am Tag der großen Militärparade anläßlich des 15. Jahrestags der bolschewistischen Revolution, erklärte sie. Die Geburt wurde für Ende August 1933 angesetzt – kurz nachdem die Rubinsteins wieder in Europa nach einer Südamerikatournee sein sollten, zu der sie Anfang April aufbrachen. Arthur zeigte Nela gern die interessanten Sehenswürdigkeiten in Brasilien und Argentinien, so wie er sie ein paar Jahre zuvor gern Paola Medici gezeigt hatte. Doch in Buenos Aires war sich Nela darüber im klaren, daß eine Rückreise nach Europa in den letzten Schwangerschaftswochen zu anstrengend für sie wäre. Sie beschlossen, in der argentinischen Hauptstadt zu bleiben; Arthur gab Sonderkonzerte, und Nela gebar am 18. August ein Mädchen. Am nächsten Abend besuchte Rubinstein eine Aufführung von *Die Meistersinger* im Teatro Colón, nach der er und seine Frau beschlossen, ihre Tochter Eva (ursprünglich Ewa, auf polnisch) zu nennen. Diesen Vornamen trug die Protagonistin der Oper. Rückblickend erscheint es merkwürdig, daß ein Jude sein kleines Mädchen ausgerechnet nach einer Wagner-Heldin nannte, sieben Monate nach Hitlers Machtergreifung, aber damals entdeckten nur wenige Menschen einen inneren Zusammenhang zwischen Wagner und der Judenverfolgung. Im übrigen ist Eva die einzige ganz und gar menschliche und liebenswerte Heldin aller Wagner-Opern. Außerdem geht der Name auf das hebräische *Chawwa* zurück – »sie, die Leben gibt«.

In den sechziger Jahren hat sich Rubinstein gegenüber einem Interviewer über seine ersten Gedanken an eine Ehe geäußert: »Ich begann davon zu träumen, eine eigene Frau und eine Tochter zu haben.«[41] Als er später seine Memoiren schrieb, erinnerte er sich daran, zu Nela bei seinem ersten Heiratsantrag gesagt zu haben: »»... es gibt nirgendwo auf Erden eine Frau, von der ich so gern eine Tochter hätte wie von dir.«« [42] Und Nelas Ankündigung, sie sei schwanger, hat er mit folgenden Worten kommentiert: »Schon als Heranwachsender hatte ich mir inständig eine Tochter gewünscht, denn immer sehnte sich meine Natur nach dem Weiblichen. Eine Tochter bleibt die eigene Tochter, auch wenn sie den Vater nicht ausstehen kann, und diese Zugehörigkeit besänftigt von selbst die Besitzgier.« [43] Rückblickend hat Nela erklärt: »Er hat geglaubt, eine Tochter würde sein Eigentum sein. Sie würde nicht nur irgendein Kind sein. Dies wäre eine Frau, die er besitzen würde, weil all die anderen nur vorübergehend die Seine wären. Die Besitzgier! Das war ungeheuer egozentrisch! Arthur hätte eigentlich darüber auf der Couch eines Psychiaters reden sollen.« Seine Einstellung scheint tatsächlich aus einem Handbuch für Amateurpsychologen zu stammen: Ein Sohn ist ein Rivale um die Zuneigung der Mutter – eine Tochter wendet ihre Zuneigung dem Vater zu. Ein Sohn würde nach Unabhängigkeit streben, dachte Rubinstein, während eine Tochter sich in gewisser Weise ihrem Vater bis ans Ende seiner Tage widmen würde.

Paul und Zosia Kochanski gehörten zu den ersten Freunden, die die kleine Eva im September zu Gesicht bekamen, nachdem die Rubinsteins nach Paris zurückgekehrt waren. Paul, der vor kurzem erst Szymanowski dabei geholfen hatte, sein Zweites Violinkonzert zu vollenden, und es dann uraufgeführt hatte, litt unheilbar an Krebs, und Rubinstein war über seine ausgemergelte Erscheinung schockiert. »Paul schaute Eva lange und bekümmert an, nahm meine Hand, und uns beiden traten Tränen in die Augen«, erinnerte sich Rubinstein. »Tags darauf fuhren sie weiter nach New York, und ich habe Paul nicht wiedergesehen.« Kochanski starb am 12. Januar 1934, im Alter von sechsundvierzig Jahren. An der nichtreligiösen Trauerzeremonie, die an der Juilliard School – wo Paul mehrere Jahre lang die Geigenfakultät geleitet hatte – stattfand, nahmen 1500 Menschen teil; die Sargträger waren Toscanini, Frank und Walter Damrosch, Heifetz, Horowitz, Fritz Kreisler, Kussewitzky, Stokowski und Efrem Zimbalist. Als Szymanowskis Konzert veröffentlicht wurde, trug es die Widmung: »Zum Gedenken an den großen Musiker, meinen lieben und unvergeßlichen Freund Paul Kochanski.« Und fünfundvierzig Jahre nach Kochanskis Tod schrieb Rubinstein: »Ich mußte alle diese langen Jahre weiterleben und den unersetzlichen Freund entbehren.«[44]

Im Februar 1934 spielte Rubinstein in London Rachmaninows Zweites Klavierkonzert mit dem London Symphony Orchestra unter Sir Hamilton Harty und nahm kurze Stücke von Ravel, Liszt, Skrjabin, Chopin und Albéniz auf. Bei einem weiteren Londoner Engagement in dieser Saison spielten Lionel Tertis und Rubinstein die vor kurzem vollendete Sonate für Violine und Klavier von Arthur Bliss. »Rubinstein bekam die Noten erst einen oder zwei Tage vor dem Konzert, aber dennoch gab er eine faszinierend sichere Aufführung«, berichtete der Komponist. »Es ist schon ein wunderbarer Augenblick für einen Komponisten, wenn er hört, wie seiner Musik eine tiefere Bedeutung verliehen wird, als er selbst ihr beigemessen hätte, und bei zwei überragenden Musikern gibt es dann die Gewißheit, daß für jeden einzelnen Abschnitt das richtige Tempo gefunden wird. Ich bin zu dem Schluß gekommen, daß ich gar nicht so sehr gegen falsche Noten oder eine Mißachtung der Dynamik bin, vorausgesetzt, das Grundtempo stimmt. Ich habe schon Aufführungen dieser Sonate gehört, die ganze drei Minuten zu lange gedauert haben.«[45]

Neben den üblichen westeuropäischen Konzertpodien umfaßte Rubinsteins Konzertkalender im Frühjahr 1934 Auftritte in der Türkei, in Syrien, Palästina, Griechenland und Ägypten sowie Wiederholungsengagements in Moskau und Leningrad. In der sowjetischen Hauptstadt – wo er ein Konzert mit Werken von Chopin, Liszt, Poulenc, Ravel und dem antikommunistischen Emigranten Strawinsky gab – begegnete Rubinstein zufällig Artur Rodzinski. Gemeinsam besuchten sie eine Aufführung der Oper *Lady Macbeth des Mzensker Landkreises* des jungen Dimitrij Schostakowitsch, die erst vier Monate zuvor in Leningrad uraufgeführt worden war. Die beiden polnischen Musiker waren begeistert von dem Werk, und der Pianist war mit seinen Verbindungen und seinem fließenden Russisch dem Dirigenten dabei behilflich, die

Rechte für die erste Aufführung außerhalb der UdSSR für das Cleveland Orchestra zu sichern, dessen musikalischer Leiter Rodzinski war. Das Konzert fand dann im darauffolgenden Januar in Cleveland statt. Auf dem Rückweg nach Paris legte Rubinstein in Warschau einen Zwischenstop ein, um Nela, Eva und Evas polnische Säuglingsschwester mitzunehmen – die drei hatten bei der Familie Mlynarski gewohnt. Kaum waren sie wieder in der Rue Ravignan, entdeckte Nela, daß sie erneut schwanger war.

Rubinsteins Einstellung gegenüber dem Üben am Klavier hatte sich im Sommer 1934 entschieden gewandelt, sagte er. »Ich wollte nicht, daß meine Kinder in dem Glauben aufwuchsen, ihr Vater sei entweder ein zweitklassiger oder ein gewesener Pianist«, erklärte er einem Interviewer 1958. »Also... packte ich meine Frau und das Baby in einen kleinen Citroën und fuhr mit ihnen nach Saint-Nicolas-de-Véroce, ein kleines Dorf in Haute-Savoie..., wo wir in einer bescheidenen *pension de famille* abstiegen. Ich mietete das einzige Klavier in der Gemeinde – ein altes kleines Instrument – und ließ es in eine leere, fensterlose Garage direkt unter unserem Zimmer stellen. Dies wurde mein Studio. Es gab darin kein elektrisches Licht, also stellte ich eine Kerze auf das Klavier, und dann machte ich mich an die Arbeit – sechs, acht, neun Stunden am Tag. Und etwas Merkwürdiges passierte. Als wir nach Paris zurückkehrten, nachdem wir den ganzen Sommer in diesem Dorf verbracht hatten, entdeckte ich auf einmal einen neuen Sinn, neue Eigenschaften, neue Möglichkeiten in Stücken, die ich über dreißig Jahre lang regelmäßig gespielt hatte.«[46] Diese Version der Geschichte weicht in ein paar Details von der Version ab, die Rubinstein in *Mein glückliches Leben* zum besten gab. Dort war die Garage ein Stall, aus einzelnen Kerzen wurden Leuchterarme am Klavier, das Üben fand nicht bei Tage, sondern nachts statt, und das Klavier war nicht gemietet, sondern vielmehr von dem polnischen Komponisten Michel Kondracki geliehen, dessen Schwiegermutter die Pension führte. Diesem Ambiente entsprangen jedoch ähnliche Empfindungen. »Plötzlich verschaffte es mir ein körperliches Glücksgefühl, wenn es mir gelang, die Terzenetüde von Chopin ohne Pedal mit Anstand und ohne Ermüdung zu spielen«, erzählte er. »Unablässig wiederholte ich ganz unwichtige Passagen, nur um Vertrauen in meine arme linke Hand zu gewinnen und der freien Beweglichkeit und Unabhängigkeit dieses vierten Fingers sicher zu sein.«[47]

In späteren Jahren hat Rubinstein oft das Ausmaß seiner Saumseligkeit vor 1934 übertrieben: Man muß sich nur seine Aufnahme von Chopins Barcarolle aus dem Jahre 1928 anhören, um zu erkennen, daß seine Technik bereits herausragend war, ungeachtet seiner bewundernswerten Weigerung, sich primär dafür zu interessieren. Seine innere Unsicherheit, die entstanden war, als er sich Barths Bevormundung entzogen hatte, ließ ihn vermutlich so mißbilligend über seine Technik sprechen und ihn vor einigen Chopin-Etüden, Rachmaninows Drittem Klavierkonzert und vielen anderen Virtuosenstücken zurückscheuen. Er war einfach nicht überzeugt davon, daß seine meisterhafte Beherrschung der Tasten Aufgaben dieser Art gewachsen war. Was den Wandel in Rubinsteins Einstellung betrifft, so mag Labunski auf der richtigen Spur gewesen sein, als er sagte, sobald sein Schwager geheiratet hatte, habe er »aufgehört, sich so exzessiv ins Gesellschaftsleben zu stürzen, sich auf sich selbst konzentriert und sich ganz der Aufgabe gewidmet, noch besser zu werden«. Es ging nicht darum, daß aus einem unverantwortlichen Spiel plötzlich ein verantwortungsbewußtes Spiel wurde – vielmehr ermöglichte eine etwas ruhigere Lebensweise eine größere Konzentration. »Seine Auftritte veränderten sich auf spektakuläre Weise«, erinnerte sich Labunski in den sechziger Jahren. »Aus einem enorm begabten, vielversprechenden jungen Künstler wurde der große Meister…, der er heute ist, er gewann an Tiefe und an Genauigkeit… Das Erstaunliche daran war, daß er nie aufhörte, sich weiterzuentwickeln, und heutzutage ist jeder neue Auftritt eine Offenbarung.«[48]

In der Saison 1934/35 nahm Rubinstein in London sämtliche Polonaisen von Chopin auf. Er erzählte Labunski, »wie phantastisch es war, all diese Aufnahmen im Laufe von nur ein paar Tagen zu machen. ›Und einige Polonaisen‹, sagte er, ›hatte ich noch nie im Leben gespielt. Zum Beispiel dieses Andante spianato und Polonaise – ich habe ganze drei Stunden benötigt, um sie zu lernen.‹ Drei Stunden!«[49] Eine der Polonaisen – in fis-Moll, op. 44 – wurde am 29. Januar 1935 aufgenommen, an dem Tag, an dem Rubinsteins erster Sohn in Warschau geboren wurde, wo Nela sich bei ihren Eltern aufhielt. Obwohl Rubinstein ein paar falsche Noten spielte, gab er die Einspielung frei, weil er der Meinung war, es sei insgesamt eine außergewöhnlich gute Interpretation und »es würde meinen Sohn einmal freuen, zu wissen, was sein Vater tat, als er geboren wurde«.[50] Dank einer komplizierten Flugverbindung gelang es Rubinstein, der sich mitten auf einer Tournee befand, drei Tage später in Warschau zwischenzulanden, um seinen kleinen Jungen zu sehen. Das Baby erhielt den Namen Paul, nach Kochanski.

Mitte Februar verabschiedeten sich Arthur und Nela von ihren beiden Kindern und gingen auf eine lange Fernost-Tournee, die größtenteils von A. Strok organisiert worden war, dem führenden Sponsor der relativ seltenen Auftritte westlicher Künstler im Osten. »Siebzehn Tage nach Pauls Geburt verließ ich dieses Baby«, erinnerte sich Nela Rubinstein. »Mir blieb keine andere Wahl, denn Arthur war nicht jemand, den man für ein halbes Jahr ziehen lassen konnte. Es fiel mir sehr schwer, so schwer wie nichts sonst. Sich von einem neugeborenen Baby zu trennen ist schrecklich für eine Frau. Wir konnten nicht miteinander kommunizieren – es gab nur Telegramme, keine Telephone. Es war ungeheuer weit weg, und das Ganze dauerte ein halbes Jahr.« Die Tournee begann mit Konzerten in Moskau und Leningrad, und anschließend verbrachten Arthur und Nela acht Tage und Nächte in einem schmutzigen Waggon der Transsibirischen Eisenbahn, die sie in die von den Japanern besetzte Mandschurei brachte. Mit der Bahn fuhren sie weiter über Charbin nach Seoul in Korea – das ebenfalls von Japan besetzt war – und dann zur Hafenstadt Pusan, wo sie ein Schiff bestiegen, das die Straße von Korea überquerte und in Shimonoseki in Japan anlegte. Nach einer weiteren langen Bahnfahrt trafen sie schließlich in Tokio ein, wo Rubinstein Orchester- und Solokonzerte gab. Außerdem trat er in Osaka, Nagoja, Kobe und Kioto auf. Wie üblich ließ er sich nirgendwo eine Sehenswürdigkeit entgehen, obwohl er die Shintotempel, die Geishas, das Kabukitheater, die Teezeremonie und andere Phänomene der japanischen Kultur unverständlich und oft langweilig fand. Seine Konzerte waren ein Erfolg, aber ein Telegramm aus Warschau erschütterte

Arthur und ließ Nela trauern: Emil Mlynarski war am 5. April im Alter von vierundsechzig Jahren gestorben, nachdem er jahrelang an einer akuten Arthritis gelitten hatte. Diese Krankheit hatte ihn gezwungen, zunächst die Intendanz der Warschauer Oper und dann eine Professur am Curtis Institute of Music in Philadelphia aufzugeben. Aber Rubinstein setzte seine Tournee fort.

Er erinnerte sich daran, wie er per Schiff von Japan nach Schanghai in China und dann mit der Bahn nach Tientsin und Peking gefahren war. In jeder Stadt stellte er zu seiner Enttäuschung fest, daß sein Publikum überwiegend aus Weißen bestand. In Peking freute er sich über das Wiedersehen mit dem amerikanischen Komponisten John Alden Carpenter, dessen Bekanntschaft er in Chicago gemacht hatte, und mit dem französischen Diplomaten und Schriftsteller Henri Hoppenot, den er siebzehn Jahre zuvor bei Milhaud und Claudel in Rio kennengelernt hatte. Cecil B. Lyon, damals dritter Sekretär der amerikanischen Gesandtschaft in der chinesischen Hauptstadt, hat sich über ein halbes Jahrhundert später erinnert, daß Rubinstein über den Flügel, den man ihm zur Verfügung gestellt hatte, unglücklich gewesen sei. Er habe darum gebeten, sich den Blüthner-Flügel auszuleihen, der Lyons Frau Elsie gehörte, der Tochter von Joseph Crew, dem US-Botschafter in Japan. In späteren Jahren, wenn die Rubinsteins den Lyons irgendwo auf der Welt begegneten, habe der Pianist immer »eine dramatische, weit übertriebene Schilderung zum besten gegeben, wie der Blüthner von Dutzenden von rutschenden und stolpernden Kulis durch den Schnee von unserem Haus ins Peking-Hotel transportiert worden war«, erklärte Lyon.[51]

Laut Rubinstein seien er und Nela direkt von Peking nach Singapur gefahren. Es ist aber bekannt, daß sie sich zunächst mindestens bis nach Mukden im Norden in den von den Japanern annektierten Sektor Chinas begeben hatten. Aus dem Yamato-Hotel in dieser Stadt hat Rubinstein am 2. Mai einen Brief an Gaisberg geschrieben:

»Ich habe den neuen Einjahresvertrag der Gramophone Company für das Jahr 1935/36 erhalten, den ich ordnungsgemäß unterschrieben habe und

Ihnen hiermit zurückschicke – was die Option für ein weiteres Jahr angeht, die ich nach dem Wunsch der Company unterschreiben soll, habe ich mich noch nicht entschieden, da ich wirklich nicht zufrieden bin mit der Reklame, die für meine Schallplatten gemacht wurde! Es hat nie irgendeine Zeitungsanzeige gegeben, und keine Schallplattenhülle weist mein Bild auf, während viele ziemlich unbekannte Künstler weithin auf diese oder jene Weise propagiert werden! Hier in Japan sind alle meine Schallplatten nach den ersten 2 Konzerten verkauft worden, ohne eine einzige Reklame, und daher können Sie sich leicht vorstellen, wie sich der Verkauf in vielen Ländern mit einer geringfügigen Anstrengung Ihrerseits steigern ließe!

Lieber Mr. Gaisberg, ich nehme Ihnen das nicht persönlich übel, da ich Sie als einen guten Freund kenne – aber Sie müssen die dafür Zuständigen davon in Kenntnis setzen – da eine andere Firma, die bereit ist, sich groß einzusetzen, ziemlich interessiert an mich herangetreten ist…

Japan ist ein großer Triumph gewesen!«[52]

In seinem Antwortschreiben brachte Gaisberg seine Freude über »Ihren großartigen Erfolg« wie sein Bedauern darüber zum Ausdruck, daß »Sie nicht zufrieden sind mit der vielen Publicity, die für Ihre Schallplatten im Osten gemacht worden ist… Da Sie persönlich an Ort und Stelle sind, würden wir Ihnen empfehlen, unsere Vertreter zu besuchen, wo immer dies möglich ist… Natürlich haben wir uns dieser Angelegenheit per Korrespondenz angenommen, aber ich meine doch, daß ein persönlicher Besuch von Ihnen viel wirkungsvoller sein wird. Ihre neue Aufnahme der ›Toccata‹ (Bach-Busoni) ist sehr gut angekommen – es ist eine wundervolle Aufnahme… Ich lege Ihnen eine unserer neueren Schallplattenhüllen bei, auf denen Ihre Photographie wiedergegeben ist.« Zwei Wochen später ging Gaisberg noch einmal ausführlicher auf sein früheres Antwortschreiben ein. Die Victor Talking Machine Company, die die Gramophone Company in Japan vertrat, »teilt uns mit, daß man gleich nach der Ankündigung Ihrer Tournee an Ihren Impresario, Mr. A. Strok, herangetreten sei, um eine wirkungsvolle kooperative Publicitykampagne zu arrangieren«, erklärte er. »Victor erbot sich, gemeinsame Zeitungsanzeigen aufzugeben, alle Konzertprogrammhefte zu drucken und einen Empfang für Sie zu organisieren, sobald Sie eingetroffen seien. Mr. Strok hat darauf bestanden, daß sich eine Toilettenfirma an den Gemeinschaftsanzeigen beteiligen sollte, und die Victor Co. hat dies für unvereinbar mit ihrer Position bzw. mit ihrem Ruf in Japan gehalten. Darüber hinaus verlangte Mr. Strok, er solle 200 Yen für das Privileg erhalten, die Programmhefte bei den Konzerten zu verteilen. Damit waren sie nicht einverstanden, denn sie waren zwar zur Kooperation bereit, sahen aber nicht ein, warum sie sich an den üblichen Ausgaben eines Impresarios beteiligen sollten. Offenbar hat man bei Victor ähnliche Erfahrungen mit Mr. Strok gemacht, als andere ausländische Künstler Japan besucht hatten. Nichtsdestoweniger behauptet Victor, man habe Ihre Schallplatten in den Konzertprogrammheften sowie in allen führenden japanischen Tageszeitungen jeweils am Tag Ihrer Konzerte angezeigt, aber da diese Reklame in Japanisch abgefaßt war, glaubt man, daß dies möglicherweise Ihrer Aufmerksamkeit entgangen ist. Muster der Reklame, die man unternommen hat, liegen hier bei.«[53] Rubinstein hat weiterhin bis zum Krieg für die Gramophone Company Aufnahmen gemacht.

Die Rubinsteins nahmen ein Schiff nach Singapur, wo der begeistertste Zuhörer im Publikum von Arthurs Konzert Noël Coward war, der ihn von London her kannte. Am nächsten Tag schifften Arthur und Nela sich für die Reise nach Batavia (dem heutigen Jakarta) auf der Insel Java ein; der Kunstkring (Kunstclub) von Holländisch-Ostindien (dem heutigen Indonesien) hatte für ihn über zwanzig Konzerte in Batavia, Bandung, Surabaya, Malang und anderen Städten organisiert. Einmal, in einer Pause auf ihren Fahrten, spielten er und Nela Karten, »und er verlor immer wieder und machte sich darüber lustig«, erinnerte sich Nela. »Aber einmal hat er zuviel verloren, und urplötzlich warf er den Tisch um. Die Karten flogen auf den Boden, und er knallte die Tür hinter sich zu und ging. Wie ein kleines Kind. Ich mußte so laut lachen, daß er schließlich mitlachte.« Es gelang ihnen auch noch, eine dreitägige Besichtigungstour von Bali einzuschieben, bevor sie sich nach Hongkong einschifften, einer Zwischenstation auf dem Weg zu den Philippinen.

Während des Hongkonger Zwischenstops der Rubinsteins ließ sich Arthur von einem Hotelmanager – einem Russen – dazu verleiten, ein Konzert zu geben, das nicht in seinem Kalender gestanden hatte; in dem Ballsaal des Hotels, wo er spielte, herrschte eine so drückende Hitze und Luftfeuchtigkeit, daß er danach ohnmächtig wurde, aber der Abend hatte ihn »um eine ansehnliche Menge englischer Pfundnoten bereichert«.[54] Ein anderer Dampfer brachte das Paar nach Manila, wo Arthur von der spanischsprechenden Gemeinde sehr gefeiert wurde. Bevor er die Philippinen wieder verließ, spielte er auch noch in der Stadt Iloilo auf der Insel Panay. Nachdem sie eine Reihe von Unannehmlichkeiten überstanden hatten, unter anderem einen Taifun auf hoher See, trafen die Rubinsteins wieder in Hongkong ein. Der russische Hotelmanager hatte zwei weitere Konzerte für Arthur arrangiert – einen Wiederholungsabend im Ballsaal des Hotels und einen Auftritt vor Universitätsstudenten in Kanton –, und dies waren die letzten Auftritte der Tournee. Sie traten ihre Heimreise an, wild entschlossen, Otwock, einen Kurort bei Warschau, wo ihre Kinder weilten, rechtzeitig zur Feier von Evas zweitem Geburtstag zu erreichen. Sie schafften es und trafen am 18. August kurz vor Mitternacht ein. Eva, vom Licht wach geworden, »schrak aus tiefem Schlaf auf, starrte uns mißtrauisch an, verglich uns mit einem Photo, das neben ihrem Bett an der Wand hing, und glaubte endlich, daß wir ihre Eltern waren«, berichtete Rubinstein. »Als Nela sie in die Arme schloß, sagte sie vorwurfsvoll: ›Fahrt ihr gleich wieder weg?‹«[55]

In Paris konnte Rubinstein zusätzliche Zimmer in dem Gebäude an der Ecke Rue Ravignan und Rue d'Orchampt mieten, um seine größer werdende Familie und sein Dienstpersonal unterzubringen. Aber kaum hatten sie sich häuslich niedergelassen, war er schon wieder auf einer Tournee in Europa unterwegs. Zum Glück, erklärte er am Ende seines Lebens, habe er »niemals den Geschmack daran verloren, öffentlich zu spielen, mit allem Drum und Dran – den zahllosen, gelegentlich auch unbequemen Reisen, dem ständigen Wechsel des Ortes, des Klimas, der Ernährungsweise, der Hotels; ich fand das alles einfach wunderbar. Ja…, war ich genötigt, länger als zwei oder drei Monate am selben Ort zu verweilen..., dann wurde ich unruhig.«[56] Neben seinen Konzertauftritten zählten für Rubinstein zu den wichtigen Ereignissen der Saison 1935/36 seine erste Begegnung mit Marian Andersons Gesang, den er so liebte, die Premiere von Szymanowskis Ballettpantomime *Harnasie* mit Serge Lifar an der Pariser Oper und die ersten Aufnahmesitzungen für sämtliche Nocturnes von Chopin. Vielleicht hat Gaisberg an diese Sitzungen gedacht, als er in seinen Erinnerungen berichtete, Rubinstein habe die kleine Eva »in unser Studio mitgebracht, wo sie auf seinem Knie saß und auf dem Klavier herumklimperte, während ihm die Augen vor Staunen aus dem Kopf traten«. Gaisberg berichtete auch, wie erstaunt Rubinsteins Freunde über die Tatsache waren, daß »aus diesem hartnäckigen Junggesellen ... der vergötternde Vater geworden war. Er muß viele kostbare Übungsstunden damit verbracht haben, das Kind auf seinem Schoß herumhopsen zu lassen.«[57]

Szymanowski freute sich zwar über den Erfolg, den *Harnasie* bei der Pariser Uraufführung und danach hatte, aber er litt an einer unheilbaren Tuberkulose. Im Laufe der Jahre war Rubinsteins Freundschaft für ihn ein wichtiger Faktor geblieben, und schon im Juni 1926 hatte er an Zosia Kochanska geschrieben, er habe kürzlich den Eindruck gehabt, daß der Pianist nicht nur, wie immer, »äußerst nett« und großzügig sei, sondern auch »ein wenig ernsthafter und tiefsinniger«, als er es zuvor gewesen sei. Dann zitierte er aus einem »Brief – dem ersten seit hundert Jahren –«, den Rubinstein ihm von Bord eines Schiffes geschickt hatte, das ihn von Lissabon nach Rio de Janeiro brachte: »›Du weißt sehr gut, daß ihr, Du und Paul, die einzigen Menschen auf der Welt seid, für die ich ein totales Gefühl der Zugehörigkeit empfinde – wie zu etwas, was absolut mein ist. Der Rest der Menschheit spielt da nur eine Nebenrolle...‹«[58] Ende Januar 1937 sah Rubinstein, der ein Konzert in Cannes geben sollte, Szymanowski im nahen Grasse, wo sich der Komponist in einer Klinik aufhielt. Karol schaffte es noch, Arthurs Konzert zu besuchen, nach dem sie einander zum letztenmal auf Wiedersehen sagten. Am 29. März – Ostersonntag – starb der fünfundfünfzigjährige Komponist in einem Sanatorium in Lausanne. Wertheim, Kochanski, Mlynarski und Szymanowski – sie alle waren dahingegangen. Zwei Monate nach seinem fünfzigsten Geburtstag hatte Rubinstein fast alle engen polnischen Musikerfreunde seiner frühen Jahre verloren.

Zwischen Herbst 1936 und Frühjahr 1938 gab es kaum eine Ruhepause in Rubinsteins Berufsleben. Neben vielen anderen Engagements spielte er Anfang Oktober 1936 in Kopenhagen, Ende November in Helsinki, Anfang Dezember in Polen und Ende Januar 1937 in Lausanne und in Südfrankreich. Vom 12. bis 14. Februar nahm er in London weitere Nocturnes von Chopin auf; vom 19. Februar bis 1. März spielte er in Italien und vom 3. bis 13. März in Nordafrika. Anfang April war er wieder in London, um seine Aufnahmen der Nocturnes fertigzustellen und andere Einspielungen zu machen, so das Erste Klavierkonzert von Chopin mit Barbirolli sowie die Sonate für Violine und Klavier von Franck mit Heifetz. Mitte April hatte Rubinstein sich mit seiner Familie in Marseilles zu einer Südamerikatournee einschiffen lassen, während der er viele Konzerte in Argentinien, Uruguay und Chile gab. Im August kehrten sie nach Paris zurück, aber Rubinstein brach sofort wieder allein auf – zu seiner ersten Australientournee. (In seinen Memoiren hat er nicht erwähnt, daß die Tournee ursprünglich für Horowitz geplant war, der sich allerdings gerade für eine Zeitlang aus der Öffentlichkeit zurückzog.) Die Reise begann mit einer Reihe von Flügen von Amsterdam nach Sydney via Athen, Kairo, Basra, Allahabad, Kalkutta, Kuala Lumpur, Timor und Port Darwin. Anschließend fanden Konzerte in Sydney, Melbourne, Adelaide, Perth, wieder in Melbourne, Canberra, erneut in Sydney und in Brisbane statt. Am Ende stand wieder eine längere Reihe von Flügen, unter anderem mit einem Zwischenstopp in Rangoon in Birma. Insgesamt ging die Australientournee vom 22. August bis zum 15. Oktober, und wie die Fernosttournee vermittelte auch sie Rubinstein viele neue Eindrücke und Tausende neuer Anhänger. Kaum war er nach Paris zurückgekehrt, schickten er und Nela die Kinder und ihre Kinderschwester nach Polen und fuhren in die USA, wo Rubinstein zum ersten Mal nach zehn Jahren wieder spielen sollte. Sol Hurok, der Impresario, der Rubinstein in der Saison 1921/22 für ein

paar Konzerte engagiert hatte, war seit 1928 hinter dem Pianisten her-gewesen. »Für mich war sein Entschluß, den Vereinigten Staaten fern-zubleiben, nicht endgültig«, erinnerte sich Hurok. »Jedesmal, wenn ich nach drüben fuhr, sprach ich mit seinen europäischen Managern, und endlich konnte ich ihn eines Tages in Paris zu einer Besprechung über-reden. Wir unterhielten uns etwa eine Stunde lang, und am Ende hatte ich ihn davon überzeugt, daß Amerika endlich für ihn bereit sei. Im November 1937 ging er mit seiner reizenden Frau von Bord der *Queen Mary*... Dutzende seiner Freunde waren gekommen..., um zu sehen, wie sie das Schiff verließen, in Pelze gehüllt, und zum ersten Mal nach zehn Jahren wieder den Boden Amerikas betraten... Sein erstes Kon-zert gab er [am 17. November] mit dem New York Philharmonic Or-chestra, unter der Leitung von John Barbirolli. Er spielte das B-Dur-Konzert von Brahms glänzend, aber im selben Programm wurde Daniel Gregory Masons *Lincoln Symphony* uraufgeführt, und die Kritiker wid-meten ihre Aufmerksamkeit hauptsächlich diesem Ereignis... Ich war zwar enttäuscht, aber nicht entmutigt... In diesen neun Wochen gab er siebzehn Konzerte und trat mit sieben führenden Symphonieorchestern auf. Als er [am 7. Januar 1938] in der Carnegie Hall den ersten von zwei Soloauftritten hatte, schrieben die Kritiker von seiner ›triumphalen Rückkehr‹, seinem ›mitreißenden‹ Spiel...«[59]
Hurok übertrieb nicht. »Das Ereignis der Saison 1937/38 war die Rück-kehr und – endlich – der Triumph von Arthur Rubinstein«, erklärte Ri-chard Schickel in seiner Geschichte der Carnegie Hall. Die Bespre-chungen von Rubinsteins erstem Konzert waren »ekstatisch«, meinte Schickel. »So schrieb Olin Downes: ›Mr. Rubinstein muß sechs Hände und dreißig Finger besitzen, vielleicht auch noch ein Orchester, das in der Nähe seines Resonanzbodens versteckt ist.‹ Ihm sekundierte Louis Biancolli: ›Mr. Rubinstein ließ sein Publikum jubelnd und seinen Flügel lahm zurück.‹«[60] Der Kritiker der *New York Times,* ein gewisser »N. S.«, erklärte: »Kraft und Elan, eine phänomenale dynamische Reichweite und eine so seltene Phantasie zur Erzeugung von Farbeffekten verlie-hen den Auftritten des Künstlers einen Reiz, der ihm im Laufe des lan-gen und formidablen Programms viele Demonstrationen hektischen

Beifalls eintrug« – eines Programms, das die Bach-Busoni-Toccata in C-Dur, Francks Prelude, Choral und Fuge, Poulencs *Mouvements perpétuels,* drei Stücke von Debussy, die »Forlane« aus Ravels *Le Tombeau de Couperin,* Strawinskys »Petruschka-Sonate« sowie Chopins Barcarolle, die Mazurken in c-Moll (op. 56, Nr. 3) und D-Dur (op. 33, Nr. 2), das Nocturne in Fis-Dur und die Polonaise in As-Dur umfaßte. Der Kritiker der *Times* bemerkte, daß im Publikum »eine große Zahl der führenden Musiker der Stadt«[61] gesessen habe, und in der Tat zählten zu den Pianisten – laut Rubinstein – Rachmaninoff, Godowsky sowie Josef und Rosina Lhévinne.

Schickel bezeichnete die Rehabilitierung von Rubinsteins künstlerischem Wert als »das sicherste Anzeichen des Jahrzehnts dafür, daß die Fähigkeit des Musikpublikums, zwischen Verdienst und Blenderei zu unterscheiden, einigermaßen zugenommen hat«.[62] Rubinsteins langersehnter amerikanischer Triumph war Wirklichkeit geworden, und diese Wirklichkeit sollte bis zum Ende seiner Karriere bestehen. Er räumte zwar ein, daß Hurok ihm zu seinem Comeback verholfen habe, aber in *Mein glückliches Leben* steckt doch auch – implizit und zuweilen explizit – viel Sarkasmus über den Impresario. Nela Rubinstein hat gesagt: »Hurok war ein wunderbarer Mensch« und: »Arthur sagt nicht genug Gutes über ihn« in seinen Memoiren. »Hurok liebte Arthur aus tiefstem Herzen. Er hat seine amerikanische Karriere gemacht. Gewiß, er hat gleichzeitig seine eigene gemacht, aber dennoch!« 1973, als Hurok unheilbar krank war, »gab es für ihn eine große Galavorstellung an der Met, und dabei traten all seine Künstler auf«, fuhr Frau Rubinstein fort. »Nur Arthur nicht, und das tat Hurok weh. Arthur brachte es einfach nicht über sich. Ich glaube, er war vielleicht ein wenig eifersüchtig auf die anderen Künstler. Er hätte irgend etwas tun sollen – es hat mich verletzt, daß er es nicht tat.« Aber vermutlich hat der Stolz eine größere Rolle gespielt als die Eifersucht, und zwar nicht nur in seiner Einstellung gegenüber Hurok, sondern auch in seiner Einstellung gegenüber seiner Beliebtheit in den USA. Rubinstein ist nie ganz darüber hinweggekommen, daß er dort erst im Alter von fünfzig Jahren voll anerkannt wurde. Das geht auch aus seiner Reaktion auf einen Brief hervor, den ihm die

Recordak Corporation in New York im März 1965 geschickt hat. Man hatte ihn darum gebeten, mit seinem Namen im Pavillon des Unternehmens auf der bevorstehenden Weltausstellung werben zu dürfen, und der ihn charakterisierende Satz lautete:»Dieser international berühmte Pianist gab zwar sein Konzertdebüt in Warschau schon im Alter von fünf Jahren, aber zu seinem derzeitigen Ansehen gelangte er erst dreiundvierzig Jahre später.« Rubinstein erwiderte:»Zunächst einmal fand mein Konzertdebüt im Alter von sechs Jahren statt [in Wirklichkeit zwischen sieben und acht, und zwar in Lodz und nicht in Warschau], und ich glaube nicht, daß in diesem Alter irgendein Debüt unter dem Gesichtspunkt einer Karriere oder in allgemeiner musikalischer Hinsicht viel besagt. Und was die Erlangung meines derzeitigen Ansehens, wie Sie es formuliert haben, nach dreiundvierzig Jahren betrifft, also erst im reifen Alter von achtundvierzig [eigentlich fünfzig], so ist dies nicht ganz korrekt. Sie könnten zwar sagen, ich sei zu einem gewissen Ansehen in den USA gelangt, aber schließlich hatte ich das Glück gehabt, im Jahre 1916 während des Ersten Weltkriegs eine absolute Vorrangstellung als Pianist in Spanien zu erreichen, und anschließend in allen spanischsprachigen Ländern von Südamerika und auf der ganzen Welt. Ich darf doch mit großem Stolz sagen, daß ich diese Stellung noch immer unverändert genieße. Daher wäre es ziemlich frustrierend für mich, wenn man den Leuten mitteilte, daß die Zeit zwischen meinem Debüt mit fünf bis dreiundvierzig Jahre später ohne jede Bedeutung gewesen wäre.«[63]
An seine Erfolge in den Vereinigten Staaten knüpfte Rubinstein in Lateinamerika an: Während seine Frau nach Paris und zu den Kindern zurückkehrte, gab er Konzerte, die Ernesto de Quesada für ihn in Mexico City, Bogotá (wo er für Nela einen ganzen Beutel voller Smaragde kaufte), Caracas und Kingston auf Jamaika organisiert hatte. Dann flog er nach New York zurück und ging an Bord der *Normandie,* um im Februar 1938 die Rückreise nach Frankreich anzutreten. Kurz danach erfuhren Nela und Arthur, daß ein Haus am Square de l'Avenue du Bois de Boulogne (der heutigen Avenue Foch) in Paris zum Verkauf anstand, also im eleganten 16. Arrondissement, gleich neben dem Haus, in dem Debussy seine letzten Jahre verbracht hatte und gestorben war. »Unser

Haus am Montmartre war viel zu klein«, erinnerte sich Nela. »Meine Mutter wohnte bei uns, und dann waren da noch die beiden Kinder und das Kindermädchen. Das zum Verkauf anstehende Haus gehörte der Familie Singer, und wir haben es für eine lächerliche Summe bekommen. Es mußte renoviert werden, und alles wurde wunderschön in Ordnung gebracht.« Während das Haus renoviert wurde, verbrachten die Rubinsteins den Sommer 1938 in Aix-les-Bains; im September zogen sie dann in ihr schönes neues Heim ein.

Im Herbst 1938 gab Rubinstein Konzerte in Frankreich und im Baltikum. Anschließend übergaben Nela und Arthur Eva und Paul der Obhut von Madame Mlynarska und des Personals und fuhren nach Nordamerika zu einer vier Monate dauernden Tournee, auf der die Triumphe des vergangenen Jahres wiederholt und bestätigt wurden. Laut Hurok waren die Einnahmen aus dem Kartenverkauf während Rubinsteins erster amerikanischer Saison nicht hoch gewesen. »Ich war jedoch absolut zuversichtlich, und bald gaben mir die Buchungen recht, die für die nächste Saison einzugehen begannen.« Von da an, sagte er, hätte es auf Rubinsteins Amerika-Tourneen »nur ausverkaufte Häuser gegeben. Zwei- oder dreimal pro Saison eilt er zwischen Kalifornien … und New York hin und her, und stets sind seine Konzerte im ganzen Land ausverkauft und brechen sämtliche Kassenrekorde. Zwei- oder dreimal pro Saison gibt er in der Carnegie Hall Solokonzerte und spielt mit Orchester. Er ist ein vielbeschäftigter, glücklicher Mensch, dessen künstlerisches und privates Leben scheinbar nicht enden wollend mit Üben und Konzerten und Begegnungen mit Menschen vom frühen Morgen bis tief in die Nacht angefüllt ist.«[64]

Fast unmittelbar nach seiner Rückkehr nach Paris im Frühjahr 1939 nahm Rubinstein mit dem Orchestre de la Société des Concerts du Conservatoire unter der Leitung von Philippe Gaubert sein geliebtes altes Zweites Klavierkonzert von Saint-Saëns auf. Dann eilte er nach London, um ein bedeutendes Aufnahmeprojekt zu vollenden, das er im November und Dezember des vergangenen Jahres begonnen hatte: die Chopin-Mazurken. Gaisberg berichtete, als man an Rubinstein wegen dieses Projekts herangetreten sei, sei seine Reaktion »nicht allzu begeistert [gewesen]. Er hatte zwar immer die beliebtesten gespielt, war aber mit dem Großteil der ganzen Reihe nicht intim vertraut und neigte zu der Annahme, daß sie sich in einer Gesamtaufnahme als monoton erweisen würden. Doch dann machte er sich an die Arbeit und entdeckte bald, daß in jeder einzelnen eine gewisse Schönheit steckte, die ihm bis dahin nicht aufgegangen war.« Laut Gaisberg »beharrt Rubinstein darauf, daß die Mazurken mehr als jede andere Musik von Chopin das polnische Nationalgefühl zum Ausdruck bringen… Bei der Aufnahme dieser Tänze stand er oft auf und demonstrierte die Schritte verschiedener Mazurka-Arten, jeweils in unterschiedlichem Tempo. Herausragend war seine Interpretation von Nijinskij in der berühmten C-Dur-Mazurka…« Nachdem er die Kassette aufgenommen hatte, schrieb Rubinstein an die Gramophone Company:

»Ich war immer der Meinung, daß die Mazurken die originellsten, wenn nicht gar die schönsten Werke von Chopin sind…Es ist sehr schwer, sich in die Stimmung von zweiundfünfzig verschiedenen Mazurken zu versetzen, und ich habe dieser Aufgabe mit großer Besorgnis entgegengesehen, weil ich dachte, es wäre schwierig, mich auf genau den richtigen Ausdruck so vieler Werke einzustimmen, von denen jedes einzelne einen eigenen Charakter hat. Zu meiner großen Freude habe ich gemerkt, daß Mr. Gaisberg wie ich selbst mit jeder neuen Mazurka immer begeisterter wurden. Ich kann nur hoffen, daß … die Hörer zumindest ein bißchen von der Liebe heraushören werden, die ich bei der Aufnahme dieses Werks empfunden habe.

Ich weiß nicht, ob mir gelungen ist, was ich machen wollte, aber ich hoffe doch, daß meine Aufnahmen dieser Mazurken dazu beitragen werden, dem riesigen Publikum des Grammophons auf der ganzen Welt ein wenig von dem zu vermitteln, was Chopins Musik für die Polen bedeutet.«

Gaisberg glaubte, daß die große positive Wende in Rubinsteins beruflichem Schicksal in der englischsprachigen Welt unmittelbar vor dem Zweiten Weltkrieg direkt zusammenhing mit »seinem großen und interessanten Repertoire von Grammophonaufnahmen… Vielleicht haben von all seinen Titeln hauptsächlich die Scherzi, Nocturnes, Polonaisen und last not least die Mazurken von Chopin zu seiner Beliebtheit in britischen und amerikanischen Konzertsälen beigetragen.«[65] »Hauptsächlich« mag eine Übertreibung sein, aber die Schallplatten kamen gewiß seinem Ruf zugute.

Die Fertigstellung des Mazurka-Projekts im Mai 1939 war keineswegs Rubinsteins letzte Aufgabe in dieser Saison. Im Juni fuhr er mit dem Schiff nach Südafrika, wo er begeistert aufgenommene Konzerte in Kapstadt, Johannesburg, Kimberley und Durban gab, einen Diamanten für Nela kaufte und via Angola, Daressalam, Victoria Nyanza, Khartum, Kairo, Piräus und Brindisi nach Frankreich zurückflog. Während seiner Abwesenheit hatte Ruth Draper Nela und die Kinder in Paris besucht, und in einem Brief schilderte sie Nela als »Träume an Charme, Persönlichkeit und Schönheit, goldig und lieb. [Nelas] Mutter ist ein Engel, und es herrscht eine Atmosphäre, wie man sie gern in einem Haus vorfindet. Der kleine Paul nahm meine Hand und zog mich nach oben, damit ich mir seine Spielsachen ansah – obwohl er mich doch noch nie gesehen hatte – so lieb und offen und freundlich und fröhlich – und wie sie da mit mir polnisch und dann französisch plauderten, war einfach berauschend – wie diese kleinen Lippen die Worte in diesen beiden Sprachen bildeten – gleichermaßen mühelos.«[66] Nach Arthurs Rückkehr verbrachten die Rubinsteins den Rest des Sommers an der Küste der Normandie. Ihre Domizile waren Germaine de Rothschilds Villa – zwischen Deauville und Pont-l'Evêque – sowie das Maison Blanche in Bonneville-sur-Toucques (Calvados). Dort verfolgten sie Rundfunksendungen, die sie über die bedrohlichen Ereignisse im August und September 1939 auf dem laufenden hielten.

Zu der Zeit, da Rubinsteins Aufnahmen der Mazurken herauskamen, hatte seine erklärte Hoffnung, daß sie dazu beitragen würden, ausländischen Hörern »ein wenig von dem zu vermitteln, was Chopins Musik für die Polen bedeutet«, einen tragischen Beiklang bekommen. Das junge, unabhängige Polen war von Hitlers Wehrmacht besetzt wor-

den, und der Zweite Weltkrieg hatte begonnen. Rubinstein war zwar, wie die meisten anderen nichtdeutschen Europäer und die europäischen Juden im besonderen, seit langem schon entsetzt über die Wiederaufrüstung, den Rassismus und die Kriegslust des Dritten Reichs, aber er war kein politisch differenziert denkender Mensch. Er war ein großer Bewunderer von Léon Blum, dem französischen Sozialistenführer und Architekten der Volksfront. Dennoch achtete er darauf, öffentlich keine Stellungnahme zum Spanischen Bürgerkrieg abzugeben, da er Bewunderer auf beiden – oder vielmehr allen – Seiten des Konflikts hatte. »Nach dem Krieg kehrten sie alle wieder zu ihm zurück«, berichtete Nela Rubinstein. Wie groß die Bewunderung auch immer gewesen sein mochte, die er für Mussolini empfunden hatte, so wurde sie doch 1935 vom italienischen Einmarsch in Äthiopien erschüttert und im Herbst 1938 zerstört, als Mussolini antisemitische Gesetze verkündete, weil er die italienische Politik auf die der Deutschen abstimmen wollte. Rubinstein war außer sich. Kurz darauf erklärte er Gaisberg, er sei »zufällig in Südfrankreich gewesen«, als er von den neuen Erlassen erfahren habe, »und schnurstracks auf ein Telegraphenamt gegangen, wo er ein geharnischtes Telegramm an den Duce aufsetzte. Als er den Beamten aufforderte, es abzuschicken, geriet dieser in Panik und bat den Pianisten zu warten. Er müsse sich zunächst an seinen Vorgesetzten wenden und könne erst in ein paar Stunden einen Bescheid erhalten, ob eine derartige Mitteilung in ein fremdes Land geschickt werden dürfe. Drei Stunden später kam Rubinstein wieder und erfuhr, das Telegramm sei freigegeben und abgeschickt worden. Als er das Amt verließ, nachdem er die Gebühr bezahlt hatte, boten Zeitungsjungen auf der Straße bereits eine Extraausgabe mit der Story an. Auch wenn die Franzosen ein doppeltes Spiel mit ihm getrieben hatten, indem sie unbefugt eine private Mitteilung vor dem tatsächlichen Absenden veröffentlicht hatten, machte ihn das nur noch wütender denn je auf die Italiener.«[67] Rubinstein schickte den Orden zurück, den Mussolini ihm verliehen hatte, und wurde prompt aus dem Musikleben Italiens verbannt – was aufgrund seiner ethnischen Herkunft ohnehin geschehen wäre.
Die Nachricht von seiner Aktion wurde auf der ganzen Welt verbreitet.

Am 20. September 1938 brachte die Warschauer Zeitung *Warszawski Dziennik Narodowy* eine Story darüber:»Am 7. September gab der englische Rundfunk seinen Hörern die folgende Meldung der Nachrichtenagentur Reuters zum besten: ›Der berühmte polnische Pianist Arthur Rubinstein hat all seine Konzerte in Italien abgesagt und Mussolini seine ganzen italienischen Orden aus Protest gegen die antisemitischen Gesetze von Italien zurückgeschickt.‹ Nachdem er dies zitiert hat, fragt der *Merkuriusz Polski* [eine rechtsgerichtete Tageszeitung] ironisch den ›berühmten polnischen Rubinstein, warum er sich, als Pole, in Angelegenheiten einmische, die nur Juden und Italiener interessierten‹ und fügt hinzu: ›Der ehrenwerte Herr kann sich die Mühe einer Antwort sparen. Wir wissen genug über Rubinsteins Herkunft, und dieses Wissen wiegt mehr als jede Antwort. Aber Sie sollten wissen, Herr Rubinstein, daß das, was Sie da angerichtet haben, indem Sie die Dinge falsch dargestellt haben, eine gemeine Beleidigung gegen eine Nation [Italien], die die Polen respektiert, und einen verabscheuungswürdigen Übergriff darstellt. Sie haben sich als Polen ausgegeben, und Sie haben gehandelt, ohne das geringste Recht dazu zu haben, und sind somit gegen die Intentionen der Polen verfahren, die [den Ihren] diametral entgegengesetzt sind. Dieser Übergriff wird nicht verziehen. Vergessen Sie das nie. Mit Konzerten in Polen ist es damit für Sie für immer vorbei. In Polen werden Sie nie wieder spielen, da können Sie sicher sein.‹ Wir dürfen hinzufügen, daß die Polnische Nachrichtenagentur mit der Tatsache, daß Rubinstein Pole ist, Reklame macht – einer Tatsache, auf die wir früher ziemlich oft die Öffentlichkeit aufmerksam gemacht haben.«[68]

Aber die Tatsache, daß Rubinsteins Liebe zum polnischen Volk und zur polnischen Kultur von einigen seiner Landsleute nicht erwidert wurde, tat dieser Liebe keinen Abbruch. Als die Familie Rubinstein – die sich noch bei Deauville aufhielt – erfuhr, daß Deutschland Polen endgültig erobert hatte, war der Pianist zum Äußersten bereit: »Ich weiß noch, daß ich eines Nachmittags ganz verzweifelt aufs Meer starrte und den unwiderstehlichen Drang empfand, mich hineinzustürzen«, erinnerte sich Rubinstein später. »Nela und Anatole Mühlstein [Diana de Rothschilds Mann] haben das wohl gespürt, denn sie zogen mich gewaltsam vom Strand weg ins Haus.«[69] Als Nela Rubinstein viele Jahre später gefragt wurde, ob dies wahr wäre, erklärte sie:»Ich meine zwar, daß er ein wenig dramatisieren will – ich glaube nicht, daß er sich ins Meer gestürzt hätte –, aber wir waren absolut verzweifelt.« Nun war Nela von ihrer Mutter, ihrer Schwester Alina, ihrem Bruder Bronek und den meisten anderen Verwandten abgeschnitten, die in Polen oder Litauen waren. Die meisten Brüder und Schwestern von Arthur sowie deren Familien befanden sich in Warschau oder Lodz.

Rubinstein sollte Anfang Oktober zwei Konzerte in Amsterdam geben. Er buchte Plätze auf einem holländischen Schiff, das ihn und seine Familie von Holland nach Amerika bringen würde, wo er Mitte November spielen sollte, aber »unsere Freunde hier in Paris waren außer sich und wollten, daß wir früher fuhren und nicht erst die Konzerte abwarteten«, erinnerte sich Nela. »Ich hatte natürlich große Angst und wollte nicht warten und mit den Kindern geschnappt werden, sondern lieber fahren. Also versuchte ich ihn zu überreden, früher zu fahren, aber ihm gefiel die Idee nicht, weil es ihm nicht richtig vorkam – er wollte ein großartiger Kerl sein und bis zum letzten Moment warten. Er wollte nicht, daß es so aussah, als liefe er davon. Aber wir wurden wirklich dazu gezwungen, vom amerikanischen Botschafter, William Bullitt, der ein Freund von uns und ein großer Freund des polnischen Botschafters war. Er besorgte uns Visa, obwohl wir keine Amerikaner waren, so daß wir auf das Schiff gehen konnten, auf dem die Amerikaner in Frankreich evakuiert wurden.« Arthur sagte seine holländischen Konzerte ab. Er, Nela, die Kinder, ihre französische Gouvernante und Zosia Kochanska nahmen einen Zug nach Bordeaux, wo sie sich anschickten, an Bord der überfüllten *SS Washington* zu gehen, die nach New York auslief. Am 3. Oktober 1939 schickte Rubinstein vom Hôtel Gascogne in Bordeaux Rex Palmer von der Londoner Gramophone Company vermutlich den letzten Brief, den er in Europa vor Kriegsende geschrieben hat: »Mein lieber Rex – Wir fahren gleich mit dem Schiff nach New York, wo ich ziemlich lange bleiben werde – Würden Sie so gut sein und die Victor Company anweisen, mir meine Halbjahresabrechnung in New York in

Dollars auszubezahlen? Mein dortige Adresse lautet: Hurok Attractions [,] 30, Rockefeller Plaza, New York[.] Ich hoffe, die Mazurken von Chopin sind herausgekommen oder werden zumindest in Amerika herausgekommen sein. Ich habe im November, Dezember eine Tournee in M. Amerika (Porto [sic] Rico, Kuba, Jamaika, Venezuela), von Januar bis Ende Mai in den Vereinigten Staaten, dann in Südamerika. Bitte schreiben Sie mir doch ein paar Zeilen. Ihr sehr ergebener Arthur Rubinstein. Ich hoffe, in England ist alles wohlauf.«

Fred Gaisberg, der gerade seinen Ruhestand antreten wollte (er starb 1951), beantwortete den Brief sechs Tage später: »Lieber Arthur, Ihr Brief an Rex Palmer ist an mich weitergeleitet worden, da er im Kriege dient. Was die Abrechnungen betrifft, so haben sie sich infolge des Krieges und der Personalknappheit ein wenig verspätet. Wir erwarten außerdem noch einen Bescheid, in welcher Form die Zahlungen angesichts der verschiedenen staatlichen Beschränkungen erfolgen können… Die erste Hälfte der Mazurken ist im September herausgekommen, und die Victor Company hat Matern der gesamten Kassette erhalten… Ich hoffe, Sie werden eine erfolgreiche Tournee haben und hin und wieder an uns arme Teufel hier drüben denken, die wir bald Rationierungen und Lebensmittelmarken bekommen werden…«[70]

Rubinstein erhielt Gaisbergs Brief in New York, wo er mit seiner Familie im Buckingham Hotel an der West Fifty-seventh Street abgestiegen war. »… die Kinder richteten sich ein«, berichtete Rubinstein[71], aber die Anpassung vollzog sich weniger leicht, als er gedacht hatte: Der vierjährige Paul glaubte, er werde von grausamen Nazi-Soldaten verfolgt, und er wie die sechsjährige Eva hatten mit dem Übergang zu einer neuen Sprache und einer neuen Umgebung – oder vielmehr der ersten einer Reihe von neuen Umgebungen – auf unterschiedliche Weise ihre Mühe. Aber so oder so waren die Rubinsteins dabei, Amerikaner zu werden.

6

›RUBINSTEIN‹

DER ZWEITE WELTKRIEG UND DIE UNMITTELBARE NACHKRIEGSZEIT

Von Herbst 1939 bis Herbst 1947 beschränkte sich Rubinsteins Tätigkeit auf die beiden Teile Amerikas; eine Zeitlang – für die Dauer der Beteiligung der USA am Krieg – sogar nur auf Nordamerika. (Bis 1946, als er Staatsbürger der Vereinigten Staaten wurde, hatte er den gesetzlichen Status eines – wenn auch hochgeachteten – »ausländischen Bürgers«.) Die Freude, die er in den ersten beiden Jahren über seine beruflichen Erfolge empfand, wurde gedämpft durch seinen Kummer darüber, daß Deutschland ein europäisches Land nach dem anderen eroberte und die USA sich weigerten, sich in den Konflikt einzuschalten. Dieser Kummer war nie so stark wie während der Ozeanreise, die er und seine Familie im Mai 1940 nach Brasilien und Argentinien unternahmen, während die Deutschen in Frankreich einfielen. An Bord der *SS Uruguay* befanden sich auch Ruth Draper, Henri Focillon, ein bekannter Kunsthistoriker, und Madame Focillon. Sie bildeten zusammen mit den Rubinsteins eine niedergeschlagene, ängstliche kleine Gemeinschaft. Vom Schiff schrieb Draper am 14. Mai an ihre Schwester Martha: »Die Focillons und die Rubinsteins und, wie ich zugeben muß, auch ich, wir alle verspürten die große Gleichgültigkeit [gegenüber Hitlers Eroberungen] unter den Amerikanern überall im Westen. Keine Reaktion auf die in den Kinowochenschauen dargestellten Greuel – kaum Kommentare oder ein Ausdruck von Mißbilligung. Eher Bewunderung für Hitlers Geschick und Erfolg. Die Fallschirmlandungen sind zwar erstaunlich, aber als Arthur den Kapitän fragte, ob er nicht auch der Meinung wäre, daß das Tragen von falschen Uniformen schrecklich sei, sagte dieser nur: ›Nun ja, sie haben es damit geschafft!‹ Es ist alles so furchtbar traurig – aber ich hoffe doch sehr, daß die Angriffe auf Belgien und Holland das Land aufgerüttelt haben… Doch die Sterne und der Mond und dieses ruhige blaue Meer und die beiden bezaubernden Kinder [Eva und Paul], die jeden Morgen auf dem Weg vom Frühstück in mein Zimmer kommen, sind ein großer Trost. Sie sind absolut liebenswert und korrigieren mein Französisch und laufen zu mir, wann immer sie mich sehen – mit strahlenden Gesichtern. Nichts ist so heilsam wie die Unschuld und Freude von Kindern.«[1]

Rubinstein beteiligte sich in den USA aktiv an Hilfsprojekten für Polen. So sammelten er und der polnische Tenor Jan Kiepura beispielsweise im November 1939 in New York 40 000 Dollar beim ersten einer Reihe von gemeinsamen Benefizkonzerten für polnische Flüchtlinge. Im darauffolgenden Jahr stand Rubinstein im Hinblick auf sein anhaltendes Hilfswerk in Kontakt mit vielen polnischen Diplomaten. Er beteiligte sich auch an Bestrebungen, die Amerikaner zum Kriegseintritt zu bewegen. Einer seiner bedeutendsten Beiträge in dieser Hinsicht war eine Rundfunkansprache, die er am 13. Juni 1941 vor dem Angriff auf Pearl Harbor unter der Schirmherrschaft des US-Treasury Defense Savings Staff hielt. Rubinsteins Rede enthielt zwar ziemlich viele Platitüden, aber das war unter den gegebenen Umständen praktisch unvermeidlich.

»Diejenigen von uns Musikern…, die ständig um die Welt reisen, die viele Sprachen sprechen, die in jedem Land fast in jeder Stadt auftreten, haben die ganz einzigartige Gelegenheit, mit Tausenden von Menschen aller Rassen und Glaubensrichtungen, aller Schichten und Anschauungen in Kontakt zu treten, die uns gern ihre intimsten Gedanken anvertrauen würden, und zwar aus dem einfachen Grund, weil sie es – im Gegenzug zu ihrer Reaktion auf unsere Kunst und zu ihrem Verständnis davon – für selbstverständlich erachten, daß wir genausosehr auf ihre Überzeugung reagieren und mit ihren Vorstellungen sympathisieren. Ich möchte Euch gern einen anschaulichen Beweis für diese Behauptung liefern. Während ich in Madrid kurz vor dem Ausbruch der antimonarchistischen Revolution in Spanien Konzerte gab, erhielt ich Besuch vom Kammerherrn von Königin Victoria Eugenia, der mir das Bedauern Ihrer Majestät übermittelte, daß sie außerstande sei, meinem Konzert beizuwohnen, wie sie das immer zu tun pflegte, und zwar aufgrund der zunehmenden Unruhe unter den Revolutionären. Der Kammerherr wandte sich mit dieser Mitteilung an mich, als wäre ich ein überzeugter Monarchist. Eine halbe Stunde später kam ein junger Spanier aus meinem Bekanntenkreis, um mir das erste Exemplar der neuen Revolutionshymne zu überreichen, wobei er nicht daran zweifelte, daß ich im Herzen für ihre Sache sei. Dieses Beispiel, das sich überall auf der Welt wiederholt hat, ermöglicht es mir, die verschiedenen Reaktionen jeder Nation auf die Entwicklungen, die allmählich zu dieser größten Tragödie der Menschheit geführt haben, sorgsam zu beobachten.

Ich sah, hörte und spürte die Untergrundtätigkeit der Zersetzung und des Angriffs auf die Einheit, die Stärke und den Glauben, die die Deutschen seit Jahren in meinem eigenen Land betrieben haben. Die Polen hätten ihrem Feind viel länger tapfer widerstanden, wenn es diese abscheulichen Methoden der Aktivität von fünften Kolonnen nicht gegeben hätte, die sich in jüngerer Zeit im Spanienkrieg als so erfolgreich erwiesen haben. Der rasche Zusammenbruch des starken Frankreich hat im höchsten Maße gezeigt, was für eine mächtige Waffe diese teuflische Kriegführung im Innern darstellt. All die anderen unglücklichen, edlen und friedlichen Länder, die naiverweise Hitlers Worten geglaubt und sich hinter der Mauer der Neutralität sicher gefühlt haben, müssen nun für ihre Unschuld und ihren guten Glauben mit dem Verlust ihrer Freiheit, mit der Zerstörung ihrer Wohnstätten und einem langsamen Hungertod bezahlen...

Amerikaner, in dieser tragischsten aller Zeiten weiß die Welt, daß ihr wieder einen erleuchteten Führer [Präsident Franklin D. Roosevelt] gefunden habt, der die furchtbare Gefahr erkennt, vor der dieses Land steht – er wird bis zum Äußersten gehen, um die Freiheit, die Verfassung und das Leben der Menschen dieses Landes zu verteidigen. Er möchte, daß ihr die Defense Savings Bonds und Stamps kauft, die Mittel für eure Sicherheit. Viele wohlmeinende und gewöhnlich ernsthafte Menschen unter euch glauben und wollen euch einreden, daß ihr gegen alle feindlichen Armeen, Schiffe und Flugzeuge gut geschützt seid durch die Entfernung von Tausenden von Meilen, die eure Hemisphäre von euren potentiellen Feinden trennen. Dies ist ein großer, ein absoluter Fehler. Bitte erinnert euch an das, was ich euch über die deutsche Kriegführung gesagt habe. Es gibt viele Ratten, viele weiße Termiten, die unaufhörlich an den Fundamenten des Gebäudes eurer Nation nagen, und in allen Ländern von Süd- und Mittelamerika, die ich vor ein paar Monaten ausgiebig bereist habe, ist mir klargeworden, daß diese bösartigen Plagen der Menschheit bereits ganz wichtige Teile dieses Gebäudes vertilgt haben. Ich kann euch versichern, die Gefahr steht hier vor der Tür, sie ist überall...

Ihr seid das großmütigste Volk auf Erden. Ihr habt jeder freien Nation unter den Sternen unablässig geholfen und tut dies auch weiterhin. Aber diesmal bitte ich euch: Kauft Government Defense Savings Bonds und Stamps, weil jede davon eine Waffe in eurer Hand zur Verteidigung eurer Familie und eures großartigen Landes darstellt – und vielleicht am Ende der übrigen leidenden Menschheit ein friedliches und freies Leben wiedergeben wird.«[2]

Zusammen mit Eleanor Roosevelt, Mrs. Vincent Astor, der Sopranistin Lucrezia Bori, Walter Damrosch, Ruth Draper, dem New Yorker Bürgermeister Fiorello H. La Guardia, dem Gouverneur von New York, Herbert H. Lehman, dem Finanzminister Henry Morgenthau, dem Pianisten Sigismond Stojowski und anderen Prominenten gehörte Rubinstein dem in New York ansässigen Paderewski Fund for Polish Relief an. Am 3. Juli 1941, vier Tage nach Paderewskis Tod, nahm Rubinstein – unter Verzicht auf eine Gage – an einer Gedenksendung im Rundfunk teil, bei der er Paderewskis beliebtes Menuett und den Trauermarsch aus Chopins Zweiter Sonate spielte. Am 7. Dezember 1941 wollte Rubinstein gerade die Bühne der Carnegie Hall betreten, um das B-Dur-Konzert von Brahms mit dem New York Philharmonic Orchestra unter Rodzinski zu spielen, als die Nachricht vom japanischen Angriff auf Pearl Harbor eintraf; Rodzinski verkündete sie dem Publikum, das Konzert wurde jedoch fortgesetzt. Aber selbst nachdem die USA in den Krieg eingetreten waren, war das Schicksal Polens auch weiterhin eines von Rubinsteins Hauptanliegen. So nahm er beispielsweise eine Einladung – »im Namen der Freiheit Polens« – von Edgar A. Mowrer an, einem bekannten Journalisten, der im Krieg Stellvertretender Direktor des Office of Facts and Figures in Washington war. Rubinstein wurde gebeten, »polnische Musik« zu spielen, »wie nur Sie sie spielen können«, und zwar in einer »Sendung an die Welt am Tag der polnischen Verfassung, dem 3. Mai… Mit Ihrer Zustimmung wird die Sendung per Kurzwelle für das heldenhafte Volk von Polen übertragen…«[3] Zwei Monate später schrieb Charlotte Kellogg, die Vorsitzende des Paderewski Testimonial Fund – so hieß inzwischen der ehemalige Paderewski Fund for Polish Relief – an Rubinstein: »Ihre Beteiligung an der Paderewski-Gedenksendung der CBS von gestern abend [dem 8. Juli 1942] war nicht nur ein nobel eindrucksvoller Tribut für Mr. Paderewski, wie Sie ihn durch Chopins Musik zum Ausdruck gebracht haben, sondern auch ein wichtiger Beitrag für unsere Organisation, die sich darum bemüht, die Erinnerung an ihn und die Ideale, für die er einstand, am Leben zu erhalten und jene Unternehmungen weiterzuführen, die er und wir zusammen begonnen haben… Wir dürften nicht in der Lage gewesen sein, diese Sendung zu bekommen, wenn Sie sich nicht so großmütig erboten hätten zu spielen. Wir sind Ihnen zu tiefem Dank verpflichtet.«[4] Im September des folgenden Jahres machte Rubinstein eine weitere Rundfunksendung, diesmal für das Komitee der Friends of Poland während seiner »Tribute to Poland«-Woche. Im März 1945, als das Kriegsende nahte, lud ihn das US-Office of War Information ein, ein Pausengespräch aufzunehmen, das zusammen mit der Aufnahme eines Konzerts, das er vor kurzem mit dem New York Philharmonic Orchestra gegeben hatte, in Polen gesendet werden sollte. Und noch 1976 leistete Rubinstein einen Beitrag für den in London ansässigen Gedenkfonds, der sich bemühte, das Massaker aufzuklären, das die Russen im Krieg an polnischen Offizieren bei Katyn begangen hatten; Bronislaw Mlynarski, Nela Rubinsteins Bruder, war einer der Überlebenden dieses Gemetzels gewesen.

Rubinstein half auch vielen einzelnen Polen – Christen wie Juden –, die im amerikanischen Exil lebten. Einer von ihnen, der Maler Moïse (»Kiki«) Kisling, war ein Freund von ihm in Paris gewesen, wohin er 1910 im Alter von neunzehn Jahren aus seiner Heimatstadt Krakau gezogen war. Der großzügige, lebensfrohe Kisling hatte sich der französischen Armee im Ersten Weltkrieg angeschlossen und sich erneut 1939 freiwillig gemeldet, mußte aber im darauffolgenden Jahr fliehen. Er war nach New York gelangt, wo er sich an der Hilfe für Künstlerkollegen beteiligte, die es als Flüchtlinge aus ganz Europa hierher verschlagen hatte, obwohl es um seine eigenen Finanzen nicht zum besten stand. Kisling hatte oft Kontakt zu den Rubinsteins und hielt sich eine Zeitlang bei ihnen in Kalifornien auf. Im Frühjahr 1944 teilte er ihnen mit, daß die polnische Exilregierung in London die Pension eingestellt habe, die sie Julian Tuwim gewährt hatte – einem der besten polnischen Dichter, der wie Rubinstein als Jude in Lodz geboren war. Zu dieser Einstellung war es gekommen, weil Tuwim eine polnisch-sowjetische Allianz unterstützte und sich gegen die – wie er es nannte – Antisemiten und Faschisten innerhalb der Exilregierung aussprach. Kisling erklärte: »Ich möchte überhaupt nicht auf die Frage eingehen, ob die Regierung in London korrekt oder inkorrekt gehandelt hat – ich weiß nur, daß Tuwim ein großer Dichter ist und daß er und seine Frau in völliger Armut leben werden.«[5] Rubinstein muß Kisling sofort einen beträchtlichen Geldbetrag für Tuwim geschickt haben, denn der Maler bedankte sich in einem Brief an ihn für seine »großartige Reaktion… Sie können sich Tuwims Freude vorstellen, als er hörte, daß Sie ihm geholfen haben.«[6]

Im Frühjahr 1945, kurz vor Kriegsende, gab Rubinstein ein Konzert im War Memorial Opera House in San Francisco vor einem Publikum, in dem viele Delegierte saßen, die zur Gründung der Vereinten Nationen zusammengekommen waren. Die »Fahnen der Nationen, die sich zum historischen Akt der Unterzeichnung der Charta versammelt hatten, standen im Saal«, erinnerte sich Rubinstein. »Ich suchte nach der Flagge Polens, konnte sie aber nicht entdecken.« Nachdem er die amerikanische Nationalhymne gespielt hatte, wie dies während des Krieges vor allen öffentlichen Veranstaltungen in den USA üblich war, wurde er »von blinder Wut ergriffen und sprach laut und zornig ins Publikum: ›In diesem großen Hause, wo die Staaten sich versammeln, um eine bessere Welt zu schaffen, vermisse ich die Fahne Polens, um dessentwillen der Krieg ja schließlich ausgefochten wurde!‹ Und ich rief: ›Ich spiele jetzt die polnische Nationalhymne!‹ ... Ich spielte mit wuchtigem Ausdruck, sehr langsam, und wiederholte den Refrain in dröhnendem Forte. Das Publikum erhob sich am Schluß und brachte mir eine Ovation dar.«[7] Die Geschichte sei »authentisch«, hat Nela Rubinstein erklärt, die ebenfalls dabei war, und hinzugefügt: »Polen auf der ganzen Erde waren gerührt« wegen der Geste ihres Mannes.

Rubinsteins Beiträge zu Hilfsaktionen im Krieg und in der Nachkriegszeit beschränkten sich keineswegs nur auf Veranstaltungen, die mit Polen zu tun hatten. Ohne Gage trat er vor amerikanischen Soldaten auf, beteiligte sich an Konzerten und Rundfunksendungen, mit denen Gelder im Namen russischer und französischer Hilfsorganisationen gesammelt wurden, spielte bei einem Spendenaktionsdinner, das Elsa Maxwell in Beverly Hills zur Feier der Befreiung Frankreichs gab, war in Sondersendungen anläßlich der Siege der Alliierten über Deutschland und Japan zu hören und reagierte positiv auf Dutzende von Anfragen, seine künstlerischen Dienste oder sein Geld zu spenden.

Nachdem das Buckingham Hotel in New York eine Zeitlang als ihre Operationsbasis gedient hatte, mieteten die Rubinsteins ein Haus in der Turtle Bay von Manhattan – einem Wohnkomplex an der East Forty-eighth Street, wo auch Ruth Draper wohnte. Im Sommer 1941 mieteten sie das Haus 428 North Carmalina Avenue in Brentwood in West Los Angeles für einen kurzen Aufenthalt, wie sie annahmen. Ihnen gefiel jedoch die lässige Lebensweise in Kalifornien so sehr, daß sie im darauffolgenden Jahr ein Haus in Brentwood – 12921 Marlboro Street – von dem Schauspieler Pat O'Brien kauften, der sich nebenan ein neues Haus für sich und seine Familie hatte bauen lassen. In wahrhaft kalifornischem Pioniergeist beschloß Rubinstein, daß er das Autofahren lernen müsse, obwohl zwei frühere Versuche in Frankreich beinahe in einer

Katastrophe geendet hatten. Seine Frau bezeichnete seine Bemühungen als »nicht glücklich. Eigentlich war es eine Art Rache, weil ich mein Leben lang fuhr und immer ihn und die Kinder und was sonst nicht alles fahren mußte. Es war ein Protest: Er wollte nicht ein Mann sein, der nicht fahren konnte. Also gab er sich die größte Mühe, und am Ende bestand er tatsächlich die Führerscheinprüfung. Er hat uns allen immer fürchterliche Angst eingejagt, wenn er am Steuer saß, weil es einfach zu spät war – er hatte keine guten Reaktionen mehr, es war wirklich eine ganz gefährliche Angelegenheit. Die Kinder und ich probierten es mit allen möglichen Tricks: Wir behaupteten, er hätte gar keine Lust zu fahren, es wäre nicht gesund, es wäre langweilig und so weiter, und das ärgerte ihn.«[8] In Wahrheit machte Rubinstein das Autofahren keinen Spaß – er hatte seine Selbstbestätigung bekommen, indem er den Führerschein machte, ein paar Jahre lang ab und zu fuhr und schließlich ganz damit aufhörte. Bevor Rubinstein jedoch das Autofahren sein ließ, erlebte er dabei eine schöne Geschichte mit Sir Thomas Beecham, dem berühmten englischen Dirigenten. Beecham »hat mich einmal schlecht behandelt«, erzählte Rubinstein dem amerikanischen Journalisten Art Buchwald zwanzig Jahre später. »Ich spielte in der Hollywood Bowl bei ihm, und er war sehr unhöflich. Nach der Probe fragte er mich, ob ich ihn nach Hause bringen könne. Ich sagte, das würde ich gern tun, aber als er in meinem Wagen saß, erklärte ich ihm: ›Das ist eine großartige Gelegenheit. Sie sind mein erster Fahrgast. Ich habe nämlich meinen Führerschein erst gestern bekommen.‹ Ich habe noch nie in meinem Leben einen so verängstigten Menschen gesehen.«[9]

Beecham war einer von vielen ausgezeichneten europäischen Dirigenten, die während des Kriegs in Amerika lebten und arbeiteten und einen wesentlichen Beitrag zu einer großartigen Ära in der Geschichte amerikanischer Orchester leisteten. Die meisten Dirigenten musizierten gern mit Rubinstein, und zwar nicht nur wegen seines herausragenden Spiels und weil sein Name in der Schar ihrer Solisten ein Glanzlicht darstellte, sondern weil man auch leicht mit ihm arbeiten konnte. Viele berühmte Solisten aus Rubinsteins Generation wie aus früheren Generationen entwickelten für jedes Konzert in ihrem jeweiligen Repertoire einen einzigen Stil und wollten oder konnten davon nicht abgehen: »So spiele ich es nun einmal«, pflegten sie zu sagen, wenn man sie nach einem Grundtempo, einer kleinen Nuance oder sonst etwas befragte. Andere dagegen waren unberechenbar – sie konnten während der Aufführung eine Version des Stückes liefern, die sich extrem von der Fassung unterschied, die sie ein paar Stunden zuvor bei der Probe geliefert hatten, wobei sie davon ausgingen, daß ihnen Dirigent und Orchester schon folgen würden; wenn das Endergebnis manchmal einem Katz-und-Maus-Spiel glich, dann war das einfach schlecht. Wie andere herausragende Musiker hatte auch Rubinstein zwar klare Vorstellungen über die Interpretation der Stücke, die er spielte, war aber stets bereit, diese Vorstellungen zu überprüfen und die Ansichten anderer Musiker, die er respektierte, ernst zu nehmen. Aus all diesen Gründen dachten viele Dirigenten gar nicht daran, sich mit den üblichen Manager- und Agentenkontakten zu begnügen, wenn sie Rubinstein unbedingt als Solisten gewinnen wollten. Vielmehr schrieben sie ihm oder riefen ihn persönlich an, um ihm zu sagen, wie sehr ihnen daran gelegen sei, daß er mit ihrem Orchester auftrete. Sein Archiv enthält derartige verführerische Briefe von Dimitri Mitropoulos, Eugene Ormandy, Charles Munch, Erich Leinsdorf, Sir Malcolm Sargent und vielen anderen Dirigenten.

Leopold Stokowski hat Rubinstein wiederholt eingeladen, bei ihm als Solist zu spielen, insbesondere in späteren Jahren, aber seine Bitten wurden höflich abgeschlagen. Rubinstein hatte Stokowski bis 1945 bewundert, als sie eine ernsthafte Meinungsverschiedenheit über die Interpretation von Chopins f-Moll-Konzert hatten; danach mied der Pianist den Dirigenten wie die Pest. Stokowski »hat mich vor dem Orchester blamiert«, erinnerte sich Rubinstein mehr als fünfzehn Jahre später. »Ich war so sauer, daß ich während einer Aufnahmesitzung von der Bühne ging und mich weigerte, zurückzukehren. Aber vor kurzem haben wir uns ausgesöhnt, als er krank wurde und ich ihm ein paar Blumen geschickt habe.«[10]

Rubinstein hat nur einmal bei Arturo Toscanini gespielt, dem berühmtesten Dirigenten seiner Zeit. Toscanini hatte ihre Aufführung von

Beethovens Drittem Klavierkonzert so gut gefallen, daß er darauf bestand, Victor müsse eine Liveaufnahme davon herausbringen. Rubinstein hat in seinen Memoiren und anderswo gesagt, beim ersten Durchgehen des Stücks bei ihrer einzigen Probe für die Aufführung seien er und das Orchester überhaupt nicht miteinander klargekommen. Ein zweiter Durchgang habe jedoch perfekt geklappt, weil Toscanini sich beim ersten jede einzelne Nuance von Rubinstein eingeprägt habe und ihm dann gefolgt sei, ohne ein Detail auszulassen. Die Ergebnisse allerdings, wie man sie bei der Aufnahme vernimmt, demonstrieren nicht eine derartige gezielte Übereinstimmung – vielleicht haben die beiden Musiker einfach gern miteinander gearbeitet, und als sie sich das Resultat ihrer Zusammenarbeit vorspielten, haben sie eher ihre Freude daran herausgehört, als das, was da in musikalischer Hinsicht wirklich geschah. Toscanini gab Rubinstein ein signiertes Photo mit der Widmung: »Zur Erinnerung an das unvergeßliche Datum (29. Oktober 1944) unserer ersten künstlerischen Begegnung«.[11] Aber 1944 dirigierte der siebenundsiebzigjährige Toscanini nur rund ein Dutzend Konzerte im Jahr und verspürte wenig Neigung, Konzerte aufzuführen. Seine persönlichen Beziehungen zu Rubinstein blieben zwar herzlich, doch ihre »erste künstlerische Begegnung« war auch ihre letzte.

Eine produktivere berufliche Beziehung verband Rubinstein hingegen mit George Szell, den er bereits 1932 in Prag als Dirigenten erlebt hatte. Als sie 1933 in Den Haag zum ersten Mal miteinander auftraten, waren sie sich zwar wegen der Interpretation von Beethovens Viertem Klavierkonzert nicht einig, aber ihr Verhältnis wurde bald herzlicher, und in den frühen vierziger Jahren haben sie in Amerika oft miteinander musiziert. »Ich bin vom New York Philharmonic Orchestra als Gastdirigent für die nächste Saison engagiert worden«, schrieb Szell im Februar 1944 an Rubinstein. »Sie können sich vorstellen, wie glücklich ich bin. Ich halte dies für einen ganz wichtigen Meilenstein in meiner Karriere, und natürlich werde ich versuchen, mich dessen als würdig zu erweisen und meine Konzerte so glanzvoll wie möglich zu machen. Folglich sind SIE der *einzige* Solist, um den ich *gebeten* habe, und Sie wurden mir auch sofort zugesagt. Leider jedoch hat man mir ein paar Tage später zu verstehen gegeben, daß Sie vorhaben, die Philharmoniker für ein Jahr ›auszulassen‹. Dies ist eine bittere Enttäuschung, die ich nicht einfach so hinnehmen will. Ich möchte Sie daher bitten, sich Ihre Entscheidung noch einmal zu überlegen, angesichts der Tatsache, daß Sie bei mir spielen würden, falls sie akzeptierten, und in Anbetracht unserer Freundschaft und der vielen glücklichen Gelegenheiten, bei denen wir miteinander musiziert haben, hier und im Ausland, und die mir immer mehr Freude bereitet haben, als ich sagen kann... Ihr lieber Freund George. PS. Ich werde ein ›Nein‹ nicht als Antwort gelten lassen.«[12] Rubinstein kam zwar tatsächlich am Ende der folgenden Saison wieder zu den Philharmonikern, aber nur für ein Sonderkonzert mit Bruno Walter. Acht Jahre später hinterließ Szell eine Nachricht für Rubinstein im New Yorker St. Regis Hotel: »Mein *lieber* Artur, ich habe hier vorbeigeschaut, um Sie zu sehen – aber leider vergeblich. Ich habe eine große Bitte: Das Cleveland Orchestra [dessen musikalischer Leiter Szell seit 1946 gewesen war] hat 1952/53 eine Jubiläumssaison, und ich *muß* Sie als Solist haben, als krönendes Glanzlicht auf unserer Liste hervorragender Künstler, und zwar nicht nur für die üblichen zwei Konzerte in Cleveland, sondern auch für das *New Yorker* Konzert des Cleveland Orchestra. Das Orchester ist heute wirklich SPITZE[.] Ich meine das im Ernst, und wie Sie wissen, neige ich nicht dazu, mir etwas vorzumachen. – Mr. Hurok weiß von meinen Plänen und von meinem Herzenswunsch und hat mir versprochen, mit Ihnen zu reden; ich wollte einfach auch noch mit Ihnen persönlich sprechen. Es ist viel zu lange her, seit wir einander gesehen haben! Ich umarme Sie und Nela in zärtlicher Liebe – George.«[13] Rubinstein hat gesagt, daß Szell das Cleveland Orchestra auf ein hohes Niveau gebracht habe, »das jenes der Orchester von Boston und von Philadelphia noch übertraf, die jahrzehntelang unangefochten den Spitzenplatz behauptet hatten«.[14] Während Szells Amtszeit hatte er viele Male in Cleveland gespielt. Dazu Klaus G. Roy, der Programmheftredakteur des Cleveland Orchestra: »Während eines Großteils der vierundzwanzigjährigen Amtszeit von George Szell in Cleveland wurde ein gastierender Pianist, Geiger oder Sänger auf dem Besetzungszettel als

›Assisting Artist‹ geführt. Eines Tages erhielt ich einen energischen Anruf von Mr. Szell: ›Arthur Rubinstein sagt, er sei kein assistierender Künstler. Er sei ein Solist. Bitte weisen Sie ihn von jetzt an als solchen aus.‹«[15] Rubinstein hat vielen Leuten erzählt und es auch in seinen Memoiren wiederholt, wie sehr er es bedauert habe, daß er keine Aufnahmen mit Szell und dem Cleveland Orchestra habe machen können. Dies lag daran, daß Szell kein Künstler von Victor war und in den fünfziger und sechziger Jahren ein Ausleihen bekannter Künstler zwischen verschiedenen Plattenfirmen eher unüblich war. Vom Temperament her schien der autokratische, extrem selbstdisziplinierte Szell das genaue Gegenteil von Rubinstein zu sein, aber Daniel Barenboim hat gemeint, daß »Rubinsteins große Zuneigung für Szell in musikalischer Hinsicht etwas mit seiner Erziehung im und seiner Beziehung zum ›deutschen Stil‹ zu tun gehabt hat«.[16] Die Szells und die Rubinsteins blieben die besten Freunde (Szell war von Nela Rubinstein sehr angetan), und als Szell 1970 im Alter von 73 Jahren starb, schrieb seine Witwe Helene an Rubinstein: »Ich danke Ihnen für Ihre Freundschaft, die er so hoch geschätzt hat, bitte bewahren Sie ein wenig davon für mich.«[17] Jahre später hat Rubinstein zwar erklärt, er betraue noch immer den Verlust von Szell, aber dann hat er hinzugefügt: »Gott sei Dank besitze ich hervorragende Schallplatten und kann in meinen intimen vier Wänden Symphonien von Schumann, Brahms und Beethoven hören, dirigiert von dem großen, einen und einzigen George Szell.«[18]

Gern arbeitete Rubinstein auch mit John (später Sir John) Barbirolli zusammen, für dessen Karriere als Schallplattenkünstler er einen entscheidenden Anstoß gegeben hat. Aus ihrer ersten Kooperation im Januar 1931 gingen Aufnahmen von Chopins f-Moll-Konzert und Mozarts Klavierkonzert in A-Dur, KV 488, hervor. Aber erst die Einspielung des Tschaikowsky-Konzerts im Juni 1932 besiegelte ihre künstlerische Entente und ließ ihre Partnerschaft zu einem großen kommerziellen Erfolg werden. »Wir begannen vor den Tests mit einem Durchlauf«, erinnerte sich der Dirigent. »Wir hatten kaum ein paar Takte gespielt, als er aufsprang und schrie: ›Ach, was für ein Mann! Endlich kann ich dieses Konzert *spielen*.‹ … Es hatte nichts damit zu tun, daß ich ihm

›folgte‹… Ich habe die Musik genauso empfunden, wie Artur sie empfand. Ich ging mit der gleichen *Herzlichkeit* daran wie er… Danach habe ich damit begonnen, andere große Künstler zu begleiten. Sie hatten entweder erfahren, was Rubinstein über mich bei der Durchlaufprobe gesagt hatte, oder sie hatten die Aufnahme selbst gehört.«[19]

Ein anderer Dirigent, den Rubinstein bekanntermaßen bewundert hat, war Wladimir Golschmann, ein in Paris geborener Russe, der später amerikanischer Staatsbürger wurde. David Walter, in den vierziger Jahren Kontrabassist im NBC Symphony Orchestra, hat sich an eine Aufnahmesitzung mit Rubinstein und Golschmann im Jahre 1946 erinnert. Golschmann hatte die Streicher gebeten, eine bestimmte melodische Verzierung auf eine ganz spezielle Weise zu spielen, aber im Laufe des Satzes spielte Rubinstein die gleiche Phrase anders. Laut Walter »sagte der erschrockene Golschmann: ›Streicher, bitte beachten – wir werden diese Phrase genauso wie Mr. Rubinstein spielen.‹ Rubinstein, [genauso] erschrocken…, probierte [es] auf die eine wie die andere Weise und entschied: ›Oh nein, Maestro, wir werden es auf *Ihre* Weise spielen!‹ G.: ›Nein, Mr. Rubinstein, Sie sind der Solist.‹ R.: ›Nein, mein lieber Golschmann, wir spielen es auf *Ihre* Weise.‹ G. (unerbittlich): ›Nein, ich bestehe darauf, daß wir es auf *Ihre* Weise machen.‹ R.: ›Aber mir gefällt es besser auf Ihre Weise.‹ So kamen sie nicht weiter. Was tun? Rubinstein griff in die Tasche, holte einen Vierteldollar heraus und sagte: ›Es gibt nur eine Möglichkeit, dies korrekt zu entscheiden. Was nehmen Sie: Kopf oder Zahl?‹ G., inzwischen in der richtigen Stimmung: ›Kopf!‹ Rubinstein sah die Münze verdeckt an, ließ sie Golschmann nicht sehen und verkündete triumphierend: ›Zahl! Sie haben verloren! Wir spielen es auf Ihre Weise!‹ Und das taten wir dann. Ich frage mich oft, ob junge Pianisten im 21. Jahrhundert sich einmal auf Rubinstein als ihr musikgeschichtliches Vorbild berufen werden … und keine Ahnung von der Macht eines Münzwurfs haben.«[20]

Nela Rubinstein hat gesagt, ihr Mann hielt Kussewitzky für »ein großes Talent und einen großartigen Organisator, dessen Geschmack aber begrenzt war«. Monteux dagegen war »ein wunderbarer Bursche. Arthur spielte so gern mit ihm, aber seine Frau war eine Langweilerin.« Rubin-

stein hat mehrmals bei Fritz Reiner gespielt und mehrere Aufnahmen mit ihm gemacht (darunter ein hervorragendes d-Moll-Konzert von Brahms), als Reiner Dirigent des Chicago Symphony Orchestra war, doch wegen Chopin gerieten sie aneinander: »Reiner wollte irgendeine anzügliche Bemerkung über Chopin machen – ich weiß nicht mehr, worum es ging –, und Arthur warf beinahe den Tisch um, an dem wir saßen«, berichtete Frau Rubinstein. (Möglicherweise hing es mit Chopins sexuellen Präferenzen zusammen: Rubinstein wurde zornig, wenn jemand unterstellte, Chopin könnte homosexuell oder bisexuell gewesen sein, und er äußerte sich abfällig über den Chopin-Experten Arthur Hedley, weil er – fälschlicherweise – glaubte, Hedley würde diese Ansicht vertreten. Rubinstein konnte sich auch in einen Zorn hineinsteigern, wenn er jemand sagen hörte, Chopins musikalisches Genie stamme von der französischen statt von der polnischen Seite seiner Familie.) Aber Frank Miller, viele Jahre lang erster Cellist des Chicago Symphony Orchestra, hat dem Pianisten Emanuel Ax erzählt, zum eigentlichen Bruch zwischen Rubinstein und Reiner sei es gekommen, als sie miteinander das Tschaikowsky-Konzert aufgenommen hätten. Am Ende des ersten Satzes hatte einer der Bläsersolisten des Orchesters Reiner gefragt, ob eine bestimmte Passage noch einmal aufgenommen werden könnte, weil er den Eindruck hätte, nicht so gut gespielt zu haben wie sonst. Reiner murrte zwar, ging aber auf die Bitte ein. Als ein weiterer Musiker darum bat, auch die vorhergehende Passage noch einmal aufzunehmen, und zwar aus dem gleichen Grund, meldete sich Rubinstein zu Wort: »Wenn wir schon so weit zurückgehen, dann können wir gleich noch ein Stück weiter zurückgehen, weil ich kurz davor ein paar falsche Noten gespielt habe.«
»Ha!« rief da der für seine Griesgrämigkeit und seinen Sarkasmus berüchtigte Reiner. »Wenn wir alle *Ihre* falschen Noten korrigieren würden, hätten wir hier den ganzen Tag zu tun!« Rubinstein stand wortlos auf und ging von der Bühne. Die Aufnahmesitzung nahm ein abruptes Ende – ebenso wie Rubinsteins Beziehung zu Reiner.[21]
Gegenüber inkompetenten Dirigenten oder solchen, die sich auf Kosten der Musik profilieren wollten, konnte Rubinstein gnadenlos sein. Als ein

Dirigent einmal versuchte, das Publikum bei einem Konzert Rubinsteins dadurch zu beeindrucken, daß er die Orchesterbegleitung auswendig dirigierte, beging er einen Fehler, der einen fürchterlichen Patzer in der Aufführung zur Folge hatte. André Previn saß im Publikum und hat darüber berichtet:»Rubinstein gab dem Publikum sofort durch eine Geste zu verstehen: ›Nicht meine Schuld, meine Damen und Herren.‹ Das war natürlich rücksichtslos von ihm. Dennoch sehe ich nicht ein, warum [Dirigenten] auswendig begleiten sollen…«[22] Einmal, gegen Ende seines Lebens, hat Rubinstein selbst zu dirigieren versucht. Am Ende einer Konzertprobe mit Zubin Mehta und dem Israel Philharmonic Orchestra sagte er:»Mein Leben lang wollte ich einmal eine Brahms-Symphonie dirigieren.« Mehta übergab Rubinstein seinen Taktstock, und dann begann der nichtöffentliche Durchgang durch die Dritte Symphonie von Brahms.»Rubinstein, der sich offenbar nicht darüber im klaren war, daß die Musiker nur seinem schwerfälligen Schlag folgten, wollte sie antreiben«, berichteten Martin Bookspan und Ross Yockey, Mehtas Biographen.»›Aber meine Herren, können Sie nicht ein bißchen schneller spielen?‹… ›Soweit ich weiß‹, erinnerte sich Zubin lachend, ›war es das erste und das letzte Mal, daß Mr. Rubinstein jemals dirigiert hat. Aber ich sage Ihnen, für uns alle, die wir dabei waren, ist es eine unvergeßliche Erinnerung.‹«[23]

Herausragendes Spiel sowie ein flexibles und intelligentes Musikverständnis: Diese Eigenschaften, die Rubinstein zu einem großartigen Konzertmusiker machten, geliebt von den meisten wichtigen Dirigenten seiner Zeit, machten ihn auch zu einem großartigen Kammermusiker. Zunächst unter der Anleitung von Joachim – einem der berühmtesten Kammermusiker der Geschichte – und dann als Partner einiger der besten Solisten und Ensemblemusiker des 20. Jahrhunderts hatte Rubinstein sein Können als Mitglied von Duos, Trios, Quartetten und Quintetten auf ein Niveau gebracht, wie es die meisten berühmten Solisten niemals auch nur anstreben, geschweige denn erreichen. Einige der wichtigsten Früchte auf diesem Gebiet erntete er in seinen frühen amerikanischen Jahren, als er gemeinsam mit Jascha Heifetz und dem in Polen geborenen Cellisten Emanuel Feuermann eine Reihe von Trio-Schallplatten aufnahm, die längst Klassiker geworden sind. Daß die Idee dazu ursprünglich 1935 von Heifetz stammte, geht aus einem Brief hervor, den Gaisberg im September jenes Jahres Rubinstein geschrieben hat:»Ich habe einen Brief von Heifetz erhalten, der im November in London sein wird. Außerdem stelle ich fest, daß auch Sie in diesem Monat hier sein werden. Heifetz würde sehr gern das Konzert für Klavier, Violine und Streichquartett von Chausson mit dem Pro Arte Quartett aufnehmen, das ebenfalls im November in London sein wird. Ich möchte, daß Sie von dieser Idee wissen. Heifetz liebäugelt noch mit einer anderen Idee, nämlich Trios, vornehmlich von Tschaikowsky oder op. 100 von Schubert, mit Feuerman[n], der in London sein wird, und Ihnen zu machen. Ich hoffe, daß Sie dies ernsthaft ins Auge fassen.«[24] Anscheinend ist Rubinstein nicht sofort auf diese Anfrage eingegangen, wenngleich er mit Heifetz 1937 Francks Sonate für Violine und Klavier aufgenommen hat. Im Dezember jenen Jahres hat jemand bei der Gramophone – vermutlich wieder Gaisberg – die Sache erneut in Angriff genommen und Rubinstein nach Amerika geschrieben:»Ich möchte Sie bloß an die Unterhaltung erinnern, die wir über die Aufnahme von TRIOS mit Heifetz und Piatigorsky geführt haben. Ich hoffe, Sie sehen Heifetz, während Sie in Amerika sind, und verabreden einige Termine, die Ihnen beiden genehm sind. Ich glaube, wir haben davon gesprochen, daß Heifetz vielleicht um den Mai herum in Paris sein wird, und dann ließen sich ja Proben arrangieren. Trio-Aufnahmen fehlen uns noch in unseren Katalogen, und dieses Gebiet verspricht ausgezeichnete Verkäufe. Vor zehn Jahren haben wir ein paar Trios mit Cortot-Thibaud-Casals gemacht, aber seither sind keine weiteren Versuche mehr unternommen worden, diese Einspielungen fortzusetzen.« Rubinstein telegraphierte zurück, wobei er sich über das seiner Meinung nach auf seiten von RCA Victor, dem amerikanischen Gegenstück zu HMV, vorherrschende laxe Verhalten hinsichtlich des Verkaufs seiner bereits existierenden Aufnahmen beklagte:»Stelle absolutes Desinteresse an Kooperation fest[.] Victor unterläßt ständig Reklame trotz enormer Steigerungsmöglichkeiten beim Verkauf durch ungeheuren Erfolg.«[25] Doch sobald Rubinstein in die USA übergesiedelt war, änderten sich die

Verhältnisse. Im April wurde ihm die von der Gramophone Company erbetene Freigabe zu Aufnahmen mit Victor gewährt, und ungeachtet der kriegsbedingten Beschränkungen hinsichtlich des Exports von Kapital gestattete es die Bank of England, daß er die ihm in England zustehenden Honorare in Amerika ausbezahlt bekam.[26] Das Trio-Projekt wurde wiederbelebt, und zwar erneut mit Feuermann, der wie Rubinstein und Heifetz ein europäischer Jude war und im amerikanischen Exil lebte. Auch wenn der Vorschlag ursprünglich von Heifetz stammte, machte sich der Geiger doch vor Beginn der Sitzungen »Gedanken« darüber, ob Rubinstein denn auch zu Feuermann und ihm selbst »passen« würde – so jedenfalls zumindest Heifetz' Biograph Artur Weschler-Vered. Das Trio in B-Dur, op. 8, von Brahms, Beethovens Trio in B-Dur, op. 97 *(Erzherzogstrio)* und Schuberts Trio in B-Dur, op. 99, wurden in nur drei Tagen, vom 11. bis 13. September 1941 (die Sitzungen am letzten Tag dauerten elf Stunden) aufgenommen. »Von Anfang an herrschte bei den Aufnahmesitzungen eine gewisse Spannung zwischen Heifetz und Rubinstein«, schrieb Weschler-Vered. »Der Pianist beklagte sich oft darüber, daß der Geiger keine Gelegenheit ausließ, das Mikrophon auf sich zu richten. [Charles] O'Connell [der RCA-Produzent] war andererseits der Meinung, daß Feuermanns Cello viel zu oft vom tieferen Register des Klaviers und der übertriebenen Verwendung des Pedals durch Rubinstein übertönt wurde. Mehrmals mußten die Aufnahmetechniker für kurze Zeit das Mikrophon beim Pianisten abschalten, damit das Cello zu vernehmen war… Heifetz beklagte sich darüber, daß Rubinstein nur zu gern bei romantischen Passagen verweilte. Der Pianist hielt den Geiger für zu aggressiv in seinem Spiel, stets würde er sich vordrängen. Der Geiger empfand den Pianisten als oberflächlich. Letzterer hielt ersteren für zu kalt… Als alle Aufnahmesitzungen vorbei waren, wurde O'Connell, der mit den beiden Künstlern im Schneideraum saß, Zeuge einer weiteren Auseinandersetzung. Heifetz und Rubinstein stritten sich darüber, welche ›Takes‹ in die endgültige Einspielung aufgenommen werden sollten. Jeder meinte, daß der andere für Passagen war, die sein jeweiliges Instrument zum Nachteil des anderen begünstigten. Als dann allerdings alles entschieden war, kam Feuermann daher, und dann begann das gleiche Problem von vorn.«[27] Über Heifetz' und Feuermanns Spiel bei diesen Sitzungen hat Rubinstein geschrieben: »Mit Heifetz zu spielen, war immer ein Gewinn, er war unerreicht, der Ton von gleichbleibender Schönheit, die Technik makellos, die Intonation rein, doch in der Auffassung waren wir uns oft nicht einig. Emanuel Feuermann hingegen war ein Künstler ganz nach meinem Herzen. Nicht nur beherrschte er sein Instrument meisterhaft, er wirkte während der Aufnahmen immer inspirierend. Bei Schubert und Beethoven kam es zwischen Heifetz und mir ständig zu Meinungsverschiedenheiten...«[28]

Der berühmte Bratschist William Primrose, der in Los Angeles war, um andere kammermusikalische Werke mit Heifetz aufzunehmen, hat bei jenen Sitzungen für Rubinstein die Noten umgeblättert. Er erinnerte sich, wie bei einer Probe des letzten Satzes des *Erzherzogstrios,* »mit seinem fröhlich beschwingten Klavierthema, Rubinstein mehr als ein Quentchen polnischer *espièglerie* [Schalkhaftigkeit] einfließen ließ. Ich stand hinter ihm..., und er drehte sich zu mir um und blinzelte mir zu. Heifetz hörte einfach mit dem Spielen auf, und dann hörte alles auf... [Heifetz] sagte zunächst gar nichts, sondern sah Rubinstein nur an, mit dem Blick, den er immer für einen unangebrachten Streich übrig hat. Dann sagte er in einem schneidenden, ein wenig schulmeisterlichen Ton: ›Haben Sie etwas dagegen, wenn wir das noch einmal spielen?‹ Arthur zuckte bloß mit den Schultern und ›spielte es herunter‹. Ich wünschte von ganzem Herzen, daß Arthur auf seiner eigenen Version bestanden hätte. Ich kann mich sonst an keine Gelegenheit erinnern, bei der sich Heifetz auf diese Weise durchgesetzt hätte.«[29]

Ungeachtet aller Schwierigkeiten konnten die Ergebnisse ihrer Arbeit die drei Künstler einigermaßen zufriedenstellen, wie aus einer Reihe von (überwiegend auf deutsch geschriebenen) Briefen von Feuermann an Rubinstein hervorgeht.

»[24. Oktober 1941]... eben erzählte mir Dr. [Paul] Schiff [ein Konzertmanager] über's Telephon, daß Sie ihm so begeistert über unsere Trioaufnahmen berichtet haben... Von Heifetz und Florence [geb. Vidor, Heifetz' Frau] hatte ich ›raving wires‹ über die Trios. Sie können sich vorstellen, daß wir [Feuermann und seine Frau] brennen, endlich die Platten zu hören. Da Sie auch einverstanden zu sein scheinen, freue ich mich schon im Vorhinein auf den Genuss.

[18. November 1941] Ich habe unsere Trios immer und immer wieder auf dem Grammophon spielen lassen, fand die eine Stelle wunderbar, an der anderen hätte ich das oder jenes auszusetzen, fand mein eigenes Spiel höchstens gut (nicht mehr), war hingerissen von Ihrem und Heifetz' Spiel, aber an der einen Phrase gefiel mir das nicht so recht, was Sie tun, an der anderen nicht, was Heifetz tut, über mich selbst war ich, wie gesagt, enttäuscht – alltogether fand ich die Trios grossartig, aber ich war kritisch eingestellt. Da will es der Zufall, daß ich heute nachmittag gerade in der Stadt war, etwas Zeit hatte und mir in einem Grammophongeschäft das Beethoven Trio von Cortot-Thibeaud[!]-Casals vorspielen ließ. Nun bin ich restlos von UNS begeistert, bin hingerissen. Ich finde unsere Trios im Einzel- und Zusammenspiel vollendet, wunderschön phrasiert – abgesehen davon, daß manches vielleicht etwas schnell ist, kann ich mir nichts Schöneres denken. Es war mir ein Bedürfniss, Ihnen das zu sagen und wenn Sie hier sind und etwas Zeit haben, lassen Sie sich doch auch das Beethoven Trio vorspielen. Ich weiß es seit meinem Erlebniß von heute [im] nachhinein, *wie* gut unser Trio ist.

[24. November 1941] Heifetz hat mir die Wahl, die Sie beide getroffen hatten, *nicht* mitgeteilt. Ich sandte ihm die meine ein… Was tun wir nun? Es scheint, daß diese 3 Nummern von den von Ihnen ›auserwählten‹ abweichen. Es scheint doch mehr zu eilen, als ich angenommen hatte und es wäre doch sehr angebracht, wenn wir uns noch morgen darüber unterhalten.«

Die von Feuermann ausgewählten Takes wurden schließlich von Heifetz und Rubinstein akzeptiert, aber im Hinblick auf das Erscheinen der Schallplatten gab es ein Problem. Am 15. Dezember 1941 schrieb Feuermann an Rubinstein: »Sie in persoenlichem Krach mit Victor, und unsere Trio Frage wieder mal oder vielmehr noch immer nicht erledigt. Ich nehme an, dass Ihre Kontroverse mit Victor inzwischen aus der Welt geschafft worden ist, und natuerlich in dem Sinne, in dem Sie es haben wollten. And now, what about the trios? ...«[30] Auch dieses Problem wurde bald gelöst, und als die Platten herauskommen sollten, arrangierte die RCA, laut Weschler-Vered, ein Konzert, »in dem das Trio im Rahmen der Vorausreklame sein Debüt geben würde«.[31] Aber dazu kam es nicht mehr, denn am 25. Mai 1942 starb Feuermann – das jüngste Mitglied des Trios – nach einem unbedeutenden chirurgischen Eingriff im Alter von neununddreißig Jahren.

Sieben Jahre nach Feuermanns Tod bildeten Rubinstein und Heifetz ein Trio mit Piatigorsky. Im Sommer 1949 gab die Gruppe vier Konzerte im Ravinia Park von Chicago, und Weschler-Vered berichtete: »Das Triumvirat war so erfolgreich, daß einer der Kritiker es ›The Million Dollar Trio‹ nannte... Rubinstein [sagte, er] ärgerte sich darüber, daß man ihnen gleich diesen Spitznamen gegeben habe und ... [er] hörte sofort auf, mit der Gruppe aufzutreten. Historisch gesehen war Rubinsteins Behauptung allerdings ein wenig voreilig«, weil er anschließend einige Aufnahmen und sogar einen Film mit seinen Partnern machte. Die Proben für diese Sitzungen, die 1950 stattfanden, »sollen von häufigen, endlosen, auf musikalische Details bezogenen Zänkereien zwischen Heifetz und Rubinstein beherrscht gewesen sein«, so Weschler- Vered. »Selbst wegen der unbedeutendsten Phrase, wegen ihrer jeweiligen Tempi und fast wegen jeder anderen Facette der musikalischen Interpretation kam es zu Meinungsverschiedenheiten. Zuweilen wurden die ›Diskussionen‹ so stürmisch, daß die Künstler gezwungen waren, die Proben zu unterbrechen.«[32] Sie stritten sich sogar darüber, ob das Trio Heifetz-Rubinstein-Piatigorsky oder Rubinstein-Heifetz-Piatigorsky heißen sollte; der arme Cellist hatte keine Chance – und nicht nur wegen des Namens. Piatigorsky hat Ivor Newton erzählt, daß Heifetz bei einer Probe zu spielen aufhörte und sagte: »›Die Abstimmung ist völlig falsch. Ich kann das Cello hören.‹« Und als Newton Rubinstein fragte, »wie ihm denn diese Episode in seiner Karriere gefallen habe, erwiderte er einfach: ›Sie wollten, daß ich wie eine Maus spiele!‹«[33]

Rubinstein und Heifetz haben seitdem nie wieder miteinander gespielt, und Weschler-Vered hatte recht mit seiner Vermutung, daß ihre musikalischen Meinungsverschiedenheiten sich auch auf ihre zwischenmenschlichen Beziehungen auswirkten. »Dear Jascha – vielen Dank, daß Sie Ihre Sekretärin gebeten haben, uns telephonisch über Ihre Weigerung zu unterrichten, zu unserem Dinner zu kommen«, beginnt der Entwurf zu einem Schreiben, das der Pianist dem Geiger schickte. (Das Dokument ist zwar undatiert, befindet sich aber unter Papieren aus dem Jahr 1952.) »... Sie haben über jeden Zweifel hinaus bewiesen, daß sich Ihre Manieren seit unserer letzten offenherzigen Unterhaltung in Chicago nicht geändert haben, ja, daß sie im Gegenteil, falls dies möglich ist, noch schlechter werden. Sie haben sich darüber geärgert, daß ich eine gedruckte Neujahrskarte nicht beantwortet habe, ignorieren aber seit einem Monat eine offizielle Einladung zum Dinner. Aus irgendeinem unerfindlichen Grund scheinen Sie anzunehmen, daß Sie sich besondere Privilegien herausnehmen dürfen. Ich frage mich immer bloß, warum? Liegt es daran, daß Sie richtig und schneller als andere Geiger spielen? Wie auch immer – falls Sie sich wirklich für einen so großartigen Menschen halten, sollten Sie diesen letzten freundschaftlichen Rat annehmen, lieber Jascha: Versuchen Sie, sich gewisse Manieren zuzulegen, denn, wie die Franzosen sagen, ›noblesse oblige‹.«[34] Rubinsteins »persönlicher Krach mit Victor«, von dem Feuermann in seinem letzten Schreiben an den Pianisten gesprochen hatte, beruhte darauf, daß die Firma eine neue Horowitz-Toscanini-Einspielung des Ersten Klavierkonzerts von Tschaikowsky Rubinsteins früherer Aufnahme des Werkes mit Barbirolli vorgezogen hatte. Aber das hatte auch etwas damit zu tun, daß ihm die herrischen, besserwisserischen Arbeitsmethoden des RCA-Mannes Charles O'Connell (nicht O'Connor, wie Rubinstein ihn in *Mein glückliches Leben* genannt hat) nicht paßten, mit dem auch Toscanini und mehrere andere bedeutende Victor-Künstler ihre Schwierigkeiten hatten. O'Connell wurde schließlich entlassen, und Rubinsteins Aufnahme des Tschaikowsky-Konzerts erfuhr eine neuerliche Würdigung. Kurz danach und von RCA und Nela ermutigt studierte Rubinstein das Grieg-Konzert ein, verliebte sich darin und nahm es auf – ein populäres Werk, das ihn zuvor nicht interessiert hatte. Seine Partner bei diesem Unternehmen waren Eugene Ormandy und das Philadelphia Orchestra. »Ich muß Ihnen einfach sagen, wie froh ich bin, daß die Aufnahmen des Grieg-Konzerts auch nach Ihrer Meinung ausgezeichnet sind«, schrieb Ormandy im Juni 1942 an Rubinstein, nachdem sie sich die Testpressungen von den Sitzungen angehört hatten, die drei Monate zuvor stattgefunden hatten. »Sie sind es wirklich, und auch wenn einige von den Bläsern an manchen Stellen noch besser zu hören sein könnten (obwohl ich mir schon die Freiheit genommen habe, diese schwachen Partien umzuorchestrieren), ist doch der allgemeine Eindruck zweifelsohne herausragend. Ja, wenn ich an die Schallplatten denke, die wir uns einen Tag vor unserem Aufnahmetermin angehört haben, muß ich Ihnen begeistert zurufen: ›Bravo, Arthur.‹ Ich hoffe nur, Sie können Ihren Einfluß bei der Victor Company geltend machen und dafür sorgen, daß diese Platten jetzt herausgebracht werden, solange dieses Konzert ›populär‹ ist.« Die Platten kamen auch bald heraus, und Mitte August schrieb Ormandy erneut an Rubinstein: »Die Grieg-Platten gehen weg wie warme Semmeln. Ich freue mich so für uns beide.«[35] Kurz nach dem Erscheinen der Platten hat Rachmaninoff, der das Grieg-Konzert liebte, Rubinstein besucht, und der jüngere Pianist konnte der Versuchung nicht wiederstehen, einen Teil seiner neuen Platte, auf die er sehr stolz war, dem älteren Kollegen vorzuspielen. Am Ende des ersten Satzes blieb Rachmaninoff eine Weile stumm. Schließlich sagte er: »Ich brauche einen Plattenspieler. Wo bekomme ich einen wie den Ihren?« In späteren Jahren hat Rubinstein diese Geschichte gern zu seinem eigenen Nachteil preisgegeben.[36]

Dank des Grieg-»Hits« und der Sonderstellung, die er nun bei Victor genoß, sprangen Rubinsteins RCA-Einkünfte, die 1940 etwa 2000 Dollar, 1941 3000 Dollar und 1942 4000 Dollar betragen hatten, 1943 auf 14 000 Dollar; 1944 gingen sie zwar leicht auf 12 000 Dollar zurück, sprangen aber 1945 auf 27 000 Dollar und 1946 auf 67 000 Dollar, ja 1947 auf die seinerzeit erstaunliche Summe von 90 000 Dollar.[37]

Aufgrund der kriegsbedingten Beschränkungen von Reisen ins Ausland und der in jenen Jahren in Amerika relativ spärlichen musikalischen Aktivitäten im Sommer verbrachte Rubinstein mit seiner Familie lange Ferienwochen zu Hause. Einer der wenigen damaligen Veranstaltungsorte für Sommerkonzerte war die nahegelegene Hollywood Bowl, wo er zwischen Juli 1941 und August 1951 mit dem Los Angeles Philharmonic Orchestra unter Szell, Barbirolli, Beecham, Otto Klemperer, William Steinberg, Izler Solomon, Ormandy, Kussewitzky, Alfred Wallenstein und Rodzinski zwölfmal spielte – Wiederholungsauftritte nicht mitgerechnet. Sein Bowl-Repertoire umfaßte das Zweite Klavierkonzert von Brahms, das Erste von Tschaikowsky, das Zweite von Rachmaninow, das Vierte von Beethoven, das Erste und Zweite von Chopin, die Ersten Klavierkonzerte von Schumann und Liszt sowie Rachmaninows *Rhapsodie über ein Thema von Paganini*. Ein Artikel über Rubinsteins mutmaßlich schwierige Beziehungen zur Leitung der Bowl erschien am 23. August 1946 in *Daily Variety* und machte den Pianisten so wütend, daß er daraufhin einen Leserbrief an den Herausgeber schickte, der vier Tage später abgedruckt wurde. »Der Artikel behauptet«, schrieb Rubinstein, »›nachdem er erfahren hatte …, daß Heifetz für 5000 Dollar verpflichtet worden war, hat Rubinstein erklärt, nach den Sticheleien von Künstlerkollegen habe er ein für allemal die Nase voll von der Bowl.‹ Der Artikel behauptet auch, ich hätte kundgetan, daß ›ich nie wieder in der Bowl spielen werde – um keinen Preis‹ und daß ich mich ›herabgelassen‹ hätte, in der Bowl für 2500 Dollar aufzutreten… Mein nächster Auftritt in der Bowl wird am 2. September 1946 stattfinden… Ich habe dem Bowl-Management auch zu verstehen gegeben, daß ich bereit bin, im nächsten Jahr aufzutreten…, und die Summe, die ich für mein Auftreten dort erhalte (im Unterschied zu Benefizauftritten, für die ich keine Entschädigung annehme), liegt über 2500 Dollar…« Auf der anderen Seite des Kontinents spielte Rubinstein zwischen Juni 1941 und Juni 1946 bei den Freiluftkonzerten des New York Philharmonic Orchestra im Lewisohn Stadium unter Rodzinski, Alexander Smallens, Reiner und Beecham ein ähnliches Repertoire wie in der Bowl.

Zuweilen freilich konnte er sich im Sommer ein wenig mehr entspannen. In ihrem nach dem Tod ihres Mannes herausgegebenen Kochbuch hat Nela Rubinstein die Geschichte eines Sommerausflugs mit der Familie und Freunden zum Krebsfang im Los Angeles River erzählt. »Nachdem wir in aller Herrgottsfrühe aufgestanden waren ..., zogen wir unsere älteste Kluft an – und das hieß für ein Mitglied der Familie: eine elegante Kleidung, die an heißen Sommertagen zu Proben für Konzerte im Freien getragen wurde. Dazu gehörten auch ein schöner Panamahut [und] eine Nelke im Knopfloch... Bewaffnet mit einem Glas voller Köder (Pferdeleber, auf einem dubiosen kleinen Markt erstanden) und einer kunterbunten Ansammlung von Eimern, Schnüren, Stöcken, Sieben, Filtern und einem richtigen Fischnetz, fuhren die erwachsenen und jugendlichen Mitglieder des Haushalts über die Hügel ins Tal... Konkurrenzneid lag in der Luft, und die Eifersucht wegen jedem Krebs, der herausgeholt wurde und in den Eimer wanderte, ließ uns die Plätze oft tauschen und uns zu nervös an unseren Angeln ziehen... Arthur, der es sich auf dem besten Felsen am schattigsten Plätzchen bequem gemacht und die ruhigsten Hände (und das einzige richtige Netz) hatte, fing unweigerlich zweimal so viele Krebse wie alle anderen. In ein paar Stunden hatten wir zu sechst oder siebt einmal rund 450 gefangen, genug für ein richtiges Festmahl...« Nela erinnerte sich auch an eine Party, die sie und Arthur »am Abend vor unserem zehnten Hochzeitstag« im Juli 1942 gegeben hatten. Sie »hätte eine Katastrophe werden können«, berichtete sie, »denn die Hilfe verließ uns unerklärlicherweise ..., unser Sohn Paul hatte Mumps, und wir hatten fünfzig Gäste zu einem richtigen Dinner eingeladen, dann weitere Gäste zum Tanzen und, wie sich herausstellte, jedermann zu einem Mitternachtsimbiß!«[38] Labunski erinnerte sich an einen ähnlichen »ungeheuren Aufwand, bei einem ... Dinner für sechzig Leute, an kleinen Tischen in allen Zimmern im Erdgeschoß, im Wintergarten und auf den Terrassen. Die gesamte Hollywood-Prominenz war versammelt – Schauspieler und Schauspielerinnen, Regisseure, Produzenten. Ich hatte das Privileg, der Tischpartner der großartigen Schauspielerin und reizenden Frau Ethel Barrymore zu sein, während Wanda sich mit ihrem Partner Ronald Coleman unterhielt. Bis zur letzten Minute stand Nela in der Küche, kochte, gab Anweisungen und schmeckte noch einmal ab. Und dann legte sie die Schürze ab und begrüßte die Gäste, und dabei sah sie wie eine Königin aus. Nach dem Essen und dem Champagner wurde ein Faltboden über den Teppich im Wohnzimmer gelegt, es kamen weitere Gäste, und die Leute begannen zu tanzen. In dem Augenblick, als ich mit der charmanten Loretta Young einen Walzer tanzte, drangen Einbrecher ins Haus ein und verschwanden mit Pelzen, Schmuck und anderen Wertsachen… Gegen Ende der Party, weit nach Mitternacht, begann Cole Porter Klavier zu spielen, Jeannette McDonald und Dinah Shore sangen, und Danny Kaye gab seine einzigartigen Parodien zum besten.«

Während dieses Aufenthalts lernten die Labunskis beim Lunch im Hause Rubinstein Strawinsky und seine Frau kennen, und die Labunskis hielten den »großen Komponisten für einen reizenden Menschen und einen sehr interessanten ›Causeur‹. Da er mit uns Polen zusammen war, wies er ausdrücklich darauf hin, daß er polnischer Abstammung sei, und erzählte uns, daß er in seiner Kindheit viele Ferienmonate in der Ukraine verbracht habe, wo es einen großen polnischen Bevölkerungsanteil gab. Er versteht Polnisch ganz gut, sprach es aber an jenem Tag wegen seiner Frau nicht, die es nicht beherrscht.« Ein häufiger Besucher bei Rubinsteins war der Pianist, geistreiche Kopf und berüchtigte Hypochonder Oscar Levant. »Gewöhnlich kam er gegen Ende des Abends«, erinnerte sich Labunski, »und bat sofort um Kaffee, den er in riesigen Mengen trank, wobei er gleichzeitig eine Zigarette nach der anderen rauchte.«[39]

Bezeichnenderweise waren die Gäste bei Festivitäten der Rubinsteins während deren Aufenthalt in Kalifornien Hollywoodstars oder Angehörige der Gemeinde von emigrierten europäischen Künstlern und Intellektuellen. 1942 schrieb Basil Rathbone an Rubinstein: »Wenn ich so ein Künstler wie Sie sein könnte, wäre ich keinen Augenblick lang unglücklich über meinen Beitrag zum Glück der Menschheit. *Sie* spielen große Musik großartig – ich biete billige Unterhaltung oft sehr unzulänglich.«[40] Vier Jahre später schrieb Cary Grant an Arthur und Nela, er habe »den angenehmsten Abend seit Monaten erlebt, als ich letztens in Ihrem Haus war – nach Coles [Porters] Party. Sie haben mir damals von einem Buch mit Briefen erzählt, Arthur, die Musiker einander geschrieben haben, und ich glaube, ich habe Ihnen erzählt, daß es ein ähnliches Buch mit Briefen von Malern gebe. Ich schicke es Ihnen mit diesen Zeilen…«[41]

1944 hatte Rubinstein einen ganz anders gearteten Brief von Franz Werfel bekommen. Der in Österreich geborene, in Beverly Hills ansässige Romancier bat ihn, eine Petition zu unterzeichnen, in der die American Society of Composers, Authors and Publishers ersucht werde, aus Anlaß von Schönbergs 70. Geburtstag »die übliche Summe seiner Tantiemen für seinen Lebensunterhalt zu verdoppeln«, da »der materielle Lohn für Schönbergs Lebenswerk in keinster Weise mit dessen kultureller Bedeutung kommensurabel ist«.[42] Rubinstein hat diese Petition vermutlich unterzeichnet, auch wenn es in seinen Memoiren heißt, er habe sich »an den Hilfsunternehmen anderer Musiker für ihn« nur wenig beteiligt und es für am »aussichtsreichsten« gehalten, »ihm Aufträge für Filmmusik zu verschaffen«[43] – doch dazu ist es nie gekommen. Schönberg war zumindest bei einer Kammermusikparty im Hause Rubinstein zugegen, denn dreißig Jahre später erinnerte sich Thomas Manns Tochter Monika, mit ihren Eltern dagewesen zu sein: »… ich sass neben Schoenberg bei Tisch, er ass furchtbar viel, und Sie machten Kammermusik!!« Rubinstein sah die Manns bei mehreren Gelegenheiten, als beide Familien in Kalifornien lebten. »… ich erinnere die Zeit in Santa Monica, als mein Vater seinen FAUSTUS schrieb«, erklärte Monika Mann in diesem Brief an Rubinstein aus dem Jahr 1973, » – er beschäftigte sich damals viel mit der Natur des Musikers – und einmal sprach er nicht ohne ›froehlichen Neid‹ aus: Dieser Rubinstein ist ein gluecklicher Mensch!«[44] Rubinstein schrieb zurück: »Die Erinnerung an meine Begegnungen mit Ihrem Vater und seiner Familie hat sich meinem Gedächtnis nachhaltig eingeprägt, ich erinnere mich an jedes Wort, das er gesagt hat, und es war stets eine Freude, in seiner Gegenwart Musik zu machen, weil er sie so liebte und so gut verstand.«[45]

Eva Rubinstein erinnerte sich: »Einmal hat mein Vater im Sommer eine Klavierbearbeitung von ›Salomes Tanz‹ geschrieben, und jedesmal, wenn ich diese Musik höre, auch heute noch, klingt sie komisch, wenn sie von einem Orchester gespielt wird. Ich sehe mich noch, wie ich in einem der kleinen Innenhöfe im Haus in der Marlboro Street bin: Ich bin neun, ich höre sie durch die Wand seiner Bibliothek. Einmal hat er Kadenzen für das Vierte Beethoven-Konzert geschrieben, und das hat ihn auch geistig beschäftigt. Dann übte er immer, spielte ein wenig, es gab gelegentlich Kammermusik, wir hatten Dinnerpartys, und dann war da noch Ende Juli ihr Hochzeitstag und der Geburtstag meiner Mutter. Aber wenn es auf den August zuging, begann er immer zappelig zu werden, weil er eine Zeitlang kein Publikum hatte. Es war wie ein kalter Entzug. Er begann unruhig zu werden. Dann sagte er immer: ›Also ich weiß nicht, vielleicht sollte das die letzte Saison werden‹ – als ob er fast eschatologisch über seine Karriere nachdachte; vielleicht war es damit vorbei. Das war absoluter Unsinn: Mit dem ersten Konzert legte er das völlig ab. Aber in jedem Sommer machte er das wieder durch.«[46]

Edwin Knopf, ein Hollywood-Produzent und Bruder des Verlegers Alfred A. Knopf, und seine Frau Mildred lernten die Rubinsteins während des Kriegs gut kennen. Mildred erinnerte sich, wie sie Arthur und Nela zum ersten Mal bei einem Lunch im Brown Derby Restaurant gegenüber dem Beverly Wilshire Hotel begegnet war; auch Olivia de Havilland und ihre Schwester Joan Fontaine waren zugegen. »Arthur tat während des Essens nichts anderes, als mit diesen wunderschönen jungen Stars zu reden und zu flirten, und Nela saß mit versteinertem Gesicht da«, erinnerte sich Mrs. Knopf. Aber bald waren sie und Nela die besten Freundinnen. »Nela und ich haben uns in Kalifornien miteinander so wohl gefühlt«, berichtete sie, »aber in ihr steckten zwei verschiedene Menschen: Sie war der eine, wenn Arthur da war, und der andere, wenn er weg war. Wenn er nicht da war, war sie liebenswert und entspannt, und dann fielen ihr Dutzende von Sachen ein, über die wir uns unterhielten und amüsierten; wenn er da war, war sie nervös und machte sich die ganze Zeit Sorgen, daß sie ihn stören oder ihm Kummer bereiten oder etwas falsch machen könnte. Arthur war doch sehr von sich eingenommen und wollte, daß andere alles, was er tat oder sagte, zur Kenntnis nahmen. In mancherlei Hinsicht konnte man sich bei ihm entspannen, wenn er über Musik, Kunst, Theater, berühmte Leute oder lustige Episoden aus seinem Leben sprach, aber man konnte sich bei ihm nicht auf alberne, lässige Weise entspannen.« Als im Krieg die Lebensmittel rationiert waren, hielten Mildred und Nela Hühner, um stets frische Eier zu haben. Aber das Hühnerfutter zog Ratten an, und das Ganze wurde bald so kompliziert, daß sie die Hühner schlachteten. Nela beschloß, Hühnersuppe zu machen, und bat Mildred, ihr beim Rupfen der Hühner zu helfen. Sie arbeiteten, lachten und erzählten sich den neuesten Klatsch, »als plötzlich die Tür aufging und Arthur hereinspazierte, und mit seinem weichen Filzhut, dem braunen Anzug mit Weste, einer roten Nelke und seinem Spazierstock sah er sehr fesch aus«, erzählte Mildred. »Er geriet völlig außer sich und begann Nela *anzuschreien:* ›Du hast doch Bedienstete – es ist einfach eine Beleidigung, deine Freunde für so etwas zu benutzen!‹ Die ganze Situation war so peinlich, daß ich aufstand und heimging. Er hat ihr das nie verziehen. Er war ein Selfmademan – er hatte all dieses Geld allein verdient und war stolz darauf, daß er sich Luxus leisten konnte, samt zahllosen Bediensteten. Für ihn war es eine absolut entsetzliche Vorstellung, daß jemand auf seinem gesellschaftlichen Level die Arbeit eines Bediensteten verrichtete. Er hatte nichts dagegen, daß sie Hühner rupfte, aber es störte ihn, daß sie eine Freundin wie mich ›benutzte‹, ihr dabei zu helfen.

Nela stellte damals wirklich etwas dar – sie war so außergewöhnlich, so kreativ, und es machte soviel Spaß, mit ihr zusammenzusein«, fuhr Mrs. Knopf fort. »Sie besaß eine ungeheure Vitalität, eine ungeheure Lebenslust. Der Haushalt lief völlig reibungslos; sie tat alles, damit er sich nicht wegen irgend etwas ärgerte oder in Verlegenheit geriet – und es wurde ihr kaum gedankt. Nach einem Konzert ging sie ein wenig früher nach Hause und sorgte dafür, daß für die Dinnergäste alles vorbereitet war. Sie mochte die Menschen, die ihn mochten, haßte diejenigen, die ihn nicht mochten, und war ganz für ihn da. Ich glaube, für die Kinder war es sehr hart, weil sie immer allein gelassen wurden; sie ließ ihn nie alleine auf Tournee gehen. Sie achtete darauf, daß seine Rubinkragenknöpfe bereitlagen sowie ein besonders gestärktes Hemd, weil er beim Spielen schwitzte. Sie verbrachte ihr ganzes Leben damit, an ihn zu denken. Sie hat immer geglaubt, daß ihre Beziehung zu Arthur in Ordnung wäre. Sie wußte, daß er mit anderen Frauen flirtete, aber ich glaube nicht, daß es ihr je in den Sinn gekommen ist, er wäre untreu. Er hat später gesagt, sie sei schrecklich naiv gewesen zu glauben, daß er treu gewesen wäre; er hat gesagt, er sei ihr nie auch nur eine Woche lang treu gewesen.«[47] Fünfzig Jahre später hat Madame Rubinstein dazu bemerkt: »Soweit dies andere Frauen betraf, habe ich ihm absolut vertraut, und er hat gesagt: ›Je ne t'ai jamais trompé‹ [›Ich habe dich nie betrogen‹]. Nun weiß ich nicht mehr so recht, was er damit gemeint hat. Louis Bender, sein Kammerdiener, hat mir zuweilen erzählt, er habe Arthur vor ›kompromittierenden Situationen‹ bewahrt.« Einigen wenigen Vertrauten hat Rubinstein von mehreren erotischen Eskapaden erzählt, die er in dieser Zeit in Amerika erlebt habe: Er hatte angeblich ein Verhältnis mit Peggy Korn – der Tochter von Herbert Lehman, dem Gouverneur von New York –, bis Nela 1944 schwanger wurde und er die Geschichte beendete[48]; und er hatte Affären mit einer gewissen Gloria in Houston, mit der Frau eines bekannten Dirigenten in einer Großstadt im Mittleren Westen sowie mit anderen – vermutlich nur ganz wenigen anderen Frauen.

Während seiner geruhsamen Kriegssommer begann Rubinstein erhebliche Zeit dem Unterrichten zu widmen. Er gab keinen Klavierunterricht im eigentlichen Sinne, sondern betreute vielmehr ein paar vielversprechende junge Pianisten, die in ihrem Studium bereits weit fortgeschritten waren. Eine der ersten Schülerinnen war Laura Dubman aus San Francisco, die ihm 1938 in Paris vorgespielt hatte, als sie vierzehn war, und die er im Sommer 1939 in Deauville betreut hatte. Sie und ihre Mutter fuhren mit Rubinstein und seiner Familie im Oktober 1939 nach Amerika, und in New York hörte er sich Laura immer an, wenn er dafür Zeit hatte. Sie folgte den Rubinsteins nach Kalifornien, wohnte wiederholt bei ihnen und wurde schließlich die Klavierlehrerin der Rubinstein-Kinder. Eine Zeitlang trat sie öffentlich auf, hörte aber mit neunzehn Jahren auf, Konzerte zu geben.[49]

Wie Dubman hat auch Patricia Smolen aus Chicago Rubinstein zum ersten Mal 1938, ebenfalls mit vierzehn Jahren, vorgespielt. Zu der Begegnung war es in John Alden Carpenters Haus in Chicago gekommen; er hörte, wie sie den ersten Satz des Tschaikowsky-Konzerts spielte, und »schlug vor, ich solle nach Paris kommen, um mit ihm zu arbeiten«, berichtete sie, aber es gelang ihr nicht, die nötigen Arrangements vor seiner Auswanderung in die USA zu treffen. Sie studierte bei Egon Petri, einem Busoni-Schüler, dann bei Arthur Schnabel und bei dem amerikanischen Pianisten Leonard Shure. (Sie meinte, Rubinstein sei »zusammengezuckt«, als sie ihm erzählte, daß sie mit Schnabel gearbeitet habe, habe aber »keinen Kommentar« zu Shure abgegeben.) Schließlich begann sie gelegentlich Stunden bei Rubinstein zu nehmen, für 50 Dollar pro Stunde; Schnabel hatte 40 Dollar verlangt. Wenn er wußte, daß er eine Zeitlang in New York sein würde, schrieb er ihr ein paar Zeilen wie die folgenden vom 1. Mai 1945: »Liebe Patsy – ich werde am 18. oder 19. Mai nach New York kommen und 10 Tage bleiben – Daher hoffe ich, Dich zu sehen und zu hören – Ich werde im Madison [Hotel] absteigen – bitte ruf mich an, damit wir uns verabreden können – Ich hoffe, Dein Musizieren ist gut in Form! Stets Dein Arthur Rubinstein.« Smolen hat sich an diese Begegnungen erinnert, in einem Brief, den sie mir 45 Jahre später geschrieben hat:

»Er hörte immer zu, wie ich eine ganze Komposition spielte, bevor er Vorschläge machte und Kritik übte. Er führte mir vor, wie er verschiedene Abschnitte selbst spielte, wobei er miteinander verknüpfte, was er zuvor auseinandergenommen hatte. Immer ging es ihm dabei um die Gesamtkonzeption des Werkes an sich…
[Über Chopin:] Ich kann ihn noch heute hören, wie er beschwörend rief: ›Sing, sing, sing.‹ Mit krächzender Stimme versuchte er dies zu demonstrieren, während er die Musik spielte. Liebevoll begann er eine lange melodische Phrase, wobei er in sein eigenes unnachahmliches Rubato verfiel. Ich kann mich noch genau an seine üppigen Legati und flüsternden Pianissimi erinnern. Indem er die große As-Dur-Polonaise spielte, zeigte er mir, wie man den Effekt eines Klangvolumens erzielt, ohne auf ohrenbetäubende Fortissimi zurückgreifen zu müssen.
Bei mehreren Gelegenheiten äußerte Rubinstein sein Mißfallen über

Schüler, die ihre Lehrer zu imitieren versuchten. Kategorisch behauptete er, er wäre dagegen, daß ein Publikum sagen würde: ›Aha, sie hat bei Rubinstein studiert.‹... Und dann sagte er: ›Deine Ohren sind dein bester Lehrer. Du mußt dir immer genau zuhören. Sogar wenn du Schallplatten machst, mußt du sie dir ganz kritisch anhören.‹...

Rubinstein hat mit mir nie über sein eigenes Studium oder seine Lehrer gesprochen; er gab kaum Auskunft über sein Privatleben; er hat mich nicht an Manager, Orchester usw. verwiesen; er hat nie über technische Probleme an sich gesprochen, vielmehr fast ausschließlich interpretatorische Aspekte betont...

Mein Studium bei Rubinstein ging zu Ende, als ich heiratete und New York verließ. Ich habe ihn zwar wiedergesehen, wenn wir uns zufällig in dieser Stadt befanden, aber ich habe ihm nie wieder vorgespielt.«[50]

Eunice Podis, eine Pianistin aus Cleveland, die etwa so alt wie Dubman und Smolen war, hat bei Rubinstein im Sommer 1942 studiert. 1989 hat sie sich in einem Interview an diese Zeit erinnert: »Der Unterricht dauerte eigentlich fast den ganzen Tag – er hat überhaupt nicht auf die Uhr gesehen. Wir haben eine Zeitlang gearbeitet, dann haben wir uns einige von seinen Schallplatten angehört, geredet, dann wieder etwas gespielt, dann gab es Mittagessen, anschließend haben wir wieder etwas gespielt. Er hatte es überhaupt nicht eilig. Er sagte: ›Wissen Sie, ich bin kein Pädagoge, aber bei der Arbeit mit Ihnen entdecke ich, daß ich Dinge analysieren muß, die ich normalerweise in der Musik einfach ganz instinktiv tue, und darum ist dies sehr gut für mich.‹ Ich habe ihm die ›Minstrels‹ von Debussy vorgespielt; er hörte sie sich an – wobei er stets eine große Zigarre im Mund hatte – und sagte: ›Wissen Sie, ich dachte, dies ist eine junge Amerikanerin, und sie weiß wirklich, wie man dieses Stück spielt!‹ Denn Minstrel-Shows sind ja schließlich typisch amerikanisch. ›Aber das ist ganz falsch‹, fuhr er fort. ›Sie spielen es wie Chopin oder einen romantischen Komponisten.‹ Wir haben daran gearbeitet, und er hat mir eine viel authentischere Interpretation vorgeführt. Ich habe mit ihm das Dritte Klavierkonzert von Rachmaninow einstudiert, das ganze op. 119 [drei Intermezzi und die Es-Dur-Rhapsodie] von

Brahms sowie Chopins a-Moll-Etüde – die *Sturm-Etüde* –, und er hat mir demonstriert, wie er sie gespielt hat, als er jung war, ohne irgendwelche rechten Noten mit der rechten Hand zu spielen, aber irgendwie hat es geklappt. Ich habe auch die g-Moll-Ballade von Chopin und einige Skrjabin-Etüden gespielt. Hauptsächlich aber haben wir an der *›Appassionata‹* gearbeitet. Fünf Jahre später, als ich mein New Yorker Debüt in der Town Hall gab, beschloß ich, sie dort zu spielen. Damals war ich mir darüber klargeworden, daß ich noch mehr Disziplin brauchte, und hatte an Rudolf Serkin geschrieben und ihn gefragt, ob er sich nicht mein Konzertprogramm in der Town Hall anhören wolle. In meiner ersten Unterrichtsstunde bei ihm spielte ich die *›Appassionata‹,* und er sagte: ›Ich weiß nicht, ob ich Sie unterrichten kann. Sie spielen keine zwei Takte im selben Tempo.‹ Nun, als ich Rubinstein vorgespielt hatte, war das nicht nötig gewesen. Auf der ersten Seite, wo diese synkopierten Akkorde stehen, spielte Rubinstein einfach wie verrückt; Serkin hielt sich streng an das Zeitmaß. Das waren zwei absolute Extreme – das ist natürlich wunderbar, aber damals war es ein bißchen aufreibend.«
In einem 1983 erschienen Artikel hat Podis erklärt, Rubinstein habe »sich sehr wenig Zeit für technische Probleme genommen – da war von Tonleitern, Arpeggieren oder Übungen nicht die Rede –, denn er hielt diese Aspekte des Klavierspiels für selbstverständlich… Er war niemals streng oder autoritär und gestand mir jede erdenkliche Freiheit zu, solange ich überzeugend spielte – ›ich* würde es nicht so machen, aber Sie haben mich überzeugt‹, sagte er gelegentlich, und dann spielte er keine Note anders. Doch er konnte zwei Stunden bei der ersten Seite von Beethovens *Appassionata* verweilen, sich eingehend mit den Komplexitäten von Rhythmus, Farbe, Proportion, Phrasierung, Gestaltung befassen… Unter all seinen Ansichten hat es eine gegeben, die ihn mir besonders sympathisch gemacht hat, und das war seine Einstellung gegenüber dem Üben. ›Üben Sie *niemals* länger als drei oder vier Stunden am Tag‹, erklärte er eindringlich. ›Niemand kann sich länger konzentrieren, und die übrige Zeit müssen Sie darauf verwenden, das Leben und die Liebe und all die anderen wundervollen Dinge auf der Welt kennenzulernen. Wenn ein junger Mensch den ganzen Tag am

Klavier übt, was kann er da schon in seiner Musik zum Ausdruck bringen?‹«[51]

»Über sieben oder acht Wochen«, hat Podis in dem Interview von 1989 gesagt, »habe ich immer dann Unterricht gehabt, wenn ich dazu bereit war; in manchen Wochen hatte ich zweimal Unterricht. Aber dann mußte ich mich einer Blinddarmoperation unterziehen, und sobald ich einigermaßen wohlauf war, ging ich wieder nach Hause. Danach habe ich ihm immer vorgespielt, wenn er nach Cleveland kam oder wenn ich in einer Stadt war, in der er gespielt hat. Er war ein Mensch, der das Leben vermutlich mehr geliebt hat als irgend jemand sonst, den ich gekannt habe. Viele Künstler finden Konzerttourneen schrecklich langweilig, aber er war überall auf der Welt zu Hause, und ich glaube, er hat es stets in vollen Zügen genossen, ganz egal, wo er war. Früher spielte er immer beim Concert Course in der [Cleveland] Music Hall, und nach den Konzerten haben die reichen Geschäftsleute, die die Konzertreihe sponserten, die Künstler immer üppig bewirtet, es gab immer mehrere Gänge. Ich erinnere mich an so viele Gelegenheiten, als Rubinstein da war, wie er das Menu aß, Zigarren rauchte, Champagner trank und dann das tat, was er besser als alles andere außer Klavierspielen konnte – nämlich herrliche Geschichten erzählen. Noch heute sehe ich lebhaft vor mir, wie fröhlich ausgelassen es an diesen Abenden zuging. Er war immer ein Partymensch – er liebte die Geselligkeit. Das gute Leben war sehr wichtig für sein Seelenheil. Er hatte eine so starke Persönlichkeit und war so überaus liebenswert. Und er wollte liebenswert sein – das war wichtig für ihn.«[52]

Die meisten Pianisten, die Rubinstein betreute, waren begabte junge Frauen, und später hat er Annabelle Whitestone erzählt, er hätte eine Affäre mit einer von ihnen gehabt – sie ist oben nicht erwähnt –, als er Mitte Siebzig und sie Anfang Zwanzig war. Aber er hat sich auch mehrere vielversprechende junge Pianisten angehört und sie ermutigt, so etwa den glänzenden William Kapell, einen Schüler von Josef Lhévinne. Im Juli 1941 hat Rubinsteins Freund Fredric R. Mann, ein musikliebender Geschäftsmann, Rubinstein berichtet, daß der achtzehnjährige Kapell ein höchst erfolgreiches Konzert in Philadelphia – wo Mann lebte –

gegeben habe, und ihn als »Ihr Protégé« bezeichnet.[53] Die Beziehungen
zwischen Kapell und Rubinstein waren zwar oft von Mißverständnissen
belastet, aber der ältere Pianist war auch weiterhin vom Spiel des jüngeren angetan. Kapells ungewöhnliche Karriere fand ein tragisches Ende,
als er 1953 bei einem Flugzeugunglück umkam.

In den frühen Jahren von Rubinsteins Aufenthalt in Amerika haben
viele amerikanische Beobachter in ihm immer noch einen Interpreten
der modernen Klaviermusik gesehen. Im März 1940 beispielsweise hat
Olin Downes in einer Besprechung in der *New York Times* Rubinsteins
Darbietung der Polka aus Schostakowitschs Ballett *Das Goldene Zeitalter* und von Prokofjews *Suggestion diabolique* viel Platz gewidmet –
beide Werke habe er »mit vollkommenem Verständnis und vermutlich
höchster Freude an ihrer Ironie und Brillanz« zum besten gegeben.[54]
Und einige Monate später rühmten die Kritiker der *Times* und des
Herald Tribune seine Interpretationen moderner spanischer Musik (Albéniz, de Falla und Mompou), während sie hart ins Gericht gingen mit
einer ihrer beider Meinung nach äußerst kühlen und »objektiven« Interpretation von Schuberts *Wandererfantasie*.[55] Im Januar 1942 führte er in
Cleveland zum ersten Mal Szymanowskis Vierte Symphonie – besser
bekannt als »Sinfonia concertante« – mit Rodzinski und dem Cleveland
Orchestra auf. Das zehn Jahre zuvor geschriebene Werk war ihm gewidmet worden, und er spielte es oft in den darauffolgenden Jahren. Aber
Mitte der vierziger Jahre waren die meisten modernen Werke in seinem
Repertoire schon lange darin enthalten gewesen, und alle waren in
einem Idiom geschrieben, das das Publikum schon lange nicht mehr
schockierte. Er war ein ganz und gar »sicherer« Pianist geworden – jemand, den man wegen seiner Darbietungen eines »sicheren« Repertoires verehrte und rühmte.
Rubinstein war so erfolgreich geworden, daß er ab und zu Konzerte
gab, deren Programme nicht im voraus angekündigt wurden. Er entschied, welche Stücke er spielen würde, wenn er vor dem Publikum
Platz nahm, und um den Saal zu füllen, setzte er eher auf seinen eigenen

Namen als auf die Namen der Komponisten. »Gestern abend in der Carnegie Hall erfolgte der Auftakt zu einem möglichen Kreuzzug gegen gedruckte Programme«, schrieb Louis Biancolli am 25. Februar 1946 im *New York World-Telegramm*. »Artur Rubinstein wich von der steifen alten Tradition des gedruckten Wortes ab und kündigte seine Nummern von der Bühne an.«

»Das gesamte Programm wurde mündlich – durch Mr. Rubinsteins Mund – und mit der Hand, genauer: mit zwei Händen – ebenfalls denen von Mr. Rubinstein – vorgetragen. Die einzigen Druckerzeugnisse waren die Anzeigen und Mr. Rubinsteins Manifest im Namen des gesprochenen Wortes.

›Ich beginne mein Programm mit der Chaconne von Bach, in der Bearbeitung von Busoni.‹ Mit diesen Worten startete Mr. Rubinstein sein Quasi-Stegreifprogramm.

Der berühmte Pianist nahm sich die Freiheit, es dem Augenblick zu überlassen, die nächste Nummer zu bestimmen. Ebenso wie der Stimmung des Hauses, der Akustik und den schelmischen kleinen Geistern, die vielleicht ›Bach‹ in die dienstbereiten Ohren des Pianisten flüsterten.

… man benötigte überhaupt keine Anleitung für Mr. Rubinsteins Nummern. Was er spielte, spielte keine Rolle. Alles war schön und poetisch, feurig und klar. Mr. Rubinstein hätte sich seine Worte sparen können.

Wenn ein Pianist wie Artur Rubinstein spielt, sind Worte, selbst gesprochene Worte, überflüssig. Bach, César Franck, Chopin werden zu reinen Markenzeichen. Über die nächste Nummer muß man nichts weiter wissen, als daß sie ein weiterer Rubinstein ist… Es war nett, daß Mr. Rubinstein die Titel verriet, falls man die Musik nicht ohne Hilfe identifizieren konnte. Aber der Mann spielte so gut, daß man beinahe versucht war, ihm zu versichern, es würde wirklich keine Rolle spielen, was als nächste Nummer dränkäme.«[56]

Dieser und ähnliche Artikel haben Rubinstein vermutlich zu verstehen gegeben, wie leicht sich seine Hörer einreden ließen, daß die Künstler wichtiger seien als die Werke, die sie spielten. Schon bald kehrte er dazu zurück, seine Programme rechtzeitig zusammenzustellen, damit sie im Druck angekündigt werden konnten. Als Rubinstein in der darauffolgenden Saison sein erstes Konzert in der Carnegie Hall gab, bemerkte Francis D. Perkins im *New York Herald Tribune,* »diesmal... war es vorab veröffentlicht worden, daß er Beethovens Pathétique, Chopins 24 Préludes sowie Werke von Albéniz, de Falla, Milhaud und Brahms spielen würde«. Und er fügte lakonisch hinzu: »Er spielte sie beachtlich.«[57] Rubinsteins zunehmende Berühmtheit machte ihn zu einem Kandidaten für Engagements aus Hollywood, und in den vierziger Jahren war er bereit, in mehreren Filmen aufzutreten und/oder Klavier zu spielen. Einen dieser Filme – eine Produktion von RKO – bezeichnete Herbert Kupferberg in seiner Geschichte des Philadelphia Orchestra als »Schmachtfetzen... über einen blinden Nachtclubmusiker, dem ein großartiges Konzert durch den Kopf geht«. Am Ende schafft es der Musiker, daß sein Werk von Rubinstein aufgeführt wird, während Ormandy dirigiert. Ethel Barrymore, Merle Oberon und Dana Andrews haben in diesem Film mitgespielt, und Leith Stevens, ein Hollywood-Komponist, hat ein Konzert dafür geschrieben. »Der Film mußte eine Reihe von Veränderungen über sich ergehen lassen, einschließlich drei verschiedene Titel – *Counterpoint, Memory of Love* und *Night Song«,* berichtete Kupferberg. »In seiner Filmkritik in der New York Times hat Bosley Crowther die Musik als ›ein zusammengestoppeltes und sinnloses Geklimper‹ bezeichnet und dazu bemerkt: ›Wenn Mr. Rubinstein und Mr. Ormandy sie zusammen mit ihrem Stolz schlucken können, dann müssen sie einen ziemlich kräftigen Magen haben.‹«[58] Rubinstein hat auch Teile des Soundtracks zu dem Film *A Song of Love (Clara Schumanns große Liebe)* über Robert und Clara Schumann eingespielt. Diese Arbeit machte ihm Freude, weil er versuchte, den unterschiedlichen Musizierstil der Schumanns, von Liszt und Brahms wiederzugeben, die alle im Film auftraten. »Dieser Film hat ihm großen Spaß gemacht«, erinnerte sich Eva Rubinstein, und ihr Vater meinte: »Katharine Hepburn gab die Clara ganz hervorragend und spielte ... wie eine geborene Pianistin. Der Film wurde insgesamt sehr liebevoll und mit großer Achtung vor dem Gegenstand gedreht.«[59] Katharine Hepburn wurde eine

Freundin von Rubinstein und seiner Familie. Aber sein bekanntester Leinwandauftritt wurde nicht in Hollywood gedreht, sondern in der Carnegie Hall, wie Richard Schickel in seiner Geschichte dieses Konzertsaals berichtet hat. »Im Juli 1946 wurde eine ganze Zugladung Filmausrüstung von Hollywood nach New York transportiert und in der Carnegie Hall installiert, als Bob Morris, der bekannte Gegenspion, mit der Produktion seines Films *Carnegie Hall* begann. Ganze Straßen wurden aufgerissen, als schwere Kabel verlegt wurden, die den für Suchscheinwerfer und andere Geräte benötigten elektrischen Strom liefern konnten. Bis Oktober rackerten sich Tausende von Leuten in dem Saal ohne Klimaanlage ab, um den Film zu drehen... Zur Besetzung gehörten Damrosch, Rodzinski, Walter, Stokowski und Fritz Reiner. Auf dem Set drängten sich Piatigorsky, Rubinstein und Heifetz, Risë Stevens, Jan Peerce, Ezio Pinza und Lily Pons neben Harry James, Vaughan Monroe und seinem Orchester sowie Hunderte von Statisten, die in Gesellschaftskleidung vor sich hin schwitzten... Das einzige Problem bei dem Ganzen war die Handlung. Bevor die Dreharbeiten begannen, hatte Rubinstein noch gewitzelt: ›Ich wette, es endet damit, daß Harry James Trompete spielt.‹ Er hätte sich kaum träumen lassen, wie recht er damit hatte. Die ganze Handlung bestand darin, daß Marsha Hunt eine Putzfrau in der Hall spielte, die ihren Sohn in ein Konzert nach dem anderen mitnahm, um in ihm den Wunsch zu wecken, ein ernsthafter Pianist zu werden.«[60] Ein einziger Filmauftrag konnte Rubinstein immerhin 85 000 Dollar einbringen, aber 1946 bestritt er in einem Leserbrief an Hollywoods *Daily Variety*, daß man ihm für einen Dreijahresvertrag bei Metro-Goldwyn-Mayer eine halbe Million Dollar angeboten habe.[61]

Neben seinen gelegentlichen Filmgagen verdiente Rubinstein ab der Saison 1947/48, also zehn Jahre nach seinem »Wieder-Debüt« in den USA, pro Jahr etwa 100 000 Dollar an Schallplattenaufnahmen und verlangte für die meisten der rund hundert Konzerte, die er jedes Jahr in Nordamerika gab, je 3500 Dollar.[62] In der Saison 1949/50 gab es unter den Solisten des New York Philharmonic Orchestra nur einen, der eine höhere Gage erhielt als Rubinstein, der 8000 Dollar für drei Konzerte bekam (er spielte Rachmaninows *Rhapsodie über ein Thema von Paga-*

nini in allen dreien und außerdem in zweien noch Mozarts Konzert in A-Dur, KV 488). Heifetz wurde für eine vergleichbare Leistung mit 9500 Dollar honoriert; danach kamen Myra Hess mit 7000 Dollar, Robert Casadesus mit 4150 Dollar, Rudolf Serkin mit 4100 Dollar für jeweils vier Auftritte, Nathan Milstein mit 3800 Dollar für drei Auftritte und dann alle anderen Solisten.[63] 1964 betrug Rubinsteins Gage in Amerika entweder 6000 Dollar pro Auftritt oder siebzig Prozent der Bruttoeinnahmen aus dem Kartenverkauf – je nachdem, was mehr war.

Mitte der vierziger Jahre war Rubinstein ein reicher Mann. Und doch waren finanzielle Sicherheit und eine luxuriöse Lebensweise nicht die primären Beweggründe seines Berufslebens. »Sie dürfen es Mr. Hurok nicht weitererzählen«, scherzte er oft gegenüber Interviewern, »aber tatsächlich würde ich auch weiterhin Klavierkonzerte geben, nur weil es mir Spaß macht, ganz gleich, ob ich dafür bezahlt werde oder nicht.«[64] Er spielte so gern für andere Menschen, liebte es zu geben, liebte den Rausch der intensiven Kommunikation mit anderen. Und endlich hatten Musiker und Musikliebhaber in den USA und anderswo diesen Aspekt des Phänomens Rubinstein begriffen. In einem Artikel, der 1949 im *Herald Tribune* erschien, faßte der Komponist und Kritiker Virgil Thomson zusammen, was Hunderttausende von Zuhörern dachten: »Arthur Rubinstein, der gestern abend in der Carnegie Hall ein Konzert mit Klaviermusik gab, war in Amerika zum ersten Mal vor über vierzig Jahren aufgetreten«, schrieb Thomson. »Seit langem ist er ein großer Musiker und ein großartiger Interpret – und nun, da er auf die Sechzig zugeht [Rubinstein war bereits 62], ist er ein König in seinem Beruf. Andere mögen regelmäßig mehr auf sich aufmerksam gemacht haben, wenn auch nur wenige so verläßlich glänzen können, und niemand kann es mit ihm an Kraft und Vornehmheit aufnehmen. Er spielt sehr laut und sehr schön, sehr weich und überaus rein, geradezu elegant und mit einem Interesse an beiden Möglichkeiten: am musikalischen Diskurs und an der klaren Übertragung musikalischen Denkens. Er ist ein Meisterpianist und ein Meistermusiker. Seinesgleichen hat es seit Busoni nicht mehr gegeben.«[65]

Auch andere Musiker berührten Rubinstein mit ihren persönlichen Mitteilungen. »Ich möchte Ihnen herzlich danken für das großartige Geschenk, das Sie mir mit ihrer meisterlichen und zutiefst befriedigenden Darbietung des [Vierten] Beethoven-Konzerts gemacht haben«, schrieb der Komponist und Pianist Percy Grainger 1940 nach einem Rubinstein-Konzert mit dem New York Philharmonic Orchestra unter Barbirolli. »Ich glaube nicht, daß irgend jemand so makellos, so anmutig, so wohlklingend spielen kann wie Sie!«[66] Drei Jahre später, nachdem er wieder einmal ein Konzert mit den Philharmonikern gegeben hatte, erhielt Rubinstein ein Schreiben von Isidor Philipp. Er war ein alter Bekannter, der zum gefeiertsten Klavierprofessor am Pariser Conservatoire geworden war, aber wegen seiner jüdischen Abstammung zu Beginn des Krieges nach New York geflohen war. »Mein lieber Freund, ich möchte Ihnen sagen…, wie sehr ich Ihr Spiel bewundert habe, die souveräne Technik, den Klang, der sich so geschmeidig jeder Nuance anpaßt, die Musikalität, die Bravour, die absolute Sicherheit Ihres Gedächtnisses«, schrieb Philipp. »Die Symphonie von Saint-Saëns« – einem von Philipps Lehrern – »hat mich an so viele schöne und tragische Augenblicke in meinem Leben erinnert, und ich schäme mich nicht einzugestehen, daß ich Tränen in den Augen hatte – aber glauben Sie mir, als ich hörte, wie Sie mit solcher Freude spielten, begann den traurigen Emigranten, der ich bin, ein bißchen Hoffnung zu trösten.«[67] Anfang 1952, nachdem er in einem Konzert in New York gewesen war, schrieb der achtundachtzigjährige Philipp: »Lieber Freund, die Schar Ihrer Verehrer hat mich gestern daran gehindert, Sie zu sehen. Ich wollte Sie fragen, woher sie diesen Klang nehmen, diesen Rhythmus, diese beispiellose Technik, diese Jugendlichkeit und – diese Freundlichkeit, will sagen: Nachdem man nur ein paar Worte mit Ihnen gewechselt hat, ist man sicher, daß Sie der beste Freund sind! Einen Tag nachdem ich Mozarts Konzert in c-Moll am Conservatoire gespielt hatte, kam Gounod im Foyer auf mich zu und sagte: ›Mein junger Freund, wissen Sie, wo dieses Konzert herkommt?‹ – ›Wo es herkommt, Meister?‹ – ›Es kommt vom Himmel, wie alles, was der Gott der Musik geschrieben hat. Ja, Mozart ist der Größte.‹ Ich möchte dieses mot abwandeln: ›Ihr Talent kommt vom Himmel, und Sie sind der Größte!‹«[68]

W ährend des Kriegs unterhielt Rubinsteins Freund Fredric R. Mann
Kontakte zu jüdischen Untergrundorganisationen in dem von den
Deutschen besetzten Teil Europas. Er war einer der Menschen, über die
Rubinstein herausfinden wollte, was mit seiner Familie und seinen
Freunden geschah, und durch die er zu helfen versuchte, wann immer
dies möglich war. Dank Rubinstein, Mann und Manns Kontakten gelang
es Wladimir Golschmanns Bruder und dem Komponisten Alexandre
Tansman, 1940 aus Frankreich in die USA zu fliehen.[69] Weitaus schwie-
riger freilich war die Flucht aus Osteuropa. Im April 1940 schrieb
Rubinsteins Nichte Janka Landau Englender – die Tochter seiner
Schwester Hela – an ihn aus Galati in Rumänien und bat ihn um Hilfe bei
der Beschaffung eines französischen Visums. Aber nach dem Einmarsch der Deutschen in Frankreich im Mai und im Juni erwies sich
jeder derartige Versuch als sinnlos, und infolge der Ausbreitung des
Krieges brach jede Verbindung ab. Dreieinhalb Jahre später versuchte
Rubinstein, durch das amerikanische Rote Kreuz mit seinem Neffen
Kazimierz Landau Kontakt aufzunehmen[70], aber vergebens: Damals arbeiteten Himmlers Gaskammern und Krematorien bereits rund um die
Uhr. Erst im Februar 1946 erfuhr Rubinstein vom Schicksal der meisten
seiner Brüder und Schwestern und deren Kinder und Enkelkinder
durch einen Brief von ebenjener Nichte Janka. Der auf englisch geschriebene Brief kam aus Slatina Olt in Rumänien.

>Lieber Arthur,
seit dem Augenblick, da ich 1939 die polnisch-rumänische Grenze über-
schritten habe, versuche ich, mit Dir durch Briefe und Telegramme
Kontakt aufzunehmen. Ich habe an Konzertagenturen geschrieben, aber
stets vergebens. – Ich war zutiefst verzweifelt, denn außer meinem
Bruder Jerry [Jerzy], der das ganze Schreckensmartyrium durchmachen
mußte – habe ich niemand auf der Welt als Dich, den einzigen [sic]
Bruder meiner lieben Mutter, der Du einmal alles für sie und für uns gewesen bist. – Jerry hat es mit eigenen Augen gesehen, wie Mutter 1942
bei der Aktion in Warschau umgebracht wurde, das gleiche Schicksal
ereilte Tante Jadzia [Jadwiga, Rubinsteins älteste Schwester] und Aniela

[Jadzias Tochter] und all unsere Leute aus Lodz, von denen nur Pauzio [vermutlich Rubinsteins Onkel Paul Heiman] und Onkel Likiernik [der Mann von Arthurs anderer Schwester Frania] eines natürlichen Todes gestorben sind; – der Rest der Familie starb unter den Händen von Hitlers Henkern. – Wie durch ein Wunder haben Jerry und seine Frau Roma und Hala, Kazios Frau, überlebt. – Von Kazio [Arthurs Neffe Kazimierz, mit dem der Pianist 1943 Kontakt aufnehmen wollte] wissen wir nichts, da er in Deutschland gefangen war, auch Lilka Bernhardt, Anielas Tochter Hala Krukowska und ein Teil der Familie Szeminsky wurden gerettet und Du, da Du zum Glück auf die andere Seite dieser Erde gegangen bist. –

Lieber Arthur, ich möchte Dich nicht mit der Schilderung unseres siebenjährigen Herumirrens langweilen, während dem wir ständig Angst vor den Nazis hatten, ohne uns niederlassen oder etwas verdienen zu können. – Wir haben von der Unterstützung gelebt, die wir vom Staat bekommen haben, und verkauften einige kleine Dinge, die wir von zu Hause mitgenommen hatten. –

Aber die eigentliche Tragödie hat jetzt begonnen, da wir nicht wissen, was wir machen sollen. – Wir möchten nach Hause zurückkehren, aber die Bedingungen dort sind äußerst schlecht für ›unsere‹ Leute, der Hitlerismus hat die öffentliche Stimmung so sehr vergiftet, daß es für uns dort keinen Platz gibt. – Hier dürfen wir nicht bleiben, Palästina steht uns noch nicht offen. – Darum sind wir in großer Verzweiflung, ohne einen Pfennig, ohne ein Dach über dem Kopf, schlecht gekleidet, da wir nur noch das haben, womit wir 1939 fortgelaufen sind, und diese Sachen sind abgetragen. – In Warschau haben wir alles verloren, und hier sind wir hilflos. – Der in Deinem Namen geschriebene Brief von Mr. Ignacy Neumark [ein Sohn oder Enkel einer der Schwestern von Rubinsteins Mutter] hat mir Mut gemacht und mir ein wenig Willen zum Leben gegeben. – Ich hoffe sehr, Du verstehst meine Situation und hilfst mir. – Ich flehe Dich um der Erinnerung an meine unvergeßliche Mutter, Deiner Schwester, willen an, mir zu helfen. – Vor allem möchte ich zu Dir hinüberkommen, und ich beschwöre Dich, mir in dieser Hinsicht zu helfen. – Ich weiß, es ist eine langwierige und schwierige Angelegenheit, aber es kann doch für einen Mann mit Deinen Verbindungen nicht hoffnungslos sein. – Bis dahin, wenn dies möglich sein wird, hilf mir doch, indem Du mir etwas Geld schickst durch ›Hicem‹, deren Hauptbüro in New-York ist und die eine Filiale in Bukarest haben und solche Sachen machen. – *Es müßte telegraphisch geschickt werden, da es sonst Monate dauern könnte.* – Zunächst einmal möchte ich mir etwas Kleidung kaufen, weil meine völlig abgetragen ist, und außerdem, wenn ich ein wenig Geld zur Verfügung habe, könnte ich es schaffen, nach Palästina zu kommen und von dort vielleicht nach Amerika.

Lieber Arthur, ich bin sicher, wenn Du diesen Brief erhältst, wirst Du meine Lage erkennen und mir helfen, indem Du alles tust, was Du kannst, da Du jetzt der einzige Mensch auf der Welt bist, auf den ich bauen kann. – Das wichtigste ist es, rasch zu helfen. – Ich nehme an, Du hast das Telegramm bekommen, das ich, gleich nachdem ich den Brief von Mr. Neumark erhalten habe, direkt an seine Adresse geschickt habe. – Damit Du meine Lage verstehst, darf ich Dir sagen, daß ich ein Kleid verkauft habe, um dieses Telegramm bezahlen zu können. – Wie geht es Dir und Deiner Familie? Wie geht es Maryla und Janek?

Schreib mir gleich!

Mit herzlichen Grüßen an Euch alle

Deine Janka.«[71]

Man nimmt an, daß Rubinstein tatsächlich geholfen hat (Janka ist schließlich nach Polen zurückgekehrt, wo sie 1981 an Krebs gestorben ist). Bestimmt half er Karola Schneck (ursprünglich Sznek), der Nichte der Schwester seiner Mutter, der Frau von Boleslaw Sznek – dem Onkel, der Arthur 1896/97 in Warschau in die Oper mitgenommen hat. Karola, ihre Eltern und ihr Bruder hatten vor dem Krieg in Belgien gelebt, und der Ton des Briefes, den sie ihm im Herbst 1945 aus Marseille geschickt hat, beweist – obwohl er das förmliche *vous* verwendet –, daß er sie persönlich gekannt und über ihr Leben vor dem Krieg Bescheid gewußt hat. »Wir haben Belgien im Mai 1940 verlassen und sind nach Frankreich gegangen«, schrieb sie. »… Meine Mutter und ich hatten Glück und sind der Gestapo und der Deportation entkommen, nur mein

Bruder Marcel nicht, der 1942 deportiert wurde. Seither habe ich von ihm keine Nachricht mehr. Mein lieber Vater ist 1943 in Marseille gestorben, und das heißt, daß von uns vieren nur noch zwei übrig sind. Wie ich bis zur Befreiung gelebt habe, ist eine zu lange Geschichte, um sie Ihnen zu erzählen. Ich möchte Ihnen nur sagen, daß man, wie viele Juden und Nichtjuden, unter sehr schwierigen Bedingungen leben mußte, wie Geächtete. Meine Mutter ist krank, und ich weiß nicht, ob ihr Gesundheitszustand es ihr gestatten wird, nach Belgien zurückzukehren. In Erinnerung an meinen lieben Vater und unseren Onkel Boleslaw und im Namen meiner Mutter frage ich Sie, ob es Ihnen möglich wäre, uns ein wenig Geld zu schicken. Wir haben alles in Belgien verloren, und das wenige, was uns blieb, mußten wir verkaufen, um zu überleben… Sie werden unsere Situation sicher verstehen und daß ich es vermieden hätte, Sie um diesen Gefallen zu bitten, wenn ich nicht wirklich in Not wäre…«[72]

Rubinstein fragte andere Leute um Rat und versah Karolas Brief mit einer Randbemerkung: »Schlechter Wechselkurs für Geld[,] Pakete könnten helfen.« Und dann schrieb er ihr: »… ich bin mir durchaus der gewaltigen Schwierigkeiten bewußt, denen Sie in diesen tragischen Jahren gegenüberstehen, und ich habe mit tiefem Bedauern Ihren Brief gelesen und vom Schicksal Ihres Vaters und Bruders erfahren. Ich hoffe, daß die Lage sich jetzt bessern wird und daß es Ihrer Mutter nun wieder gut geht, so daß Sie bald nach Belgien zurückkehren können. Die Lage in Belgien scheint ein wenig besser zu sein als in Frankreich. Leider bin ich nicht in der Lage, Ihnen etwas Geld zu schicken, worum Sie mich baten. Im Augenblick ist der Wechselkurs nicht gut, und Sie würden ganz wenig Francs für die Dollars bekommen, die ich von hier schicken würde. Ich glaube, es wäre sinnvoller und auch nützlicher, wenn ich Ihnen einige Pakete mit Lebensmitteln schicken würde. Ich werde Ihnen gleich welche schicken, bitte lassen Sie mich wissen, ob Sie sie erhalten haben, und teilen Sie mir auch jede Adressenänderung mit. In der Hoffnung, daß diese Pakete Ihnen helfen und das Leben ein wenig leichter machen werden, bitte ich Sie, Ihrer Mutter meine besten Wünsche auszurichten…«[73]

Alina Rubinstein war zwar noch ein Baby, als ihr Vater vom Schicksal seiner Familie erfuhr, aber später machte er auf sie den Eindruck, als ob »ihn die Tatsache, daß viele Angehörige seiner Familie während des Holocaust gestorben waren, gefühlsmäßig nicht unmittelbar berührt hat. Das war etwas, was andere Gefühle verstärkte. Denn er hat nie von irgendeinem Menschen gesprochen, den er im Krieg verloren hatte. Er hat seiner Familie nie nahegestanden.«[74] Laut Nela Rubinstein hatte es Maryla Landau, Jadwigas Tochter – die einmal ein Stück türkischen Honig vor Arthur versteckt hatte, als beide noch Kinder waren (und nach der sich Janka Landau Englender im oben zitierten Brief erkundigt hatte) –, geschafft, vor dem Krieg aus Europa hinauszukommen. »Sie hatte zwar einen Baron geheiratet, arbeitete aber als Köchin in New York, rauchte fünfhundert Zigaretten am Tag und spielte Bridge«, erzählte Nela. »Arthur konnte sie nicht ausstehen«, nämlich wegen der Geschichte mit dem türkischen Honig. »Die Tochter seines Bruders Tadeusz landete in Tel Aviv, und Arthur hat ihr dort geholfen. Ihre Tochter wiederum war eine begabte Geigerin – gut, aber nicht großartig; Isaac Stern und Henryk Szeryng haben sie sich angehört. Sie und ihr Mann, ein Pianist, kamen nach Paris, und Arthur sorgte dafür, daß man sich um sie kümmerte; er hat gesagt, auch der Mann sei begabt, aber nicht außergewöhnlich gewesen. Schließlich habe ich sie aus dem Haus geworfen, weil Arthur ihnen jeden Monat Hunderte von Dollars gab, während sie ihn noch immer bei anderen Leuten schlechtmachten und ihm nachsagten, er hätte seine Familie in Polen vernachlässigt. Ich hatte keine Pistole, um sie zu erschießen, also habe ich gesagt: ›Raus!‹ Ungerechtigkeit kann ich nicht ertragen.«
Bitten um Geld von seiten der wenigen Überlebenden unter den Kindern und Enkeln von Arthurs Geschwistern wurden auch weiterhin hin und wieder an ihn herangetragen und trieben ihn schließlich zur Verzweiflung. Ein verblaßter und schwer zu lesender Entwurf seiner Antwort auf eine derartige Bitte seines Neffen Jerzy Landau – Helas Sohn und Jankas Bruder – bezeugt, wie er über das Thema dachte.

Lieber Jerzy,

Dies ist eine Antwort auf Deinen letzten Brief und gleichzeitig auf die paar Briefe, die Du mir seit Kriegsende geschrieben hast.

Ich möchte gern einige grundsätzliche Mißverständnisse zwischen uns aufklären, und da sind zunächst unsere unterschiedlichen Vorstellungen über die Bedeutung von Verwandten. Du hältst eindeutig Blutsbande und Gefühle für zwei getrennte Dinge, aber leider bin ich nicht der gleichen Meinung. Da ich meine Familie als zehnjähriger Junge verlassen habe und vom Geld anderer Menschen in Berlin erzogen worden bin, habe ich mich schon in früher Kindheit daran gewöhnt, völlig unabhängig von meiner Familie zu denken und zu leben, und darum habe ich mein Leben lang lieber brüderliche Freundschaften gepflegt als [enge Beziehungen] zu sogenannten ›Verwandten‹ (selbst den nächsten). Du solltest Dich daran erinnern, daß ich in Warschau im Elend gelebt habe … – keiner von Euch [kam mir zu Hilfe] in Zeiten, die in materieller wie moralischer Hinsicht für mich sehr schwer waren. Ich leugne natürlich nicht, daß ich irgendwo in meinen Adern eine Liebe zur Familie und bis zu einem gewissen Grade eine Verbundenheit mit meinen Schwestern und Brüdern empfinde, aber eher aus einer Distanz, denn wir hatten nur wenige Dinge miteinander gemeinsam. Sie haben nicht auf eine für eine Familie typische Weise reagiert. Verzeih mir, daß ich dies so kalt feststelle. Und was nun die ferneren Verwandten betrifft, so habe ich natürlich fast keinen Kontakt mit Dir gehabt.

Verzeih mir, daß ich Dir dies so brutal schreibe, aber ich habe das Bedürfnis, diese Frage ein für allemal zu klären. Andererseits habe ich in all Euren Briefen über meine Nichten und Neffen – außer daß Ihr mich an unsere enge Verwandtschaft erinnert habt – nichts anderes gelesen, als daß Ihr mir auf der Tasche liegen wollt, und dies vermutlich schon seit etwa dreißig Jahren. Ich kann mich nicht an einen Brief erinnern, der mir entweder aus Interesse an meinem Leben oder an meiner Musik oder einfach aus dem Bedürfnis heraus geschrieben wurde, ein herzlicheres Gefühl zum Ausdruck zu bringen – sei also nicht überrascht, daß meine eigene Familie, die ich mir selbst geschaffen habe, meine aktiven Blutsbande völlig in Beschlag nimmt. Verzeih mir, daß ich Dir dies so brutal erkläre, aber ich möchte lieber, daß unsere Beziehung klargestellt wird. Du solltest nicht bestimmen, wie es meine Neffen und Nichten oft tun, ob die Summe, die Du benötigst, für mich klein oder groß ist. Ich bin der einzige, der dies beurteilen kann. Ich möchte Dich daran erinnern, daß ich, um Deiner Mutter einen Gefallen zu erweisen, Jadzia, Deiner Schwester, eine große Summe in Dollars als Mitgift angeboten hatte. Das Geld ging verloren, ich weiß nicht, wie – aus der Heirat wurde nichts, und sie und sogar Du, Ihr habt mich mit Briefen gequält, in denen Ihr eine Summe (3000 Dollar) gefordert habt, die nach Eurer Meinung für mich eine Kleinigkeit wäre – und damals habe ich von einem Konzert bis zum nächsten gelebt. Na ja, Schwamm drüber.

Ich hoffe von Herzen, daß es Euch allen einmal so viel besser geht, daß Ihr in der Lage seid, in mir einen Menschen zu sehen und nicht einen nahen Verwandten mit Geld.

Dein alter Arthur«[75]

Rubinstein hatte gelegentlich Kontakt mit H. M. Landau, einem seiner Neffen, der nach dem Krieg in Paris lebte und ihn nicht um Geld bat[76]. Aber das einzige Mitglied seiner Familie in Europa, das Rubinstein ausfindig machte und dem er regelmäßig half, war sein Bruder Ignacy. Nela Rubinstein erinnerte sich, daß Ignacy vor dem Krieg ein radikaler politischer Agitator, aber auch sehr hochnäsig und sarkastisch gewesen sei – er hatte zwar das Geld gern angenommen, das Arthur ihm gab, sich jedoch gegenüber seinem jüngeren Bruder für überlegen gehalten. Während der deutschen Besetzung hatte er mit einer Französin zusammengelebt, die ihn versteckte, und damit war er bei Kriegsende von Arthurs Geschwistern der einzige, der überlebt hatte. »Ich habe Ihren Bruder im Rothschild Hospital besucht«, schrieb Germaine de Rothschild im Oktober 1945 an Arthur; offenkundig hatte sie Ignacy auf Arthurs Bitte hin aufgesucht. »Es tat weh, den armen Mann zu sehen. Er ist sehr dünn, und ich muß schon sagen, daß er krank aussieht. Außerdem klagt er selbst darüber, daß er sehr krank sei. Anscheinend hat er nichts, und falls es Ihnen möglich ist, ihm etwas Geld und Kleidung zukommen zu lassen, würden Sie ihm einen großen Gefallen tun. Er hat überhaupt nichts mehr anzuziehen. Sie müßten ihm also Unterwäsche, Socken, einen Anzug und einen Mantel geben. Sein Wunsch wäre es, wie er Ihnen, glaube ich, mitgeteilt hat, in einer kleinen Pension zu wohnen, wo er nicht allein und von allen Verantwortlichkeiten und häuslichen Sorgen befreit wäre... [Aber] ich fürchte ein wenig, der Gesundheitszustand Ihres Bruders ist zu schlecht, als daß er in einer Pension leben könnte. Vielleicht in einer Klinik? Allwöchentliche Lebensmittelpakete würden ihm eine große Freude bereiten – Marmelade, Schokolade, Kaffee (ich nehme an, daß er ihn trinkt), Streichwurst, Käse, Sardinen, Honig, Kakao usw. All diese Sachen kommen in ausgezeichnetem Zustand an...«[77] Die Brüder trafen sich zum letztenmal 1947 in Paris; Ignacy starb am 10. November 1948 im Rothschild Hospital im Alter von achtundsechzig Jahren. Arthur bezahlte sämtliche offenen Krankenhausrechnungen seines Bruders, und als ihm Ignacys Papiere ausgehändigt wurden, erfuhr er zu seiner Überraschung, daß sein verstorbener Bruder einen Sohn, Hyacinthe, hinterließ. Mit einundsechzig Jahren war Arthur das älteste noch lebende Mitglied der einst so großen Familien Rubinstein und Heiman.

Rubinstein unterstützte nicht nur einige eigene Familienangehörige, sondern half auch der Familie seiner Frau. 1940, als die Vereinigten Staaten noch eine neutrale Macht waren, hatten Nela Rubinstein und Wanda Labunska versucht, ihre Mutter nach Amerika zu holen. Wanda, die bereits US-Bürgerin war, hatte sogar ein Sondervisum für Madame Mlynarska besorgt, aber laut Rubinstein »weigerten sich die russischen Behörden, ihr die gewünschte Ausreisegenehmigung zu erteilen«. Im November 1945 telegraphierte er an Helmer Enwall, seinen Manager in Stockholm: »Wäre unendlich dankbar, wenn Sie jemand Wichtigen in Schweden vorschlagen könnten, der mich gut genug kennt, um die Mutter meiner Frau, Mme. Mlynarska, aus Kaunas [in der Nähe des Familienguts in Litauen] nach Schweden zu holen, damit sie zu ihren beiden Töchtern in Amerika kommt. Würde jede Möglichkeit finanziell unterstützen...« Enwall versprach zu helfen, und ein paar Tage später schickte Rubinstein ihm einen Brief mit sämtlichen Details über per-

sönliche Daten, Nationalität und Aufenthaltsort seiner Schwiegermutter.[78] Der Plan funktionierte, aber es dauerte ein ganzes Jahr, bis
Madame Mlynarska aus Litauen nach Kalifornien kam. Rubinstein stellte auch das erforderliche Geld zur Verfügung, um Nelas Bruder
Bronislaw – der den Krieg teilweise in einem sowjetischen Zwangs-
arbeitslager verbracht hatte – in die USA zu holen. Eine Zeitlang beschäftigte Rubinstein seinen Schwager als Sekretär; Bronek, der sich
von seiner ersten Frau – einer von Lily Wertheim-Radwans Töchtern –
hatte scheiden lassen, hat später die Schauspielerin Doris Kenyon geheiratet, einen ehemaligen Stummfilmstar. Er führte ein Antiquariat, das
auf Bücher über Musik spezialisiert war. Nela hat berichtet, daß Arthur
»gut mit meinem Bruder und meiner Mutter auskam« und daß er zu
ihnen und den anderen Angehörigen ihrer Familie »sehr gut war«, auch
zu ihrer Schwester Alina, die in Polen blieb und schließlich eine religiöse Fanatikerin wurde.

Die von Deutschland im Zweiten Weltkrieg begangenen Greueltaten bestärkten Rubinstein nur in seinem Entschluß – der immerhin schon
dreißig Jahre alt war, als der Krieg zu Ende ging –, nie wieder im Lande
von Bach, Beethoven und Brahms zu spielen, und er weitete seinen
Boykott auf Österreich aus. In den späten vierziger Jahren wurde er
allerdings in eine damit zusammenhängende Debatte hineingezogen,
die damals die musikalischen Kreise in Amerika erregte. Die Frage
lautete: Durften berühmte deutsche Musiker, die während des Kriegs in
ihrem Land geblieben und dort aufgetreten waren und damit den Glanz
ihres Namens in den Dienst von Hitlers Regime gestellt hatten, in den
USA auftreten, Dollars verdienen und vom amerikanischen Publikum
gefeiert werden? Ein kompliziertes Thema. Viele der fraglichen Musiker waren bereits wieder in europäischen Ländern willkommen gehei-
ßen worden, die unmittelbare Opfer der deutschen Aggression gewesen
waren – warum sollten sie dann von Amerika ferngehalten werden, das
keine deutsche Besetzung erlebt hatte? Andererseits waren die meisten
bekannten jüdischen und antifaschistischen Musiker, die aus Europa
hatten fliehen müssen, am Ende in die USA gelangt, und – in nüchternen Prozentzahlen ausgedrückt – hatten die Juden als ethnische Gruppe

mehr als jedes einzelne Land unter den Übergriffen der Nazis leiden müssen. In der Zeit unmittelbar nach dem Krieg und auch nach den Nürnberger Prozessen erhitzten sich die Gemüter der aus dem faschistisch kontrollierten Europa entkommenen Musiker am Problem der deutschen Künstler.

Der Pianist Walter Gieseking, der vor und während des Krieges ein erklärter Nazi-Anhänger gewesen war, behauptete nach dem Krieg, ein Opfer der Nazi-Unterdrückung gewesen zu sein. Daraufhin wollten Rubinstein und viele andere Musiker, daß ihm die Einreise in die USA verweigert würde. Als er im Januar 1949 in New York eintraf, wurde er von der Einwanderungsbehörde verhaftet und erklärte sich freiwillig bereit, nach Deutschland zurückzukehren. Dort soll er gesagt haben, die Amerikaner »glauben offensichtlich, daß siebzig Millionen Deutsche aus Deutschland hätten evakuiert werden sollen und Hitler dort alleine lassen«. Im selben Monat wurde Wilhelm Furtwängler zum musikalischen Leiter des Chicago Symphony Orchestra von der kommenden Saison an ernannt, und sein Fall machte viel Wirbel in der amerikanischen Presse. Furtwänglers politische Biographie ist besonders kompliziert: Heute zweifelt man nicht mehr daran, daß der Dirigent Hitlers Regime verabscheute und sich als mutig erwies, indem er viele einzelne Juden aus den Händen der Nazis zu retten versuchte. Ebenso zweifelsfrei steht jedoch fest, daß er dablieb und Kompromisse mit dem Regime einging, die nicht nur für sein physisches und künstlerisches Überleben erforderlich waren, sondern ihn auch gegen seinen jungen Rivalen Herbert von Karajan beruflich absicherten, einen echten nationalsozialistischen Opportunisten. Doch weder Rubinstein noch die anderen mit ihm protestierenden Musiker interessierten sich für derart feine Unterschiede. »Ich weigere mich, mit irgend jemandem zusammenzuarbeiten, der mit Hitler, Göring oder Goebbels sympathisiert hat«, schrieb Rubinstein an den Verwaltungsrat des Chicago Symphony Orchestra. »Wäre Furtwängler ein guter Demokrat gewesen, hätte er Deutschland den Rücken gekehrt, wie es beispielsweise Thomas Mann tat. Furtwängler blieb, weil er annahm, daß Deutschland den Krieg gewinnen würde. Gieseking hat sich ähnlich verhalten. Es heißt, Furtwängler habe einige Menschen aus den Klauen der Nazis gerettet. Dies ist nicht bestätigt worden. Zur Zeit ist er auf Dollars und Prestige in Amerika aus, und er verdient weder das eine noch das andere.« Mit ihm protestierten die Pianisten Horowitz und Alexander Brailowsky, die Dirigenten Fritz Busch und André Kostelanetz, die Geiger Milstein und Heifetz sowie die Sopranistin Lily Pons. Milstein hat seinen Protest schließlich zurückgezogen und bemerkt, nach dem Krieg seien deutsche Wissenschaftler in die Vereinigten Staaten gebracht worden, »vermutlich um uns mit ihrem Wissen von Nutzen zu sein. Nun, vielleicht können uns ja auch die musikalischen Fähigkeiten von Menschen wie Furtwängler ein wenig von Nutzen sein.« Rubinstein hat dazu erklärt: »Deutsche Wissenschaftler könnten zur Kategorie der Kriegsbeute gerechnet werden, die dem Sieger gehört. Diejenigen, die man importiert hat, werden von unserer Regierung für spezielle Zwecke innerhalb der Mauern von Laboratorien benutzt. Falls Gieseking und Furtwängler auf dieser Basis hierhergebracht würden, dann würde ich sagen, benutzt sie, aber nicht für öffentliche Auftritte, wo sie eine gewissen Einfluß ausüben könnten…, sondern in Einrichtungen, wo man mit Musiktherapie und anderen humanitären Projekten experimentiert. Dann würde der Vergleich mit Wissenschaftlern stimmen.«[79]

Wie auch immer die Verwaltungschefs des Chicago Symphony Orchestra über die Pros und Contras in dieser Frage dachten, wußten sie doch, falls so angesehene Künstler wie Rubinstein, Horowitz und Heifetz sich weigern sollten, mit ihrem Orchester aufzutreten, dann sähen sich viele ihrer Kollegen gezwungen, das gleiche zu tun. Außerdem befänden sich viele jüdische Orchestermitglieder in einer unhaltbaren Lage, und ein Großteil der im Publikum überproportional vertretenen Juden würde das Orchester boykottieren. Furtwängler wurde nicht engagiert. In einem der Notizbücher, in denen der Dirigent hin und wieder seine Eindrücke und Gedanken festhielt, schrieb er im Hinblick auf die Künstler, die gegen ihn gewesen waren: »Da ist auch noch Arthur Rubinstein, den ich nicht kenne, aber der mich eindeutig auch nicht kennt, denn sonst wüßte er, daß ich der einzige Künstler war, der in Deutschland geblieben ist und bis zum bitteren Ende *energisch* im

Namen der Juden interveniert hat.« Furtwängler hat sich auch über die Haltung von Toscanini, Brailowsky, Stern und Piatigorsky beklagt. Für Michael Tanner, der Furtwänglers Notizbücher für eine englische Ausgabe editiert hat, war Rubinstein »eindeutig einer der Wortführer des Protests«.[80] Doch gegen Rubinstein wurden sofort Vorwürfe laut, er habe nur deshalb protestiert, weil er deutsche Pianisten aus seinem Territorium heraushalten wolle. Einige Briefe mit diesem Tenor kamen aus dem allgemeinen Musikpublikum, andere von Künstlerkollegen wie Artur Rodzinski. Aber der Gedanke, Rubinstein – der bei vorsichtiger Schätzung jedes Jahr doppelt oder dreimal so viele Engagements angeboten bekam, wie er wahrnehmen konnte – würde glauben, daß er plötzlich nicht mehr beliebt wäre oder keine Beschäftigung fände, wenn seine besten deutschen Kollegen wieder nach Amerika kämen, ist absoluter Unsinn. Man kann von seiner Einstellung gegenüber diesen Kollegen halten, was man will, aber sie war jedenfalls aufrichtig. Daniel Barenboim hat gesagt: »Er hat sich nur ein einziges Mal wirklich über mich geärgert, nämlich als ich 1964 nach Berlin ging und ein Klavierkonzert zum zehnten Todestag von Furtwängler gab. Das hat er mir nie verziehen. ›Er war ein Nazi‹, sagte er. Ich erwiderte, das sei eine sehr komplizierte Angelegenheit gewesen, aber er blieb hart.«

Daß Rubinstein Deutschland weiterhin von seinem Konzertreiseplan ausschloß, sorgte für den Rest seines Lebens für Schwierigkeiten und Verbitterung in verschiedenen Kreisen. So fühlte er sich beispielsweise 1962 verpflichtet, eine Einladung auszuschlagen, sich an einem Programm zum Tag der Weltkinderhilfe zugunsten von UNICEF zu beteiligen, weil es in Düsseldorf stattfand. In einem Brief erklärte er sich jedoch bereit, das Programm zu unterstützen.[81] Mehr als einmal wurde er mit den Worten zitiert (falsch zitiert, wie er behauptete), er würde in jedem Land der Welt spielen, außer in Tibet, das zu hoch sei, und in Deutschland, das zu niedrig sei. Diese Bemerkung hat stets viele Menschen verärgert. Einmal erhielt er ein sarkastisches Schreiben von einem Mann in Hannover, der ihn fragte, ob ihm die Tantiemen, die er aus den Verkäufen seiner Platten in Deutschland erhielte, nicht auch zu »niedrig« wären. Der Schreiber hatte seinem Brief die Nummer seines

Postscheckkontos hinzugefügt, falls Rubinstein Probleme hätte, das Geld loszuwerden. Rubinstein antwortete, die »ironische Reaktion« des Briefschreibers sei »völlig gerechtfertigt. Daher schicke ich Ihnen eine Photokopie der Berichtigung des Artikels, den die bedeutendste New Yorker Zeitung ursprünglich gedruckt hatte. Ich bitte Sie zu glauben, daß ich niemals eine derart vulgäre Formulierung über eine Tragödie wie die, die unter Hitler geschah, von mir gegeben habe.« Er habe deshalb nicht in Tibet gespielt, weil es »keine Klaviere in diesem Land« gegeben habe, und er habe nicht in Deutschland gespielt »aus Respekt gegenüber den Opfern der grausamsten Verfolgung, die die Welt je erlebt hat, der Verfolgung meiner Familie und meiner Glaubensgenossen. Was die Tantiemen aus den in Deutschland verkauften Schallplattenaufnahmen betrifft..., so verwende ich sie hauptsächlich dafür, in vielen Teilen der Welt den Opfern des deutschen Holocaust zu helfen.«[82]

In einem Antwortschreiben auf eine andere briefliche Anfrage erklärte er, er sei »sehr traurig, nicht für die vielen guten Deutschen spielen zu können, die es auch gibt – da bin ich ganz sicher – und die Musik lieben. Aber wie Sie wissen, sind leider noch immer zu viele von den anderen am Leben, und ich könnte nicht einmal einem einzigen der Letztgenannten in einem meiner Konzerte in ihrem eigenen Land gegenübertreten.«[83]

1968, als Zeichen einer teilweisen Versöhnung, gab Rubinstein ein Konzert in der holländischen Stadt Nimwegen, die an der deutsch-holländischen Grenze liegt. In mancherlei Hinsicht allerdings verschlimmerte diese halbherzige Geste die Lage nur noch. So erhielt er beispielsweise einen kritischen Brief von einem jüdischen Anwalt in Stuttgart, dessen Vater von den Deutschen umgebracht worden war: »Die Rolle Ihres Genies sollte die des Vermittlers sein, Interpret einer großmütigen und konstruktiven Vergebung zu sein«, erklärte dieser Mann[84], »statt alte Haßgefühle am Leben zu erhalten.« Rubinstein erwiderte: »Ich entnehme Ihrem Brief, daß Sie – obwohl Ihr Vater von den Deutschen erschossen wurde – nichtsdestoweniger die Position eines Anwalts am Stuttgarter Gerichtshof angenommen haben. Somit scheint Ihre Vergebung irgendwie auf Eigeninteresse zu beruhen, weil sie mit Ihren beruflichen

Interessen vermischt ist. Was mich angeht, so kann ich Ihnen sagen, daß man mir unterschriebene Blankoschecks angeboten hat, damit ich Konzerte in Deutschland gebe. Und meine Entscheidung, in diesem Land nicht zu spielen, geht nicht, wie Sie anscheinend glauben, auf den letzten Krieg zurück, sondern bereits auf den von 1914–18. Sie irren sich auch, wenn Sie meine Einstellung mit ›Haß‹ umschreiben. Das ist sie nicht, ich spiele immer für ein Publikum, das ich liebe, aber das könnte nicht für ein deutsches Publikum gelten, weil ich vielleicht irgendeinem Nazi (und davon gibt es noch immer Tausende) von Angesicht zu Angesicht gegenüberstünde und hörte, wie man mir sagte: ›Hau ab, drekkiger Jude!!‹ Aufgrund Ihres Berufs laufen Sie nicht Gefahr, dies zu hören.«[85] Barenboim bezeichnete die Beweggründe für das Nimwegen-Konzert als »Unsinn. Es war zwar nicht auf deutschem Boden, aber es war für deutsche Menschen. Ich weiß nicht, ob es scheinheilig war oder nicht. Und dann wurde ein großes Geheimnis daraus gemacht, daß er ein paar Jahre später nach Salzburg ging, als Herbert Kloiber, der Mann von Unitel, ihn zu den *Meistersingern* mitnahm. Und dann fuhr er nach Frankfurt zur Buchmesse [wegen der Promotion für seine Memoiren], und er ist ein paarmal nach Hamburg gefahren, um Klaviere auszusuchen.«

Einmal, auf der Rückreise von Europa, hat Rubinstein Franz Mohr, den Chefkonzerttechniker von Steinway, einen Deutschen, gefragt: »›Sollte ich vielleicht noch einmal in Deutschland spielen? Ich weiß, es wäre ein ungeheurer Erfolg. Aber nicht nur das: Es wäre, glaube ich, ein gutes Zeichen dafür, daß ich vergebe und daß ich das deutsche Volk liebe. Sie sind ja nicht alle gleich.‹« Mohr hat ihn zwar ermutigt, nach Deutschland zurückzukehren, aber am Ende blieb Rubinstein bei seiner früheren Entscheidung.[86]

FAMILIENANGELEGENHEITEN

1945 und 1946, in den Jahren also, da Rubinstein die Details über die Vernichtung eines Großteils seiner Familie in Europa erfuhr, wurde seine eigene kleine Familie in Amerika größer: Am 17. Januar 1945 – fast zehn Jahre nach der Geburt von Paul – wurde Alina Anna geboren. Zwei Monate zuvor war Nela mit Mildred Knopf im Wald spazierengegangen. »Sie sah einen Baum, der ihr gefiel, und kletterte bis zur Spitze hinauf«, erinnerte sich Mrs. Knopf. »Ich habe sie angeschrien, das sein zu lassen, aber sie sagte bloß: ›Ich hasse feige Weiber!‹ Einen Augenblick lang habe ich geglaubt, sie wolle vielleicht das Baby loswerden, aber es war sowieso zu spät.«[87] Fast zwei Jahre später, am 8. Dezember 1946, wurde John Arthur geboren – acht Wochen vor dem 60. Geburtstag seines Vaters. Das Haus an der Marlboro Street in Brentwood war einfach zu klein für sechs Rubinsteins plus Nelas Mutter (die wenige Tage vor Johns Geburt in Amerika eintraf) und die Haushaltshilfe – es wurde verkauft. Rubinstein kaufte ein größeres an der Tower Road in Beverly Hills, und Anfang 1948 zog die Familie ein. Mehrere Jahre lang wohnte Madame Mlynarska bei den Rubinsteins. »Mein Vater hat ›Grama‹ gut behandelt, glaube ich, obwohl ich auch meine, daß es gewisse Spannungen gegeben hat«, berichtete Alina. »Sie war nur etwa zehn Jahre älter als mein Vater, aber sie war auf einem großen Gut in Litauen aufgewachsen, zu dem sogar eine Schule für die Kinder der Familie und der Bauern gehörte, die auf dem Gut arbeiteten – mir kam das immer wie in Tolstois Romanen vor. Sie war eine scheue, sittsame Frau, die in einer katholischen, patriarchalischen Gesellschaft des späten 19. Jahrhunderts groß geworden war, welche den Frauen beibrachte, daß Männer und ihre Bedürfnisse stets an erster Stelle stünden – und ich glaube, diese Einstellung ist über Generationen in unserer Familie weitergegeben worden. Später habe ich erfahren, sie sei gar nicht erfreut gewesen, daß der erste Mann meiner Mutter ein Jude war, aber was mir von ihr aus meiner Kindheit in Kalifornien in Erinnerung geblieben ist, das war ihre Zurückhaltung und Achtung gegenüber meinem Vater als dem männlichen Oberhaupt des Hauses. Sie schienen mir einigermaßen gut miteinander auszukommen, obwohl ich weiß, daß sich mein Vater nie sehr wohl gefühlt hat, wenn man um ihn an der Spitze des Haushalts allzuviel Wirbel machte – wenn man ihm sozusagen immer die Pantoffeln brachte.«

Doch so angenehm das Leben in Kalifornien auch gewesen sein mochte, war Rubinstein doch in Gedanken viel in Europa, sobald der Krieg vorbei war. Ja, zu der Zeit, als John geboren wurde, machte sein Vater bereits Pläne für seine erste Nachkriegstournee in Europa. Im Spätsommer 1947 fuhren Arthur, Nela, Eva und Paul mit dem Schiff nach England; Alina und John blieben in Kalifornien bei ihrer Großmutter und den Hausangestellten. Die Rubinsteins besuchten zum ersten Mal wieder seit mindestens acht Jahren viele alte Freunde in England, Schottland, den Niederlanden, der Schweiz, Belgien, Frankreich und Italien, und in jedem Land erlebte Rubinstein – der über fünfunddreißigmal vor ausverkauften Häusern spielte – künstlerische und berufliche Triumphe. Die Londoner Konzerte wurden beinahe abgesagt, weil Rubinstein über die wenig begeisterte Einstellung der britischen Regierung angesichts der Errichtung eines israelischen Staates unglücklich war. Schließlich spielte er dann doch und wurde mit größter Herzlichkeit empfangen. Nach einem Auftritt in der Schweiz am 12. Oktober erhielt er ein (in englisch abgefaßtes) Schreiben des berühmten Schweizer Pianisten Edwin Fischer, der einer seiner Konkurrenten beim Anton-Rubinstein-Wettbewerb im Jahre 1910 in St. Petersburg gewesen war: »Sir, ich möchte Ihnen für Ihr ideales Spiel heute nachmittag danken – Es ist das Beste, was ich seit d'Albert und Busoni gehört habe[.] Gott segne Sie...«[88]

Rubinsteins vier Pariser Konzerte brachten fünf Millionen Francs an Bruttoeinnahmen. Die Einnahmen aus dem ersten (am 16. Oktober) wurden für wohltätige Zwecke verwendet, wie Raymond Charpentier in *Arts,* einer Pariser Wochenzeitschrift, berichtete: »... seine erste Geste, als er wieder unter uns weilte, hat darin bestanden, daß er ein glänzendes Konzert zugunsten von *Revivre* [Gruppe für die Solidarität mit den Waisen der Résistance] gab, unter der wertvollen Beteiligung des Orchestre National und von Charles Munch. Der Künstler kehrt zu uns genauso zurück, wie er uns verlassen hat, mit dem gleichen Schwung, der gleichen einfühlsamen, erfrischenden und gewinnenden Persönlichkeit, der gleichen Fingerfertigkeit – die vielleicht, wenn dies möglich ist, noch sicherer ist –, kurz: der gleichen Meisterschaft. Aus Beethovens Konzert in G-Dur und aus Chopins Konzert in e-Moll haben wir nichts Neues über ihn erfahren. Aber er übertraf sich selbst in einem kaum bekannten [sic!] Werk von Rachmaninow, der *Rhapsodie über ein Thema von Paganini*... Mit diesem überirdisch schwierigen Werk errangen Arthur Rubinstein und Charles Munch... die höchst verdienten Triumphe.«[89] Für Rubinsteins ersten Auftritt in Rom – ein Konzert am Teatro Argentina am 14. November, unter der Schirmherrschaft der Accademia di Santa Cecilia – standen die Leute ab vier Uhr morgens an den Kassen Schlange. Während der darauffolgenden fünf Tage gab er zwei sehr strapaziöse Konzerte am selben Theater mit dem Orchester von Santa Cecilia unter Giuseppe Morelli. Im ersten spielte er das Zweite Konzert von Brahms und die Rachmaninow-Rhapsodie, im zweiten beide Chopin-Konzerte sowie eine Gruppe von Solostücken, ebenfalls von Chopin. An der Mailänder Scala wurde sein erster Auftritt mit einer zwanzigminütigen Ovation bedacht.

Paris sollte jedoch wieder sein europäisches Hauptquartier werden. Neben der Beschäftigung mit Konzertarrangements und einer anscheinend endlosen Zahl von Besuchen bei alten Freunden begannen sich die Rubinsteins um die Wiederinbesitznahme ihres Hauses am Square de l'Avenue du Bois de Bologne zu bemühen. Bereits im Dezember 1944 hatte Marcel Valmalète, Rubinsteins französischer Manager, seinem Klienten telegraphiert: »Haus intakt von französischem Ministerium beschlagnahmt. Deutsche nahmen alle Möbel weg.«[90] Jahre später hat Rubinstein erklärt: »Das Haus wurde von den Nazis übernommen – für nichts Brutaleres als eine Zahnklinik, hat man uns zu verstehen gegeben, aber natürlich wollten die Leute vielleicht auch nur unsere Gefühle schonen. Als wir nach dem Krieg zurückkehrten, stellten wir fest, daß die Zahnärzte alles gestohlen hatten, einschließlich fünftausend seltener Bücher – unter anderem Erstausgaben von Gogol, Puschkin und Dostojewski – und einiger Bilder, die mir sehr viel bedeutet hatten, etwa eine Zeichnung von mir von Picasso, mit dem ich einst eine ganze Menge lebhafter Abende in Montmartre verbracht hatte, sowie ein Selbstporträt aus seiner Blauen Zeit, das ihn in blauer Hose und Bluse zeigt, wie er hinterm Rücken ein Messer hält, während er sich einem Bett mit einer schönen Nackten darauf nähert. Als die Deutschen auszogen, zogen einige französische Zivilisten ein, und es hat uns endlose Prozesse und eine Menge Geld gekostet, unser Haus zurückzubekommen.«[91] 1991 hat Nela Rubinstein sich erinnert: »Die Deutschen hatten das Haus völlig ruiniert, und damals sind die gesamte Korrespondenz und alle anderen Sachen verschwunden. Ich vermisse das Porträt von Wozlanska – das wunderbarste Porträt von Arthur – und eines von Kochanski, sie wurden aus diesem Haus gestohlen.« Erst in den frühen fünfziger Jahren wurden die juristischen Probleme geklärt, und 1954, als die Rubinsteins ihr Haus in Beverly Hills verkauften und eine Wohnung im Haus 630 Park Avenue (Ecke Sixty-sixth Street) in Manhattan kauften, beschlossen sie, einen erheblichen Teil des Jahres im Haus in der Avenue Foch zu verbringen. »Nela nahm die Renovierungs- und Umbauarbeiten in Angriff«, berichtete Rubinstein, »schaffte Möbel und Teppiche hinüber, die wir in Kalifornien benützt hatten, ließ neue Badezimmer einbauen, eine neue Heizung und eine neue Küche – eine große, moderne amerikanische Küche. Ich glaube, sie hat diese Küche genauso gern wie ich meinen Konzertflügel.«[92] Fünfzehn Jahre nach ihrer Flucht nach Amerika richteten Arthur und Nela ihr Leben in Europa wieder ein.

In der friedlichen Enklave des umbenannten Square de l'Avenue Foch besuchten sie ihre Nachbarn und erhielten Gegenbesuche von ihnen, und dazu zählten der Schriftsteller Marcel Pagnol und seine Frau Jacqueline sowie Fürst Rainier und Fürstin Gracia Patricia von Monaco. Hier hießen sie viele alte und neue Freunde willkommen: Marcel und Julie Achard, den Schriftsteller Jean d'Ormesson, General Pierre de Benouville sowie Dutzende anderer französischer und ausländischer Besucher. Das Haus wurde Rubinsteins Operationsbasis während seiner immer ausgedehnteren Europatourneen, und Madame Rubinstein hatte alle Hände voll zu tun mit dem zusätzlichen Haushalt. In einem

Künstlerprofil des Pianisten, das 1958 im *New Yorker* erschien, hat Joseph Wechsberg einen Eindruck von Nelas Leben vermittelt, als sich das Paar in Paris befand: Die Rubinsteins »waren erst zwei Tage zuvor von einer kurzen Konzertreise zurückgekehrt, und... sie hatte seitdem die meiste Zeit damit verbracht, die Gerichte für ein Abendessen vorzubereiten, das sie für ›ein paar enge Freunde‹ unmittelbar nach seinem Konzert geben wollten... Mrs. Rubinstein bemerkte, sie hätte die Klaviertransporteure für fünf Uhr an jenem Nachmittag bestellt gehabt, damit sie seinen Konzertflügel ins Palais de Chaillot lange vor seinem Auftritt brachten, der um neun stattfinden sollte. Sie fungiert als Sekretärin, Buchhalterin, Köchin, Reisebegleiterin, Haushälterin, beratende Ärztin und Psychiaterin sowie als musikalische Beraterin ihres Mannes – letzteres eine Rolle, in der sie eine kenntnisreiche und anspruchsvolle Kritikerin darstellt. In den vorangegangenen beiden Tagen hat sie nicht nur die Party vorbereitet, sondern auch ihre Koffer ausgepackt, seine für einen Flug am nächsten Morgen zu einem Engagement in Spanien gepackt, ihre für einen Flug am nächsten Nachmittag zu einem Besuch bei den Kindern in New York gepackt, sich um seine Korrespondenz (Briefe, Telegramme) gekümmert, Freunde abgewehrt, die um Karten für das längst ausverkaufte Konzert an diesem Abend baten, und ihn oft und hartnäckig gedrängt, zum Friseur zu gehen. ›Ich weiß nicht, woher Nela die Energie nimmt, all diese Dinge zu tun‹, meinte Rubinstein.«

Über den Tagesablauf ihres Mannes, wenn sie in New York waren, hat Madame Rubinstein Wechsberg erzählt: »Arthur bleibt gern ziemlich lange auf – normalerweise bis ein oder zwei Uhr morgens –, aber wenn er nicht schrecklich müde ist, will er unbedingt rechtzeitig aufstehen, um unsere beiden Jüngsten morgens zur Schule zu bringen. Dann nimmt er sich zwei Stunden Zeit fürs Frühstück, anschließend arbeitet er in Pyjama und Morgenmantel am Klavier. Wenn sich Arthur auf ein Konzert vorbereitet, dann tut er mit Sicherheit eines nicht: irgendeines der Werke auf dem Programm zu üben. Er meint, wenn er das täte, würde das seinem Spiel die Unmittelbarkeit nehmen. Statt dessen übt er vielleicht irgendein Konzert, das er wochenlang nicht öffentlich spielen wird. Er kann sich an alles erinnern, was er jemals gespielt hat, und das ist praktisch das gesamte Repertoire für Klavier... Nun, nach der Sitzung am Klavier kommt der Lunch, der wieder zwei Stunden dauert, und da wird viel geredet und Kaffee getrunken. Dann, gegen vier Uhr nachmittags, verkündet er, daß er ein wenig ausgehen wird.« Wenn er in New York ist, sagte sie, »geht Arthur gern in Manhattan spazieren. Vielleicht kommt er dann mit ein paar weiteren Büchern zurück, die irgendwo hineingestopft werden, oder er geht zu Bloomingdale und kauft sich eine seiner Lieblingsdelikatessen – geräucherten Lachs, Kaviar oder Pischingertorte. Egal, wohin er geht – um halb sieben ist er ziemlich sicher wieder zu Hause, rechtzeitig genug zu einem frühen Abendessen mit den Kindern und mir. Und danach kümmern wir uns darum, daß sie ihre Hausaufgaben machen.«[93]

Anfang 1953 wurde Nela wieder schwanger. Als Mildred Knopf dies erfuhr, sagte sie zu ihr: »›Du hast doch schon vier Kinder. Kannst du mir erklären, warum du das alles noch einmal durchmachen willst?‹ Nela sagte zu mir: ›Ich will aller Welt zeigen, daß Arthur es noch immer kann.‹«[94] Oder vielleicht daß er »es« noch immer mit ihr konnte, nach über zwanzig Jahren Ehe. Das Baby – ein Junge – kam zu früh zur Welt; es erhielt den Namen Feliks, nach Nelas seit langem verstorbenem Bruder, aber es lebte nur vierundzwanzig Stunden lang. Anna Mlynarska, Nelas Mutter, zog von Beverly Hills nach New York zu den Rubinsteins. Sie hatte jedoch Angst vor der großen Stadt und davor, im zwölften Stock eines Wohngebäudes zu leben. Ihre letzten Jahre hat sie in Kansas City, Missouri, bei Wanda und Wiktor Labunski, ihrer Tochter und ihrem Schwiegersohn, verbracht, und dort ist sie 1960 mit dreiundachtzig gestorben. 1961 zogen die Rubinsteins von 630 Park Avenue in eine größere Wohnung im Haus 941 Park Avenue um. Vier Jahre später erwarben sie ein Sommerhaus in Marbella an der spanischen Costa del Sol, und 1969 kauften sie sich eine Wohnung in Genf, womit sich die Logistik in ihrem Leben sogar noch komplizierter gestaltete. Sobald die beiden jüngeren Kinder allerdings ausgezogen waren, wurde die zweite Wohnung an der Park Avenue verkauft, und wenn sie sich in New York aufhielten, mieteten die Rubinsteins eine Suite im Hotel Drake.

Wann immer es sein Beruf erlaubte, verfolgte Rubinstein das Tun und Treiben seiner Kinder. Seinem alten Freund Roman Jasinski in Warschau schrieb Rubinstein 1967, der zwanzigjährige John sei sehr erfolgreich als Schauspieler. Rubinstein *père* gefiel dies zwar, aber er wünschte sich, daß sich der Junge mehr auf die Musik im allgemeinen und aufs Dirigieren im besonderen konzentrieren würde.[95] Neun Jahre später erkundigte sich ein Journalist bei Rubinstein nach dessen Kindern. »»Glänzend! Enormes Talent!‹« rief er aus. »»Wissen Sie, daß mein Sohn ein berühmter Schauspieler ist? Er hat zwei Jahre lang die Hauptrolle in einem Erfolgsmusical am Broadway gespielt. *Wunderbar!* Er komponiert auch. Er hat Filmmusiken komponiert für … wie heißt er doch gleich? Robert Redford, genau! Meine älteste Tochter war früher auch Schauspielerin, aber heute ist sie eine außergewöhnliche Photographin. Kommt auf der ganzen Welt herum! Meine andere Tochter war eine *herausragende* Gelehrte in vergleichender Sprachwissenschaft. Aber jetzt ist sie an der Columbia University in Medizin eingeschrieben. Können Sie sich das vorstellen? Sie hilft bereits bei Operationen mit. Ich habe vor all dem schreckliche Angst! Ich habe mir immer vorzustellen versucht, daß es in meinem Inneren wie in einem Garten aussieht, aber die Ärzte sagen mir, wir seien genauso beschaffen wie Ratten. Das ist nicht sehr schmeichelhaft, nicht wahr?‹«[96]

Ganz gleich, ob sie in ihrem Wesen gelassen oder schwierig sind – internationale Berühmtheiten haben nun einmal eine gestörte Beziehung zu ihrer Familie, deren andere Mitglieder sich ihr Leben lang zwangsläufig bewußt sind, »die Tochter von«, »der Sohn von«, »der Mann von« oder »die Frau von« dieser bedeutenden Person zu sein. In welchem Grade diese Beziehung gestört ist, hängt nicht nur von der Persönlichkeit der Berühmtheiten ab, sondern auch von der ihrer Familienangehörigen. Der Umstand, in der Familie eines weltberühmten Künstlers aufgewachsen zu sein, gestaltete das Leben aller vier Rubinstein-Kinder in mancherlei Hinsicht anomal, und jedes von ihnen hat zu diesem Thema eine entschiedene Meinung. Eva, die Älteste, scheint die komplizierteste psychologische Beziehung zu ihrem Vater gehabt zu haben, und sie hatte bestimmt die härtesten Dinge über ihn zu sagen. Sie meinte, ihr Vater habe Schwierigkeiten gehabt, mit den meisten ihm nahestehenden Menschen zurechtzukommen, und sie vermutete, daß seine eigenen Kindheitserfahrungen dahintersteckten. »Er war kein normales Kind in seinem eigenen Hause, unter anderen Kindern, unter seinen eigenen Brüdern und Schwestern – er glaubte sofort, er würde über ihnen stehen, weil er ein Talent hatte. Die anderen Kinder wurden plötzlich minderwertige Wesen gegenüber ihrem vierjährigen Bruder, und das ist für den Betreffenden doch ein sehr schiefes Bild«, sagte sie. »Daher mußte er für sein weiteres Leben der Mittelpunkt der Aufmerksamkeit sein, alles unter Kontrolle haben. Und dies konnte er: Er war nicht nur in Musik begabt, sondern auch im Geschichtenerzählen und wenn es darum ging, die Aufmerksamkeit aller auf sich zu ziehen. Er besaß eine ungeheure Portion Charme, gewaltigen Charme – er konnte einen umbringen und gleichzeitig bezaubern.«

Eva meinte auch, das Bedürfnis ihres Vaters, andere dazu zu bringen, sich auf ihn zu konzentrieren, sei schuld an dem gewesen, was sie als seine außergewöhnlich geringe Toleranz gegenüber den Ansichten anderer bezeichnete. »Alles mußte so laufen, wie er es für richtig hielt – wenn Menschen nicht in seine Vorstellungswelt paßten, wurden sie Fremde oder gar Feinde. Falls man eine andere Meinung über ein Buch oder einen Film vertrat, war man plötzlich ein Idiot, während man eine Viertelstunde zuvor noch der beste, geliebteste, intelligenteste Mensch gewesen war: ›Ach, du bist genau wie ich, Liebling!‹ Was nichts anderes hieß als: ›Du bist ganz meiner Meinung‹, selbst wenn man einfach nur dasaß und nickte, weil man sich nichts zu sagen getraute. Ich glaube nicht, daß er mir jemals wirklich eine andere Frage gestellt – *und* eine Antwort abgewartet – hat als: ›Hast du genug Geld?‹ Er sagte immer: ›Also, weißt du, meine Liebe‹, und dann wurde einem dieser ganz harte Zeigefinger auf den Arm oder aufs Knie gedrückt. Er hat das bei jedem gemacht, ziemlich herablassend. Und natürlich bekam man hie und da ein bißchen Rache zu spüren. Ich habe einen Geistlichen geheiratet – er war der erste Mann, der jemals meinem Vater widersprochen hat, der keinen Kotau machte, der sagte: ›Nein, ich glaube nicht, daß alle Deutschen schlecht sind.‹ Oder: ›In Südamerika und in Südafrika wird es ein Blutbad geben.‹ Mein Vater wurde fuchsteufelswild. ›Was soll das heißen, mein lieber Junge? Sie haben in Südafrika doch Straßen und Schulen gebaut.‹ Man wußte, man konnte ihm seine Meinung nicht ausreden, also glaubte er, daß alle seiner Meinung wären, weil die Leute es einfach aufgaben. Er war es nicht gewohnt, daß ein Zweiunddreißigjähriger wie Bill mit ihm diskutierte. Ich habe Bill nicht nur geheiratet, weil er das Gegenteil meines Vaters zu sein schien – jemand, der ›gut‹ war, dem ich vertrauen konnte –, sondern auch weil er der erste Kontakt in meinem Leben mit der Wirklichkeit war. Vielleicht war dies nur eine andere Art von romantischem Verklären meinerseits gewesen, aber es war auch eine Möglichkeit, seiner alles umfassenden Mythologie, seiner Theatralik, seiner Unwirklichkeit zu entrinnen, was ich nach meinem Empfinden tun mußte.« (Eva und ihr früherer Mann, der Reverend William Sloane Coffin – der ehemalige Kaplan der Yale University und ein bekannter Aktivist in den Bürgerrechts- und Antikriegsbewegungen der sechziger Jahre – hatten 1956 geheiratet und drei Kinder: Amy wurde im Januar 1958, Alexander im Dezember 1958 und David im März 1960 geboren. 1968 wurden die Coffins geschieden; Eva zog nach New York, um als Photographin tätig zu sein, und die Kinder blieben bei ihrem Vater und seiner zweiten Frau. Alexander starb im Januar 1983 bei einem Autounfall.)

Alina hatte da ein wenig andere Erfahrungen gemacht. »Das Leben war leichter, als Johnny und ich kamen, als damals, als Eva und Paul geboren wurden, weil meine Eltern ein angenehmes Leben in Kalifornien führten«, meinte sie. »Sie waren etablierter. Und wenn man sein drittes und viertes Kind hat, dann hat man vermutlich auch den Dreh raus.« Aber auch sie hatte Probleme. »Ich fand es schwer, mich in diesem ziemlich intensiven Familienmilieu durchzusetzen, das so sehr von der überlebensgroßen Präsenz meines Vaters beherrscht war – wenn er da war.« John war ebenfalls der Meinung, daß er und Alina »eine leichtere Jugend als meine älteren Geschwister hatten«, aber er meinte, die Tatsache, daß sein Vater »eine große Zurschaustellung von ›Respekt‹ von

seiten seiner Kinder« verlangte, habe »nichts damit zu tun, daß er eine
Berühmtheit war. Es hing mit der europäischen Tradition, vielleicht
sogar mit der jüdischen Tradition zusammen: Kinder sollten gesehen
und nicht gehört werden, Kinder waren die Anhängsel von Vater und
Mutter und sollten sie widerspiegeln, sie respektieren, sich beinahe vor
ihnen verneigen. Das war so ganz anders als das, was in der von Dr.
Spock und Dr. Freud beeinflußten Ära in Amerika nach dem Krieg auf-
kam. Wenn ich meine Freunde besuchte, deren Eltern meist gebürtige
Amerikaner und jünger als meine waren, war ich immer erstaunt, wenn
ich sah, wie die Kids mit ihren Eltern reden durften. Sie konnten sagen:
›Ach, geh zum Teufel, Dad‹, und Dad lachte nur. In unserer Familie
wurde ungeheuer viel Respekt verlangt.«[97] Alina erinnerte sich daran,
wie ihr Vater einmal »Johnny und mir am Eßtisch demonstrierte, wie
›ein *echter* jüdischer Vater SCHSCHT!! RUHE!!‹ sagen würde – wobei er
dramatisch mit der Faust auf den Tisch schlug. Er wolle uns damit
sagen, was für ein Glück wir hätten, daß er uns erlaubte zu reden, aber
in Wirklichkeit hieß das, daß nur *er* reden durfte. Manchmal aß er ein
Stück Hühnchen mit den Fingern, während er uns erklärte: ›Quod licet
Jovi, non licet bovi!‹ (Was Jupiter erlaubt ist, ist dem Rindvieh nicht
erlaubt.) ›Dies dürft ihr *nie* tun!‹ sagte er dann.«
Nela Rubinstein sagte, ihr Mann hätte einfach »nicht gewußt, wie man
Kinder erzieht. Einerseits hat er sie verzogen, andererseits war er zu
streng – er hat nie ganz begriffen, was in ihnen vorging. Weil er es nie
sehr gut verstanden hat, sich in jemand anderen zu versetzen, die Gefühle eines anderen Menschen nachzuvollziehen. Er sah alles nur von
seinem Standpunkt aus und was es für ihn bedeutete. Aber Tatsache war
auch, daß ich jünger und in gewisser Hinsicht den Kindern näher war
als er; und ich war mehr mit ihnen beisammen. Es gab eine gewisse
Eifersucht [auf seiner Seite].« Sie fügte hinzu: »In gewisser Hinsicht war
Arthur zu europäisch und zu deutsch«, um zu wissen, wie man mit amerikanischen Kindern umging. John meinte: »Wir bekamen Liebe und
Anerkennung – weil es immer diese grundsätzliche Vater- und Mutter-
liebe gibt, die einfach da war –, aber darüber hinaus bekamen wir meist
Liebe und Anerkennung im Verhältnis zum korrekten Benehmen und

zu dem Eindruck, den wir auf unsere Eltern machten. Eine Menge von dem, was man wirklich tat, sagte und war, im Guten wie im Bösen, konnte durchgehen, sofern man sich gegenüber Erwachsenen, gegenüber den Eltern richtig benahm. Sofern man sich korrekt verhielt, die richtigen Manieren – Tischmanieren, gesellschaftliche Manieren, den erwarteten Respekt – hatte, konnten einem alle möglichen anderen Charakterschwächen vergeben werden, und dann wurde voller Bewunderung und Zuneigung über einen geredet. Wenn man aber gegen diesen Kodex verstieß und in jeder anderen Hinsicht ein guter Mensch war, konnte man durchaus getadelt, ignoriert oder streng kritisiert werden, weil man nicht dem Bild entsprach, dem man entsprechen sollte. Das hat mich belastet, und aus meiner Sicht hat es auch meinen Bruder und meine Schwestern belastet. Es gab eine Menge Druck, und das hat dafür gesorgt, daß wir alle – auf ganz unterschiedliche Weise – uns manchmal seltsam benommen und uns seltsam gefühlt haben.«

In seinen Memoiren hatte Rubinstein ja gesagt, er habe sich eine Tochter gewünscht, damit er ihre Liebe ganz und gar besitzen könne – eine Erwartung, die sich als Formel für Probleme erwies.»Sie können sich vorstellen, wie oft ich dies mein Leben lang zu hören bekam: Eine Tochter *ist* dies, eine Tochter *tut* das«, erinnerte sich Eva.»Als ich etwa einundzwanzig war, bin ich bei meinen Eltern ausgezogen, obwohl ich noch gar nicht richtig unabhängig war, weder in finanzieller Hinsicht noch als Persönlichkeit, um damit klarzukommen. Einmal, als ich gerade in einem bescheidenen Mietshaus in New York gewohnt habe, hat mein Vater gesagt: ›Aha, aber fühlst du dich da oben wohl?‹ Ich sagte: ›Mir geht's gut, ich schlafe ruhig ...‹ Mein Vater ließ nicht locker: ›Aber fühlst du dich auch wirklich wohl? Ich *möchte* nämlich, daß du dich *wohl* fühlst.‹ Ich sagte: ›Ja, es ist in Ordnung, es ist ein Zuhause, es ist angenehm, es ist nett – das Bett ist tagsüber eine Couch.‹ Aggressiv sagte er wieder: ›Aber du verstehst nicht!‹ – immer ärgerlicher. Schließlich sagte ich: ›Daddy, du hörst mir gar nicht zu, ich kann nicht mal mit dir reden. Man kann mit dir über nichts reden.‹ Ich hab' das wirklich einfach nur so dahergesagt, weil er nicht hören wollte, daß ich sagte: ›Es geht mir gut‹, was ich wirklich so meinte. Das hat er mir nie verziehen. Damals habe ich den unausgesprochenen Satz nicht mitgehört, der da lautete: ›Verlaß mich nicht – du willst mich verlassen!‹ Er hat mich daran erinnert, als ich ihn das letzte Mal sah.

Er hat sehr oft gesagt: ›Ach, eine Tochter weiß immer, daß ein Künstler auf ewig ein Kind ist.‹ Ich glaube, in Wirklichkeit wollte er sagen: ›Ich werde auf ewig ein Kind bleiben.‹ Die kindlichen Eigenschaften sind gut – die Fähigkeit, sich zu freuen, sich zu wundern, zu staunen und all das –, aber die kindische Seite ist die Ungeduld, die Bockigkeit. Er wußte absolut nicht Bescheid über sich selbst, und daher hat er auch andere Menschen nie verstanden.«

Alinas Meinung stimmt in mancherlei Hinsicht mit der von Eva überein und weicht in anderer davon ab. Sie bezeichnete die Einstellung ihres Vaters gegenüber seinen Töchtern als eine »für das 19. Jahrhundert typische patriarchalische Haltung. Ich glaube, er wollte, daß wir alle, auch die Jungs, ihn liebten und verehrten, aber er meinte, eine größere Chance hätte er bei einer Tochter. Er hat doch zu mir gesagt, er glaube, daß eine Frau, insbesondere eine Tochter, sein künstlerisches Wesen besser zu würdigen wisse, während ein Sohn enttäuscht wäre, daß er nicht Baseball spielen könnte. Er hat mir tatsächlich gestanden, daß Töchter seiner Meinung nach einen Vater nie wirklich verlassen würden, und zwar wegen der gemeinsamen Blutsbande – als ob dies nicht auch auf Söhne zuträfe! Diesen unglaublichen Gedanken habe ich leichter nachvollziehen können, nachdem ich die frühen Kapitel seiner Autobiographie gelesen hatte. Ich denke, im Innersten *wollte* er dies einfach glauben, es war eine Reaktion auf die Trennungen von seinen Eltern in einem Alter, als er sie noch wirklich brauchte. Ich weiß noch, wie überrascht ich war, als ich ihn im Rahmen der Fernsehsendung *Sixty Minutes* mit echter Bewegtheit sagen hörte, er habe darunter gelitten, daß er fern von seiner Familie gelebt hatte, als er noch so klein gewesen war. Da habe ich ihn zum ersten Mal einen Gedanken über seine Beziehung zu seinen Eltern äußern hören. Es muß für seine Eltern schwer gewesen sein zu wissen, was sie mit ihm anfangen sollten – einem Wunderkind mit einem Talent, das sie in musikalischer Hinsicht nicht richtig einschätzen konnten –, und notgedrungen beugten sie sich dem Rat von

Leuten, die besser Bescheid wußten. Es ist ja nicht so einfach, Eltern eines Kindes zu sein, das auf einem bestimmten Gebiet soviel mehr als man selbst weiß. Ich glaube, er hat immer nach einer Frau Ausschau gehalten, die ihn nie verlassen würde, selbst wenn er sie verließe.«

»Ich hatte ganz sicher das Gefühl, wie es meine Schwester, glaube ich, vor mir hatte, daß er wollte, ich wäre seine Bewunderin«, erklärte Alina. »Aber seine Einstellung gegenüber Frauen hatte noch einen anderen Aspekt, auf den ich ebenfalls reagierte. Er hat mich immer ermutigt, einen eigenen Beruf zu ergreifen, nie hat er mich gedrängt, ›bloß‹ zu heiraten und Hausfrau zu werden, obwohl es doch in seiner Jugend viel weniger üblich war für Frauen, Karriere zu machen. Er stellte sich vor, wie ich einmal eine Pianistin, später, wie ich eine Schriftstellerin werden würde. Interessanterweise habe ich immer damit Probleme gehabt, in beiden Rollen ›aufzutreten‹, auch wenn ich gern Klavier spiele und schreibe. Ich hatte also das Gefühl, daß er mir gegenüber besitzergreifend war und gleichzeitig mein Streben nach Unabhängigkeit unterstützte. Aber ganz sicher war er betroffen, als ich ihm erklärte, daß ich Medizin studieren wolle, obwohl er ja Ärzte wegen ihres Engagements immer bewundert hatte. Er hat sofort bezweifelt, daß ich zu dieser Art von Engagement fähig wäre, und hat mich eine ganze Weile nicht ernst genommen. Er hat ja nie eine richtige Schulbildung genossen, auch wenn er ein bemerkenswert belesener Mensch war, und ich glaube, der Gedanke muß ihn sehr bekümmert haben, daß ich einen Fachabschluß auf einem Gebiet machen wollte, vor dem er zurückschreckte. Er hat mich während meines Studiums finanziell voll unterstützt, aber wir haben uns kaum einmal über dieses Studium unterhalten, erst als ich darin schon sehr weit fortgeschritten war. Er wußte auch, daß es auch viel Zeit und Energie kostet, Arzt zu werden, und das würde mich davon abhalten, ihn so oft zu sehen, wie mir das zuvor möglich gewesen war – und das hat sich ja auch bestätigt.«

Als die Kinder noch klein gewesen waren, müssen sie es alle – bewußt oder unbewußt – ihrem Vater übelgenommen haben, daß er so lange nicht zu Hause war, besonders wenn ihre Mutter ihn begleitete. Eva hat gesagt, wenn ihr Vater von seinen Tourneen heimkehrte, dann »erschien diese ganz starke Kraft, und die Energie wandelte sich. Dann wurde geflüstert: ›Schsch, Daddy arbeitet, Daddy schläft, Daddy liest.‹ Das heißt nicht, daß meine Mutter unsere Bedürfnisse vernachlässigte – niemals! Aber es war auch für sie schwer. Sie versuchte, diesen wilden Mann nicht zu verlieren, indem sie ihn sich auf der ganzen Welt herumtreiben ließ, aber gleichzeitig war sie sehr häuslich und mütterlich und wollte bei uns sein. Sie wollte beides, aber vielleicht kann man ja nicht beides haben. Und auch er wollte beides, aber er war ein Mann, der nie hätte Kinder haben dürfen. Vielleicht hätte er seine Frau haben und sich auf der ganzen Welt amüsieren sollen, aber sobald Kinder da sind, ist es nicht mehr so leicht. Er hielt sich für einen Familienvater und jüdischen Patriarchen, aber er hatte keine Ahnung, was das bedeutete.«

Alina erinnerte sich, wenn ihr Vater von einer seiner ausgedehnten Europatourneen nach Hause kam, dann »war dies immer ein großes Ereignis für uns. Johnny und ich hatten ihn monatelang nicht gesehen. Johnny lief dann immer in den Garten, um eine rote Nelke für das Revers meines Vaters zu pflücken – das war noch vor der Zeit, als er in der Ehrenlegion war –, und mein Vater hatte die Arme voller Weihnachtsgeschenke. Stets pflegte er zu sagen, er würde die Sonne in seinem Koffer wieder mitbringen. Rückblickend bin ich mir darüber im klaren, daß die langen und häufigen Abwesenheiten meines Vaters, als wir noch klein waren, es uns schwergemacht haben, uns ihm nahe zu fühlen, genauso wie der große Altersunterschied zwischen uns. Es war nicht unbedingt schwerer, als einen Vater zu haben, der jeden Abend nach Hause kommt, den Fernseher anmacht und nicht mit seinen Kindern redet, aber mein Vater – und oft genug auch meine Mutter – war immer so lange weg, daß ich nach seiner Heimkehr eine Zeitlang ein wenig reserviert war. Es war, als ob man ganz von vorn anfinge. Ich habe noch heute die Postkarten, die sie uns immer schickten, in großen Druckbuchstaben geschrieben, so daß wir sie lesen konnten, mit einem X auf ihren Hotelfenstern: ›HIER WOHNE ICH.‹ Ich konnte mir damals nicht einmal vorstellen, wo das war. Also das war hart, denke ich. Wenn sie beide weg waren, hielten unsere Großmutter, unser Kindermädchen und eine Haushälterin die Stellung.«

John erinnerte sich, sein Vater habe »erwartet, daß man ihm mit Liebe begegnete, wenn er das Zimmer betrat, selbst wenn er ein Vierteljahr lang nicht zu Hause gewesen war. Meine Eltern waren beide sehr warmherzig und liebevoll – zumindest mir gegenüber. Sie waren beide warmherzige Menschen, die einen gern küßten und herzten – *niemals* kalt. Aber wenn ich dies sage, muß ich zugleich hinzufügen, daß das Verlangen meines Vaters nach Anbetung eine gewisse *Wildheit* an sich hatte, eine brennende Leidenschaftlichkeit – etwas Hartes, Besitzergreifendes. Ich meine, daß auch dies mehr mit Psychologie als mit Prominenz zu tun hat. Ich glaube, es hing eher damit zusammen, wie seine Mutter und sein Vater ihn behandelt hatten, als damit, wie viele Menschen seinen Namen schon gehört oder über ihn in der Zeitung geschrieben hatten. Auf dem einzigen Photo, das ich nach meiner Erinnerung jemals von den Eltern meines Vaters gesehen habe, sehen sie irgendwie verwirrt aus. Das ist meine einzige Vorstellung von ihnen. Und vielleicht steckte auch in ihm eine gewisse Verwirrtheit – das Gefühl: ›Ganz gleich, wie sehr ich mich mit Erfolg, Bewunderern, Luxus, Reizen umgebe – irgend etwas *fehlt* ganz bestimmt‹. Ihm fehlte, glaube ich, ein Vertrauen, ein Gefühl, um seiner selbst willen geliebt zu werden, nicht für das, was er tat oder sagte: also die Art von Liebe, die einem Eltern normalerweise geben, und – Ironie des Schicksals – die Art von Liebe, die Kinder einem normalerweise geben. Die Liebe des Publikums, ganz gleich, wie viele Scharen von Verehrern oder Millionen von Dollars dabei herauskommen, reicht nie an dieses Grundbedürfnis nach echter, uneingeschränkter, bedingungsloser Liebe heran, und ich glaube, daß ein darstellender Künstler, der wirklich nur darin aufgeht, nie zufrieden sein wird. Vielleicht ist mein Vater einer von diesen Künstlern gewesen – ich weiß es wirklich nicht. Man konnte ihn gar nicht genug lieben, damit er dieses Vertrauen wahrhaft empfand. Es mußte sich immer wieder neu bewähren.«

Eva meinte, ihr Vater »hatte sich ein Bild von sich gemacht, in dem er der Gebende und Inspirierende war, wobei alles dasaß und staunte, bewunderte, zuhörte, akzeptierte und zustimmte. Am schönsten war es mit ihm, als ich noch ein Kind war, wenn er Dinge auf seine Weise tat, was mir manchmal sehr, sehr gefiel. Dann spielte er mir Platten vor und sprach mit mir über Musik. Er hat mir nicht irgendwelches musikwissenschaftliche Zeug erzählt – er hat mich einfach mit Musik gefüttert, und das war köstlich, und ich liebte es. Ich erinnere mich noch an die *Bachianas Brasileiras* von Villa-Lobos, mit Bidú Sayão, an *Romeo und Julia* von Prokofjew und an Mahlers *Lieder eines fahrenden Gesellen* – sie gehören zu den frühesten Musikstücken, die ich meiner Erinnerung nach so geliebt habe. Als ernsthafte Ballettelevin damals kannte ich auch jede Menge Tschaikowsky, aber die Musik, die er mir vorspielte, war etwas ganz Besonderes. Er erklärte mir dann, was in der Musik los war, was sich da abspielte. Ich weiß noch, wie er mir Schuberts *Erlkönig* darstellte, und ich kann das noch immer nicht hören, ohne mich kaputtzulachen. Und neben der Musik gab es auch noch die Bilder und die Bücher im Haus. Mein Vater war ein leidenschaftlicher Leser und schenkte mir zum Geburtstag und zu Weihnachten Bücher; für mich waren das die schönsten Geschenke, die ich immer erst am Schluß aufmachte. (Er hat uns mit allem möglichen üppig beschenkt – manchmal zu üppig –, und er hat mich, *fast* bis zuletzt, finanziell unterstützt. Großzügig ist ein viel zu kleines Wort – er war königlich. Aber es war sehr, sehr schwierig, *ihm* etwas zu geben, denn er war ja der offizielle Geber.) Wir kamen auch mit Malern zusammen und gingen in Museen, wo er jedes einzelne Ausstellungsstück kannte. Wir fuhren irgendwohin mit dem Zug, und noch bevor wir das Hotel aufsuchten, gingen wir manchmal ins Museum – falls es gleich zumachte oder er ein Konzert geben mußte. Ich erinnere mich noch, wie er mir erklärte, die Brust einer Nackten im Museum in Florenz würde herunterfallen, wenn sie die Hand wegnähme, so real war das. Und als meine Eltern das große Haus in Kalifornien hatten, kauften sie Bilder von zeitgenössischen Amerikanern, von Israelis, von Leuten, deren Werk sie einfach mochten. Da gab es Reuben Rubin, ein israelischer Freund und ehemaliger Diplomat, und Lutz, ein Amerikaner, der viele Pferderennen veranstaltete – sein Werk strahlte großen Charme und Energie aus, und sie wollten es haben, *nicht* weil es wertvoll war, sondern weil es ihnen gefiel. Die Leidenschaft meines Vaters für Bücher, Bilder, Reisen, seine Neugier auf andere Orte und Sprachen – diese Dinge waren ansteckend und haben auf mich ungeheuer abgefärbt. Wir wurden immer angeregt, Fremdsprachen zu lernen, weil mein Vater und meine Mutter so viele sprachen. Mein Vater hat uns immer das Gefühl vermittelt, daß jede Art von Bildung, jedes Wissen nur gut sein könne. Er hat uns eine ungeheure Neugier auf das Leben vererbt.«

Alina und John waren sich einig, eines der wichtigsten Bildungsgüter, die ihnen ihr Vater vermittelt habe, sei eine Vertrautheit mit allen möglichen europäischen Kulturen gewesen, insbesondere mit Paris. »Ich war ganz aufgeregt und glücklich, als wir 1954, als ich neun und Johnny sieben war, nach Paris übersiedelten, für fast ein Jahr«, berichtete Alina. »Das hat mein Leben wirklich verändert, weil es mir ermöglichte, eher eine Beziehung zu meinem Vater zu haben, indem ich endlich bei ihm war auf seinem heimischen Tummelplatz in Europa, wirklich zum ersten Mal in seine Konzerte ging, Leute aus ihrem Vorkriegsleben kennenlernte. Ich habe mich gleich in Paris verliebt, es durch seine Augen gesehen, und noch heute hüte ich ein wunderbares Bilderbuch über Paris, in das er mir eine Widmung geschrieben hat. Indem ich lieben lernte, was er liebte, fühlte ich mich ihm näher, und er *liebte* es, seine Leidenschaften mit uns zu teilen.« John erzählte, nach diesem Jahr und bis er 1964 von der High School abging, »fuhren wir immer im Mai zu unseren Eltern nach Paris, etwa zwei Wochen vor Schulschluß, und folgten unserem Vater jeden Sommer auf seiner Tournee, wohin auch immer sie führte. Es gab Zeiten, in denen er jeden Abend woanders in Italien und Spanien gastierte; auf diesen Reisen haben wir ihn nicht immer begleitet – meine Mutter, meine Schwester und ich blieben für einen Monat in Deauville oder in Ischia oder Abano, wo meine Mutter radioaktive Schlammbäder wegen ihrer Arthritis nahm, oder in Venedig, wo wir ein Haus auf der Giudecca mieteten. Mein Vater kam und ging, er blieb bei uns so lange, wie es ihm zwischen den einzelnen Konzerten möglich war. Dann fuhren Lali [Alina] und ich Ende September wieder nach New York und gingen zur Schule, ein paar Wochen nach Beginn des neuen Schuljahrs. Die übrige Zeit blieben wir in New York. Das waren die schönsten Jahre für mich. Ich durfte in Venedig und Paris leben, erfuhr, wie das Leben in Europa ist, und das hat mein ganzes Leben geprägt. Natürlich gab es immer wieder Zeiten in meiner Jugend, als ich mir sagte: ›Ich komme Ende September wieder hierher, und alle meine Freunde haben den ganzen Sommer am Strand mit anderen Kids in unserem Alter verbracht! Sie kennen sämtliche Rock'n'Roll-Gruppen, sie spielen alle besser Baseball als ich, sie unterhalten sich über Sportwagen, sie haben auf Autorücksitzen geknutscht – sie führen ein Leben, von dem ich keine Ahnung habe!‹ Ich bin mir oft wie ein Außenseiter vorgekommen, und gelegentlich geht es mir noch heute so – darüber kommt man nie ganz hinweg.«

Wie erziehen eine Mutter, die eine nichtreligiöse Protestantin und Ex-katholikin ist, und ein Vater, der ein nichtreligiöser Jude ist, ihre Kinder in religiöser Hinsicht? »Wir haben ihnen eigentlich keinerlei religiöse Erziehung vermittelt«, hat Nela erklärt. »Wir haben uns lange darüber unterhalten. Er meinte, es wäre doch furchtbar, wenn wir sie auf die eine oder andere Weise prägen würden, also ließen wir es sein. Manchmal glaube ich, daß dies vielleicht ein Fehler war. Einige von ihnen haben es vielleicht vermißt.« Eva erinnerte sich: »Mein Vater sagte immer: ›Es gibt keinen Gott, aber vielleicht gibt es eine Vorsehung‹ – hochtrabendes Blabla, aber es hat mir wirklich nicht viel gesagt. Für meinen Vater hat es einen entscheidenden Augenblick gegeben, nämlich als er Gott herausforderte zu beweisen, daß es Ihn gab: Er sagte schreckliche Dinge und wartete darauf, daß er bestraft würde; nichts geschah, ergo gab es keinen Gott. Ich meine, daß man so etwas machen kann, wenn man sieben ist, aber doch nicht mit zwanzig! Er hatte ziemlich negative Ansichten über alles, was mit Religion zusammenhing, mit organisierten Ritualen. Die Idee war, daß wir Kinder frei sein sollten, um unseren eigenen Weg zu wählen. Einmal wurden meine Eltern, Paul und ich – ich war 18, Paul 16 ½ – in Argentinien vom israelischen Botschafter privat zum Essen eingeladen. Es ging auf September zu, sie unterhielten sich über Yom Kippur, und Paul fragte: ›Was für eine Art von Fisch ist ein Yum Kipper?‹ Mein Vater aß zum Frühstück immer *kippered herrings* [Räucherheringe], das hatte er sich in seiner englischen Zeit ange-wöhnt. Nun, das war komisch – nur nicht wenn man Arthur Rubinstein heißt und mit dem israelischen Botschafter zusammensitzt, und der eigene älteste Sohn weiß noch nicht einmal, was Yom Kippur ist! Der Botschafter sah meinen Vater und Paul an, und dann herrschte betretenes Schweigen. Wer würde nun wem was erklären? Tatsache ist jedenfalls, daß wir keine Ahnung hatten! Und dann kommt man in ein Alter, in dem es einem peinlich ist zu fragen, weil die Leute davon ausgehen, daß man Bescheid weiß.« Alina hat gesagt, als sie und John ganz klein waren, hatten sie »keine Ahnung, daß sie halb jüdisch waren. Wir feierten Weihnachten, weil die Mutter meiner Mutter, eine gläubige Katholikin, bei uns lebte.«

Eigentlich möchte man meinen, daß Rubinstein, der so sehr den Ruf genoß, von hoher Lebensart zu sein, versucht hätte, seine Geschmacksvorstellungen an seine Kinder weiterzugeben. Aber dies war nicht der Fall – und der Ruf sei stark übertrieben gewesen, meinte Rubinsteins Frau. »Er war Autodidakt, und es gab Dinge, die seine Eltern ihm nicht beigebracht hatten, wie die einfachsten Manieren, die er erlernen mußte, indem er andere beobachtete«, berichtete sie. »Er war äußerst empfindlich in derartigen Dingen. Er mochte gute Dinge, ganz bestimmt, aber er erfuhr von ihnen erst nach und nach. Er machte sich eigentlich nicht viel aus Wein, aber er fühlte sich dazu immer ein wenig genötigt durch die Restaurants, durch die Leute [um ihn]. In Frankreich zu leben und keinen Wein zu trinken – da glauben die Leute doch, daß man krank ist! Aber in seinem Leben spielte das keine wichtige Rolle; er war schon sehr zufrieden mit einem Glas Wasser. Manchmal trank er bestimmte Sachen, nur um die Meinung zu bestätigen, die die Leute von ihm hatten. Er kannte all diese Weinerzeuger – die Rothschilds, die Polignacs und andere – und besuchte sie und probierte, und sie brachten ihm das bei. Doch er genoß sehr guten Champagner – nur sehr guten Champagner, keinen halbwegs guten. Und er mochte gute Kleidung. Vor dem Krieg ließ er seine Sachen in England anfertigen, dann wurde England nach dem Krieg ein wenig schäbig, darum ging er nach Italien. Auch in Buenos Aires gab es ausgezeichnete Schneider. Er war stets tadellos angezogen. Seine Krawatte war immer mustergültig gebunden. Ich denke oft, daß heutige Künstler von ihm lernen könnten.«

Eva sagte, ihr Vater »konnte ganz charmant und reizend sein, und er hatte ein unwiderstehliches, ansteckendes Lachen. Einmal haben er und Bronek [Bronislaw] Kaper [ein in Polen geborener Filmkomponist in Hollywood] auf zwei Flügeln in dem Haus in Beverly Hills herumgealbert; Bronek spielte ›Otschi Tschjornij‹, während mein Vater das Fantasie-Impromptu von Chopin spielte. Sie ließen beides ineinanderfließen – es war einfach wunderbar! Ich mußte so lachen, und beide lachten vor Freude, während sie spielten. Als wir – meine Mutter, mein Vater, Roman Polanski und ich – einmal in unserem Pariser Haus zu Abend aßen, begann mein Vater ein Gedicht über jüdische Namen von Julian Tuwim vorzulesen, der ein lieber Freund und ein sehr lustiger Mann gewesen war. Mein Vater las es gern laut anderen Leuten vor, aber ich habe nie erlebt, daß er bis zum Schluß dieses Gedichts kam, weil er immer vor Lachen nicht weiterlesen konnte. Auch Polanski begann zu lachen, und beiden liefen die Tränen über die Wangen. Es gab so bezaubernde Zeiten – wunderbare Mittagessen, wir gingen ins Kino, in die Oper. Aber dann konnte er sich ganz plötzlich, von einem Augenblick zum andern völlig verändern und schreckliche, dämonische Dinge tun. Auch in den fröhlichsten Momenten lauerte im Hintergrund immer ein wenig Angst – man wußte nie, wann sie durchbrechen würde.«

Inwiefern war Rubinsteins Verhalten »schrecklich« und »dämonisch«? Eines der schlimmsten Dinge, die er Eva antat, als sie noch ganz jung war, bestand darin, daß er sie in sein vergangenes und gegenwärtiges außereheliches Liebesleben einweihte. Einerseits, sagte sie, »hat er mir einmal erklärt: ›Weißt du, all diese Geschichten, daß ich ein so großer Liebhaber gewesen sei – sie waren weit übertrieben.‹ Vielleicht wollte er mir zu verstehen geben, daß einiges davon reine Mythologie sei. Bestimmt war er hinter den Frauen her, und die Frauen fühlten sich zu ihm hingezogen, weil er wirklich eine sehr potente Persönlichkeit hatte – er strahlte eine Art Wärme und einen unglaublichen Magnetismus aus.« Aber er hat ihr auch von bestimmten Affären erzählt, und »dies konnte verheerend sein«, sagte Eva. »Dann erzählte er mir Dinge, die ich wirklich nicht wissen wollte – Dinge, die meine Mutter keinesfalls erfahren durfte und nicht wissen mußte –, und auf diese Weise machte er mich zu einer Art Komplizin. Wenn man jemand derartige Dinge mitteilt, dann ist das kein Geschenk, kein Vertrauen. Es ist eine Zumutung – man fühlt sich belastet. Und es bedeutet, daß sich die Rollen der Familienmitglieder verschieben. Er brauchte einfach seinen Klüngel und versuchte, einige von uns dazu zu machen. Es war unglaublich zerstörerisch. Es ist etwas anderes, wenn man Kindern sagt, sie sollten etwas nicht tun, weil man darunter gelitten habe; aber bei meinem Vater ging es nicht darum, daß ich etwas verstehen würde, sondern darum, daß ich auf seiner Seite wäre, in seiner Clique. Meine Mutter war nie mißtrauisch, selbst wenn er ihr auszureden versuchte mitzufahren: ›Du hast dieses Programm doch schon so oft gehört, du würdest dich nur langweilen.‹ Oder: ›Es ist eine so ermüdende Reise.‹« Und doch, sagte Eva, sei ihr Vater »schrecklich besitzergreifend« gegenüber ihrer Mutter gewesen. »Die Tatsache, daß er soviel älter war als meine Mutter, hat ihn oft ein wenig paranoid gemacht. Sie war und ist sehr attraktiv und charmant – die Leute haben sie einfach angebetet –, und daher haben die Männer gern ein bißchen mit ihr geflirtet. Aber *sie* hat überhaupt nichts gemacht! Sie hat meinen Vater über alles geliebt und war ihm all diese Jahre über treu. Doch mein Vater, der vom Tag ihrer Heirat an Schuldgefühle mit sich herumschleppte, hat diese auf jeden projiziert, besonders auf meine Mutter. Wenn irgend jemand, selbst Männer von zweifelhaften sexuellen Präferenzen, sie auch nur ansah, regte er sich darüber auf. Sie hätte jeden haben können, aber ich denke, ihr Verhalten hat eine Menge damit zu tun gehabt, wie sie sich selbst sah: Sie glaubte an ihn, sie war die treue Ehefrau.«

Rubinsteins Schuldgefühle verbanden sich zuweilen mit seiner mißtrauischen Wesensart und ließen ihn in unbeherrschtem Zorn gegen Nela wüten, die sich erinnerte, daß »er völlig hysterisch werden konnte. Es war ein Zorn, in dem er einfach zu weit ging. Er sagte dann unmögliche Dinge zu mir, und das tat sehr weh. Arthur war eine komplexe Persönlichkeit, voller Tabus, sehr ehrgeizig, stolz. Niemand sollte wissen, daß er etwas nicht wußte. Er hatte ein bißchen Minderwertigkeitsgefühle – er rächte sich, indem er mich herumschubste, und er konnte sehr niederträchtig sein.« Eva erinnerte sich, wie sie auf einer nächtlichen

Bahnfahrt während der ersten Europatournee ihres Vaters nach dem Kriege, als sie vierzehn war, »zum ersten Mal meinen Vater meine Mutter anschreien hörte – er warf ihr Dinge an den Kopf, wie ich sie noch nie bei anderen Leuten gehört hatte. Paul lag auf dem Bett über mir, und ich weiß noch, wie ich all dies um zwei Uhr morgens hörte und einfach total schockiert war. Ich habe keine Ahnung, worum es dabei ging, aber ich hörte, wie meine Mutter ständig auf polnisch sagte: ›Reg dich doch nicht auf, das ist es doch nicht wert. Warum regst du dich bloß so auf?‹ Und er gebrauchte Worte, die ich kaum verstand, die aber beleidigend und erniedrigend und entsetzlich waren. Ich konnte es kaum glauben – als ich da mitbekam, wie mein Vater zum ersten Mal die Beherrschung verlor, ohne zu ahnen, daß man ihn hörte, und dies meiner Mutter antat. Meine Eltern hatten eine eiserne Regel: Kein Streit vor den Kindern, aber das Problem damit ist, daß die Kinder sich Illusionen über die Familie machen, und erst wenn sich diese Illusionen verflüchtigen, fängt man an, seine Eltern als reale Menschen zu sehen.« Alinas Erinnerungen sind zwar weniger dramatisch, widersprechen aber nicht denen ihrer älteren Schwester. »Mein Vater war der Meinung, daß Konflikte in seiner Ehe unter der Decke gehalten werden sollten«, meinte sie, »und derartige Konflikte nahm ich daher erst als Teenager wahr. Gelegentlich bekam er einen Wutanfall und sagte etwas Gemeines zu meiner Mutter, und sie wehrte sich nicht entschieden dagegen. Er geriet dann ziemlich in Rage, und das war beängstigend, weil er während eines Streits wirklich scharf und verletzend sein konnte. Ich habe mich nur selten, wenn überhaupt, getraut, ihm in irgendeiner wichtigen Angelegenheit zu widersprechen, geschweige denn ihm eine freche Antwort zu geben!«

Eva hat erklärt, wenn sie als Erwachsene hörte, wie ihr Vater ihre Mutter beschimpfte, habe sie sie anschließend gefragt: »›Warum läßt du ihm das durchgehen? Wie kannst du das einfach so hinnehmen?‹ In einem gewissen Alter begann ich, mich ein wenig für meine Mutter einzusetzen, und jedesmal wurde mir praktisch der Kopf abgerissen. Dann flüsterte sie immer: ›Laß das doch, mach ihn nicht wütend.‹ An meinem Hochzeitstag hatten sie eine sehr unangenehme Auseinandersetzung, und ich fragte sie: ›Warum läßt du dir das gefallen? Wie lange wirst du dir das noch gefallen lassen?‹ Sie erwiderte: ›Ach, ich hab' doch immer gewußt, daß es schwer werden würde, aber ich habe ihn geliebt und mir geschworen, daß ich alles tun würde, was seiner Karriere zugute käme. Und ich *weiß,* daß er treu ist – das ist das einzige, was *wirklich* für mich zählt.‹ Ich saß da, und als meine Mutter sagte, es gebe nur eines, was sie noch mit diesem Mann verbände, da wußte *ich,* daß es das gar nicht gab. Damals heiratete ich und zog aus – konnte ich da ihre Lebenslinie abschneiden?«

Aber Rubinsteins Zorn war nicht immer gegen seine Frau gerichtet. »Wenn er wieder einmal in Zorn geriet«, berichtete Eva, »dann verletzte und beleidigte er andere Leute und sagte alles, was ihm in den Sinn kam – und gleich darauf hatte er es wieder vergessen. Andererseits vergaß er nie die – reale oder eingebildete – Kränkung, die seinen Zorn ausgelöst hatte. Mein Vater warf mir Worte an den Kopf, die ich nie vergessen werde. Dann sagte ich zu ihm: ›Hör auf, so etwas zu sagen, denn *du* wirst das in einer Viertelstunde wieder vergessen, aber *ich* werde mich daran für den Rest meines Lebens erinnern.‹ Eine Menge Leute fühlten sich von meinem Vater vor den Kopf gestoßen, trotz seines ganzen Charmes und seiner Vornehmheit. Meine Mutter verbrachte die Hälfte ihrer Zeit damit, alles wieder einzurenken.« Nela erinnerte sich, daß Arthur immer »furchtbare Dinge zu anderen Leuten sagte. Es ist merkwürdig – im Grunde war er nicht gut. So war zum Beispiel Marcel Achard, der ein sehr guter Freund war, auf Besuch gekommen, als er schon krank war und große Mühe mit dem Atmen hatte. Arthur fing an, eine seiner langen, langen Geschichten zu erzählen; er merkte, wie Achard müde wurde, und darüber regte Arthur sich auf: ›Wieso hört er nicht richtig zu und reagiert so, wie er sollte?‹ Ich sagte: ›Aber siehst du denn nicht, wie sehr er sich Mühe gibt.‹ Er wurde sehr ungeduldig. Er wollte immer als einziger reden und bewundert werden – und wie. Je länger ich darüber nachdenke, desto mehr wird mir dies klar. Ja, er war ein darstellender Künstler, aber das war es nicht nur. Wir hatten zum Beispiel einmal einen Riesenkrach miteinander, den ich nie vergessen werde. Es war in den fünfziger oder sechziger Jahren auf Sizilien, in Palermo, und die

Leute, die das Konzert organisiert hatten, ein Ehepaar – nette, bescheidene kleine Leute –, luden uns für den nächsten Tag zum Mittagessen
ein. Arthur sagte: ›Nein, nein, Sie kommen zu uns und essen mit uns.‹
Sie gingen ahnungslos darauf ein – sie dachten, er hätte es wirklich so
gemeint, obwohl er es offenbar nur halbherzig so dahingesagt hatte. Sie
kamen also, und für sie war es eine großartige Sache: sonntags mit
Arthur zu Mittag zu essen. Er war so gemein, so ungeduldig – er wollte
ihnen nicht verzeihen, daß sie darauf eingegangen waren. Ich sagte zu
ihm: ›Warum hast du sie dann überhaupt aufgefordert?‹ Er fuhr mich
an: ›Immer mußt du die anderen verteidigen!‹ Wenn ich bei solchen Anlässen den Mund auftat, war ich sein Feind Nummer eins. Er merkte gar
nicht, daß er zwar einen sehr großen Sinn für Humor hatte, aber immer
auch ein bißchen eingeschnappt war, und manchmal ging er zu weit.
Oder er hatte keinen Sinn für das Format der Leute, mit denen er es zu
tun hatte, für ihre Mentalität. Er war einfach nicht feinfühlig genug.«
Am liebsten erinnern sich Nela und ihre Kinder anscheinend an Rubinsteins Musizieren – wie dies Hunderttausende von anderen Menschen
tun, nur nicht so komplex wie die Rubinsteins. So sah ihn Eva vor sich,
»wie er auf die Bühne hinausging, mit kerzengeradem Rücken, wie ein
Grenadier. Er stellte sich dem Klavier wie einem würdigen Rivalen, als
ob es um ein Duell ginge, in dem man seinen Gegner töten will, aber
bestimmt möchte man die Musik richtig darbieten. Dann nahm er Platz,
um zu spielen, und da wurde er er selbst. Am liebsten ging ich zu Proben, wenn er mit Orchester spielte, und dann zu richtigen Konzerten,
weil ich dort das wahre Gesicht meines Vaters erblickte und das wahre
Selbst meines Vaters verspürte. Erst dann hatte ich wirklich das Gefühl,
zu wissen, wer er war, und ihn ganz und gar lieben zu können. Sein
ganzes Bewußtsein ging in Musik auf, und da wurde er sein anderes
Selbst, wurde er alles, was an ihm am besten war. Da war Verständnis,
Gelassenheit, Vernunft, Geduld, Großmut – gegenüber der Musik, gegenüber dem Instrument, gegenüber dem Publikum. Er gab und gab.
Und natürlich gab ihm das Publikum etwas zurück. Ich weiß, wie es ist,
auf der Bühne zu sein – man spürt es, es ist greifbar. Es funktioniert in
beiden Richtungen.«

Nela meinte: »Sein musikalisches Können war ein Teil von ihm. Er mußte nicht wie alle anderen daran arbeiten. In diesem Sinne war er erstaunlich – wie er die Struktur eines Stücks erspürte, alles zusammen, auf Anhieb. Natürlich studierte er, aber weniger als andere, weil er ein wenig zerstreut war und andere Dinge gern hatte. Er übte die schwierigen Stellen in jedem Stück – nie zuviel, weil es ihn langweilte. Er wollte nicht hinausgehen und etwas spielen, was nicht ganz frisch und ein bißchen gefährlich war. Ja, darin lag seine Inspiration: sich selbst in Gefahr zu bringen, wie andere Menschen eine Stufe zu hoch klettern. Und diese Gefahr vermittelte in seinen Konzerten eine Art von Elektrizität. Die Leute waren elektrisiert davon, daß bereits etwas geschah, wenn er die Bühne betrat, noch bevor er das Klavier berührte. Und wenn er spielte, wurde er der wahre Arthur. Es gab keine Hysterie – die ganze Schönheit dessen, was in ihm war, kam heraus. Das war immer erstaunlich, und die Kinder haben es ebenso wie ich stets verspürt. Sein Gesicht veränderte sich, das Gesichterschneiden, die Clownerien, all das war weg, plötzlich sah er wie ein inspirierter, wunderbarer Mensch aus.«

Eva erklärte, sogar wenn ihr Vater über Musik sprach, »war alles, was er sagte, plötzlich völlig klar. Dann sprach er über die Länge, die Form eines Musikstücks, seine Vielfalt, die Bedeutung, die er herausholen würde. Und all die Dinge, die er über Musik sagte, schienen mir einer Lebenslage zu entsprechen: daß etwas nicht zu lange dauern sollte, daß es eine Form haben sollte – einen Anfang, eine Mitte, ein Ende. Seine Beziehung zur Arbeit – sein absoluter Respekt vor dem, was er tat: In gewisser Hinsicht behandelte er sein musikalisches Können mit mehr Respekt, als er jemals irgendeinen Menschen behandelt hatte, als ob es etwas Kostbares sei, das ihm gegeben worden sei und das er sorgsam hüten müsse. Ich glaube nicht, daß viele andere Musiker die *Musik* wirklich so sehr respektierten wie mein Vater. Es war etwas Wunderbares – man wußte, er hatte es in sich. Er war *imstande,* Respekt, Liebe, Distanz, Urteilskraft zu haben. Er war auch furchtbar stolz darauf, bescheiden zu sein: ›Ich verstehe gar nicht, warum man all dies Getue um meine Musik macht‹, sagte er immer. Er war aus allen möglichen falschen Gründen bescheiden! Es gab nur eines, dessentwegen er *nicht* hätte bescheiden sein müssen, und das war sein Klavierspiel, sein musikalisches Können. Aber in seinem Leben gab es andere Dinge, derentwegen er durchaus hätte äußerst bescheiden sein müssen und es nicht war.«

Auch hinsichtlich seines eigenen Wohlbefindens und seines Seelenzustands hatte Rubinstein eine unterschiedliche Einstellung, je nachdem, ob er ein Engagement hatte oder nicht.»Falls er Bauchweh hatte, wenn er *kein* Konzert gab, erfuhr die ganze Welt davon«, berichtete Eva, »aber sobald es um irgend etwas ging, was mit seinem Berufsleben zusammenhing, stand er Gewehr bei Fuß wie ein kleiner Soldat. In den dreißiger Jahren überquerte er die Anden im Flugzeug, und wenn sonst kein anderes ging, nahm er auch das Postflugzeug! Auch bei Schmerzen konnte er sehr tapfer sein. Als er beispielsweise einmal Gürtelrose hatte, verhielt er sich absolut erstaunlich – er hat sich nie darüber beklagt. Er redete es sich selbst aus. Er besaß eine ungeheure Willenskraft – er gab Konzerte, wenn er eine Lebensmittelvergiftung oder sogar eine Lungenentzündung hatte. Einmal, in Israel – ich war dort einen Monat lang bei ihm, als ich achtzehn war –, hatte er sich zwei Finger in einer Kommodenschublade übel gequetscht gehabt. Er gab zwanzig Konzerte in zweiundzwanzig Tagen in drei Städten, wobei er in ganz Israel von Norden nach Süden hin und her fuhr und die Straßen damals – 1951 – noch ziemlich schlecht waren. Es war zum Verrücktwerden: Man brachte ihm totale Verehrung entgegen, und er war seit der Zeit vor dem Krieg nicht mehr dort gewesen. Sehr oft in seinen Programmen spielte er die Bach-Busoni[-Chaconne] – ohne den vierten Finger der rechten Hand benutzen zu können. Er hielt ihn unter heißes, dann unter kaltes Wasser – und ich mußte mich in der Toilette hinter der Bühne übergeben, während er spielte, weil ich ja wußte, wie weh ihm das tat. Aber tatsächlich schaffte er es irgendwie mit den anderen Fingern, und man merkte kaum, wenn überhaupt, daß irgend etwas nicht stimmte.

Bei Konzerten war ich immer nervös, wenn er an eine schwierige Stelle kam. Meine Mutter, meine Schwester und ich drückten uns am Ende des *Mephisto-Walzers* oder von irgendeinem anderen schweren Stück immer so lange die Hände, bis wir blaue Flecken bekamen. Wird er's schaffen? Als ich vierzehn war, waren wir in Brüssel, und er spielte eine Beethoven-Sonate; und plötzlich verhaspelte er sich total bei einer Tonleiter – es hörte sich an, als hätte er sie mit den Ellbogen gespielt. Ich dachte, gleich geht die Welt unter. Ich verließ die Loge, lief zur nächsten Damentoilette, übergab mich und dachte, es ist aus, mein Vater ist tot. Kein einziger Kritiker hat es auch nur erwähnt!«

Alina bemerkte in diesem Zusammenhang: »Mein Vater hat seine ganze Konzentration und Energie auf das Klavier ausgerichtet gehabt – da gab es kein Gesumme, kein Gesichterschneiden, keine belanglosen Gesten. Er war zwar ein Showmensch, aber nicht so wie manche Pianisten: Er ging auf die Bühne, erledigte seinen Job und trat ab. Hin und wieder erhob er sich von der Klavierbank oder holte mit der Hand von weit oben aus, wie in de Fallas *Feuertanz*. Doch damit sollte ein bestimmter, musikalisch notwendiger starker Klang erzeugt werden. Er war sich seines Spiels nicht bewußt – er ging total in der Musik auf; jede Bewegung diente nur dazu, etwas zu vermitteln. [...] Ich denke oft, daß wir in unserer Familie viele unserer Gefühle gegenüber unserem Vater wie über ihn am wirkungsvollsten durch Musik und in unseren unterschiedlichen Einstellungen zur Musik zum Ausdruck gebracht haben. Es war eine besondere, nichtverbale, aber fließend beherrschte Sprache, in der wir uns miteinander verständigten. Noch immer fühle ich mich meinem Vater nahe, wenn ich eine Aufnahme von ihm höre – sie ruft eine derartige Fülle von Gefühlen ihm gegenüber wach, als ob zwischen seinem Herzen und meinem eine ganz persönliche Kommunikation stattfände. Das Ironische, Paradoxe daran besteht darin, daß ich zwar sein Kind bin, aber stets diese höchst persönliche, ›intime‹ Verbindung zu ihm mit seinem gesamten Publikum geteilt habe.«

Und John hat erklärt: »Man konnte wirklich wahrnehmen, wie mein Vater arbeitete, wie real seine Arbeit war, wieviel wichtiger für ihn als alles andere, wenn sie vollzogen wurde. Wenn ich ihn im Laufe der Jahre dasselbe Stück fünfhundertmal spielen hörte, hatte dies eine starke Wirkung auf mich, wie durch Osmose – da hörte ich dann, wie sich ein Stück veränderte, je nach seiner Stimmung, nach dem Wetter, dem

Publikum oder dem übrigen Programm, wie sich meine Wahrnehmung dieses Stücks veränderte, wie ich mich veränderte, wieviel ich über ihn als Mensch durch die Art und Weise erfuhr, wie er Schumanns *Carnaval* an einem Abend ganz anders spielte als am Abend zuvor. Ich empfinde das als einen ungeheuren Vorzug, all dies erlebt zu haben. Ich bin in meinem Beruf zwar nicht so herausragend, wie es mein Vater in seinem war, aber ich empfinde doch eine gewisse Verwandtschaft mit ihm. Das hat nichts mit ›Prägung‹ oder ähnlichen Dingen zu tun. Aber wenn ich vor einem Publikum oder einer Kamera stehe, oder wenn ich als Regisseur mit Schauspielern arbeite oder die Musik für einen Film schreibe, versuche ich mit dem Herzen zu geben – es ihnen zu zeigen, so wie ich immer sah, wie er seins zeigte, wenn er Klavier spielte. Ich versuche das, was ich tue, auf eine Art und Weise zu tun, die der Art und Weise ähnelt, wie er das tat, was er tat. Und es ist wichtig für mich, daß ich mich an seine Bescheidenheit als Musiker erinnere. Wenn er arbeitete, dann befand sich sein armseliges, gieriges, narzißtisches Ego auf seinem Minimum, wenn es überhaupt noch da war. In dem Augenblick, da er vom Klavier zurücktrat, konnte es wieder zurückströmen. *Dann* brauchte er das Lob und die Anerkennung und wollte beides unbedingt haben. Aber immer wenn er spielte – ich bin überzeugt, falls ich da in seine Seele hätte schauen können, dann hätte ich entdeckt, daß er wie ein kleiner Engel war. Dann hat er immer nur gegeben – sein Ton war großzügig und natürlich. Sein Musizieren war das wahre Zentrum dessen, was er war.«

Auffälligerweise fehlt in diesem Familienchor über Rubinstein sein Sohn Paul, der in den letzten dreizehn Jahren von Arthurs Leben nicht mit seinem Vater geredet und seitdem nur selten Kontakt zu seiner Mutter, seinen Schwestern und seinem Bruder gehabt hat. (Er hatte ursprünglich seine Ansichten im Rahmen dieses Buches äußern wollen, nahm aber davon Abstand, als er erfahren hatte, daß der Autor während des Vietnamkriegs den Kriegsdienst in den USA verweigert hatte und kanadischer Staatsbürger geworden war.) Nela meinte: »Paul war ganz wie Arthur, und daher konnten sie überhaupt nicht miteinander zurechtkommen«, sogar als Paul noch ganz klein gewesen sei. »Paul war besessen von der Vorstellung, ein Amerikaner zu sein, und Arthur sagte immer: ›Das einzige häßliche Ding in diesem Haus bist du‹ – weil Paul ein Unterhemd und Turnschuhe trug.« Alina bemerkte: »Paul war ganz klein, als meine Eltern in die USA übersiedelten. Er war immer ganz durcheinander und hatte Angst vor den Nazis, die die Familie, wie er glaubte, aus ihrer Heimat in Europa verjagt hätten. Am Ende lehnten er und mein Vater alles aneinander ab, genau wie mein Vater zu sagen pflegte, daß ein Sohn dies unvermeidlich tun würde. Es war vielleicht eine Art von self-fulfilling prophecy.« Eva fügte hinzu: »Paul hatte es sehr schwer. Er verwandte seine ganze Energie darauf, in der Masse unterzugehen, so total wie möglich Amerikaner zu werden, alles aus Europa zu vergessen. Er wurde auf ein Internat geschickt, weil er zu Hause sehr schwierig war – niemand wußte, wie man mit ihm umgehen sollte.« Auch John war der Meinung, daß sein Vater »besonders hart zu Paul war. Es interessierte ihn herzlich wenig dahinterzukommen, warum ein junger Mensch in seinem Denken einer bestimmten Richtung folgte. Er erwartete wirklich, daß Kinder in jeder Altersstufe wie Erwachsene handelten und sich verhielten, wie man ihm das beigebracht hatte, als er ein Junge gewesen war. Auf einer Südamerika-tournee, 1949 oder 1950, war Paul, der damals vierzehn oder fünfzehn war, müde oder vielleicht sogar krank, und während eines Konzerts blieb er in der Garderobe meines Vaters. Als mein Vater von der Bühne kam, fand er Paul dort vor, wie er schlief, die Füße auf dem Tisch – er war einfach nicht in den Saal gegangen, um sich das Konzert anzuhören. Mein Vater war deswegen sehr beleidigt – er hat es nie vergessen. Der Vorfall wurde einer der vielen Refrains in der Geschichte der Entfremdung zwischen meinem Vater und Paul. Diese Anekdote wurde für mich ein warnendes Beispiel dafür, wie unvernünftig mein Vater manchmal sein konnte, wie nachtragend er war und wie fragil sein Ego war. Das hat sich auf mein Verhalten ausgewirkt. Ich wollte mir nicht allzu viele derartige Dinge nachsagen lassen.«

Zum Bruch zwischen Arthur und Paul kam es 1969. »Wir waren in Rom«, erinnerte sich Eva, »im Hotel Excelsior, und mein Vater sollte Schuberts posthume Sonate [D 960 B-Dur] aufnehmen. Es war sein dritter Versuch – er hatte eine Menge Probleme damit. Wie üblich hatten meine Mutter, mein Vater und ich in Bademänteln ausgiebig gefrühstückt, als ein Anruf von Paul kam, der in New York war. Es war eine der entsetzlichsten Telephondiskussionen, die ich je mitbekommen habe: Vorwürfe, die vermutlich teils gerechtfertigt, teils ungerechtfertigt waren, gingen hin und her, wobei weder mein Vater noch Paul einen Zentimeter nachgaben oder dem anderen wirklich zuhörten. Abgesehen von einem Brief im Laufe jenes Jahres war dies das letztemal, daß sie miteinander kommuniziert haben.« (1970 allerdings – laut den Aussagen Rubinsteins in seiner Korrespondenz – hat er 100 000 Dollar zu Pauls zweiter Scheidungsabfindung beigesteuert. Paul, der dreimal verheiratet war und geschieden ist, hat einen Sohn, Jason, der 1967 geboren wurde.) »Aber anschließend sollte mein Vater zum Mittagessen und zur Aufnahmesitzung gehen. Ich ging auf mein Zimmer, um mich anzuziehen, und plötzlich hörte ich, wie mein Vater anfing, im Wohnzimmer unserer Suite Klavier zu spielen. Er spielte das Eingangsthema des ersten Satzes der Sonate, und ich hörte, daß etwas anders war. Ich zog mir einen Morgenrock an, schnappte mir die Kamera und ging zum Wohnzimmer. Durch den Türspalt sah ich ihn mit dem Rücken zu mir sitzen, hemdsärmelig, und mit den kleinen unschuldigen Locken und den abfallenden Schultern sah sein Nacken wie der eines kleinen Jungen aus – wie immer, bis zu dem Tag, an dem er starb. Er spielte eine Weile, und ich wußte, daß der Klang anders war; das war nicht das, was er tagelang geübt hatte. Ich *spürte* den Unterschied. Plötzlich hörte er auf zu spielen und legte die Hände auf ein Knie, eine über die andere, was er ziemlich oft tat – es war eine Art von Sichsammeln. Er neigte sich nach rechts, blickte aus dem Fenster, holte *sehr* tief Atem, und dann wandte er sich wieder dem Klavier zu und begann erneut zu spielen. Er wußte nicht, daß ich da war, daher riskierte ich es, mehrere Bilder zu machen, wobei ich mich sehr schuldig fühlte, als ob ich eine Diebin wäre. Aber es war, als ob etwas zu mir sagte: ›Mach es, mach es – du mußt einfach.‹ An diesem Nachmittag machte er die Aufnahme, und die hat er dann auch freigegeben.

Ich habe immer das Gefühl gehabt, daß er in dem Augenblick, da ich ihn

durch die Abzugsöffnung des Badezimmers hörte und zur Wohn-
zimmertür ging, Schubert bat, er solle ihm über etwas hinweghelfen,
worin er mit Paul nicht zurechtkommen konnte. Er benutzte die Musik,
um da herauszukommen, um zum Ausdruck zu bringen, was er seinem
eigenen Sohn nicht sagen konnte. Und dies ist die Qual von jemandem
wie ihm, der mehr der Musik und durch sie mitteilen kann, als er dies
gegenüber seinem eigenen Fleisch und Blut vermag. Man kann ihm
deswegen keinen Vorwurf machen, denn so war er nun einmal. Mein
Vater hatte eine Beziehung zur Musik, die einzigartig war. Sie unterschied sich von jeder anderen Beziehung in seinem Leben. Keine Frau,
keinen Freund, *niemanden* hat er je so geliebt und verstanden, niemand-
dem hat er soviel Interesse entgegengebracht oder soviel gegeben. Man
wurde immer in seine Schranken verwiesen, von Chopin, von Brahms,
von Schumann, und manchmal war das hart.«

DIE JAHRE DES GRÖSSTEN RUHMS

1956 schienen Chruschtschows Verurteilung Stalins auf dem 20. Kongreß der KPdSU und die Rückkehr des relativ gemäßigten Wladyslaw
Gomulka an die Macht in Warschau auf eine Lockerung des Drucks der
UdSSR auf Polen hinzudeuten. Rubinstein begann, über einen Besuch in
seinem Heimatland nachzudenken, das er seit 1938 nicht mehr gesehen
hatte. Diese Pläne nahmen Gestalt an, und Anfang Juni 1958 fuhren Arthur, Nela, Alina und John nach Krakau, der ersten Station einer der –
wie sich herausstellte – denkwürdigsten der vielen Reisen der Familie.
Rubinsteins erste bedeutsame Handlung nach der Ankunft war ein Besuch von Szymanowskis Grabmal in Skalka, dem polnischen Pantheon.
Dann gab er sein Konzert. Die Schriftstellerin Eva Hoffman, die damals
eine zwölfjährige Musikschülerin in Krakau war, hat ihre Erinnerungen
an dieses Ereignis in ihrem Buch *Lost in Translation* festgehalten.

»1958 findet ein musikalisches Ereignis statt, dessen symbolische Bedeutung darin besteht, daß es über die Tagespolitik hinausgeht. Zum ersten

Mal seit dem Krieg kommt Arthur Rubinstein nach Polen, um zu spielen – und seine Ankunft provoziert einen Ausbruch von höchster Erregung, Patriotismus, Nostalgie und reinem Gefühl, den die Kunst hier noch immer auszulösen vermag. Seine lange Abwesenheit war ein Protest gegen den Antisemitismus, aber nun erwartet man ihn wie einen eingeborenen Sohn. Er ist der Größte auf der Welt, er ist Pole, und er spielt Klavier in der Tradition der Hochromantik – wie es eigentlich auch gespielt werden sollte. In Krakau verbringen die Leute die Nacht auf provisorischen Betten vor dem Symphoniesaal, so daß sie Karten erstehen können, sobald die Kasse am Vormittag geöffnet wird. Mein Vater, der immer die kürzeren Wege bevorzugt, wartet bis zum Abend und manövriert uns dann irgendwie durch den Andrang der Massen, vorbei an den Kartenkontrolleuren, so daß wir in den Zuschauerraum getrieben werden, dessen Gänge mit Menschen gefüllt sind, die sich bis zur Bühne drängen und noch enger zusammengeschoben werden, als weitere Menschen hereinkommen.

Der Saal ist derart überheizt, daß zwei Menschen während des Konzerts in Ohnmacht fallen und hinausgetragen werden müssen. Aber das Publikum läßt sich in seiner atemlosen Aufmerksamkeit für jede Note Rubinsteins durch nichts ablenken. Sein Ton – warm, geschmeidig, völlig ›natürlich‹ – ist das wahre Erlebnis. Er bekundet ein Einfühlungsvermögen, das der Musik nie Gewalt antut – nie ihr Fließen mit einem harten oder hölzernen Klang unterbricht. Was mich anbelangt, so bin ich fasziniert von der Art und Weise, wie er die Augen hebt, ein seliges Lächeln auf dem Gesicht, als ob er sich auf irgendeinen Punkt in seiner Seele konzentrieren und die Musik einatmen, sie aus irgendeiner äußeren Quelle empfangen wolle. Das Konzert steigert in seinem Verlauf die Erregung. Als er am Ende der ersten Hälfte die A-Dur-Polonaise spielt, mit ihren heroischen, revolutionären Echos, bricht das Publikum spontan in ›Wiwat! Wiwat!‹-Rufe aus – was gleichzeitig ein Toast und ein kameradschaftlicher und feierlicher Gruß ist.

Nachdem das offizielle Programm beendet ist, gibt es zwei oder drei der üblichen Zugaben – aber das Publikum hat keineswegs die Absicht, Rubinstein gehen zu lassen. Die Leute beginnen, lauthals die Titel von Stükken zu rufen, die er spielen soll, und während er den eleganten Kopf gesenkt hält, steht der Pianist auf der Bühne und hört sich die Bitten an. Dann nimmt er Platz und spielt wieder und wieder, als ob dies eine Familienfeier wäre und auch er diesen überfüllten und überheizten Saal nicht verlassen wolle. Aber schließlich gibt er mit einer Geste zu verstehen, daß dies das Ende sei, daß er nicht mehr weitermachen könne – und dann, wie von irgendeinem einmütigen Impuls in Bewegung gesetzt, erhebt sich das Publikum und stimmt das Lied ›Sto lat, sto lat‹ an, was soviel bedeutet wie ›Er lebe hundert Jahre‹, während der Pianist dasteht, sichtlich bewegt, den Kopf neigt und Kußhände verteilt. Dann bewegt sich die Menge, erschöpft und freudig erregt, langsam hinaus. Wir hatten unseren Augenblick der kollektiven Euphorie erlebt, unsere Katharsis.«[98]

»Es war ein Wunder, daß alle dieses Konzert überlebt haben«, meinte Nela Rubinstein, »denn man konnte sich überhaupt nicht von der Stelle rühren, geschweige denn hinausgehen, falls etwas passiert wäre. Es herrschte eine solche Begeisterung, und Arthur war so guter Stimmung, so bewegt. Ach, es war wunderschön!« Dann fuhren die Rubinsteins nach Warschau, wo »Arthur eine derartige Erkältung bekam, daß ich glaubte, er würde dort sterben«, erinnerte sich Nela. »Er hatte eine so schlimme Bronchitis, daß die Kinder und ich nicht schlafen konnten, wenn er hustete. Ich weiß nicht, wie er diese Nächte überstanden hat. Und doch wollte er nichts verschieben. In dieser Hinsicht war er phantastisch, immer. Er gab nie auf – er hat sich immer das Äußerste abverlangt. Er hatte keinen Respekt vor all jenen Künstlern, die so wacklig auf den Beinen sind wie Marionetten – man braucht sie nur anzublasen, und schon sagen sie ab.«

Die Polnische Presseagentur berichtete über Rubinsteins Warschauer Auftritte, als ob es sich dabei um Ereignisse von großer internationaler Bedeutung gehandelt hätte, und offiziell wurde die jüdische Herkunft oder die US-Staatsbürgerschaft der berühmten Gäste nicht erwähnt. Ein emotionsgeladener Artikel von A. M. Rosenthal schilderte diese Ereignisse in der Ausgabe der *New York Times* vom 13. Juni, nach Rubinsteins letztem Auftritt in Warschau:

»… das Publikum erhob sich für Rubinstein. Es erhob sich, wenn er auf die Bühne ging, unter den großen Kandelabern des Konzertsaals der Philharmonie. Die Zuhörer standen wieder geschlossen auf mit den letzten Takten von Chopins ›Polonaise‹. Sie standen da und jubelten und schrien und sangen ›Er lebe hundert Jahre‹, und zehnmal holten sie ihn wieder auf die Bühne.

Dies ist nicht einfach bloß eine Story über ein triumphales Konzert eines großen Pianisten. Dies ist eine Story über die Wiedervereinigung eines Mannes mit einer Stadt und die Gefühle, die sie ergriffen.

Arthur Rubinstein wurde in der schäbigen Textilfabrikstadt Lodz geboren… Heute ist er ein Amerikaner, aber ein polnischer Schriftsteller hat nur die Schultern gezuckt und gesagt: ›Er ist der Beste, also ist er ein Pole.‹

In der guten alten Zeit kehrte Rubinstein immer wieder nach Polen von Tourneen zurück, die seinen Namen zu einem der größten in der Musik machten. Aber nach 1938 kam er nie wieder. Da waren der Zweite Weltkrieg und die Besetzungen und die Ermordung seiner Familie in Lodz durch die Deutschen. (›Sie wollten, daß er diesmal in Lodz spielte‹, berichtete Mme. Aniela Rubinstein, ›… aber er konnte nicht. Das war zuviel. Das konnte er einfach nicht.‹)

In den langen, eisigen Jahren nach dem Krieg hatte Rubinstein das Gefühl, nicht zurückkehren zu können. Aber die Anziehungskraft alter Freunde und alter Erinnerungen ließ in ihm nie nach. Nach 1956 konnten die Rubinsteins einige ihrer Freunde und Verwandten im Ausland besuchen, und er meinte, die Dinge hätten sich in Polen genügend geändert, damit er zurückkehren könnte.

Die Rubinstein-Konzerte – aus den ursprünglich geplanten drei waren sechs geworden, einschließlich einer Probe, bei der 1200 Menschen erschienen – hatten für Polen eine Vielfalt von Bedeutungen. Für die jungen Musiker, die sich um ihn scharten, und für eine ganz neue Generation von Musikliebhabern bedeuteten sie eine Chance, einen Mann zu hören, den sie nur durch Schallplatten gekannt hatten. Für Musiker und Schriftsteller, die Rubinsteins Freunde waren, stellten sie ein fast schmerzhaft ergreifendes Bindeglied zu ihrer Jugend und ihren Erinnerungen dar. Sie küßten ihn und umarmten ihn und fragten entzückt: ›Du erinnerst dich wirklich noch an mich?‹

Für die Rubinsteins waren diese Tage in Warschau ein ebenso freudiges wie schmerzhaftes Erlebnis. Freunde und Verwandte, die sie seit zwei Jahrzehnten nicht mehr gesehen hatten, drängten sich in den Zimmern des Ehepaars den ganzen Tag lang, um zu reden, den elfjährigen Sohn und die dreizehnjährige Tochter bewundernd zu bemuttern oder einfach nur ein bißchen dazusitzen, Tee zu trinken und zu schauen.

Beim Anblick alter Freunde wie beim Anblick Warschaus brach Rubinstein in Tränen aus. Das lag nicht nur an den in Trümmern darniederliegenden Straßenzügen, sondern auch am Wiederaufbau geliebter Plätze, Kirchen und anderer alter und geliebter Dinge. ›Man hat mich gefragt, was ich heute von Warschau hielte‹, erklärte Rubinstein, bevor er heute abfuhr. ›Und ich habe gesagt: ›Himmlisch unpraktisch!‹ Ach, ihr Polen!«[99]

Rubinsteins zweiter Nachkriegsbesuch in Polen, im Jahre 1960, erregte fast genausoviel Aufmerksamkeit wie der erste. Er war Vorsitzender der Jury des 6. Internationalen Chopin-Wettbewerbs in Warschau, und zwischen dem 16. und 24. Februar gab er Konzerte in Posen, Bromberg, Warschau, Kattowitz und sogar in Lodz. Warum hatte Rubinstein sich geweigert, während seines ersten Besuches in seiner Heimatstadt zu spielen? »Mit Lodz verbinden mich schrecklich traurige Gefühle«, hat er dazu viele Jahre später erklärt. »Hier haben die Deutschen meine ganze Familie umgebracht. Wir waren siebzig, achtzig, ein riesiger Clan. Sie haben die Synagogen entweiht. Sie haben das Grab meines Vaters entweiht. Nach dem Krieg war ich furchtbar verbittert und wollte nie wieder hierher zurückkehren. Ich hatte Angst, ich würde zusammenbrechen. Es war eine fremde Stadt, eine Stadt, in der es nur lauter Fremde gab. Es gab niemanden mehr hier, den ich kannte, niemanden, der sagen würde: ›Weißt du noch?‹«[100] Aber sobald Rubinstein wieder dagewesen war, hatte er sich sofort zu Hause gefühlt. »Ich war gerührt, daß so viele Menschen von so weit her aus Krakau, aus Warschau gekommen waren, und das Publikum in Lodz ist mein Publikum«, sagte er am

Tag nach seinem Konzert. »Für mich sind alle Menschen im Publikum meine Verwandten… Als ich gestern gespielt habe, da war ich ganz gerührt, daß dies die Stadt war, in der ich geboren war, hier hatte ich meine ersten Schritte getan, meine ersten Gedanken, meine ersten Gefühle gehabt – schließlich ist das alles hier passiert.«[101] Schon bald hatte Rubinstein seine Rührung überwunden und erzählte Reportern Anekdoten aus der Zeit vor dem Krieg. Eine dieser Geschichten handelte von einem Herrn Strauch, einem Impresario, der ihn in Lodz betrogen hatte. Die Zeiten wären schlecht, habe Strauch zu ihm gesagt und ihn angefleht, Rubinsteins Gage zu halbieren. Rubinstein war dazu bereit, jedoch nur unter der Bedingung, daß der Saal nicht einmal zur Hälfte gefüllt wäre. Kurz vor Beginn des Konzerts lugte er von der Seitenbühne her hinein und sah, daß der Saal völlig leer war. Er war so erschüttert, daß ihm Strauch leid tat, denn der Impresario zahlte ihm vereinbarungsgemäß die halbe Gage aus. Aber als Rubinstein auf die Bühne ging, wurde er von einem vollen Haus herzlich begrüßt: Strauch hatte das Publikum bis zur letzten Minute ins Foyer eingesperrt. Als Rubinstein diese Geschichte erzählte, fügte er hinzu, er habe einem Warschauer Impresario indigniert über den Vorfall berichtet, der dazu nur bemerkt habe: »Leider besitzt der Saal unserer Philharmonie kein Foyer, das groß genug ist.« Und bei dieser Geschichte fiel Rubinstein ein großzügigerer polnischer Impresario ein, der ihm freundlicherweise ein Klavier in seinem Hotelzimmer zur Verfügung gestellt hatte. Nach dem ersten seiner Konzerte in der Stadt besuchte der gute Mann Rubinstein auf dessen Zimmer und erkundigte sich, ob er mit dem Instrument zufrieden sei. »Oh ja, es ist ausgezeichnet. Wenn ich darauf spiele, weiß ich sofort, wie spät es ist«, erwiderte Rubinstein. Der Impresario sah ihn verwirrt an; Rubinstein nahm Platz und begann zu spielen, und ein paar Sekunden später hämmerte jemand im nächsten Zimmer an die Wand und schrie: »Wissen Sie nicht, daß es zwei Uhr morgens ist?«[102]

Einen Monat später, während eines Aufenthalts in Amsterdam, sagte Rubinstein zu Harry Gilroy von der *New York Times*, er habe den Eindruck, daß sich die Polen mehr für Musik interessierten als vor dem Krieg. »›Sie sind unglücklich, sie sind hungrig, sie arbeiten sehr schwer,

und sie brauchen Musik‹, erklärte er … Mr. Rubinstein meinte, er sei
überaus beeindruckt von dem Stil, in dem der Chopin-Wettbewerb abgehalten wurde, und er sei tief gerührt, daß das polnische Regime es
arrangiert habe, ihn zum Ehrenbürger von Lodz zu machen …«[103]
Im September 1966 war Rubinstein wieder in Warschau, um ein Mam-
mutkonzert zu geben: Schuberts letzte Sonate (B-Dur) und Schumanns
Carnaval im ersten Teil sowie zwei Stücke von Debussy, eins von Chabrier und drei von Chopin (die g-Moll-Ballade, zwei Etüden und das
b-Moll-Scherzo) im zweiten Teil. Eineinhalb Jahre später fiel er in Polen
jedoch offiziell in Ungnade, aufgrund eines Briefes von ihm, der in der
New York Times erschienen war:

»An den Herausgeber:
Vor ein paar Tagen hat die Welt den 25. Jahrestag des Aufstands im Warschauer Ghetto erlebt, als 40 000 Juden in einem aussichtslosen Kampf
gegen die Nazis zu den Waffen griffen. Dies war sicher eines der glorreichen Kapitel in den Annalen des Märtyrertums und des heroischen
Widerstands gegen die Tyrannei. Was für eine tragische Ironie, daß auf
polnischem Boden, der vom Blut von Millionen Juden getränkt ist, derzeit
ein virulenter Antisemitismus wiedererwacht. Die Welle der antijüdischen Hysterie in Polen wird von starken reaktionären Kräften im Regime aufgepeitscht und als Waffe in einem Machtkampf eingesetzt, als
Sündenbock für die Unzufriedenheit der Bevölkerung, als Vorwand für
ökonomische und politische Mißstände, als Instrument zur Unterdrük-
kung fortschrittlicher Reformen, wie sie von der Intelligentia und von
Studenten gefordert werden. Wieder einmal wird die enge Verbindung
zwischen Antiintellektualismus, Antiliberalismus und Antisemitismus tragisch unter Beweis gestellt.
Am 8. März haben Tausende von Studenten der Warschauer Universität
für Redefreiheit, faire Prozesse und ein Ende der Zensur demonstriert.
Diese Demonstrationen haben rasch andere Universitäten im ganzen
Land erfaßt, und man begegnete ihnen mit Polizeigewalt und Verhaftungen. Es ist allgemein bekannt, daß die Studentendemonstrationen
durch die von den Behörden angeordnete Unterdrückung öffentlicher

Aufführungen von ›Dziady‹, dem Meisterwerk von Mickiewicz, Polens größtem Dichter, ausgelöst worden sind. Wird man demnächst verbieten, die Musik von Chopin öffentlich zu Gehör zu bringen? Chopin und sein Freund Mickiewicz haben die gleichen politischen Ideen vertreten. Seitdem erlebt Polen einen massiven Kurs von Säuberungs- und Propagandaaktionen, deren zentrales Merkmal ihr unverhüllter Antisemitismus ist. Die – großenteils alten oder kranken – 18 000 Mitglieder der jüdischen Gemeinde werden der Illoyalität bezichtigt und zur Selbsterniedrigung gezwungen. Dutzende von herausragenden jüdischen Akademikern, Künstlern, Schriftstellern und Intellektuellen von internationalem Ansehen werden als Fremde in Polen bezeichnet, man wirft ihnen vor, die geistigen Anstifter der Studentenbewegung zu sein, schließt sie aus der kommunistischen Partei aus und enthebt sie ihrer Posten. Hunderte von Studenten werden verhaftet. Alle, Intellektuelle wie Studenten, werden als Juden bezeichnet und an den Pranger gestellt. Viele Hunderte anderer Leute, die weniger prominent sind, fallen ebenfalls stilleren, aber nicht weniger effektiven Säuberungen zum Opfer.

Am meisten schockiert, daß all dies von einer riesigen Propagandakampagne begleitet wird, die die Atmosphäre im Land furchtbar aufgeladen hat. Juden wirft man vor, sie seien ›Kosmopoliten, nationale Nihilisten, Mitglieder einer internationalen zionistischen Verschwörung, zionistische Lakaien des westlichen Imperialismus‹. Jüdische philanthropische Organisationen, die Millionen von Dollars in die ökonomische und soziale Wiederherstellung des vom Krieg zerrissenen Polen fließen lassen, werden der Verschwörung, Sabotage und Spionage auf Geheiß des internationalen Zionismus und des westlichen Imperialismus beschuldigt.

Der moralische Tiefpunkt dieser Kampagne ist die Fälschung und Verzerrung der Tatsachen des jüdischen Martyriums unter den Nazis, die obszöne Verunglimpfung der jüdischen Opfer des Massenmords.

Dies entstammt dem brutalen Wörterbuch, wie es von Stalin und seinen antisemitischen Säuberungen von 1948 bis 1952 und in der infamen Ärzteverschwörung verwendet wurde, die er im Januar 1953 ausgeheckt hat. Es ist tragischerweise genau die Sprache, wie sie in der Sowjetunion seit dem Arabisch-Israelischen Krieg im vergangenen Juni wiederauflebt, in einer ominösen Propagandakampagne gegen das jüdische Volk. Dies ist die Politik und Propaganda, wie sie nun von den polnischen Behörden übernommen und fortgeführt wird.

Ich appelliere an die politische Führung in Polen, dieser Schande ein Ende zu bereiten. Ich appelliere an die öffentliche Weltmeinung, sich vereint zur Verteidigung der polnischen Intelligentia und des polnischen Judentums zu äußern.

Arthur Rubinstein

Paris, 16. April 1968«

Der Brief hatte zur Folge, daß Rubinstein »›als Demagoge in der polnischen Presse denunziert‹« wurde, wie er gegenüber der *New York Times* 1975, während seines ersten Besuchs in Polen nach neun Jahren, erklärte. »›Es war eine große Ehre, aber danach wollte ich nicht wiederkommen, damit ich nicht verhaftet oder belästigt würde.‹ Mr. Rubinstein glaubt, die neue politische Führung in Polen habe ihre Meinung über ihn nach dem Erscheinen seines Buches ›Die frühen Jahre‹ vor zwei Jahren geändert«, hieß es in dem Bericht der *Times* weiter. »›Sie haben darin entdeckt, daß ich dieses Land furchtbar gern habe, daß ich dieses Land zutiefst liebe‹, sagte er.« Rubinstein hoffte, daß Edward Gierek, das neue polnische Staatsoberhaupt, »›ein wenig anders‹« als seine Vorgänger wäre, und er erklärte, er sei auf die Wünsche seines polnischen Verlags eingegangen, »die Streichung von Passagen zu gestatten, in denen davon die Rede ist, wie er den Groll der Polen über die russische Herrschaft erlebt habe, was für ihn auch für die Gegenwart zu gelten scheine. ›Ich habe ihnen gesagt, sie sollten das ruhig machen‹, sagte er. ›Das weiß doch sowieso jeder.‹«[104]

Rubinstein gab am 30. Mai 1975 sein – wie sich herausstellte – letztes Konzert in Polen, als er Chopins Zweites Klavierkonzert und Beethovens *Kaiserkonzert* mit den Lodzer Philharmonikern spielte, die ihren 60. Gründungstag begingen. Er spielte im Großen Theater vor vollem Haus, und der Reporter der *Times* berichtete über das Ereignis. »Er wurde mit einer stehenden Ovation begrüßt, bevor er auch nur eine einzige Note gespielt hatte, ein seltener Tribut selbst in der Karriere von Mr. Rubinstein... Am Ende, als die Bühne von Blumen in den National-farben Rot und Weiß bedeckt war, das Publikum tobte und das Or-chester hinter ihm applaudierte, die jungen Leute auf dem Balkon das polnische Gegenstück zu ›He's a Jolly Good Fellow‹ sangen und der alte Konzertmeister sich über die Augen wischte, da hörte Mr. Rubinstein endlich auf, sich für die Jubelrufe zu bedanken, indem er lächelte, sich verbeugte und die Hände vom Herzen in einer Geste der Umarmung zum Publikum hin hob. Er nahm wieder am Klavier Platz und sagte auf polnisch, was die Gäste hören wollten: ›Man hat mich gebeten, Chopins ›Polonaise‹ zu spielen.‹ Er mußte nicht genauer werden, welche der vie-len Polonaisen er dem Anlaß widmen würde. Es mußte die ›Große Polonaise‹ [die ›Heroische‹ in As-Dur] sein, die in diesem so überaus national gesinnten Land die Liebe zu Polen sogar noch stärker zum Ausdruck bringt als die Nationalhymne. Am Ende gab es den vorher-sehbaren Gefühlserguß auf beiden Seiten der Rampenlichter und einen Ansturm an der Bühne, dem sich der Pianist entzog, indem er sich im Künstlerzimmer einsperrte und nur eine Handvoll sorgsam überprüfter Besucher empfing... Ungeachtet der Begeisterung des Konzertpubli-kums bekam Mr. Rubinsteins Heimkehr nur eine bescheidene Publicity in den staatlich kontrollierten Informationsmedien, und nur wenige Ein-wohner von Lodz wissen, daß er dort geboren wurde. Unerkannt ging er in den belebten Straßen seiner Heimatstadt spazieren, einer der weni-gen Städte auf der Welt, wo ihm dies möglich sein dürfte.«[105]

N ein, an Anerkennung hat es Rubinstein in den meisten Teilen der Welt gewiß nicht gefehlt, und diese Anerkennung beschränkte sich nicht auf den Applaus des Publikums und die Wertschätzung unter Kol-legen – gelegentlich nahm sie auch offizielle Formen an. Umfassend ge-ben seine Unterlagen Auskunft über Auszeichnungen, die ihm verliehen worden waren oder gerade verliehen werden sollten, über Einladungen zur Entgegennahme akademischer Titel und zur Teilnahme an Staats-bankett sowie über Dankesschreiben für sein Mitwirken im Dienste von Wohltätigkeitsorganisationen. Im Laufe der Zeit wurde Rubinstein zum Ehrendoktor folgender Universitäten ernannt: Yale (wo ihm zusammen mit Präsident John F. Kennedy dieser Titel verliehen wurde), Columbia, Tufts, Brown, Wake Forest, Southwestern, University of California und mehrere andere amerikanische Universitäten und Musikhochschulen. Rubinstein nahm an zahlreichen Wohltätigkeitsessen zu Ehren verschiedener Prominenter teil, einschließlich seiner selbst, und er dinierte mit US-Diplomaten – unter anderem mit Clare Boothe Luce und Ellsworth Bunker – an deren Amtssitzen in aller Welt. Am 9. Januar 1957 schickte ihm Präsident Dwight D. Eisenhower ein Dankesschreiben für seine Teilnahme an einem Sonderkonzert in Washington am Abend zuvor; Rubinsteins Persönlichkeit hatte auf den unmusikalischen Präsidenten und seine Frau einen derartigen Eindruck gemacht, daß sie ihn vier Monate später einluden, im Weißen Haus zu spielen. Anlaß war der Staatsbesuch des Präsidenten von Südvietnam, Ngo Dinh Diem – von dem in den nächsten Jahren eine ganze Menge mehr zu hören war. Steinway & Sons wollten, daß Rubinstein den Flügel benutzte, den sie im Jahr zuvor für den East Room des Weißen Hauses als ein Geschenk an die Nation restauriert hatten. Aber Rubinstein fand seinen Klang dumpf und bestand darauf, daß man ihm einen anderen Flügel brachte. In Frankreich luden Präsident Charles de Gaulle und seine Frau Rubinstein 1962 und 1963 zu Empfängen im Elysée-Palast ein. 1970 wurde der Pianist zum Kommandeur der Ehrenlegion ernannt, und im darauffolgenden Jahr teilte ihm Präsident Georges Pompidou schriftlich mit, daß er in die Académie des Beaux-Arts des Institut de France aufgenommen worden sei. Unter all den offiziellen Ehrungen, die Rubinstein zuteil geworden waren, hat er sich über diese vermutlich am meisten gefreut. »Mr. Rubinstein, traditionsgemäß im Frack mit weißer Schleife, wurde zu seinem Platz vom Generalsekretär der Akademie, dem Komponisten Emmanuel Bondeville, geleitet«, berichtete die *New York Times* am 12. Dezember 1971 über die Zeremonie vom Vortag. »Dann gab es eine Begrüßungsansprache von Jacques Carlu, dem Architekten und Präsidenten der Akademie, und schließlich die Rede des großen Pianisten selbst«, die, wie es die Tradition verlangte, seinem Vorgänger gewidmet war, »dem verstorbenen Schweizer Tierbildhauer Edouard Sandoz. Mr. Rubinstein führte eine Neuerung ein, indem er den Vorgänger seines Vorgängers rühmte, seinen Pianistenkollegen Ignace Paderewski, der Polens erster Präsident nach dem Ersten Weltkrieg gewesen war. Damit war Mr. Rubinstein bei seinem eigenen Gebiet angelangt, und nun kam er auf die Beziehung zwischen Komponisten und Virtuosen zu sprechen – den ›Vampiren‹, wie er letztere nannte... Die Akademie der Schönen Künste besitzt fünfzig Vollmitglieder und zehn außerordentliche Mitglieder, zu denen auch nichtkünstlerische Wohltäter zählen.« Als Ausländer war Rubinstein ein außerordentliches Mitglied der Akademie, und nach seinem Tod wurde sein Platz von Richard Nixon eingenommen, dessen Einführungsrede im Jahre 1987 sich um eine banale Reminiszenz an einen Händedruck mit dem Pianisten nach einem Konzert in Washington vor fünfunddreißig Jahren drehte. (1968 hatte sich Rubinstein, in einem der wenigen parteipolitischen Engagements seines Lebens, dem Committee of Arts and Letters angeschlossen, das Vizepräsident Hubert H. Humphrey in seiner letztlich erfolglosen Kampagne gegen Nixon um die Präsidentschaft der Vereinigten Staaten unterstützte.)

In seinen späteren Jahren erfreute sich Rubinstein der Freundschaft der belgischen Königsfamilie und einer besonders herzlichen Beziehung zur holländischen Königsfamilie. 1971 ernannte Königin Juliana ihn zu einem Kommandeur im Orden von Orange Nassau[106], und 1975 dinierten er und Nela zweimal privat mit dem Herrscherpaar. Rubinstein freute sich darüber, daß er 1974, um seinen 87. Geburtstag herum, zum *Academico de Honor* der spanischen Real Academia de Bellas Artes de San Fernando gewählt worden war.[107] Später in jenem Jahr erhielt er einen bewegenden Brief vom griechischen Staatssekretär Vassos Vassiliou. »Nun, da die politische Freiheit wieder in Griechenland zurückgekehrt ist«, schrieb Vassiliou, »möchte ich Ihnen für die Sympathie und die moralische Unterstützung danken, die Sie dem Volk von Griechenland in den vergangenen sieben Jahren erwiesen haben. Wir sind Ihnen alle zutiefst dankbar für Ihre Hilfe, indem Sie sich geweigert haben, in unserem Land während der Unterdrückungsherrschaft der Militärjunta aufzutreten, und wir hoffen, daß Sie uns in naher Zukunft wieder die Ehre erweisen werden, unser Land zu besuchen und Ihre großartige Musik dem Volk von Griechenland zu schenken.«[108] (Sechs Jahre zuvor hatte der tschechische Dirigent Rafael Kubelik Rubinstein geschrieben, um ihm für seine »Unterstützung der tschechischen Sache« nach dem Einmarsch der Sowjets zu danken, aber er gab nicht an, welcher Art diese Unterstützung gewesen war. »Sie haben dazu beigetragen, die Einmütigkeit unter den Tschechoslowaken im Lande zu bestärken, und auch mit bewirkt, daß Menschen in aller Welt mit vereinter Kraft auf der Suche nach der Wahrheit aufgestanden sind«, schrieb Kubelik.[109])

Am 1. April 1976 überreichte Präsident Gerald R. Ford Rubinstein während einer Feier im Weißen Haus die Medal of Freedom – »die höchste zivile Ehrenauszeichnung, die zu verleihen in der Macht des Präsidenten der Vereinigten Staaten liegt«, erklärte Ford. »Ich empfinde es als große Ehre, heute im Namen aller Amerikaner handeln und diese Medaille einem der Giganten unserer Zeit überreichen zu dürfen… Arthur Rubinstein hat seine einzigartige und zutiefst persönliche Klasse am Klavier der ganzen Welt vermittelt. Über sieben Jahrzehnte lang haben seine unermüdliche Vitalität, sein leuchtender Geist und seine profunde Gedankentiefe das Leben der Menschen überall mit funkelnder Freude erfüllt. Sein Publikum liebt ihn; seine Kollegen und Freunde verehren ihn; und sein Land, die Vereinigten Staaten von Amerika, ist stolz darauf, ihn zu einem Giganten unter den Künstlern und Menschen zu erklären.« Rubinstein erwiderte: »Ich kann nur mit Worten erröten, weil mein hohes Alter es mir nicht erlaubt, in meinem Gesicht zu erröten. Ich bin tief gerührt… wegen des Zweiten Weltkriegs habe ich meine Frau und meine Kinder [nach Amerika] mitgebracht und das Land seitdem nie wieder verlassen.« Offenkundig meinte Rubinstein, er habe seinen Wohnsitz in den USA nie wieder aufgegeben. »Und dieses Land hat mich verwöhnt – mich geliebt, mir so lange, lange Jahre der Zuneigung gewährt. Ich kann es wirklich nicht in Worten ausdrücken. Millionen Menschen sind meine Freunde. Nun, ich empfinde gegenüber den Vereinigten Staaten große Dankbarkeit und hoffe, dieses lange, wunderschöne Liebesverhältnis noch fortsetzen zu können. Ich danke Ihnen, Mr. President, daß Sie mir das schönste Zeichen von allem gegeben haben, was ich in diesem Land empfangen durfte.«[110] Rubinstein erwähnte freilich nicht, daß er es nie für nötig befunden hatte, an einer Wahl in den USA teilzunehmen, oder daß er sich zuvor im Jahre 1976 nach der Möglichkeit erkundigt hatte, die Schweizer Staatsbürgerschaft zu erwerben. Nach Schweizer Recht war jedoch ein offizieller Wohnsitz im Lande über mindestens zwölf Jahre erforderlich, bevor eine Einbürgerung in Betracht gezogen werden konnte; da er in Genf erst seit 1969 offiziell gemeldet war, kam das für ihn nicht in Frage. Nachdem Rubinstein die ersten dreißig Lebensjahre als Untertan des Zaren aller Reußen und die anschließenden neunundzwanzig Jahre als Bürger von Polen verbracht hatte, blieb er für die letzten sechsunddreißig Jahre seines Lebens ein Staatsbürger der USA.

Die vielen großzügigen Ehrungen, die Rubinstein zuteil wurden, besonders im letzten Drittel seines langen Lebens, wurden aufgewogen durch die Großzügigkeit, mit der er anderen gab, und dies nicht nur, indem er Menschen durch sein Spiel bewegte. Oft gab er Benefizkonzerte zur Unterstützung von Stiftungen und Einzelpersonen oder ließ Außenstehenden einen Teil des Wohlstands zukommen, den seine Arbeit ihm eingebracht hatte. Abgesehen von seinen bereits erwähnten Beiträgen zu kriegsbedingten und speziell Polen geltenden Initiativen unterstützte er während seiner amerikanischen Jahre noch viele andere Organisationen. Sein größtes Wohltätigkeitsunternehmen bestand vermutlich darin, daß er verschiedenen ehrenamtlichen Organisationen die Kasseneinnahmen seiner historischen Reihe von zehn Konzerten in der Carnegie Hall im Herbst 1961 überließ. (Im selben Saal hatte er fünf Jahre zuvor innerhalb von zwei Wochen anläßlich des 50. Jahrestages seines Debüts in Amerika einen fünf Konzerte umfassenden Zyklus gegeben, in dem er achtzehn verschiedene Klavierkonzerte spielte. »Das ist eigentlich gar nicht so schwierig«, hatte Rubinstein dem Pianisten, Lehrer und Schriftsteller Abram Chasins erklärt. »Schließlich habe ich diese Werke mein Leben lang gespielt. Nie gut genug. Nun, bevor es zu spät ist, möchte ich sie alle miteinander und vielleicht ein wenig anständiger spielen. Ich werde daran natürlich keinen Penny verdienen. Aber

vielleicht werde ich dann das Gefühl haben, etwas Besseres geleistet zu haben, als bloß fünfzig Jahre lang auf die Tasten gehauen zu haben.«[111]) Ein Brief von Huroks Agentur an Madame Rubinstein führte die Nutznießer jedes dieser Konzerte auf: 30. Oktober Musicians Emergency Fund, 1. November Musicians Foundation, 3. November Big Brothers, 6. November Collegiate School und Nightingale-Bamford School, 10. November United Jewish Appeal of Greater New York, 19. November Mannes College of Music in New York, 24. November National Association for the Advancement of Colored People, 4. Dezember National Association for Mental Health, 8. Dezember United Hospital Fund of New York und 10. Dezember Polish Mutual Assistance Fund.[112]
Rubinsteins Beiträge zur Bürgerrechtsbewegung in den USA sind besonders erfreulich, wenn man sich daran erinnert, wie er in den zwanziger Jahren gegen den Jazz und das gewettert hatte, was er als »Negromanie« bezeichnete. Außer dem Benefizkonzert im Jahre 1961 zugunsten der NAACP spielte er im November 1962, um Mittel für den Legal and Defense and Education Fund dieses Verbandes zu sammeln[113]. Im April 1964 dankte ihm der National Council of the Churches of Christ für eine Zuwendung von 1000 Dollar an die Commission on Religion and Race; das Geld wurde verwendet zur Abdeckung »der Kosten für Kautionen und Gerichtskosten, die aus den Verhaftungen in St. Augustine in Florida erwuchsen«, hieß es im Brief der Kommission. »Der Kampf um die Gleichberechtigung der Rassen ist oft kostspielig … es werden noch etliche Prozesse geführt werden müssen, bevor diese Rechte wiederhergestellt werden …«[114] Im selben Monat bedankte sich Ralph J. Bunche – der erste Afro-Amerikaner, der den Friedensnobelpreis bekam – in einem Brief an Rubinstein für dessen Bereitschaft, im nächsten Monat dem Committee of Sponsors for the Convocation of the NAACP Legal Defense and Educational Fund beizutreten.[115] Und 1965 wurde Rubinstein Mitglied des Ehrenkomitees für den »Once in a Lifetime Tribute to the Negro Performer«, der von der Negro Actors Guild of America gesponsert wurde.[116]
Rubinstein beteiligte sich auch an musikbezogenen Unternehmungen. 1964 stiftete er 1000 Dollar für die Errichtung des Toscanini Memorial

Archive im Library and Museum of the Performing Art im New Yorker Lincoln Center, für »die Schaffung… eines umfassenden Photographischen Archivs der Partitur- und Entwurfsmanuskripte der Meisterkomponisten, reproduziert nach den Originalen in den großen Bibliotheken und Privatsammlungen der Welt«. 1968 genehmigte Rubinstein die Verwendung eines Photos von sich selbst nebst eines Begleittextes zur Unterstützung des Musicians' Benevolent Fund in England, und mit ziemlicher Sicherheit hat er dem Fond, dessen Ehrenschatzmeisterin Lesley Jowitt war, auch Geld gespendet. 1971 stiftete er den mit 1000 Dollar dotierten Rubinstein Piano Award der Raymond Kendall's Young Musicians Foundation in Los Angeles.[117] Auch dies sind nur ein paar Beispiele unter sehr vielen anderen.

Was seine persönliche Großzügigkeit betrifft, so hat der Geiger Henri Temianka eine Geschichte erzählt, die bezeichnend ist für Rubinsteins Verhalten: »Ein großer europäischer Pianist war nach der verhängnisvollen Krankheit seiner Frau in finanzielle Not geraten. Da ich wußte, daß Artur Rubinstein ein Bewunderer und Freund von ihm war, führte ich ein Ferngespräch mit Rubinstein. Obwohl Rubinstein, der bereits die Siebzig hinter sich hatte, an diesem Abend nach einem Konzert und einem anstrengenden Flug erst sehr spät nach Hause gekommen war, lud er mich zu einem frühen Frühstück am nächsten Morgen ein. Er füllte einen Scheck über eine vierstellige Summe auf den Namen unseres Freundes aus, überreichte ihn mir und sagte: ›Ich weiß, daß er im umgekehrten Fall das gleiche für mich tun würde.‹«[118]

Rubinsteins Menschenfreundlichkeit äußerte sich nicht nur in musikalischer und monetärer Form. Franz Mohr von Steinway erklärte, die Arbeit mit dem Pianisten sei »sehr leicht gewesen. Er war äußerst dankbar für alles, was man für ihn tat. Immer bedankte er sich bei einem. Horowitz konnte in die Luft gehen, wenn der Flügel sich nicht in der richtigen Position befand, aber bei Rubinstein kam das nie vor.« Selbst im Hinblick auf die Wahl des Flügels für sein wichtigstes Konzert in irgendeiner Saison war Rubinstein sehr umgänglich. »In einem Jahr, als er vorbeikam, um eine Auswahl zu treffen, hatte ich vier oder fünf Flügel aufgestellt, die ihm meiner Meinung nach gefallen würden. Er nahm am ersten Flügel Platz und verliebte sich sofort in ihn. Er wandte sich um und sagte zu mir: ›Ach, der ist so schön. Den nehme ich.‹ … Er hat [die anderen] nicht einmal angesehen. Er sagte: ›Entweder habe ich sofort eine Beziehung zu einem Instrument oder nicht…‹«[119]

Viele Komponisten, die wußten, wie grundanständig Rubinstein war, wandten sich in den vierziger und fünfziger Jahren mit der Bitte an ihn, er möge doch ihre Musik aufführen oder sie sich zumindest durchsehen oder anhören: Mario Castelnuovo-Tedesco, Henri Barraud, David Diamond, Ernst Krenek, Goffredo Petrassi, Daniele Amfiteatroff, Federico Mompou, Isidor Philipp und Ernesto Halffter haben ihm alle Briefe in dieser Angelegenheit geschrieben. Rubinstein wollte zwar nur selten die Kompositionen spielen, die man ihm zur Begutachtung geschickt hatte, aber er versuchte doch zu helfen, indem er sie an entsprechender Stelle empfahl – falls er der Meinung war, daß ein Komponist echtes Talent bewies. Typisch ist ein Brief, den Lukas Foss vom Music Department der University of California Rubinstein Ende 1953 schrieb, um ihm für eine warmherzige Empfehlung der überarbeiteten Fassung seines Zweiten Klavierkonzerts zu danken, das im darauffolgenden Jahr den New York Music Critics' Award erhielt. »Ich kann Ihnen gar nicht sagen, wie dankbar ich Ihnen bin«, schrieb Fosse. »Dies ist für mich das schönste Weihnachtsgeschenk. Ach, wenn doch nur andere große Musiker so großmütig wären wie Sie, das Leben von Komponisten wäre weniger schwierig.«[120] Aber nur wenige Komponisten hatten Lust, Rubinstein zu schreiben, nachdem er über siebzig Jahre alt war – vermutlich nahmen sie an, es wäre absurd, ihre Hoffnungen auf einen Mann zu setzen, den sie für ein Relikt der Romantik hielten. Ja, man kann sich kaum vorstellen, was den Cellisten Paul Tortelier veranlaßt haben mag, im Oktober 1971 vorzuschlagen, Rubinstein solle doch den französischen Komponisten Henri Dutilleux damit beauftragen, für ihn ein Klavierkonzert zu schreiben – als ob Rubinstein mit vierundachtzig Jahren noch bereit gewesen wäre, ein neues Werk in einem modernen Idiom einzustudieren! Doch manchmal zeigte er sich aufrichtig an Musik interessiert, die im Grunde gar nicht seinem Geschmack entsprach. »Ich habe die sehr umstrittene Oper *Moses und Aron* [von

Schönberg] in Paris gesehen, und sie hat gefühlsmäßig großen Eindruck auf mich gemacht«, hat Rubinstein 1962 einem britischen Journalisten erklärt. »Ich habe die Musik nicht gut verstanden; aber ›verstehen‹ ist ein Wort, das man auf Musik nicht anwenden sollte; da gibt es nichts zu *verstehen* – für mich muß Musik *gefühlt* werden.«[121] Häufiger jedoch hat er sein mangelndes Interesse an den neuesten musikalischen Strömungen damit begründet, daß er bereits seinen Beitrag für die neue Musik seiner Zeit geleistet habe. »Ich bin stolz, sagen zu können, daß ich in jungen Jahren ein leidenschaftlicher Vorkämpfer der Musik meiner Zeitgenossen gewesen bin, die ich mit unglaublichem Eifer vor das Publikum bringen wollte, damit es sie genau wie ich verstehen und schätzen konnten«, erklärte er 1968 gegenüber Robert Jacobson. »Oft habe ich gegen den entschiedenen Widerstand des Publikums ankämpfen müssen…, wenn ich Werke von Skrjabin, Debussy, Ravel, Szymanowski, Villa-Lobos, Schostakowitsch und Prokofjew spielte. Man pfiff mich aus, als ich in Mailand ein Prélude von Schostakowitsch und 1904 Debussy in Warschau spielte, denn das waren damals Neuheiten. Ich habe das mein halbes Leben lang getan, aber in letzter Zeit sind keine neuen Namen mehr in meinen Programmen aufgetaucht… Ich fühle mich nicht in der Lage, heute für Stockhausen, Boulez oder Nono zu kämpfen – das überlasse ich den jungen Leuten. Ich habe keinen Kontakt mehr zu den neuen Entwicklungen der Musik, und darum wage ich sie auch nicht zu kritisieren – man hat kein Recht, dies bei etwas zu tun, was man nicht versteht.«[122]

Musiker wandten sich häufiger als Komponisten an Rubinstein, damit er ihnen half – er hörte sich viele an, und wenn er einen positiven Eindruck hatte, tat er sein Bestes. So erhielten die Pianisten und Pianistinnen William Masselos, Moura Lympany, Jacob Lateiner und Maria Tipo sowie die Dirigentin Antonia Brico Ratschläge und Hilfe in allen möglichen Formen, aber *à la longue* war Rubinsteins erfolgreichster Protégé Daniel Barenboim. »Er sagte immer, er hätte meine Eltern gekannt, als meine Mutter mit mir schwanger war«, berichtete Barenboim, der 1942 geboren wurde und dessen Vater Enrique ein bekannter Klavierlehrer war. »Ich habe Rubinstein zum ersten Mal in Buenos Aires gehört, irgendwann zwischen 1948 und 1951. Immer, wenn er kam, spielte die ganze Stadt verrückt – schon Tage vorher bildeten sich Schlangen an den Kassen. In meiner Familie wechselte man sich ab: Einer stellte sich für ein paar Stunden an, dann löste ihn jemand anderes ab. Damals habe ich ihn kennengelernt; er kam ins Haus meiner Eltern. Ich erinnere mich noch lebhaft daran, wie ich ihn zwei Stücke habe spielen hören – das eine war Schumanns *Carnaval,* das andere die *Appassionata.* Ich weiß nicht mehr, ob sie im selben Konzert oder in verschiedenen Konzerten gegeben wurden. In Paris habe ich ihm dann zum ersten Mal vorgespielt, in seinem Haus in der Avenue Foch, 1954 oder '55. Wir lebten damals in Paris – ich studierte Harmonielehre bei Nadia Boulanger. Ein gemeinsamer Freund von uns, Alexandre Tansman, hat mich mitgenommen. Ich weiß noch, daß mein Vater und meine Mutter nicht mitgehen wollten, weil sie ihn in Argentinien kennengelernt hatten – nicht sehr gut zwar, aber sie wollten ihm nicht das Gefühl vermitteln, daß sie ihren talentierten Sohn zu pushen versuchten. Als Tansman mich daher mitbrachte, konnte mich Rubinstein überhaupt nicht mit ihnen in Verbindung bringen – er hörte sich einfach ein Kind an, das Tansman zu ihm gebracht hatte. Es war ihm sehr peinlich, daß er uns über eine Stunde später empfing – er war bei irgendeinem Mittagessen gewesen. Und dann habe ich ein paar Stunden lang alles gespielt, was ich kannte. Wann immer er mir zugehört hat, hat er sich stets positiv geäußert und viele Sachen gemocht, aber immer auch an anderen Dingen Kritik geübt. Ich war immer ganz froh darüber, weil ich das Gefühl hatte, daß die positiven Bemerkungen ernst gemeint waren.

Ich bin ein paarmal hingegangen, um ihm vorzuspielen, und dann rief Nela eines Abends an und fragte meine Mutter, ob sie mich abholen könne. Sie sagte, Arthur glaube, es sei wichtig, daß ich käme. Man holte mich aus dem Bett, und ich fuhr hin. Offenbar hatten sie eine sehr nette Party und waren gerade mit dem Essen fertig. Sol Hurok, Ernesto de Quesada und einige andere Leute waren da. Rubinstein forderte mich auf zu spielen, und dann sagte er Hurok praktisch, was er mit mir machen solle: ›Sie müssen ihn nach Amerika mitnehmen, auf eine Tournee, und Sie dürfen ihn nicht ausbeuten – er darf nicht zuviel spielen. Sie werden zunächst nicht viel Geld an ihm verdienen.‹ Im Grunde hat er sozusagen meinen Vertrag ausgehandelt, und so bin ich zum ersten Mal nach Amerika gekommen, im Dezember 1956. Rubinstein verdanke ich eindeutig den Beginn meiner Karriere. Auch hat Quesada mir ein paar Konzerte in Spanien vermittelt.

Ich bin immer in Kontakt mit Rubinstein geblieben; immer, wenn er nach Israel kam oder wo ich sonst war, habe ich ihm vorgespielt. Nach unserer Hochzeit haben Jackie [die Cellistin Jacqueline du Pré] und ich die Flitterwochen in Marbella [in Rubinsteins Ferienhaus] verbracht.« Im Januar 1967 erlebte der Konzertmeister des Israel Philharmonic Orchestra Barenboims überraschendes Debüt als Dirigent in London und erzählte Rubinstein davon, als sie sich das nächstemal trafen. Rubinstein sagte, er würde bei Barenboim spielen wollen, und im Laufe dieses Jahres arbeiteten sie zum ersten Mal miteinander, in Tel Aviv. »Er war mein erster wichtiger Solist!« erinnerte sich Barenboim. »Er spielte das Schumann-Konzert und das f-Moll-Konzert von Chopin« – letzteres ist für den Dirigenten besonders knifflig –, »und danach hat er überall bei mir gespielt, in Israel, mehrmals in London, mit dem New York Philharmonic Orchestra und auch zwei- oder dreimal in Paris. Wir haben alle Beethoven-Konzerte zusammen eingespielt – allerdings sind wir nur mit den letzten drei zusammen aufgetreten –, und mehrmals haben wir beide Brahms-Konzerte gegeben. Er hat mir also bei meiner beruflichen Karriere als Dirigent ebensosehr geholfen wie bei meiner Karriere als Pianist.

Es war etwas sehr Polnisches an ihm – sein Auftreten als Gentleman, nehme ich an. Er war korrekt und höflich, bis man ihm wirklich sehr nahe kam, was ganz selten geschah. Und trotz seiner Förmlichkeit konnte er immer überaus warmherzig sein. Es war keine kalte Förmlichkeit. Man hatte stets das Gefühl, in Gegenwart einer großen Persönlichkeit zu sein, der man nicht zu nahe zu kommen wagte, doch der es gelang, sich als sehr, sehr herzlich zu erweisen. Ich glaube, er empfand eine echte Zuneigung für mich – er hatte mich seit meiner Kindheit gekannt –, und er liebte Jacqueline heiß und innig. Wir standen ihm sehr, sehr nahe; wenn wir in Paris waren, gingen wir, glaube ich, einmal die Woche mit ihm zum Mittagessen. Sobald drei oder vier Menschen um ihn waren, war er ein anderer Mensch: Er erzählte Anekdoten, er war der Unterhalter, und er hatte einen guten Sinn für Humor. Aber er sprach nicht nur über persönliche Dinge, sondern auch über Literatur, Theater und Oper. Er war ein viel gebildeterer Mensch, als Leute, die ihn nur von Partys her kannten, vermuteten.«

Rubinstein betreute auch weiterhin, bis ins hohe Alter, gelegentlich junge Pianisten und Pianistinnen. Ann Schein, seine wichtigste Schülerin Anfang der sechziger Jahre, war eine Schülerin von Mieczyslaw Münz am Peabody Institute in Baltimore. Rubinstein hatte von ihr zum ersten Mal durch Halina Lilpop Rodzinska erfahren, die eine hohe Meinung von ihr hatte. Schein hatte ihm dann geschrieben, und er antwortete ihr freundlich und aufrichtig, wenn auch nicht ganz und gar ermutigend, in einem Brief, der seine Einstellung gegenüber einem fortgeschrittenen Studium darlegte:

»Ehrlich gesagt, glaube ich nicht, daß eine Pianistin mit Ihrem Können irgendeine Hilfe von mir nötig hat. Meiner Meinung nach sollte man, wenn man die Tasten mit wohlgefügigen Fingern beherrscht, von da an sein eigener Professor sein.

Ich bin sicher, wenn Sie sich das erste Band einer neuen Aufnahme von Ihnen anhören, wird es Ihnen genauso wie mir immer ergehen – Sie werden eine Menge Fehler entdecken, eine Menge enttäuschender Phrasierungen, falsche Tempi usw. Ich bezeichne meine Platten als die einzigen echten Lehrer, die ich je gehabt habe. Ich fürchte, Pianisten wie ich können der Versuchung nicht widerstehen, jedem, der sie um eine Meinung bittet, ihre Persönlichkeit aufzuzwingen. Ihr Ziel sollte es nun sein, Ihre eigene Persönlichkeit zu entwickeln. Dies können Sie, wenn Sie sich Ihre Aufnahmen mit einem kritischen Ohr anhören; dies können Sie auch, wenn Sie sich viele Pianisten anhören und übernehmen, was Ihnen an deren Interpretationen gefällt, und ablehnen, was Ihnen nicht gefällt.

Diese Methode wird dazu führen, daß Sie sich in Ihrem eigenen Umgang mit Musik sicher fühlen, und Ihnen dabei behilflich sein, Ihre eigene musikalische Persönlichkeit zu erschaffen.

Der Schmetterling* fliegt von Blume zu Blume und versucht die beste Mischung zur Erzeugung seines Honigs zu finden – versuchen Sie also Ihren musikalischen Honig auf die gleiche Weise zu machen.

Nun, wenn Sie mir gern vorspielen und über einige Interpretationen mit mir sprechen möchten, würde ich mich freuen, Sie zu sehen und zu hören, wann immer ich Zeit habe…

Ich wünsche Ihnen allen Erfolg, den Sie verdienen, und bin

herzlich Ihr

Arthur Rubinstein

* meine dumme Sekretärin hat *Bienen* für Schmetterlinge gehalten!«

Sein Interesse an Schein nahm zu, als Madame Rodzinska ihn nötigte, sich die Aufnahme der jungen Frau von Rachmaninows Drittem Klavierkonzert anzuhören; er schlug vor, sie solle ihn gemeinsam mit Münz besuchen. Nachdem Rubinstein Schein gehört hatte, nahm er Kontakt mit Hurok auf, der sie unter seine sehr exklusiven Klienten aufnahm und sie in der darauffolgenden Saison auf eine Tournee in die Sowjetunion schickte. Im Sommer 1961 betreute Rubinstein sie in Paris, besuchte ihr Debüt in der Carnegie Hall im März des nächsten Jahres und betreute sie anschließend im Sommer wieder in Paris und in Luzern. Schein erinnerte sich, bei ihrer ersten Sitzung Schumanns *Humoreske* gespielt zu haben, und Rubinstein »schien seltsam bewegt und bat mich, zum Lunch zu bleiben. Er fragte mich, ob ich am nächsten Tag wiederkommen würde, damit ich die *Humoreske* noch einmal für seine Frau und ihre Freundin Fela [Krance], Halina Rodzinskas Schwester, spielen könnte. Dies tat ich, und danach war ich dort im allgemeinen zweimal die Woche für mehrere Stunden, anschließend auch zum Mittagessen.« Schein hat Rubinstein viele große Kompositionen von Beethoven, Schubert, Chopin, Schumann und Brahms vorgespielt. »Er saß nicht weit von mir weg, auf einem kleinen Stuhl, und immer rauchte er eine Zigarre… Er war ganz aufmerksam, gelöst und voller Erwartung. Er vermittelte einem das Gefühl, daß man spielen *wollte*.« Schein war beeindruckt von Rubinsteins Abneigung, ein Stück in seinem eigenen Stil gespielt zu hören. »Ich möchte, daß Sie mich mit der Art und Weise *überzeugen,* wie Sie jedes Stück spielen‹«, erklärte er ihr. »›Sie werden sehen, daß meine Beine, meine Knie ungeduldig wackeln werden, wenn ich das Gefühl habe, daß es mich nicht überzeugt oder in die falsche Richtung geht.‹... Seine Knie wackelten oft.« Bei seiner Betreuung betonte er, wie wichtig es sei, »den Schwung und die Richtung des Stückes zu bewahren, in bestimmten Phrasen total expressiv zu sein, den Stil eines guten Chopin-Spiels, die Handlung und Stimmung jedes Werks zu verstehen«, berichtete Schein. »Ich kann mich noch an bestimmte Aspekte im ersten Satz von *Les Adieux* [Beethovens Sonate in Es-Dur, op. 81a] erinnern, an die Stimmung und die kaleidoskopischen Harmonien im Adagio des Anfangs sowie an den Impetus und den Bogen der fröhlichen Oktaven, sobald das Allegro begann. Er sang immer mit, ging zum anderen Klavier, um eine Phrase zu spielen, wobei seine Arme große und ausdrucksvolle Gesten vollführten, um die Form anzudeuten... Statt einen an Schwierigkeiten arbeiten zu lassen, vermittelte er einem stets neue Ideen und ging zu etwas Neuem über. Er wußte, wann er die Stimmung und das Tempo wechseln mußte, und nie ließ er es zu, daß eine negative Atmosphäre zurückblieb.«

Als Schein Mozarts Konzert in G-Dur, KV 453, spielte, erklärte Rubinstein ihr, Mozart vorzutragen »ist ein Test für unsere Direktheit. Wir müssen einfach sein. Es ist fast unmöglich, einfach zu sein. Ich habe mein ganzes Leben lang darum gerungen, einfach zu sein, und Ziel unseres musikalischen Lebens sollte es sein, diese Einfachheit zu erreichen.« Er bat sie, sich Schuberts Sonate D. 960 in B-Dur in der nächsten Unterrichtsstunde vorzunehmen, »und als ich ans Ende des langsamen Satzes kam, sah er sehr ernst aus«, erinnerte sie sich. »›Schubert ist der einzige Komponist, der dem Tod direkt ins Auge sehen konnte‹«, erklärte ihr Rubinstein. »›Dieser Satz ist wie der Tod. Nichts reicht an seine Musik heran, die uns zeigt, wie sich der Tod ausnimmt. Ich glaube, wenn ich sterbe, möchte ich mit niemandem zusammensein. Ich würde es gern wie die Tiere machen, die in die Wälder gehen, um mit Würde zu sterben – allein.‹« Schein berichtete, wie sie an einem stürmischen Tag von ihrer Wohnung in einem Pariser Vorort zwei Stunden bis zum Haus der Rubinsteins gebraucht hatte und wie Rubinstein »fröhlich die Treppe herabsprang, um mich zu begrüßen... Ich war müde und durchnäßt und von diesem düsteren Tag deprimiert. ›Ach, ich bin *nie* deprimiert vom Wetter! Ich bin *viel* stärker als das Wetter!‹ Und die ganze Zeit, da ich ihn gesehen habe, habe ich ihn nur selten in einer anderen Stimmung erlebt... Dann lag ein flüchtiger Schatten in seiner Stimme, aber das dauerte nur ein oder zwei Takte, wie eine Mozart-Harmonie; dann war es vorbei.« Einmal »zeigte er mir einen kleinen Beutel, den er auf jeder Reise bei sich trug. Er war voller kleiner Stofftiere. ›Die bringen Glück‹, sagte er, und plötzlich sah er wie ein Kind aus. ›Es ist wichtig, ein Kind zu bleiben, wissen Sie.‹« (Laut Annabelle Whitestone hat »die Tasche, die Arthur mit sich herumschleppte, wenn er Konzerte gab, und die immer bei ihm war in seinem Schlafzimmer... sentimentale Erinnerungsstücke enthalten, ein ganz altes undefinierbares Babyschmusetier, das, glaube ich, Alina gehörte, Briefe, die ihm viel bedeuteten..., einige hauchdünne zartbittere Lindt-Schokoladetäfelchen oder Bahlsenwaffeln mit einem Überzug aus dunkler Schokolade, die man im Flugzeug bekam oder wenn man auf Flughäfen wartete, das Eau de Toilette von Penhaligon's Hammam, das er immer benützte, seit José Antonio Gandarillas ihm 1915 etwas davon gegeben hatte, und das Elnett-Haarspray, das er für das Haar und für die Tasten verwendete. Arthur litt, vielleicht erst im hohen Alter, unter sehr trockenen Händen – er schwitzte nie und meinte, es würde helfen, die Tasten mit Haarspray ein wenig klebrig zu machen.«)

Rubinstein lehnte nicht nur jede Bezahlung für Scheins Stunden ab – er machte ihr auch Geschenke. Einmal »eine Anstecknadel, ein aus massivem Elfenbein geschnitztes Gänseblümchen mit weißen Blütenblättern und einer gelben Mitte«, berichtete sie. »›Ich habe eines für Alina gekauft und dachte, vielleicht würden Sie auch eines mögen‹«, erklärte Rubinstein ihr. »Ein andermal kam er zu dem Klaviergeschäft, wo ich vor meinen Unterrichtsstunden in Luzern übte. Oben auf das Klavier hatte ich einen ziemlich großen, praktischen Wecker gestellt. Am nächsten Tag erschien er mit einem Päckchen. Es enthielt einen kleinen, schwarzen, unglaublich eleganten Wecker von Piaget. ›Für Sie unterwegs und zum Üben‹, sagte er, immer mit dieser gespielt erstaunten und überraschten Miene!« Und Rubinstein gab Schein auch »zwei seiner Aufnahmen, die er besonders mochte. Die eine war der *Carnaval* von Schumann, die andere die Sonate in f-Moll von Brahms. Wir haben sie uns zusammen angehört.« In späteren Jahren hat Rubinstein Scheins Konzerte besucht, wann immer er konnte.[123]

D ie Betreuung und Ermutigung junger Pianisten war für Rubinstein offenbar eine ausgezeichnete Möglichkeit, etwas von dem zurückzugeben, was seine Kunst ihm so reichlich hatte zuteil werden lassen, aber ab etwa seinem sechzigsten Lebensjahr bestand dieses Geben gegenüber anderen Menschen hauptsächlich in seinen Konzertauftritten. Rubinstein hätte sich ohne weiteres dafür entscheiden können, nur ein paar öffentliche Konzerte pro Jahr zu geben – wobei er in der Lage gewesen wäre, dafür außergewöhnlich hohe Eintrittspreise zu verlangen sowie die Rundfunk-, Fernseh- und Aufnahmerechte zu verkaufen – oder sich ganz von der Bühne zurückzuziehen und angenehm von Schallplattenantiemen und von den Zinsen seiner vorherigen Einkünfte zu leben. Statt dessen fuhr er jedes Jahr kreuz und quer durch Nordamerika und Westeuropa, trat in Kleinstädten ebenso auf wie in den bedeutenden Hauptstädten. Gelegentlich kehrte er nach Südamerika, in andere osteuropäische Länder neben Polen (er besuchte sogar 1964 erneut die Sowjetunion und konnte dort noch einmal seinen sterbenden Freund Harry Neuhaus sehen[124]) sowie nach Asien und in den Pazifikraum zurück. Während der Saison 1966/67, während der er seinen 80. Geburtstag feierte, gab Rubinstein 114 Konzerte und machte viele Aufnahmen. Somit hinterließen sein Spiel und seine Persönlichkeit auch weiterhin einen nachhaltigen Eindruck bei Hunderttausenden von Menschen auf der ganzen Welt, und die begeisterten Reaktionen seines Publikums sorgten dafür, daß er unermüdlich weitermachte. »Ich kann Ihnen gar nicht sagen…, wie gern ich für andere Menschen spiele«, gestand Rubinstein einem Interviewer Mitte der sechziger Jahre. »Ob Sie es glauben oder nicht – manchmal, wenn ich mich hinsetze und übe, und es ist niemand sonst im Zimmer, muß ich den Impuls unterdrücken, nach dem Liftboy zu klingeln und ihm Geld dafür anzubieten, daß er sich zu mir setzt und mir zuhört. Ich freue mich, wenn ich in der vollbesetzten Carnegie Hall spiele. Aber ich spiele genauso gern für tausend, für dreihundert, für hundert Menschen – ja, für jeden, der zuhören möchte.«[125] Er mußte andere nicht dafür bezahlen, daß sie ihm zuhörten: Anfang der siebziger Jahre verdiente er bis zu 24 000 Dollar für ein einziges Konzert[126], und er liebte es, wenn ihm hochgeschätzte Bewunderer ihren Tribut zollten. »Einmal haben wir ein Konzert von Arthur in Luzern besucht«, erinnerte sich Mildred Knopf. »Anschließend platzte ein untersetzter, energischer, jüdisch aussehender Mann in seine Garderobe und rief: ›Ach, wenn ich nur so malen könnte, wie Sie spielen!‹ Arthur erwiderte: ›Da machen Sie sich nur keine Sorgen, mein alter Freund!‹ Es war Chagall.«[127]

Seit den frühen fünfziger Jahren bis zum Ende von Rubinsteins Karriere war Israel eines der Länder, in denen er am liebsten auftrat. Im Unterschied zu seinen Empfindungen gegenüber Polen und den anderen Ländern, in denen er gelebt hatte, war seine Begeisterung für Israel – das er nur als Außenstehender besuchte – praktisch uneingeschränkt. »Ich habe das Gefühl, daß er durch die furchtbaren dreißiger Jahre und den Beginn der vierziger Jahre und den Holocaust einen entsetzlichen Schock erlitten haben muß«, meinte Barenboim. »Denn er hatte versucht, sich ganz anzupassen. Und ich glaube, das ist der Grund für seine extreme Großzügigkeit gegenüber Israel – jedes Jahr dorthin zu fahren, kein Geld zu nehmen und Tag und Nacht zu spielen.« Unter den denkwürdigen Veranstaltungen in Israel, an denen Rubinstein teilnahm, war eine der bedeutendsten die Eröffnung des Mann Auditorium – der neuen Heimstatt des Israel Philharmonic Orchestra in Tel Aviv – am 2. Oktober 1957. Er spielte Beethovens *Kaiserkonzert* mit den Philharmonikern unter Leonard Bernstein. Weitere Solisten bei diesem Konzert waren der Geiger Isaac Stern und der Cellist Paul Tortelier, ein Nichtjude, dessen Engagement für Israel ihn sogar dazu veranlaßte Hebräisch zu lernen. Der Saal wurde nach Fredric R. Mann benannt, dem Hauptwohltäter der Philharmoniker und Rubinsteins altem Freund.

Rubinstein hat offensichtlich geglaubt, die politische Haltung Israels wäre uneingeschränkt zu unterstützen. Als die UNESCO 1975 in der Auseinandersetzung zwischen Arabern und Israelis Partei ergriff und die Mittel für Israel kürzte, schloß sich Rubinstein mehreren pro-israelischen Protestaktionen an und hielt eine Ansprache über das Thema während eines seiner Carnegie-Hall-Konzerte und bei anderen Gelegenheiten. Dem italienischen Pianisten Guido Agosti, dem Wortführer eines Protests italienischer Musiker zur selben Frage, schrieb er: »Der moralische Beitrag Italiens, das so kultiviert und zivilisiert ist, hat mir große Freude bereitet. Ich muß sagen, die geistige Welt hat ihre Empörung über die Maßnahmen der UNESCO gegen Israel zum Ausdruck gebracht. Erst hat diese egoistische Welt Israel für Benzin verkauft und es dann seitdem völlig isoliert. Aber mein Glaube an den Charakter und den Mut der Juden ist stark genug, und daher weiß ich, daß sie wieder einmal in der Lage sein werden, sich gegen den Egoismus und die Gemeinheit dieser feigen Welt zu verteidigen.«[128] Am 2. Oktober 1975 trat Rubinstein bei einem Pariser Konzert auf, »zu Ehren des israelischen Botschafters in Frankreich, Asher Ben-Natan, der seine Amtszeit beendete«, so die *Jerusalem Post.* »Der achtundachtzigjährige Pianist spielte Schumanns Klavierkonzert mit dem Cleveland Orchestra, und die Einnahmen sollen für Stipendien gestiftet werden, zum Andenken an Ben-Natans Sohn Amnon, der im Yom-Kippur-Krieg fiel. Fast dreitausend Menschen, unter ihnen die politische Führung, drängten sich zu diesem Anlaß im Pariser Kongreßpalast.«

Ein noch festeres Band zwischen Rubinstein und Israel war im September 1974 geknüpft worden, im Rahmen der ersten Arthur Rubinstein International Piano Master Competition in Tel Aviv. Dieser Wettbewerb wurde von Jan J. Bistritzky ins Leben gerufen, einem Polen, der mit der Verwaltung des Chopin-Wettbewerbs in Warschau zu tun gehabt hatte, bevor er nach Israel emigrierte. Seit 1910, als Rubinstein vergeblich versucht hatte, den Anton-Rubinstein-Preis in St. Petersburg zu erringen, hatte er Musikwettbewerben mißtraut, obwohl er in den Jahrzehnten dazwischen in der Jury mehrerer bedeutender Konkurrenzen gesessen hatte. Er zögerte, seinen Namen für Bistritzkys Projekt herzugeben, aus

Angst, es könnte nicht den Standards der angesehensten internationalen Wettbewerbe entsprechen. Aber sobald die erste Runde im Gange war, fand er seine Befürchtungen zerstreut. »NIE, NIE, NIE bin ich jemals einer derartigen Konzentration von Talent begegnet«, gestand er der *Jerusalem Post,* während die Veranstaltung noch lief, »jeder hier hätte bei einem unbedeutenderen Kontest leicht den ersten Preis gewonnen.«[129] Die beeindruckende Jury bestand aus Arturo Benedetti Michelangeli und Guido Agosti aus Italien; Enrique Barenboim (Daniels Vater), Mindru Katz, Pnina Salzman und Michal Smoira-Cohn aus Israel; Jacques Février und Alexandre Tansman aus Frankreich; Henri Gagnebin aus der Schweiz; Dieter Weber aus Österreich sowie Eugene Istomin, Irving Kolodin und Rubinstein selbst aus den USA. Emanuel Ax, ein glänzender amerikanischer Pianist polnischer Herkunft, gewann den ersten Preis: eine Goldmedaille und 5000 Dollar; Eugene Injic, ebenfalls Amerikaner, gewann den zweiten Preis: eine Silbermedaille und 3000 Dollar; und die Kanadierin Janina Fialkowska und die Österreicherin Seta Tanyel teilten sich den dritten Preis: Bronzemedaillen und 2000 Dollar. Rubinstein interessierte sich besonders für das Spiel von Fialkowska, und später hat sie erzählt, wenn er sich nicht durchgesetzt hätte, dann hätte sie überhaupt keinen Preis bekommen. »Von einem der Juroren nahm dessen Frau am Wettbewerb teil, von einem anderen zwei Schüler, und anscheinend war ich sehr tief eingestuft worden, weil ich überflüssig war – die einzige Kanadierin«, sagte sie. »Arthur konnte mich nur mit Mühe durchboxen – er hat gesagt, er würde seinen Namen aus dem Wettbewerb zurückziehen, wenn ich nicht bis ins Finale käme.« Er erklärte ihr, er würde »»Ungerechtigkeiten in Wettbewerben nicht durchgehen lassen««, und auf die gleiche Weise habe er sich für den polnischen Pianisten André Tschaikovsky beim Königin-Elisabeth-Wettbewerb 1956 in Brüssel und für den belgischen Pianisten Michel Block beim Chopin-Wettbewerb 1960 in Warschau eingesetzt.[130] (Block sah Rubinstein ein wenig ähnlich, und Rubinsteins Parteinahme für sein Spiel führten zu falschen und böswilligen Gerüchten, daß Block Rubinsteins illegitimer Sohn wäre.) Bei der Preisverleihung erklärte Rubinstein dem Publikum, in dem auch die

Premierministerin Golda Meir saß, Israel »ist mit so vielen Dingen konfrontiert, gerade jetzt mit so viel mehr Schwierigkeiten als jedes andere Land auf der Welt, und doch ist es der Stolz meines Herzens, daß es nie die Kultur, die Musik, die Kunst, die Liebe zum Leben, den Lebensmut, die großartige Menschlichkeit verloren hat. Das ist der Stolz dieses Landes. Dies ist einer der Gründe, warum ich es so innig und so tief liebe.«[131]

Ende der vierziger Jahre hatte die Ära des Magnettonbands und der Langspielplatten begonnen. Rubinstein verbrachte mehr Zeit als je zuvor im Aufnahmestudio, und von seinen Werken wurden in den letzten drei Jahrzehnten seiner Karriere viele Schallplattenaufnahmen produziert. 1948, zwanzig Jahre nach seinen ersten Aufnahmesitzungen für HMV, bei denen ihm bescheidene 144 Dollar pro achtundsiebziger Seite garantiert worden waren, nahm er die außergewöhnliche Summe von 110 000 Dollar an Tantiemen von RCA ein – vermutlich das Ergebnis einer speziellen Initiative seitens der Firma. Seine Tantiemen gingen 1949 – das Jahr, in dem Rubinstein in England die Nummer eins unter den ausländischen Plattenkünstlern wurde – zwar auf die noch immer erkleckliche Summe von 35 000 Dollar zurück, aber sein durchschnittliches Jahreseinkommen aus Schallplattenverkäufen lag für die nächsten sieben Jahre bei über 81 000 Dollar; zwischen 1957 und 1962 betrug es durchschnittlich 134 500 Dollar.[132] In den frühen sechziger Jahren garantierte RCA Rubinstein jährlich 110 000 Dollar an Tantiemen; Ende der sechziger Jahre betrug diese Garantie 120 000 Dollar. 1968 überstiegen seine Einkünfte diese Garantie um mehr als 65 500 Dollar, und seine fünf bestverkauften Schallplatten in den USA waren in jenem Jahr die Chopin-Walzer, die Chopin-Nocturnes, Mozarts Konzert in A-Dur, KV 488, Beethovens *Mondscheinsonate* und das Grieg-Konzert. Bis 1965 waren annähernd drei Millionen Platten von ihm weltweit verkauft worden. »Zu seiner Zeit«, meinte Max Wilcox, der die meisten Rubinstein-Aufnahmen von 1959 bis zum Ende der Karriere des Pianisten produziert hat, »war er vermutlich der bestverkäufliche Instrumentalkünstler von RCA… Natürlich reden wir hier von einer Zeit, als es noch nicht Dutzende von Fassungen aller großen Werke im Katalog gab. Als er, sagen wir mal, das Zweite Konzert von Rachmaninow [1956] mit Reiner aufnahm, konnten davon 350 000 Platten verkauft werden. Aber [fünfzehn] Jahre später, als er noch berühmter war, hat er das Werk erneut mit Ormandy aufgenommen, und es wurden nur 20 000 Platten verkauft, und zwar einfach deshalb, weil es damals so viele verschiedene Aufnahmen gab.«[133]

Wilcox schilderte eine typische Aufnahmesitzung mit Rubinstein, die im Sommer 1965 in der italienischen Zentrale von RCA bei Rom stattgefunden hatte. Rubinstein erzählte zunächst dem Produzenten, dem Toningenieur und dem Klavierstimmer lustige Geschichten, bevor sie das Aufnahmestudio betraten. »An diesem Vormittag steht eine Fortsetzung der Gesamtaufnahme der Chopin-Nocturnes auf dem Programm, mit der er ein paar Tage zuvor begonnen hatte. Nun ist das Nocturne op. 48, Nr. 2 an der Reihe… Nachdem er den ersten Take gemacht hat, kommt er in den Kontrollraum und sagt: ›Jetzt werde ich meinen Unterricht nehmen.‹ Und das macht er buchstäblich, denn er lauscht mit ganz und gar objektiven Ohren. Falls ihm die erste Einspielung gefällt, wird er fast immer eine oder zwei weitere machen, die sogar noch schöner und einfacher sein werden. Im Falle dieses speziellen Nocturnes fand Rubinstein seine ganze Spielweise ein wenig zu gekünstelt und entschied, daß es einfacher und zarter gespielt werden müsse. Zehn Takes später hatte dieser große Musiker erreicht, was ihm vorschwebte; die endgültige Einspielung unterschied sich in ihrer Konzeption völlig von der ersten… Dies … ist ein extremes Beispiel, denn normalerweise hält Mr. Rubinstein zwei oder drei Takes für ausreichend, um seine Interpretation aufzuzeichnen, aber ich erwähne dies deshalb, weil er sich nicht damit zufriedengab, sondern statt dessen immer inspirierter wurde, bis ihm gelang, was die Musik ihm an diesem Tag sagte… Er muß die Musik spielen, wenn sie zu ihm spricht, und da sie zu ihm auf eine immer neue Weise spricht, ist er mit seinen Aufnahmen mehrere Monate oder in seltenen Fällen sogar ein paar Jahre lang glücklich, doch, wie er mir oft erklärt hat: ›Die Platten ändern sich nicht, aber ich.‹«[134]

Ein paar Jahre nach Rubinsteins Tod hat sich sein Sohn John mit Wilcox über Rubinsteins Aufnahmemethode unterhalten:

»JR: Wenn es um die Arbeit ging, hat er sich in keinster Weise beklagt. Er hat zwar immer großes Selbstmitleid gehabt und wollte immer sehr bedauert und bemitleidet werden, aber wenn es wirklich zur Sache ging und er seinen Job zu erledigen hatte, dann machte er es für alle um ihn herum großartig… Er mußte erst alle darauf einstimmen und sie für das begeistern, was er machen würde, bevor er es wirklich machen konnte. Und er war fürchterlich empfindlich, wenn dies nicht der Fall war. [Über das Anhören der Testpressungen seiner Einspielungen:]… er hat diese Schellackplatten immer öfter gespielt als irgend etwas anderes. Wenn dann die Platte herauskam, hatte er die Schellackplatten so viele Male gehört, daß er sich die Platte kaum noch anhörte… Es war ein ganz aufregender Augenblick, wenn diese Dinger in den einfachen braunen Umschlägen kamen. Wir legten sie auf, und dann saß er angespannt da… Man mußte ihm die Wahrheit sagen, also würde man zunächst immer etwas Gutes sagen müssen, und natürlich war das leicht, denn es gab immer etwas Gutes. Aber, Mann, er ließ einen nie aus den Augen…

MW: Es gibt eine bestimmte Art von nervöser Anspannung in Konzertaufführungen, die dann faszinierend ist, aber manchmal habe ich das Gefühl gehabt, daß es in den aufgenommenen Aufführungen etwas Solides und Edles gab, was nicht immer in den Konzertaufführungen wiederkehrte.

JR: Ja. Da gab es eine gewisse Nachdenklichkeit, die er sich manchmal nicht gestattete, wenn er in Konzerten spielte, besonders wenn er nervös wurde – und das wurde er, genau wie jeder andere Künstler… Ich habe wirklich den Eindruck gehabt, daß der große Unterschied zwischen seinen Konzerten und seinen Aufnahmen darin bestand, daß er da mehr auf die Tempi achtete. In Konzerten neigte er zur Eile. Wegen der Nervosität und der Begeisterung hatte er es eilig, und auch einfach um des Effektes willen. Doch bei den Aufnahmen nicht. Da hielt er sich in Zaum und nahm

Mit Artur Rodzinski, fünfziger Jahre.

Mit Pablo Casals, Zürich 1951.

Eine Karikatur von Giuseppe Damiani, 1957.

Rubinstein, der Geschichtener-zähler, während seines ersten Nachkriegsbe-suchs in Polen, 1958.

Mit Indira Gandhi, sechziger Jahre. (City News Bureau, Washington, D.C.)

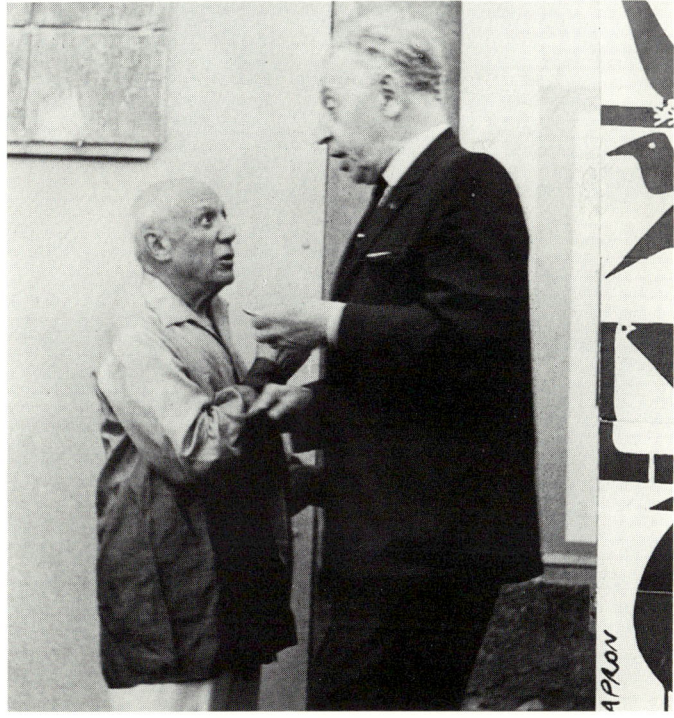

*Typischer Zeitver-
treib zwischen
Konzerten: Beim
Kartenspiel mit
Nela und Alina,
sechziger Jahre.*

*Mit Picasso in
Südfrankreich,
sechziger Jahre.*

Mit Vladimir Golschmann und Königin Elisabeth von Belgien, um 1960.

Im Hof des Hauses in Lodz, das einst seiner Familie gehört hatte, 1960.

Mit Igor Strawinsky vor dem Teatro la Fenice in Venedig, um 1962.

Bei der Verleihung der Ehrendoktorwürde an der Yale University, Juni 1962, durch den Rektor Whitney Griswold. Links erkennt man Präsident J. F. Kennedy.

Tokio 1966.

Ein Galakonzert in Tel Aviv, November 1967, zur Feier des 10. Jahrestages des Mann Auditoriums. Von links nach rechts: Nela, der Dirigent Paul Paray, Rubinstein, Paul Tortelier, Isaac Stern.

Luzern 1968.

Mit Nela, um 1970.

Rubinstein, um 1970.

Beim Versuch, das Israel Philharmonic Orchestra zu dirigieren, um 1970.

Mit dem Tänzer Serge Lifar in Nizza, 1972. (Keystone, Paris)

Mit Krystian Zimerman, um 1975.

Mit Bernard Haitink, London, um 1975.

Energische Pose bei einer Probe mit den Lodzer Philharmonikern, vor seinem letzten Konzert in Polen, 1975.

Beim Tanz mit Eva auf einem Polenball in New York, März 1976.

Mit Swjatoslaw Richter in Rubinsteins Haus in Paris, um 1979.
(Foto A. Weidenfeld)

Das letzte gemeinsame Foto von Arthur und Nela, 1977.

*Rubinstein mit (von links nach rechts) Shlomo Mintz, Nelson Freire, Marta
Argerich und Paul Ostrowski, Genf 1982. (Foto A.Weidenfeld)*

*Das letzte Foto von Rubinstein, mit Annabelle Whitestone; aufgenommen
von Zubin Mehta, Genf, Dezember 1982. (Sammlung A.Weidenfels)*

die Passage voller Genuß, und daher wurde sie viel stärker... Aber eigentlich änderte sich an seinem Spiel oder seiner Inspiration nichts. Er war nicht wild darauf, korrekte Noten zu spielen und die Inspiration sausen zu lassen. Auf diese Weise konnte er nicht spielen...

MW: Sie haben ihm bei der berühmten Aufnahme der Chopin-Walzer in Rom [am 25. Juni 1963] die Noten umgeblättert. Ich weiß noch, wie er mit der Einspielung der Walzer begann und bis zu zehn schaffte. Normalerweise machen wir immer nur fünf oder sechs und kommen am nächsten Abend wieder, um sie fertigzustellen. Aber er machte von jedem nur zwei Takes und manchmal nur einen. Wir hatten, glaube ich, gegen sieben Uhr abends angefangen, und es war etwa halb elf, als er zehn Stück geschafft hatte. Und ich weiß bis heute nicht, ob er uns nur auf den Arm nehmen wollte, als er sagte: ›Na schön, ich glaube, das reicht.‹ Und alles schrie: ›Nein, nein, machen Sie weiter, machen Sie weiter!‹... Und etwa anderthalb Stunden später hatte er alle vierzehn Chopin-Walzer fertig – innerhalb von fünf Stunden. Und da er noch soviel Energie übrig hatte, gingen wir alle zur Via Veneto und hockten noch bis zwei Uhr morgens beisammen... Ich habe diese ganze Aufregung geliebt, um das großartige Essen und die großartigen Zigarren und all die Dinge, die ich von ihm gelernt habe. Aber am meisten ist mir an ihm der ernsthafte Musiker in Erinnerung geblieben, wie er da während des Abspielens neben mir saß und sich selbst beim Spielen zuhörte.«[135]

Wilcox faszinierte es, wie Rubinstein sich »aus einer schillernden öffentlichen Persönlichkeit in einen gelehrten Intellektuellen« verwandelte, wenn er zu arbeiten begann. »Er war wunderbar bei der Sache, und von einigen Leuten, die mit ihm arbeiteten, pflegte er zu sagen: ›Sie wollen mich doch bloß um fünf loswerden und ihre Martinis trinken.‹ Er arbeitete schnell, aber sorgfältig, und er wollte nicht, daß man zu ihm sagte: ›Oh, das war phantastisch!‹ Wir hatten ein gutes Verhältnis zueinander – eher instinktiv als sonstwie –, und er vertraute mir, daß ich die richtigen Takes auswählen würde«, die für die endgültigen, zur Veröffentlichung bestimmten Einspielungen verwendet wurden.[136]

Hinsichtlich seines Aufnahmerepertoires quälte Rubinstein eine Frage mehr als jede andere. »Sie wollen von mir wissen, warum ich Chopins Etüden noch nicht aufgenommen habe«, schrieb er 1962 in seiner Antwort auf einen Fanbrief aus Kalifornien. »Nur ganz wenige Musikliebhaber wollen diese Aufnahme haben. Ich habe dafür eine ganz einfache Erklärung. Ihnen gerecht zu werden ist eine der schwierigsten Aufgaben, die anzugehen ich noch nicht den Mut gefunden habe. Doch sie ist mir nie aus dem Sinn gekommen, und ich hoffe, dazu in nächster Zukunft imstande zu sein.«[137] 1968 hat er gegenüber dem Musikkritiker Robert Jacobson erklärt, er habe eine »Todesangst« vor den Etüden, »in technischer und musikalischer Hinsicht. Aber vielleicht mache ich sie, bevor ich sterbe. Ich habe einige sehr musikalische Aufführungen der Etüden gehört, doch beides kommt nur sehr selten zusammen. Im Endprodukt unterscheiden sich Schallplatten von einem Konzert. Wenn ich unaufrichtig wäre, könnte ich sie Takt um Takt aufnehmen: Ich könnte drei Takte aufnehmen und dann Kaffee trinken, dann drei weitere spielen und Tee trinken und noch drei weitere und mich hinlegen. Und dann könnten die Produzenten all das zusammenkleben und daraus ein Ganzes machen.«[138] Monika Mann schrieb 1973 an Rubinstein: »Sehr viel Glueck lebt in meinem Capri-Gewoelbe und in mir, wenn die Walzer, Nocturnes, Sonaten, Konzerte von Chopin erklingen aus Ihrer Hand – leider konnte ich bisher die Mazurken, Etueden und Preludien nicht auftreiben, sind sie nicht aufgenommen!? Das sollte mich wundern…« Rubinsteins Antwort: »Ich will Ihnen die Platten mit den Chopin-Mazurken schicken, meine Préludes [1946 aufgenommen] sind nicht gut genug, und ich habe nie gewagt, die Etüden aufzunehmen.«[139] Am Ende enthielten die von Rubinstein autorisierten Aufnahmen nur die *Trois nouvelles études* und keine von den kanonischen 24 Etüden op. 10 und op. 25, von ein paar sind jedoch unautorisierte Live-Mitschnitte herausgekommen.

In den letzten Jahrzehnten seiner Karriere hat Rubinstein drei von den zehn Beethoven-Sonaten für Violine und Klavier und alle drei Brahms-Sonaten mit dem polnisch-mexikanischen Geiger Henryk Szeryng sowie mehrere Trios mit Szeryng und dem französischen Cellisten Pierre

Fournier aufgenommen. Und besondere Freude bereitete es ihm, eine Reihe von Platten mit dem in New York ansässigen Guarneri Quartett zu machen. Wilcox hatte sie zusammengebracht, als er den Pianisten 1965 dazu überredet hatte, sich eines der ersten Bänder des jungen Ensembles anzuhören, das sich im Jahr zuvor gebildet hatte. Rubinstein war beeindruckt. »Er bat darum, ihn mit dem Quartett bekannt zu machen, und sagte, nun könne er vielleicht die Aufnahmen von Klavierquintetten und -quartetten machen, von denen er schon so lange geträumt habe«, berichtete Wilcox.[140] Schon früher hatte Rubinstein einzelne Vorstöße in dieser Richtung unternommen und 1932 das Klavierquartett in g-Moll von Brahms mit Mitgliedern des Pro-Arte-Quartetts sowie 1949 das c-Moll-Quartett von Fauré mit Mitgliedern des Paganini-Quartetts eingespielt. In den fünfziger Jahren hatten er und das Juilliard String Quartet miteinander Sondierungsgespräche über eine mögliche Zusammenarbeit geführt, waren aber nicht zu einer Einigung gelangt.[141] Rubinstein lernte die Mitglieder des Guarneri Quartetts am 26. Dezember 1966 kennen; sie probten zusammen das Quintett in f-Moll, op. 34, von Brahms und einigten sich darauf, mit den Aufnahmen zwei Tage später zu beginnen. »Alles lief außergewöhnlich gut«, berichtete Wilcox, »und am 29. Dezember mittags war das Brahms-Quintett fertig… Als die letzte Note … verklungen war und wir uns alle im Abspielraum versammelten, erklärte Mr. Rubinstein beiläufig, falls die Mitglieder des Guarneri Quartetts zur Verfügung stünden, würde er gern am nächsten Tag das Schumann-Quintett aufnehmen!« Das Quartett stand zwar zur Verfügung, aber – wie sich Arnold Steinhardt, der erste Geiger, erinnerte –: »Wir dachten: ›Ach, du meine Güte! Das kann man doch nicht aufnehmen!‹ Er hatte einige dieser Stücke seit einem Viertel- oder halben Jahrhundert nicht mehr gespielt. Zunächst spielte er eine Handvoll falscher Noten, doch er ließ sich nicht aus der Ruhe bringen. Er sagte nicht etwa: ›Ich habe diese Noten verpatzt – tut mir leid.‹ Vielmehr meinte er: ›Hört euch doch mal diese Passage hier an – ist sie nicht wunderbar?!‹ Die kleinen Probleme mußten zwar offenkundig angegangen und gelöst werden, aber ihn interessierte etwas, was weit jenseits davon lag.«[142] Spätabends am 30. Dezember »war das Schumann-Quintett auf Band, und alles stieß mit Champagner in Pappbechern darauf an«, berichtete Wilcox.[143] Einen Monat vor seinem 80. Geburtstag hatte Rubinstein »sein« Streichquartett gefunden.

Die Ergebnisse dieser Sitzungen haben einen tiefen Eindruck auf die Hörer gemacht, auch auf einige extrem anspruchsvolle. Glenn Gould, dessen eigenbrötlerische Persönlichkeit und dessen Abneigung gegen öffentliche Auftritte ihn zu Rubinsteins pianistischem Gegenspieler machten, hat seinen älteren Kollegen 1971 für die Zeitschrift *Look* interviewt und ihm gestanden, er hielte die Rubinstein-Guarneri-Aufnahme des Brahms-Quintetts für »die großartigste kammermusikalische Darbietung mit Klavier, die ich in meinem Leben gehört habe… Meine Vorstellung dessen, was Brahms darstellt, hat sich durch Ihre Aufnahme verändert.« (In anderen Dingen freilich brachte die Unterhaltung der beiden Pianisten keine neuen Erkenntnisse über sie zutage: Sie waren sich einig, daß sie hinsichtlich der jeweiligen Vor- und Nachteile von Livekonzerten und Aufnahmen nicht einer Meinung waren, bis Rubinstein schließlich einräumte: »Na gut, allmählich überzeugen Sie mich. Schauen Sie, ich bin in einer anderen Epoche geboren. Ich schleppe all die alten Sachen hinter mir her, die an mir hängen wie – nun, wie die Blechbüchsen am Hochzeitswagen, wissen Sie. Sie bleiben bei mir. Aber Sie sind in eine andere Welt hineingeboren…«[144]) Rubinstein und Mitglieder des Guarneri Quartetts nahmen – neben den Quintetten von Brahms und Schumann – schließlich noch die beiden Mozart- und die drei Brahms-Quartette auf, das Zweite Quartett von Dvořák und das Erste von Fauré sowie das Quintett von Dvořák. Steinhardt erinnerte sich: »Ich glaube, ich spreche im Namen des ganzen Quartetts, wenn ich sage, daß es ein außergewöhnliches Erlebnis war, ein freudiges Erlebnis und für mich persönlich eine großartige Lernerfahrung, nämlich es einfach laufen zu lassen und die Musik zu genießen. Rubinstein hatte einen großartigen Intellekt, aber er war kein Intellektueller. Er besaß eine wunderschöne Ausgewogenheit zwischen Intellekt und Gefühl, und seine Persönlichkeit konnte sich sorglos hingeben. Dies in Verbindung mit einem starken Verstand und einem echten Musikantentum war etwas Wundervolles. Heutzutage hört man doch nur Menschen, die entweder in ihrem Spiel ohne jede Kontrolle sind oder es so unter Kontrolle haben, daß man den Eindruck hat, ihre eigene Platte von einem Stück zu hören. Bei Rubinstein war es stets wie neu: Er behandelte jedes Stück so, als ob er es zum ersten Mal spielen würde. Er konnte eine Phrase mit großer Freiheit bilden, aber das war nie übertrieben oder abgeschmackt. Es war Magie, denn man wußte nie, wie er das machte: Er machte zwar diese kleinen Rubati, aber ganz fein dosiert – nur ein winziges bißchen hie und da bei einer Note. Es vermittelte einem ein überwältigendes Gefühl von Fließen und Elastizität, und es war stets aristokratisch. Der Geist der Kammermusik trat in seiner ganzen Einstellung zutage. Wir waren ein junges und weithin unbekanntes Quartett am Anfang unserer Karriere. Er hatte einfach kraft seines Alters und seiner Berühmtheit eine ungeheure Macht über uns.« (Die Mitglieder des Quartetts waren achtunddreißig bis fünfzig Jahre jünger als Rubinstein.) »Er hätte ja das Ganze an sich reißen können; er hätte uns sagen können, wir sollten hier lauter und dort schneller spielen. Aber wir hatten wirklich das Gefühl, echt gleichberechtigt zu sein, und das war etwas ganz Wunderbares. Ich habe schon mit älteren Musikern gespielt, die gesagt haben: ›Ich möchte, daß Sie das machen, was Sie meinen, machen zu müssen, aber ich habe jedenfalls meinen Part auf diese Weise gelernt.‹ In Wahrheit wollen sie damit sagen: ›Folge mir.‹ Doch Rubinstein war nicht so, *in keinster Weise.*« Ein Artikel, der im Januar 1968 im *Time Magazine* erschien, bestätigt Steinhardts Erinnerungen:

»Der alte Mann saß an einem Tisch in einem Studio von RCA Victor in Manhattan und hörte sich eine Aufnahme an. Das Cello setzte mit einem ekstatischen, volltönenden Solo ein. ›Wunderschön.‹ Der alte Mann seufzte und klopfte dem Cellisten David Soyer anerkennend aufs Knie. Dann eine knarrende Passage für Klavier und Streicher. ›Nein‹, sagte der alte Mann, ›das ist nicht so gut. Hier hat Brahms eine Falle gestellt, und wir sind hineingetappt. Was sollen wir tun?‹
Der Bratschist Michael Tree machte einen Vorschlag. ›Vielleicht‹, erklärte er dem alten Mann, ›könntest du ein wenig langsamer einsetzen, vielleicht etwas ruhiger.‹ Der Geiger John Dalley pflichtete ihm nickend

bei. ›Gut‹, sagte der alte Mann, ›versuchen wir's.‹ Und Arthur Rubinstein, der in einem Monat einundachtzig Jahre alt wurde, führte die drei Mitglieder des Guarneri Quartetts, deren Durchschnittsalter sechsunddreißig Jahre betrug, zu den Mikrophonen zurück, um das Klavierquartett in g-Moll von Brahms noch einmal in Angriff zu nehmen.«[145]

Rubinsteins Energie hat Steinhardt fast genauso beeindruckt wie das Musizieren des Pianisten und seine Aufgeschlossenheit gegenüber Vorschlägen. »Er hat mich geschafft«, meinte der Geiger. »In Paris haben wir uns einmal mit ihm am Vormittag zusammengesetzt und gespielt; dann haben wir eine Mittagspause gemacht, und Arthur rauchte seine Zigarre und erzählte Anekdoten; dann haben wir den ganzen Nachmittag geprobt. Dann hat Nela uns eine wunderbare Wurstplatte hergerichtet, und wir aßen zu Abend. Dann gab's noch mehr Anekdoten, noch mehr Wein, noch mehr Zigarren. Nach dem Essen war ich ein wenig benommen, aber Rubinstein sagte: ›Na, wie wär's mit einem weiteren Klavierquartett?‹ Bei diesem Quartett war ich nur Zuhörer – John Dalley und ich wechselten uns bei den Klavierquartetten ab –, und ich weiß noch, wie ich dachte: ›Gott sei Dank muß ich dieses Stück nicht spielen! Ich könnte meine Geige nicht mehr halten!‹ Ich war einfach fix und fertig. Aber Rubinstein wollte sofort loslegen. Da saß ich nun, ein Mann Anfang Dreißig, und er war über achtzig. Es war wie Nahrung für ihn – er lebte davon, Musik zu machen. Und dabei verbrauchte er keine Energie, nein, er bezog daraus Energie. Er sagte zu uns: ›Jetzt bin ich alt, und ich muß euch ganz offen sagen, wenn ich vor einem Konzert in der Bühnengasse stehe, sage ich zu mir: 'Wie um alles in der Welt werde ich das bloß schaffen?' Aber wenn ich mit dem Konzert fertig bin, weiß ich, daß ich wieder rausgehen und das ganze Programm noch einmal spielen könnte.‹« (Das Guarneri Quartett hat mit Rubinstein zwar überwiegend im Aufnahmestudio gearbeitet, aber sie haben doch drei gemeinsame Konzerte gegeben – je eines in New York, Paris und London –, und Steinhardt hat gesagt, daß Rubinstein »davor ziemlich nervös gewesen ist, weil er es nicht gewohnt war, in der Öffentlichkeit Kammermusik zu machen«.)

Viele von den Geschichten, die Rubinstein seinen jungen Kollegen erzählte, drehten sich um die Kammermusikabende bei den Drapers im Edith Grove vor über einem halben Jahrhundert. »Sein Blick bekam etwas Verträumtes, und er erzählte uns, daß er einige von den Stücken, die wir zusammen spielten, zuletzt mit Ysaÿe, Thibaud und Casals gespielt habe«, berichtete Steinhardt. Im allgemeinen vermied es Rubinstein, über das Spiel anderer Pianisten zu sprechen, aber er gab gern Anekdoten über seine Kollegen und sich selbst zum besten. Steinhardt erinnerte sich an eine der schönsten Geschichten von Rubinstein: »Rudi Serkin pflegte jedes Jahr für den Rentenfonds des Philadelphia Orchestra zu spielen. Er stiftete dafür sein Konzert, und die Orchestermitglieder waren sehr dankbar für diese alljährliche Veranstaltung. Nachdem er dies schon viele Male getan hatte, wurde nach einem dieser Konzerte, während er sich gerade verbeugte, ein Traktor auf die Bühne gebracht – weil Serkin auf einer Farm oben in Vermont lebte. Die Geschäftsleitung hatte gedacht, das wäre doch ein angemessenes und lustiges Geschenk, und natürlich wurde der Vorfall als menschlich anrührende Geschichte von den Medien im ganzen Land gebracht. Kurz darauf gab Rubinstein irgendwo ein Konzert, und anschließend kam eine Frau hinter die Bühne und sagte: ›Oh, Mr. Rubinstein, mir hat das Konzert so gefallen – herzlichen Glückwunsch! Und ist es nicht wunderbar, daß das Philadelphia Orchestra Ihnen einen Traktor geschenkt hat!‹ Rubinstein erwiderte: ›Madam, Sie verwechseln mich mit Rudolf Serkin. Er ist der Farmer – ich bin der Konzertpianist.‹«
Steinhardt faßte den Eindruck zusammen, den Rubinstein auf das Ensemble gemacht hatte, als er erklärte: »Wir haben fast alle Stücke, die wir mit Rubinstein gespielt hatten, seither viele, viele Male gespielt, aber sie tragen alle seine Handschrift. Da gibt es Passagen, die ich von niemand anderem gespielt hören kann, weil er sie sich auf so kraftvolle Weise angeeignet hat. Und doch: So groß Rubinstein als Musiker auch war – und er war bestimmt ein großer Musiker –, schätze ich doch am meisten, was sein ganzes Wesen uns über das Leben gelehrt hat: die Liebe zum Leben, die Begeisterungsfähigkeit. Und dies machte sich auch in seinem Musizieren bemerkbar. Er fehlt mir auf der Konzert-

bühne. Wir haben eine Menge großer Musiker, großer Pianisten, aber seine leidenschaftliche Begeisterung und seine Liebe zum Leben teilten sich einem sofort mit, wenn er spielte.«

W ährend seiner ersten Sitzungen mit dem Guarneri Quartett dachte Rubinstein daran, einem seiner liebsten Kammermusikpartner aus den Zeiten im Edith Grove, dem Bratschisten Lionel Tertis, ein Telegramm zum 90. Geburtstag zu schicken.[146] Die beiden Musiker blieben einander zugetan, bis Tertis im Februar 1975 mit achtundneunzig Jahren starb; Rubinstein wohnte dem Gedenkgottesdienst bei, der später im Mai jenes Jahres für Tertis abgehalten wurde. Die Geigerin Sylvia Sparrow Caunter, eine weitere Kammermusikpartnerin von Rubinstein im Edith Grove, war 1969 gestorben; Arthur und Nela hatten sie besucht, als sie krank geworden war. Rubinstein war zwar manchmal ungehalten, wenn ihn andere alte Freunde in England um seine Zuwendung baten, aber er tat, was er konnte, um sie zufriedenzustellen. »Ich weiß wirklich nichts von dem Brief über die Stiftung für Puff [Anthony Asquith], den Du erwähnt hast«, schrieb Rubinstein 1968 an Lesley Jowitt. »Natürlich bin ich von ganzem Herzen dafür. Was Juanita [Gandarillas] betrifft, so bin ich ziemlich bestürzt und verstehe gar nicht, warum sie kein Geld haben sollte, nachdem sie doch so viel gehabt hatte, aber wenn ich helfen kann, werde ich dies herzlich gern tun, da ich nie vergessen werde, wie nett sie zu mir war. Auch ich freue mich, Dich im Dezember wiederzusehen, und dann werde ich Dir mündlich erklären, warum es mir nicht möglich ist, beim Musicians Benevolent Fund Concert zu spielen. Stets der Deine, meine alte Liebe.« Schließlich überwies Rubinstein Juanita an jedem Monatsersten 200 Pfund, bis zu ihrem Tod im Jahre 1971.[147] José Antonio Gandarillas, ihr Mann, war schon lange vorher gestorben (»Ich glaube, die Drogen haben ihn verrückt gemacht«, hat Nela Rubinstein dazu bemerkt); seine Tante, die großzügige Eugenia Errazuriz, war 1951 bei einem Autounfall in Chile gestorben.[148]

Zu jener Zeit – in den späten sechziger und frühen siebziger Jahren –

hatte Rubinstein ausreichend Gelegenheit, sich über diese und andere alte Freunde Gedanken zu machen, weil er einen Großteil seiner freien Zeit mit dem Schreiben seiner Memoiren verbrachte. Bereits dreißig Jahre zuvor hatten Alfred und Blanche Knopf ihn gebeten, dieses Projekt anzugehen, und ihm sogar pro forma einen Honorarvorschuß gegeben, aber er hatte es immer vor sich hergeschoben. In einem Brief vom 6. März 1942 von Blanche Knopf an Rubinstein wurde die Frist der Manuskriptablieferung bis zum 15. Januar 1943 verlängert. Er hat das Projekt zwar verschoben, aber sich doch in den darauffolgenden Jahren mehrere Male in Druckerzeugnissen auf englisch geäußert. Dies geschah vor allem in einem umfassenden Vorwort zur (1949 bei Simon & Schuster erschienenen) amerikanischen Ausgabe einer Chopin-Biographie des polnischen Dichters Casimir Wierzynski sowie in einer überaus kritischen, 1950 in der *New York Times Book Review* veröffentlichten Rezension der amerikanischen Ausgabe von André Gides *Notes sur Chopin*. Als ein Interviewer Anfang der sechziger Jahre auf das Thema Memoiren zu sprechen kam, erwiderte Rubinstein: »Ich bin so damit beschäftigt, mein Leben zu leben, daß ich offenbar keine Zeit habe, darüber zu schreiben. Falls ich jemals eine Autobiographie schreiben werde, dann werde ich sie *Ein Märchen* nennen, denn das ist es immer gewesen.«[149] Aber schließlich machte sich Rubinstein an die Arbeit. »»Ja, ich schreibe gerade meine Memoiren – Autobiographie ist doch ein ziemlich großes Wort««, erklärte er 1968 gegenüber einem anderen Interviewer.

»Ich habe ein gutes Gedächtnis, und ich möchte eine ehrliche Lebensgeschichte erzählen. Ich möchte kein schönfärberisches Buch haben – das fände ich gräßlich. Ich bin alt genug, um mir nicht mehr den Kopf darüber zu zerbrechen, was die Leute denken werden... Ich habe bereits über fünfhundert Seiten geschrieben und bin erst zwanzig Jahre alt! Da mein Kopf während der Saison voller musikalischer Dinge ist, kann ich nur im Sommer schreiben. Im letzten Sommer habe ich hundertfünfzig Seiten in Marbella in Spanien geschrieben und das Klavier nie angerührt gehabt... Um mein Englisch aufzubessern, habe ich immer zehn Wörterbücher dabei, damit ich die richtigen Worte finde. Man sagt mir, ich solle doch ein Diktaphon oder ein Tonband verwenden, um die Geschichte zu erzählen – eigentlich spreche ich ja gern –, und dann von jemand anderem ein Buch daraus machen lassen. Aber das Schreiben muß einen bestimmten Stil und eine bestimmte Bewegung haben, sonst ist es schludrig. Bei einem Redakteur hätte es einen fremden Stil mit seiner Form, nicht mit meiner. Mein Stil mag primitiv sein, aber er ist meiner. Ich denke, der erste Band wird von meinen Jugendjahren handeln, als ich arm war, immer in Schwierigkeiten – ich war zu nichts nutze. In diesem Band werde ich das Fenster zur Hoffnung öffnen: Irgend etwas könnte doch aus einem Nichtsnutz werden! Später, in meinen vierziger und fünfziger Jahren, wird das Schreiben schwieriger werden. Ich stehe vor der Wahl, ob ich einige Gefühle unterdrücken oder anderen wehtun soll. Auch das Kritisieren ist schwierig – darf ich Horowitz, Richter oder Gilels kritisieren, so wie ich meine Meinung über Nikisch, d'Albert, Schnabel und all die anderen aus meiner Vergangenheit sagen darf? Ich werde mein späteres Leben als einen Epilog behandeln, um das Publikum an das zu erinnern, was es von mir weiß. Was kann ich noch sagen – daß ich einen Vertrag mit Sol Hurok gemacht und eine Menge Geld verdient habe? Oder daß ich viele Platten gemacht und wieder eine Menge Geld verdient habe?«[150]

Im darauffolgenden Jahr teilte Nela Rubinstein einem New Yorker Journalisten mit, daß ihr Mann mit dem Buch vorankomme. »»... er kann sich an alles erinnern. Er ... schreibt auf diesen großen Notizblöcken in kleiner Schrift. Ich habe ihm [in Marbella] ein großes Zimmer bauen lassen, das völlig vom Haus abgetrennt ist. Es enthält einen Flügel und einen Schreibtisch – es ist einfach ein richtiges Allerheiligstes. Dort schreibt er sieben oder acht Stunden am Tag, ißt nur mit uns, und dann spielt er manchmal bis zwei Uhr morgens Klavier. Er kann ungeheuer gut arbeiten... Sorgen macht mir nur, daß es geistig so anstrengend ist, weil er alles noch einmal nacherlebt, er geht völlig darin auf.‹ ... Mrs. Rubinstein meinte, um das Buch fertig zu schreiben, hätte ihr Mann seine Konzerte in diesem Jahr ganz absagen müssen. ›Andererseits braucht er wirklich... sein Publikum... Das Spielen erfrischt ihn, heilt ihn... Ich werde langsamer, und dabei bin ich zweiundzwanzig Jahre jünger. Manchmal muß ich wirklich staunen.‹«[151] Schließlich entschloß sich Rubinstein, nach der Geschichte seiner spanischen Triumphe im Ersten Weltkrieg »den Vorhang fallenzulassen«, wie er es formulierte, und die Entscheidung zu vertagen, ob er noch einen zweiten Band schreiben würde. Das Manuskript des ersten Bandes – mit dem Titel *My Young Years (Die frühen Jahre)* – wurde 1972 Judith Jones bei Knopf übergeben; es wurde gekonnt lektoriert (eklatante Fehler in Rubinsteins Englisch wurden korrigiert und unbeholfene Formulierungen in Ordnung gebracht, aber die leicht fremdartige Individualität seiner Sprache blieb erhalten), und das Buch erschien im Frühjahr 1973. Am 29. Mai berichtete die *New York Times,* daß der Book-of-the-Month Club *My Young Years* zum Buch des Monats Juni gewählt habe, »was Rubinstein und seinem Verlag einen unerwarteten Gewinn von über 120 000 Dollar bescherte..., den sie im Verhältnis 50:50 miteinander teilten. Edward E. Fitzgerald, ein Vizepräsident des Buchclubs, erklärte strahlend: ›Es ist ein gutes Buch über einen Menschen, der es wert ist, daß man ihn kennt.‹« Und Rubinstein meinte: »›Nun bin ich ein *homme de lettres.*‹« Das Buch wurde in den USA ein Bestseller und erschien bald darauf in den meisten wichtigen und vielen weniger verbreiteten europäischen Sprachen sowie auf hebräisch und japanisch. Garson Kanin, der bekannte amerikanische Stückeschreiber und Allrounder des Theaters, ein alter Freund der Rubinsteins, schrieb an Nela und Arthur: »Es ist schon beachtlich, wenn man über einen so langen Zeitraum auf der Bestsellerliste steht. Im letzten Jahr wurden über 46 000 neue Titel in den USA herausgebracht, zwei Drittel davon waren Sachbücher. Daran können Sie sehen, wie unvergleichlich, was für ein Ausnahmewerk ein Buch sein muß, um einen Durchbruch zu erzielen. Ich jedenfalls bin nicht im geringsten überrascht. Es verdient, was mit ihm passiert. Im übrigen wird daraus eines Tages ein toller Film in der Tradition dieser wunderbaren Musikfilme gemacht werden, die Hollywood in seinen goldenen Zeiten gedreht hat. Eines weiß ich: Wenn ich noch im Filmgeschäft wäre, würde ich an vielen Türen anklopfen, um das auf die Beine zu stellen…«[152] Rubinstein freute sich über Kanins Meinung, aber als Thomas Manns Tochter Rubinstein schrieb, um ihm zu sagen, wie sehr sie sich schon darauf freue, seine Memoiren zu lesen, da machte er sich doch ein wenig Sorgen. »Ich fürchte sehr, daß Sie enttäuscht sein werden, wenn Sie mein Buch lesen«, schrieb er Monika Mann zurück, »aber vergessen Sie nicht, daß ich kein Schriftsteller bin und daß ich nur dank des außergewöhnlichen Gedächtnisses, das ich besitze, meine Jugend schildern konnte, die kein sehr gutes Beispiel darstellt.«[153]

Laut Max Wilcox hat Rubinstein »aktiv Promotion« für seine Memoiren gemacht sowie »zahllose Fernsehauftritte gehabt und eine Vielzahl von Interviews in Verbindung mit dem Buch gegeben«.[154] Bekannte Literaturkritiker wie Hubert Saal im *Time Magazine,* Joseph Wechsberg im *Chicago Tribune* und Richard Freedman in der *Washington Post Book World* waren begeistert von *My Young Years,* aber einige Musikkritiker hatten damit ihre Schwierigkeiten. Harold C. Schonberg schrieb in der *New York Times Book Review:* »Es gibt… einige scharfe und köstlich bissige Skizzen über berühmte Musiker in ›My Young Years‹… Wenn Rubinstein jemanden nicht mag, kann er ganz schön gehässig, manchmal richtig grausam sein… Aber sobald er seine eigenen musikalischen oder sonstigen Bedürfnisse verläßt, überrascht es doch, wie erfolgreich es ihm gelingt, von musikalischen Einsichten wegzusteuern. Und das ist schade… Von ein paar musikalischen Anspielungen abgesehen, hat Rubinstein sich bedauerlicherweise darauf konzentriert, den Unterhalter zu spielen… Vielleicht wird ein nachfolgendes Buch, von 1916 bis zur Gegenwart, stärker in der musikalischen Auffassung sein und etwas weniger darauf abheben, die Lebenslust des Pianisten zu beweisen.«[155]

Wie in den vorangegangenen Kapiteln ja schon verschiedentlich angedeutet, waren Schonbergs Bedenken – wie die vieler anderer Kritiker – nur zu berechtigt.

In der Zeit, in der Rubinstein an seinem Buch arbeitete, hat François Reichenbach, ein französischer Filmregisseur, ihn in verschiedenen Teilen der Welt gefilmt. Der Dokumentarfilm, der Rubinstein beim Spielen, auf Reisen und in Erinnerungen schwelgend zeigte, trug den Titel *Ar-*

thur Rubinstein, ou l'amour de la vie (deutsch: *Die Musik – mein Leben*).
Die amerikanische Fassung – *Love of Life* – erhielt 1970 einen Oscar, und
ein paar Monate später lieferte Gregory Peck diese Auszeichnung persönlich bei den Rubinsteins in Paris ab. Der Sender NBC erzielte mit
einer neunzigminütigen Fernsehfassung hohe Einschaltquoten. Aber
fünf Jahre später schrieb Rubinstein einem flüchtigen Bekannten aus
New York:»Ehrlich gesagt, habe ich meinen Film nie sehr gemocht, er
wurde willkürlich zusammengeschnitten, und ich hätte meine Gedanken lieber ein wenig klarer und stichhaltiger formuliert gehabt, sogar
mein Klavierspiel war meist improvisiert und nie vorbereitet. Seltsamerweise habe ich zwar erfahren, daß die Leute meinen Film mochten und
ihn so ›naturelle‹ fanden, aber ich persönlich habe es im Prinzip nicht so
gern, in meiner Unterwäsche überrascht zu werden.«[156]

DIE LETZTEN SAISONS

»Ich werde so lange spielen, wie mich jemand hören will«, hatte Rubinstein Anfang der sechziger Jahren einem Interviewer gegenüber erklärt,»oder bis meine Finger mich im Stich lassen und mein Herz aus-
getrocknet ist oder bis ich von staubtrockenen Prinzipienreitern
angegriffen werde... Ich hasse musikalische Zwangsjacken und werde
nie eine anziehen.«[157] Ein paar Jahr später, im Alter von achtzig Jahren,
schrieb er Roman Jasinski, daß er mit dem Spielen aufhören würde,
wenn Menschen, auf deren Meinung er etwas gebe, damit anfingen, ihm
zu sagen, daß er dieser Aufgabe nicht mehr gewachsen sei. Und kurz
nach seinem 87. Geburtstag meinte Rubinstein in einem weiteren Brief
an Jasinski, seine letzte Amerikatournee sei gut gelaufen. Sie habe ihm
bewiesen, daß er eine Zeitlang noch weiter öffentlich auftreten könne,
wenngleich er gestand, er würde inzwischen lieber in Konzerten mit-
spielen als ganze Solokonzerte geben.[158] »Keine Abschiedskonzerte,
das ist die Hauptsache!« erklärte er gegenüber einem Interviewer.»Die
Leute schicken einem Blumen, applaudieren einem eine Stunde lang.
Aber wenn man dann nicht stirbt, fühlen sie sich betrogen.«[159]

»›Ich bedaure nur, daß es so spät ist‹, meinte Arthur Rubinstein, obwohl sich das eigentlich überhaupt nicht bedauernd anhörte«, berichtete John Corry am 30. Januar 1974 in der *New York Times*. »›Ach, siebenundachtzig – eine große Zahl‹, sagte er. ›Ich sollte mich danach richten.‹ Er sprach von seinem 87. Geburtstag, der am Montag gewesen war. Er hatte ihn gefeiert, indem er mit seiner Frau zum Lunch ausgegangen war. Rubinstein sprang von seinem Sessel auf, krümmte den Rücken, streckte einen Arm aus und spielte einen Mann mit einem Stock, während er durchs Wohnzimmer taperte. Der berühmte Pianist befand sich in seiner Wohnung in einem Hotel an der Park Avenue und amüsierte sich ganz offensichtlich… Rubinstein zündete sich eine Zigarre an. Er sagte, er bekäme keine Montecristos Nr. 3 mehr, aber diese Zigarre, eine Upmann, sei noch besser. Er erklärte, iranischer Kaviar sei ihm lieber als russischer, und vor allem würde er die Kochkünste seiner Frau lieben. ›Sie ist ein Genie‹, sagte er. ›Sie ist als Köchin viel besser als ich als Musiker… Ich bin jemand, der in unglaublichem Luxus lebt – unglaublichem Luxus.‹«

Den Tag, an dem Corrys Artikel erschien, verbrachte Rubinstein teilweise damit, daß er die Gewinner der von der American Music Scholarship Association gesponserten National Piano Competition bei Werken von Chopin betreute. Dies tat er vor Publikum in der Alice Tully Hall. Er kam früh und plauderte mit den drei jungen Musikern – sie waren zwischen achtzehn und zwanzig –, damit sie sich entspannten, dann nahm er auf einem Stuhl am Baßende der Tasten Platz. »Mr. Rubinstein wußte etwas Gutes über die Leistungen jedes dieser drei Künstler zu sagen; aber wenn etwas nicht so gut lief, erkundigte er sich: ›Das war nicht so gut, nicht wahr?‹ Und dann erklärte er humorvoll und sachlich zugleich, wie es sich verbessern ließe… Als einer [der Spieler] begeisterten Applaus erhielt und nicht so richtig wußte, wie er sich verhalten sollte, mahnte ihn Mr. Rubinstein: ›Steh auf und verbeug dich – wir lieben alle Applaus, egal, wie alt wir sind.‹«[160]

Das war zwar nur eine flüchtige Begegnung mit jungen Talenten, aber in jener Zeit hatte Rubinstein angefangen, sich ernsthaft für den begabten französischen Pianisten François-René Duchable zu interessieren. Er hatte Besprechungen von einem Konzert gelesen, das Duchable im November 1973 in Paris gegeben hatte, sich nach ihm erkundigt und es möglich gemacht, daß Duchable ihm gegen Ende dieses Monats im Haus an der Avenue Foch vorspielte. Duchable erinnerte sich, daß er sehr nervös gewesen war, aber daß ihm Rubinstein rasch seine Befangenheit genommen hatte; der junge Mann spielte die *Paganini-Variationen* von Brahms sowie einige Chopin-Stücke. Rubinstein lud ihn noch mehrmals ein, wiederzukommen und ihm vorzuspielen. Sie unterhielten sich angeregt, diskutierten sogar miteinander, und Duchable fand, daß Rubinstein bemerkenswert offen war gegenüber den Ansichten anderer. Rubinstein habe zwar seine pianistischen Vorurteile gehabt, meinte Duchable, sich aber auch überaus bewundernd über Richter, Gilels und über Maurizio Pollini, als einem Vertreter der jüngeren Generation, geäußert. Im Februar 1974 lobte Rubinstein Duchable in einem Brief an Jasinski in den höchsten Tönen. Er erwähnte, er habe ihn die *Paganini-Variationen,* Chopins Ballade in f-Moll und Ravels *Alborada del gracioso* spielen gehört und nannte ihn den besten jungen Pianisten, mit Ausnahme von Pollini.[161] Im darauffolgenden Sommer lud Rubinstein Duchable ein, ihm und einigen Freunden in Marbella vorzuspielen; er bezahlte ihm den Flug und gab ihm sogar eine symbolische Gage, wobei er erklärte, ein Profi dürfe nie ohne Gage spielen. Rubinsteins Interesse verhalf Duchable zu Konzertengagements in Spanien, England, den Niederlanden und Japan.[162]

Drei Tage bevor er an Jasinski schrieb, hatte Rubinstein dem Dirigenten Stanislaw Skrowaczewski einen Brief geschickt. »Ich habe beschlossen, meine Konzerttätigkeit einzustellen, von ein paar Konzerten in Europa abgesehen und natürlich unter der Bedingung, daß ich jedes Konzert vor dem festgesetzten Termin absagen kann«, erklärte er. »In meinem reifen Alter von siebenundachtzig Jahren habe ich kein Recht, irgend etwas ein Jahr im voraus zu planen... Ehrlich gesagt glaube ich, daß die Zeit gekommen ist, da ich meinen Platz an die jüngere Generation abtreten sollte, die soviel Talent beweist.«[163] Aber zwei Monate später stellte Max Wilcox Rubinsteins Zustand und Pläne in einem »Artist Status Report« für seine Bosse bei RCA positiver dar.

»An diesem Punkt seiner Karriere ist Mr. Rubinstein nicht bereit, sich zu irgendeinem festgelegten Repertoireplan für eine Aufnahmesaison zu verpflichten. Seine jüngsten Aufnahmen sind Konzerte mit Ormandy (das B-Dur-Konzert von Brahms und die Nr. 2 von Rachmaninow) und Kammermusik mit dem Guarneri Quartett sowie mit Szeryng und Fournier. Vor einem Jahr hätte er nach einer schweren Gürtelrose beinahe aufgehört, und erst nach seinen unglaublichen diesjährigen Konzerten in Amerika hat er beschlossen, auch weiterhin noch eine begrenzte Zahl von Konzerten zu geben.

Im Augenblick verhält es sich im Prinzip so, daß er es uns wissen läßt, wenn ihm nach einer Aufnahme zumute ist. In den letzten paar Wochen hat er ernsthaft mit mir darüber gesprochen, ein Solorepertoire wie ausgewählte Chopin-Etüden und -Préludes (worum wir ihn seit sechzehn Jahren bitten) sowie die Beethoven-Sonaten op. 28, op. 31, Nr. 2 und op. 31, Nr. 3, zusammenzustellen.

Er hatte ursprünglich vorgehabt, diese Musik teilweise in Genf während der Trio-Sitzungen zu machen, hat es sich aber klugerweise anders überlegt, da seine phantastische Energie wie die eines Normalsterblichen zu versiegen beginnt. Ich werde versuchen, verbindliche Absprachen über bevorstehende Solositzungen zu machen, wenn wir uns in Genf treffen.

Mr. Rubinstein möchte auch gern Beethovens Erzherzogstrio mit Szeryng und Fournier zu irgendeinem künftigen Zeitpunkt in Genf aufnehmen...

... Mr. Rubinstein ist inzwischen der Meinung, er müsse Zeit und Repertoire für alle künftigen Aufnahmesitzungen selbst bestimmen. Er ist während seiner langen Aufnahmekarriere äußerst flexibel und kooperativ gewesen, und dies hat eine ganze Menge mit der Langlebigkeit seines Katalogs von Aufnahmen zu tun. Eine Rubinstein-Aufnahme wird fast nie aus unserem Katalog gestrichen.

Wir können nur hoffen, daß er weiterhin bei guter Gesundheit bleibt. Wenn er sich fit fühlt, spielt er genauso gut wie eh und je, und sein Auftritt in der Carnegie Hall in diesem Januar war das beste New Yorker Konzert (unter seinen vielen großartigen Konzerten), das er seit mehreren Jahren gegeben hat...

Mr. Rubinsteins Vertrag läuft im Februar 1975 aus. Er hat seit langem schon alle Platten produziert, zu denen er nach diesem Vertrag verpflichtet ist. Sein augenblicklicher Saldo beträgt 818 000 Dollar. Im Laufe der letzten fünf Vierteljahre hat er im Inland 120 000 Dollar an Tantiemen eingenommen, und während der letzten rund achtzehn Monate hat er 206 000 Dollar an Tantiemen für Auslandsverkäufe erzielt. Da er für Auslandsverkäufe nur den halben Tantiemensatz erhält, bedeutet dies, daß etwa 75 % der gesamten weltweit abgesetzten Einheiten in anderen Ländern verkauft worden sind…«[164]

Rubinstein machte Pläne für die Saison 1974/75 – und realisierte sie! In der Mitte dieser Saison, am 3. Februar 1975, spielte er das Vierte Klavierkonzert von Beethoven und das Erste von Brahms mit Barenboim und dem New York Philharmonic Orchestra, um Geld für den Rentenfonds des Orchesters zu sammeln. (Er hatte dieselben Werke mit demselben Dirigenten und Orchester bei einem Rentenfondskonzert 1971 gespielt, und 1972 hatte er das Zweite Klavierkonzert von Brahms mit Karel Ančerl bei einem weiteren Rentenfondskonzert der Philharmoniker gegeben.) Ein paar Tage vor dem Konzert hatte Wladimir Horowitz zu Barenboim gesagt, er müsse mit ihm reden. »Ich hatte wirklich keine Ahnung, was Horowitz wollte«, erinnerte sich Barenboim. »Ich fuhr zu seinem Haus; er machte mir die Tür auf, er war korrekt, er war förmlich. Ich setzte mich, und wir redeten über Gott und die Welt. Ich fragte ihn nach seiner Berliner Zeit, und er erzählte mir alle möglichen Storys – ich bin sicher, ganz einseitige Versionen, aber es war alles noch sehr lustig. Dann sagte er: ›Sagen Sie mir, kennen Sie die Clementi-Sonaten?‹
›Nicht besonders.‹
›Möchten Sie, daß ich sie Ihnen vorspiele?‹ Er stand auf, holte die Noten heraus und begann damit, jede Menge Clementi-Sonaten durchzuspielen, mir dies und jenes zu zeigen – ›Beachten Sie diese Verzierung hier.‹ Faszinierend, kein Zweifel. Dann setzten wir uns wieder, und es war eine von diesen Situationen, in denen man denkt, das ist ja alles ganz nett, aber warum bin ich eigentlich hier? Wozu bin ich herbestellt? Ich weiß

noch, wie ich auf die Uhr schaute und sagte: ›Es ist schon spät, Sie wollen bestimmt zu Bett gehen, und ich habe morgen eine Probe. Es war ein wunderschöner Abend, herzlichen Dank.‹

›Nein, nein, nein. Bleiben Sie. Wir unterhalten uns doch so gut, und Wanda [Horowitz' Frau] ist nicht da – sie ist beim Kartenspielen.‹ Plötzlich trat eine Pause in unserer Unterhaltung ein, und ich hatte das Gefühl, *jetzt* würde ich erfahren, warum ich hier war. In einem irgendwie gezwungenen, vertraulichen Ton begann er: ›Sagen Sie mir, ich lese in der Zeitung, daß Sie mit Rubinstein, mit den Philharmonikern dirigieren. Was spielt er?‹

Ich erwiderte: ›Er spielt das G-Dur-Konzert von Beethoven und das d-Moll von Brahms.‹

›Ach, an einem Abend. Er ist ein alter Mann jetzt, nicht wahr? Er vergißt nicht?‹

Ich sagte, nein.

›Aber falsche Noten spielt er, ja?‹

Ich sagte: ›Hören Sie, ich habe mit ihm in London gespielt, das *Kaiserkonzert,* vor ein paar Monaten, und jede Note stimmte.‹ Ich log!

Er sagte: ›Wieviel Kraft? Sie wissen, ein alter Mann, hat er Kraft? Dies sind große Stücke!‹

Ich erwiderte: ›Ja, man kann ihn nicht mit dem Orchester zudecken.‹

Er sagte: ›Dies ist sehr seltsam: ein alter Mann; keine Gedächtnislücke, keine falschen Noten, viel Kraft. [Lange Pause] Aber ein kleines bißchen trocken, ja?‹

Jetzt war es heraus – dafür der ganze Aufwand! Kurz darauf war ich mit Rubinstein beim Lunch und erzählte ihm die Geschichte, in aller Ausführlichkeit. Er hat sich sehr darüber amüsiert.«

Das Konzert – Rubinsteins letztes mit dem New York Philharmonic Orchestra – war für den Pianisten ein herausragender persönlicher Erfolg und brachte 83 000 Dollar für das Orchester ein. »Als das Brahms-Konzert vorbei war, wobei Rubinstein sogar einige ungeschriebene Akkorde hinzugefügt hatte, um dem Orchester noch ganz am Ende zu helfen, hatte das Konzert fast eine halbe Stunde länger als die üblichen zwei Stunden bei derartigen Veranstaltungen gedauert«, schrieb Leighton Kerner in der *Village Voice.* »Aber inzwischen war das Publikum verständlicherweise außer Rand und Band, und vielleicht war dies auch Rubinstein, denn er nahm wieder am Flügel Platz und spielte als Zugabe die… As-Dur-Polonaise von Chopin… Am Anfang gab es zwar ein kleines Durcheinander, aber Rubinstein nahm sich wie in alten Zeiten zusammen und steigerte die unaufhörlich rollenden linkshändigen Oktaven des langen Mittelteils zu einem immer mehr anschwellenden Donnern, das es mit der größten Klangfülle aufnehmen konnte, die man an diesem Abend vom gesamten Orchester gehört hatte. Und als das vorbei war, konnte man sein wiederholtes brüllendes ›Thank you‹ mitten im Toben der Menge vernehmen. Er schien nicht im geringsten müde zu sein.«[165]

Barenboim erinnerte sich allerdings daran, daß Rubinstein vor dem Konzert »aufgeregt und sehr nervös« gewesen war, weil »Nela in Los Angeles operiert wurde. Während der Probe hatte er eine kleine Gedächtnisschwäche – eigentlich nichts Besonderes –, aber anschließend, als wir im Wagen waren (ich wollte mit ihm zum Lunch ins Drake), sagte er: ›Wissen Sie, ich bin von Paris gekommen und habe vergessen, meine Noten mitzubringen. Ich habe diesen dummen Fehler gemacht; ich bin nervös. Macht es Ihnen was aus, wenn wir am Musikalienladen halten? Ich möchte die Noten kaufen – ich möchte sie mir ansehen.‹ Also hielten wir bei Patelson's, und er sagte mir, ich solle im Wagen warten. Ein paar Minuten später kam er ohne Noten zurück. Er sagte: ›Sie hatten die Ausgabe nicht da gehabt, nach der ich normalerweise spiele, und ich habe doch so ein photographisches Gedächtnis: Ich weiß genau, wo auf der und der Seite ein Kaffeefleck ist, und ich muß den Kaffeefleck sehen. Ich muß die gleiche Ausgabe haben.‹ Aber ich war den ganzen Tag mit ihm zusammen: Am Vormittag war die Probe, dann waren wir miteinander beim Lunch – am Nachmittag war ich natürlich nicht bei ihm«, als Rubinstein sich ausruhte, »aber dann war das Konzert, und danach gab es ein Essen mit Kloiber, dem Mann von [der Fernsehfirma] Unitel, und wir unterhielten uns sehr nett. Ich war also mit ihm praktisch den ganzen Tag beisammen, und er war wegen Nela wirklich sehr aufgeregt und nervös. Er hat nicht nur so getan.«

Eva Rubinstein erzählte diese Geschichte unter einem anderen Blickwinkel. »Neun Monate lang hatte meine Mutter ernsthafte Symptome; sie hatte einen Arzt in Paris aufgesucht, aber er schien nicht sehr besorgt zu sein.« Als Nela jedoch nach Kalifornien gefahren war, um John, seine Frau (Judith West) und deren beide Kinder (Jessica, geboren 1972, und Michael, geboren 1973) zu besuchen*, ließ sie einige Tests machen. »›Manchmal fühle ich mich wie ein alter Hund, der zu einem vertrauten Baum heimkehren möchte, um zu sterben‹«, erzählte sie Eva. »Ein paar Tage später«, erinnerte sich Eva, »rief sie an und sagte, sie hätte Dickdarmkrebs. ›Das darf mir nicht passieren‹, sagte sie, ›weil ich mich doch um alle kümmern muß.‹ Die Operation war an einem Montagmorgen, ganz früh; mein Vater hatte an diesem Abend sein Konzert in New York, und meine Schwester hatte ein Vorstellungsgespräch an der medizinischen Fakultät, an die sie unbedingt kommen wollte. Meine Mutter hatte zu mir gesagt: ›Versuche zu verhindern, daß er vor der Operation kommt, denn wenn er ins Krankenhaus kommt, macht er einen Riesenwirbel, und alles wird sich dann um *ihn* kümmern. Das ist sogar passiert, als du geboren wurdest: Ich lag vierundzwanzig Stunden lang ohne ärztliche Hilfe in den Wehen, und er fiel praktisch in Ohnmacht – und alle ließen mich links liegen und kümmerten sich bloß noch um ihn. Mir hat das gereicht.‹ Also haben wir ihm erklärt: ›Schau, du kannst ja doch nichts machen, sie wird stundenlang im Operationssaal sein, es hat keinen Zweck, du hast das Konzert. Wir rufen dich sofort danach an – komm am nächsten Tag mit Alina.‹ Sie wurde operiert; der Krebs erwies sich als lokalisiert, und sie mußte sich keiner Chemotherapie unterziehen. Sie hatte einen wunderbaren Arzt, und Johnny und ich waren da.

Mein Vater und Alina kamen am nächsten Tag mit dem Flugzeug, und da wußten wir bereits, daß man alles im Griff hatte. Aber er war nicht aufzuhalten und zog seine Show ab. ›Ich kann das nicht ertragen! Ich kann das nicht aushalten!‹ Und plötzlich war es passiert. Ich wollte ihn

---

* Mit seiner zweiten Frau, Jane Lanier, hat John Rubinstein einen Sohn, Peter, der 1994 zur Welt kam.

an jenem Abend in sein Hotel zurückfahren, und nachdem ich erlebt hatte, wie mein Vater mit meiner Mutter sprach und sie nie fragte: ›Wie fühlst du dich? Was möchtest du danach machen? Wo möchtest du hinfahren? Was kann ich tun, um dir zu helfen?‹, statt zu sagen: ›Ich werde dies, und wir werden jenes tun‹ – da bekam ich einen meiner kleinen Anfälle à la ›Herrgott noch mal, ich muß ihm was sagen!‹ Ich sagte: ›Es war sehr lieb von dir, Mummy dies und das zu sagen – aber warum fragst du sie nicht einmal, was sie will und braucht?‹ Wir standen vor dem Krankenhausfahrstuhl – ich weiß noch, daß ein anderes Paar auf den Fahrstuhl zukam, wo wir standen –, und er sah mich an und sagte: ›Überleg dir gut, was du sagst!‹ Ich erwiderte: ›Daddy, ich habe mir in meinem Leben noch nie so gut überlegt, was ich sage. Ich sage dir, du solltest mal ein bißchen darüber nachdenken, warum sie ihr eigenes Wohlbefinden so vernachlässigt hat, als sie genau wußte, daß etwas ganz und gar nicht in Ordnung war.‹ Er: ›Du wirfst mir vor, Mama Krebs gegeben zu haben!‹ Ich: ›Nein, das tue ich nicht. Du kannst niemandem Krebs geben.‹ Er, lauter: ›DU WIRFST MIR VOR, DEINER MUTTER KREBS GEGEBEN ZU HABEN!‹ Inzwischen waren wir im Fahrstuhl, fuhren hinunter, und ich sagte zu mir: ›Das war's dann – jetzt ist alles aus.‹ Und von da an, vom Fahrstuhl in die Halle, auf dem ganzen Weg zum Parkplatz und zum Wagen, war er so wütend, daß es völlig sinnlos war, irgend etwas zu sagen. Ich setzte ihn ins Auto, und zum Glück legte ich unsere Sicherheitsgurte an. Wir fuhren gerade auf dem Sunset Boulevard, der sehr gefährlich ist, und er begann zu schreien und zu brüllen und aufs Armaturenbrett zu schlagen: ›Du bist eine Schlange! Alles, was jemals in dieser Familie nicht gestimmt hat, ist deine Schuld! Ich habe dich vom Tag deiner Geburt an gehaßt! Das war alles deine Schuld! Du hast immer für deine Mutter Partei ergriffen! Warum liebt mich bloß die ganze Welt, und nur meine Familie kritisiert mich?‹ Als wir zum Hotel kamen, löste ich seinen Sicherheitsgurt, und er stieg aus und warf die Tür zu.

Ich weiß noch, daß ich ihn anrief, bevor er abfuhr, und sagte: ›Daddy, es tut mir wirklich leid wegen dieser Sache.‹ Ich weiß nicht mehr genau, was er gesagt hat, aber es war wie von einem anderen Planeten – irgend etwas wie: ›Schon gut! Eines Tages können wir noch mal darüber reden.‹ Und dann reiste er ab; ich habe ihn nicht mehr gesehen. Meiner Mutter habe ich davon erst viele Jahre später erzählt.« Privat hat Rubinstein behauptet, er habe sich nicht nur aufgeregt, weil Eva ihm vorgeworfen habe, Nela Krebs gegeben zu haben – dies war tatsächlich seine Version der Story –, sondern auch weil Freunde von ihnen in Kalifornien zu ihm gesagt hatten: »*Jetzt* wirst du nett zu ihr sein, nicht wahr?« Rubinstein kehrte nach New York zurück, wo ein Interviewer sich erkundigte, wie es seiner Frau gehe. »›Gut – sonst würde ich nicht mit Ihnen reden‹, erwiderte er. ›Es war eine schwere Operation. Krebs. Aber jetzt hat sie keine Schmerzen. Wir hatten ein kleines Champagnersouper, bevor ich abgereist bin.‹« Der Reporter fragte nach Rubinsteins künftigen Plänen. »›Schauen Sie‹, sagte Rubinstein lachend, ›ich möchte keine Pläne für meinen Tod machen. Ich bin zu faul.‹«[166]

Die restliche Saison verlief gut, aber Rubinstein wußte nicht, ob er Konzerte für die folgende Saison ansetzen sollte. Er beschloß, weitere Platten zu machen, wie die *New York Times* am 10. Juni 1975 berichtete: »Arthur Rubinstein hat einen neuen Fünfjahresplattenvertrag mit RCA Records unterschrieben. Der neunundachtzigjährige [sic] Pianist, der gerade die Aufnahme aller fünf Beethoven-Konzerte [mit Barenboim und dem London Philharmonic Orchestra] abgeschlossen hat, ist seit 1940 bei RCA unter Vertrag; seine von RCA in diesem Land während der dreißiger Jahre herausgebrachten Platten wurden von der Gramophone Company, Ltd., von England produziert. Mr. Rubinstein ist mit über acht Millionen verkaufter Platten der bestverkaufte klassische Pianist auf Schallplatten.« (Dies bedeutete, daß in den vergangenen zehn Jahren fünf Millionen Platten abgesetzt worden waren; allein in Großbritannien waren zwischen 1968 und 1975 dreihunderttausend Exemplare von seinen RCA-Red-Seal-Platten verkauft worden.) Im September hatte Rubinstein beschlossen, seine Konzertpläne für die Saison 1975/76 zu bestätigen, und er schrieb an den Geiger und Dirigenten Alexander Schneider: »Leider bezweifle ich, ob ich Konzerte erlernen kann, die ich noch nie gespielt oder aufgenommen habe, da ich mir eine allzu große Tournee in Europa wie in Amerika vorgenommen habe. Ihre so anschauliche und verlockende Schilderung Ihrer berühmten Weihnachtskonzerte [für junge Streicher, in der Carnegie Hall und im Kennedy Center von Washington] ist natürlich höchst attraktiv, aber der alte Mann, der im Januar neunundachtzig Jahre alt wird, muß sich über Weihnachten in Marbella ausruhen, damit er nicht völlig zusammenbricht. Sie müssen also Ihre wertvolle Arbeit leider ohne mich fortsetzen. Bevor ich diesen Brief schließe, muß ich Ihnen doch sagen, daß ich mit niemandem so gerne Musik mache wie mit Ihnen.«[167]

Einer von Rubinsteins Gründen, warum er sich entschloß, noch eine Saison anzutreten, war sein Wunsch, Janina Fialkowska bei ihrer Karriere behilflich zu sein: Er bestand darauf, daß sie von jeder Konzertorganisation, bei der er in jener Saison spielte, ein Engagement bekam. »Es war sehr hart für mich«, erinnerte sie sich. »Ich hatte noch nie in meinem Leben für Geld gespielt. Eine Menge Leute ärgerten sich darüber, daß er mir half, oder sie waren mißtrauisch. Aber es war sehr aufregend, und meine ganze Karriere beruhte auf dieser ersten Saison. Ich habe etwa vierzig Konzerte gegeben, und davor war ich völlig unbekannt gewesen. Erst gab es sechs Konzerte mit Zubin Mehta und dem Israel Philharmonic Orchestra, dann eine herrliche Tournee in Spanien. Ich hatte ein Engagement in der Hollywood Bowl; ich spielte mit dem Cleveland Orchestra unter Lorin Maazel, mit dem Philadelphia Orchestra unter Leonard Slatkin, es gab ein Konzert in der Orchestra Hall von Chicago sowie Konzerte in Houston, Boston, San Francisco, San Diego, Vancouver und Montreal. Bezeichnenderweise mußte sich erst Rubinstein einschalten, damit ich in meiner Heimat Kanada spielen konnte. In England habe ich eines meiner schönsten Konzerte gegeben, mit Bernard Haitink und dem London Philharmonic Orchestra.« Aber die englische Boulevardpresse verwechselte Fialkowska mit einer anderen Frau und setzte die Story in die Welt, sie sei Rubinsteins »Gefährtin«. »Arthur fand es zwar urkomisch, doch mit meiner Karriere in England war es für drei oder vier Jahre erst einmal nichts. Aber schließlich wurde England ›mein Land‹ – eines der Länder, wo ich am meisten spiele.«

Für Rubinstein allerdings tauchte in jener Saison ein großes, ja entscheidendes Problem auf. Bereits 1968, hat er anschließend einem Interviewer erklärt, habe er angefangen, hin und wieder doppelt zu sehen. »›Zwei Bäume statt einem. Zwei schöne Frauen statt einer. Es hat mich nicht gestört…‹ In der Nähe konnte er noch immer alles klar sehen. Aber vor einem halben Jahr war es damit auf beiden Augen völlig vorbei.«[168] Dies war im Spätherbst 1975. Arthur und Nela waren in Los Angeles, wo er einen Spezialisten an einem örtlichen Krankenhaus aufsuchte. Janina, die in ihrem Hotel wohnte, erinnerte sich: »Als er aus dem Krankenhaus zurückkam, war sein alter Freund Bronek Kaper bei ihm, einer der größten Witzbolde aller Zeiten. Arthur kam herein, um uns zu sagen, daß er nach der Diagnose nie wieder richtig sehen würde« – er hatte sein zentrales, aber nicht sein peripheres Sehvermögen verloren –, »und Bronek führte ihn herein, indem er den Blindenhund spielte. Arthur stieß absichtlich gegen die Möbel. An jenem Tag gingen wir zu einer Probe, die Zubin mit Igor Oistrach dirigierte, dann zu einem Dinner, dann in ein Konzert, dann zu einem weiteren Dinner. Dann fuhr Mrs. Rubinstein uns zum Hotel zurück; ich saß vorne neben ihr, er saß im Fond. Wir waren alle müde, und Mrs. Rubinstein war schockiert«, wegen des Berichts über das Sehvermögen ihres Mannes. »Er summte und lächelte, und plötzlich sagte er: ›Warum gehen wir nicht ins Kino?‹ So war er nun mal – er ließ sich nie unterkriegen!«

»›Es ist schon komisch‹«, erzählte Rubinstein einem Journalisten. »›Was ich anschaue, kann ich nicht sehen. Wenn ich Ihr Gesicht direkt anschaue, kann ich Ihr Gesicht überhaupt nicht sehen. Vielmehr sehe ich Ihre Hände. Aber wenn ich Ihre Hände anschaue – dann sehe ich Ihr Gesicht… Na ja, inzwischen weiß ich, wo die Tasten sind, wissen Sie. Jedenfalls habe ich immer ohne hinzuschauen gespielt, mit kerzengeradem Rücken.‹« Doch obwohl sich Rubinstein nicht ständig auf die Tasten konzentrieren mußte, wenn er spielte, so mußte er sie doch hin und wieder ansehen, und das konnte er nun nicht mehr. »›Doch‹, fügte er fröhlich hinzu, ›wenn ich die schwarzen Tasten anschaue, kann ich die weißen sehen. Damit kann ich sehr gut leben.‹« Der Journalist glaubte, Rubinstein könnte eine Vorahnung wegen seiner Augen gehabt haben, denn im Jahr davor habe er beschlossen, zum ersten Mal den ganzen Proust sowie Bücher über Proust, den *Ulysses* von Joyce und zwei Romane von Thomas Mann zu lesen. Er hatte auch einen Teil von Curtis Cates Biographie von George Sand gelesen, aber »als er zu der großen Begegnung mit Chopin kam, konnte er nicht mehr sehen«.[169]

Und dennoch spielte er weiter. Sein letzter New Yorker Auftritt – obwohl er nicht als solcher angekündigt worden war – fand am 15. März 1976 in der Carnegie Hall statt, siebzig Jahre und zwei Monate nach seinem Debüt in den USA im selben Saal. Vor dem Konzert sei er »verbittert« gewesen wegen des Klaviers, für das er sich entschieden habe, erzählte er einem Reporter am darauffolgenden Tag. »Ich dachte, ich hätte das falsche ausgesucht.« Dann sei Alina vorbeigekommen und habe ihm gesagt, wie sehr sie sich darauf freue, ihn Schumanns *Carnaval* spielen zu hören. »Ich dachte, selbst wenn es nur für sie ist, werde ich alles zu Ende spielen, und das tat ich auch.«[170] Er gab Beethovens Sonate in Es-Dur, op. 31, Nr. 3, Schumanns *Fantasiestücke* – nach *Carnaval* – sowie Chopins Préludes in C-Dur, A-Dur, fis-Moll und Des-Dur und das Scherzo in b-Moll. Harold Schonberg schrieb in der *New York Times,* daß Rubinstein nur im letzten Teil der *Fantasiestücke* »merklich müde« gewesen zu sein schien. Ansonsten habe »der alte Löwe« bewiesen, daß er »noch immer den Flügel zerreißen [könnte], wenn ihm danach wäre«. Er spielte das Scherzo »im vorgeschriebenen Tempo, mit donnernder Klangfülle und unendlicher Aufmerksamkeit für das Detail. Dazu gehörten auch die Anfangstriolen, die von so vielen Pianisten verschlampt werden… Auch sein Klang ist so weich, durchdringend und farbig wie eh und je… Es kam zu einer sich steigernden Ovation beim ersten Auftritt des Pianisten, ebenso am Ende des Konzerts. In der Carnegie Hall gingen gestern abend die Wogen der Liebe hoch, nach beiden Seiten – der Liebe vom Pianisten zum Publikum, vom Publikum zum Pianisten.«[171] Die letzte von Rubinsteins drei Zugaben war die Polonaise in As-Dur, und als er sie beendet hatte, »hob er die Hand und sagte: ›Vierzig Jahre lang bin ich jedes Jahr gekommen. [Er zählte natürlich von seiner großartigen Rückkehr nach New York an, in der Saison 1937/38.] Ihr habt mir mit wunderbarer Zuneigung zugehört.

Ich liebe euch.‹«[172] Am nächsten Tag belauschte ein Journalist einen Dialog zwischen Mr. und Mrs. Rubinstein.

»Nela: ›Was hast du gesagt, Liebling?‹
Arthur: ›Ich habe gesagt, daß ich gestern nicht so falsche Noten gespielt…‹
Nela: ›Weniger.‹
Arthur: ›… weniger falsche Noten ohne Augen gespielt habe, als ich früher gespielt habe, wenn meine großen, großen Augen ganz offen waren. Na?‹
Nela: ›Schon möglich.‹
Daraufhin beginnt Arthur laut zu lachen.
Nela: ›Ich habe sie nicht gezählt.‹
Arthur lacht lauter.
Nela: ›Ich wollte sie schon mit einem Korb einsammeln.‹
Arthurs Gesicht liegt jetzt auf dem Tisch, seine Schultern beben vor Lachen.«[173]

Bevor Rubinstein New York verließ, besuchte er einen alljährlich stattfindenden polnischen Ball, der in diesem Jahr zu seinen Ehren abgehalten wurde. »Ich weiß noch, wie er die Mazurka und den Krakowiak mit mir getanzt hat, wie ein Verrückter«, berichtete Eva, die sich vorübergehend mit ihrem Vater versöhnt hatte. »Und ich dachte, also wenn er sich unbedingt einen Herzinfarkt holen will, dann ist das eine ziemlich gute Möglichkeit. Als er schließlich müde wurde, führte ich ihn zum Auto hinaus, durch die große Halle, wo vor dem Ball Cocktails serviert worden waren. Da waren nur wir zwei, allein in diesem riesigen Raum. Er hatte seinen Spazierstock dabei, und plötzlich sang er lauthals: ›JA-DA-DA DA DA-DA-DA!‹ und vollführte wieder zwei oder drei Tanzschritte.«
Sein letztes Konzert in Nordamerika fand in Cincinnati statt. Franz Mohr war dort und hat sich daran erinnert, daß Rubinstein – als er am Nachmittag vor seinem Auftritt den Flügel ausprobierte – sagte: »Irgend etwas stimmt mit dem Klavier nicht. Ich weiß nicht … es klingt nicht

richtig. Ich fühle mich nicht wohl dabei.« Während sich Rubinstein vor dem Konzert in seinem Hotel ausruhte, prüfte Mohr das Klavier gründlich, entdeckte aber keinen Fehler daran. An diesem Abend spielte Rubinstein ein kurzes erstes Stück. Statt jedoch anschließend auf der Bühne zu bleiben und das zweite Stück zu spielen, wie es seine Art war, ging er hinaus, um Mohr etwas zu sagen.»›Franz, dieses Klavier ist völlig in Ordnung. Ich hab mich [heute nachmittag] einfach nicht wohl gefühlt. Ich danke Ihnen vielmals. Der Flügel ist ganz prima.‹ Daran sehen Sie, was für ein Mensch er war«, meinte Mohr,»er hielt diese Erklärung mir gegenüber für so wichtig, daß er die Bühne verließ, um mich zu beruhigen, bevor er mit der zweiten Nummer fortfuhr.« Und das im Alter von neunundachtzig Jahren und mit eingeschränktem Sehvermögen.[174]

Rubinstein erfüllte eine Reihe von vereinbarten Engagements in Europa, und vielleicht erhielt er anläßlich seines – wie sich herausstellte – letzten Auftritts in Paris Besuch von Eliette von Karajan, der schönen Frau von Herbert von Karajan, mit dem aufzutreten sich Rubinstein wegen der Nazi-Vergangenheit des Dirigenten stets geweigert hatte.»Sie kam hinter die Bühne und sagte ihm, was für ein wunderbares Konzert es gewesen sei«, berichtete Barenboim.»Sie sagte: ›Mein Mann hat alles erreicht, was er wollte – nur ein Wunsch ist ihm noch nicht erfüllt worden, nämlich mit Ihnen Musik zu machen.‹ Und Rubinstein erwiderte: ›Madame, wenn Sie kommen, um mich zu sehen – so eine schöne und attraktive Dame –, wie können Sie dann erwarten, daß ich über Ihren Mann rede?‹«

Am Montag, dem 31. Mai 1976 – genau am 75. Jahrestag des ersten Konzerts, das je in der Londoner Wigmore Hall gegeben wurde –, betrat Arthur Rubinstein am Abend die Bühne, ging vorsichtig, aber ruhig zum Flügel, verbeugte sich wie immer würdevoll vor dem bis auf den letzten Platz besetzten Auditorium, setzte sich und begann zu spielen. Einen Monat zuvor hatte er im selben Saal laut Ankündigung sein letztes Londoner Konzert gegeben, aber man hatte ihn dazu bewegen können, noch einmal anläßlich dieses Jahrestages aufzutreten. Dies tat Rubinstein, obwohl er wegen Magengeschwüren in ärztlicher Behandlung war und – so Janina Fialkowska – unter »unglaublichem Streß« stand, weil er die Tasten nicht sehen konnte. Das Programm war ähnlich, aber nicht identisch mit seinem letzten Carnegie-Hall-Konzert vor elf Wochen. Er begann mit Beethovens Sonate in Es-Dur, op. 31, Nr. 3, die er Ende April aufgenommen hatte. (Dieses Stück sowie Schumanns *Fantasiestücke,* die bei denselben Sitzungen eingespielt wurden, waren die letzten Werke, die er aufgenommen hat – treffenderweise heißt das letzte Stück der *Fantasiestücke* »Ende vom Lied«.) Max Harrison schrieb am nächsten Tag in der *Times,* in der Interpretation verbanden sich »die scharfsichtige Begeisterung der Jugend mit der abgeklärten, reuelosen Weisheit der Reife... Der Ordnung halber muß wohl festgehalten werden, daß es im Finale *presto con fuoco* und auch an anderen Stellen des Programmes verschiedene falsche Noten gegeben hat. Doch während es in musikalischer Hinsicht von Bedeutung ist, Diskrepanzen wahrzunehmen, ist es um so wichtiger zu erkennen, wann sie keine Rolle spielen. Mr. Rubinstein wurde 1887 geboren, und seine Sehkraft und vermutlich auch sein Hörvermögen sind nicht mehr ganz das, was sie einmal waren. Die Stücke, die er spielt, sind für ihn heute noch genauso bedeutungsvoll wie in seiner Jugend oder seinen mittleren Jahren, und ungeachtet aller Mißgriffe hält er im wahrsten Sinne des Wortes die musikalische Linie: Wenn große Werke so lebendig wie bei dieser Gelegenheit nacherlebt, ja nacherschaffen werden, besagen kleine Tastenmißgeschicke nur wenig.«

Schumanns *Carnaval,* das Stück, das der fünfundzwanzigjährige Rubinstein bei seinem Londoner Debütkonzert im selben Saal fünfundsechzig Jahre zuvor gespielt hatte, folgte auf die Beethoven-Sonate. »Die reine Schönheit des Klangs, die er aus seinem Instrument herausholt, und die Fertigkeit, die er auf der Suche nach den innersten Geheimnissen seiner auserwählten Komponisten walten läßt, machten diesen Abend zu einem unvergeßlichen Ereignis«, schrie D. A. W. M. (David Money) im *Daily Telegraph.* »So vollkommen meistert er Schumanns Strukturen in der intimeren Stimmung von ›Eusebius‹ und ›Chopin‹ aus *Carnaval,* daß sie unter seinen Händen absolut vorstellbare musikalische Bilder wurden. Zwei typische Merkmale seines Spiels waren das ganz langsame Tempo in ›Estrella‹ und die wirbelnde Darstellung des letzten ›Marche‹.« Dominic Gill bemerkte in der *Financial Times* »einen unvermittelten Strahl der tiefsten Zartheit in ›Chiarina‹ und ›Aveu‹; eine elektrisierende Stille im Wechsel zum *più vivo* im ›Davidsbündler‹«. Und er meinte, »trotz aller technischen Mängel« war die Interpretation »eine bemerkenswerte Darbietung, galvanisiert mit erstaunlichen Energiereserven im ›Davidsbündlermarsch‹, straff gespannt wie ein Trommelfell genau bis zum letzten, ganz und gar unvergeßlichen, auftrumpfenden Schlußakkord«. Auch Harrison fand, daß einige Sätze von *Carnaval,* »wie etwa ›Eusebius‹, eine magische, fast unheimliche Frische hatten«.

Der zweite Teil des Konzerts nach der Pause begann mit Ravels *Valses nobles et sentimentales,* die so viele Jahre lang ein wesentlicher Bestandteil von Rubinsteins Repertoire gewesen waren. Seine Interpretation machte diese Stücke zum »Inbegriff kultivierter Verfeinerung«, erklärte Harrison. »Die kleine Wigmore Hall erhöhte die Wirkung und Warmherzigkeit von Mr. Rubinsteins Spiel.« Dann gab es Chopin: die Etüde in f-Moll, op. 25, Nr. 2 *(Presto)* – »jede Note von deren fast absichtlich langsam, aber wunderschön gespielter Triolenmelodie wurde zum Gesang«, meinte Gill – und die Etüde in cis-Moll, op. 10, Nr. 4 *(Presto),* die Money »blendete«. Harrison schilderte Rubinsteins Darbietung der berühmten Nocturne in Des-Dur, op. 27, Nr. 2, das folgte, als »zutiefst melancholisch, doch frei von Streß, eine von weither erinnerte unendliche Traurigkeit vermittelnd«. Mitten in einer – wie Edward Greenfield im *Guardian* es nannte – »welterschütternden Darbietung« des Scherzo Nr. 2 in b-Moll, mit dem das Programm endete, trübte sich Rubinsteins Sehkraft, und Gill berichtete, daß er »mehrere Handvoll falscher Noten« spielte, bevor er die Kontrolle zurückgewann – aber »es war trotz aller flüchtigen und unwichtigen Ungenauigkeiten eine Darbietung von satanischer Energie und Kraft«, meinte Gill, voller »lyrischer Höhenflüge« und »höchste Freude« vermittelnd. Rubinstein brachte den donnernden Applaus und die anschließenden Bravos zum Schweigen, um sich für sein »schreckliches Spiel« zu entschuldigen, und eine Frau im Publikum schrie: »Wir lieben Sie trotzdem!«, was noch mehr Beifall auslöste. Aber Rubinstein sagte, er wolle sich »für meine Fehler entschuldigen«, indem er eine Zugabe spielen werde – Chopins cis-Moll-Walzer. Und dann, als der Applaus und die Bravorufe weiterdonnerten, überraschte er alle, indem er Villa-Lobos' komisches Stück *Polichinelle* anstimmte – eine glanzvolle Darbietung, bei der man »jedes Blitzen von sämtlichen trippelnden Akkorden registrierte«, schrieb Greenfield. Danach bedankte sich Rubinstein bei allen und »verkündete zum Bedauern seines großen und liebend verehrungsvollen Publikums, dieses Konzert solle sein letztes in London sein«, so Money. »Welche Rücktrittsgedanken ihm auch immer durch den Kopf gehen mögen – man muß ihn dazu bewegen wiederzukommen, und zwar bald«, mahnte Greenfield. Aber an diesem Abend – einundachtzig Jahre, fünf Monate und siebzehn Tage nach seinem ersten öffentlichen Auftreten in Lodz – begab sich der Pianist Arthur Rubinstein das letzte Mal in seinem Leben von der Bühne zum Künstlerzimmer.

7

SEI DIR SELBST TREU

Im Sommer 1969 war Rubinstein in London gewesen, um ein Solokonzert sowie ein Kammermusikkonzert mit dem Guarneri Quartett
zu geben. Nach dem Konzert lernte er eine junge Engländerin kennen,
eine Assistentin von Wilfrid Van Wyck, seinem britischen Manager. »Ich
habe Van Wyck *angefleht,* mich ihm vorzustellen«, erinnerte sich die
Assistentin später. »Van Wyck war ein schwieriger Mensch – er war sehr
besitzergreifend, was seine Künstler anging, und hätte mich niemals in
die Nähe von Rubinstein gelangen lassen, obwohl er mich die ganze
Arbeit erledigen ließ.« Bei dieser Gelegenheit jedoch hatte Van Wyck
nachgegeben. Die Assistentin war groß, blond und vierundzwanzig Jahre alt; Rubinstein sah sie an, sah dann wieder Van Wyck an und erkundigte sich, ob dies die junge Dame sei, die ihm die Noten bei seinem
Konzert mit dem Guarneri Quartett umblättern würde.
»Oh nein, nein, nein«, sagte Van Wyck.
»Wie schade!« rief Rubinstein. Die Assistentin erinnerte sich: »Er küßte
mir die Hand und machte einen überwältigenden Eindruck auf mich.
Ich weiß noch, wie ich nach Hause kam und zu meiner Mutter sagte:
›Du meine Güte, dieser Mann hat Klasse.‹«[1]
Annabelle Whitestone war in einer Klosterschule erzogen worden und
hatte eine musikalische Ausbildung genossen. Sie hatte Rubinstein zum
ersten Mal 1961, als man ihm die Goldmedaille der Royal Philharmonic
Society verlieh, in London spielen gehört – Beethovens Viertes Klavierkonzert unter Barbirolli. Ihre Karriere im Konzertmanagement hatte
bei der Firma Ingpen & Williams begonnen, außerdem hatte sie für

Ibbs & Tillett gearbeitet, bevor sie sich Van Wycks Truppe anschloß. Nur wenige Wochen nach ihrer ersten Begegnung mit Rubinstein verließ sie Van Wyck, auf Vorschlag von Henryk Szeryng – einem der Künstler, die sie gemanagt hatte. Sie ging nach Madrid, um für Ernesto de Quesadas Sohn Ricardo zu arbeiten, der nach und nach die Leitung der spanischen Filiale der Agentur Daniel übernahm. Ein Jahr später, im November 1970, flog Rubinstein nach Madrid, um ein Chopin-Konzert zu geben. »Ricardo und ich fuhren mit dem Wagen zum Flughafen, um ihn abzuholen, und ich weiß noch, wie Ricardo sagte: ›Ich hoffe, er kommt allein. Er ist immer so nervös, wenn Nela dabei ist‹«, berichtete Annabelle. »Und er war allein – sie kam ein bißchen später. Er hatte einen *panettone* dabei« – einen Mailänder Weihnachtskuchen. »Es gab einen Photographen, der die Leute bei der Ankunft photographierte. Arthur zeigte mir sein Photo und sagte: ›Bin ich *guapo* [hübsch]?‹ Und ich sagte: ›Ja, sehr *guapo*.‹ Er hat das Photo ›der reizenden Annabelle‹ gewidmet. Ich werde mich immer an diese Ankunft in Madrid und an die unglaubliche Anziehungskraft und den Charme erinnern, die er hatte. Er war absolut unwiderstehlich«, sagte sie. »Dann fuhr er nach Bilbao, in Begleitung von Ricardo, und als Ricardo zurückkam, sagte er, Rubinstein habe ihm alle möglichen Fragen über mich gestellt: Wie ich mit Familiennamen hieße? Wieso ich in Madrid arbeitete?«

Annabelle wußte nicht, daß Rubinsteins Interesse an ihr bereits ein Jahr früher, im Dezember 1969, erwacht war. »Er spielte in Madrid am Teatro Real«, erinnerte sich Quesada. »Annabelle und ich fuhren an jenem Vormittag zum Hotel Palace, um ihn zum Konzertsaal wegen einer kurzen Probe zu begleiten … Ich aß mit ihm allein zu Mittag, und er stellte mir eine ganze Menge Fragen über Annabelle und äußerte sich bewundernd über sie und über ihre Schönheit. Also war Rubinstein bereits eindeutig an ihr interessiert… Er verließ Spanien …, ohne Annabelle schon irgend etwas davon wissen zu lassen – und als er 1970 wiederkam, hatte er mir zuvor erklärt, er wolle, daß Annabelle ihn auf seiner Tournee begleitete.«[2] Nach seinem Madrider Konzert im November sei Rubinstein wieder heim nach Paris gefahren, berichtete Annabelle, »aber ein paar Tage später kam er nach Spanien zurück, um in Valencia und in

Palma de Mallorca zu spielen, und ich habe ihn, zusammen mit Ricardo und seiner Frau Tola, begleitet. Nach dem Konzert fuhren Ricardo und Tola nach Palma voraus, und ich blieb mit Rubinstein in Valencia. Wir haben ungefähr bis vier Uhr morgens miteinander geredet.« Er fragte sie über ihr ganzes Leben aus, erzählte ihr von seinem (*Die frühen Jahre* war noch nicht abgeschlossen) und bezeichnete seine Familiensituation als sehr schwierig. »Ich hatte das Gefühl, daß er zwar Vater und Großvater, aber im Grunde ein einsamer Mann war«, erinnerte sie sich.

Am nächsten Tag fuhren sie nach Palma, und nach dem Konzert besuchten sie Valldemosa, wo Rubinstein auf Chopins Klavier spielte. »Dann fuhr er weg«, sagte Annabelle, »und ich fühlte mich absolut elend, weil ich mir darüber im klaren war, was passiert war. Ich merkte, daß ich absolut verloren war. Und ich dachte, es mußte eben nicht bloß ein dreiundachtzigjähriger Mann sein, nicht nur ein Großvater, nicht nur ein ziemlich bekannter verheirateter Mann, sondern ausgerechnet Arthur Rubinstein, der überall bekannt war. Bevor er abgefahren war, hatte er zu mir gesagt: ›Du wirst mich oft sehen‹, aber das konnte ich mir nicht vorstellen. Wo? Wie? Es erschien mir unmöglich. Am Flughafen war ich in Tränen aufgelöst; Ricardo und Tola wußten mit mir nichts anzufangen – sie hatten keine Ahnung, was los war.

Das war gegen Ende November gewesen. Am 16. Dezember – ich weiß das noch so genau, weil es der Geburtstag meiner Mutter war – rief er mich plötzlich an. Ich war gerade mit Ricardo und Tola mexikanisch essen gewesen und hatte eine ganze Menge Tequila getrunken. Ich war in meine kleine Pension zurückgekehrt und wollte Siesta machen, und daher war ich noch ganz benommen, als Arthurs Anruf kam. ›Kannst du übermorgen nach Genf kommen?‹ Ich dachte, ich höre nicht recht. Aber es war wahr. Ich fuhr hin und verbrachte dort bei ihm ein paar zauberhafte Tage. Und so fing es an. Dann fuhr er in die Staaten, zu einer Tournee mit sechsundvierzig Konzerten und zu Aufnahmen. Ich dachte, das war's dann – das wäre das Ende.« Aber die Affäre ging weiter, trotz aller logistischen Probleme und ungeachtet des Altersunterschieds von achtundfünfzig Jahren zwischen den Protagonisten. Rubinstein fuhr nach Spanien, sooft er konnte, ohne Nela, und spielte glücklich in Städten wie Saragossa, La Coruña, Bilbao und San Sebastián für jede Gage, die ihm die örtlichen Konzertorganisationen zahlen konnten. »Lieber Maestro«, schrieb ihm Annabelle am 28. August 1971 in einem offiziellen Brief von Quesadas Agentur:

> »es versteht sich von selbst, daß alle höchst entzückt sind über Ihr Einverständnis, zu kommen und in Bilbao, Pamplona und San Sebastian in der Zeit vom *6. bis 10. Dezember 1971* zu spielen. Die tatsächliche Zuordnung der Orte und Daten ließe sich nach Ihren Wünschen arrangieren, aber am günstigsten wäre doch die folgende:
>
> Bilbao am 7. Dez.
>
> San Sebastian am 9. Dez.
>
> Pamplona am 10. Dez.
>
> Bevor wir auf weitere Einzelheiten eingehen, sollte ich Sie auf die finanzielle Seite hinweisen, die leider nicht gerade rosig ist. Da dies Konzerte für die jeweilige Philharmonische Gesellschaft in jedem Ort wären, ohne Unterstützung seitens der Comisaria de la Música oder des Ministeriums, hieße das, daß wir uns mit ihrer absoluten Maximalgage begnügen müßten, die 175 000 ptas (2500 alte Dollars) pro Konzert beträgt. Ich möchte Sie nicht gern bitten, eine niedrigere Gage anzunehmen, ja, ich habe das auch stets abgelehnt, aber da ich weiß, daß diese Gesellschaften Sie unbedingt hören wollen, muß ich es einfach mal probieren …
>
> Mit den herzlichsten Grüßen von der Familie Quesada und von mir
>
> Annabelle Whitestone,
>
> CONCIERTOS DANIEL.«[3]

Rubinsteins französische Sekretärin schrieb zurück, ihr Boß sei einverstanden »mit den Bedingungen, die Sie angedeutet haben«.[4]

Es war ganz natürlich, daß Managerin und Klient während dieser Tourneen im selben Hotel abstiegen; damit konnten Rubinstein und Annabelle zusammensein, ohne Aufmerksamkeit zu erregen. Einmal, in Valencia, als sie einen Hotelkorridor hinuntergingen, muß Rubinstein sich gefragt haben, wie er, ein kleiner alter Mann, als Partner einer großen jungen Frau aussähe. Sie erinnerte sich: »Er sah mich irgendwie von der Seite an und sagte: ›Weißt du, Annabelle, die meisten berühmten Männer waren klein. Beethoven war klein, Napoleon war klein, Nelson war klein.‹ Es kam einfach so heraus, ganz beiläufig. Ich erwiderte: ›Aber ja, natürlich!‹ Und seitdem habe ich oft darüber gelacht.« Die Quesadas, die sich mit Annabelle angefreundet hatten und darauf bedacht waren, ihren berühmtesten Klienten zufriedenzustellen, betrauten sie damit, sich um Rubinstein während seiner Spanienreisen zu kümmern, und gestatteten ihr, auf Abruf zu verschwinden, wenn er nach ihr rief: Sie flog nach Paris oder sonstwohin, wenn er allein war und einen oder zwei Tage frei hatte. »Ich hatte einen Fulltimejob in Madrid, noch dazu einen sehr schwierigen«, erklärte sie. »Wir verhandelten mit all den großen Künstlern – Arrau, Menuhin, mit jedem –, und größtenteils war ich für sie zuständig; und dann kamen sie an, und ich sagte plötzlich zu Ricardo: ›Hör mal, ich werde übermorgen nach Paris fahren.‹ Er hatte nie etwas dagegen. Ich weiß nicht, was ich gemacht hätte, wenn die Quesadas nicht meine Freunde gewesen wären.« Laut Annabelle gab es neben den Quesadas nur einen Menschen, der wußte, was los war, und das war Louis Bender, der getreue Hurok-Mitarbeiter, der sich um Rubinstein während dessen Amerika-Tourneen kümmerte.

»Am meisten quälte mich die Angst, jedes Mal, wenn ich ihn sah, könnte das letzte Mal sein. Wenn man eine Beziehung mit einem Mann von dreiundachtzig Jahren anfängt, so wunderbar seine Kondition auch zu sein scheint, denkt man doch, na ja, jeden Tag … Und dann werde ich einfach die Nachricht in der Zeitung lesen oder sie im Radio hören oder im Fernsehen sehen. Dieser Gedanke hat wirklich einen furchtbaren Eindruck auf mich gemacht. Als er einen Gürtelroseanfall hatte, habe ich es aus den Zeitungen erfahren«, sagte Annabelle, und sie hatte »furchtbare Angst, daß er wirklich an etwas Langwierigem erkranken würde und daß ich dann nicht an ihn herankäme, ihn nicht sehen könnte. Es ist komisch, wenn ich heute von Arthur träume, gehen meine Träume in jene Zeiten zurück, in denen ich von ihm getrennt war und nie wußte, wann ich ihn wiedersehen würde.«

Sechs Jahre lang änderte sich an dieser Situation nicht viel. Annabelle hat gesagt, Rubinstein habe nie die Möglichkeit erwähnt, sich von Nela zu trennen, von einer Scheidung ganz zu schweigen. »Arthur hatte schreckliche Angst vor einem Skandal; er wollte um jeden Preis den schönen Schein wahren. Nicht weil er ein Heuchler war, der etwas vorspielen wollte, was er gar nicht war, sondern weil er es wirklich so haben wollte, wie es war. Ich wohnte im Hôtel Claridge in Paris, und wir gingen überall getrennt hin – einer nach dem anderen –, so daß niemand uns miteinander sah. Er versuchte zwar Restaurants auszuwählen, wo er nicht bekannt war, aber natürlich war er es immer. Der Oberkellner sagte dann: ›Ah oui, Maître‹, und dann wußten wir sofort, daß es vorbei war.« Aber es wurde nicht an die große Glocke gehängt.

An einem Sonntag in Paris, als Rubinsteins Hauspersonal frei hatte, kam Annabelle vorbei. »Arthur spielte mir die Testpressung seiner Aufnahme des Fauré-Quartetts mit Mitgliedern des Guarneri Quartetts vor. Wir waren mittendrin, saßen da und hörten zu, als sich der Schlüssel im Schloß drehte und Adam, Arthurs polnischer Kammerdiener, hereinkam«, erinnerte sich Annabelle. »Normalerweise kam er nicht vor Montag morgen zurück, aber da an jenem Montag ein Métro-Streik sein würde, war er früher zurückgekehrt. Arthur nahm Adam beiseite und sagte ihm, er dürfe kein Wort sagen, und Adam hatte das Gefühl, er würde ein besonderes Geheimnis bewahren. Zuweilen blieb Nela länger in den Staaten als Arthur; sie nahm dann irgendeine Schlankheits- oder Gesundheitskur.« (Sie litt unter schwerer Arthritis und fuhr gelegentlich in ein Kurbad.) »Er kehrte dann allein nach Europa zurück, und wir haben das immer ausgenützt.« Einmal, am Ende eines angenehmen Tages, den sie zusammen in Paris verbracht hatten – sie hatten sich vier Filme angesehen und dazwischen gegessen –, sagte Rubinstein: »Ach, wer weiß, Annabelle? Vielleicht werde ich am Ende mit dir zusammensein.«

Von Anfang an war die Beziehung zwischen Rubinstein und Whitestone ernster, als es die meisten oder vermutlich alle seiner vorherigen außerehelichen Affären gewesen waren. Gleichwohl ging ihm die Möglichkeit eines Bruchs mit Nela erst dann durch den Kopf, als ihm klar wurde, daß seine Karriere ein abruptes Ende nehmen würde. Eines Tages im November 1975 rief er Annabelle aus Seattle an, um ihr zu sagen, daß er seine Sehkraft verlieren würde. »Ich hoffe, es macht dir nichts aus, einen blinden Freund zu haben«, sagte er.

»Natürlich nicht, aber das würde uns doch nicht daran hindern, zusammen zu sein?«

»Wir werden es schon irgendwie schaffen«, erwiderte Rubinstein. Aber Annabelle konnte sich nicht vorstellen, wie sie das schaffen würden. »Ich sah das sofort alles vor mir: Seine Konzerte sind aus, und wir werden nie miteinander allein sein«, sagte sie. »Ich stellte mir vor, daß er völlig blind wäre – Gott sei Dank ist es nie soweit gekommen. Er kehrte Anfang Dezember nach Paris zurück, allein; wir haben uns sofort getroffen, und ich merkte, daß er noch immer durch die Straßen gehen und ein ziemlich normales Leben führen konnte, Gott sei Dank. Im Januar spielte er in Spanien – Barcelona, Madrid, überall –, und dann fuhr ich nach London, um ihn in seinem letzten Konzert mit Orchester das Schumann-Konzert spielen zu hören. Aber dann waren die Konzerte vorbei, und sein Leben begann sich zu ändern. Und er beschloß, den zweiten Band seiner Autobiographie zu schreiben.«

Nela und Annabelle waren einander nur selten begegnet. »Nela hat die Lage zu Hause absolut im Griff gehabt: Sie bestimmte, wer kam, wer Arthur sehen durfte, wer nicht«, berichtete Annabelle. »Und das ist ein ganz wichtiger Teil in meiner Geschichte. Denn wenn die Leute später sagten, ich hätte mich ins Haus eingeschmeichelt, dann ist es einfach eine Tatsache, daß ich mich mit Nela gut verstehen *mußte,* wenn ich Arthur jemals wiedersehen wollte. Mein einziges Ziel – und dafür könnte ich beide Hände ins Feuer legen – war es doch, Zugang zu ihm haben, ab und zu mit ihm Tee trinken, ihn sehen zu können. Meine fixe Idee bestand darin, nicht völlig von Arthur abgeschnitten zu sein. Ich hätte es hingenommen, ihn nie wieder allein zu sehen, aber ich mußte sicher sein, daß ich ihn wiedersehen könnte.« (Eva Rubinstein meinte allerdings, ihre Mutter hätte nicht »die Lage im Griff gehabt«, sondern einfach den Haushalt geführt, weil ihr Mann nie mit derartigen Pflichten belästigt werden wollte.[5]) »Zu jener Zeit«, erklärte Annabelle, »war ich

Janina Fialkowska und François Duchable bei ihrer Karriere behilflich, und deswegen stand ich mit Arthur in Kontakt. Nina [Janina] gab in Marbella ein Konzert, während sich Arthur und Nela im April 1976 dort aufhielten, und Arthur bat mich hinzugehen. Ich war in einem Hotel abgestiegen, aber ich sah sie sehr oft. Und Nela wurde mir gegenüber nach und nach freundlicher.« (Nela meinte, sie hätte gegenüber Annabelle nicht freundlicher werden müssen, weil sie sie aufrichtig bewunderte. »Annabelle war tüchtig und gut organisiert«, sagte Nela und erwähnte, sie beide wären früher gern miteinander einkaufen gegangen.[6]) »Ich gab mir große Mühe«, erinnerte sich Annabelle. »Nach all dem, was Arthur mir über Nela erzählt hatte, glaubte ich, sie sehr gut zu kennen – viel besser, als sie mich kannte –, und es war ganz einfach für mich, gut mit ihr auszukommen.«

Tony Madigan, der Enkel von Estrella Boissevain, einer alten Freundin der Rubinsteins, hatte angefangen, mit Arthur an der Autobiographie zu arbeiten. Aber als Annabelles Aufenthalt in Marbella zu Ende gegangen war, hatte Rubinstein sie gebeten, im August wiederzukommen, um Tonys Interviews abzuschreiben. Annabelle schaffte es auch, einen Tag im Juli bei ihnen in Paris zu verbringen, und anschließend schrieb sie Nela einen langen Brief, um sich für das köstliche Abendessen – besonders den Borschtsch – zu bedanken und von den Dingen zu berichten, die sie in der Zwischenzeit getan hatte. »Bitte sagen Sie dem Maestro, wie gern ich mir die ersten Seiten des Buches angehört habe und mich darauf freue, die nächsten Folgen zu hören«, schrieb sie. »Bestimmt machen er und Tony das ganz phantastisch, und es war so gut, den Maestro in so wunderbarer Form zu erleben – er wurde mit der Hitze besser fertig als alle anderen, während wir anderen um ihn herum schlappmachten! ... Ich hoffe, daß Sie und der Maestro jetzt endlich etwas Ruhe und Erholung in Marbella finden werden, wo ich doch so gern bei Ihnen wäre! Wenn alles gut geht, sollte ich bei Ihnen am 7. August gegen 17 Uhr sein. Sollten Sie mit mir in London Kontakt aufnehmen wollen oder von dort etwas brauchen, werde ich dort bis zum 5. abends sein ...«[7] Annabelle traf tatsächlich zur vereinbarten Zeit in Marbella ein. »Ich tippte und paßte mächtig auf, daß nichts schiefging, damit ich immer wiederkommen und Arthur sehen konnte«, sagte sie. Als sie Rubinstein so zu Hause erlebte, war sie überrascht, was für ein »gefühlvoller Mensch« er war. Er hatte mit Janina an irgendeinem Beethovenstück gearbeitet und hatte ihr ein Buch über Beethovens Verhältnis zu seinem Neffen Carl geliehen. Eines Morgens hatte er wieder einmal Beethovens qualvolles *Heiligenstädter Testament* gelesen, und nach der Lektüre war er »in einem fürchterlichen Zustand«, erinnerte sich Annabelle. »Tränen liefen ihm über die Wangen. Er konnte leicht und gleichzeitig tief gerührt sein.«

Ricardo de Quesada war damit einverstanden, daß Annabelle im Herbst nach Paris fuhr, um bei den Rubinsteins zu wohnen und an den Memoiren weiterzuarbeiten. Auch Tony war da, und wenn er abends ausging, blieb Annabelle bei Rubinstein, trug ihm noch einmal vor, was er Tony diktiert hatte, oder las ihm aus anderen Büchern vor, da er nicht mehr selbst lesen konnte. Bald darauf stieg Tony aus persönlichen Gründen aus dem Projekt aus; Annabelle und Arthur machten allein weiter, und nun begann sich ihre Beziehung zueinander und zu Nela radikal zu verändern.

An diesem Punkt der Geschichte über Rubinstein setzt der Pirandello-Faktor oder der *Rashomon*-Effekt ein: Da sie von verschiedenen Leuten erzählt wird, ist die Geschichte eigentlich eine Sammlung aus mehreren, die voneinander in vielen Details abweichen. Jede dieser Geschichten ist in sich völlig logisch und überzeugend, bis sie neben die anderen gestellt wird. Annabelle, die nur Arthurs Version der Story gehört hat, und auch nur in seinen letzten Jahren, hat die Ansicht vertreten, die Ehe der Rubinsteins wäre von Anfang an großenteils ein Fehler gewesen, und an den meisten Schwierigkeiten innerhalb der Familie Rubinstein wären Nela und die Kinder schuld gewesen. »Ich jedenfalls denke, wenn eine Ehe stabil ist, kann sie im allgemeinen eine dritte Person verkraften, und manchmal wird sie durch die dritte Person sogar noch besser«, meinte sie. »Ich glaube nicht, daß eine dritte Person, die von außen kommt, eine gute Ehe zerbrechen kann.« In ihrer Rolle als diese dritte Person war Annabelle, ihrer Meinung nach, ebensosehr eine Folge vorangegangener Schwierigkeiten wie eine Ursache der letzten, irreparablen Krise zwischen Nela und Arthur. Die Probleme seien doch alle »in der Familie bekannt« gewesen, so Annabelle. »Die Kinder, die Menschen, die ihm nahestanden, wußten doch, daß alles nicht so einfach war und daß die Ehe zu der Zeit, als er mir begegnete, nichts weiter als eine Fassade war – eine Fassade, an die sie [Nela], denke ich, trotzdem glaubte.« In ihrer Affäre, sagte Annabelle, habe Rubinstein von Anfang an »mir gegenüber immer ganz aufrichtig erklärt, wie schwierig alles sei« in seiner Familie, und er habe gesagt, er selbst sei »wirklich ein einsamer Mann zu Hause«. Eva sagte: »Wenn er einsam war, so lag das daran, daß er sich jedem von uns auf die eine oder andere Weise entfremdet hatte. Zu mir hat er gesagt, wir hätten ihn alle ›verlassen‹.« Aber sie war sich mit Alina und John einig, daß es in der Ehe ihrer Eltern jede Menge Schwierigkeiten gegeben hatte. Selbst Nela, die zwar nachdrücklich die Ansicht vertrat, daß »wir über Jahre hinweg absolut wie ein Mensch waren« und daß sie sich »normalerweise in allem einig waren« – sogar Nela gab zu, daß es zwischen ihr und ihrem Mann Meinungsverschiedenheiten gegeben habe. Ob nun die Ehe »nur eine Fassade« oder vielmehr bloß von den in vielen langfristigen Beziehungen üblichen Quälereien heimgesucht worden war – Quälereien, die in diesem Fall noch durch die Berühmtheit eines der Partner verschlimmert wurden: Dies allerdings kann durch niemanden außer den Betroffenen selbst festgestellt werden.

Annabelle gab zu, daß die Beendigung von Rubinsteins Karriere das Leben »auch für Nela sehr schwer« gemacht habe, weil Nela »Arthur plötzlich zu Hause hatte, statt daß er seine Konzerte und Tourneen und alles andere hatte: Er war plötzlich *da*. Sie hat dies offenbar auch gespürt, weil sie immer andere Leute einlud zu bleiben.« Aber Eva meinte, ihre Mutter hätte »sich nach dem Tag gesehnt, an dem das Leben meines Vaters zur Ruhe käme, an dem er aufhören würde zu spielen und all die damit verbundenen Nervositäten und Probleme aufhören würden und sie beide sich einen unterhaltsamen Lebensabend machen könnten, mit Büchern und Theatervorstellungen und Konzerten – von anderen Leuten! – und Filmen und den Besuchen von bewunderungsvollen und eifrigen jungen Musikern. Sie hat so oft davon gesprochen. Aber als es soweit war, daß er aufhörte, wurde Annabelle die Geliebte, Frau, Tochter, Verehrerin, Vertraute und Sekretärin in einer Person, wie er dies sich immer von uns allen gewünscht hatte – und außerdem empfand mein Vater gegenüber Annabelle weder das Gewicht von fünfzig Jahren Schuld – was er aber gegenüber meiner Mutter empfand – noch die Familiarität.« Nach Annabelles Ansicht waren Nela und Arthur »jeder für sich einsam, und ich bin auch mit Nela ausgegangen, habe sie bei dieser und jener Gelegenheit begleitet. Zunächst ging das gut.« Elzbieta Jasinska Libera, Roman Jasinskis Tochter, wohnte im Herbst 1976 bei den Rubinsteins in Paris und erinnerte sich später, daß Nela voll des Lobes für Annabelle gewesen sei, während sie selbst das Gefühl gehabt habe, daß irgend etwas zwischen Annabelle und Arthur gewesen sei. Auch Eva, so diese später, begann »die Teile des Puzzles zusammenzusetzen«; vieles, was ihr Vater damals getan habe, »hat mich viel weniger erstaunt gehabt als meine Mutter, die sich ungeheuer viel Mühe gab, viele, viele Dinge nicht zu wissen«. Eva entwickelte sofort eine Abneigung gegen Annabelle.

In einem Brief, den Nela im Oktober 1976 an Alfred Knopf schrieb, hat sie Arthurs Tun und Treiben nüchtern sachlich beschrieben: Sein Sehvermögen sei weiterhin schlecht, er diktiere noch immer seine Memoiren, er verbringe vier oder fünf Stunden am Tag damit, sich Schallplatten anzuhören, und er würde sich auch junge Pianisten anhören, die zu ihm kamen und ihm vorspielten.[8] Nach und nach kam ihr jedoch der Verdacht, daß irgend etwas ganz und gar nicht stimmte, und dann »begann sich alles zu verschlechtern«, sagte Annabelle. »Aber selbst als Nela mir gegenüber noch ziemlich freundlich gesonnen war, hat sie immer zu mir gesagt: ›Sie verwöhnen ihn!‹ Das tat ich überhaupt nicht. Wenn ihm danach war, sich etwas um elf Uhr abends anhören zu wollen, und ich war gerade da, legte ich die Platte auf. Dann sagte sie: ›Nein, es ist Zeit zum Schlafen, wir haben genug gehabt!‹ Wenn die Testpressungen seiner Aufnahmen kamen, dann hatte sie nie Zeit, sie sich mit ihm anzuhören – er war immer allein –, und er saß doch so gern da und hörte sich gern Musik *mit anderen* an, so daß er ihre Reaktionen spüren konnte und was sie empfanden. Sie hatte einfach keine Geduld. Später,

wenn sie uns [beim Zuhören] sah, setzte sie sich dazu. Es war sehr viel Spannung im Haus, weil sie plötzlich spürte, daß sie mit mir konkurrieren mußte.« Aber Nela, die Arthur ein halbes Jahrhundert lang gekannt hatte und vierundvierzig Jahre mit ihm verheiratet war, konnte nicht ernsthaft gegen Annabelle konkurrieren, die noch nie mehr als ein paar Tage am Stück mit Rubinstein verbracht hatte, deren Bewunderung für ihn neu war und die seine Ansprüche nicht für langweilig oder unvernünftig hielt. So hat sich Alina beispielsweise daran erinnert, daß sie während der aktiven Jahre ihres Vaters, »wenn er eine Platte machte und die Testpressung bekam, wir sie uns anhören mußten – mein Gott, wenn man da zum falschen Zeitpunkt atmete oder wenn das Telephon klingelte und man sich umsah, ob man drangehen sollte. Er verlangte die totale Fixierung auf alles, was er tat. Das konnte nach einer Weile sehr anstrengend werden, besonders für meine Mutter, die die meiste Zeit bei ihm war. Ich glaube, er wollte mehr, als sie oder irgend jemand von uns ihm geben konnte – und das hat ihm zweifellos weh getan. Sie gab sich jede erdenkliche Mühe, um sich um ihn zu kümmern, aber er wollte, daß man ihn bewunderte und sich ihm hingab; sie neigte dazu, sich auf andere Weise um ihn zu kümmern – auf eine Weise, bei der ihm nicht so wohl in seiner Haut war. Er war auf narzißtische Weise verletzlich, und das war die Ursache aller möglichen Probleme, die es gab. Ich glaube, als er wirklich alt wurde, wollte er einfach von einem Menschen wegkommen, der seine Unsicherheiten so gut kannte, der ihm das Gefühl vermittelte, abhängig und kindlich zu sein.«[9]
Und dennoch ging der Wettstreit weiter. »Am Sonntag morgen, wenn kein Bediensteter da war, um das Frühstück zuzubereiten, stand ich immer auf und übernahm das«, berichtete Annabelle, »also stand sie auch immer auf. Wir richteten beide das Frühstück in der Küche her. Da herrschte dicke Luft – zum Schneiden! Und dann kam eine Zeit, als er oben mit mir frühstücken wollte, und sie war unten allein. Später, um diese Wochenendspannung und -nähe zu vermeiden, fuhren Arthur und ich nach Versailles, ins Hôtel Trianon.« Arthur allerdings holte mehr als nur ein bißchen Freude aus dieser Spannung. Er genoß die Tatsache, daß er mit neunundachtzig Jahren das Objekt eines Wettstreits zwi-

schen zwei Frauen war – wobei die erste jung genug war, um seine Tochter sein zu können, und die zweite jünger war als die Töchter der ersten. Janina, die während dieser Krise teilweise in Paris war, hat berichtet, daß ihn das zwar »fertiggemacht« habe, doch Rubinstein habe sie daran gehindert, ihn aufheitern zu wollen. »›Sie sind sehr lieb‹, hat er zu mir gesagt, ›aber Sie sind sich nicht darüber im klaren, daß ich es *liebe,* deprimiert zu sein!‹«[10]

Im November 1976 fuhr Nela übers Wochenende nach Genf. Als sie zurückkam, erzählte Arthur ihr, daß er Annabelle zu einer Matinee in die Comédie Française mitgenommen habe – er habe Pierre Dux, den Direktor, angerufen, und der habe ihm seine eigenen Plätze gegeben. Annabelle berichtete: »Nelas Reaktion war: ›Die Leute haben dich in der Comédie Française mit ihr *gesehen?*‹

Arthur erwiderte: ›Natürlich.‹

›Ich nehme daher an, daß du sie jetzt zu deiner Erbin machen wirst!‹ Und nach und nach begann Arthur gewisse Dinge in einem anderen Licht zu sehen. Er merkte, dies waren die Dinge, die Nela etwas bedeuteten. Sie ließ uns zwar allein im Haus, wo wir tun und lassen konnten, was wir wollten, aber sie regte sich darüber auf, daß er mit mir gesehen wurde, und auch über die finanzielle Seite.« Oder zumindest redete er sich das ein. Zu diesem Zeitpunkt begann ihm das »viel weniger auszumachen, Skandal hin oder her«, so Annabelle – und diesmal decken sich Evas und Annabelles Ansichten: »Sobald mein Vater keine Konzerte mehr gab«, meinte Eva, »kümmerte er sich nicht viel um sein öffentliches Image. Bis dahin war seine Diskretion geradezu legendär gewesen.« Aber Eva glaubte auch, daß ihr Vater ihre Mutter provoziert habe, »Dinge zu tun und zu sagen, durch die er sich nur in seinem Tun und Treiben gerechtfertigt sähe«.

Annabelle sagte, es kam der »Moment, da [Nela] mich unbedingt aus dem Haus haben wollte, und er sprach ein Machtwort. Das war um Weihnachten 1976 herum. Ich verstehe ja ihren Standpunkt. Sie hatte geglaubt, ihr Leben lang einen treuen Mann gehabt zu haben, was nicht der Fall war.« Und was Arthur betraf, meinte Annabelle: »Erst als er im Innersten das Gefühl hatte, Nela würde ihm das Recht geben zu gehen, durch ihre Einstellung mir gegenüber, da verlor er alle Hemmungen und erklärte ihr: ›Schau, du kannst tun, was du möchtest. Ich kann dich nicht daran hindern, aber ich brauche Annabelle, ich kann nicht ohne sie leben.‹ Natürlich konnte er Nela nicht hinauswerfen – sie hatte genauso lange wie er im Haus gelebt, und es gehörte ihnen beiden. Und sie war absolut entschlossen dazubleiben.« Nelas Entschlossenheit ist nicht weiter überraschend: Sie war bereits achtundsechzig Jahre alt; sie war fast zwei Drittel ihres Lebens Rubinsteins Frau gewesen; und sie wollte nicht Teil eines Dreiecks werden, als Rivalin einer siebenunddreißig Jahre jüngeren Frau. Außerdem dachte sie zunächst, das Problem würde sich von selbst erledigen. »Nachdem Annabelle sich breit gemacht hatte«, erinnerte sich Eva, »war meine Mutter überzeugt, daß sich mein Vater in einer Art geriatrischem Zwischenstadium befand, das zu Ende gehen, und daß er zu ihr zurückkehren würde. Ich wußte verdammt genau, daß er nichts dergleichen tun würde. Und ich wußte, daß sie damit rechnen mußte, weil Annabelle und mein Vater alles mögliche tun würden, damit sie verschwand. Ich rief meine Mutter von New York aus an und sagte: ›Ich werde dir jetzt etwas sagen, wofür du mich hassen wirst, aber ich muß es dir sagen, weil es niemand anderes tut und du dich schützen mußt. Dies ist keine geriatrische Verirrung oder ein plötzlicher Alterstick. So hat er es schon seit Jahren getrieben. Nimm dir einen Anwalt – jemanden, der deine Rechte schützt.‹ Sie erwiderte: ›Was meinst du eigentlich?‹ Es tat mir so weh – ich versuchte es ihr beizubringen, ohne zuviel zu sagen. Plötzlich sagte sie: ›Ach, warum hast du mir das alles nicht vor zwanzig Jahren erzählt? Warum sagst du es mir jetzt? Ich hätte jemand anderen heiraten und glücklich sein können.‹ Wenn mein Vater doch nur zu meiner Mutter gesagt hätte, als er mit Annabelle wegging: ›Schau, wir haben eine großartige Ehe gehabt, wir haben bestimmt viel Freude miteinander gehabt, sind auf der ganzen Welt herumgekommen, und nun möchte ich einfach weggehen und spielen!‹ Aber nein. Er sagte zu ihr: ›Du hast mich nie geliebt.‹ Nun, das ist wirklich abscheulich, so etwas einer Frau zu sagen, die ihr ganzes Leben dafür hergegeben hat, seine Frau und nichts anderes zu sein. Sie wird nie darüber hinwegkommen.« Zehn Jahre nach Arthurs Tod hat

Nela erklärt, noch mehr als die Tatsache, daß er sie abgelehnt habe, hätte sie ihm seine Verlogenheit übelgenommen. »Ich werde mich nie wieder davon erholen können, daß er mir nicht treu gewesen ist – es würdigt ihn so sehr herab. Wir waren so viele Jahre lang zusammen gewesen, und er tat so – wenigstens hat er so *getan* –, daß es gut war, daß es wunderbar, daß es herrlich war. Wie konnte er nur? Dabei zog er mit Annabelle herum, um Himmels willen!« Nela bewahrte einen ganzen Koffer voller Liebes- und anderer Briefe auf, in denen sie als Frau und Mutter gepriesen wurde – Briefe, die ihr Mann ihr geschrieben hatte, während er Affären mit anderen Frauen gehabt hatte, wie ihr später klar geworden war. Ihrer Meinung nach hatte Rubinstein vielleicht, als er sie verließ, »irgendeine Art von Sensation hervorrufen wollen« – anders gesagt: in den Augen der Öffentlichkeit aus einem neuen Grund präsent sein wollen, da er nicht mehr als Pianist im Rampenlicht stehen konnte –, obwohl er seinen Rückzug aus dem Konzertleben aus anderen Gründen »alles in allem ziemlich gut« verkraftet habe, sagte sie.

Im Januar 1977 waren die Rubinsteins und Annabelle in New York, und alle waren im Hotel Drake abgestiegen, um Arthurs 90. Geburtstag zu feiern. »Alles war schon recht schlimm«, erinnerte sich Annabelle. »Nela wollte mich auf einer ganz anderen Etage des Hotels unterbringen. Tagelang wollten sie nicht miteinander reden, aber dann kam ein Photograph, und sofort tat sie honigsüß.« Aber auch Arthur versuchte Besuchern weiszumachen, daß alles gut wäre. Am 3. März, nach ihrer Rückkehr nach Paris, erhielten Nela und Arthur Besuch von Swjatoslaw Richter, der später in seinem Tagebuch notierte: »Arthur Rubinstein spielte mir seine Lieblingsplatten vor. Es war sehr interessant und nett. Mit ihm jedenfalls war es immer sehr gut. Er war ein positiver, glücklicher, schlichter, humorvoller und charmanter Mensch. Ich erinnere mich noch an seine Geschichten – man hätte sich totlachen können, er war der geborene Geschichtenerzähler. Seine Frau Nela hatte sich ihren besonderen Stil zugelegt – einfach und elegant. Ich glaube, das ist typisch polnisch. Unsere Unterhaltungen waren lebhaft und temperamentvoll. Ich habe mich bei ihnen sehr wohl gefühlt. Was das Programm betraf, so waren die Platten wirklich einmalig. Ich erinnere mich besonders daran, wie Arthur Gabriella Besanzoni lobte (er sagte, in seinem ganzen Leben hätte er nie eine bessere Carmen gehört, und mehr noch: anscheinend war sie eine Schönheit). [Chopins] Mazurken, von ihm in einer guten alten Konzerttradition gespielt, positiv und ohne die geringste Spur von Angekränkeltsein – und darum hat er mich an jenem Abend überzeugt. Damals war er fast blind, aber er war absolut nicht deprimiert. Im Gegenteil, [seine Sehschwäche] war sogar das Thema von einigen seiner Anekdoten.«[11]

Arthur und Nela waren im darauffolgenden Monat wieder zusammen in Israel, anläßlich des zum zweitenmal veranstalteten Rubinstein-Wettbewerbs, der von Gerhard Oppitz gewonnen wurde. Laut der *Jerusalem Post* hat Rubinstein »in seiner Rede beim festlichen Preisverleihungsessen ausdrücklich darauf hingewiesen, daß ein Deutscher den ersten Preis im Staate Israel verliehen bekam, bei den Menschen, die unter seinem Land auf eine Weise gelitten hätten, wie es die zivilisierte Welt nie zuvor erlebt habe. Bei diesem Wettbewerb hat Rubinstein an jeder Sitzung teilgenommen… Zuweilen wirkte der Meister, als wäre er mit seinen Gedanken woanders oder als würde er gar einschlafen. Als wir uns nach dem Finale trafen, gab er zu meinem Erstaunen eine erschöpfende Analyse der Darbietung jedes einzelnen Wettbewerbsteilnehmers zum besten. Er sang bestimmte Phrasen, um auf Besonderheiten in der Phrasierung hinzuweisen, während er mit den Fingern die Noten auf den Tisch vor sich klopfte. Er hatte jeden Ton und jede Intonation, jede Modulation, jeden starken und schwachen Punkt im musikalischen Naturell dieser jungen Künstler gehört und erinnerte sich daran.«[12] Im Sommer waren die Rubinsteins wieder einmal zusammen – mit Annabelle – in Marbella, und auch Janina kam, um sich von Arthur betreuen zu lassen. Er erzählte ihr ein wenig von Barth, zu dem »er eine widerwillige Zuneigung« empfunden habe, wie sie sagte. Eine von Barths Fixierungen hatte darin bestanden, daß man am Klavier still sitzen müsse, und Rubinstein wurde böse, weil Fialkowska sich zuviel herumbewegte, als sie ihm das Tschaikowsky-Konzert vorspielte. »Arthur sagte: ›Ich wette mit dir, daß du es nicht durchspielen kannst, ohne dich zu bewegen‹«, erinnerte sie sich. »Ich sagte: ›Na schön, das werden wir ja sehen.‹ Ich habe die Wette gewonnen, aber er hatte es mir gezeigt. Er sprach zwar nie über Technik, doch er sagte, das wichtigste sei es, den Klang zum Tragen zu bringen: ›Wenn du ein piano spielen willst, das trägt, dann mußt du das Dämpfpedal verwenden und laut spielen.‹ Er hat mir auch gesagt, daß Picasso ihm erklärt habe: ›Ich male mit meinem Bauch, mit meinen Eingeweiden‹, und Arthur sagte: ›Dort mußt du deinen Rhythmus spüren – in deinem Bauch.‹«

In den darauffolgenden Monaten ging Arthur mit Annabelle und ohne Nela auf Reisen. Er wollte seiner neuen, jungen Gefährtin Orte zeigen, die sie nie zuvor gesehen hatte, so wie er sie Nela fast ein halbes Jahrhundert früher und anderen befreundeten Damen noch früher hatte zeigen wollen. Zwischendurch waren Arthur und Annabelle wieder mit Nela in Paris zusammen. Ende 1977 sollten Nela, Arthur und Annabelle zusammen nach Venedig fahren, aber kurz vor der planmäßigen Abfahrt hatten die Rubinsteins laut Annabelle »einen *fürchterlichen* Streit, der sich den ganzen Vormittag über hinzog. Danach glaubte Arthur, er würde einen Herzinfarkt bekommen. Und dann fuhren wir beide allein nach Venedig. Das war tatsächlich der Zeitpunkt, als es zum Bruch kam.« Janina sollte Arthur und Nela in Venedig treffen, aber als sie hinkam – »was sah ich? Arthur und Annabelle, aber keine Mrs. Rubinstein«, sagte sie. Er sollte an diesem Abend vor Publikum über sein Leben sprechen, und Janina würde dann die zweite Hälfte des Programms mit Klavierspielen bestreiten. »Er war schrecklich nervös, daß er Italienisch sprechen sollte, das er mit großer Hingabe, aber nicht sehr gut sprach. Ich war hinter der Bühne, wartete darauf zu spielen, und er redete unermüdlich drauflos; das Publikum konnte gar nicht genug kriegen. Ich bin sicher, ich war die große Enttäuschung.« Janina hatte gehofft, Rubinstein würde ihr Venedig zeigen, so wie er ihr andere Orte gezeigt hatte, aber er und Annabelle waren zu sehr miteinander beschäftigt und fuhren ohne sie nach Rom.

Was auch immer man von der ganzen Geschichte halten mag, so kann doch kein Zweifel daran bestehen, daß in der Anfangszeit von Annabelles Zugehörigkeit zum Haushalt der Rubinsteins, in Marbella und in Paris, sie und Arthur Nela eines voraus hatten: Die beiden »Verschwörer« wußten, was zwischen ihnen beiden vorging – Nela nicht. Mehr noch: Als Nela dahinterkam, wußte sie nicht, wie sie mit der Situation fertig werden sollte. Für sie war Annabelle eine Unruhestifterin, die schon mit anderen berühmten Musikern Affären gehabt hatte, ohne sie einfangen zu können. Nun hatte sie – wie Nela behauptete – endlich jemanden gefunden, der dumm und egoistisch genug war, um sich von ihr manipulieren zu lassen. Eva hat sich dazu noch härter geäußert. »Mein Vater hatte nichts weiter zu tun, als ständig Geld auszugeben, und dann war Annabelle da«, sagte sie. »Sie empfand zwar schon eine gewisse Zuneigung für ihn, glaube ich, aber sie war um alles andere herum organisiert.« Doch Nelas und Evas Vorwurf, Annabelle sei nur auf Arthurs Geld ausgewesen, hält einer genaueren Überprüfung nicht stand. Arthurs und Annabelles Affäre – die er initiiert hatte – begann, lange bevor sie es sich auch nur hätte träumen lassen, daß sie eines Tages ein beträchtliches Vermögen von ihm erben könnte: 1970 war er dreiundachtzig Jahre alt, und seine Frau war erst zweiundsechzig. Nichts sprach gegen eine solide geführte Ehe. Zudem ist es höchst unwahrscheinlich, daß eine attraktive Frau in den Zwanzigern, deren Beruf ihr Gelegenheit gab, weite Reisen mit interessanten Menschen zu machen – auch mit begabten jungen Männern, die nicht arm waren –, daß eine solche Frau also sich in die Arme eines Achtzigjährigen geworfen hätte, nur um sich hin und wieder mit einem Wochenende in einem guten Hotel oder mit einem Essen in einem guten Restaurant beglücken zu lassen. So zwiespältig Alina und John Rubinstein sich auch über Annabelle geäußert haben – anders als ihre Mutter und ihre Schwester bezichtigen sie Annabelle doch nicht der Habgier.

Der Pianist Nikita Magaloff, der mit den Rubinsteins viele Jahre lang befreundet gewesen war und sich auch nach dem Bruch weiterhin gut mit Nela wie mit Arthur verstand, hat gesagt, Annabelle habe »ihre Sache großartig gemacht. Sie hat ihm in jeder Hinsicht geholfen. Sie war wie eine Krankenschwester, und sie hat ihn in seinen letzten Tagen glücklich gemacht. Es ist doch ganz natürlich, daß eine Frau, die er verließ, um mit einem anderen Menschen zu leben, dies nicht akzeptieren kann.«[13] Barenboim hat sich geweigert, das Ganze zu kommentieren, »nicht um einer Antwort auszuweichen, sondern weil man ja nie wirklich weiß, was zwischen zwei Menschen geschieht«, meinte er. »Und dann läuft man Gefahr zu sagen: ›So ein großer Mann, so ein großer Künstler, der so vielen Tausenden von Menschen soviel gegeben hat – es ist etwas Besonderes an ihm. Hat er nicht vielleicht das Recht auf diese besondere moralische Einstellung verdient, an irgendeinem Punkt in seinem Leben?‹ Ich weiß nicht, ob ich dies positiv oder negativ beantworten würde.« Barenboim hatte einige Aufführungen von *Parsifal* dirigiert, kurz bevor wir uns über Rubinstein unterhielten, und er erwähnte, daß Wagners letztes Werk »sich mit dem Problem von Sinnlichkeit kontra Loyalität befaßt. Ich glaube nicht, daß Rubinstein es je gelöst hat.«[14] Aber hat eigentlich irgend jemand, der mit diesem Problem konfrontiert war, es jemals zufriedenstellend gelöst?

Alina Rubinstein hat darauf hingewiesen, daß ihr Vater, fünfundvierzig Jahre bevor er mit Annabelle weggehen würde, bewußt eine Frau geheiratet hatte, die jung genug war, um seine Tochter sein zu können, und daß er immer eine eigene Tochter hatte haben wollen. »Ich denke, für ihn hat das bedeutet, daß immer jemand für ihn da wäre – sich um ihn kümmern, ihn respektieren, ihn bewundern, ihn lieben würde«, hat sie gesagt. Gewiß, Rubinsteins Gründe, Nela zu heiraten und eine Tochter haben zu wollen, ähneln auffallend seinen Gründen, mit Annabelle wegzugehen. Aber es läßt sich sogar ein noch verblüffenderer Vergleich ziehen, nämlich zwischen seiner Affäre mit Annabelle und seiner frühesten Liebe, an die er sich erinnern konnte: der Vernarrtheit in seine Kusine Noemi Heiman, die gestorben war, als sie und Arthur noch Kinder gewesen waren. Als Rubinstein sich spät in seinem Leben an seine Beziehung zu der kleinen Noemi erinnerte, war dies im nachhinein eine Erfüllung der Beziehungen, die er gern mit all den Frauen gehabt hätte, die eine wichtige Rolle in seinem Erwachsenenleben gespielt hatten – Frau, Töchter und Geliebte: »Wir liebten einander glühend und waren bald unzertrennlich … [Sie] spielte am liebsten Mann und Frau mit mir. Sie gehorchte mir blind, überließ mir die schmackhaftesten Bissen und weinte bereitwillig, wenn sie mich in Nöten glaubte. Mein Klavierspiel verschlug ihr vor Entzücken den Atem.«[15] Über achtzig Jahre nach Noemis Tod begann Rubinstein mit einem Menschen zusammenzuleben, der ihn ganz so nahm, wie er war – so wie man in gewisser Hinsicht ein Kind hinnimmt. Wie immer war die Antriebskraft seines Handelns der ausgeprägte Instinkt, sein außergewöhnliches musikalisches Talent zu schützen – ein Instinkt, der ihn im Laufe der Jahrzehnte veranlaßt hatte, Eltern, Lehrer, Geliebte sowie eine Reihe von Städten und Ländern zu verlassen, die er als seine Heimat bezeichnet hatte. Nun, da Rubinstein abgetreten war, benötigte er das Talent nicht mehr; doch der Instinkt blieb intakt und veranlaßte ihn, ein letztes Mal Heim und Herd zu verlassen. Er traf seine Entscheidung und mußte dabei einigen Menschen weh tun. Rubinstein, der nie seinen Groll darüber verwunden hat, daß ihn seine Eltern verlassen hatten, als er noch ein Kind war, war der Meinung, alle Vorteile, die er später dem Leben abzuringen vermochte, würden ihm zustehen, ganz gleich, was andere dafür in Kauf nehmen mußten. Im Dezember 1919 hatte Rubinstein sich gegenüber einem spanischen Journalisten als »vollkommenen Egoisten« bezeichnet. Nun war er in Annabelle verliebt, er wollte diese gewisse Zuwendung, die nur Annabelle bereit war, ihm zu geben, und bei Gott – er würde seine letzten Jahre mit Annabelle verbringen.

Drei Jahre lang waren Annabelle und Arthur großenteils auf Reisen. Sie besuchten Holland zur Zeit der Tulpenblüte (eine neue Tulpensorte wurde nach ihm benannt), fuhren an einem Geburtstag von Annabelle nach Jerusalem und machten Kurzreisen nach New York, Los Angeles, Venedig, in die Schweiz, nach Deauville und anderswohin. 1979 besuchten sie auch Polen, es war sein letzter Besuch dort. In Lodz erzählte Rubinstein dem Dirigenten Henryk Czyz, es habe dort einen Krämerladen neben dem Tor zu dem Gebäude gegeben, in dem er einen Großteil seiner Kindheit verbracht hatte. Der Krämer habe gelegentlich

die Hand in einen Sack mit bunt eingewickelten Fruchtbonbons gesteckt und sie an die Kinder verteilt, die in der Nähe gespielt hätten.
Rubinstein sagte, damals habe er davon geträumt, daß ihm, wenn er
groß wäre, so ein Laden gehören und er dann solche Bonbons an Kinder
verteilen würde. »Ich wurde erwachsen und verdiente viel Geld«, erklärte er Czyz, »aber aus irgendeinem Grund habe ich nie so einen Laden
gekauft. Ich habe mein Leben vergeudet.«[16] Ebenfalls 1979 hatten Arthur und Annabelle während eines Besuchs in Bern im Altersheim Mon
Repos vorbeigeschaut, um seine Kusine Fania Meyer zu sehen, Tante
Salkas Tochter aus Berlin, die sogar noch älter als er war. Sie unterhielten sich herzlich (sein Deutsch war noch immer mehr als passabel), und
er gab ihrer Tochter etwas Geld, so daß Fania ein eigenes Zimmer
bekommen und gut versorgt werden konnte. Rubinstein war überaus
glücklich, sie gesehen zu haben – dies war sein letzter Kontakt mit
einem Menschen, der ihn noch aus dem 19. Jahrhundert kannte – und
in der Lage gewesen zu sein, ihr die letzten Tage ein wenig leichter zu
machen. Bei einer anderen Gelegenheit lud der ehemalige britische
Premierminister Edward Heath Arthur, Annabelle und Isaac Stern zum
Lunch in London ein. Dort versuchte er die beiden Musiker zu überreden, als Geste der Versöhnung nach Deutschland zu fahren. »Ich glaube, er wollte, daß Stern spielte und Arthur einfach da war«, berichtete
Annabelle. »Stern zog sich damit aus der Affäre, daß er witzelte, seine
Frau würde sich von ihm scheiden lassen, wenn er in Deutschland spiel-
te, und Arthur sagte: ›Für mich kommt das nicht in Frage.‹ Dieses
Essen war sehr peinlich, denn Heath versuchte beide ständig herumzu-
kriegen, und keiner wollte nachgeben.«
Während eines Aufenthalts in New York gab Rubinstein eine Cocktailparty im Waldorf-Astoria, wo er abgestiegen war. Man hatte ihm gesagt,
daß die *New York Times* am selben Morgen angekündigt habe, daß Ann
Schein – die seine Party mit ihrem Mann Earl Carlyss vom Juilliard
String Quartet besuchen würde – ein ganzes Jahr lang eine Konzertreihe geben würde, die ausschließlich Chopins Musik gewidmet sei.
Später hat sie sich daran erinnert: Als sie den Raum betrat, »hörte sie,
wie er rief: ›Ist das Ann? Kommen Sie her, ich möchte Ihnen sagen, wie

wunderbar das ist, wie begeistert ich bin, daß Sie dies tun – *genauso* muß man es machen, *das* ist der richtige Geist!‹ Und unglaublicherweise fuhr er fort: ›Ich habe mein Klavier nicht hier, aber ich werde eines von Steinway herbestellen, und dann können Sie herkommen und mir diese Stücke vorspielen! Wir werden sie zusammen spielen!‹ In den nächsten beiden Wochen habe ich ihm das Repertoire vorgespielt. Er wollte die Lieder hören. Ich spielte acht davon, und er sang jedes mit schwermütiger Intimität, wobei ihm die Tränen die Wangen herabliefen. Ich spielte Balladen, Nocturnes, Mazurken, Scherzi. Er holte die Musik aus mir heraus, wie er das immer getan hatte, er war anspruchsvoll, er war unbarmherzig, und er war ermutigenderweise überzeugt.«[17]

Rubinstein machte eine Reihe von halbstündigen Filmen, die von Emilio Azcarraga unter der Regie von François Reichenbach für den mexikanischen Fernsehsender Televisia produziert wurden. Die Filme, in denen er sich ausführlich über seine Lebensphilosophie ausließ, wurden von Gail Williams in der Zeitschrift *Hollywood Reporter* als »langatmig, schlecht organisiert« und unscharf bezeichnet. »Wie tief Rubinstein die Musik von Chopin verehrte, das ist der stärkste Eindruck, den man in [der ersten] Produktion von dem großen Pianisten gewinnt.«[18] Inzwischen bastelte er weiter an seiner Autobiographie. »Wir haben hart gearbeitet«, erinnerte sich Annabelle. »Er hat mir tagsüber diktiert, und ich tippte das Ganze die halbe Nacht oder am Vormittag ab, um auf dem laufenden zu sein. Wenn Roman Jasinski zu Besuch da war, sprachen sie lange miteinander, auf polnisch, und ich holte das Abtippen nach.«

Es gab auch noch genügend anderes zu tun. Nun, da er ein Stück lebendiger Geschichte geworden war, wurde Rubinstein häufig um Informationen über die Vergangenheit gebeten. »Sie möchten wissen, was ich mit den beiden Werken gemacht habe, die Strawinsky mir gewidmet hat«, beantwortete er Ende 1976 eine Anfrage von Radio Hilversum in den Niederlanden. »Nun, ich mag noch immer nicht die Piano Rag Music, und ich habe dies auch ganz ehrlich Strawinsky selbst gesagt. Natürlich habe ich es nie öffentlich gespielt, aber gleichwohl bin ich stolz darauf, das Manuskript von diesem großen Komponisten zu besitzen. Was Petruschka betrifft, so habe ich sie immer auf meine Weise aufgeführt, mit der mündlichen Erlaubnis von Strawinsky, aber ich habe mich nie getraut, sie aufzunehmen, weil ich befürchtete, daß er seine Erlaubnis vergessen haben und sich über meinen ganz persönlichen Umgang damit ärgern könnte. In seinen späteren Jahren wurde er ziemlich pedantisch.«[19] Dutzende ähnlicher Anfragen erreichten Rubinstein, ebenso Bitten von Pianisten, ihnen in der einen oder anderen Form beruflich behilflich zu sein. So schrieb ihm beispielsweise ein junger, in London ansässiger Künstler Ende 1977, nachdem er ihm ein paar Monate zuvor in Covent Garden begegnet war, und legte eine Platte bei, die er von Szymanowskis Musik gemacht hatte. Rubinstein erwiderte, als er den jungen Mann in London kennenlernte, da habe er angesichts dessen Begeisterung »den Wunsch verspürt, Sie spielen zu hören ... Aber es war ein Fehler, daß Sie mir Ihre Platte geschickt haben. Ich habe mir beide Seiten mit großer Aufmerksamkeit angehört und muß leider gestehen, daß mich der Szymanowski doch sehr enttäuscht hat. Sie haben alle Noten gespielt, Sie haben gezeigt, daß technische Probleme für Sie nicht existieren, Ihre Triller klingen sehr gut, aber von der wahren Bedeutung aller drei Stücke war nicht die Spur zu hören. Für mich klangen sie alle wie vage Improvisationen mit der Betonung auf unwichtigen technischen Einsätzen, während die melodische Linie völlig vernachlässigt wurde, und daher hat das absolute Fehlen jedes rhythmischen Zugriffs auf die Stücke sie völlig entstellt ... Falls Sie noch immer den Wunsch verspüren, mir vorzuspielen, könnte ich Ihnen vielleicht eine bessere Einsicht in den wahren Charakter von Szymanowskis wunderschönen Stücken vermitteln.«[20] Rubinsteins Beurteilung war streng, aber ehrlich, und das Angebot zu helfen war großzügig.

Preise und andere Formen der Ehrerbietung wurden ihm immer rascher zuteil, insbesondere in den Wochen unmittelbar vor und nach seinem 90. Geburtstag. Am 30. Dezember 1976 schrieb Nicholas Henderson, der britische Botschafter in Frankreich, an Rubinstein und teilte ihm mit: »Ihre Majestät die Königin freut sich, Sie zum Honorary Knight Commander des Most Excellent Order of the British Empire zu ernennen«, und Rubinstein bezeichnete Hendersons Brief in seinem Antwortschreiben als »das reizendste Geschenk zu meinem 90. Geburtstag«.[21]

Der Geburtstag bot ebenfalls Gelegenheit zu Ehrungen aus aller Welt, und dazu gehörte auch die Veröffentlichung in der *New York Times* von Auszügen aus einem Interview, das Rubinstein dem Public Broadcasting System in den USA gegeben hatte. In diesem Interview behauptete Rubinstein, er habe einen Vorteil im Verlust seiner Sehkraft entdeckt. »Als ich sehen konnte, habe ich zuviel gelesen. Für manche Bücher, die ich nicht hätte lesen sollen, weil sie sehr intelligent waren, habe ich meine Zeit verschwendet.« Und weil er zuviel gespielt habe und zuviel unterwegs gewesen sei, habe er keine Zeit gehabt, in andere Konzerte zu gehen – somit habe er eine Menge wunderbarer Musik versäumt, sagte Rubinstein. »Nun... gebe ich mein ganzes Geld für Platten aus. Ich höre mir Mahler-Symphonien an, wunderschöne Aufführungen durch meine Kollegen... [auch Musik] von Geigen, von Klavieren, von Quintetten... Ich ärgere mich, ich diskutiere mit ihnen darüber, wenn sie schlecht spielen. Ich meine, ich diskutiere natürlich innerlich. Sie sind ja nicht hier.« Befragt, ob er Leuten geglaubt habe, die ihn den größten Pianisten des Jahrhunderts genannt hatten, erwiderte er: »Ich werde sehr ärgerlich, wenn ich das höre, weil es absoluter, schierer, schrecklicher Blödsinn ist. Es gibt nicht so etwas wie den größten Pianisten... Nichts in der Kunst kann das Beste sein. Es ist nur anders ...« Während er freilich eine Verallgemeinerung verwarf, brachte er es fertig, eine andere zu äußern, die mehr seinem Geschmack entsprach und die er oft zum besten gegeben hatte: Er spiele zwar in technischer Hinsicht nicht so gut wie viele andere Pianisten, erklärte er, aber wenn er junge Pianisten höre, dann »habe ich meine kleine Frage für sie parat. Ich frage sie – wann wollt ihr anfangen, Musik zu machen?«[22]

Oft erhielt Rubinstein Besuch von Kollegen, und Annabelle erinnerte sich »an das letzte Mal, da Richter ihn sah. Er kam zum Tee und brachte ganz reizenderweise ein kleines Orchideenbukett mit. Wir waren am Abend davor bei seinem Konzert gewesen, in der Salle Pleyel in Paris, aber wir hatten ziemlich weit weg gesessen, und Arthur hatte Mühe gehabt, die Neunte Sonate von Prokofjew zu hören und innerlich aufzunehmen. Arthur bat ihn, sie noch einmal zu spielen, und Richter war wie ein Kind: Er – dieser großartige, hochgewachsene, schwergewichtige

Mann – setzte sich ziemlich schüchtern ans Klavier und begann zu spielen. Dann hielt er inne und begann noch einmal von vorn. Ich werde das nie vergessen. Arthur saß direkt neben ihm – er nahm sie in sich auf, lauschte der ganzen Sonate. Richter spielte für ihn auch einige andere Prokofjew-Stücke – die Bearbeitung von *Romeo und Julia* sowie, glaube ich, ein paar Auszüge aus *Krieg und Frieden*. Arthur war ganz gerührt. Er mochte Richter sehr. Manchmal war er mit den Tempi oder den Programmen nicht einverstanden. ›Warum hat er ein ganzes Programm aus Schubert-Sonaten gespielt, und nicht einmal den besten?‹ fragte er, aber er sagte gern, Richter würde einen immer fesseln. Er empfand eine ungeheure Bewunderung für ihn.«

Andere bekannte Musiker blieben in Kontakt mit Rubinstein. Im April 1977 schickte er Dankesbriefe an Lorin Maazel und Isaac Stern, die ihm ihre Platten geschenkt hatten. Irgendwann – das Datum ist unklar – traf ein Telegramm ein: »Gerade Ihre Kassette mit [Chopins] vier Balladen und vier Scherzi gehört[;] wie stets bouleversé sind Sie noch immer der Größte[.] Alles Liebe Lenny Bernstein.«[23] Im Juni schickte Annabelle wie versprochen ein Photo von Rubinstein an die Sopranistin Kiri Te Kanawa. »Sie haben ihm unermeßliche Freude mit Ihrem wunderbaren Gesang in der Zauberflöte bereitet«, schrieb Annabelle.[24] Im Januar 1978 schrieb ihm der Flötist James Galway, um sich bei ihm für seine Platten und ein signiertes Photo zu bedanken, wodurch ihm der Aufenthalt im Krankenhaus nach einem Autounfall »erträglicher« geworden sei.[25] Im April desselben Jahres schrieb Paul Tortelier: »Lieber Meister, ich denke oft an Sie, an Ihre wunderbare Frau und an Annabelle, eine Sekretärin mit einem seltenen Feingefühl für alle Dinge des Lebens.«[26] (Wie viele von Rubinsteins anderen Bekannten drückte auch Tortelier sich im Hinblick auf die häusliche Situation des Meisters.) Und im August 1978 schrieb der Geiger Alexander Schneider schlicht und bewegend, wenn auch grammatikalisch ein wenig inkorrekt: »Ich hoffe lieber Arthur, daß es Ihnen gut geht und das Leben mehr denn je genießen. Sie haben so viel von sich selbst an alle gegeben und ich bin einer von ihnen.«[27]

Ungeachtet aller Aufmerksamkeit, die man Rubinstein zuteil werden ließ, »saß er manchmal mit Annabelle und mir da«, erinnerte sich Janina Fialkowska, »und sagte: ›Ach, wißt ihr, es ist wirklich ganz traurig. Ich habe keine Freunde mehr.‹

Und dann fragten wir ihn: ›Wie meinst du das?‹

›Wenn ich Freunde sage, dann meine ich immer Männer.‹ Ihm gefiel immer die Vorstellung, einen Kumpel zu haben. Abgesehen von seinen besten Freunden, Paul Kochanski und Karol Szymanowski, hat ihm, glaube ich, am meisten die Pariser Clique zwischen den Kriegen gefehlt – Pagnol, Cocteau und so weiter. Er mochte Roman Jasinski sehr, doch er meinte, er wäre ein wenig oberflächlich und hätte einen komischen Musikgeschmack – und er war auch der Freund von Mrs. Rubinstein. Bronek Kaper war ein Kumpel von ihm, aber eher zum Herumalbern als für ernsthafte Dinge. Daher herrschte große Aufregung, als sie Joseph Kessel einluden, den Autor von *Belle de jour*.« Kessel war in Argentinien geboren und war russisch-jüdischer Herkunft. Er hatte den größten Teil seines Lebens in Frankreich verbracht und war nur elf Jahre jünger als Rubinstein. »Arthur baute wirklich darauf, daß dieser Mann sein neuer bester Freund werden würde, mit dem er über alles reden könnte«, berichtete Janina. »Er war der Meinung, das könnte er mit Frauen nicht – er tat es trotzdem, aber das war so seine fixe Idee. Ich glaube, Kessel erwies sich als eine kleine Enttäuschung – und dann starb er.« Dies geschah 1979. Annabelle meinte, daß »Arthur im allgemeinen zwar die Gesellschaft von Männern nicht mochte, aber es gab doch ein paar, mit denen er einfach gern sprach und denen er auch gern zuhörte: Jean d'Ormesson, Roman Jasinski und Teddy Kollek, der Bürgermeister von Jerusalem – sie waren intelligent und regten ihn an. Es gab nicht viele Musiker, die so belesen wie Arthur waren. Claudio Arrau war einer, aber sie hatten nicht viel Kontakt miteinander – das lag an ihrer Karriere, und ich vermute, daß sie in musikalischer Hinsicht nicht so viel miteinander gemeinsam hatten.« (1927 allerdings war Rubinstein einer der Juroren gewesen – neben Cortot, Ernest Schelling, José Vianna da Motta und Joseph Pembauer –, die dem zweiundzwanzigjährigen Arrau beim Concours International des Pianistes in Genf den ersten Preis verliehen hatten.)

Im September 1978 sah Rubinstein Horowitz – einen anderen Musiker, mit dem er wenig gemeinsam hatte – im Fernsehen, als Horowitz ein Konzert mit dem New York Philharmonic Orchestra anläßlich des 50. Jahrestages seines amerikanischen Debüts gab. »Horowitz veränderte ständig die Tempi, und ich habe keine Ahnung, wie es Zubin Mehta gelungen war, ihn niemals auch nur für eine Sekunde zu verlieren«, erinnerte sich Annabelle. »Arthur hielt es für eine ziemliche Meisterleistung.« Aber anschließend telegraphierte Rubinstein an Horowitz: »Lieber Wolodja, ich habe gerade Ihr Rachmaninow-Konzert Nr. 3 gehört, das mich absolut bezaubert hat, und möchte Ihnen für Ihren so lange überfälligen Erfolg gratulieren.« So lange überfälligen Erfolg – für *Horowitz?* Vielleicht wollte Rubinstein damit boshaft andeuten, daß Horowitz es nun, da Rubinstein abgetreten war, einfacher hätte; doch Horowitz bedankte sich telegraphisch.

Rubinsteins Beziehungen zu den meisten anderen Musikern waren gut, aber zu ein paar waren sie unverhüllt feindselig, und zwar nicht immer aus musikalischen Gründen. Als er beispielsweise 1979 die Luzerner Festspiele besuchte, wollte er nach wie vor nichts mit Herbert von Karajan zu tun haben, wegen der früheren NSDAP-Mitgliedschaft des Dirigenten. Die Situation war insofern besonders schwierig, weil Karajan, seine Frau und seine beiden Töchter im Palace Hotel wohnten, wo Rubinstein und Annabelle ebenfalls abgestiegen waren. »Unsere Tische im Hotelrestaurant standen nebeneinander«, sagte Annabelle. »Manchmal kamen wir zuerst, manchmal sie, aber auf jeden Fall standen unsere Tische dicht beieinander, ohne daß es zwischen ihnen zu irgendeiner Kommunikation kam.«

Janina, die einige Zeit in Luzern mit Annabelle und Arthur verbracht hatte, erinnerte sich an die Spannung zwischen den Tischen von Karajan und Rubinstein. Sie vergaß aber auch nicht, wie Rubinstein sie ein wenig zu boshaft geneckt hatte in Gegenwart eines anderen berühmten Dirigenten, Georg Solti, der ebenfalls im Palace Hotel wohnte. Rubinstein wußte, daß Janina eine große Bewunderin von Solti und seinem Chicago Symphony Orchestra war, und er »war sehr eifersüchtig auf Solti, weil ich ihn für so großartig hielt«, erzählte Janina. »An dem

Tag, da Solti ankommen sollte, waren wir im Hotelrestaurant, und Arthur sagte zu mir: ›Schling dein Essen runter! Ich glaube, da kommt er gerade herein!‹ Endlich kam Solti wirklich herein. Er kam ganz reizend herübergeeilt und umarmte Arthur, der zu ihm sagte: ›Ich möchte Ihnen eine junge Pianistin vorstellen, die Sie absolut *verabscheut.*‹ Kaum war ich puterrot angelaufen, als Arthur sagte: ›Nein, das war nur ein Witz – sie ist wahnsinnig verliebt in Sie!‹ Der arme Solti wußte gar nicht mehr, wo er hinsehen sollte. Einige Jahre später, als ich bei Solti spielte, erinnerte sich seine Frau an diese Episode. Arthur war auch auf meinen Freund Jeffrey Swann, den Pianisten, eifersüchtig. Jeff und ich gingen zwar nicht miteinander, aber Arthur mochte es nicht, daß ich einen so guten Freund hatte. Einmal habe ich Arthur erzählt, daß Jeff alles, was Wagner geschrieben hatte, auswendig spielen könne. Damals war Arthur halb taub und halb blind – er lebte in einer eigenen Welt –, und wenn man ihn anschaute, konnte man sehen, wie er dachte. Es herrschte ein langes Schweigen, während eine ganze Reihe von Gefühlen auf seinem Gesicht darum kämpften, die Oberhand zu behalten, und dann sah er auf und sagte ganz sanft, fast schüchtern: ›Ich war früher auch einmal imstande, ein wenig Wagner auswendig zu spielen.‹«

Endlich, 1979, wurde das Manuskript von *My Many Years (Mein glückliches Leben),* dem zweiten und letzten Band von Rubinsteins Memoiren, abgeschlossen und Knopf übergeben. *Die frühen Jahre* hatte Rubinsteins Leben bis 1917 umfaßt, fünfundsechzig Jahre bevor das Buch veröffentlicht wurde. Dank einiger weniger kluger Auslassungen und Namensänderungen hatte er sein frühes Leben aus seiner Sicht mit beachtlicher Offenherzigkeit schildern können. »Bei meinem ersten Buch hatte ich das Glück, daß praktisch alle Persönlichkeiten tot waren, über die ich geschrieben hatte«, scherzte er gegenüber Peter J. Rosenwald, der ihn 1976 für die englische Zeitschrift *Records and Recordings* interviewt hatte. *Mein glückliches Leben* umfaßte jedoch seine Geschichte genau bis zum Tag der Fertigstellung des Manuskripts. »Diesmal ist es nicht so einfach für mich. Ich kann mir doch keinen Roman über mein Leben ausdenken. Es muß genau so sein, wie es passiert war. Mehr kann ich nicht tun. Ich habe ein phantastisches Gedächtnis, was für mich nicht so gut ist, denn ich erinnere mich an sehr schlimme Dinge. Wie das erste Buch ist auch dieses fast ein Tagebuch. Ich lasse kaum etwas aus. In meinem reifen Alter habe ich nicht mehr soviel Angst. Wenn ich zu einer Gefängnisstrafe verurteilt würde, dann... würde das keine zehn oder zwanzig Jahre dauern. Das könnte ich nicht schaffen.«[28] Aber wie Pirandello schon lange zuvor bewiesen hatte, ist es nicht möglich, »exakt was passiert ist« zu erzählen – und selbst dann würde es niemand tun. Wie andere Autobiographen wandte Rubinstein verschiedene Formen der Selbstzensur an, um sich und andere zu schützen. »Arthur fühlte sich wegen des zweiten Bandes schrecklich gehemmt«, erinnerte sich Annabelle. »Er meinte, er könnte über die Familie, über noch lebende Freunde oder über seine eigenen Erfolge nicht frei schreiben. Er meinte, man würde ihm vorwerfen zu prahlen.« Wegen Rubinsteins nahezu vollkommener Blindheit erwies sich das Schreiben von *Mein glückliches Leben* als außerordentlich schwierig. Wie Jean-Paul Sartre in seinen letzten Jahren, als er nicht mehr sehen konnte, festgestellt hat: Von jemandem vorgelesen zu bekommen, was man diktiert hat, ist kein Ersatz für die Lektüre des eigenen Textes. Und selbst eine oberflächliche Überprüfung aller Daten, Persönlichkeiten und Ereignisse hätte monatelanger Recherchen bedurft, für die Helfer hätten engagiert werden müssen. Anschließend wären wochenlange Kreuzverhöre nötig gewesen, die der neunzigjährige Rubinstein nicht geschafft hätte. Als sein Alter weiter fortschritt und seine Kraft schwand, müssen er und alle, die mit dem Projekt zu tun hatten, sich darüber im klaren gewesen sein, daß der Text schnellstens gedruckt oder verworfen werden mußte. Judith Jones, die Cheflektorin bei Knopf, die für das Buch zuständig war, hat später mit unüberhörbarer Bitterkeit erklärt: »*Mein glückliches Leben* war praktisch nicht lektoriert worden, weil Arthur damals entschieden hatte, daß Annabelle Whitestone die einzige Lektorin sei, die er brauche, und weil er nur auf sie hören wollte. Günstigerweise hat er zu diesem Zeitpunkt nicht sehr gut gehört, so daß jede Kritik auf taube Ohren fiel…«[29] Aber Annabelle bezeichnete Jones' Vorwürfe als »*absolut* falsch. Arthur wollte keine inhaltlichen Änderungen, aber weder er noch ich, die ich weder Zeit noch Ambitionen zum Lektorieren hatte, haben mich für die Lektorin gehalten. Wir sind im März 1979 mit dem fertiggestellten Manuskript nach New York gefahren, (ich glaube, [Jones] hatte bereits einige große Teile vorab bekommen), und das Buch erschien im Januar 1980. Was, zum Teufel, haben sie bei Knopf bloß in dieser ganzen Zeit gemacht, in der sie das Ganze hätten lektorieren sollen? Im nachhinein wird mir klar, daß sie die Hände in den Schoß gelegt haben und die Situation ausgenützt haben, um mir das nicht vorhandene Lektorieren vorzuwerfen – *ihren* Job. Ich konnte doch nichts weiter tun, als mit dem Abtippen Schritt zu halten – frühmorgens, spätnachts, wenn ich nicht bei Arthur war, und *immer* erschöpft!«[30] So oder so – Sätze wie den folgenden über Heifetz liest man schon mit Erstaunen: »Er interessierte sich brennend für die Geschäfte, in denen ich meine Schlipse und Schuhe kaufte, und für die goldene Kette, die meine Schlüssel in meiner Tasche bewahrte, ganz zu schweigen von meinem Diener und Besanzoni selbst.«[31] Oder: »Chicago hatte Höhen und Tiefen, war aber nicht imstande, im Mittleren Westen Fuß zu fassen.«[32] Unter den gegebenen Umständen allerdings hat Annabelle ihre Sache gut gemacht, indem sie die komplizierte Story zusammenflickte. Daß das Buch überhaupt existiert, ist weitgehend ein Ergebnis ihrer Bemühungen. Sie selbst hat gesagt, daß *Mein glückliches Leben* sich nicht so gut gemacht habe wie *Die frühen Jahre*.

Über Rubinsteins Darstellung seines Lebens ist bereits zuvor in diesem Buch gesprochen worden, und dabei wurden auch viele Irrtümer und Fehler erwähnt. Aber die Schwächen in *Mein glückliches Leben* sind nicht nur faktischer, struktureller oder syntaktischer Natur. Rubinstein war tiefer Erkenntnisse fähig und konnte ein großzügiges Verhalten an den Tag legen, aber die oberflächliche und nachtragende Seite seines Wesens steht im Mittelpunkt des Buches. Er stöhnt über den Zustand der Welt insgesamt und der Kunst im besonderen, aber seine Bemerkungen sind zu pauschal, um interessant zu sein. Und am Ende eines bemerkenswert langen und erfüllten Lebens und einer sagenhaft erfolgreichen Karriere hat er sich selbst klein gemacht, indem er sich bei belanglosen persönlichen oder beruflichen Kränkungen aus der fernen Vergangenheit aufhielt. *Mein glückliches Leben* ist im Grunde alles andere als großmütig. In mancherlei Hinsicht ist es vermutlich aufrichtiger, als Rubinstein bewußt war; die positiven Seiten seiner Persönlichkeit kommen jedoch zu kurz. Die meisten Kritiker haben diesen Aspekt von *Mein glückliches Leben* entweder nicht bemerkt oder nur so getan, als würden sie ihn nicht bemerken: Sie waren zu sehr damit beschäftigt, ihre Leser mit einem Überblick über Rubinsteins erotische Enthüllungen zu kitzeln oder sich mit der Frage herumzuschlagen, welche Rolle Annabelle im Leben des alten Pianisten gespielt haben mochte. (Das Buch ist »Meiner hingebungsvollen Freundin und Gefährtin Annabelle in Liebe und Dankbarkeit gewidmet«, und im Epilog hat Rubinstein bemerkt, »mein geliebter Deus ex machina hat mir zum Ende meines Lebens die schönsten Jahre beschert«.) Der Mundharmonikavirtuose Larry Adler hat in seinen Memoiren bemerkt, er habe die englische Ausgabe von Rubinsteins Buch besprochen: »Mir gefiel die Art und Weise nicht, wie er seine vielen Affären namentlich erwähnte und wie er andeutete, er hätte dem Buch auch den Untertitel *The Lay of the Last Minstrel – Das Lied des letzten Minnesängers* geben können«, erinnerte sich Adler.[33] Als die französische Ausgabe von *Mein glückliches Leben* erschien, provozierte sie einen häßlichen Streit zwischen Rubinstein und Bernard Gavoty, einem bekannten Pariser Musikkritiker. Gavoty war Cortots Freund und Biograph, aber auch ein langjähriger Bekannter und Bewunderer von Rubinstein, der einmal Gegenstand eines der illustrierten Büchlein in der von dem Kritiker herausgegebenen Reihe *Les Grands interprètes* gewesen war. In einem Artikel in *Le Figaro* sprach Gavoty Rubinstein direkt an und beklagte sich darüber, daß *Mein glückliches Leben* aus »nichts anderem als Diners, Schlafzimmerszenen, Reisen, Hummer, Kaviar und Champagner!« bestehe.

»Du stellst Dich nicht gerade in einem sehr schmeichelhaften Licht dar: als unverbesserlicher Vergnügungssüchtiger. Da herrscht Lebendigkeit vor, gewiß, aber es ist die Lebendigkeit der Eitelkeit! Ich sehe Deine Seiten nach irgendwelchen allgemeinen Gedanken von Dir durch, und alles, was ich vorfinde, sind Frivolität, das Verlangen nach Geld um jeden Preis, Abenteuer einer Nacht, unerträgliche Albernheit, das Eingeständnis Deiner unheilbaren Faulheit beim Überwinden Deiner technischen Schwächen!

Ich halte Dich für unverzeihlich schuldig, all Deine Kollegen durch den Kakao gezogen zu haben. Mögen sie nun Schnabel, Hofmann, Gieseking, Heifetz, Horowitz, Cortot – und so weiter und so fort – heißen: Deinen Schilderungen zufolge hat jeder nur geringe Tugenden besessen, die an die Deinen in keinster Weise heranreichen!

Dies ist ausgesprochener Größenwahn.

Wie kannst Du es nur wagen zu schreiben, daß Cortot uns einen ›schwachen tuberkulösen‹ Chopin gibt? Hast Du Dir einmal Cortots Aufnahmen der *24 Etüden* und der *24 Préludes* angehört? Dies sind Wunder der Technik, der durchgängigen Eleganz und eines virilen Elans.

Hast Du mir nicht viele Male erzählt, daß Du außerstande seist, diese wunderbaren Stücke komplett zu realisieren? Und wie hast Du mir immer meine große Bewunderung für Cortot vorgehalten! Als ob ich immer nur Dich hätte loben müssen.

Wie traurig, eitel, kleingeistig und widerwärtig ist doch diese Geschichte!«[34]

Der Artikel beweist zwar auch, daß Gavoty mindestens so herablassend sein konnte wie Rubinstein, aber die Kritik traf doch in vielerlei Hinsicht ins Schwarze. Rubinstein ärgerte sich natürlich darüber, und einige von seinen Freunden gossen noch Öl ins Feuer, als sie eilfertig ihre Solidarität mit Rubinstein demonstrierten.»Zufällig bin ich vor ein paar Tagen auf einen Artikel von Gavoty gestoßen«, hat Jean d'Ormesson, der ehemalige Herausgeber des *Figaro,* in einem undatierten Brief geschrieben.»Er war erschreckend – freilich im Hinblick auf das, was er über ihn aussagte. Seien Sie versichert, daß ich ganz auf Ihrer Seite bin … Ich gehöre zu den Menschen – und wir sind viele –, die nie müde werden, Ihnen zuzuhören.«[35] Gavoty wußte genau, wie Rubinstein auf seinen Artikel reagieren würde, und ein paar Wochen später schickte er dem Pianisten einen Brief, in dem sich Entschuldigungen mit weiteren Kränkungen mischten.

»Lieber Arthur,
ich wollte nicht das Jahr zu Ende gehen lassen, ohne Dir zu sagen, wie leid es mir tut, Dir Schmerzen bereitet zu haben, indem ich es zuließ, daß ein Artikel über Dich im *Figaro* veröffentlicht wurde.
Es stimmt, daß ich Ton und Inhalt Deiner *Mémoires* überhaupt nicht schätze ... Du hattest zu Recht den ersten Band Nela gewidmet, der Du so viel verdankst, die Du aber in den zur Neige gehenden Jahren Deines Lebens verlassen hast. Dies ist schlimmer als ein Fehler: Es ist ein spät im Leben begangener Akt der Feigheit. Ich achte und liebe Nela – wie sie bin auch ich beschämt.
Es bleibt der ›Fall‹ Cortot. Es hat Dir nicht gefallen, daß ich meine Bewunderung zwischen ihm und Dir verteilt habe. Dies war mein absolutes Recht als strikt unabhängiger und aufrichtiger Kritiker. Hast Du Dir einmal mit offenen Ohren Cortots Aufnahmen der *24 Préludes* und der *27 Etüden* von Chopin angehört? [Aus den in Gavotys Artikel erwähnten 24 Etüden sind im Brief 27 geworden, weil der Kritiker die *Trois nouvelles études* dazuzählte.]
Hast Du Dir in gleicher Weise die *Kreisleriana* und Schumanns *Fantasie* von Horowitz angehört? Davor muß man in die Knie gehen. Wir sind nicht allein auf der Welt ...
Nachdem ich Dir das gesagt habe, [muß ich hinzufügen,] daß Du mein Leben auf einzigartige Weise bereichert hast. Und ich glaube nicht, daß ich mit meiner Begeisterung für Deine Kunst und Deinen funkelnden Witz gespart habe. Nichts kann dies aus meinem Gedächtnis tilgen. Daher erlaube ich mir, ohne die geringste Heuchelei oder Widersprüchlichkeit, Dir am Ende dieses Jahres meine besten Wünsche für Deine Gesundheit und Dein Wohlbefinden auszusprechen, ebenso wie die Ehrerbietung eines Herzens, das nicht vergessen hat, was es Dir verdankt.«[36]

Rubinstein diktierte eine Antwort:

»Bernard,

Dein Artikel hat mich geärgert. Du legst es darauf an, mich dafür zu tadeln, daß ich am wilden Leben und den Partys der zwanziger Jahre teilgenommen habe; nach dem Sieg, obwohl Du meine lange und schöne weltweite Karriere genau kennst, deren Erfolg bis zu meinem letzten Konzert unvermindert anhielt ...

Was Deinen Brief betrifft, ... so hat er mich beleidigt. Was für ein Recht hast Du denn, Dich in meine Ehe einzumischen? Wenn meine Frau schon so geschmacklos war, sich Dir gegenüber über mein Verhalten zu beklagen, dann hättest Du – der Du angeblich ein Freund bist – es Dir zur Pflicht machen müssen, auch meine Seite anzuhören. Im übrigen sind Deine Anspielungen wegen meiner Eifersucht auf Cortot oder Horowitz absurd. Ich habe stets meine Bewunderung für die Kunst dieser beiden Künstler zum Ausdruck gebracht, mündlich wie in meinen Büchern, aber ich schwöre, daß ich nur Haß empfinde für das Verhalten von Cortot und Vuillermoz [einem französischen Musikkritiker] unter Vichy, und Dein Wohlwollen gegenüber diesen beiden Verrätern des wahren Frankreich hat mir oft Stoff zum Nachdenken gegeben. Was Horowitz angeht, so habe ich seine geschmacklosen Zugaben nicht gemocht, und vergiß nicht, daß ihn Deine schlechte Kritik daran gehindert hat, nach Frankreich zurückzukehren.

Schließlich ist das Wort ›Feigheit‹, welches Du auf mich anzuwenden gewagt hast, unverzeihlich.

Das ist alles.

Arthur Rubinstein«[37]

Aber Gavotys Einschätzung von Rubinsteins Ansichten über Cortot und Horowitz war durchaus nicht inkorrekt: In *Mein glückliches Leben* hat Rubinstein Cortots Chopin-Spiel als »allzu große Zartheit« abgetan und sich besonders über »Cortots Darstellung des polnischen Meisters als des tuberkulösen Künstlers« beklagt.[38] Auch im privaten Gespräch äußerte er sich »ziemlich negativ über Cortot«, so Daniel Barenboim.

Und Rubinsteins letzte »bewundernde« Äußerung über Horowitz im Buch lautete: »Horowitz ist in das Konzertleben zurückgekehrt als der große Virtuose, der er immer war, er trägt aber meines Erachtens zur Kunst der Musik nichts bei.«[39] Rubinstein hatte durchaus das Recht zu seiner vernichtenden Kritik an seinen Kollegen, zumal er im selben Band seiner Memoiren für Rachmaninows Spiel hohes Lob äußerte und die starken und schwachen Punkte im Spiel von Hofmann, Gabrilowitsch und anderen Pianisten wohl ausgewogen beschrieb. Gegen Gavotys Angriff hätte sich Rubinstein besser verteidigen können, wenn er auf das einfache und unwiderlegbare Argument zurückgegriffen hätte, daß seine Sachkenntnis und seine Überzeugung genau die Qualitäten waren, die seine Ansichten über andere Pianisten so wertvoll machten, statt zu behaupten, er würde Leute bewundern, die er ganz offensichtlich nicht bewunderte. Ja, hätte das Buch mehr entschiedene Ansichten über Musik enthalten, hätte es einen größeren Wert gehabt. John Rubinstein hat erklärt: »Wenn ich so herumstand und zusah und zuhörte, wie mein Vater spielte – und zwar nicht in einem Konzert, sondern in einem Wohnzimmer –, und wenn ich ihn dann gefragt hätte: ›Was kannst du mir über dieses Gis-Dur-Thema sagen?‹, dann hätte er mir ganze Bände über ein Thema oder eine Phrase erzählen können – warum er das auf diese Weise spielte, wie er es früher gespielt hatte, wie er es gern spielen würde, wie Rachmaninow es gespielt hatte. Er hätte so viel über die Bilder zu sagen gehabt, die in seinem Kopf waren oder die darin gewesen waren, aber sich verändert hatten, oder über die Geschichte und den Background des Stücks.«[40] Aber nur ganz wenig davon ist in beide Bände der Memoiren eingegangen.

Gavotys Worte schmerzten Rubinstein noch immer, und so diktierte er einen Zusatz zu seinem früheren Brief. Unter anderem erklärte er: »In meiner Jugend habe ich Busoni und Eugène d'Albert am meisten bewundert, und meine große Liebe galt Edouard Risler und nicht Paderewski, dem die Welt zwar zu Füßen lag, der aber meiner Meinung nach ein schlechter Pianist war. Außerdem hat sein Stil, Chopin zu spielen, zu den stilistischen Übertreibungen und dem Mangel an Rhythmus geführt, die jahrelang en vogue waren, während ich für meine Art, ihn einfach, wie Mozart, zu spielen, schwer kritisiert wurde. Ich möchte Dich daran erinnern, daß Du in den Anfangsjahren unserer Bekanntschaft mit großer Härte über mich geurteilt hast. Heutzutage bewundere ich Richter am meisten, trotz der Tatsache, daß er ganz andere Vorstellungen als ich hat, und dies tue ich, weil er der größte Musiker von uns allen ist. Ich selbst habe die Karriere des wunderbaren Gilels gestartet, und ich selbst habe den Chopin-Preis in Warschau dem jungen Pollini verliehen, der schon damals gezeigt hat, daß er die Pranken eines Löwen besitzt. Ich muß mir nicht die Platten von irgend jemand anhören, weil ich aus persönlicher Erfahrung weiß, daß die [technische] Perfektion eine Fälschung ist.«[41] Im darauffolgenden September schrieb Gavoty eine überaus schmeichelhafte Besprechung von Rubinsteins vor kurzem herausgekommener Aufnahme von Schumanns *Fantasie* und den *Novelletten* Nr. 1 und 2. Es war sein letzter Artikel: Er starb am 24. Oktober 1981, und Rubinstein schickte seiner Witwe ein Beileidstelegramm.

Judith Jones hat berichtet, *Mein glückliches Leben* habe sich »verglichen mit dem ersten Band schlecht verkauft«.[42] Es ist nicht überraschend, daß Nela Rubinstein alles andere als eine positive Meinung von dem Buch hatte; ihre Versionen von einigen Geschichten ihres Mannes sind in diesem Buch bereits an anderer Stelle zitiert worden. Eva und Alina haben behauptet, *Mein glückliches Leben* nicht ganz gelesen zu haben, und John hat erklärt, er hätte keinen der beiden Bände gelesen. »Das ist die schreckliche Wahrheit. Mein Vater hat mir vom ersten Band eine Menge laut vorgelesen, während er daran geschrieben hat, aber den zweiten habe ich nicht einmal aufgeschlagen«, sagte er. Eva bemerkte: »Seiner Geliebten das Buch über seine Ehe zu diktieren! Es war einfach furchtbar!« Emanuel Ax hat gesagt, die Lektüre von *Mein glückliches Leben* habe ihm die größte Enttäuschung bereitet, die er je im Hinblick auf einen Menschen erlebt habe. »Bis dahin hatte ich Rubinstein vergöttert – ich hatte auch ein Leben wie das seine haben wollen. Das Buch hat all das verändert.« Aber Magaloff hat über beide Bände von Rubinsteins Memoiren gesagt: »Viele Leute haben diese Bücher kritisiert und gemeint, sie seien nicht tief, aber ich glaube, das ist ein großer Irrtum.

Diese Bücher sind genau wie er. Seine ganze Persönlichkeit kommt in ihnen unverfälscht zum Ausdruck. Er war nicht wie Busoni, beispielsweise – er war so ganz anders als er, wie ein Mensch es nur sein konnte! Warum nach einer Philosophie suchen? Rubinstein hatte nicht diese Art von Verstand!«

D as Erscheinen von *Mein glückliches Leben* im Januar 1980 fiel zeitlich mit dem Beginn einer ernsthaften und letztlich tödlichen Verschlechterung von Rubinsteins Gesundheitszustand zusammen. Gut ein Jahr zuvor hatte er Schmerzen im Rücken, in der Leistengegend und im rechten Bein verspürt. Zunächst waren diese Schmerzen nur schwach, aber schon bald fiel ihm das Gehen schwer. »Arthur hatte Prostatakrebs, der nicht rechtzeitig erkannt wurde«, sagte Annabelle. »Ich gebe die Schuld daran dem American Hospital in Paris und dem Arzt, der ihn untersuchte. Ich bin immer mit Arthur hingegangen, aber wenn ich eine Frage hatte – beispielsweise, ob er weiterhin seine Tabletten einnehmen solle oder nicht –, hatte ich das Gefühl, ich würde ihnen nur ihren Spaß verderben. Statt sich ernsthaft zu unterhalten, haben Arthur und der Arzt immer nur Witze miteinander gemacht. Arthurs Symptome haben bewiesen, daß die Prostata nicht in Ordnung war. Im Nachhinein habe ich erfahren, daß jeder Medizinstudent dies hätte wissen müssen, aber das Krankenhaus hat nie irgendwelche elementaren Tests oder Biopsien gemacht. Ende Dezember 1979 war sein rechtes Bein ungeheuer geschwollen. Immer wieder rief ich bei dem Arzt an – ich dachte, es könnte mit der Hüfte oder dem Bein etwas nicht in Ordnung sein, weil es so geschwollen war –, und er sagte nur: ›Na ja, wissen Sie, Sie können nun mal aus einem alten Mann keinen jungen machen, Annabelle. Sorgen Sie dafür, daß er geht, daß er Gymnastik macht.‹
Ich sagte: ›Er kann doch nicht gehen! Das Bein tut ihm weh!‹
Er erwiderte: ›Sie brauchen nur darauf zu achten, daß der andere Fuß nicht anschwillt, denn wenn das passiert, könnte es das Herz sein. Aber diese Schwellung – das ist sein Alter. Da kann man nichts machen, und da braucht man sich keine Sorgen zu machen.‹ Wir haben es mit Aku-

punktur, mit Gott weiß was alles probiert. Im Mai 1980 fuhren wir nach New York, wegen der Promotion für das Buch und um Johnny in *Children of a Lesser God* spielen zu sehen, wofür er den Tony Award bekam. Arthur ging es schlecht, und ich bat Alina, einen Arzt zu holen.« Damals war Alina zuerst Medizinalassistentin und dann Assistenzärztin für Psychiatrie. »Als mir mein Vater sein Bein gezeigt hat, war ich entsetzt«, erinnerte sie sich. »Es war so geschwollen, daß es doppelt so dick war wie das andere. Ich wußte, daß das etwas Schlimmes sein mußte.« In einem Brief hat Alina geschrieben: »Ich habe es meinem Oberassistenzarzt geschildert. Er meinte, das höre sich so an, als ob das Risiko einer Rückenmarkskompression bestehen könnte (ein Notfall), wenn es nicht behandelt würde, und nannte mir Dr. [Peter H.] Berczellers Namen. Dr. Berczeller diagnostizierte einen Lymphdrüsenverschluß, vermutlich aufgrund von Metastasen aus einem primären Prostatakrebs (im fortgeschrittenen Stadium).« Annabelle schilderte Berczeller als »wunderbar – er warf einen Blick auf dieses Bein und sagte: ›Wir müssen sofort operieren. Da gibt es keinen Zweifel.‹ Sie machten eine Computertomographie; ich war bei ihnen in dem Raum, wo man die Bilder herauskommen sieht, und sie sagten: ›Oh Gott! Oh Gott!‹ Der Krebs hatte sich bereits ziemlich ausgebreitet. Und das hätte nicht sein müssen. Hätte er mit der Behandlung vor zwei Jahren begonnen, wäre alles ganz anders verlaufen. Aber er wurde operiert.« Berczeller hat in seinem reizenden Buch *Doctors and Patients* [Ärzte und Patienten] seine erste Begegnung mit Rubinstein beschrieben – dies war nicht der »temperamentvolle Anekdotenerzähler«, dessen Geschichte er in *Mein glückliches Leben* gelesen hatte, sondern ein »stiller, blasser, sehr alter, kleiner Mann, der einen wallenden Mantel mit Schal und Hut trug … [und] unbeweglich in einem Rollstuhl saß … Er war offenkundig ziemlich taub, aber nachdem Annabel[le] mich vorgestellt hatte, wobei sie nicht allzu laut sprach, aber jedes Wort ganz klar artikulierte, öffnete er die Augen und sagte: ›Bonjour.‹ … Ich merkte gleich, daß er völlig wach war, und wenn ich genauso wie sie mit ihm sprach, verstand er alles, was ich ihm sagte. Ja, obwohl er sehr schlecht sah, vernahm ich zu meinem Erstaunen, wie er auf den Namen des Künstlers

(Chagall) hinwies, von dem das Original des Werbeplakats der Metropolitan Opera für *Die Zauberflöte* stammte, das an der gegenüberliegenden Wand der Praxis hing.« Berczeller schilderte dann die Untersuchungen, die an Rubinstein vorgenommen wurden, und meinte schließlich:

»In all den Jahren hätte ich die ›Prominentenärzte‹ nicht so verachten sollen, die bekanntlich sehr viel Zeit mit ihren Very Important Patients verbrachten, denn ich merkte, daß ich nichts anderes tat. Nun, da er wußte, daß etwas ganz Bestimmtes für ihn getan werden sollte, ganz gleich, wie die Diagnose lautete, war Rubinstein sehr vergnügt, und jedesmal, wenn ich ihn sah, trug er einen wunderschönen seidenen Morgenrock mit einem dazu passenden Einstecktuch, die Füße in bestickten Samtpantoffeln, und duftete nach einem unbekannten Eau de Toilette, einem, wie er sagte, eigens für ihn von Chanel hergestellten Duft. Er war sehr gesprächig und so witzig, daß sein Buch, das ich so außergewöhnlich gefunden hatte, weit hinter seiner tatsächlichen Erscheinung rangierte. Üblicherweise besuchte ich meine Krankenhauspatienten einmal am Tag, und wenn sie schwer krank waren, dann zweimal. Ich entdeckte, daß ich Arthur drei- oder viermal am Tag aufsuchte und jedesmal etwa eine halbe Stunde dablieb. Diese häufigen Besuche waren in medizinischer Hinsicht nicht nötig …, aber ich war von ihm so fasziniert und hatte angefangen, ihn so sehr zu mögen, daß ich mich buchstäblich hingezogen fühlte, ihn so oft zu sehen, wie ich konnte. Doch er war ganz anders als jeder VIP, von dem ich je gehört hatte. Er stellte keine Ansprüche, ging auf alle meine Vorschläge ein und überließ die Auswahl der Ärzte ganz mir.«[43]

Die Operation fand im New York University Hospital statt. »Mein Vater bekam eine ›TURP‹ (transurethrale Resektion der Prostata) unter Vollnarkose«, schrieb Alina. »Sie wollten einen Spinalblock anwenden …, um die höheren Risiken einer Vollnarkose zu vermeiden, aber infolge seines fortgeschrittenen Alters war seine Wirbelsäule so steif, daß sie das nicht machen konnten.« Annabelle sagte: »Natürlich hatte man entsetzliche Angst, daß er nicht wieder zu sich kommen würde. Er war schon dreiundneunzig Jahre alt. In der Nacht davor waren wir allein in seinem Zimmer, hielten uns bei den Händen und hörten uns Mozart-Klavierquartette an – seine Aufnahmen mit dem Guarneri Quartett. Eva besuchte ihn und regte ihn auf ihre übliche Art auf.« Am Tag der Operation, berichtete Berczeller, sei er »sehr früh aufgewacht«. Rubinstein »war der erste Fall, und ich wollte ihn unbedingt noch einmal untersuchen, bevor er in den Operationssaal kam. Als ich eintraf, war Annabel[le], die auf einem Notbett in seinem Zimmer schlief, bereits auf, aber unser Starpatient schlief noch friedlich … Doch als Arthur erwachte, brachte er uns sofort zum Lachen, als er Wladimir Horowitz imitierte, der die Hauptrolle in dem Traum gespielt hatte, aus dem er gerade erwacht war.« Vor der Operation verlangte Rubinstein, jemand solle ihm eine Kassette von Mozarts Streichquintett in g-Moll vorspielen, wenn er aus der Narkose erwachen würde. Falls er statt dessen das Adagio aus Schuberts Streichquintett in C-Dur hören würde, dann wüßte er, daß er gestorben und im Himmel wäre, scherzte er. Berczeller war »die ganze Zeit sehr ängstlich, in der Arthur bewußtlos dalag, einen Atemschlauch in der Kehle. Aber der Monitor zeigte einen normalen Rhythmus an, die Blutgaswerte waren ausgezeichnet, und der Chirurg pfiff vor sich hin …, so daß ich einigermaßen beruhigt war.« John, der seinen Vater unmittelbar danach besuchte, erinnerte sich: »Zum ersten Mal in seinem Leben sah er wie ein armer, kranker alter Mann aus. Überall an ihm hingen Schläuche und intravenöse Injektionsnadeln, und er konnte nicht sprechen. Als ich hereinkam, habe ich ihn vermutlich irgend etwas Dummes gefragt – ›Wie geht es dir?‹ oder so. Er sah mich an, zwinkerte mit den Augen und *sang* einen ganz langen Abschnitt aus einem Mozart-Quintett – ein munteres kleines Thema, kein trauriges. Für mich war dies ein Beweis für eine, wie sich herausstellte, passende Bekundung seiner bedingungslosen Liebe zum Leben.«

»Wir haben die Nachtschwester gleich in der ersten Nacht entlassen«, sagte Annabelle, »weil sie es nicht so wichtig nahm, daß er so große Schmerzen hatte. Danach bin ich die ganze Zeit bei ihm geblieben – ich habe das Krankenhaus nie verlassen.« Laut Berczeller hatte Rubinsteins

Befinden nach der Operation so gute Fortschritte gemacht, daß er bereits nach fünf Tagen aus dem Krankenhaus entlassen werden konnte. Im Hotel, berichtete Annabelle, »schien Arthur nach der Operation so müde zu sein, daß ich eines Abends den Arzt anrief, der versprach, er würde vorbeischauen. Das war vor oder nach einem offiziellen Essen, und der Arzt hatte sich ganz feingemacht. Nun, Arthur sprühte nur so vor Lebensfreude. Er erzählte dem Arzt Geschichten und blühte richtig auf.« (Vier Jahre früher hatte Rubinstein erwidert, als ihn ein Interviewer gefragt hatte, ob er ihn ermüden würde: »Nein! Aber ich werde müde sein, wenn Sie gehen. Solange irgendwas los ist, bleibe ich gerne bei der Stange. Wenn es nach einem Konzert eine Party gibt, gehe ich immer als letzter. Sie können mich einfach nicht loswerden.«[44]) Sobald sich Rubinsteins Zustand einigermaßen gebessert hatte, lud Berczeller ihn und Annabelle zu einem »Siegesmahl« in einem Restaurant an der Park Avenue ein. »Arthur sah großartig aus«, erinnerte sich der Arzt. »Ich begann mit einem Champagnertoast auf seine Genesung, und dann brachte er einen Toast auf Doktorleben [Rubinsteins deutsch-jiddischer Kosename für Berczeller], dann einen auf die ›getreue‹ Annabel[le], dann einen auf die ›schöne‹ Adrienne (meine Frau) aus. Auf meinen Wunsch hin imitierte er noch einmal Horowitz, und dann war er als Imitator nicht mehr zu bremsen, unter anderem imitierte er Toscanini und Stokowski.« Rubinstein hatte noch immer Mühe mit dem Gehen und konnte keine Treppen steigen; irgendwann einmal mußte er auf die Toilette, und Berczeller mußte beunruhigt daran denken, daß sie eine Treppe tiefer war. Schließlich führte er seinen Patienten zu einem Schrank in der Garderobe des Restaurants und ließ ihn in eine leere Weinkaraffe urinieren, worüber sich beide amüsierten.[45]
Annabelle und die Familie Rubinstein einigten sich darauf, Arthur zu verschweigen, daß er Krebs hatte. »Ich wußte genau, daß er in dem Augenblick, da er das Wort ›Krebs‹ hörte, denken würde: ›Mein Gott, jetzt ist es soweit‹«, sagte Annabelle. »Zum Glück konnte das meiste, was bei ihm nicht mehr in Ordnung war, seinem Alter zugeschrieben werden.« Im Grunde hatte er nie wissen wollen, wie sein Körper funktionierte, und vielleicht trug diese Form der bewußten Unwissenheit

dazu bei, sein Leben zu verlängern. Alina glaubte, daß ihr Vater eine kurze Strahlentherapiekur verschrieben bekommen hatte, bevor man bei ihm mit einer DES-Therapie (Diäthylstilböstrol, ein Antitestosteron) begann. Als er wieder einigermaßen bei Kräften war, kehrte er mit Annabelle nach Paris zurück. »Eine Zeitlang ging es ihm viel besser«, erinnerte sie sich, »aber er hatte fürchterliche Ekzeme. Zu jeder Tages- und Nachtzeit bekam er schreckliche Juckanfälle. Wir probierten es mit verschiedenen Cremes und Medikamenten, aber nichts half wirklich.« Schließlich entwickelten sich die Ekzeme zu einer *Mycosis fungoides,* einer Art Hautkrebs.

Die Zuwendung alter Freunde half Rubinstein, bei guter Stimmung zu bleiben. Marlene Dietrich beispielsweise, die in Paris lebte, schrieb ihm ein paar Zeilen (offenbar wollte sie sich damit für ein Exemplar seiner Memoiren bedanken). Sie tat dies in großen Buchstaben in Block- schrift, damit er sie selbst lesen konnte: »LIEBSTER ICH LIEBE SIE UND MEINEN HERZLICHSTEN DANK! SAGEN SIE MIR BITTE PER TELEPHON WAS ICH FÜR SIE TUN KANN? WER KOCHT FÜR SIE? ICH KANN ALL DIE PHANTASTISCHEN SACHEN NICHT KOCHEN DIE SIE BESCHREIBEN [in *Mein glückliches Leben*] *ABER* ICH MACHE DIE *BESTE BOUILLON* DIE SIE *TRINKEN* MÜSSEN! LASSEN SIE MIR EINFACH DURCH JEMANDEN BESCHEID SAGEN WANN SIE SIE WOLLEN (AUSSER MONTAGS) UND ICH SCHICKE SIE IHNEN. KEINE MÜHE FÜR MICH EINFACH AUS LIEBE ZU IHNEN. WIE IMMER MARLENE.«[46] Bei derartigen Aufmerksamkeiten hätte sich jeder wohl gefühlt. Und Rubinstein konnte wohl kaum traurig gewesen sein über eine Nachricht, die er im Juni 1980 von seinen Anwälten in New York erhielt, derzufolge RCA 822 201,73 Dollar – soviel hatte sich in mehreren Monaten an Tantiemen und Vorauszahlungen angesam- melt – auf sein Konto bei der First National City Bank von New York überweisen würde.[47] Ende August hatten ihm seine RCA-Platten- verkäufe weitere 196 542,07 Dollar für das vorangegangene Halbjahr eingebracht.[48] Zu Beginn des darauffolgenden Jahres – so eine interne RCA-Aktennotiz – hatte Seth Frank, einer von Rubinsteins Anwälten, der Firma mitgeteilt, daß »seiner Ansicht nach Mr. Rubinstein beleidigt wäre bei der Aussicht, daß RCA irgendeine seiner Aufnahmen auf Gold Seal herausbringen würde« – einem mittelpreisigen Label. »Frank hat daher unsere Bitte abgelehnt, in dieser Form die [von Erich Leinsdorf dirigierten] Beethoven-Konzerte herauszugeben, und vorgeschlagen, wir sollten von anderen ähnlichen Plänen bezüglich Mr. Rubinsteins Aufnahmen Abstand nehmen, solange Mr. Rubinstein am Leben sei.«[49]

Am Abend des 29. Juli 1980, nachdem Rubinstein sich die Fernsehnachrichten angeschaut hatte, verspürte er, wie Annabelle es schilderte, »einen fürchterlichen, entsetzlichen Schmerz ganz oben an seinem linken Bein. Ich rief den Arzt in New York an – wir hatten kein Vertrauen mehr zu dem Arzt in Paris – und fragte: ›Was soll ich machen? Hat es was mit der Krankheit zu tun?‹ Der Arzt rief einen Kollegen [in Paris] an, der sofort vorbeikam, und wir brachten Arthur ins Hôpital Foch. Er wurde geröntgt, und dabei wurde entdeckt, daß er sich einfach den Oberschenkelhals gebrochen hatte – ein spontaner Bruch. Es gab eine lange Operation, wieder in Vollnarkose, bei der ihm ein künstlicher Oberschenkelhalsknochen eingesetzt wurde. Ich glaubte, der Krebs wäre bis zu den Knochen vorgedrungen, aber der Chirurg meinte, es sei ein ganz starker Knochen, den er nur mit großer Mühe habe durchtrennen können.« Die Operation war zwar erfolgreich, aber der Krankenhausaufenthalt hatte Rubinstein doch erheblich geschwächt. »Wir waren einen Monat lang in diesem Krankenhaus, und ich habe mich nie aus seinem Zimmer weggerührt«, sagte Annabelle. »Und dann haben sie uns hinausgeworfen – sie sagten, sie könnten nichts mehr tun. Wir beschlossen, nach Zürich zu fahren, ins Hotel Dolder – ein wunderbares Hotel, in dem wir während der Arbeit am Buch mehrmals abgestiegen waren und das wir gern hatten. Wir ließen uns von einem Krankenwagen zum Flughafen fahren; im Flugzeug waren drei Sitze entfernt worden, und Arthur lag während des Fluges auf einer Tragbahre. In Zürich wurden wir wieder von einem Krankenwagen erwartet, der uns zum Hotel brachte. Arthur ging es so schlecht wie noch nie: Er rührte sich nicht – er hatte furchtbare Schmerzen im Rücken, besonders wenn er sich aufsetzte, nachdem er so lange im Bett gelegen war. Wir hatten einen sehr guten Arzt« – Christian Funk – »und eine wunderbare, in

Deutschland ausgebildete Krankengymnastin. Sie arbeitete mit Arthur und schaffte es, daß er wieder gehen konnte. An meinem Geburtstag, am 21. Oktober, war er in der Lage, den Korridor entlangzugehen. Wir fuhren ohne Rollstuhl im Lift nach unten und gingen ins Restaurant. Das war eine wahre Meisterleistung! Wir blieben sieben Monate im Dolder, und eine Menge Leute haben uns dort zu verschiedenen Zeiten besucht – Roman, Johnny, Alina.« Auch Nela kam ins Dolder, um ihren Mann zu sehen. »Sie hatten ein sehr ernstes Gespräch – ich habe sie allein gelassen«, erinnerte sich Annabelle. Sie fügte hinzu, Rubinstein sei entschlossen gewesen, sich von Nela scheiden zu lassen, habe aber den Gedanken wieder aufgegeben, als seine Anwälte meinten, er hätte mit einem fürchterlichen Kampf zu rechnen. Nela hat allerdings später behauptet, Arthur habe das Thema Scheidung nie mit ihr erörtert – weder während ihres Besuchs im Dolder noch zu irgendeiner anderen Zeit. Und ein paar Jahre früher, vor der Krise in seiner Ehe, hatte Rubinstein gegenüber Barenboim erklärt: »›Egal, was passiert – andere Frauen und dies oder jenes –, ich werde mich nie scheiden lassen. Ich bin ein jüdischer Familienmensch.‹ Er sah sich gerne so, und ich denke, das muß eines seiner Hauptprobleme in seinem Verhältnis zu seinen Kindern gewesen sein.«

Nach und nach schritt der Krebs weiter fort, und Rubinstein hatte Anfälle von akuter Blutvergiftung. »Gegen Ende unseres Aufenthalts im Dolder begann Arthur immer wieder ganz plötzlich schrecklich hohes Fieber mit heftigem Schüttelfrost zu kriegen«, berichtete Annabelle. »Das war ganz fürchterlich, aber wir gewöhnten uns daran. Es passierte oft, und dann mußte er sofort Antibiotika bekommen.« Schließlich verließen Rubinstein und Annabelle das Dolder und zogen in seine Genfer Wohnung an der Avenue Krieg Nr. 9. Dort litt er weiterhin unter septischen Anfällen. »Es passierte immer gegen elf Uhr nachts. Er begann wie verrückt zu zittern, und dann wußte ich, was auf mich zukam. Die ersten paar Male fuhren wir mitten in der Nacht ins Krankenhaus, aber dann legte ich mir einen Vorrat von Antibiotika zu und gab ihm sofort etwas – dann blieben wir zu Hause. Aber sein Appetit war nicht so, wie er hätte sein sollen: Er wurde immer dünner, wie es auf den damals gemachten Photos zu sehen ist. Doch er hat nie seinen unglaublichen Optimismus verloren. Er war *wunderbar* – er hat nie geklagt.« Als Alina zu Besuch kam, hat auch sie über ihren Vater gestaunt: »Ich dachte, daß er doch erstaunlich duldsam und ruhig war, wie er da so krank und gebrechlich war«, meinte sie. »Als er ein bißchen jünger war, hat er sich schon beim kleinsten Ritz am Finger so aufgeführt, als ob alles vorbei wäre. Und da lag er nun und starb an Krebs, unter ziemlichen Schmerzen – ich weiß das, weil ich Patienten gepflegt habe, die das gleiche wie er hatten: Der Hautkrebs, den er nach dem Prostatakrebs bekam, ist unglaublich schmerzhaft. Aber er hat sich nie darüber beklagt. Er war viel zu sehr damit beschäftigt, sich Musik anzuhören oder sich irgendeinen Film mit Fred Astaire im Fernsehen anzuschauen, so gering sein peripheres Sehvermögen auch war. Das war für ihn besser als irgendein schmerzstillendes Mittel.«

Annabelle hat gesagt, noch mehr als das Anhören von Musik »hat ihn das Vorlesen der Maigret-Romane von Georges Simenon wirklich auf andere Gedanken gebracht und ihn seine Schmerzen vergessen lassen. Wir haben alles gelesen, was ich in die Hände bekam, und ich habe ihm so lange vorgelesen, bis ich heiser war. Maigret konnte er sich stundenlang anhören. Dann sah ich, wie sich seine Augen in der Welt von Maigret verloren und er selig und zufrieden war. Dann haben wir alle anderen Romane von Simenon gelesen.« Der Autor, der in der Nähe wohnte, besuchte Rubinstein und gab ihm ein Exemplar des liebsten seiner Bücher, *Le Petit Saint (Der kleine Heilige)*. Annabelle las Arthur auch die Bücher eines anderen gelegentlichen Besuchers vor: Jean d'Ormesson. »Arthur ließ sich so gerne alle diese Bücher vorlesen, und ich sah so gerne, wie er sich freute, sah so gerne dieses kleine Funkeln in seinen Augen, wie er sich in die Welt des Buches versetzte, das wir gerade lasen. Wir haben Albert Cohens *Belle du Seigneur (Die Schöne des Herrn)* – ein dickes Buch – von Anfang bis Ende gelesen. Manchmal fing ich an, eine Passage, die wir am Tag zuvor gelesen hatten, noch einmal vorzulesen, und dann sagte er: ›Ja, ja, das haben wir gestern gelesen.‹ Er wußte immer ganz genau, wo wir aufgehört hatten. Genauso gut war er auch im Rechnen – er war ein ganz schneller Kopfrechner. Sein

Gehirn war absolut klar, bis zuletzt. Man war sich dessen bewußt, daß er krank war, aber nicht, daß er alt war.«

Auch Musiker besuchten Rubinstein weiterhin häufig. »Marta Argerich lebte in Genf und kam immer wieder zu uns zu Besuch – wir aßen dann abends miteinander«, berichtete Annabelle. »Einmal, beim Dinner nach einem ihrer wunderbaren Konzerte in Luzern, sagte er: ›Marta! Warum hast du den letzten Satz der Chopin-Sonate so schnell gespielt? Wie konntest du ihn nur so spielen?‹ Sie sagte: ›Ich weiß, ich weiß! Aber ich kann nicht anders!‹ Doch sie hat ihn fasziniert. Er hat sich immer so gern mit ihr unterhalten und ihr zugehört, und er hat sie sehr bewundert, obwohl es in ihrem Spiel eine Menge Dinge gab, mit denen er nicht einverstanden war. Er hat auch Maria Tipo und Nikita Magaloff sehr bewundert.« Magaloff erinnerte sich: »Bis wenige Monate vor seinem Tod hat Rubinstein meine Frau und mich manchmal in seine Genfer Wohnung zum Mittagessen eingeladen, ja, er hat mich sogar gebeten, etwas auf dem Klavier zu spielen. Es war sehr traurig, daß er am Ende seines Lebens so krank war. Ich habe diesen wunderbaren Menschen, den ich noch gekannt hatte, wie er so voller Leben gewesen war, in seinem schwächsten Zustand erlebt. Er konnte auch nicht mehr gut hören. Aber mit dem Kopf war er immer da – nicht wie Kempff«, der im höchsten Alter am Parkinson-Syndrom litt und senil war. »Und immer hat er auf ein gutes Essen bestanden«, berichtete Magaloff.

Ein weiterer Musiker, über dessen Besuche sich Rubinstein in seinen letzten Monaten so freute, war der junge Geiger Shlomo Mintz, dessen Spiel Rubinstein an die Kunst von Paul Kochanski erinnerte. Sie lernten sich kennen, nachdem Rubinstein Mintz das Violinkonzert von Brahms im Fernsehen hatte spielen hören. »Arthur war einfach zu Tränen gerührt vom Spiel des Geigers«, erinnerte sich Annabelle. »Ich erfuhr, daß Shlomo nach Genf kommen und ein Konzert geben sollte, aber Arthur war nicht so gut beieinander, daß er hingehen konnte – damals war er schon ziemlich krank. Ich fand heraus, wo Shlomo abgestiegen war, und rief ihn an. Ich erklärte ihm, daß Mr. Rubinstein ihn im Fernsehen gehört habe. ›Er würde Sie so gern kennenlernen, aber leider kann er nicht zu Ihrem Konzert kommen‹, sagte ich. ›Würden Sie vielleicht zu uns nach Hause kommen?‹

Er erwiderte: ›Natürlich! Ich kann ja mit meinem Pianisten kommen – wir können das ganze Programm spielen, das wir heute abend geben werden!‹

›Fein, kommen Sie doch zum Mittagessen!‹

›Darf ich meine Verlobte mitbringen?‹ Ich sagte, ja, nannte ihm die Adresse und legte eine Zeit fest; und dann sagte er: ›Darf ich Ihnen noch eine Frage stellen? Es ist doch *der* Rubinstein, nicht wahr?‹ Ihm war plötzlich der Gedanke gekommen, daß es vielleicht ein Bankier wäre! Shlomo war ein sehr herzlicher Mensch, und Arthur liebte sein Spiel und liebte *ihn*. Wann immer Shlomo irgendwo in der Nähe war, kam er vorbei; einmal besorgte er sich von irgendwoher sogar einen Hubschrauber, um nach Genf zu kommen. Er spielte für ihn vor oder nach Konzerten, und in diesen letzten beiden Jahren standen er und Arthur einander sehr nahe.«

Rubinstein führte Annabelle ins Opernrepertoire ein, das sie kaum gekannt hatte, und sie führte ihn in gewisse Gebiete des Kammermusikrepertoires ein, die er zuvor nicht gepflegt hatte. Andere Gebiete freilich kannte Rubinstein durch und durch, und »er war immer ganz verärgert über die Art und Weise, wie gewisse Quartette spielten«, berichtete Annabelle. »Dann sagte er etwa, man könne die erste Geige die melodische Linie nicht spielen hören. Wenn er Musik hörte, die seiner Meinung nach nicht gut vorgetragen wurde, konnte er in einen fürchterlichen Zorn geraten. ›Wie können sie nur so spielen?!‹ Er beklagte sich darüber, daß gewisse Gruppen den ersten Satz des g-Moll-Quintetts von Mozart so spielten, als wäre er ein kleines Scherzo, und meinte: ›Was denken die sich bloß dabei?‹ Ich besorgte ihm eine Aufnahme, bei der das alte Griller-Quartett mit William Primrose die Mozart-Quintette spielte, und die liebte er.«

Häufig geriet Rubinstein auch in Zorn über die Haltung der Welt gegenüber Israel – oder wie er sie interpretierte. In seinen letzten Jahren trat er nicht nur als Wohltäter Israels auf: Er war politisch rechts orientiert, überzeugt, daß Israel nichts falsch machen konnte. Die Gebiete, die das

Land 1967 besetzt hatte, gehörten für ihn rechtmäßig zu Israel. Rubinstein sagte, die Palästinenser seien Nomaden, denen Lawrence von Arabien unglücklicherweise die Vorstellung eingeflößt habe, ein Volk zu sein – und danach hätten sie sich nur noch vermehrt. Sie sollten auf jordanischem Boden angesiedelt werden, hat er mehr als einmal erklärt. Da hauptsächlich die Sowjetunion Israels Gegner unterstützte, schlug Rubinstein sogar vor, die USA sollten doch den Kreml bombardieren. Als die Arbeiterpartei in Israel regierte, war Rubinstein mit ihren Führern befreundet, und Annabelle erinnerte sich an einen Besuch von Golda Meir während eines Aufenthalts von Rubinstein in Tel Aviv: »Neben dem Dan Hotel gab es eine kleine Konditorei, die einen sehr guten Käsekuchen machte; ich ging hin und kaufte einen ganzen, und sie verputzte das Ding komplett. Sie sagte immer: ›Arthur, es gibt nur zwei Pianisten auf der Welt: Sie und Menachem‹ – ihr Enkel.« Als die konservative Likudpartei an die Macht kam, freundete sich Rubinstein auch mit der neuen Führung an. Premierminister Menachem Begin – den er in *Mein glückliches Leben* als »der große Staatsmann« bezeichnete[50] – hat er oft besucht, und gelegentlich haben sie miteinander telephoniert und korrespondiert. Im März 1982 beispielsweise hat Rubinstein in einem Schreiben, das er Annabelle diktierte, erklärt: »Warum sind [sic] Amerika, Westeuropa und Israel selbst so still wegen Jordanien, das die wahre Heimat der Palästinenser ist, wie es dies unter den Türken war, bis Hussein von Haus zu Haus zog und sie alle getötet hat, um den letzten von ihnen aus seinem Land zu bekommen? Warum wird diese ganz und gar historische Tatsache von allen Ländern einschließlich Israel absolut ignoriert? Heute ist es tabu, dies zu erwähnen. Entschuldigen Sie bitte, mein lieber Premierminister, daß ich es wage, von Politik zu sprechen, aber wenn ich jung wäre, würde ich eine kolossale Kampagne machen, um die Welt daran zu erinnern.«[51] Rubinstein setzte damit eine Diskussion fort, die er mit Yehudi Menuhin wegen der Israel-Frage gehabt hatte. 1977 hatte er Menuhin in der Presse angegriffen wegen der – seiner Meinung nach – weichen Haltung des Geigers gegenüber der UNESCO-Zensur Israels. Kurz darauf schickte Menuhin ihm einen liebenswürdigen Brief, in dem er die Angelegenheit nicht einmal erwähnte. Er dankte Rubinstein für eine »persönliche Geste« zugunsten von Yitkin Seow, einem Teilnehmer am Rubinstein-Wettbewerb in Tel Aviv, weil Seow ein Student »aus meiner eigenen Schule« gewesen sei, und fuhr fort: »Von Annabelle hörte ich, daß sie Ihnen bei Ihrem neuen Buch hilft. Ich bin sicher, es wird großartig. Ich nehme mir auch die Freiheit, Ihnen meine Autobiographie zu schicken, und hoffe, daß sie Ihnen und Nella [sic] gefallen wird.« Rubinstein erwiderte: »Cher ami: Ihr netter Brief und Ihr Buch haben mich überwältigt. Nach meiner strengen Kritik an Ihrer unjüdischen Einstellung in der UNESCO reagieren Sie wie ein guter Christ; ich bewundere Sie dafür und danke Ihnen vielmals für das Buch, das ich mir vorlesen lassen werde, da ich nicht mehr lesen oder schreiben kann.«[52] Wie in früheren Jahren interessierte sich Rubinstein auch weiterhin besonders für die Entwicklung pädagogischer und kultureller Einrichtungen in Israel. Im Dezember 1980 beispielsweise schickte ihm Harold Hill, der geschäftsführende Vizepräsident des American Committee für das Weizman Institute of Science in Rehovot ein Dankschreiben für eine Stiftung von 100 000 Dollar an das Institut.[53] Zuvor im selben Jahr hatte er der Israel-America Cultural Foundation 50 000 Dollar zu Ehren von Isaac Stern am 60. Geburtstag des Geigers zukommen lassen. Auf Anregung von Annabelle vermachte er der Stadt Jerusalem testamentarisch 500 000 Dollar, unter der Maßgabe, daß das Geld von der Jerusalem Foundation für kulturelle Zwecke verwendet werden sollte. Hätte es seine Gesundheit zugelassen, wäre Rubinstein im Oktober 1982 nach New York geflogen, als Ehrengast bei einem Bankett für fünfhundert Dollar pro Gedeck im Waldorf-Astoria Hotel, zugunsten des Weizmann-Instituts. John Rubinstein, der für ihn bei dem Dinner eingesprungen war, berichtete, daß der Arzt seines Vaters ihm die Reise untersagt und daß sein Vater ihm am Telephon erklärt habe: »»Kannst du dir vorstellen, wie sehr es mich frustriert, an einen Lehnstuhl in Genf gefesselt zu sein, statt bei euch zu sein und mich zu amüsieren?«« [54]

Selbst im letzten Jahr seines Lebens setzte sich Arthur Rubinstein hin und wieder ans Klavier und spielte ein paar Minuten lang – solange er sitzen konnte. »Dabei spielte er nicht etwa ein Chopin-Nocturne oder etwas anderes aus seinem Repertoire«, erinnerte sich Annabelle, »sondern eine polnische Melodie von Pankiewicz oder Moniuszko – Dinge, die er jahrelang nicht gespielt hatte und die ihm plötzlich einfielen, einfach so. Er setzte sich hin und spielte sie wunderschön. Oder er suchte sich irgendwelche interessanten Harmonien aus verschiedenen Teilen von *Aida* heraus.« Das waren seine letzten Kontakte zum Klavier. Am 28. Januar 1982 fuhr Nela zur Feier von Arthurs 95. Geburtstag nach Genf. Laut einem Zeitungsbericht brachten die Gäste den traditionellen polnischen Toast aus, von »Mögest du leben, bis du hundert bist!« bis »Mögest du leben, bis du hundertfünfzig bist!«[55] Annabelle schenkte Arthur einen Videorekorder, und alle Anwesenden – darunter auch Marta Argerich – sahen sich einen alten Film vom Rubinstein-Heifetz-Piatigorsky-Trio an. Im April wurde Rubinstein vom Fernseh-Talkmaster David Frost in Genf interviewt. »Ich erlebe gerade die glücklichsten Jahre meines Lebens«, sagte Rubinstein. Er sprach von seiner Liebe zu Annabelle: »Sie hält mich am Leben, sie macht mein Leben göttlich … Ich will überhaupt nicht sterben.«[56]

Eine weitere Besucherin im April 1982 war Janina, die Rubinstein seit zwei Jahren nicht gesehen hatte, obwohl sie ihm »mindestens alle zehn Tage« schrieb, wie sie sagte. Ihre Karriere, die er zu Beginn so spektakulär gefördert hatte, erlebte unmittelbar nach seinem Abschied vom Konzertpodium einen jähen Einbruch. Rubinstein konnte sich einfach nicht an die Tatsache gewöhnen, daß Agenten und Dirigenten, die jeder Laune von ihm nachgegeben hatten, solange er aktiv gewesen war, nun seine Bitten um weitere Hilfe für seinen Schützling abschlägig beschieden. »Es war ein Schock für ihn«, meinte Janina. »Danach konnte ich nicht einmal mit ihm über meine Karriere sprechen. Wir unterhielten uns über Museen, gute Bücher – über alles mögliche, nur nicht über meine Karriere. Aber diesmal konnte ich ihm zeigen, daß es nun klappte – daß das, was er angefangen hatte, nun wirklich Früchte zu tragen und selbständig zu laufen begann. Und sofort wollte er mich hören.

Ich spielte die Zweite Partita von Bach und die Sechste Sonate von Prokofjew, die ich auf seinen Wunsch hin lernen mußte. Er liebte die Prokofjew-Sonaten wirklich, auch wenn er sie nicht spielte, und einmal schenkte er mir ein gebundenes Exemplar von ihnen. Ich liebe die Sechste zwar nicht so besonders, hatte sie aber für ihn einstudiert, und er ließ mich die Passagen, die er am meisten liebte, immer wieder spielen. Dann spielte ich das Zweite Buch von Debussys *Images;* er sagte, er hätte *Poissons d'or* gemocht, doch während der ersten beiden Stücke hätte er ›ein hübsches Schläfchen‹ gehalten. Vielen Dank! Ich wußte, daß das, was ich spielte, ihm gefallen hatte, wenn er zu rauchen aufhörte und seine Zigarre ausging. Wenn er weiterrauchte, bedeutete das nichts Gutes für mich. Ich spielte die Erste Ballade von Chopin, und er hatte eine Menge über den Rhythmus des Eingangssatzes zu sagen. ›Würdest du bitte damit aufhören, überall diese Rubatos zu machen?‹ Ich hatte gar nicht so ungeheuer viele Rubatos gemacht, aber er war in dieser Hinsicht so direkt – und natürlich hatte er recht: Es ist eine Frage der Modulation, mehr als alles andere. Er sprach über Struktur, Rhythmus und Projektion – die drei Dinge, auf die er bei mir immer ganz besonders achtete.

Die Sitzung wurde durch Mahlzeiten unterbrochen. Er sah zwar so aus, als ob er keine sechzig Pfund wiegen würde – es tat weh, ihn so abgemagert zu sehen –, aber was aß er nicht alles! Ich hatte ihm etwas echten kanadischen Ahornsirup mitgebracht, also aßen wir Waffeln mit Ahornsirup; dann aßen wir ein bißchen türkischen Honig, den ihm seine Fans in der Türkei geschickt hatten; es gab Kaviar und Wodka; und dann machte Annabelle ein Pfeffersteak mit Pommes frites, und anschließend gab es Apfelkuchen. All das innerhalb von siebeneinhalb Stunden. Annabelle mußte ihn füttern, weil er nicht sehen konnte, aber es gefiel ihm einfach. Er erzählte mir von Shlomo Mintz – er zeigte mir ein Video von ihm –, und auf einmal begann er zu weinen und wurde ganz traurig. Ich glaube, seine Zuneigung zu Shlomo verband sich mit seiner Liebe zu Israel. Aber dann lebte er wieder auf – denn selbst als ein sehr kranker alter Mann blieb er nie lange traurig. Dann rief mein Manager an und bat mich, am nächsten Tag nach Edinburgh zu fliegen, wo ich an Stelle von jemand anderem, der abgesagt hatte, ein Konzert geben sollte. Mir war so elend zumute, weil ich nur zwei Tage in Genf bleiben konnte und wußte, daß ich Arthur zum letztenmal sehen würde. Also sagte ich nein – aber als Arthur dahinterkam, sagte er: ›Du mußt fahren, unbedingt! Edinburgh ist furchtbar wichtig – ich habe dort bei meinem künftigen Schwiegervater gespielt.‹ Also rief ich zurück und sagte zu. Als ich ihn verließ, hatte er Tränen in den Augen.«

Einen Monat später, am 22. Mai, erhielt Rubinstein Besuch vom kompletten Juilliard String Quartet. »Wir versuchten zu verbergen, wie schockiert wir waren, als wir sahen, wie sehr sich Rubinsteins körperliche Verfassung seit unserem letzten Treffen [1977] in Paris verschlechtert hatte«, hat sich Earl Carlyss, der zweite Geiger, in einem Brief erinnert. Aber »trotz seines Aussehens war ich erstaunt, wie wach sein Verstand war. Er konnte noch immer großartig Geschichten erzählen und schien absolut zu begreifen, was draußen in der Welt passierte.« Rubinstein erfuhr, daß seine Besucher die Noten für sämtliche Beethoven-Quartette mitgebracht hatten, und man bat ihn zu sagen, welches er hören wolle.

»Er sagte: ›Ich weiß noch, wie ich auf einer Fensterbank in Deutschland gesessen und gehört habe, wie das Joachim-Quartett op. 18, Nr. 2 spielte. Das ist das *Kavaliersquartett,* wie ihr wißt.‹ Er begann das Eingangsthema zu singen, wobei er so tat, als würde er im Takt mit der Musik den Hut vor einer Dame ziehen. ›Das möchte ich gern hören.‹ Nachdem wir es gespielt hatten, sagten wir: ›Was sonst?‹ – ›Sucht ihr etwas aus‹, meinte Rubinstein. ›Wollen Sie ein spätes Quartett hören?‹ fragte Bobby Mann [der erste Geiger]. ›Nein‹, erwiderte er, ›aber wie wär's mit op. 59 in F-Dur?‹ Wir spielten das gesamte Werk. Während des langsamen Satzes blickte ich zu ihm hinüber. Er hatte den Kopf zurückgelehnt, hielt die Augen geschlossen und schien sich intensiv zu konzentrieren. Nachdem wir fertig waren, warteten wir. Er sagte eine ganze Weile nichts. [Dann sagte er:] ›Wißt ihr, der langsame Satz von diesem Quartett muß das tragischste Stück sein, das Beethoven je geschrieben hat.‹
›Möchten Sie noch etwas anderes hören?‹ fragten wir. ›Ihr seid so freund-

lich‹, sagte er. ›Wenn ihr noch die Kraft habt, würde ich gerne ein wenig aus op. 95, f-Moll hören.‹ Wir spielten für ihn drei von den vier Sätzen, und da war uns klar, daß er wirklich müde wurde und es vermutlich Zeit war, daß wir gingen. ›Bitte kommt wieder, wenn ihr in der Gegend seid. Ich würde euch so gerne sehen‹, sagte er. Wir sagten herzlich auf Wiedersehen, wünschten ihm, daß es ihm besser ginge, aber im Innersten wußten wir, daß wir ihn nie wiedersehen würden. Auf der Rückfahrt zum Bahnhof waren wir stumm – jeder hing seinen eigenen Erinnerungen nach. Ich mußte an die merkwürdige Bemerkung denken, die er mir gegenüber in Paris gemacht hatte… ›Ich bin wirklich kein sehr netter Mensch. Ich habe einen schlechten Charakter. Fragen Sie nur meine Familie – sie wird es Ihnen schon sagen. Aber wenn es um die Musik geht, *die Musik* – ach, da bin ich absolut integer.‹«[57]

Eva hat ihren Vater bis zum Frühjahr 1981 gelegentlich besucht – dann kam es zum letzten Zerwürfnis zwischen ihnen.»Bei diesem letzten Mal habe ich die Dinge gesagt, die mir in all diesen Jahren durch den Kopf gegangen waren«, erinnerte sich Eva. »Ich habe ihn gefragt: ›Wie konntest du dies nur tun?‹ und: ›Warum hast du jenes getan?‹ und: ›Wie kannst du nachts nur schlafen?‹ Die Dinge, die wir bei dieser letzten Begegnung aufs Tapet brachten, waren vermutlich *die* Dinge in unserem Leben, hinsichtlich derer wir am unglücklichsten waren oder uns am unsichersten fühlten – er sich selbst gegenüber und ich ihm gegenüber. Diesmal hatte er mir überhaupt keine Vorwürfe gemacht; mit allem, was er sagte, verteidigte er sich selbst und beschuldigte andere Menschen. Da sagte er dann: ›Ach, du weißt doch noch, wie deine Mutter dies oder jenes tat…‹ Wieder einmal erwähnte er den Umstand, daß sie nicht gewartet und den armen Miecio Münz geheiratet hatte: ›Warum hat sie nicht verstanden?‹ sagte er. Ich erwiderte: ›Nun, du hast ihr ja ein Vierteljahr lang nicht geschrieben, während du mit einer deiner Geliebten weg warst! Sie war achtzehn – was erwartest du denn? Sie war stolz.‹ Aber ich konnte ihm das nicht klarmachen. ›Dann hat sie mich umgarnt, sie zu heiraten‹, sagte er. ›Warum hat sie nicht alles so lassen können, wie es war? Wir waren glücklich – alles war gut.‹ Am nächsten Morgen schrie Annabelle mich an: ›Nichts als Vorwürfe! Warum haben Sie ihn nicht einfach getröstet?‹ Aber *weswegen* hätte ich ihn trösten sollen? Daß er seine Familie zerstört hat? Daß er aus all seinen Kindern einen Haufen von Neurotikern gemacht hat, die das gleiche dann anderen angetan haben? Das letzte, was ich von ihm zu hören bekam, war: ›Schmeiß sie raus, schmeiß sie raus.‹« Unmittelbar nach ihrer letzten Begegnung hat Rubinstein Eva aus seinem Testament ausgeschlossen, und sie meinte, dies sei auf Anregung Annabelles geschehen. Aber Evas Anteil am Erbe ihres Vaters ging direkt an ihre Kinder, nicht an Annabelle. Und Annabelle sagte, sie habe Eva hinausgeworfen, »um zu verhindern, daß Arthurs Fieber stärker wurde. Das hatte nichts mit dem Testament zu tun. Er bekam fast immer abends Fieber, aber als Eva da war, stieg sein Fieber sogar tagsüber.« In einem mehrere Monate später diktierten Brief hat Rubinstein erklärt: »Eva kam voller Liebe hierher, bekam hübsche 3000 Dollar in die Tasche gesteckt und hat mich am Ende auf eine Weise beleidigt, die unverzeihlich ist und sein wird.«[58]

John schrieb, sein Vater sei in seinen letzten Jahren »immer mehr auf sein Testament fixiert gewesen, als darauf, sein Verhältnis zu seinen Kindern ›ins Reine zu bringen‹. Ich glaube, er hat sehr gelitten; er empfand Schuldgefühle wegen aller möglichen unglücklichen Vorfälle, nährte aber auch die meisten seiner alten Ressentiments wegen vergangener Kränkungen und Ungerechtigkeiten. Er hat es ständig umgearbeitet.«

Als John ihn einmal in Zürich besuchte, erzählte Arthur ihm, er habe beschlossen, Paul wieder in sein Testament aufzunehmen. »›Aber du darfst es ihm nie erzählen, wenn ich noch am Leben bin, weil er dann herkommen und nett zu mir sein könnte und ich ihm unterstellen würde, er würde es nur wegen des Geldes tun!‹« John war »sehr gerührt von seiner offenkundigen Aufrichtigkeit und überglücklich«, sagte er. »Auf seine verschlossene, merkwürdige und defensive Art wollte er unbedingt mit Paul Frieden schließen, zumindest in seinem Herzen. Ich versprach ihm, daß ich nichts sagen würde, und fühlte mich überglücklich.« Aber tags darauf »erklärte er mir kurz angebunden: ›Ich habe die ganze Nacht nicht schlafen können. Ich habe meine Meinung geändert!

Ich werde Paul nichts hinterlassen. Und das ist deine Schuld.‹ Ich war wie vor den Kopf geschlagen. ›Warum?‹ wollte ich wissen. ›Weil ich dir nicht trauen kann, daß du nicht doch zu ihm gehst und es ihm sagst. Du hast doch nie ein Geheimnis für dich behalten können!‹ Ich diskutierte mit ihm und versprach ihm alles, aber er gab nicht nach.« Bald danach behauptete Rubinstein, Paul wäre nicht sein eigener Sohn. Dies war nach Meinung der anderen Kinder eine absurde Vorstellung, und zwar nicht nur, weil ihrem Vater dieser Gedanke offenbar erst gekommen sei, als Paul bereits Mitte Vierzig war, sondern auch, weil Paul in seiner Jugend seinem Vater ähnlicher gesehen habe als alle anderen von ihnen – und sie alle weisen eine auffallende Ähnlichkeit mit ihm auf.

Rubinstein schien es überrascht zu haben, daß seine Kinder Annabelle nicht im gleichen Licht sahen wie er, und gelegentlich warf er ihnen vor, sie seien nur an seinem Geld interessiert – beide Ansichten waren für ihn untrennbar miteinander verbunden. Es gab einige häßliche Auseinandersetzungen deswegen, von Angesicht zu Angesicht wie telephonisch und brieflich, aber soweit es John und Alina betraf, beruhigte er sich gewöhnlich rasch wieder. John, der am Broadway arbeitete und zwei kleine Kinder alleine erzog, konnte seinen Vater nicht oft besuchen. Zum letzten Mal sahen sie einander im Frühsommer 1982 in Genf. »Ich hörte mir mit ihm Musik an – eine Aufnahme von Rachmaninows Drittem Klavierkonzert, gespielt von Joey Alfidi. Er hatte seinerzeit im Jahre 1961, als elf- oder zwölfjähriger Junge, in der ersten Reihe Mitte in den meisten oder allen von den zehn Carnegie-Hall-Konzerten meines Dads gesessen. Mein Dad war von der Aufnahme sehr beeindruckt«, erklärte John. (Drei Jahre zuvor hatte Rubinstein den Dirigenten Emmanuel Krivine dazu überredet, Alfidi als Solisten mit dem Nouvel Orchestre Philharmonique von Radio France zu engagieren.) »Wir sahen auch fern – er saß immer ganz dicht vor dem Apparat, um irgend etwas erkennen zu können. Er habe keinen Appetit – sagte er zu sich selbst –, und ich weiß noch, wie ich mit Annabelle darüber diskutiert habe. Ich habe ein paar Photos geschossen, wie er sein ›Schweinsgesicht‹ macht« – eine von den komisch grotesken Grimassen, die er zeitlebens gekonnt hatte; »ich war gerührt, daß er kurz vor seinem Tod noch immer dieses Bedürfnis hatte und es ihm auch gelang, mich zum Lächeln zu bringen und mir eine Freude zu bereiten.« Auch Alina hatte ein kompliziertes Verhältnis zu ihrem »davongelaufenen« Vater und zu Annabelle, aber ungeachtet der peinlichen Situation hat sie Rubinstein mehrmals besucht. »Bei einem der letzten Male, als ich in Europa war und mein Vater noch herumgehen konnte, wollte er mit mir unbedingt ins Richard-Wagner-Museum in Luzern, obwohl er erst vor kurzem dort gewesen und wegen der Altersdegeneration der Netzhaut schon fast blind war«, schrieb sie. »Das erinnerte mich daran, wie er Johnny und mir, als wir noch Kinder waren, praktisch die gesamte Partitur der *Meistersinger* vorgespielt hat, bevor er uns zum ersten Mal in die Oper mitnahm. Er konnte uns dafür so begeistern! Das gleiche hat er gemacht, bevor wir zum ersten Mal das Requiem von Brahms und die Erste Symphonie von Mahler beim Luzern-Festival hörten. Ich werde diese ›Vorpremieren‹ nie vergessen, oder wie ich die Musik zum ersten Mal mit meinem Vater gehört habe.« Als sie im Oktober 1982 nach Genf fuhr, um Rubinstein zu besuchen, »sprach er viel davon, daß er ein Buch – eine kleine Monographie oder so etwas – über Chopin schreiben wolle, um zu zeigen, daß Chopin in Wahrheit kein Schwächling gewesen sei, als der er gewöhnlich dargestellt wurde«, schrieb Alina. »Das lag ihm sehr am Herzen, und er bedauerte, daß er es vielleicht nicht schaffen würde. Ich vermute, daß er sich mit Chopin identifiziert hat und ihn ›ins rechte Licht rücken‹, ihn als starken Mann zeigen wollte. Ich frage mich, ob der Wunsch meines Vaters, über Chopin zu schreiben, während er dem Tod nahe war, teilweise (unbewußt) dadurch motiviert gewesen sein konnte, daß er mit seiner alten Enttäuschung über die ›Charakterschwäche‹ seines Vaters wie über seine eigene Schwäche fertig werden wollte. Er hat oft gesagt, er fühle sich schuldig, daß er so viele Jahre weitergelebt habe, während doch Genies wie Mozart, Chopin, Schumann und Schubert so früh gestorben seien. Ich bin sicher, daß mein Vater in seinen letzten Jahren eine ganze Menge Zeit damit verbracht hat, sein ganzes Leben, seine Familie, unsere Familie, seine musikalischen ›Götter‹ et cetera Revue passieren zu lassen und neu zu bewerten, wie das vermutlich am Ende jeder tut.

Während dieses speziellen Besuchs«, fuhr Alina fort, »ließ er von Anna-belle ein Hummeressen arrangieren, als ob wir etwas feiern wollten; er war kaum imstande, zwei Löffel Suppe hinunterzubekommen, aber er wollte mich noch immer gut unterhalten. Er wollte nicht, daß es für mich ein schreckliches Erlebnis wäre, hergekommen zu sein, nur um einen sterbenden Mann zu sehen – und so war er nun einmal, bis zum Ende. Er schenkte mir ein Buch von Albert Cohen, *Le Livre de ma mère*, das er, glaube ich, erst kurz zuvor gelesen hatte. Es ist das Loblied eines Sohnes auf seine tote Mutter, und er legte mir nahe, es zu lesen; ich bin sicher, daß darin eine Botschaft für mich steht. Aber ich bin bis jetzt noch nicht dazu gekommen, es zu lesen. Als ich ging, um mein Flug-zeug noch zu erreichen, habe ich das Buch vergessen. Als ich die Treppe hinunterging, habe ich es gemerkt; ich ging zurück, um es zu holen, und traf ihn schon fast schlafend auf der Couch an. So habe ich meinen Vater zum letztenmal gesehen.« Es war das letzte Mal, daß ihn irgendeines seiner Kinder noch am Leben gesehen hatte.

So sehr Rubinsteins Kräfte immer weiter schwanden, war er doch nie völlig ans Bett gefesselt, und er interessierte sich auch weiterhin für das Weltgeschehen. »Als Breschnew im November starb, meinte er, es würde bestimmt zu einer ganz großen Veränderung in Rußland kom-men«, sagte Annabelle. »›Du wirst schon sehen, Annabelle – glaub mir. Du wirst mir noch recht geben!‹ – das hat er immer über alle möglichen Dinge gesagt. Er hat alles unglaublich klar erkannt, bis ganz zuletzt.« Zubin Mehta besuchte ihn Anfang Dezember, und am Sonntag, den 19. Dezember, kamen Paul Tortelier und seine Frau vorbei. »Arthur hat ihnen eine Aufnahme des Doppelkonzerts von Brahms mit Rostro-powitsch und Perlman vorgespielt«, berichtete Annabelle. »Sie hat ihnen offensichtlich nicht gefallen – sie haben sich angeschaut und das Gesicht verzogen –, aber Arthur hat geglaubt, sie sei wunderbar.« Dieses Werk, das in dem Jahr von Rubinsteins Geburt geschrieben wor-den war und das von Joachim und Hausmann – für die Brahms es kom-poniert hatte – um 1900 in Berlin gespielt wurde, war das letzte Musik-stück, das Rubinstein sich anhörte.

Am nächsten Morgen erwachte er mitten in einem weiteren Sepsisanfall.«Ich habe seine Temperatur gemessen; sie war sehr hoch, also gab ich ihm sofort oral Antibiotika und rief zwei Ärzte an. Sie waren unabkömmlich – wie immer, wenn man einen Arzt braucht –, aber dann begann das Fieber zurückzugehen, und ich sagte zu ihm: ›Es ist wunderbar – es geht zurück!‹ Er konnte noch immer nicht sprechen, doch am Nachmittag deutete er auf seine Seite. Ich fragte ihn: ›Was hast du? Tut es weh oder juckt es?‹ Und er machte eine Bewegung, als wolle er sagen, daß er es nicht wüßte. Ich sagte zu ihm: ›Du weißt doch, daß ich dich liebe.‹ Und da lächelte er nur.« Annabelle hielt mehrere Sekunden inne, dann fuhr sie fort: »Das werde ich nie vergessen, weil es das unglaublichste Lächeln war. Er strahlte einfach übers ganze Gesicht. Aber ich habe nicht einmal daran gedacht, daß es ernst wäre. Er hatte diese Fieberanfälle doch schon fünfzig-, sechzig-, hundertmal gehabt. Dann, gegen Abend, bekam er furchtbare Schwierigkeiten beim Atmen.« Das spanische Ehepaar, das sich für Arthur und Annabelle um den Haushalt kümmerte, konnte nicht Französisch; also mußte Annabelle »Arthur für eine Minute allein lassen, um nach dem Arzt und dem Krankenwagen zu telephonieren«, berichtete sie. »Ich sagte ihnen, sie sollten Sauerstoff mitbringen. Dann versuchte ich, ihn auf die Seite zu legen, seine Lage zu ändern – irgend etwas, um ihm das Atmen zu erleichtern –, aber nichts funktionierte. Und dann hörte er plötzlich auf zu atmen. Der Krankenwagen kam, mit Sauerstoff, und ich sagte: ›Versuchen Sie es, versuchen Sie es zumindest mit künstlicher Beatmung. Tun Sie irgend etwas.‹ Sie taten es, aber da war nichts mehr zu machen.«

Rubinstein starb um 18.30 Uhr am Montag, dem 20. Dezember 1982, einen Monat und acht Tage vor seinem 96. Geburtstag. Die Nachricht von seinem Tod war auf der ganzen Welt in den Schlagzeilen, und am nächsten Tag brachten die Zeitungen sowie Radio und Fernsehen Beiträge über den Pianisten. Rubinstein hatte gewußt, daß sein Wunsch, seine Asche über dem Wald von Jerusalem zu verstreuen, nur schwer zu erfüllen wäre, da das jüdische Religionsgesetz die Einäscherung nicht gestattet. Sein Ekel vor der Verwesung des Körpers war aber so groß, daß er John einen Zettel gegeben hatte, auf den er seinen Wunsch geschrieben hatte, man möge ihn »verbrennen«. Dies erinnerte an den sterbenden Chopin, der schriftlich verfügt hatte, man solle seine Adern nach seinem Tod öffnen, damit er nicht versehentlich lebendig begraben werden könnte. Nela, Eva, Alina und John flogen nach Genf; Paul war »außerstande, dabei zu sein«, so die *New York Times.*[59] »Ich sehe immer den schrecklichen Augenblick vor mir, als Arthurs Leichnam aus der Wohnung geholt wurde«, sagte Annabelle. Alina »kam vor der übrigen Familie zu mir herüber und nahm mich in die Arme«. Die Leiche wurde am 22. Dezember eingeäschert. Eva erklärte der Nachrichtenagentur Reuters, ihr Vater habe »strenge Anweisungen [hinterlassen], in denen er sich jede Zeremonie verbat ...«, und daher war die Zusammenkunft kurz und inoffiziell, ohne Ansprachen und mit wenig Musik«.[60] Seine Asche wurde schließlich nach Israel übergeführt, wo die Rabbiner zu der Entscheidung gelangt waren, die Verwirklichung der Bitte des Pianisten würde bedeuten, daß man den öffentlichen Park den »für Friedhöfe geltenden religiösen Gesetzen« unterstellte, wie Associated Press berichtete. Aber Rubinsteins Freund Teddy Kollek, der Bürgermeister von Jerusalem, habe sich »jahrelang darum bemüht ...«, Rubinsteins Wünsche zu erfüllen ... Man gelangte zu einem Kompromiß, demzufolge eine kleine Parzelle für Rubinsteins Grab ausgespart wurde.«[61] Im »Rubinstein Panorama«, das innerhalb der Stadtgrenzen in einem Kiefernwäldchen liegt, das siebzehn Jahre zuvor zu Rubinsteins Ehren angepflanzt worden war, wurde die Asche am 21. Dezember 1983 begraben. Ein Jahr und einen Tag nach seinem Tod geschah dies in Anwesenheit von Nela, Eva, Alina und Annabelle, während Shlomo Mintz Musik von Bach spielte.

Ich habe mich stets für ein Musikinstrument gehalten – weder Geige noch Klavier –, sondern für das »Wesen« von Musik. Ich tue nie einen Schritt oder träumen oder zu Bett gehen, ohne Musik in meinem Kopf zu haben. Musik ist »meine Form«.[62]

Arthur Rubinstein

2.Teil

DAS VERMÄCHTNIS
DER AUFNAHMEN

DAS VERMÄCHTNIS DER AUFNAHMEN

Im Jahre 1993 betrat Alina Rubinstein einen großen Plattenladen in Manhattan, um eine der Aufnahmen ihres Vaters zu kaufen. Als sie die CD nicht im Fach mit dem betreffenden Komponisten fand, erkundigte sie sich bei einem Verkäufer, ob die CD nicht mehr vorrätig sei, und erfuhr, daß sie an der falschen Stelle gesucht habe: »Rubinstein befindet sich in unserer Abteilung ›Legends‹.«

Man muß kein Mitglied der Familie Rubinstein sein, um bei der Bezeichnung »legendär« zusammenzuzucken. Für die meisten Musiker und Musikliebhaber, die vor 1960 geboren wurden, bleibt Rubinstein eine reale Erscheinung – ein Künstler, den man noch selbst erlebt hat oder erlebt haben könnte. Mitte der neunziger Jahre bereitet es den über fünfunddreißigjährigen Menschen vielleicht Schwierigkeiten zu begreifen, was es bedeutet, daß Rubinsteins letztes Konzert zwei Jahrzehnte zuvor stattgefunden hat. Für die heute Fünfundzwanzigjährigen ist Rubinstein genauso eine historische Figur wie Rachmaninow für die Fünfzigjährigen und Busoni für die Fünfundsiebzigjährigen.

Eine Generation zuvor hatte Rubinstein nichts Legendäres an sich. Er war ein Mensch aus Fleisch und Blut mit einer großen, warmherzigen Persönlichkeit. Für mich drehte sich das Musikjahr um seine Auftritte in Cleveland, wo ich aufgewachsen bin. Dank seiner Freundschaft mit George Szell kam er praktisch jede Saison in die Stadt, um ein oder zwei Sonderkonzerte in der Severance Hall mit dem Cleveland Orchestra zu geben, deren musikalischer Leiter Szell war. Zuweilen gab er auch Solokonzerte unter der Schirmherrschaft der Cleveland Opera Association in der Public Music Hall. Zum ersten Mal habe ich ihn im Januar 1959 gehört, als ich zwölf Jahre alt war; ich saß mit meiner Mutter fast in der Mitte der allerletzten Reihe auf dem Balkon der Severence Hall. In der ersten Hälfte des Abends spielte er Beethovens *Kaiserkonzert,* in der zweiten Hälfte das Zweite Klavierkonzert von Rachmaninow. Ich möchte nicht behaupten, daß ich mich an die Darbietungen im einzelnen erinnere, aber der Eindruck, den Rubinsteins Klang machte, war gewaltig, und die spürbare Erregung, die seine Gegenwart im Publikum auslöste, war ansteckend. Anschließend raste ich hinter die Bühne und wurde von Maurice Wolfson, einem Geiger im Orchester und einem Freund meiner Eltern, zur Garderobe des Pianisten gebracht. John Rubinstein, der genau ein halbes Jahr jünger ist als ich, war bei seinem Vater. Wie viele Zwölfjährige bat ich Rubinstein um ein Autogramm, das er mir auch gab. Einen Augenblick später allerdings stürmte eine ganze Horde erwachsener weiblicher Fans herbei; als die erste um ein Autogramm bat, erklärte Rubinstein ihr entschuldigend, er würde an Arthritis leiden und könne seine Finger nicht gut bewegen. Die junge Frau und die anderen hinter ihr fielen auf seinen Trick herein und ließen ihn in Frieden. Im Laufe der folgenden fünf Jahre hörte ich Rubinstein, mit Szell und dem Cleveland Orchestra, in drei Beethoven-Konzerten (im Zweiten, im Dritten und – noch zweimal – im *Kaiserkonzert),* im Zweiten Klavierkonzert von Brahms, im Zweiten von Chopin, im Ersten von Liszt sowie im G-Dur- (KV 453) und im d-Moll-Konzert (KV 466) von Mozart. Außerdem besuchte ich Proben, bei denen er das Erste, Zweite und Vierte von Beethoven, das d-Moll-Konzert von Mozart und das Klavierkonzert von Schumann spielte. Das Konzert vom 28. Januar 1961 beinhaltete auch das Liszt-Konzert, und ich erinnere mich noch, wie sich Rubinstein in den großen Oktavenläufen gegen Ende des ersten Satzes ein wenig von der Bank erhob. Ich weiß auch noch, daß Rubinstein während einer Pause in einer Probe (im Januar 1962) des Ersten Klavierkonzerts von Beethoven noch ein paar Minuten auf der Bühne blieb, um eine der Kadenzen zu üben. Als er damit fertig war, stand er auf, und während er von der Bühne ging, unterhielt er die wenigen Menschen, die im Saale saßen, indem er das zweite Nebenthema (in a-Moll) des

Finales sang. Er tat dies, als ob es eine lateinamerikanische Tanzmelodie wäre, wozu er ein paar mehr oder weniger dazu passende Schritte schlurfte. Bei einer anderen Probe – vermutlich tags darauf – hielt ich Rubinstein einen Abzug einer Photographie von ihm hin, die Peter Hastings, der Orchesterphotograph, im Jahr davor aufgenommen hatte. Ich bat ihn, das Photo für mich zu signieren. »Wie alt ich da aussehe!« sagte er bestürzt, als er einen Blick auf das Photo geworfen hatte. (Er sieht auf dem Bild eigentlich eher müde aus.) Aber er signierte es, und ich war hingerissen. Mit zwölf, vierzehn, sechzehn Jahren beschäftigt man sich mit Rekorden – wer ist der Größte, der Schnellste, der Stärkste, der Bedeutendste? –, und ich zweifelte keinen Augenblick daran, daß Rubinstein der bedeutendste lebende Pianist war. Wladimir Horowitz, der zwischen 1953 und 1965 nicht in der Öffentlichkeit spielte, war für mich kaum mehr als ein Name. Auch die anderen berühmten Pianisten, die ich in jenen Jahren hörte – Rudolf Serkin, Robert Casadesus, Emil Gilels, Swjatoslaw Richter, Rudolf Firkušný, Van Cliburn, Gina Bachauer –, besaßen nicht die außermusikalische Aura eines Rubinstein, die mich offenbar in jenem Alter angesprochen hat. Als Laszlo Krausz, ein Geiger im Cleveland Orchestra und ein kluger und geistreicher Mann, mir erklärte, ihm wäre Serkins Spiel viel lieber als das von Rubinstein, dachte ich, daß er ein Witzbold, verrückt oder taub sei – oder alles drei zusammen. Der einzige Pianist, der mich fast genauso fasziniert hat wie Rubinstein, war Glenn Gould, aber ich habe ihn nur zweimal gesehen. Auch er besaß diese außermusikalische Ausstrahlung, obwohl er auf seine Art geradezu das Gegenteil von Rubinstein war.

Ich erinnere mich noch ziemlich klar an eine abendliche Probe des Schumann-Konzerts in der Saison 1963/64. Rubinstein traf in der letzten Minute ein, deponierte seinen Mantel auf einem Sitz in der ersten Reihe des Zuschauerraums und ging auf die Bühne; wieder sah er müde aus. Nach einer kurzen, geflüsterten Absprache zwischen Pianist und Dirigent spielten beide und das Orchester das Konzert praktisch ohne Unterbrechung durch – soweit ich mich erinnere, jedenfalls bis zur kniffligen E-Dur-Passage im letzten Satz; da klopfte Szell beim Einsatz des Klaviers ab, um ein paar unsaubere Orchesterdetails zu korrigieren, aber Rubinstein spielte weiter. »Arthur, ich muß dies bloß ein bißchen in Ordnung bringen«, sagte Szell, doch Rubinstein machte einfach weiter, über das acht Takte umfassende lyrische Solo des Klaviers hinaus bis in die ausgedehnte Arpeggiopassage hinein, in der das Klavier das Orchester »begleitet«. Viele Orchestermitglieder schmunzelten hinter ihren Notenständern, weil der autokratische Szell Opposition nicht gewohnt war. Schließlich zuckte Szell mit den Schultern, rief einen Probenbuchstaben oder eine Zahl und ließ das Orchester einfallen. Es gab keine weiteren Unterbrechungen bis zum Ende, als Rubinstein – nach einer weiteren geflüsterten Absprache zwischen Solist und Dirigent – die Bühne verließ, während Szell die Orchesterpassage in Ordnung brachte, die ihn gestört hatte. Als Rubinstein wartete, bis Szell fertig war, und inzwischen in einem der Gänge im Zuschauerraum auf und ab ging, wagten ein anderer junger Musikstudent und ich es, auf ihn zuzugehen. Wir machten die üblichen dummen Bemerkungen, wie sehr uns doch die Probe gefallen habe. »Das nennt ihr eine Probe?« erwiderte Rubinstein mit gespielter Entrüstung. »Ich war gestern abend noch sehr spät auf – es gab den alljährlichen polnischen Wohltätigkeitsball in New York, und ich war tanzen – und mußte heute von Newark abfliegen, im Schnee, mit der Allegheny Airlines.« Mit dem rechten Arm beschrieb er fürchterliche Zickzack- und Achterfiguren in der Luft. »Natürlich hatte der Flug Verspätung. Ich bin direkt vom Flughafen hierhergekommen, und er« – dabei deutete er auf Szell – »will, daß ich probe!« Einen Augenblick später kam Szell von der Bühne herunter, ging zu Rubinstein und grinste ihn an. »Komm, alter Mann«, sagte er, »wir bringen dich heim und stecken dich ins Bett.« (Szell war zehn Jahre jünger als der damals siebenundsiebzigjährige Rubinstein.) »Als ich kurz darauf über den Parkplatz der Severance Hall ging, sah ich, wie Szell den Schnee von der Windschutzscheibe seines betagten Cadillacs fegte, während Rubinstein zuschaute, amüsiert, die Arme über der Brust verschränkt – als ob er sagen wollte: Mein Chauffeur tut seine Pflicht.

Am nächsten Vormittag sollte eine Probe des *Kaiserkonzerts* für das abendliche Konzert stattfinden. Ich wollte sie nicht versäumen, also erteilte ich mir großzügig die Erlaubnis, ein paar High-School-Kurse zu schwänzen. Als ich zum Konzertsaal kam, vernahm ich zu meiner Enttäuschung, wie Szell verkündete, Rubinstein sei noch immer erschöpft, und sie würden das Konzert an diesem Abend ohne Probe spielen; die Vormittagsprobe wurde für die Vorbereitung eines späteren Programms verwendet. Natürlich ging ich ins Konzert, und voller Erstaunen bemerkte ich – von meinem Platz in der ersten Reihe aus, für den mir irgendein Orchestermitglied freundlicherweise eine Karte gegeben hatte –, daß Rubinstein nahtlos klingende Arpeggios zwischen seinen beiden Händen aufteilte und die Lücken mit dem Pedal zudeckte. Anschließend behelligte ich Szell gerade mit einer fachlichen Frage, als ein Mitglied des Orchesteraufsichtsrats dazwischenplatzte und erklärte, er habe noch nie eine so wunderbare Aufführung des *Kaiserkonzerts* gehört. In ernsthaftem Ton sagte Szell zu ihm, das hätte wegen der ganzen Probenzeit, die alle darauf verwendet hätten, so gut geklappt. Als das erbaute Aufsichtsratsmitglied gegangen war, begann Szell zu kichern. Er räumte ein, daß manchmal, wenn Künstler einander so gut kannten wie er und Rubinstein und wenn ein Orchester ein Werk so gut kannte wie das Cleveland Orchestra das *Kaiserkonzert* – daß dann eine Aufführung sogar gewinnen könnte, wenn nicht geprobt würde. »Aber ganz selten!« fügte er energisch hinzu.

In der Saison 1965/66 gab Rubinstein eine Reihe von Konzerten in der Carnegie Hall, im Zusammenhang mit dem sechzigsten Jahrestag seines Amerikadebüts im selben Konzertsaal. Damals war ich Student am Mannes College of Music in New York und besuchte ein Konzert, in dem er drei Mozart-Klavierkonzerte – G-Dur (KV 453), d-Moll (KV 466) und A-Dur (KV 488) – mit einem ziemlich guten ad hoc zusammengestellten Orchester unter der Leitung von Alfred Wallenstein spielte. Mit dem gleichen, erweiterten Ensemble, wieder unter Wallenstein, sollte er beide Brahms-Konzerte in einem einzigen Konzert spielen. Am Abend davor gingen ein Kommilitone und ich in die Carnegie Hall, um uns das seit fast zwanzig Jahren erste New Yorker Konzert des Pianisten Arturo Benedetti Michelangeli anzuhören. Zufällig saßen wir neben Rubinstein und seiner Frau auf der anderen Seite des Gangs. Mit der

Unverfrorenheit meiner neunzehn Jahre trat ich während der Pause an Rubinstein heran und fragte ihn, ob mein Kommilitone und ich bei seiner Probe am nächsten Vormittag dabeisein dürften. Freundlicherweise erlaubte er es uns. Zwei Details aus der Probe des Zweiten Konzerts sind mir unauslöschlich in Erinnerung geblieben. Vor dem zweiten Satz, der mit drei raschen Takten für das Klavier allein beginnt, wartete Rubinstein einen Augenblick, indem er Wallenstein erwartungsvoll ansah. Als nichts geschah, fragte er den Dirigenten: »Wollen Sie ihnen keinen Niederschlag geben?« Das Klavier setzt beim zweiten Schlag eines Dreivierteltakts ein. Rubinstein hatte das Stück seit vielen Jahrzehnten in seinem Repertoire und wußte, falls ein Dirigent es versäumt, alle drei Pausentakte dem Orchester anzuzeigen, kann es später bei manchen Musikern zu einem falschen Einsatz kommen. Anscheinend verstand Wallenstein nicht, worauf Rubinstein hinauswollte. »Geben Sie ihnen einen Schlag«, sagte Rubinstein. Noch immer sah ihn Wallenstein verwirrt an. »Etwa so!« sagte Rubinstein. Er stand auf, machte einen energischen Niederschlag mit dem linken Arm und vollführte dann auch die Niederschläge der folgenden drei Takte, während er mit der rechten Hand die Eingangspassage des Klaviers spielte. Danach lief alles glatt. Dann, nach dem dritten Satz, der am Ende lange, gehaltene Solopassagen des Cellos aufweist, erhob sich Rubinstein. Er sagte zum ersten Cellisten, daß er in all den Jahren, in denen er dieses Konzert gespielt habe, das Solo noch nie so schön gehört hätte. Einige Zeit später erzählte ich dies einem Musiker aus einem anderen Orchester und erfuhr, daß Rubinstein diese erhebende Erklärung gegenüber dem ersten Cellisten von jedem Orchester abgebe, mit dem er dieses Konzert spiele. Damit wollte er dafür sorgen, daß sich der Musiker während der Aufführung mit maximalem Engagement dieser Aufgabe widme; ich weiß allerdings nicht, ob dies wahr ist.

Während der Probenpause gingen mein Kommilitone und ich zu Rubinstein hinüber, der im Saal saß, eine Zigarre rauchte und mit Alexander Schneider auf russisch plauderte. Wir dankten ihm dafür, daß er uns hatte zuhören lassen. Dann fragte ihn mein Kommilitone zu meinem Entsetzen nach seiner Meinung über das Konzert von Benedetti Michelangeli, das wir alle am Abend zuvor gehört hatten. Zum Glück war Rubinstein gut aufgelegt und mitteilsam. »Wißt ihr«, sagte er, »wir Pianisten sind ja nicht wie Dirigenten und Sänger, die einander immer miesmachen müssen. Wir sind Gentlemen. Aber ihr seid Musikstudenten, keine Journalisten, also macht es mir nichts aus, euch zu sagen, was ich denke.« Und daraufhin fällte er gewissermaßen das Todesurteil über seinen Kollegen. Die einzige Einzelheit, an die ich mich erinnere, hatte etwas mit Debussys *Poissons d'or* zu tun, über das Rubinstein sich ungefähr folgendermaßen äußerte: »Ich habe dieses Stück schon gespielt, fast seit es geschrieben wurde. Es hat nicht gerade viel Fleisch auf den Knochen, aber man muß schon das, was da ist, suchen. Nun, und was tut dieser Bursche? Er haut auf ein paar Tasten da unten« (Rubinstein gestikulierte, als ob er auf den Baßtasten eines Klaviers mit beiden Händen spielte), »und dann haut er auf ein paar Tasten hier oben« (Rubinstein tat so, als ob er sich nach den äußersten Tasten reckte), »und wozu dies alles? Damit soll euch gezeigt werden, was ein Mann namens Michelangeli dem Klavier alles antun kann.« Wahre Gentlemen!

Während der sechziger Jahre habe ich Rubinstein in Cleveland, in New York und später in Toronto eine gute Auswahl aus seinem Konzertrepertoire spielen hören. Dabei war zwar nur eine Beethoven-Sonate (C-Dur, op. 2, Nr. 3) und keines der Stücke für Klavier von Brahms, aber dafür vier Stücke von Debussy *(Hommage à Rameau, Ondine, Poissons d'or* und eines der Préludes – welches, habe ich jedoch vergessen), Rubinsteins eigene Bearbeitung des *Feuertanzes* aus de Fallas *El amor brujo,* Liszts Zwölfte Ungarische Rhapsodie, Ravels *Valses nobles et sentimentales,* Villa-Lobos' *Polichinelle* und vor allem eine ganze Menge Chopin – das Andante spianato und Grande Polonaise Brillante, die Balladen in g-Moll und in As-Dur, die Etüden in cis-Moll und e-Moll, die Fantasie in f-Moll, das Impromptu in Ges-Dur, eine Mazurka (ich weiß nicht mehr, welche), die Polonaisen in fis-Moll und As-Dur, die Préludes in Des-Dur, F-Dur, As-Dur und d-Moll, die Scherzi in b-Moll und h-Moll, die Sonate in b-Moll, die Tarantella und die Walzer in a-Moll, F-Dur, cis-Moll und As-Dur. Mehrere von diesen Stücken habe ich ihn zwei-, drei- oder sogar viermal spielen hören, und ich erinnere mich noch daran – oder bilde mir ein, mich daran zu erinnern –, wie er bestimmte Passagen in einigen der Stücke phrasierte oder wie er das Pedal dabei einsetzte. Vor allem aber erinnere ich mich (und da bin ich mir sicher) an Rubinsteins tiefen, großzügigen Klang und seine magnetische Ausstrahlung. Über den Klang wird gleich mehr zu sagen sein. Was die magnetische Ausstrahlung betrifft, so ist dieser Begriff heute für mich weniger faszinierend als damals, als ich noch ein Halbwüchsiger war, weil ich heute mehr als damals über Publikumsverhalten und über die potentiellen Auswirkungen von magnetischen Ausstrahlungen auf Menschenmassen weiß. Und doch strahlte Rubinstein in der Tat Würde, Selbstbeherrschung und Konzentration aus, wenn er spielte – sein ganzes Wesen vermittelte mit beachtlicher Kraft seine Liebe zur Musik und seine Freude an ihrer Nachschöpfung.

Meine anderen Kontakte mit Rubinstein beschränkten sich aufs Briefeschreiben und waren, von einer einzigen Ausnahme abgesehen, einseitig. Als ich 1990 seine Papiere durchsah, war ich zunächst erstaunt, dann verlegen und schließlich gerührt, als ich zwei Briefe fand, die ich ihm geschickt hatte. Der eine war ein Fanbrief, den ich geschrieben hatte, nachdem ich ihn zum ersten Mal, im Alter von zwölf Jahren, gehört hatte. Im zweiten, drei Jahre später verfaßten Schreiben hatte ich ihn um seine Meinung zu einem inhaltlichen Problem im letzten Satz von Beethovens Erstem Klavierkonzert gebeten, das ich damals gerade einstudierte. Keiner dieser Briefe war beantwortet worden, und irgend jemand – nicht Rubinstein – hatte auf den zweiten die Worte »nothing requested« geschrieben. Mit neunzehn habe ich erneut an Rubinstein geschrieben, um ihn zu fragen, ob ich ihn für eine Rundfunkserie über Toscanini, die ich für den Sender WCLV-FM in Cleveland schrieb und ansagte, interviewen dürfe. Diesen Brief hat er beantwortet. Er würde sich freuen mitzumachen, schrieb Rubinstein, weil er und seine älteren Musikerfreunde einander so gut kennen würden, daß sie sich nichts mehr zu sagen hätten, und er zur Abwechslung gern mit einem jungen Musiker reden würde. Aber das Interview kam nie zustande, und ich habe Rubinsteins Brief verloren.

Ich vermute, es war unvermeidlich, daß auf eine derart intensive Bewunderung eine Phase der Ablehnung folgte. 1972, als ich Rubinstein zum letztenmal hörte – in einem Konzert in Toronto –, hatte ich mich auf einige ziemlich dogmatische Vorstellungen über das Musizieren versteift und war von Rubinsteins Stil ernüchtert. Da er an diesem Abend nicht in bester Form war, nahm ich an, bei ihm hätte ein unumkehrbarer Niedergang eingesetzt (schließlich war er schon fünfundachtzig Jahre alt), und ich bemühte mich nicht mehr darum, ihn zu hören. Dies war äußerst dumm von mir – heute weiß ich, daß Rubinstein, wenn er in seinen allerletzten Saisons »gut drauf« war, einige seiner denkwürdigsten Interpretationen dargeboten hat. Ich kann nicht behaupten, daß ich mit zunehmendem Alter in musikalischer oder anderer Hinsicht weise geworden wäre. Trotzdem glaube ich, daß meine derzeitige Einstellung gegenüber Rubinsteins Musizieren gleich weit entfernt ist von der nahezu fraglosen Verehrung, mit der ich ihm in meiner Pubertät gelauscht habe, wie von der partiellen Feindseligkeit, die ich ihm gegenüber etwa während des darauffolgenden Jahrzehnts empfunden habe.

D er folgende Überblick über einige Aufnahmen von Rubinstein ist ganz subjektiv, und darum seien hier ein paar Erklärungen und allgemeine Bemerkungen vorausgeschickt. Wie die meisten Musiker seiner Generation interessierte sich Rubinstein nicht sehr für die Verwendung »sauberer«, musikwissenschaftlich korrekter Ausgaben der Werke, die er spielte. Daran ändert auch nichts, daß er – seinen Unterlagen zufolge – in den sechziger und siebziger Jahren Günter Henle und andere Originaltextverleger und -herausgeber in ihrer Arbeit unterstützt hat. Als Rubinstein schon sehr alt war, hat Eunice Podis ihn in Marbella besucht und zu ihrer »Überraschung« entdeckt, sagte sie, daß »sich dort in seinem Wohnzimmer auf dem neun Fuß großen Steinway-Flügel ein ganzer Stapel Schirmer-Ausgaben befand, die er ohne Hemmungen benutzte. Damals haben wir Schirmer-Ausgaben unter braunen Papierumschlägen versteckt – man hütete sich, mit einer gesehen zu werden.« Der Verlag G. Schirmer veröffentlichte Ausgaben, die von Musikern des 19. Jahrhunderts, welche als Spezialisten für den einen oder anderen Komponisten galten, stark bearbeitet worden waren – Hans von Bülows Beethoven, Carl Mikulis und Raffael Joseffys Chopin und so weiter. Gewisse Phrasierungen, Dynamiken, Pedalspiele, Verzierungen und sogar Noten hier und da in Rubinsteins Aufnahmen entsprechen somit nicht den gegenwärtigen Vorstellungen von richtig und falsch. In einigen Fällen sind die Unterschiede erheblich, in anderen unbedeutend. Was die Verzierungen betraf, so war Rubinstein ein typischer Vertreter seiner Generation, weil er diese Verzierungen meist vor dem Taktschlag spielte statt auf ihm. Dabei spielte es keine Rolle, ob sie nun als Acciaccaturen, Appoggiaturen, Mordente oder sonst etwas geschrieben waren. Nachdem ich hier auf dieses generelle Problem hingewiesen habe, werde ich in meinen Anmerkungen zu einzelnen Aufnahmen nicht mehr darauf eingehen. Nur in ein paar signifikanten Fällen werde ich auf falsche Noten, andere größere oder kleinere Tastenmalheurs oder auf die häufigen Störgeräusche von klickenden Fingernägeln und verstopften Nebenhöhlen aufmerksam machen. Auch wenn Rubinsteins Aufnahmen in der Ära des Magnettonbands gemacht worden waren und obwohl er nichts gegen eine umsichtige Schnitttechnik hatte, war ihm ein fehlerhafter Take, der das Gefühl einfing, das er vermitteln wollte, lieber als ein makelloser Take, der dieses Gefühl nicht einfing.

Als ich mir zur Vorbereitung auf die Arbeit an diesem Abschnitt die Rubinstein-Aufnahmen en bloc anhörte, empfand ich sofort, daß sie wahrhaft historische Aufnahmen geworden sind. Sie offenbaren eine direkte, ganz und gar nicht pingelige Darbietungsweise, die heutzutage unüblich geworden, wenn auch zuweilen noch anzutreffen ist. Vor ein paar Jahren hat James Levine gemeint, das Problem bei vielen zeitgenössischen Interpretationen des traditionellen Repertoires liege darin, daß sie entweder exzentrisch oder anonym seien. Rubinsteins Interpretationen waren weder das eine noch das andere: Sein Spiel hatte zwar einen ausgeprägt individuellen Charakter, aber er wollte nicht um jeden Preis »etwas anderes« machen. Von den vierziger Jahren an bis zum Ende seiner Karriere haben ihn Musikkritiker und Feuilletonisten oft als »den letzten romantischen Pianisten« und als »den romantischen Dichter des Klaviers« abgestempelt. Aber diese Kommentatoren lasen seine öffentliche Persönlichkeit in sein Spiel hinein. Sofern der Begriff »romantisch« eine gewisse Leidenschaftlichkeit und Mitteilsamkeit umfaßt, war Rubinsteins Spiel romantisch, aber es besaß nicht die Selbstverliebtheit und die Maßlosigkeit, die dieses Adjektiv ebenfalls impliziert. In dieser, wenn auch kaum in anderer Hinsicht stand er seinen Zeitgenossen aus der deutschen Schule – Schnabel, Fischer und Kempff – näher als den (allerdings ein wenig älteren) osteuropäischen wie Rachmaninow und Hofmann, ganz zu schweigen von Horowitz, der zwar siebzehn Jahre jünger als Rubinstein war, aber stilistisch den Veteranen näher stand. Hörer, die beispielsweise einen entfesselt romantischen Chopin hören wollen, sollten sich den Aufnahmen von Paderewski, Wladimir de Pachmann, Rachmaninow oder, mit Abstrichen, von Horowitz zuwenden. Rubinsteins Chopin – selbst wenn man ihn sich in den weniger kontrollierten Aufnahmen aus der Zeit vor dem Zweiten Weltkrieg anhört – ist durch und durch modern.

Mein Überblick ist locker chronologisch aufgebaut und bewegt sich von Komponist zu Komponist, aber ohne Komponisten voneinander zu trennen, die ich nach nationalen Schulen oder aus anderen ebenso auf der Hand liegenden Gründen zusammenfassen wollte. Damit aus diesem Kapitel keine Enzyklopädie wird, werde ich Rubinsteins Versionen bestimmter Werke nicht mit den Versionen anderer Pianisten vergleichen, von ein paar Sonderfällen abgesehen. In technischer Hinsicht finde ich die Überspielungen von Rubinstein-Aufnahmen (die ursprünglich auf 78er, 45er oder auf Langspielplatten mit 33 $^1/_3$ UpM herausgekommen waren) auf CD von BMG und EMI insgesamt ausgezeichnet. Insbesondere die von Max Wilcox in den späten fünfziger und in den sechziger Jahren produzierten Chopin-Aufnahmen weisen einen warmen, natürlichen Klang auf. Unter den in diesem Kapitel besprochenen Aufnahmen sind die derzeit (1995) nicht lieferbaren mit folgendem Zeichen ⊗ versehen. Ich werde die Leser aber nicht dadurch langweilen, daß ich wiederholt diejenigen Aufnahmen erwähne, die ich nicht gehört habe. (Exakte Daten und andere Informationen über lieferbare und nichtlieferbare Aufnahmen, einschließlich der hier nicht besprochenen, stehen im Anschluß an dieses Kapitel in der Diskographie.) Ferner werde ich mich nicht mit Rubinsteins Interpretationen auf Klavierrollen – 1919 bis 1925 – befassen, die zum Teil auf italienischen und australischen CDs herausgebracht worden sind; sie unterscheiden sich auffallend von den Interpretationen, die auf den späteren 78er Platten und Langspielplatten (33 $^1/_3$ UpM) zu hören sind: Insgesamt weisen sie zwar mehr Brillanz und mehr Schwankungen auf, aber sie sind auch merkwürdig mechanisch und sprunghaft – was vermutlich auf die Rollen selbst zurückzuführen ist. Ich jedenfalls traue der Genauigkeit von Klavierrollen nicht.

Eine letzte Warnung: Ich bin ein rechthaberischer Mensch. Viele Jahre lang habe ich mich geweigert, Konzerte oder Opernaufführungen zu besprechen, außer in ein paar Sonderfällen. Der Grund dafür ist, daß mein Geschmack, wie der aller anderen Menschen, begrenzt ist und daß ich später die meisten positiven und negativen Ansichten, die ich von mir gegeben habe, bereuen werde. Über Aufnahmen zu sprechen ist etwas anderes, weil man sich eine Aufnahme so oft anhören kann, wie es einem gefällt – und wenn man in der richtigen Stimmung ist –, bevor man eine Meinung zu formulieren versucht. Allerdings habe ich gelernt, auch meinen Ansichten über Aufnahmen zu mißtrauen, da – wie ich in einem früheren Buch geschrieben habe – ein mysteriöses Virus bewirkt, daß sich gewisse Interpretationen auf den Aufnahmen verändern, während sie ungespielt in meinen Regalen stehen. Wenn ich mir Aufnahmen wieder anhöre, die ich über mehrere Jahre beiseite gelegt habe, entdecke ich Details, bei denen ich schwören könnte, daß sie zuvor noch nicht vorhanden waren. Nehmen Sie also diese Ansichten als das, was sie sind: vorläufige Urteile, und hören Sie sich dann die Aufnahmen an und ziehen Sie Ihre eigenen Schlüsse.

WERKE VON JOHANN SEBASTIAN BACH

Rubinstein hielt Bach zwar für einen der größten Klavierkomponisten (»>Bach, Bach und nochmals Bach‹, pflegte Rubinstein zu sagen«, so Moura Lympany[1]), aber Rubinstein selbst hat Bachs Musik nur in Bearbeitungen des 19. und des frühen 20. Jahrhunderts aufgeführt. Anderseits war er sehr kritisch, was romantisierte Darbietungen von Bach betraf. Im Hinblick auf Casals hat Rubinstein gegenüber Eric Lipmann erklärt: »Er verwandelte Bach in Schumann! Er spielte ihn mit derartig romantischer Übertreibung, daß das Publikum selig war. Mein Gott, die Leute weinten! Bach, dieser strenge Herr, der ›Ta, ta-ta-ta-ta-ta-ti-ti-ti-ta-ta‹ komponierte. Bei Casals wurde daraus ›Taaaa! – tah-tah-tah tah-taaaaah! tititititi! TAAAAH! TAAAA! Nanananiaaaaaah!‹«[2] Rubinsteins 1970 eingespielte Version von Busonis Bearbeitung der Chaconne aus Bachs Partita Nr. 2 in d-Moll für Solovioline ist wunderschön. Er spielt das Werk zwar so, wie es Busoni offenkundig gewollt hat – mit anderen Worten: als Meisterwerk romantischer Ausdruckskunst –, aber da ist kein Bombast, kein Schnaufen und Keuchen in seinem introspektiven, manchmal verzweifelnden, gelegentlich kraftvollen und stets streng beherrschten Spiel. Was auch immer man von der Bearbeitung halten mag: Diese Interpretation war für den dreiundachtzigjährigen Pianisten eine beachtliche Leistung.

WERKE VON JOSEPH HAYDN

E.T.A. Hoffmann sah in Haydn einen romantischen Komponisten. Die Variationen in f-Moll (auch Sonate, Piccolo-Divertimento und Andante con variazioni genannt), die Haydn 1793 im Alter von einundsechzig Jahren geschrieben hatte, stellen eines der intensivsten persönlichen Werke des Komponisten wie eines seiner letzten Stücke für Klavier dar. Die verhaltene, aber tiefe Expressivität von Rubinsteins einziger Aufnahme des Stücks (1960) ist exemplarisch. Er spielt das Thema in überraschend zurückgenommenen Tönen und in einem natürlichen Grundtempo – nüchtern, aber nicht langsam –, von dem aus er logische und überzeugende Abstecher in die individuellen Variationen unternimmt. Hin und wieder wird das Pedal übertrieben eingesetzt, aber im großen ganzen ist die Darbietung klar artikuliert und wunderschön.

WERKE VON WOLFGANG AMADEUS MOZART

Auch wenn Mozart-Rubinstein keine Paarung ist, die einem genauso spontan in den Sinn kommt wie Chopin-Rubinstein, war Mozart gleichwohl eine von Rubinsteins großen musikalischen Lieben. Und doch hat Rubinstein, soweit ich feststellen konnte, nur sechs von Mozarts siebenundzwanzig Klavierkonzerten gespielt. Eines davon – das letzte, in B-Dur, KV 595 – hat er auch nur selten gespielt und nicht aufgenommen. Von den Werken für Klavier solo wurde nur das Rondo in a-Moll, mit dem der zehnjährige Rubinstein einen so nachhaltigen Eindruck auf Joachim gemacht hatte, in die Programme des erwachsenen Rubinstein aufgenommen und von ihm eingespielt. Öffentlich hat er die Sonate für Violine und Klavier in e-Moll, KV 304, mit Kochanski und möglicherweise auch mit anderen Geigern gespielt, aber er hat sie nicht aufgenommen. Die beiden Klavierkonzerte, die Rubinstein mit Mitgliedern des Guarneri Quartetts aufnahm, tauchten in seinem Konzertrepertoire nicht auf. Man fragt sich, warum er solche Werke wie das Konzert in C-Dur, KV 503, die Sonate in a-Moll, KV 310, die Sonate in D-Dur, KV 576, und mindestens ein halbes Dutzend anderer Kompositionen nicht aufgeführt hat. Sie sind von ihrem expressiven Inhalt her mit denen verwandt, die er gespielt hat.

Für meine Ohren sind seine Aufnahmen von Mozart-Konzerten eine Mischung aus großen Tugenden und leicht zu erklärenden Fehlern. Seine einzige Aufnahme (von 1961) des Konzerts Nr. 17 in G-Dur, KV 453, mit dem RCA Victor Symphony Orchestra unter Alfred Wallenstein ist zwar schön konzipiert, aber zu vorsichtig ausgeführt. Die Tempi wirken alle natürlich, und die raschen Mozart-Übergänge von Heiterkeit zu tödlichem Ernst sind perfekt erfaßt und nie übertrieben ausgespielt, aber viele einzelne Phrasen sind schwer überlagert von Nuancen, die zu befangen wirken. Leider kann ich mich nicht mehr an die beiden Liveaufführungen des Werks erinnern, die ich mit Rubinstein gehört habe. Allerdings habe ich noch im Ohr, wie beeindruckend er das Konzert Nr. 20 in d-Moll, KV 466, gespielt hat. Ich finde auch, daß seine Aufnahme des Werks von 1961, wieder mit Wallenstein und dem RCA

Symphony Orchestra, diesen Eindruck erneut und verstärkt hervorruft. Rubinsteins Tempi sind flott, und seine Selbstsicherheit und Eleganz verbinden sich perfekt mit seiner Intensität und seinem Gespür für die Dramatik des Werks – während die meisten Pianisten dieses Werk entweder elegant und undramatisch oder dramatisch und unelegant spielen. Man kann sich kaum eine bessere Interpretation des fröhlichen Nebenthemas im Finale vorstellen – aber eigentlich kann man sich kaum eine bessere Allround-Darbietung fast des gesamten Konzerts vorstellen. Wir sind es nicht mehr gewöhnt, große Pianisten Mozart so einfach spielen zu hören; daher fühlt man sich nach dieser Aufnahme ebenso begeistert wie nostalgisch gestimmt. (Ich habe eine Liveaufführung des Konzerts von 1963 mit Rubinstein, Carlo Maria Giulini und dem Philharmonia Orchestra London auf verschiedenen Raubpressungen gehört, aber sie ist viel schwerer und weniger spannend als die autorisierte RCA-Aufnahme.) Das gleiche direkte, erfrischende Musizieren ist in den ersten beiden Sätzen des Konzerts Nr. 21 in C-Dur, KV 467, zu hören, das in derselben Besetzung im selben Jahr aufgenommen wurde. Überrascht hat mich zwar nicht Rubinsteins völlig zufriedenstellende Darbietung des spielerischen ersten Satzes, aber angenehm überrascht hat mich das Fehlen von romantischer Übersteigerung im zweiten Satz, der – seit er im Soundtrack des Films *Elvira Madigan (Das Ende einer großen Liebe)* verwendet wurde – das Opfer verschiedener verrückter Interpretationen geworden ist. Erneut spielt Rubinstein mit tiefem, aber zurückgenommenem Gefühl. Die Darbietung des letzten Satzes vermag den Standard der anderen Sätze nicht zu halten: Die Kraft läßt hier und da ein bißchen nach, und die Verve wirkt ein wenig forciert.

Das Konzert Nr. 23 in A-Dur, KV 488, das Rubinstein zum ersten Mal unter Joachims Stabführung in Berlin im Schuljahr 1899/1900 gespielt hatte, tauchte in seinen Konzert- und Aufnahmerepertoires öfter als jedes andere Stück von Mozart auf. Seine Version von 1949, mit Golschmann und dem St. Louis Symphony Orchestra, ist wunderschön gespielt und voller Leben. Eine Rundfunksendung von 1955 (erhältlich auf einer Raub-CD) mit Otmar Nussio und dem italienisch-schweizerischen Radio-Orchester von Lugano ist vergleichsweise schwunglos. Trotzdem ist sie besser als Rubinsteins letzte autorisierte Aufnahme des Werks, 1961 mit Wallenstein und dem RCA Symphony Orchestra produziert. Diese Version ist hinsichtlich des Klangs enttäuschend heruntergefahren und hinsichtlich der Tempi allzu vorsichtig. In dieser Aufführung scheint wenig Muskelkraft und Nervigkeit zu stecken, und das gilt auch für Rubinsteins Aufnahme des Konzerts Nr. 24 in c-Moll, KV 491, von 1958, wieder mit dem RCA Symphony Orchestra, aber diesmal unter der Stabführung von Josef Krips. Auch hier hat sich der Pianist vielleicht zu sehr darauf konzentriert, in den Übergängen keine Fehler zu machen, und die Ergebnisse sind oft blaß und schwerfällig. Ähnlich Kritisches läßt sich zu Rubinsteins Aufnahme des Rondos in a-Moll, KV 511, von 1959 anmerken: Die Darbietung ist zwar gut durchdacht, aber miniaturisiert – übermäßig zart und gleichzeitig mit zuviel Pedalspiel versehen. Meiner Meinung nach sind Rubinsteins Aufnahmen (von 1971) der Mozart-Klavierquartette mit Mitgliedern des Guarneri Quartetts gut absolvierte Umsetzungen von Grund auf querköpfiger Vorstellungen von diesen Werken. Dies sind Rubinsteins am wenigsten gelungene Gemeinschaftsproduktionen mit dem Guarneri Quartett und seine am wenigsten gelungenen Mozart-Aufnahmen. Die meisten Tempi sind eher langsam, aber dies ist nicht das eigentliche Problem. Rubinstein scheint demonstrieren zu wollen, daß diese Werke mit tiefem Gefühl aufgeladen sind – was ja auch der Fall ist –, aber die Leichtigkeit des Anschlags, mit der ihm eine ähnliche Demonstration beispielsweise im d-Moll-Konzert gelingt, fehlt hier. Die melodischen Linien weisen ein übertriebenes Legato auf, und über dem Versuch, jede Phrase bedeutungsschwer zu machen, geht der Zusammenhang verloren. Auch wenn sich die Spieler bemühen, ihr Bestes zu geben, hängen die Phrasen oft in der Mitte durch. Und man bemerkt zum ersten Mal ein Problem, das in einigen der anderen Aufnahmen auftritt, die während der letzten fünf, sechs aktiven Jahre von Rubinstein gemacht wurden: Sein Spiel ist oft zu laut. Dieses Problem rührte fast sicher von seinem sich verschlechternden Gehör her und ist daher verständlich und verzeihlich, aber es ist dennoch ein Problem.

WERKE LUDWIG VAN BEETHOVENS

In einem Zeitungsinterview von 1962 hat Rubinstein seine Ansichten über den musikhistorischen Übergang von Haydn und Mozart zu Beethoven zum Ausdruck gebracht. »Ich nenne Beethoven den größten Romantiker, weil er es gewagt hat, die Linie jenes strengen Klassizismus, den Mozart und Haydn verkörperten, abzubrechen«, sagte er. »Schauen Sie, Mozart und Haydn haben einfach genausoviel Gefühl in sich…, wie es irgend etwas von Beethoven hatte. Für mich kann Mozart in ein paar Takten mehr ausdrücken als Beethoven in einem ganzen Satz einer Sonate. Ich *liebe* Mozart – er ist meine ganz große, tiefe Liebe. Das hat schlicht etwas damit zu tun, daß Mozart in der Lage war, sein ganzes Herz und seine Seele, sein musikalisches Talent, sein Genie in die Formen, ins vorgegebene Schema zu legen… Aber Beethoven war der erste, der es riskierte [seine ganz persönlichen Gefühle zu zeigen]…«[3] Als ich Daniel Barenboim interviewte, vertrat ich die Meinung, daß Beethoven nicht »Rubinsteins Komponist« und seine Einstellung gegenüber Beethoven ambivalent gewesen sei. »Ich weiß, was Sie meinen, aber ich weiß nicht, ob ich Ihnen recht geben soll«, erwiderte Barenboim. »Rubinstein besaß unzählige Qualitäten, aber zwei davon ragten heraus. Die eine war sein Rhythmusgefühl: Es war wie ein Rückgrat, und ich glaube, daß dies sein Spiel vieler heroischer Stücke von Chopin so einzigartig gemacht hat – das Element des Stolzes, das in seiner Musik zum Ausdruck kommt. Und natürlich ist für Beethoven Rhythmus die Hauptsache. Die andere Qualität war der einzigartige, volltönende Klang. Aber was Beethoven betrifft, glaube ich, wurde das Problem der Interpretation für ihn durch sein phantastisches Rhythmusgefühl gelöst. Immer wenn es einen Übergang gab, wurde das Problem stets unter dem Gesichtspunkt des Klangs gelöst. So gesehen, denke ich, könnten Sie sagen, daß Beethoven nicht gerade sein Komponist war. Ich glaube, Rubinstein muß dies gewußt haben, weil er zwar [in späteren Jahren] nie den späten Beethoven gespielt hat, aber diese Sonaten in- und auswendig kannte. Ich erinnere mich noch daran, daß er mit mir über die *Hammerklavier-Sonate* gesprochen hat. Aber viele von den heroischen Stücken, wie die *Waldsteinsonate,* hatten etwas wunderbar strukturell Gesundes an sich, und offenbar auch die eher lyrischen Stücke wie das G-Dur-Konzert.«[4]

Ich begann mir, nach einem Abstand von ein paar Jahren, mit besonderem Interesse Rubinsteins Beethoven-Aufnahmen anzuhören, und ich entdeckte, hier wie in den meisten anderen Aufnahmen von Rubinstein, ein Maß an Direktheit, wie man ihm immer seltener begegnet. Da gibt es kein Posieren, kein Monumentalisieren, keine übertriebene Rhetorik. Aber ich hatte auch das Gefühl, besonders in den Konzerten, aber in gewissem Maße auch in der Solo- und Kammermusik, daß Rubinsteins Beethoven die bemerkenswerte Kombination von Instinkt und Überzeugung fehlte, die seine Chopin- und Brahms-Aufnahmen demonstrieren. Dies hat nichts damit zu tun, ob man seine Interpretationen spezifischer Werke mag oder nicht mag: Ich bin mit Rubinsteins Umgang mit einigen Werken von Beethoven mehr einverstanden als mit seinem Umgang mit gewissen Stücken von Chopin oder Brahms. In der Musik von Chopin und Brahms allerdings – und in einem erheblichen Maß auch in der Musik von Schumann, Rachmaninow, Ravel und den spanischen Komponisten – habe ich fast immer den Eindruck, daß Rubinstein seiner Vorstellung von dem Stück *in diesem bestimmten Augenblick* absolut sicher ist und daß er sie auf diese und keine andere Weise mitteilen *muß.* Sein Beethoven vermittelt mir normalerweise keine derartige Sicherheit und Notwendigkeit.

Während seiner langen Karriere hat Rubinstein nur das Vierte von Beethovens fünf Klavierkonzerten mit einer gewissen Häufigkeit gespielt, aber in seinen letzten aktiven Jahrzehnten gehörten alle fünf bei Konzerten zu seinem Standardrepertoire. Seine 1944 live gesendete Rundfunkaufführung des Dritten Klavierkonzertes mit Toscanini und dem NBC Symphony Orchestra wurde auf Schallplatten herausgegeben, und 1947 hat er das Vierte mit Sir Thomas Beecham und dem Londoner Royal Philharmonic Orchestra aufgenommen.[8] Später hat er alle fünf Konzerte dreimal aufgenommen: 1956 mit Josef Krips und dem Symphony of the Air, zwischen 1963 und 1967 mit Erich Leinsdorf und dem Boston Symphony Orchestra und 1975 mit Daniel Barenboim und dem London Philharmonic Orchestra.[⊗] Die Krips-Kassette enthält Rubinsteins leichtfertigste Beethoven-Interpretationen – sie sind überreich an verspielten Phrasierungen und geschönten Dynamiken und Artikulationen; überdies dirigiert Krips meist langweilig. Die Barenboim-Kassette bekundet, welche ungeminderte Verve und Intelligenz Rubinstein noch mit achtundachtzig Jahren besaß, und vermag – dank der modernen Technik – am ehesten seinen reichhaltigen Klang zu reproduzieren. Aber die übertrieben langsamen Tempi, die der betagte Pianist oft nehmen mußte, um die schnellen Passagen zu schaffen, sowie die übertriebenen Akzentuierungen, die auf die langsamen Tempi zurückgingen, sind ein großer Nachteil. Die mittlere Kassette, mit Leinsdorf, scheint mir die beste von den dreien zu sein.

In allen drei Versionen des Konzerts Nr. 1 in C-Dur, op. 15, und des Konzerts Nr. 2 in B-Dur, op. 19, scheint Rubinstein nur im jeweiligen Rondofinale in seinem Element zu sein – da spielt er geistreich und vermittelt jedem Thema eine ausgeprägte Individualität. Die ersten Sätze leiden unter einer etwas schlampigen Alla-breve-Akzentuierung statt des Vierviertelmetrums, das sie charakterisieren muß. Dabei spielt es keine Rolle, ob sie nun in sehr schnellem oder mäßig schnellem Tempo genommen werden – sonst verfallen sie in einen repetitiven STARK-schwach-, STARK-schwach-Trott. Wenn der Puls schwach wird – und das geschieht oft in allen drei Rubinstein-Aufnahmen bei den beiden ersten Sätzen –, werden die lauten Teile schwer statt stark und die gedämpften Teile anmutig statt erwartungsvoll. Die Gesamtstruktur nimmt sich episodischer aus, als sie wirklich ist, und die Tonleitern und -arpeggien der Sechzehntel im C-Dur-Konzert wirken wie Füllmaterial statt wie glänzende Verzierungen. Im zweiten Satz beider Werke, ja, von allen Konzerten außer dem Vierten, scheint mir der gehaltene, silbrige Klang, den Rubinstein oft gewählt hat, Chopin eher angemessen zu sein als Beethoven.

Bei der Aufnahme des Konzerts Nr. 3 in c-Moll, op. 37, von 1944 vermochten Rubinstein und Toscanini nicht zu harmonieren. Das Ergebnis ist ein mißlungener Kompromiß zwischen zwei Musikern mit guten Absichten, aber höchst unähnlichen musikalischen Persönlichkeiten.

Und doch steckt in dieser Aufführung, wie in der Rubinstein-Beecham-Aufnahme ⊗ des Konzerts Nr. 4 in G-Dur, op. 58, eine Dynamik in Rubinsteins Spiel, die seine späteren Aufnahmen von diesen Werken nicht besitzen. Alle späteren Versionen der Konzerte sind bedächtiger – meist zu bedächtig – und haben weniger emotionale Höhen und Tiefen sowie weniger Farbe. In der 1944er Aufnahme des Dritten Konzerts gibt es eine Spannung von Note zu Note und von Takt zu Takt, die in den späteren Versionen weitgehend fehlt, zu denen auch – neben den Interpretationen in den drei Gesamtaufnahmen – ein Raubmitschnitt einer Aufführung von 1967 mit Antal Dorati und dem London Philharmonic Orchestra zählt. Das Vierte Konzert, mit Beecham, scheint mir das natürlichste und gelungenste aller Rubinstein-Aufnahmen der Beethoven-Konzerte zu sein. Um meine Neugier zu befriedigen, habe ich einmal die Spieldauer der sechs Rubinstein-Aufnahmen von diesem Konzert (außer den vier offiziellen Versionen gibt es noch Raubmitschnitte mit Dimitri Mitropoulos und Dorati) gestoppt, wobei ich die Dauer der variablen Kadenzen aus dem ersten und dem dritten Satz abzog. Hier die Ergebnisse:

- Beecham, Royal Philharmonic, 1947: erster Satz 13:56; zweiter Satz 4:51; dritter Satz 8:24
- Mitropoulos, New York Philharmonic, 1951: 13:52, 4:43, 8:24
- Krips, Symphony of the Air, 1956: 14:58, 4:42, 9:08
- Leinsdorf, Boston Symphony, 1964: 14:50, 4:38, 9:06
- Dorati, Royal Philharmonic, 1967: 15:01, 4:47, 9:09
- Barenboim, London Philharmonic, 1975: 16:26, 5:25, 9:49

Obwohl Mitropoulos mit dem Stück launischer umsprang als Beecham und die New Yorker Philharmoniker schlampiger spielten als das Royal Philharmonic Orchestra, war Rubinsteins Konzept in beiden Aufführungen praktisch das gleiche. (In beiden spielte Rubinstein seine eigenen Kadenzen, die Anklänge an Chopin, Liszt, Debussy, Rachmaninow – und sogar Beethoven enthalten; in allen späteren Aufnahmen spielte er Beethovens Kadenzen in der Bearbeitung von Busoni.) In den folgenden drei Versionen entsprechen nur die Tempi des zweiten Satzes grundsätzlich den früheren Aufnahmen, während die Sätze eins und drei nicht nur langsamer, sondern auch bedächtiger gespielt werden als zuvor. In der letzten dieser sechs Aufnahmen sind die Grundtempi aller drei Sätze viel langsamer als in sämtlichen anderen Aufnahmen. Und doch liegt es nicht an den schnelleren Tempi, daß die Aufnahme von 1947 schöner und komplexer als spätere Versionen ist. Die schärferen Kontraste zwischen den lyrischen und dramatischen Elementen des Werks und das größere Ausmaß an *offenkundiger* Impulsivität im Spiel – unterstützt von einem Dirigenten, der nach eigenem Eingeständnis zwar kein begeisterter Beethovenianer war, aber dieses Werk anscheinend sehr gut verstanden hat und die nötige Inbrunst besaß –: dies sind die Qualitäten, die diese Version zur packendsten Aufnahme machen. Auch wenn ich mit einigen von den radikalen Tempomodifikationen im ersten Satz sowie mit ganz wenigen Details in Phrasierung, Dynamik und Artikulation an verschiedenen Stellen nicht einverstanden bin, liebe ich doch diese Aufnahme wegen ihrer Frische und Aussagekraft.

Die Erinnerung an Gehörtes ist im allgemeinen noch empirischer, subjektiver und verschrobener als die Erinnerung an Gesehenes. Trotzdem würde ich schwören, daß die Aufführungen des Konzerts Nr. 5 in Es-Dur, op. 73 *(Kaiserkonzert),* die ich 1962 und 1964 von Rubinstein mit Szell und dem Cleveland Orchestra gehört habe, kühner strukturiert und schärfer in den dynamischen Kontrasten waren als alle veröffentlichten Rubinstein-Aufnahmen von diesem Werk. (Dazu zählen nicht nur die drei autorisierten Versionen, sondern auch ein Raubmitschnitt einer Liveaufführung mit Dorati und dem London Philharmonic Orchestra von 1967.) In jeder dieser Aufnahmen gibt es freilich viel Bewundernswertes, besonders in der Version von 1965 mit Leinsdorf, der vielleicht kein inspirierender Partner gewesen sein mag, aber Rubinstein verläßlich und intelligent unterstützt hat. Während das Vierte das persönlichste der fünf Konzerte ist, ist das *Kaiserkonzert* das Entschiedenste, und Rubinstein setzt die treibende Kraft des ersten Satzes, die vorwegnehmende Stille des zweiten und die wilde Fröhlichkeit des dritten um.

Rubinstein hat nur sieben von Beethovens zweiunddreißig Klaviersonaten eingespielt. Im allgemeinen finde ich die Sonatenaufnahmen, die ich gehört habe, zufriedenstellender als seine Aufnahmen der Konzerte, auch wenn ich mit zwei Aspekten seiner Interpretationsweise nicht einverstanden bin. Zuweilen – besonders in melancholischen Themen der frühen Sonaten – betätigte er das Piano- und das Fortepedal gleichzeitig und überspielte die Melodie. Für *sforzati,* Crescendi und Decrescendi sowie laute Staccato-Oktaven verwendete er im allgemeinen den gleichen großen, runden Klang wie in »regulären« Fortepassagen, so daß einige der zackigen Rhythmen und wilden Salven, die für viele Kompositionen von Beethoven so typisch sind, zu zahm klingen. Ich vermute, daß Rubinstein diese Heftigkeiten abgemildert hat, weil sie nicht zu seiner Idealvorstellung vom Klavierklang paßten, der eher melodisch als perkussiv war – aber Beethoven verlangt beides. Diese Tendenzen machen sich sehr stark bemerkbar im zweiten Thema und im Durchführungsabschnitt des ersten Satzes der Sonate Nr. 3 in C-Dur, op. 2, Nr. 3 ⊗ – der frühesten Beethoven-Sonate, die Rubinstein aufgenommen hat. (Und zwar nur einmal, nämlich ein paar Tage vor seinem 76. Geburtstag.) Andererseits hat er die schelmische Nonchalance des ersten Themas dieses Satzes ebenso wie das Träumerische, das den zweiten Satz beherrscht, wunderschön eingefangen. Der Hauptteil des dritten Satzes (Scherzo) scheint allzu bedächtig zu sein, aber Rubinstein hat offenkundig ein Tempo gesucht, das er auch im stürmischen Trioabschnitt verwenden konnte – den er exzellent spielt –, ohne die Kontrolle zu verlieren. Seine Klavierkunst ist perfekt abgestimmt auf das Finale mit seinem neckischen Haupt- und ersten Nebenthema und seinem hochfliegenden, fast Brahmsschen zweiten Nebenthema (F-Dur), und er vollendet den Satz mit Natürlichkeit und Verve.
Die noble Zurückhaltung, die so typisch war für Rubinsteins Haydn-Variationen in f-Moll, charakterisiert auch sein Spiel des ersten Satzes von Beethovens Sonate Nr. 8 in c-Moll, op. 13 *(Pathétique),* in der Aufnahme von 1962. In der Einleitung wird zwar das Pedal zuviel eingesetzt, aber insgesamt ist der Ton ernst und würdig. Das zweite Thema, wie Rubinstein es spielt, ist äußerst zart, ja untertrieben, insbesondere wenn

man es mit den meisten Versionen seiner Kollegen vergleicht, doch seine stille Poesie entfaltet sich allmählich bis zum Beginn des *decrescendo.* Auch der dynamische Umfang des Durchführungsabschnitts ist heruntergefahren, seine Wirkung jedoch nicht. Die melodische Linie des zweiten Satzes singt – in Übereinstimmung mit Beethovens Hinweis »cantabile« –, und seine klassischen Proportionen werden mit großer Freiheit ebenso wie mit großer Klarheit dargestellt. Rubinstein baut die Spannung des letzten Satzes geschickt auf, vom ruhigen ersten Vorstellen des Hauptthemas bis zum Finale, in dem der jugendliche Zorn des achtundzwanzigjährigen Komponisten wild ausbricht.

Rubinstein hat seine einzige Aufnahme der Sonate Nr. 14 in cis-Moll, op. 27, Nr. 2 *(Mondscheinsonate)* im Jahre 1962 gemacht, also mit fünfundsiebzig Jahren. Der erste Satz ist etwas langsamer, als es der Komponist mit der Angabe alla breve vorzuschreiben scheint. Der starke Rhythmus des Pianisten verhindert aber, daß daraus ein Schmachtfetzen wird. Er lenkt die Aufmerksamkeit des Hörers nicht nur auf die Intensität, sondern auch auf die Würde der Trauer dieser Musik – die expressiven Crescendi sind gebändigt im reduzierten Dynamikumfang, den die Partitur verlangt. Auch der zweite Satz hört sich hier ein bißchen zu langsam an, aber er ist bemerkenswert anmutig. Noch bemerkenswerter freilich ist seine Führung der linken Hand im Trioabschnitt dieses Satzes: Man hört die Tenor- und Baßlinien als klare Einheiten, doch jede wird mit großer Schlichtheit ausgedrückt und verbindet sich wunderbar mit der anderen. Dies ist eine Musik, die eigentlich jeder Klavierstudent im dritten oder vierten Jahr seiner Ausbildung spielen könnte, aber nur ein Meister kann daraus etwas so Vollendetes machen. Gewöhnlich hört man den Beginn des feurigen Finales als Abfolge von drei zweitaktigen und zwei eintaktigen Crescendi gespielt, doch Rubinstein spielt die Passage so, wie Beethoven sie geschrieben hat: Still bis zum *sforzato*-Ausbruch auf dem letzten Schlag jeder Ein- oder Zweitaktphrase. Ich habe gelegentlich zwar schon leidenschaftlichere Darbietungen dieses Satzes gehört, aber häufiger wirre, klappernde, unkontrollierte Versionen, selbst von berühmten Tastenkünstlern. Wieder ist Rubinsteins Umgang mit Beethoven klassisch in seiner Zurückgenommenheit.

Der erste Satz der Sonate Nr. 18 in Es-Dur, op. 31, Nr. 3 *(Die Jagd),* ist zu gekünstelt und verspielt in Rubinsteins Aufnahme des Werkes von 1954. Er nimmt sich sogar die bizarre Freiheit, das erste Crescendo und seine verschiedenen Wiederholungen in einem piano enden zu lassen statt im *sforzato,* das Beethoven angegeben hat (Takte 6, 15 usw.). Dies ist kein unwichtiges Detail: Es verändert den Charakter des Hauptthemas. Im zweiten Satz – Scherzo: Allegretto vivace – betont Rubinstein das »allegretto« auf Kosten des »scherzo« und des »vivace« und spielt zu bedächtig. Und im Menuett, das als »Moderato e grazioso« ausgewiesen ist, entscheidet er sich für ein cantabile, das zu emphatisch wirkt. Er erhöht das Tempo um zwei oder drei Grad im Trioabschnitt, und dem Hauptteil des Satzes hätte es vermutlich gutgetan, wenn er im gleichen Tempo gespielt worden wäre. Für das Finale allerdings findet und hält Rubinstein genau den richtigen Ton heiterer Hingabe. Er hat diese Sonate im April 1976 aufgenommen ⊗, also während seiner letzten Aufnahmesitzungen; die negativen Merkmale des ersten und des dritten Satzes sind zwar in der späteren Version sogar noch stärker als in der früheren, aber eben auch die positiven Qualitäten des vierten Satzes. Und der zweite Satz ist in der Aufnahme von 1976 das echte »Scherzo: Allegretto vivace«, was er 1954 nicht ist. Er eilt heiter dahin in einem Tempo, das einem Pianisten in der Blüte seiner Jahre beachtliche Virtuosität abverlangt hätte – um wieviel mehr einem fast neunzigjährigen Mann, dessen Augen sich nicht mehr auf die Tasten konzentrieren konnten.

Ich stelle mir vor, wenn Rubinstein die Sonate Nr. 21 in C-Dur, op. 53 *(Waldsteinsonate)* in den dreißiger oder sechziger Jahren aufgenommen hätte, dann hätte er eine intensivere und überzeugendere Version hinterlassen als seine einzige Aufnahme von 1954. Natürlich weist diese Interpretation einige herausragende Merkmale auf, insbesondere einen starken Rhythmus und die klare Form jeder Phrase. Aber Rubinsteins Neigung, *sforzati* und Staccati abzuschwächen und Pausen mit dem Pedal zu binden, ist dem Gesamteindruck des Stücks doch sehr abträglich, insbesondere im ersten Satz: Er bewegt sich in seinem Spiel innerhalb eines so eingeschränkten Dynamikbereichs und spielt in der Akzentuierung so kontrastarm, daß diese herrliche Musik fade klingt.

Ähnliche Mängel sowie ein übermäßiges Pedalspiel verderben den kurzen zweiten Satz (den Beethoven als »Introduktion« zum Finale bezeichnet hat). Der letzte Satz gelingt besser als seine Vorgänger, weil Rubinstein endlich einige starke dynamische Kontraste erzeugt, aber selbst hier bietet er nicht sein Bestes. Vielleicht hat er die vielbeschworenen »apollinischen« Qualitäten dieses Werks übertrieben, um den Kontrast zum »dionysischen« Stück zu verstärken, das in seinem Beethoven-Sonaten-Repertoire chronologisch als nächstes kam.

»Die linke Hand sollte Ihr Kapellmeister sein, während Ihre rechte Hand ›ad libitum‹ spielt«, hat Rubinstein gegenüber Lipmann erklärt.[5] Mit anderen Worten: Solange die linke Hand das Grundtempo beibehält, kann sich die rechte Hand rhythmische Freiheiten nehmen. Aber im ersten Satz von Beethovens Sonate Nr. 23 in f-Moll, op. 57 *(Appassionata)* unterbricht Rubinstein bisweilen den Fluß der Achtelnotentriolen der linken Hand – beispielsweise in der Passage von Takt 26 bis Takt 42 –, um der rechten Hand einen freieren Lauf zu lassen. Das Ergebnis ist äußerst unnatürlich. Im übrigen freilich ist diese 1963 gemachte Aufnahme viel überzeugender als die der *Waldsteinsonate:* Hier hat Rubinstein keine Angst vor dramatischen Ausbrüchen oder starken dynamischen Kontrasten, obwohl er sogar im wirbelnden Finale nie einen harten oder häßlichen Klang erzeugt. Der zweite Satz ist ganz besonders schön, und wenn Rubinstein das Hauptthema des letzten Satzes nicht legato nimmt, dann hört sich das richtig an und funktioniert glänzend. Ich kann mir nicht vorstellen, daß er die heruntergehämmerte, unzusammenhängende und schlampige Version der *Appassionata,* die 1975 im kalifornischen Pasadena während eines Live-Benefizkonzerts für Israel als Videotape aufgenommen wurde, herausgeben lassen wollte. Sie ist jedoch tatsächlich erschienen, und zwar auf Videokassette und CD, zehn Jahre nach seinem Tod. Ich verkneife mir jeden weiteren Kommentar über diese Aufnahme ebenso wie über die anderen Darbietungen in jenem Konzert.

Wir werden nie erfahren, wie Rubinstein mit der Sonate Nr. 27 in e-Moll, op. 90, und mit der Sonate Nr. 29 in B-Dur, op. 106 *(Große Sonate für das Hammerklavier)* umging, die beide häufig in seinem Konzertrepertoire in der ersten Hälfte seiner Karriere auftauchten. In der zweiten Hälfte spielte er als letzte von den Beethoven-Sonaten die Nr. 26 in Es-Dur, op. 81a *(Les Adieux)*, und nahm sie 1940 ⊗ und 1962 auf. Ich kenne nur letztere Version und halte sie für die beste aller Beethoven-Sonaten-Aufnahmen von Rubinstein, die ich gehört habe. Er spielt die poetische Einleitung des ersten Satzes – dem Beethoven die Bezeichnung »Das Lebewohl« gegeben hat – mit großer Wärme und intensiver, aber verhaltener Expressivität. Für das Hauptthema des Satzes wählt er ein gemäßigtes Tempo, treibt es aber durch seinen rhythmischen Drive und noch mehr durch den Schwung seiner Phrasierung voran. Dem zweiten Satz hat Beethoven nicht nur die Bezeichnung »Abwesenheit« gegeben, sondern er hat sich auch noch die Mühe gemacht, die italienische Angabe »Andante espressivo« auf deutsch näher zu erläutern: »Im Schrittempo, aber mit viel Ausdruck«. Rubinsteins Umsetzung des zärtlichen Verlangens und der stillen Vieldeutigkeit dieses Satzes ist wirklich sehr schön. Genauso wunderbar mitreißend und aufregend spielt er den letzten Satz – »Das Wiedersehen« (»Im raschesten Tempo«, verlangte Beethoven –, in dem er es sogar unterläßt, Pausen durch Pedalspiel zu binden.

Max Wilcox erwähnt in seinem im 6. Kapitel zitierten Bericht an RCA aus dem Jahre 1974, daß Rubinstein gegen Ende seiner Karriere zwei weitere Beethoven-Sonaten aufnehmen wollte – Nr. 15 in D-Dur, op. 28 *(Pastorale)* und Nr. 17 in d-Moll, op. 31, Nr. 2 *(Der Sturm)* –, aber er ist nicht mehr dazu gekommen. Daher enthält sein Aufnahmerepertoire von Beethoven-Kompositionen nur noch kammermusikalische Werke.

In den frühen fünfziger Jahren lernte Rubinstein Henryk Szeryng, einen jungen polnischen Geiger, in Mexiko kennen, wo Szeryng lebte. Er war beeindruckt von Szeryngs Spiel, und zwischen 1958 und 1961 machten die beiden Musiker eine Reihe von Sonatenaufnahmen, denen Szeryng unter anderem den Start seiner großen internationalen Karriere verdankte. (Rubinstein hat Szeryng auch an Hurok und andere Manager empfohlen und RCA überredet, den Geiger für eine Aufnahme des Brahms-Konzerts mit Monteux zu engagieren – das Ergebnis war eine der schönsten Aufnahmen, die von diesem Werk je gemacht wurden.)

Unter den Stücken, die sie miteinander einspielten, befanden sich drei von den zehn Beethoven-Sonaten für Violine und Klavier: Nr. 5 in F-Dur, op. 24 *(Frühlingssonate)*, Nr. 8 in G-Dur, op. 30, Nr. 3, und Nr. 9 in A-Dur, op. 47 *(Kreutzersonate)*. Alle drei sind außergewöhnlich schön und bekunden eher eine echte Partnerschaft als eine Vernunftehe. Szeryngs Klang ist zwar nicht so reichhaltig wie der Rubinsteins, aber ohne daß einer der beiden Musiker ein hörbares Opfer bringen muß, gelingt es ihnen, eine schöne Balance zu halten. Sie lassen den ganzen Zauber der *Frühlingssonate* sich so natürlich entwickeln, wie ich es noch nie gehört habe; sie spielen die G-Dur-Sonate mit einer Kombination aus überschäumendem Temperament und Charme, die an die alte Kreisler-Rachmaninow-Aufnahme des Stücks erinnert; und sie verleihen der *Kreutzersonate* alle Kraft, Poesie und diabolische Virtuosität, die sie verlangt. Ich wünschte, die beiden Musiker hätten die Sonaten a-Moll, op. 23, c-Moll, op. 30, Nr. 2, G-Dur, op. 96 und – warum nicht? – auch noch die anderen vier Sonaten aufgenommen gehabt.

Beethovens Trio in B-Dur, op. 97 *(Erzherzogstrio)* war eines der drei Werke, die Rubinstein im September 1941 mit Heifetz und Feuermann aufgenommen hat – der biographische Background dieser Aufnahmen wurde im 6. Kapitel dargestellt. Die am unmittelbarsten auffallende Eigenschaft dieses *Erzherzogstrios* ist seine Antimonumentalität, ihr absoluter Mangel an rhetorischer Emphase. Diese Aufführung verharrt keineswegs ehrfurchtsvoll vor Beethoven als einem Giganten der westlichen Zivilisation, sondern ist eher eine lebendige Darbietung eines von Beethovens nobelsten – und auch verspieltesten – Werken. Die Aufnahmen, die diese drei Meisterspieler miteinander gemacht haben, weisen zwar nicht die einheitliche Anschauung auf, die die besten ständigen Ensembles sich zu eigen machen. Dies heißt aber nicht, daß die Beteiligten drei verschiedene Richtungen einschlagen: Sie haben gemeinsam ihre interpretatorischen Entscheidungen getroffen, und sie halten sich daran – und das individuelle wie das gemeinsame Spiel ist phantastisch. Die Grundtempi sind frisch und stetig, doch *innerhalb* dieser Tempi geschehen wundervolle Dinge – wie beispielsweise in den letzten vierzehn Takten des ersten Satzes, der wirbelnd auf einen mächtigen

Höhepunkt zutreibt, ohne dabei sein unterschwelliges rhythmisches Pulsieren einzubüßen. Der zweite Satz mag ein bißchen zu schnell sein, aber die heitere Artikulation ist wunderbar. Den dritten Satz so gespielt zu hören, wie Beethoven es vorgeschrieben hat – »Andante cantabile: semplice« –, ist ein großartiges Erlebnis, da er normalerweise als hochromantisches Adagio behandelt wird. Ich kann mich nicht erinnern, den intensiven Teil der Coda, in dem die Geige und das Cello über den Triolenakkorden des Klaviers ruhig »singen«, jemals mit größerer Schlichtheit oder größerem Effekt spielen gehört zu haben. Die Phrasierung des letzten Satzes ist glänzend durchdacht – Rubinstein vermasselt zwar ein paar Passagen in der wirbelnden Coda, aber wen stört dies? Kurz vor seinem Abschied vom Konzertpodium wollte er das *Erzherzogstrio* noch einmal mit Szeryng und Pierre Fournier aufnehmen; die Einspielung hätte einen moderneren Klang gehabt, und die Interpretation wäre fast sicher sorgfältiger ausgearbeitet und durchdachter gewesen, aber ich bezweifle, ob sie genauso unterhaltsam gewesen wäre wie diese Version.

WERKE VON FRANZ SCHUBERT

Wie Mozart ist auch Schubert nicht gerade einer von den Komponisten, die einem sofort einfallen, wenn man an Rubinstein denkt. Rubinstein hat Schubert genauso geliebt wie Mozart – und sogar noch weniger Schuberts Musik gespielt als die Mozarts. Seit seinem 15. Lebensjahr hat er die Fantasie in C-Dur *(Wandererfantasie)* öffentlich aufgeführt, und die Impromptus in Ges-Dur und As-Dur (op. 90, Nr. 3 und 4) gehörten jahrzehntelang ebenso fest zu seinem Repertoire wie Tausigs Bearbeitung des *Marche militaire.* Aber abgesehen von ein paar kammermusikalischen Werken, die er gelegentlich auf privaten Gesellschaften, aber höchst selten in der Öffentlichkeit spielte, hat er nur ganz wenige Stücke von Schubert in seinem aktiven Repertoire bis in die Spätzeit seiner Karriere behalten.

Seine Einspielung der *Wandererfantasie* hat mich schon beim ersten

Anhören erstaunt. Vielleicht hatte ich unbewußt erwartet, eine schöne, aber etwas zu sehr legato gespielte und mit zuviel Pedal versehene Version dieses Meisterwerks zu vernehmen und den Eindruck zu haben, daß die stürmischen und angespannten Abschnitte des Werks zu unterkühlt gespielt würden. Doch statt dessen explodiert der achtundsiebzigjährige Rubinstein im ersten Teil der Fantasie, indem er Staccatonoten und -akkorde mit einer Schärfe artikuliert, wie er sie im allgemeinen nicht einmal bei Beethoven anwenden wollte. Maximal betont er den Kontrast zwischen Kraft und Zartheit in diesem Teil, und das Raffinement, mit dem er Akkorde zum Ausdruck bringt, ist wirklich bemerkenswert. Die Teile drei und vier des Werks gelingen aus ähnlichen Gründen ebenso schön, aber am wundervollsten ist Rubinstein im zweiten Teil, dem Herzen der Fantasie. Schubert hat das Thema (das eng mit den Themen der anderen Teile verbunden ist) seinem 1819, also drei Jahre vor der Fantasie komponierten Lied *Der Wanderer* entnommen. Dies gilt vor allem für die Melodie, mit der er die Verse vertont hat, die mit den Worten »Die Sonne dünkt mich ...« beginnen. Rubinstein fängt die für das Thema charakteristische Einsamkeit und die Sehnsucht nach Wärme, die Ängstlichkeit der kristallinen Passagen der Vierundsechzigstel sowie den tödlichen Schauder der Tremolos mit einer Meisterschaft ein, wie ich sie mir trefflicher nicht vorstellen kann. Sein Spiel dieses ganzen Teils spiegelt seine von Ann Schein berichtete Bemerkung wider, derzufolge Schubert der einzige Komponist gewesen sei, der unverzagt an den Tod habe denken können. Kurz – dies ist eine von Rubinsteins großen Aufnahmen.

Von seiner 1961 entstandenen Aufnahme der beiden Impromptus ist das Ges-Dur wunderschön – auch wenn die stürmischen Teile ein wenig zu dezent sind. Das As-Dur ist bemerkenswert wegen des silbrigen Klangs der melodischen Linie und der Art und Weise, wie der Pianist jede Gruppe von absteigenden Arpeggien zu einer sanften Kaskade, die durch die Schwerkraft nach unten gezogen wird, statt zu einer Reihe von hübschen Noten gestaltet, die eigentlich völlig grundlos existieren.

Rubinstein hat zwar 1936 ⊗ den Menuettsatz von Schuberts Sonate in G-Dur, op. 78, aufgenommen, aber (soweit ich feststellen konnte) in der

Öffentlichkeit keine ganze Schubert-Sonate gespielt – bis zur Saison 1963/64, als er für mehrere Konzerte die Sonate in B-Dur in sein Repertoire aufnahm. Er hatte sie zwar im Sommer davor eingespielt, war aber mit dieser Aufnahme nicht zufrieden und gestattete nicht, daß sie veröffentlicht wurde. Zwei Jahre später nahm er sie erneut auf, entschied sich am Ende jedoch auch gegen das Erscheinen dieser Version. Schließlich nahm er die Sonate 1969 noch einmal auf (im 6. Kapitel dieses Buches hat Eva Rubinstein geschildert, unter welchen Umständen die Aufnahme entstand) und war damit einverstanden, daß sie herauskam. Ich habe mir diese Aufnahme kurz nach dem Erscheinen angehört und fand sie merkwürdig unzusammenhängend und nicht überzeugend. Max Wilcox, der alle drei Versionen produziert hat, schrieb über die letztlich erschienene: »Die Kritik war für eine Rubinstein-Aufnahme ungewöhnlich gemischt, und anscheinend hat dieser natürlichste aller Musiker und Aufnahmekünstler sich dazu hinreißen lassen, sich dieser Musik ›überängstlich‹ zu nähern.« Ein paar Jahre nach Rubinsteins Tod hat Wilcox die Einspielung von 1969 mit der von 1965 verglichen und berichtet, bei der früheren Version habe er nach »etwa zwei Minuten« den Eindruck gehabt, dies sei »die Interpretation, die ich all diese Jahre über im Kopf gehabt habe. Die Phrasierung war herrlich natürlich; Rubinsteins Ton war so unverwechselbar golden wie immer, und der große Pianist hörte sich an, als würde er in sich versunken für ein paar gute Freunde in seinem Wohnzimmer spielen.«[6] Mit Nela Rubinsteins Erlaubnis wurde die 1965er Version 1987 auf CD herausgebracht, und sie ist wirklich eine schöne Aufnahme dieses schwer faßbaren, vielschichtigen Werks, das Schubert ein paar Wochen vor seinem Tod im Alter von einunddreißig Jahren komponiert hatte. Wie Rubinstein den ersten Satz spielt, ist dies eine der introvertiertesten Interpretationen dieser Musik, die ich je gehört habe, aber er behält das vom Komponisten vorgeschriebene »sehr gemäßigte« Tempo bei, statt in einem Adagio oder Lento zu schwelgen, wie dies viele Pianisten tun. Herummäkeln möchte ich nur an seiner Entscheidung, viele Pausen in der Coda durch Pedalspiel zu binden, womit er die schmerzliche, rhythmisch unregelmäßige Wirkung zerstört, die Schubert ganz offenkundig erzielen wollte. Der zweite Satz, mit seinem über allen Kummer hinausgehenden tragischen Ton, ist in dieser Version zwar eher adagio als andante, aber Rubinstein hält das von ihm gewählte Tempo wunderschön. Er läßt das Pathos für sich selbst sprechen, ohne es zu betonen, und bei seiner Interpretation denkt man an T. S. Eliots Verse »Auf diese Weise kommt das Ende der Welt/Nicht mit einem Knall, sondern einem Wimmern.«[7] Über den dritten Satz hat Schubert geschrieben: »Allegro vivace con delicatezza«, und Rubinstein hält sich genau an diese Vorschrift: Dies ist eine leichtfüßige (wenn auch leicht schwankende) Version des Scherzos, in der die Neigung des Pianisten, die Wucht von Staccatonoten abzumildern, eine ausgezeichnete Wirkung zeitigt. Im Trioabschnitt allerdings bindet Rubinstein erneut die Pausen mit Pedalspiel und eliminiert auf diese Weise das Gefühl des Bedrohlichen, das in der Linie der linken Hand impliziert ist. Im Finale balanciert er dann die Elemente der Verlorenheit und des Zorns wunderschön aus mit dem Element der gezwungenen Heiterkeit, das sich ganz am Ende des Stücks durchzusetzen versucht und dabei einen Pyrrhussieg erzielt.

Man ist versucht, darüber zu spekulieren, daß Rubinstein bei Schubert so erfolgreich war wegen seiner Fähigkeit, eine melodische Linie außergewöhnlich gut zu halten. Im allgemeinen allerdings haben die Künstler (und das schließt auch die Sänger ein) am wenigsten Erfolg bei Schubert, die den Melodien des Komponisten mehr Aufmerksamkeit widmen als seinen überaus persönlichen, mäandrierenden Formen und ihren starken rhythmischen Stützpfeilern. In einem seltenen Moment der musikalischen Selbstanalyse in seinen Memoiren hat Rubinstein erklärt: » ... meine Begabung als Interpret basiert hauptsächlich darauf, daß es mir immer um das Verständnis der Struktur einer Komposition geht.«[8] Und Annabelle Whitestone erinnerte sich: »Wenn Arthur sich Musik anhörte – Platten, Konzerte oder Pianisten, die ihm vorspielten –, konnte er sich über nichts so sehr aufregen wie über ›falschen‹ Rhythmus oder Mangel an rhythmischer Intensität.«[9] Dies sind die entscheidenden Faktoren zum Verständnis von Rubinsteins schönen Schubert-Aufnahmen, und ich wünschte, er hätte mehr davon gemacht. Die einzigen anderen Werke, die er der Schallplatte anvertraute, sind die

Trios in B-Dur, op. 99, und Es-Dur, op. 100. Die 1941er Version von op. 99 mit Heifetz und Feuermann weist Vorzüge ähnlich wie die *Erzherzogstrio*-Einspielung auf, die von denselben Musikern zur selben Zeit gemacht wurde. Auch wenn mir einige von Heifetz' Rubati und anderen Modulationen im zweiten Satz eher für Tschaikowsky als für Schubert geeignet zu sein scheinen, zeichnet sich die Aufführung als Ganzes durch ihre Spontaneität, Verve, untadelige Phrasierung und ihren Vorwärtsdrang aus. Fast dreiunddreißig Jahre später hat Rubinstein das Werk noch einmal mit Szeryng und Fournier aufgenommen. In jedem Augenblick ist die spätere Aufnahme nicht nur langsamer, sondern auch bedächtiger und oft emphatischer als die frühere; es ist erstaunlich, daß Rubinstein das Stück so schön noch mit siebenundachtzig Jahren spielen konnte, aber dieser Interpretation fehlt die Natürlichkeit, das Stürmische, der Humor und vor allem die Kühnheit der früheren Einspielung. Sie ist nett und angenehm, kann aber dem Vergleich mit ihrer mitreißenden Vorgängerin nicht standhalten. Ich habe zwar die Rubinstein-Szeryng-Fournier-Aufnahme von op. 100 ⊗ nicht gehört, doch von verschiedenen Musikern erfahren, daß ihre Vorzüge und Schwächen denen der Aufnahme von op. 99 durch dieselbe Gruppe entsprechen. Diese entstand etwa zeitgleich mit derselben Gruppe.

WERKE VON FRÉDÉRIC CHOPIN

Rubinstein hat mehr Aufnahmen von Chopin-Stücken gemacht als von Stücken aller anderen Komponisten zusammengenommen, und eine detaillierte Kommentierung all seiner Chopin-Aufnahmen würde ein eigenes Buch füllen. Und so sehr mir die Klavierkonzerte, die Fantasie über polnische Lieder, die Berceuse, der Boléro, die *Trois nouvelles études* und eigentlich die meisten anderen Werke von Chopin – und Rubinsteins Interpretationen von ihnen – auch gefallen, werde ich mich in meinen Bemerkungen auf jene Stücke beschränken, die meiner Ansicht nach für das Chopin-Repertoire von zentraler Bedeutung sind. Neben seinen autorisierten Aufnahmen für HMV und RCA enthalten einige

Raub-CDs, die in Italien nach Tonbandmitschnitten von Konzerten aus den Jahren 1969 und 1970 in Mailand, Bologna und an einem nicht identifizierten Ort gemacht wurden, mehrere Werke von Chopin, aber diese Interpretationen liefern keine substantiell neuen Aufschlüsse über irgendeines dieser Stücke. Überdies ist ihr Klang schlecht; aus diesen Gründen werden sie hier nicht besprochen.

Uns, die wir Rubinstein nur in seinen letzten Jahrzehnten gehört haben, schien er – aufgrund seines Alters und seiner nationalen Herkunft – ein engeres Bindeglied zu Chopin darzustellen als jeder andere Zeitgenosse. (Falls Chopin, Mendelssohn, Schumann und Liszt – alle zwischen 1809 und 1811 geboren – so alt wie Rubinstein geworden wären, dann hätten sie ihn noch als Interpret ihrer Werke hören können.) In der Frühzeit der CD hat BMG Classics viele von den Chopin-Aufnahmen herausgebracht, die Rubinstein von den vierziger bis zu den siebziger Jahren für RCA gemacht hatte. 1992 und 1993 sind bei EMI CDs erschienen, die die meisten Chopin-Aufnahmen enthalten, die er in den zwanziger und dreißiger Jahren für HMV eingespielt hatte. Wer also gern die Entwicklung von Rubinsteins Chopin-Spiel über einen Zeitraum von vierzig Jahren studieren möchte, kann dies heute tun. Die HMV-Aufnahmen widerlegen ein für allemal Rubinsteins oft wiederholte Erklärungen über die Mangelhaftigkeit seiner Technik bis zu seinem arbeitsreichen Sommer 1934. Vielmehr bestätigen sie die Bemerkungen jener kritischen Beobachter seiner frühen Arbeit, die seine Technik als glänzend bezeichnet hatten. Manchmal ist Rubinstein über Schwierigkeiten aus Faulheit hinweggegangen, aber nicht weil er außerstande gewesen wäre, sie zu meistern. Im großen ganzen war sein Chopin-Spiel vor dem Zweiten Weltkrieg glänzender, offener und origineller als danach. (Zu Beginn der neunziger Jahre hat Nela Rubinstein einige der frühen Aufnahmen zum ersten Mal seit vielen Jahren in einer CD-Überspielung von Pearl Gemm gehört und gegenüber Eva erklärt: »Genau so hat er gespielt, als ich ihn kennenlernte und mich in ihn verliebte!«) Aber sein Spiel war auch unbekümmerter, und zwar nicht nur im Hinblick auf Notentreue. Die früheren Aufnahmen sind episodenhafter: Jeder Teil eines bestimmten Stücks hat etwas Köstliches zu bieten, aber die Teile vereinigen sich nicht immer überzeugend zum Ganzen, und die rhythmischen Stützen brechen zuweilen zusammen – ein Fehler, der die späteren Versionen, in denen das Rubato subtiler eingesetzt wird, kaum einmal beeinträchtigt. Ich vermute, als Rubinstein die späteren Aufnahmen machte, war er sich der Verantwortung, die sein Ruf als Nestor der Chopin-Interpreten ihm auferlegte, zutiefst bewußt. Zugleich war er entschlossen, künftigen Musikergenerationen nachhaltig nahezubringen, wie überaus wichtig das Verständnis und die Offenbarung der strukturellen Logik hinter Chopins Musik sei.

In Rubinsteins Aufnahmen der vier *Scherzi* und der vier *Balladen* von 1959 beispielsweise ist strukturelle Klarheit das entscheidende Merkmal. Er hatte sich intensiv auf das Erzählerische der Werke eingestellt, und in diesen Interpretationen scheint er es zuzulassen, daß sich die wortlosen Geschichten von selbst entfalten. Er bemüht sich nicht nur sehr darum, einen Teil seiner Energie bis zur Coda jedes Stücks in Reserve zu halten, sondern lenkt auch die – bewußte oder unbewußte – Aufmerksamkeit des Hörers auf die Tatsache, daß jeder Teil eines jeden Stücks einen Anfang, einen Höhepunkt und ein Ende hat (auch wenn Höhepunkt und Ende zuweilen zusammenfallen). Es stimmt, daß Rubinstein in einigen dieser Aufnahmen übermäßig bedächtig war. Es wäre mitunter besser gewesen, wenn er riskantere Tempi genommen hätte und die Zügel ein wenig öfter hätte schleifen lassen, zum Beispiel im cis-Moll-Scherzo, das mir in der Version von 1959 viel zu langsam vorkommt. Doch trotz der vielen, vielen Details in der 1932er Version der *Scherzi*, die ich für beeindruckender und schöner halte als in der 1959er Version, bietet letztere befriedigendere Gesamtdarbietungen. So verständlich daher auch der Vorwurf mangelnder Spritzigkeit ist, den einige Musiker und Kritiker gegen die späteren Aufnahmen erheben, so wenig trifft er zu.

Diejenigen frühen Aufnahmen, die ich für eindeutig besser als die späteren halte, betreffen gewöhnlich Stücke, die entweder kürzer oder weniger dicht gestrickt sind als die Balladen und Scherzi. Die Aufnahme der lieblichen, sich dahinschlängelnden *Barcarolle* aus dem Jahre 1928 beispielsweise ist erstaunlich in ihrer Mischung aus ruhiger Intimität, melodischem Glanz, zunehmender Erotik und blendenden Explosionen der Lust – so schön die Aufnahme von 1962 ist, verblaßt sie doch daneben. (Die 1946er Version, die ebenfalls auf CD erhältlich ist, kann es an Anmut und Poesie mit ihrer Vorgängerin nicht aufnehmen.) Vor allem besitzen die Einspielungen der einundfünfzig *Mazurken*, die er 1938/39 gemacht hat, einen frischeren, eher improvisierenden Charme als die meisten der 1965/66er Versionen derselben Stücke – ihr Elan ist wilder, ihre Melancholie tiefer, ihre gesamte Ausdrucksvielfalt größer. Für mich stellen diese frühen Versionen der Mazurken die schönste Einzelgruppe von Rubinsteins Chopin-Aufnahmen dar sowie einen der wichtigsten Teile seines Vermächtnisses an Aufnahmen.

Im Falle der neunzehn *Nocturnes* bereiten sowohl die englische Kassette von 1936/37 wie die »amerikanische« (aber in Rom aufgenommene) Kassette von 1965 so viel Freude, und beide sind so voller Einsichten, daß ich keine missen möchte. Allgemein gesagt, weisen die Aufnahmen von 1936/37 einen größeren Tempoumfang und eine größere dynamische Vielfalt auf, während die 1965er Versionen stärker sind im Hinblick auf strukturellen Zusammenhang und eine genauere Vorstellung von Rubinsteins »sound« vermitteln. Die ersten fünf Nocturnes beispielsweise scheinen sich mir in der späteren Version besser miteinander zu verbinden, auch wenn der Mittelteil *(con fuoco)* des vierten (F-Dur, op. 5, Nr. 1) in der früheren Version kühner und dramatisch aufgeladener ist. (Eine 1949er Version ⊗ von Nr. 1 in b-Moll, op. 9, Nr. 1, gleicht der früheren Version im freien Gebrauch des Rubato, aber der späteren in ihren langsamen Tempi.) Die ältere Aufnahme von Nr. 6 (g-Moll, op. 15, Nr. 3) scheint besser zusammenzuhängen als die spätere, und ihr Grundtempo kommt einigermaßen der Metronommarke einer punktierten halben Note gleich 60 (M.M.) nahe. Aber vielleicht hatte Rubinstein ja recht, für die spätere Aufnahme langsamer und lockerer zu werden, da Chopins Angabe, unter dem »Lento« am Anfang, »languido e rubato« lautet. In Nr. 7 (cis-Moll, op. 27, Nr. 1) ist, wie in Nr. 4, der stürmische Mittelteil in der früheren Version besser realisiert, aber die intensive Traurigkeit des Anfangs und des Endes kommt in der späteren Version wirkungsvoller zum Ausdruck. Rubinstein unterspielt allzusehr die dramatischen Kontraste in seinen Aufnahmen des beachtlichen neunten Nocturnes (H-Dur, op. 32, Nr. 1). Im folgenden (As-Dur, op. 32, Nr. 2) forciert er zu sehr an mehreren Stellen in der früheren Aufnahme (die allerdings einen wunderbar leidenschaftlichen Mittelteil aufweist), während er in der späteren Version verschleppt. Mir ist die gleichmäßigere spätere Version von Nr. 11 (g-Moll, op. 37, Nr. 1) lieber als ihre Vorgängerin, aber die frühere Aufnahme von Nr. 12 (G-Dur, op. 37, Nr. 2) ist der späteren, ebenso schönen, ein bißchen überlegen. Die Tempi stimmen besser in der späteren Interpretation von Nr. 13 (c-Moll, op. 48, Nr. 1), und wie Rubinstein die ersten 14 Takte des Mittelteils *(poco più lento)* spielt, ist allein schon den Preis der ganzen Kassette wert: Die Artikulierung der Akkorde ist in einem Maße fein, wie ich es nur selten von irgendeinem Pianisten in irgendeinem Werk gehört habe. Nichts wird willkürlich zum Ausdruck gebracht – die Teile sind herrlich miteinander integriert –, sondern jede Stimme in der Akkordfolge hat ein eigenständiges Leben; das Dämpferpedal hält alles, ohne etwas zuzudecken. Dies ist meisterliche Klavierkunst. Die übrigen Nocturnes »sprechen« zwar natürlicher in den 1936er Versionen (Nr. 17 – H-Dur, op. 62, Nr. 1 – ist besonders phantastisch, ebenso der Agitato-Teil von Nr. 18, E-Dur, op. 62, Nr. 2), aber wie könnte man sich dem Zauber von Rubinsteins Ton in den Aufnahmen von 1963 entziehen?

Das meditative Element, das Rubinstein in die Nocturnes eingebracht hat, erweist sich erneut als überraschend stark in seiner Aufnahme von vierzehn der sechzehn *Walzer* von 1963 – zwei von den posthumen Walzern waren nicht in seinem Repertoire. Als Herbert Weinstock, der die einführenden Anmerkungen für diese Kassette geschrieben hat, Rubinstein an Schumanns Feststellung erinnerte, Chopins Walzer sollten eigentlich mindestens von Gräfinnen getanzt werden, habe der Pianist »heftig den Kopf geschüttelt. ›Nein‹, sagte er, ›oder dies gilt allenfalls nur für einige von den Walzern. Sie sind ja fast so vielfältig wie die Préludes oder die Etüden, und es ist unsinnig, nur eines nennen zu wollen, um damit alle zu beschreiben. Sie reichen von Echos von Lanner und Schubert und Johann Strauß Vater bis zu fast an Waldteufel erinnernde Pariser Tänze für Gräfinnen und ihre Kavaliere…‹« Im Hinblick auf den »Grande valse brillante« in Es-Dur, op. 18, hat Rubinstein zu Weinstock gesagt, er sei »trotz allen Glanzes und aller Spritzigkeit von der Sorte, wie Schubert sie schüchtern komponiert hat«. Diese Sanftheit ist sogar in Rubinsteins ein wenig ungleichmäßiger Aufnahme des Stücks von 1953 ⊗ zu spüren, stärker noch in der 1963er Version. Eine der EMI-CDs enthält eine ziemlich unsaubere Aufnahme (1929) des Walzers Nr. 2 in As-Dur, op. 34, Nr. 1 – die 1963er Version ist in jeder Hinsicht überlegen. Rubinsteins Aufnahme des Walzers Nr. 3 in a-Moll, op. 34, Nr. 2, ist wegen ihrer Schlichtheit und des Fehlens von falschem Pathos bemerkenswert. Dies gilt auch für Nr. 7 in cis-Moll, op. 64, Nr. 2, wovon es eine ebenso schöne 1930er Version bei EMI gibt. Rubinstein hat Weinstock erklärt, sein Lieblingswalzer sei Nr. 8 in As-Dur, op. 64, Nr. 3, »›da er der originellste ist‹. Er ging zum Steinway hinüber, um ihn zu spielen, wobei er mich besonders auf die 14 Takte aufmerksam machte, die mit dem Triller mit der rechten Hand beginnen und zu dem Abschnitt in C-Dur hinführen. ›Das‹, bemerkte er, ›ist natürlich kein Walzer zum Tanzen ... Es ist auch kein ‹Salonstück› ... Nein ..., das ist etwas, was direkt aus Chopins Herzen und Seele kommt.‹«[10] Und Rubinstein spielt es entsprechend. Die drei Walzer aus op. 70 – Ges-Dur, f-Moll und Des-Dur – sind sogar noch bezaubernder und gelassener in der 1953er Version ⊗ als in den Fassungen von 1963, aber an letzteren ist nichts falsch!

Rubinstein spielt die drei *Impromptus,* das *Fantasie-Impromptu* und die *Fantasie* in f-Moll mit außergewöhnlicher Gelassenheit und Klangschönheit in den RCA-Versionen, die aus den sechziger Jahren stammen. Als Gruppe genommen, scheinen mir die sechs *Polonaisen* und die *Polonaise-Fantasie* (die anderen posthum veröffentlichten Polonaisen befanden sich nicht in seinem Repertoire) weniger erstaunlich zu sein als seine Aufnahmen der zuvor erwähnten Gruppen von Chopins Werken. Die HMV/EMI-Versionen von 1934/35 machen den Hörer auf viele glänzende Details aufmerksam, aber sie sind nicht so gut durchdacht wie ihre RCA/BMG-Pendants von 1964 – denen freilich die Vitalität ihrer Vorgänger großenteils abgeht. Insbesondere ist das Grundtempo der 1964er Version der c-Moll-Polonaise, op. 40, Nr. 2 so langsam (eher ein Largo als das Allegro Maestoso, das Chopin vorgeschrieben hat), und die Artikulation ist so schwerfällig, daß ich die ganze Interpretation für unnatürlich halte – ein Wort, das nur selten auf eine Rubinstein-Aufnahme zutrifft. Aus der RCA-Kassette von 1950/51 ⊗ habe ich nur die Polonaise Nr. 1 (cis-Moll, op. 26, Nr. 1) gehört – diese Interpretation verbindet die Kühnheit der früheren Version mit der Geschlossenheit der späteren, und falls sie für die übrige Kassette repräsentativ ist, sollte die ganze Gruppe auf einer CD herausgebracht werden.

»Meine Préludes sind nicht gut genug«, schrieb Rubinstein 1974 an Monika Mann, in einem Brief, der im 6. Kapitel ausführlicher zitiert wurde. Er hat alle vierundzwanzig *Préludes, op.* 28, von Chopin nur einmal aufgenommen – dies geschah 1946. Obwohl die Kassette einige Juwelen enthält, teile ich im ganzen Rubinsteins Einschätzung. Die ersten beiden Préludes (C-Dur und a-Moll) sind hübsch gespielt, lassen einen aber seltsam unbeteiligt. Nr. 3 (G-Dur) ist zu schnell und schlampig, aber Nr. 4 (e-Moll) ist sehr gut – poetisch, aber ohne Übertreibungen. Das D-Dur-Prélude Nr. 5 klingt zu abrupt, ja flüchtig, doch Nr. 6 in h-Moll ist genauso ausgezeichnet wie Nr. 4, mit dem es eng verwandt ist. Rubinstein spielt Nr. 7 in A-Dur schön, aber ich wünschte, er hätte das Stück zu einem Höhepunkt auf dem Septimenakkord in Takt 12 gebracht, wie Chopin es vorgeschrieben hat, statt die *Lautstärke* zu senken. Er drückt bei den Takten 23 und 24 von Nr. 8 (fis-Moll) zu grob aufs *Tempo;* ansonsten schafft er das Stück gut. Nr. 9 (E-Dur) dagegen ist einfach zu ungleichmäßig: Statt ein Grundtempo anzuschlagen und davon abzuweichen, wenn er es für nötig hält, wechselt Rubinstein offenkundig willkürlich von einem *Tempo* zum anderen. Das zehnte (cis-Moll) und das elfte (H-Dur) Prélude sind anmutig bzw. mit zarter Gelassenheit gespielt, aber das zwölfte (gis-Moll) ist heruntergehämmert und mit falschen Noten verunziert. Rubinsteins Einspielung von Nr. 13 (Fis-Dur) – einem von Chopins Meisterstücken – ist viel besser als Cortots absurd manierierte Aufnahme von 1926, aber weit weniger subtil und sinnlich als jede Aufnahmeversion von Wladimir Ashkenazy. Die Darbietung von Nr. 14 (es-Moll) ist unbefriedigend: Chopins Tempoangabe ist »allegro«, aber er hat auch »pesante« (schwer) oben auf die Seite geschrieben; weil er so gern das Allegro halten will, opfert Rubinstein das Pesante. Nr. 15 (Des-Dur) ist ebenfalls schnell gespielt, aber das Tempo funktioniert gut, besonders im Mittelteil; dies ist eine nicht übersteigerte, direkte und schöne Aufführung. Rubinsteins wilder Umgang mit dem wilden 16. Prélude (b-Moll) ist genau richtig, aber er scheint in der zweiten Hälfte müde zu werden und deckt mit dem Pedal viele Unstimmigkeiten zu. Das 17. (As-Dur) beginnt gut, wird aber rasch maniert und bleibt dies bis zum Schluß; und Rubinstein, der bei Beethoven dazu neigte, *sforzato*-Angaben zu ignorieren, hämmert sie in den letzten 25 Takten des Stücks gnadenlos herunter. Seine Darbietung von Nr. 18 (f-Moll) ist abwechselnd flüchtig und brutal, und Nr. 19 (Es-Dur) und 20 (c-Moll) sind merkwürdig charakterlos – sie wirken fade. Die nächsten drei Darbietungen allerdings sind sehr gut: Das Cantabile von Nr. 21 (B-Dur) wird wunderschön herausgebracht, ohne daß dabei die Klarheit der komplizierten Begleitung geopfert wird; Nr. 22 (g-Moll) ist voller Zorn; und Nr. 23 (F-Dur) ist elegant und raffiniert. In Nr. 24 (d-Moll) gibt es gute und schlechte Momente, aber Rubinstein schließt das Stück und damit die Kassette so ab, wie sie enden sollten: in Verzweiflung und Verhängnis. Es ist wirklich schade, daß er die ganze Kassette nicht noch einmal in den sechziger Jahren aufgenommen hat, weil sie fast sicher besser durchdacht gewesen wäre, als es diese Version war.

Von den drei *Sonaten* Chopins hat Rubinstein die Nr. 1 nur selten aufgeführt, aber die anderen beiden gehörten zum Grundbestand seines Repertoires. Es gibt zwei Aufnahmen von Nr. 2 in b-Moll, op. 35. In der ersten Version (1946) ist der erste Satz wunderschön aufgefaßt, aber oft sorglos ausgeführt; der Hauptteil des zweiten Satzes ist unkontrolliert und durcheinandergeraten, aber der Trioabschnitt ist außergewöhnlich schön; das Tempo des berühmten Trauermarschs ist natürlich und gleichmäßig, und der Klang leuchtet, besonders im Des-Dur-Abschnitt; aber das Finale ist, wie in der von Rachmaninow aufgenommenen Version, so schnell, daß es unverständlich ist. Vielleicht hat sich Rubinstein diese Aufnahme fünfzehn Jahre später angehört, bevor er die Sonate erneut aufnahm, denn das ungleichmäßige Spiel im ersten und zweiten Satz in der früheren Version wurde 1961 durch ein überaus bedächtiges Spiel ersetzt. Das Trio des zweiten Satzes ist aber hier so schön, wie es 1946 war, und der Klang der Aufnahme ist besser. Der Trauermarsch ist in der späteren Version zwar viel langsamer – zu langsam, um noch ein Marsch zu sein –, aber seine Phrasierung ist genauso schön wie in der früheren Aufnahme und sein Klang sogar noch strahlender. Das Finale ist fast, aber immer noch nicht ganz verständlich. In Rubinsteins einziger Aufnahme der Sonate Nr. 3 in h-Moll, op. 58 – begonnen 1959, fertiggestellt 1961 – ist jeder Satz glänzend aufgefaßt und wunderschön realisiert. Man könnte herummäkeln, daß das Hauptthema im letzten Satz ein wenig zu lahm einsetzt oder daß Rubinstein sich in dem Bemühen, die Läufe der rechten Hand (Takte 54 bis 99 usw.) so blendend wie möglich zu machen, offenkundig dazu verleiten ließ, die Linie der linken Hand zu unterspielen. Ansonsten ist dies jedoch eine herausragende Aufnahme – eine der großartigsten von Rubinstein.

WERKE VON FELIX MENDELSSOHN-BARTHOLDY UND FRANZ LISZT

Die Aufnahme von Mendelssohns Trio in d-Moll, op. 49, mit Rubinstein, Heifetz und Piatigorsky aus dem Jahre 1950 ist aufregend, aber eher als Zurschaustellung von wahrhaft erstaunlicher Virtuosität denn als musikalisches Erlebnis. Rubinsteins Aufnahmen von Werken von Liszt besitzen die emotionale Bandbreite, die technische Brillanz und die ungeheure Energie, die die Musik verlangt, aber in der h-Moll-Sonate konnte Rubinstein es mit Horowitz' diabolischem Ungestüm nicht aufnehmen.

WERKE VON ROBERT SCHUMANN

Schumanns Musik war wie die von Chopin bei Rubinsteins Debütkonzert im Jahre 1900 und bei seinem letzten Solokonzert im Jahre 1976 zu hören und stellt einen beachtlichen Anteil an seinem Aufnahmerepertoire dar. Seine 1963er Version von *Carnaval, op.* 9, ist eine der reizvollsten Aufführungen, die ich je gehört habe, trotz einiger ärgerlicher Abweichungen vom Text: In der *Préambule* verzögert sich das più moto, das eigentlich schon am Ende von Takt 24 beginnen sollte, um fast vier Takte, und das fortissimo in Takt 40 wird ignoriert; das Staccato-Arpeggio in den Takten 44 und 45 von *Pierrot* unterscheidet sich nicht vom Legato in den Takten davor und danach; die Septolenverzierungen in *Eusebius* sind zu konventionell in Dreier- und Vierergruppen eingeteilt – und so weiter. Diese Abweichungen sind zwar keineswegs belanglos – sie verändern den Charakter von einzelnen Abschnitten des Stücks –, und doch könnte der Charakter dieser Darbietung meist nicht richtiger anmuten. Das gleiche gilt für Rubinsteins 1962er Aufnahme der *Fantasiestücke, op.* 12: Hätte er das Stück in den dreißiger Jahren aufgenommen, dann hätte er vielleicht das Walzerthema in *Grillen* (Takte 18 bis 44 usw.) überschwenglicher gespielt. Man könnte auch kritisieren, daß *Traumes-Wirren* in den kleinen Ritardandi (z. B. Takt 8 und 46) ein Hauch von Ironie fehlt und einen stärkeren linkshändigen motorischen Rhythmus in den Takten 17 bis 35 und in der folgenden Parallelpassage benötigt. Aber die übrige Darbietung ist wunderschön und bewegend. Rubinstein hat die Fantasiestücke erneut im April 1976 ⊗, im Alter von neunundachtzig Jahren, während seiner letzten Aufnahmesitzungen eingespielt. Die Artikulation in dieser Version ist zwar oft schwerer als in der vorhergehenden, die gemacht wurde, als er fünfundsiebzig Jahre alt war. Die Ergebnisse wären jedoch als Ganzes bemerkenswert für einen Pianisten, der ein Drittel so alt wäre.

Rubinsteins einzige Einspielung von Schumanns *Études en forme de variations* – besser bekannt als *Études symphoniques* –, op.13, ist ein seltenes Beispiel eines Konzertmitschnitts, den er freigab; er wurde während eines der zehn Konzerte gemacht, die er im Herbst 1961 an der Carnegie Hall gegeben hat. Die Aufführung beginnt feierlich gemessen – auch wenn es in und um Takt 9 des Themas ein etwas chopineskes Rubato gibt – und geht wunderschön weiter, abgesehen von einigen verschmierten Akkordpassagen in den kräftigeren Etüden. Im Finale scheint Rubinstein zunehmend nervös zu werden, was sich in ziemlich viel Gehämmer und übermäßigem Pedalspiel äußert, aber die guten Teile überwiegen die schlechten in dieser Aufführung doch bei weitem. Die anderen Solostücke von Schumann, die zum Zeitpunkt, da ich dies schreibe, auf CD erhältlich sind, stellen alle wichtige Nummern in Rubinsteins Diskographie dar: die Aufnahme der *Kreisleriana,* op. 16, von 1964, die 1965er Einspielung der *Fantasie,* op. 17, die Aufnahme der *Arabeske,* op. 18, von 1969, die 1963er Aufnahme der Romanze in Fis-Dur, op. 28, Nr. 2, und die 1969er Einspielung des seltsamen und schwermütigen Teils »Vogel als Prophet« aus den *Waldszenen,* op. 82, Nr. 7. Auch hier kann ich mir vorstellen, daß Rubinstein gewisse Passagen mit vierzig Jahren kühner oder brillanter gespielt hat als in diesen Aufnahmen. Die von dem siebzig- und achtzigjährigen Rubinstein dargebotenen Versionen sind aber wegen ihrer Sicherheit und Geschlossenheit wie wegen der poetischen Schönheit des Spiels unübertroffen.

Ich habe vier Rubinstein-Aufnahmen von Schumanns Klavierkonzert in a-Moll, op. 54, gehört: Alle sind starke, geradlinige Aufführungen mit den Ritardandi, Accelerandi und Zäsuren, die – richtiger- oder fälschlicherweise – in diesem Werk zur Tradition geworden sind. Eine 1958 erstellte autorisierte Version mit Krips und dem RCA Victory Symphony Orchestra ist flinker im ersten Satz und insgesamt leichter artikuliert als eine andere autorisierte Version von 1967 mit Giulini und dem Chicago Symphony Orchestra. Aber das Spiel – Rubinsteins wie das des Orchesters – ist klarer in der Giulini-Version. Der erste Satz ist in einem blechern klingenden Raubmitschnitt von 1964 mit dem Alessandro-Scarlatti-Orchester der RAI aus Neapel unter der Leitung von Franco Caracciolo ein wenig feuriger als in jeder autorisierten Aufnahme. Ein besser klingender Raubmitschnitt von 1968 (mit Mehta und dem Montreal Symphony Orchestra) gleicht alles in allem der Giulini-Aufnahme, ist aber weniger akkurat gespielt. Ich kann mir keine strahlendere, herrlichere Version des Quintetts in Es-Dur für Klavier und Streichquartett, op. 44, vorstellen als Rubinsteins Aufnahme von 1966 mit dem Guarneri Quartett. Das Grundtempo des zweiten Satzes gleicht mehr einem Klagegesang, als es der Komponist vorschreibt (»ein wenig breit«, halbe Note = 66), aber auch dies ist eine »Tradition« in der Schumann-Interpretation geworden – und Rubinstein und die Guarneris halten ihr langsames Tempo gut. Die anderen Sätze und die anderen Teile des zweiten Satzes sind so warmherzig, leicht, leidenschaftlich oder glänzend gespielt, wie es die Musik verlangt. Das einzige andere kammermusikalische Stück von Schumann in Rubinsteins Aufnahmenkatalog ist das Trio in d-Moll für Klavier, Violine und Cello, op. 63, mit Szeryng und Fournier. Das späte Datum (1972) dieser Interpretation ließ mich vermuten, daß der im Tempo mäßige erste und der langsame dritte Satz interessanter wären als die raschen Sätze zwei und vier, aber es verhielt sich genau umgekehrt: Eine gewisse Unterschiedlichkeit in der Phrasierung und Artikulation unter den Spielern sorgt, zusammen mit einem gelegentlich unharmonischen Spiel bei Fournier, dafür, daß sich die langsameren Sätze an den Nahtstellen auflösen. Dagegen sind die rascheren Sätze mit Charme, Kraft und einer einheitlichen Intention gespielt.

WERKE VON JOHANNES BRAHMS

Die Vorstellung, die Schüler eines Komponisten könnten über eine authentische Aufführungstradition der Werke des Meisters gebieten, ist absurd. Und doch besteht kein Zweifel daran, daß Rubinsteins häufige Kontakte während seiner gesamten Entwicklungsjahre mit so bedeutenden Brahmsianern wie Joachim und seinem Quartett, mit Barth, Emma Brandes Engelmann und verschiedenen Mitgliedern des Kreises um Clara Schumann ihm dabei halfen, sich in die Welt der Musik von Brahms so zu versenken, wie es nur wenigen, wenn überhaupt anderen Musikern seiner Generation möglich war. Als ich zu Barenboim sagte, ich würde Rubinstein bei Brahms insgesamt sogar für besser halten als bei Chopin, erwiderte er: »Ich glaube, das hat er selbst auch gedacht. Er hat immer gesagt, Brahms sei sein Lieblingskomponist.« Emanuel Ax hat mir erklärt, er habe Rubinsteins Brahms sogar noch mehr geliebt als seinen Chopin, und mehrere andere gute Pianisten, die ich kenne, sind der gleichen Meinung. Man kann nur hoffen, daß BMG eines Tages alle Aufnahmen der verschiedenen Klavierstücke aus op. 76, 79 und 116–119 wieder herausbringen wird, die Rubinstein in den vierziger und frühen fünfziger Jahren für RCA gemacht hat. Dies wäre vor allem wichtig, weil es da einige gibt, die Rubinstein in späteren Jahren nicht noch einmal aufgenommen hat. Glücklicherweise allerdings ist bereits eine ganze Menge Material auf CD erhältlich.

Das früheste Brahms-Werk in Rubinsteins Konzertrepertoire war anscheinend die Sonate in f-Moll, op. 5, die er mindestens schon im Jahre 1904 gespielt hat – nur sieben Jahre nach Brahms' Tod. Ax bezeichnete Rubinsteins Aufnahme des Stücks von 1959 als ein Beispiel für die »völlige Identifikation mit dem jungen Brahms« auf seiten des alternden Pianisten, und er fügte hinzu: »Ich wünschte, er hätte auch noch die fis-Moll-Sonate, op. 2, und viele andere frühe Werke aufgenommen.« Im ersten Satz von op. 5 sind die Direktheit, mit der Rubinstein die Übergangspassagen (»fest und bestimmt«) spielt, und der strahlende, unpompöse Charakter, den er dem zweiten Thema verleiht, besonders bemerkenswert. In seinem *espressivo*-Spiel im zweiten und vierten Satz gibt es keine übertriebene Emphase, im Hauptteil des dritten Satzes fehlt es nicht an Dynamik, im Trioabschnitt desselben Satzes herrscht keine exzessive Rhetorik vor, und das Finale strahlt einen wunderbar jugendlichen Schwung aus. Noch schöner freilich ist seine Aufnahme der Vier Balladen, op. 10 von 1970. Diese Stücke besitzen alle eine klar umrissene dreiteilige Form und sind daher in struktureller Hinsicht straffer als die Chopin-Balladen. Im Unterschied zu den Chopin-Stücken wurden sie alle im selben Jahr geschrieben – 1854, als Brahms einundzwanzig war –, und sie profitieren davon, wenn man sie als Gruppe hört. Glänzend hat der dreiundachtzigjährige Rubinstein die Trostlosigkeit des ersten Stückes, die Verträumtheit des zweiten (aber auch die Strenge von dessen Mittelteil), die Nervosität des dritten und das liedhaft Lyrische des vierten Stückes eingefangen.

Rubinsteins 1928 gemachte Aufnahme des Capriccios in h-Moll, op. 76, Nr. 2, weist zwar ein schönes Staccatospiel auf, wirkt aber viel zu schnell, besonders angesichts der Vorschrift *Allegretto non troppo,* die

Brahms ihm vorangestellt hat, und der Rhythmus ist nach Rubinstein-Maßstäben außergewöhnlich ungleichmäßig. Seine RCA-Aufnahme des Stücks aus dem Jahre 1970 ist viel besser zusammengehalten und durch und durch bezaubernd. In seiner 1941er Aufnahme ⊗ (seiner einzigen) des Intermezzos in a-Moll, op. 76, Nr. 7, gelingt ihm eine herausragende Balance zwischen der nüchternen Schlichtheit der Eingangs- und Schlußtakte und dem verhalten ausgedrückten, aber intensiven Verlangen des übrigen Stücks. Nicht in Bestform ist er in der 1970er Aufnahme der Zwei Rhapsodien (h-Moll und g-Moll), op. 79. Insbesondere die obsessiv wiederholten Triolen, die in Nr. 2 so häufig auftauchen (z.B. vom Ende von Takt 20 bis einschließlich Takt 31), wirken hier oft eher schwerfällig als unheilvoll, und die Rubatoeffekte lenken von dem sich steigernden Eindruck ab. Man möchte gern einmal die früheren Versionen ⊗ beider Stücke hören. In seiner 1970 entstandenen Aufnahme des Intermezzos in e-Moll, op. 116, Nr. 5, bindet er mit dem Pedal die meisten Achtelpausen, die ein wesentliches Merkmal des Stückes sind, aber die Einspielung des E-Dur-Intermezzos, op. 116, Nr. 6, von 1959 ist in jeder Hinsicht wunderschön: vom Tempo, von der Artikulation der Akkorde, der melodischen Spannung wie von der Natürlichkeit des Ausdrucks her. Das gilt auch für Rubinsteins Aufnahme des Intermezzos in Es-Dur, op. 117, Nr. 1, aus dem Jahre 1941. Demgegenüber ist das Intermezzo in b-Moll, op. 117, Nr. 2, in der 1941er Version zu nervös und in der 1970er Version zu zäh – die 1953er Version ⊗ stellt eine Synthese der besten Qualitäten der anderen beiden dar. Die Aufnahme des Intermezzos in cis-Moll, op. 117, Nr. 3, aus dem Jahre 1953 ist erstaunlich schön; merkwürdigerweise freilich spielt Rubinsteins linke Hand zwei Des-Noten statt D-Noten in den Takten 48 und 68. Offenbar hat er die Noten falsch gelesen, und da beide Takte wiederholt werden, gibt es acht störend unkorrekte Des-Noten innerhalb eines ganz kurzen Zeitraums. Sowohl die 1941 ⊗ wie die 1953 gemachte Aufnahme des Intermezzos in A-Dur, op. 118, Nr. 2, und die 1959er Aufnahme des Intermezzos in F-Dur, op. 118, Nr. 5, sind ebenfalls Juwelen in der Rubinstein-Diskographie. Ich weiß nicht, ob es möglich ist, das es-Moll-Intermezzo, op. 118, Nr. 6, gänzlich zufriedenstellend zu spielen: Sein Anfang und sein Ende sind äußerst introvertiert und geheimnisvoll, während sein Mittelteil ein fast unerträglich starker Aufschrei aus dem Herzen ist. Die Feinheiten von Rhythmus, Dynamik und Artikulation, die diese Bandbreite des Ausdrucks verlangt, sind entmutigend, und ein Tempo zu finden, das allen Seelenzuständen Rechnung trägt, ohne für Dehnungen zu optieren, die an Verzerrungen grenzen, ist nahezu unmöglich. Rubinsteins 1941 ⊗ entstandene Aufnahme des Stücks ist seltsam flüchtig, und in der 1970er Version sind viele Passagen zu hallend oder zu bedächtig; die 1953er Version kommt – trotz ihres ein bißchen zu übermütigen Grundtempos – einer Vermittlung des Wesens dieses schwer faßbaren Werks beachtlich nahe. Die 1953 entstandene Einspielung der Intermezzi in e-Moll und C-Dur, op. 119, Nr. 2 und 3, ist herausragend, während die 1941er Aufnahme ⊗ von letzterem nervös bis zur Unsicherheit ist. Aber die Aufnahme der Rhapsodie in Es-Dur, op. 119, Nr. 4, aus dem Jahre 1941 ⊗ ist glänzend durchdacht und realisiert.

Rubinstein und Szeryng haben 1960/61 alle drei Brahms-Sonaten für Violine und Klavier aufgenommen. Das Tempo des ersten Satzes von Nr. 1 in G-Dur, op. 78, ist zwar eher langsam, aber es wird gestützt von einer starken melodischen Spannung. Nr. 2 in A-Dur, op. 100 ⊗, ist durch und durch glänzend gespielt, und man wundert sich eigentlich, warum sie als einzige von den dreien nicht auf CD herausgebracht worden ist. Ebenfalls sollte EMI die Aufnahme der Sonate Nr. 3 in d-Moll, op. 108, die Rubinstein 1932 mit Kochanski ⊗ eingespielt hat, neu herausbringen. Mir gefallen der strengere erste Satz und der schlichtere zweite Satz in der späteren Version, mit Szeryng, besser. Aber der dritte Satz ist in der Kochanski-Version viel leichter und bezaubernder, und jede Version des vierten Satzes weist besondere Vorzüge auf: Die frühere ist rhapsodischer und natürlicher, die spätere stärker in ihrer sich steigernden Wirkung. Mit Piatigorsky hat Rubinstein beide Cello-Sonaten von Brahms aufgenommen: die erste, in e-Moll, op. 38, allein 1936 und die erste und zweite (F-Dur, op. 99) dreißig Jahre später. In der 1936er Aufnahme scheint Rubinstein mit einer beschränkten dynamischen Bandbreite zu spielen, als ob er ermahnt worden wäre, den Klang des

Cellos nicht zu übertönen. Außerdem hört sich die Aufführung so an, als habe man zu wenig geprobt. Piatigorskys Spiel war 1966 nicht so gut wie drei Jahrzehnte zuvor, und im Finale der e-Moll-Sonate wie im dritten Satz der F-Dur-Sonate gibt es Momente, in denen die Artikulation beider Künstler bombastisch wirkt. Aber die späteren Aufnahmen haben durchaus ihre glorreichen Augenblicke: in Nr. 1 das Leuchten des Schlußthemas des ersten Satzes und das Sehnsuchtsvolle des walzerartigen Trios im zweiten Satz und in Nr. 2 der gesamte zweite Satz.

Das Trio Nr. 1 in H-Dur, op. 8, wurde von Rubinstein zweimal aufgenommen: 1941 mit Heifetz und Feuermann ⊗ und 1972 mit Szeryng und Fournier. Die frühere Version ist in jedem Satz besser – im strahlend mitreißenden ersten, im glänzenden und rhythmisch ungestümen zweiten, im ruhig intensiven dritten Satz und im schicksalsschwer bewegten Finale. Die 1972 entstandene Rubinstein-Szeryng-Fournier-Einspielung des Trios Nr. 2 in C-Dur, op. 87, ist übertrieben bedächtig und ein wenig blaß, wie die Aufnahme von Nr. 1. Rubinstein hatte das Klavierquartett Nr. 1 in g-Moll, op. 25, bereits 1932 mit Mitgliedern des Pro-Arte-Quartetts aufgenommen; sein Spiel ist durchgehend lebendig und intelligent, aber die Streicher zeigen an mehreren wichtigen Stellen des Stückes Schwächen. Vielleicht ist er in seiner 1967er Aufnahme desselben Werks mit Mitgliedern des Guarneri Quartetts hier und da ein wenig zurückhaltender, aber sein Spiel ist nicht weniger intelligent als in der fünfunddreißig Jahre älteren Version – und seine jungen Partner spielen wunderschön. Ja, in dieser Aufnahme gibt es Passagen, die Rubinstein par excellence sind: beispielsweise der *Animato*-Teil des dritten Satzes, den er piano spielend beginnt, aber forte artikuliert, wie ein großer Sänger, und dann attackiert (beim Tonartwechsel), als ob das Klavier eine ganze Batterie von Trompeten und Trommeln wäre; oder die wilde Einleitung, die sich überstürzenden Tonleiterpassagen und die aufsteigenden Melodien des Finales. Gleichermaßen schön sind die Rubinstein-Guarneri-Einspielungen des Quartetts Nr. 2 in A-Dur, op. 26 ⊗, und von Nr. 3 in c-Moll, op. 60. Und das beste Ergebnis ihrer ganzen Zusammenarbeit ist vielleicht das Quintett in f-Moll, op. 34 – eine Aufnahme, die Glenn Gould als »die großartigste kammermusikalische Darbietung mit Klavier« bezeichnet hat, »die ich in meinem Leben gehört habe« und die seine »Vorstellung dessen, was Brahms darstellt«, verändert habe.[11]

Über Rubinsteins 1954 produzierte Aufnahme von Brahms' Klavierkonzert Nr. 1 in d-Moll, op. 15, mit Reiner und dem Chicago Symphony Orchestra oder seine 1958 entstandene Aufnahme des Klavierkonzerts Nr. 2 in B-Dur, op. 83, mit Krips und dem RCA Victor Symphony Orchestra läßt sich wenig sagen – außer daß sie ein »must« unter den verschiedenen Einspielungsversionen dieser Werke und in Rubinsteins Aufnahmevermächtnis darstellen. Die unemphatische Größe, die Dramatik, die Poesie und der Humor, die musikalische Geschlossenheit des Ganzen sowie die Reichhaltigkeit und Vielfalt des Klavierklangs machen diese Aufführungen zu Klassikern in ihrem Genre. Sogar der arme alte Krips wächst über sich hinaus. Im Laufe der Jahre habe ich verschiedentlich Rubinsteins andere Aufnahmen von diesen Konzerten gehört – das Erste Konzert mit Leinsdorf und dem Boston Symphony Orchestra (1964 ⊗) sowie mit Mehta und dem Israel Philharmonic Orchestra (1976 ⊗); das Zweite mit Munch und dem Boston Symphony Orchestra (1952 ⊗) sowie mit Ormandy und dem Philadelphia Orchestra (1971 ⊗) –, aber keine von ihnen hat mir so gut gefallen wie die Versionen, die derzeit erhältlich sind. Seine allerfrüheste Aufnahme eines Brahms-Konzerts allerdings – es ist auch seine früheste Konzertaufnahme überhaupt – verdient es, eingehender erwähnt zu werden.

In *Mein glückliches Leben* hat Rubinstein geschildert, unter welch deprimierenden Umständen er das Zweite Klavierkonzert mit Albert Coates und dem London Symphony Orchestra im Oktober 1929 aufgenommen hatte. »Auch war Coates vor der Aufnahme nicht zu erreichen, und damit hatte ich nicht gerechnet. Man setzte nur zwei Tage für die Einspielung dieses mit seinen vier Sätzen längsten aller Klavierkonzerte an, und das Ergebnis war denn auch absolut unbefriedigend... Der Flügel hatte einen guten Klang, war aber etwas verstimmt, und der Stimmer bekam ihn nicht richtig hin. Coates dirigierte am anderen

Ende des Saales, weit entfernt von mir, meine Nachbarn waren also Schlagzeug und Blech hinten im Orchester.«[12] Rubinstein spielt auf dieser Aufnahme jede Menge falscher Noten, das Orchester ist völlig durcheinander, und die Koordination zwischen Klavier und Orchester ist schlecht. Und doch lohnt es sich, diese Version anzuhören, da die meisten ihrer Tempi schockierend schnell sind im Vergleich zu denen, die heutzutage zur Norm geworden sind. Brahms hat nicht oft Metronomzahlen in seine Werke gesetzt, aber in diesem Fall hat er besonders darauf geachtet. Wenn man sich starr an seine Vorschriften hielte – was natürlich nicht in seiner Absicht lag –, würde der erste Satz etwa 16:30 Minuten, der zweite und der dritte etwa jeweils 7:30 Minuten (einschließlich der Wiederholung im zweiten Satz und einem großen Spielraum für die langsameren Teile des dritten Satzes) und das Finale etwa 8:50 Minuten dauern. Hier die gestoppten Zeiten von zwei durchdacht und wunderschön gespielten modernen Aufnahmen: Alfred Brendel mit Claudio Abbado und den Berliner Philharmonikern (Deutsche Grammophon) – 17:52, 9:20, 12:15, 9:21; Wladimir Ashkenazy mit Bernard Haitink und den Wiener Philharmonikern (Philips) – 18:40, 9:26, 13:07, 9:29. Die Zeiten für jeden Satz von Rubinsteins Aufnahme von 1958 sind zwar ebenfalls länger (16:53, 9:05, 12:39, 9:02), als Brahms vorschrieb, aber nicht so breit wie die von Brendel oder Ashkenazy – außer beim dritten Satz, der in Brendels Version ein wenig kürzer ist. Wenn man sich die bekannte Horowitz-Toscanini-NBC-Symphony-Orchestra-Aufnahme von 1940 anhört, vernimmt man eine Aufführung, die Brahms' Vorschriften noch näher kommt (die Zeiten betragen 16:15, 8:06, 11:05, 8:25) und – im ersten und vierten Satz – sogar noch einen Deut schneller ist, als es die Leitlinien des Komponisten nahegelegt haben. Aber für heutige Ohren klingt Rubinsteins Aufnahme von 1929 (die Zeiten: 14:35, 8:10, 9:09, 7:54) in jedem Satz, außer im zweiten, überhastet. Geradezu absurd schnell wirkt sie im dritten Satz, der indes nicht annähernd so schnell gespielt ist, wie Brahms es vorgeschrieben hat.

Läßt sich daraus etwas lernen? Vermutlich nicht, abgesehen von der bekannten Tatsache, daß Trends im musikalischen Aufführungsstil von Generation zu Generation wechseln. Wenn man sich heute Aufnahmen der Brahms-Symphonien unter dem Dirigat von Felix Weingartner oder Toscanini anhört, vernimmt man Tempi, die im Durchschnitt erheblich schneller sind als die, an die wir uns in den letzten Jahrzehnten gewöhnt haben. Und doch hatte Weingartner Brahms *für* Brahms dirigiert gehabt (und das Lob des Komponisten geerntet), und Toscanini hatte sich in seinem Stil nach dem von Fritz Steinbach gerichtet, der einer von Brahms' Lieblingsdirigenten gewesen war. Barth, Rubinsteins Lehrer, hatte Brahms' Musik in Anwesenheit des Komponisten gespielt, und der junge Rubinstein hatte Brahms von vielen anderen Ur-Brahmsianern gespielt gehört. Ich möchte wetten, daß Rubinsteins Aufnahme des Konzerts von 1929 trotz aller Mängel dem näher stand, was Brahms bei der Komposition des Werks vorgeschwebt hatte, als Rubinsteins Aufnahme von 1958 oder irgendeine spätere Version von anderen Pianisten. Das heißt aber nicht, daß es leicht ist, sie zu lieben.

WERKE WEITERER KOMPONISTEN

Rubinsteins Aufnahme des Klavierkonzerts von **Grieg** aus dem Jahre 1942, mit Ormandy und dem Philadelphia Orchestra – seinerzeit ein Bestseller –, stellt eine lebendigere und dramatischere Version des Werks dar als seine Einspielung von 1961 mit Wallenstein und dem RCA Victory Symphony Orchestra oder eine auf einer Raub-CD erhältliche Konzertaufführung von 1963 mit Giulini und dem Philharmonia Orchestra. Die 1953 entstandenen Aufnahmen der g-Moll-Ballade, op. 24, des Albumblatts, op. 28, Nr. 4, sowie Auszüge aus den Lyrischen Stücken op. 12, 38, 43, 47, 54 und 68 sind durch und durch wunderbar. Gleichermaßen schön und gewinnend sind die Rubinstein-Guarneri-Aufnahmen von **Dvořáks** Klavierquartett Nr. 2 in Es-Dur, op. 87 (1970) und des Klavierquintetts in A-Dur, op. 81 (1971). Und seine 1953 gemachten Einspielungen von **Anton Rubinsteins** einst so populären und noch immer reizenden Barcarolles Nr. 3 (g-Moll) und 4 (G-Dur) sowie des Walzer-Capriccios in Es-Dur sind angenehm anzuhören. Anton Rubinstein war ebensosehr Kosmopolit wie Arthur, aber als

Lehrer hat er seinen Einfluß meist in Rußland ausgeübt, wo er das St. Petersburger Konservatorium gegründet hat. Unter den vielen russischen Musikern, die ihn bewundert, gefürchtet und von ihm gelernt haben, ist Tschaikowsky der bekannteste. Arthur Rubinstein hat nur zwei Werke von **Tschaikowsky** aufgenommen: das Klavierkonzert Nr. 1 in b-Moll, op. 23, und das Trio in a-Moll, op. 50. Er war zu Recht stolz auf seine erste Aufnahme des Konzerts mit Barbirolli und dem London Symphony Orchestra (1932 ⊗): Sie ist dynamisch und virtuos – geradezu schwindelerregend –, und sie beweist einmal mehr, daß Rubinstein, insbesondere in den ersten beiden Dritteln seiner Karriere, kaum Grund hatte, Horowitz oder sonst jemanden um seine Klaviertechnik zu beneiden. Ein (auf einer Raub-CD erhältlicher) Rundfunkmitschnitt von 1946 mit Rodzinski und dem New York Philharmonic Orchestra gleicht im großen ganzen der 1932er Version, aber das Grundtempo des zweiten Satzes ist schneller. Verglichen mit diesen beiden Versionen klingt Rubinsteins Aufnahme des Konzerts von 1963, mit Leinsdorf und dem Boston Symphony Orchestra, bombastisch und rhetorisch. Seine einzige Aufnahme des Trios (das zum Gedenken an einen weiteren vollendeten und einflußreichen Musiker namens Rubinstein, Antons jüngeren Bruder Nikolai, geschrieben worden war) wurde 1950 mit Heifetz und Piatigorsky produziert. Sie ist insgesamt weniger hektisch und geschlossener als die oben erwähnte Aufnahme des Mendelssohn-Trios derselben Musiker. Unter vielen beachtenswerten Details der Interpretation ist Rubinsteins Spiel der »Mazurka«-Variation im zweiten Satz besonders eindrucksvoll – was eigentlich niemanden überraschen sollte.

Rubinstein hat **Rachmaninoff** als Pianisten höher geschätzt denn als Komponisten, und nur das Konzert Nr. 2 in c-Moll, op. 18, sowie die *Rhapsodie nach einem Thema von Paganini,* op. 43, tauchten von allen Klavierwerken Rachmaninoffs häufig in Rubinsteins Repertoire auf. Seine 1956 produzierte Einspielung des Konzerts, mit Reiner und dem Chicago Symphony Orchestra, ist zwar schön und warmherzig, aber ich vermute, ein jüngerer Rubinstein oder ein Rubinstein im Konzertsaal hätte die glanzvollen Passagen kühner gespielt, als es sich der neunundsechzigjährige Rubinstein vor den Mikrophonen gestattete. Dies gilt auch für seine Aufnahme der Rhapsodie von 1956, ebenfalls mit Reiner und dem Chicago Symphony Orchestra, aber in diesem Fall wurde meine Ahnung durch einen Rundfunkmitschnitt, mit Victor De Sabata und dem New York Philharmonic Orchestra, aus dem Jahre 1950 bestätigt: Trotz des schlechten Klangs hört man ohne Mühe, daß seine Interpretation in den schnellen Variationen weitaus kühner und lebendiger und in den langsamen Variationen lyrischer ist als in der offiziellen Version. De Sabata, ein glänzender Dirigent, war auf dieses Werk besser eingestimmt als Reiner. Auch halten die Philharmoniker in jeder Nuance mit Rubinstein mit – und spielen mit viel größerem Schwung als das Chicago Symphony Orchestra. Rubinsteins autorisierte Aufnahmen von **Prokofjeffs** Musik beschränken sich auf eine Studioversion des Marsches aus *Die Liebe zu den drei Orangen* und auf Livekonzertmitschnitte von zwölf der zwanzig *Visions fugitives,* op. 22. Diese Interpretationen sind meisterhaft und durchaus unterhaltsam und lassen einen bedauern, daß Rubinstein nicht noch mehr Musik von Prokofjew gespielt hat.

Rubinsteins Aufnahmerepertoire von Werken aus der französischen Schule beginnt mit Musik des Belgiers **César Franck.** Es gibt gute Aufnahmen von Präludium, Choral und Fuge (1970) und von den Sinfonischen Variationen (1958, mit Wallenstein und dem Symphony of the Air Orchestra, neben einem Raubmitschnitt einer Aufführung mit Mitropoulos und dem New York Philharmonic Orchestra von 1953) sowie eine phantastische Einspielung der Sonate für Violine und Klavier mit Heifetz (1937). Diese überaus vielfältige und erstaunlich ausgeführte Interpretation der Sonate läßt einen wünschen, daß Heifetz und Rubinstein ihre Differenzen beigelegt und alle Meisterwerke des romantischen Repertoires für Violine und Klavier aufgenommen hätten.

Als Rubinstein das Klavierkonzert Nr. 2 in g-Moll von **Saint-Saëns** mit Ormandy und dem Philadelphia Orchestra im Januar 1969 aufnahm, befand sich das Werk seit über achtundsechzig Jahren in seinem aktiven Repertoire – und doch klingt die Aufführung frisch und lebhaft. Ein Raubmitschnitt des Stücks, der beim Konzert von Mitropoulos und den

New Yorker Philharmonikern gemacht wurde, bei dem die Sinfonischen Variationen von Franck aufgenommen wurden, ist musikalisch zwar prägnanter, aber technisch schlampiger als die 1969er Version. Rubinsteins 1963 entstandene Aufnahmen von **Chabriers** Scherzo-Valse und von **Faurés** Nocturne, op. 33, Nr. 3, sind reizvoll, und seine Aufnahme von **Faurés** Klavierquartett Nr. 1 in c-Moll, op. 15, mit Mitgliedern des Guarneri Quartetts, ist eine wahrhaft prächtige Darbietung eines erstklassigen Werks.

»Wenn man kritisch sein wollte, könnte man sagen, daß man in Rubinsteins Debussy manchmal einen körperloseren Klang haben möchte«, hat Barenboim 1992 erklärt. »Ich glaube, sein Ravel war viel interessanter als sein Debussy. Die *Valses nobles et sentimentales* hat er wunderbar gespielt. Aber diese Musik ist ein bißchen trocken, nicht wahr?« Es ist allerdings möglich, daß Barenboim nur die **Debussy**-Aufführungen und -Aufnahmen aus Rubinsteins letzten beiden Jahrzehnten kannte. Die Auszüge aus den 1945 erstellten Aufnahmen und speziell die 1952 gemachten Einspielungen von Debussy, die wieder auf CD herausgebracht worden sind – und auch die, die noch nicht wieder erschienen sind –, bieten ein ganz anderes Bild von Rubinsteins Debussy. Exemplarisch in dieser Hinsicht sind die 1945er Versionen von *Reflets dans l'eau* und *Hommage à Rameau* sowie die 1952er Versionen von *La Cathédrale engloutie* ⊗, *La Fille aux cheveux de lin* ⊗, *Ondine* ⊗ und *La Terrasse des audiences du clair de lune* ⊗. Und selbst die HMV-Aufnahme aus dem Jahre 1929 von *La Cathédrale engloutie,* die außergewöhnlich schnell ist (4:24, verglichen mit 5:57 in der 1952er Version und mit 6:32 in Giesekings 1953er Version), ist ruhig und phantasievoll auf eine Weise, wie es die 1961er Version (5:41) nicht ist. (Ich habe den Verdacht, daß die hohe Geschwindigkeit der 1929er Version vielleicht zustande kam, weil ein Produzent sie auf eine Seite einer 78er Platte pressen wollte.) Außer Frage aber steht, daß Rubinsteins Aufnahmen von Ravels »La Vallée des cloches« aus *Miroirs,* »Forlane« aus *Le Tombeau de Couperin* und insbesondere *Valses nobles et sentimentales* ein Klavierspiel höchsten Ranges darstellen. Ax, der die *Valses nobles* mit Rubinstein einstudiert hat, berichtete, daß der ältere Pianist ganz und gar gegen einen

»dürren« Klang für diese Stücke gewesen sei und sich mehr dafür interessiert habe, eine richtige Artikulation der Akkorde zu erzielen, als die melodische Linie zu verfolgen. Schließlich dokumentiert die 1950 entstandene Aufnahme von **Ravels** Trio in a-Moll, mit Heifetz und Piatigorsky, eine wahrhaft erregende Aufführung.

Drei *Mouvements perpétuels* und zwei Nocturnes (in As-Dur und Des-Dur) von **Poulenc**, alle reizvoll gespielt von Rubinstein auf einer Aufnahme von 1963, komplettieren den Teil seines französischen Aufnahmerepertoires, mit dem ich vertraut bin. Ich bin nicht Fachmann genug im Hinblick auf **Szymanowskis** oder **Villa-Lobos'** Musik oder die Musik spanischer Komponisten (**Albéniz, de Falla, Granados** oder **Mompou**), um eine Meinung über Rubinsteins Aufnahmen von ihren Werken zu äußern. Daher kann ich nur sagen, daß ich alle, die ich besitze, mir gern angehört habe – und daß sie alle in der folgenden Diskographie aufgeführt sind.

KONZERTMITSCHNITTE

Ich bin kaum auf die verschiedenen Videokassetten und Videodiscs mit Rubinstein-Konzertmitschnitten eingegangen, die in den letzten Jahren erschienen sind: Konzertaufführungen mit André Previn (unter dem Label Decca/London) und Bernard Haitink (Philips), ein Solokonzert, das 1975 in Kalifornien mitgeschnitten wurde (RCA), Teile von Stücken von Mendelssohn und Chopin (im Philips-Kompendium *The Golden Age of the Piano)* sowie anderes mehr. Im großen und ganzen sind diese Aufnahmen zwar in musikalischer Hinsicht nicht besonders interessant, aber sie zeigen Rubinstein doch so, wie er den meisten Menschen, die ihn gesehen haben, in Erinnerung geblieben ist: seine würdige Haltung, ohne alle irrelevanten Körperbewegungen und Grimassen, sein Aufgehen in der Musik und den gelegentlichen verstohlenen, vorsichtigen Blick zum Dirigenten, um ihm zu helfen oder von ihm einen Einsatz zu erhalten. Barenboim hat gesagt, daß sogar die Art und Weise, wie Rubinstein am Klavier gesessen habe, von »mustergültiger Natürlichkeit«

gewesen sei, und daß »an allem, was er tat, etwas so Selbstverständliches« gewesen sei. Als ich erwähnte, daß die meisten Barth-Schüler ruhig am Klavier gesessen und aus dem Rücken und der Schulter heraus gespielt hätten, bemerkte Barenboim: »Für mein Gefühl war dies eigentlich generell so bei den verschiedenen Schulen. Wenn Sie sich Photos von Busoni, d'Albert, Schnabel und so weiter ansehen, werden Sie nichts von der Art eines Glenn Gould entdecken, die natürlich ein Extrem ist. Nicht daß dies letztlich von irgendeinem künstlerischen Wert wäre – aber ich glaube, daß die exzentrische Körperlichkeit ein Phänomen ist, das es erst nach dem Krieg gegeben haben muß.«

Gegenüber Barenboim sagte ich, daß Rubinstein mir in musikalischer Hinsicht von Grund auf gesund gewesen zu sein schien. Sein Spiel sei stets nachdenklich, aber nicht pingelig gewesen. »Ja, er hat zuerst den Wald gesehen – absolut«, erwiderte Barenboim. »Er hatte eine negative Einstellung gegenüber allem, was etwas mit Übertreibung zu tun hatte. Interessant für mich war, daß ich alle Konzerte, die ich für ihn dirigierte – außer dem f-Moll von Chopin –, selbst gespielt hatte, und zwar viele, viele Male. Aber wenn ich für ihn dirigierte, ließ Rubinstein mich vergessen, daß es irgendeine andere Art und Weise geben könnte, sie zu spielen. Da war etwas Unfehlbares – es gibt kein anderes Wort dafür.«

Und was Rubinsteins gesunden musikalischen Intellekt betraf, so hat Ax bemerkt: »Nachdem ich mit Rubinstein gearbeitet hatte, gelangte ich zu dem Schluß, daß man sehr hart arbeiten muß, wenn man inspiriert klingen will, und wenn man zu trocken intellektuell klingt, dann hat man vermutlich über das, was man tut, nicht genügend nachgedacht.«[13]

Eunice Podis schließlich hat gemeint: »Rubinsteins Spiel hatte etwas ganz Natürliches. Es war großenteils so bewegend, daß man den Eindruck bekam, es wäre ganz frei, aber eigentlich war es dies nicht. Er war ziemlich streng in seinen Tempi und nahm sich keine großen Freiheiten heraus. Es gab zwar gewisse kleine Manierismen, die sein Musizieren so unverwechselbar machten – wie dies bei allen großen Künstlern der Fall ist –, aber dies waren keineswegs eklatante Verstöße gegen Tempo oder Rhythmus. Seine Anschauung über die Musik war so absolut überzeugend, daß alles, was er spielte, irgendwie richtig klang. Ich habe noch nie einen anderen Pianisten gehört, dessen Musik so ›horizontal‹ wie die seine war – stets gestaltete er eine lange Linie. Dies ist etwas, was man nicht mehr hört, und das hat sein Spiel so zwingend gemacht. Da wurde man oft auf einer ganz langen Legato-Linie dahingetragen – besonders bei Chopin. Rubinstein besaß zwar eine fabelhafte Technik – ich glaube, sie war bis ins kleinste Detail so virtuos wie die von Horowitz –, aber sie war ein Mittel zu einem Zweck. Er hat sie für die Wirkungen eingesetzt, die er erzielen wollte, statt als etwas, was für sich selbst bewundert werden sollte. Wenn Rubinstein gut gespielt hatte, verließ man sein Konzert als ein anderer Mensch. Es war mehr als bloß ein befriedigendes Musikerlebnis – es spielte sich auf einer anderen Ebene ab als die meisten Darbietungen. Man hat geglaubt, die Welt wäre doch besser, als sie ist, und man selbst wäre ein besserer Mensch.«[14]

DISKOGRAPHIE

ZUSAMMENGESTELLT VON DONALD MANILDI

Die ersten Aufnahmen von Rubinstein entstanden offensichtlich um 1910 in Polen für das Label Favorit. Nur eine einzige dieser Aufnahmen konnte ausfindig gemacht werden, doch wir können davon ausgehen, daß noch weitere existierten. 1928 begann Rubinstein für die Gramophone Company (HMV) of London einzuspielen und wechselte 1940 zu RCA Victor. Trotzdem entstanden nach dem Zweiten Weltkrieg noch einige Aufnahmen bei HMV. Rubinstein blieb RCA Victor mit einer einzigen Ausnahme bis zu seiner letzten Einspielung im April 1976 treu: Brahms' Klavierkonzert Nr. 1 spielte er unter Zubin Mehta bei der Decca ein. Glücklicherweise sind inzwischen fast alle seine Aufnahmen als CD wieder auf den Markt gebracht worden.

Diese Diskographie führt sämtliche je veröffentlichte Aufnahmen von Rubinstein, autorisierte und nicht autorisierte, bis April 1995 auf. In Deutschland erhältliche Tonträger wurden mit einem * gekennzeichnet. Die übrigen Bestellnummern wurden den aktuellen Katalogen der Vereinigten Staaten entnommen. Diese Tonträger kann man heute bereits über Internet beziehen. Augenblicklich nicht lieferbare Aufnahmen wurden mit der letzten bzw. gängigsten Bestellnummer verzeichnet. Im Anschluß an die Diskographie finden Sie Informationen über Video-Aufnahmen mit Rubinstein sowie eine Auflistung der Klavierwalzen mit Rubinstein-Interpretationen.

ABKÜRZUNGEN:

CD Compact Disc
LP Langspielplatte (33 1/3 Upm)
45 Schallplatte (45 Upm)
78 Schellackplatte (78 Upm)
MC Musikkassette
\# Liveaufnahme
* in Deutschland derzeit lieferbare Aufnahme
⊕ Aufnahme existiert auch auf Video

ALBÉNIZ, ISAAC

aus: *Chant d'Espagne,* op. 232
Nr. 4 »Córdoba«
    (23.1.1929) LP: Electrola C027-1435551
    (22.10.1953) CD: BMG 9026 61261-2 QH*

aus: *Ibéria*
Nr.1 »Evocación«
    (23.1.1929) CD: BR 690 07 007*
    (27.12.1955) CD: BMG 9026 61261-2 QH*
Nr. 7 »El Albaicin«
    (23.1.1929) CD: BR 690 07 007*

Navarra, Bravourfantasie für Klavier (vervollständigt von Séverac)
    (23.1.1929) CD: IMS AB 78539; DC Ine 501 313*
    (17.6.1941) CD: BMG 9026 61261-2 QH*
    (10.12.1961) CD: BMG 9026 61445-2*\#

aus: *Suite española,* op. 47
Nr. 3 »Sevillanas«
    (23.1.1929) CD: IMS AB 78539; DC Ine 501 313*
    (6.11.1953) CD: BMG 9026 61261-2 QH*

BACH, JOHANN SEBASTIAN

aus: *Partita* Nr. 2 für Violine solo in d-Moll, BWV 1004
»Chaconne« (arr. Busoni)
   (Juni 1970) CD: BMG 9026 62590-2*

Toccata, Adagio und Fuge in C-Dur, BWV 564 (arr. Busoni)
   (26. und 28.11.1934) LP: Electrola C027-1435551

BEETHOVEN, LUDWIG VAN

Konzert für Klavier und Orchester Nr. 1 in C-Dur, op. 15
   (16.12.1956) Josef Krips/Symphony of the Air.
   CD: BMG 9026 61260-2 QS*
   (20. und 21.10.1967) Erich Leinsdorf/Boston Symphony Orchestra.
   CD: BMG RD 85674 QA*
   (9. bis 11.4.1975) Daniel Barenboim/London Philharmonic Orchestra.
   LP: RCA Victor ARL1-1416; RCA Victor CRL5-1415

Konzert für Klavier und Orchester Nr. 2 in B-Dur, op. 19
   (14.12.1956) Josef Krips/Symphony of the Air.
    CD: BMG 9026 61260-2 QS*
   (21.12.1967) Erich Leinsdorf/Boston Symphony Orchestra.
    CD: BMG RD 85675 QA*
   (9. bis 11.4.1975) Daniel Barenboim/London Philharmonic Orchestra.
    LP: RCA Victor ARL1-1417; RCA Victor CRL5-1415

Konzert für Klavier und Orchester Nr. 3 in c-Moll, op. 37 ⊕
   (29.10.1944) Arturo Toscanini/NBC Symphony Orchestra.
   CD: BMG GD 60261*#
   (6.12.1956) Josef Krips/Symphony of the Air.
    CD: BMG 9026 61260-2 QS*

(5. und 6.4.1965) Erich Leinsdorf/Boston Symphony Orchestra.

CD: BMG RD 85 675 QA*

(7.12.1967) Antal Dorati/London Philharmonic Orchestra.

CD: Pool HP 567*#

(9. bis 11.4.1975) Daniel Barenboim/London Philharmonic Orchestra.

LP: RCA Victor ARL1-1418; RCA Victor CRL5-1415

Konzert für Klavier und Orchester Nr. 4 in G-Dur, op. 58

(30.9.1947) Sir Thomas Beecham/Royal Philharmonic Orchestra.

LP: Electrola C137-1544273

(22.4.1951) Dimitri Mitropoulos/New York Philharmonic-Symphony.

CD: AS Disc 532; Legend LGD 102 #

(6. und 7.12.1956) Josef Krips/Symphony of the Air.

CD: BMG 9026 61260-2 QS*

(20.4.1964) Erich Leinsdorf/Boston Symphony Orchestra.

CD: BMG RD 85 676 QA*

(7.12.1967) Antal Dorati/London Philharmonic Orchestra.

CD: Pool HP 567 #

(9. bis 11.4.1975) Daniel Barenboim/London Philharmonic Orchestra.

LP: RCA Victor ARL1-1419; RCA Victor CRL5-1415

Konzert für Klavier und Orchester Nr. 5 in Es-Dur, op. 73

(6.12.1956) Josef Krips/Symphony of the Air.

CD: BMG 9026 61260-2 QS*

(21.12.1967) Erich Leinsdorf/Boston Symphony Orchestra.

CD: BMG RD 85 676 QA*

(4.3.1963) Antal Dorati/London Philharmonic Orchestra.

CD: Pool HP 567*#

(10 und 11.4.1975) Daniel Barenboim/London Philharmonic Orchestra.

CD: BMG RD 89389; BMG 9026 61829*

Sonate für Klavier Nr. 3 in C-Dur, op. 2, Nr. 3

(24.1.1963) LP: RCA Victor LSC-2812

Sonate für Klavier Nr. 8 in c-Moll, op. 13 (»Pathétique«)
(26. und 27.8.1946) LP: RCA Victor LM-1072
(28.12.1954) LP: RCA Victor LM-1908
(4.1962) CD: BMG 9026 61443-2*

Sonate für Klavier Nr. 14 in cis-Moll, op. 27, Nr. 2 (»Mondscheinsonate«)
(6.4.1962) CD: BMG 9026 61443-2; BMG RD 85674 QA*

Sonate für Klavier Nr. 18 in Es-Dur, opus 31, Nr. 3
(23.5.1945) (nur 3.Satz) 78: RCA VictorM/DM-1018
(27. und 28. 8.1946) LP: RCA Victor LM-1071
(29.12.1954) CD: BMG 9026 61260-2 QS*

Sonate für Klavier Nr. 21 in C-Dur, op. 53 (»Waldsteinsonate«)
LP: RCA Victor LM-2311

Sonate für Klavier Nr. 23 in f-Moll, op. 57 (»Appassionata«) ⊕
(22. und 23.5.1945) LP: RCA Victor LM-1071
(30.12.1954) LP: RCA Victor LM-1908
(25. und 30.1.1963) CD: BMG 9026 61443-2*
(15.1.1975) CD: BMG 9026 61160-2 QS*

Sonate für Klavier Nr. 26 in Es-Dur, op. 81a (»Les Adieux«)
(31.12.1940) 78: RCA Victor M/DM-858
(4.1962) CD: BMG 9026 61443-2*

Sonate für Klavier und Violine Nr. 5 in F-Dur, op. 24 (»Frühlingssonate«)
(31.12.1958) Henryk Szeryng, Violine. CD: BMG 9026 61861-2*

Sonate für Klavier und Violine Nr. 8 in G-Dur, op. 30, Nr. 3
(3.1.1961) Henryk Szeryng, Violine.
CD: BMG 9026 61861-2; BMG RD 86 264 QH*

Sonate für Klavier und Violine Nr. 9 in A-Dur, op. 47 (»Kreutzersonate«)
    (30.12.1958) Henryk Szeryng, Violine. CD: BMG 9026 61861-2*

Trio für Klavier, Violine und Violoncello in B-Dur, op. 97 (Erzherzogtrio)
    (12. und 13.9.1941) Jascha Heifetz, Violine; Emanuel Feuermann,
    Violoncello. CD: BMG 9026 61778-2

BRAHMS, JOHANNES

Balladen, op. 10
    (10. bis 12.6.1970) CD: BMG 9026 61862; BMG RD 85672 QA*

aus: *Drei Intermezzi für Klavier* op. 117
Nr. 2 »Intermezzo« in b-Moll
    (10. und 12.6.1970) CD: BMG 9026 61442-2*
Nr. 3 »Intermezzo« in cis-Moll
    (3.8.1953) CD: BMG 9026 62592-2*

Konzert für Klavier und Orchester Nr. 1, op. 15 ⊕
    (17.4.1954) Fritz Reiner/Chicago Symphony Orchestra.
    CD: BMG 9026 61263-2 QH*
    (21. und 22. 4.1964) Erich Leinsdorf/Boston Symphony Orchestra.
    CD: RCA Victor LSC-2917
    (4.1976) Zubin Mehta/Israel Philharmonic Orchestra.
    CD: Dec 440 261-2*

Konzert für Klavier und Orchester Nr. 2, op. 83
    (22. und 23.10.1929) Albert Coates/London Symphony Orchestra.
    CD: Claremont GSE 78-50-41
    (11.8.1952) Charles Munch/Boston Symphony Orchestra.
    LP: RCA Victor LM-1728
    (4.4.1958) Josef Krips/RCA Victor Symphony Orchestra.
    CD: BMG 9026 61442-2; BMG 9026 61829-2*

(22.2.1960) Witold Rowicki/Warsaw Philarmonic Orchestra.
LP: Muza SX 1862/4 (mit Probe); Fonit Cetra DOC 10 #
(4.5.1962) André Cluytens/Sinfonieorchester der RAI Turin.
CD: IMS ARCD 2037*#
(22. und 23.11.1971) Eugene Ormandy/Philadelphia Orchestra.
LP: RCA Victor LSC-3253

Quartett für Klavier, Violine, Viola und Violoncello Nr. 1 in g-Moll, op. 25
(10. und 11.10.1932) Mitglieder des Pro Arte Quartetts (Alphonse
Onnou, Violine; Germain Prévost, Viola; Robert Maas, Violoncello).
CD: Fono Bi LAB 027*
(27. bis 30.12.1967) Mitglieder des Guarneri Quartetts (John Dalley,
Violine; Michael Tree, Viola; David Soyer, Violoncello).
CD: BMG GD 85677 QH*

Quartett für Klavier, Violine, Viola und Violoncello Nr. 2 in A-Dur, op. 26
(27. bis 30.12.1967) Mitglieder des Guarneri Quartetts (John Dalley,
Violine; Michael Tree, Viola; David Soyer, Violoncello).
CD: BMG GD 85677 QH*

Quartett für Klavier, Violine, Viola und Violoncello Nr. 3 in c-Moll, op. 60
(27. bis 30.12.1967) Mitglieder des Guarneri Quartetts (John Dalley,
Violine; Michael Tree, Viola; David Soyer, Violoncello).
CD: BMG GD 85677 QH*

Quintett für Klavier, 2 Violinen, Viola und Violoncello in f-Moll, op. 34
(28. und 29.12.1966) Guarneri Quartett (John Dalley, Arnold Steinhardt,
Violine; Michael Tree, Viola; David Soyer, Violoncello).
CD: BMG GD 85669 QA*

Ungarischer Tanz Nr. 4 in fis-Moll
(12.3.1947) 78: RCA Victor MO-11449

Rhapsodie in h-Moll, op. 79, Nr .1
(4.1924) CD: BR 690 07 007; Fono Ni 8806*
(6.6.1941) 78: RCA Victor M/DM-893
(5.8.1953) LP: RCA Victor LM-1787
(10. bis 12.6.1970) CD: BMG 9026 61263-2 QH*

Rhapsodie in g-Moll, op. 79, Nr. 2
(4.3.1937) CD: DC Ine 501 313; IMS AB 78539*
(12.3.1947) 78: RCA Victor MO-11449
(4.8.1953) LP: RCA Victor LM-1787
(10. bis 12.6.1970) CD: BMG 9026 61263-2 QH*

Sonate für Klavier Nr. 3 in f-Moll, op. 5
(17.12.1959) CD: BMG 9026 61 862-2; BMG RD 85672 QA*

Sonate für Violine und Klavier Nr. 1 in G-Dur, op. 78
(28. und 29.12.1960) Henryk Szeryng, Violine. CD: BMG GD 86264*

Sonate für Violine und Klavier Nr. 2 in A-Dur, op. 100
(30.12.1960) Henryk Szeryng, Violine. LP: RCA Victor LSC 2619

Sonate für Violine und Klavier Nr. 3 in d-Moll, op. 108
(15.6.1932) Paul Kochanski, Violine. CD: Fono Bi LAB 086*
(28. und 29.12.1960) Henryk Szeryng, Violine. CD: BMG GD 86264*

Sonate für Violoncello und Klavier Nr. 1 in e-Moll, op. 38
(6.7.1936) Gregor Piatigorsky, Violoncello. CD: BMG 9026 62592;
Fono Bi LAB 086*
(11.10.1966) Gregor Piatigorsky, Violoncello. CD: BMG 9026 62592*

Sonate für Violoncello und Klavier Nr. 2 in F-Dur, op. 99
(11.10.1966) Gregor Piatigorsky, Violoncello. CD: RCA Victor 62592

aus: *Stücke für Klavier* op. 76
Nr. 2 »Capriccio« in b-Moll
    (zwischen 1919 und 1925) CD: BR 690 07007*
    (9.3.1928) CD: DC Ine 501 313; IMS AB 78539*
    (6. und 7.8.1953) LP: RCA Victor LM-1787
    (10. bis 12.6.1970) CD: BMG 9026 61263-2 QH*
Nr. 7 »Intermezzo« in a-Moll
    (17.6.1941) 78: RCA Victor M/DM-893

aus: *Stücke für Klavier* op. 116
Nr. 5 »Intermezzo« in e-Moll
    (10. bis 12.6.1970) CD: BMG 9026 61442-2*
Nr. 6 »Intermezzo« in E-Dur
    (31.12.1959) CD: BMG 9026 61862-2; BMG RD 85672 QA*

aus: *Stücke für Klavier* op. 117
Nr. 1 »Intermezzo« in e-Moll
    (5.11.1941) 78: RCA Victor M/DM-893
Nr. 2 »Intermezzo« in h-Moll
    (19.11.1941) 78: RCA Victor M/DM-893
    (3.8.1953) LP: RCA Victor LM-1787
    (10. bis 12.6.1970) CD: RCA Victor 5671; RCA Victor 61442
Nr. 3 »Intermezzo« in cis-Moll
    (3.8.1953) CD: RCA Victor 62592

aus: *Stücke für Klavier* op. 118
Nr. 2 »Intermezzo« in A-Dur
    (26.5.1941) 78: RCA Victor M/DM-893
    (5.8.1953) CD: BMG 9026 62592-2*
Nr. 3 »Ballade« in g-Moll
    (17.6.1941) 78: RCA Victor 11-8622
Nr. 5 »Romanze« in F-Dur
    (31.12.1959) CD: BMG GD 60211 QH; BMG RD 85672 QA*

Nr.6 »Intermezzo« in es-Moll
(26.5.1941) 78: RCA Victor M/DM-893
(7.8.1953) CD: BMG 9026 62592-2*
(10. und 12.6.1970) CD: BMG 9026 61263-2*

aus: *Stücke für Klavier* op. 119
Nr. 2 »Intermezzo« in A-Dur
(5.8.1953) CD: BMG 9026 62592-2*
Nr. 3 »Intermezzo« in A-Dur
(17.6.1941) 78: RCA Victor M/DM-893
(7.8.1953) CD: BMG 9026 62592-2*

Trio für Klavier, Violine und Violoncello Nr. 1 in H-Dur, op. 8
(11. und 12.9.1949 [?]) Jascha Heifetz, Violine; Emanuel Feuermann,
Violoncello. CD: Fono Bi LAB 086; BMG 9026 61778-2*
(4. bis 10.9.1972) Henryk Szeryng, Violine; Pierre Fournier, Violoncello.
CD: BMG RD 86260*

Trio für Klavier, Violine und Violoncello Nr. 2 in C-Dur, op. 87
(4. bis 10.9.1972) Henryk Szeryng, Violine; Pierre Fournier, Violoncello.
CD: BMG RD 86260*

Trio für Klavier, Violine und Violoncello Nr. 3 in c-Moll, op. 101
(4. bis 10.1972) Henryk Szeryng, Violine; Pierre Fournier, Violoncello.
LP: RCA Victor ARL3-0138

Wiegenlied, op. 49 Nr. 4 (arr. Rubinstein)
(12.3.1947) 78: RCA Victor MO-1149
(1.10.1947) LP: Electrola C151-03244/5

CHABRIER, EMANUEL

aus: *Pièces pittoresques* Nr. 10, Scherzo Valse
(3.4.1963) CD: BMG 9026 61446-2; BMG GD 60211 QH*

CHOPIN, FRÉDÉRIC

Andante spinato und Große Polonaise brillante in Es-Dur, op. 22
(7.2. und 8.2.1935) Sir John Barbirolli/London Philharmonic Orchestra.
CD: EMI 653-764 697-2; EMI 653-764 933-2; IMS AB 78501*
(20.1.1950) Alfred Wallenstein/Symphony of the Air.
CD: MG GD 60 404 QH*
(1.2.1960) LP: Paragon LBI 53001; Discocorp BWS 740 #
(23.3.1964) CD: BMG GD 60822 TQ*

Ballade Nr.1 g-Moll, op. 23
(28.4.1959) CD: BMG GD 60822; BMG GD 87725 QX; BMG RD 89651*
(16.2.1960) LP: Paragon LBI 53001; Discocorp BWS 740 #

Ballade Nr. 2 in F-Dur, op. 38
(29.4.1959) CD: BMG GD 60822; BMG RD 89651*

Ballade Nr. 3 in As-Dur, op. 47
(29.4.1959) CD: BMG GD 60822; BMG RD 89651*
(1969) CD: Ermitage 101 #
(5.11.1970) CD: Pool GI 918*#
(7.11.1970) CD: Pool Erm 127*#

Ballade Nr. 4 in f-Moll, op. 52
(28.4.1959) CD: BMG GD 60822; BMG RD 89651*
(5.11.1970) CD: Pool GI 918*#

Barcarolle in Fis-Dur, op. 60

    (zwischen 1919 und 1925) CD: BR 690 07 007*

    (18.4.1928) CD: EMI 653-764 697-2; EMI 653-764 933-2*

    (28.8.1946) CD: BMG GD 60047 QH*

    (1957) LP: RCA Victor LM-2277

    (26.11.1962) CD: BMG GD 60822 TQ; BMG GD 87725 QX;

    BMG RD 89911; MC: BMG GK 87725 SF*

    (1.10.1964) CD: Fonit Cetra CDE 1024*#

Berceuse in Des-Dur, op. 57

    (22.7.1928) CD: EMI 653-764 697-2; EMI 653-764 933-2*

    (20.6.1946) CD: BMG GD 60047 QH; BMG GD 60822*

    (21.4.1958) LP: RCA Victor LM-2277

    (26.11.1962) CD: BMG GD 60211 QH; BMG GD 60822 TQ;

    BMG RD 89911 QA*

    (1969) CD: Ermitage 101 #

    (5.11.1970) CD: Pool GI 918; CD: Pool Erm 127*#

    (7.11.1970) CD: Ermitage 127) #

Boléro, op. 19

    (27.11.1962) CD: BMG GD 60822 TQ; BMG RD 89911 QA*

Etüde Nr. 4 in cis-Moll, op. 10, Nr. 4 ⊕

    (1.10.1964) LP: Melodiya C10 21137 #

    (15.1.1975) CD: BMG 9026 61160-2 A*#

Etüde Nr. 5 in Ges-Dur, op. 10, Nr. 5

    (1.2.1960) LP: Paragon LBI 53001 #

    (1.10.1964) LP: Melodiya C10 21327 #

Etüde Nr. 6 in es-Moll, op. 10, Nr. 6

    (1.2.1960) LP: Paragon LBI 53001 #

Etüde Nr. 8 in F-Dur, op. 10, Nr. 8
  (1.2.1960) LP: Paragon LBI 53001 #

Etüde Nr. 9 in f-Moll, op. 10, Nr. 9
  (1.2.1960) LP: Paragon LBI 53001 #

Etüde Nr. 13 in As-Dur, op. 25, Nr. 1
  (1.10.1964) LP: Melodiya C10 21327 #

Etüde Nr. 17 in e-Moll, op. 25, Nr. 5 ⊕
  (1.10.1964) LP: Melodiya C10 21327 #
  (1969) CD: Ermitage 101 #
  (5.11.1970) CD: Pool GI 918*#
  (7.11.1970) CD: Pool Erm 127*#
  (15.1.1975) CD: BMG 9026 61160-2 QA*#

Etüden, Drei Neue
  (21.4.1958) LP: RCA Victor LM-2277
  (28.11.1962) CD: BMG GD 60822 TQ; BMG RD 89911 QA*

Fantasie in f-Moll, op. 49
  (11.2.1957) LP: RCA Victor LM-2277
  (27.11.1962) CD: BMG GD 60822 TQ; BMG RD 89911 QA*
  (1969) CD: Ermitage 101 #
  (5.11.1970) CD: Pool GI 918*#
  (7.11.1970) CD: Pool Erm 127*#

Fantasie-Impromptu in cis-Moll, op. 66
  (21.5.1951) LP: RCA Victor LM-1153
  (11.3.1957) LP: RCA Victor LM-2277; RCA Victor LM-6802
  (25.3.1964) CD: BMG GD 60822; BMG RD 89911 QA; BMG 87725 QX;
  MC: BMG GK 87725 QX*

Große Fantasie über polnische Lieder in A-Dur, op. 13
   (1.10.1968) Eugene Ormandy/Philadelphia Orchestra.
   CD: BMG GD 604040 QH*

Impromptu Nr. 1 in As-Dur, op. 29
   (12.2.1954) LP: RCA Victor LM-2277; RCA Victor LM 6802
   (23.3.1964) CD: BMG GD 60822; BMG RD 89911 QA*

Impromptu Nr. 2 in Fis-Dur, op. 29
   (11.1953) LP: RCA Victor LM-2277; RCA Victor LM 6802
   (23.3.1964) CD: BMG GD 60822; BMG RD 89911 QA*

Impromptu Nr. 3 in Ges-Dur, op. 29
   (29.3.1946) 78: RCA Victor M/DM-1075
   (3.11.1953) LP: RCA Victor LM-2277; RCA Victor LM-6802
   (24.3.1964) CD: BMG GD 60822; BMG RD 89911 QA*
   (1.10.1964) LP: Melodiya C10 21325 #

Konzert für Klavier und Orchester Nr. 1 in e-Moll, op. 11
   (5.4.1937) John Barbirolli/London Symphony Orchestra.
   CD: EMI 653-764 491-2; EMI 653-764 933-2*
   (9.2.1947) Bruno Walter/New York Philharmonic-Symphony.
   CD: AS Disc 411 #
   (12.12.1953) Alfred Wallenstein/Los Angeles Philharmonic.
   LP: RCA Victor LM-1810
   (8. und 9.6.1961) Stanislaw Skrowaczewski/New London Symphony
   Orchestra. CD: BMG 9026 61829; BMG GD 60822;
   BMG RD 85612*
   (29.4.1964) Franco Caracciolo/Orchester Scarlatti der RAI-Neapel.
   CD: Pool HP 515*

Konzert für Klavier und Orchester Nr. 2 in f-Moll, op. 21 ⊕
   (5.4.1937) John Barbirolli/London Symphony Orchestra.
   CD: EMI 653-764 491-2; EMI 653-764 933-2*

(25.3.1946) William Steinberg/NBC Symphony Orchestra.
LP: RCA Victor LM-1046
(20.1.1958) Alfred Wallenstein/Symphony of the Air.
CD: BMG GD 60822 TQ; BMG RD 85612 QA*
(22.2.1960) Witold Rowicki/Warsaw Philarmonic Orchestra.
LP: Muza SX 1861; I Grandi Concerti GCL-27 #
(16.5.1960) Carlo Maria Giulini/Philharmonic Orchestra London.
CD: Pool HP 567*#
(1.10.1968) Eugene Ormandy/Philadelphia Orchestra.
CD: BMG GD 60604 QH*

Mazurken
Gesamtaufnahmen
(I)
  (13.11.1938) op. 6, Nr. 1 und 2; op. 17, Nr. 4; op. 24, Nr. 2; op. 41, Nr. 2;
  op. 50, Nr. 1 und 2; op. 63, Nr. 2 und 3
  (12.12.1938) op. 6, Nr. 3; op. 7, Nr. 1 bis 5; op. 17, Nr. 3; op. 30, Nr. 1;
  op. 33, Nr. 4; op. 50 Nr. 3
  (13.12.1938) op. 6, Nr. 4; op. 17, Nr. 1, 2 und 5; op. 24, Nr. 1 und 3; op. 30,
  Nr. 2 bis 4; op. 33, Nr. 1 und 3; op. 41, Nr. 1 und 4; op. 56, Nr. 2; op. 59,
  Nr. 1; op. 67, Nr. 2 bis 4; op. 68, Nr. 3 und 4; op. posth. »Für Emile
  Gaillard« in a-Moll
  (14.12.1938) op. 41, Nr. 3; op. 56, Nr. 1; op. 59, Nr. 2 und 3; op. 67, Nr. 1;
  op. 68, Nr. 1 und 2; op. posth. »Notre temps« in a-Moll
  (10.5.1939) op. 24, Nr. 4; op. 33, Nr. 2; op. 56, Nr. 3; op. 63, Nr. 1
  CD: EMI 653-764 697-2; EMI 653-764 933*

(II)
  (14.7.1952) op. 6, Nr. 1 bis 4; op. 7, Nr. 3 bis 5; op. 17, Nr. 1 bis 4; op. 24,
  Nr. 2; op. 30, Nr. 1 und 3
  (15.7.1952) op. 30, Nr. 4; op. 33, Nr. 1, 2 und 4; op. 41, Nr. 1 bis 4; op. 50,
  Nr. 1 bis 3; op. 56, Nr. 1 bis 3; op. 59, Nr. 1 bis 3; op. 63, Nr. 1 und 2
  (16.7.1952) op. 63, Nr. 3; op. 67, Nr. 1 bis 4; op. 68, Nr. 1 bis 4; op. posth.
  »Notre temps« in a-Moll; op. posth. »Für Emile Gaillard« in a-Moll

(24.7.1952) op. 24, Nr. 3
(5.9.1952) op. 7, Nr. 1
(5.2.1953) op. 7, Nr. 2; op. 24, Nr. 1 und 4; op. 30, Nr. 2; op. 33, Nr. 3
LP: RCA Victor LM-6109

(III)
(27.12.1965) op. 6, Nr. 2 bis 4; op. 7, Nr. 1 bis 4; op. 17, Nr. 1 und 2;
op. 24, Nr. 1
(28.12.1965) op. 6, Nr. 1; op. 7, Nr. 5; op. 17, Nr. 3 und 4; op. 24, Nr. 2 bis
4; op. 41, Nr. 1 bis 4; op. 50, Nr. 1 bis 3; op. 56, Nr. 1
(29.12.1965) op. 30, Nr. 1 bis 4; op. 33, Nr. 1; op. 56, Nr. 2 und 3; op. 59,
Nr. 1
(30.12.1965) op. 59, Nr. 2 und 3; op. 63, Nr. 1 bis 3
(3.1.1966) op. 33, Nr. 2 und 3; op. 67, Nr. 1 bis 4; op. 68, Nr. 1 bis 4; op.
posth. »Für Emile Gaillard« in a-Moll; op. posth. »Notre temps« in a-Moll
CD: BMG GD 60822 TQ; BMG RD 85171 QE*

Mazurka Nr. 23 in D-Dur, op. 33, Nr. 2
(22.7.1932) CD: Pearl GEMM 9464
(12.1965) CD: BMG GD 60211; BMG GD 87725; MC: GK 87725*
(1969) CD: Pool GI 918*#

Mazurka Nr. 35 in c-Moll, op. 56, Nr. 2
(22.7.1930) LP: Electrola C027-1435551
(1.2.1960) LP: Paragon LBI 53001 #
(1969) CD: Pool GI 918*#

Mazurka Nr. 39 in H-Dur, op. 63, Nr. 1
(22.7.1932) CD: Pearl GEMM 9464

Nocturnes (Nr. 1 bis 19)
(I)
(28.5.1936) op. 55, Nr. 2
(29.5.1936) op. 48, Nr. 2

(19.10.1936) op. 15, Nr. 2
(20.10.1936) op. 37, Nr. 2; op. 55, Nr. 1; op. 62, Nr. 2
(30.10.1936) op. 9, Nr. 2; op. 27, Nr. 2; op. 32, Nr. 1
(12.2.1937) op. 15, Nr. 3
(13.2.1937) op. 9, Nr. 1; op. 32, Nr. 2; op. 37, Nr. 1; op. 62, Nr. 1
(14.2.1937) op. 9, Nr. 3; op. 15, Nr. 1; op. 48, Nr. 1
(2.4.1937) op. 72, Nr. 1
CD: EMI 635-764 491-2; EMI 635-764 933-2*

(II)
(29.6.1949) op. 9, Nr. 2; op. 15, Nr. 2; op. 27, Nr. 1 und 2; op. 48, Nr. 1
(30.6.1949) op. 37, Nr. 1; op. 55, Nr. 1
(28.7.1949) op. 15, Nr. 3; op. 32, Nr. 1 und 2
(29.7.1949) op. 48, Nr. 2; op. 55, Nr. 2; op. 62, Nr. 1 und 2
(26.9.1950) op. 9, Nr. 1 und 3; op. 15, Nr. 1; op. 37, Nr. 2; op. 72, Nr. 1
LP: RCA Victor LM-6005; RCA Victor LM-6802

(III)
(30.8.1965) op. 9, Nr. 1 bis 3; op. 15, Nr. 1 bis 3; op. 27, Nr. 1
(31.8.1965) op. 27, Nr. 2; op. 32, Nr. 1 und 2; op. 37, Nr. 1 und 2; op. 48,
Nr. 1
(1.9.1965) op. 48, Nr. 2; op. 55, Nr. 1; op. 62, Nr. 1 und 2
(2.9.1965) op. 72, Nr. 1
(21.2.1967) op. 55, Nr. 2
CD: BMG GD 60822 TQ; BMG RD 89563 QE*

Nocturne Nr. 2 in Es-Dur, op. 9, Nr. 2
(30.8.1965) CD: BMG GK 87725; MC: BMG GK 87725 SK*

Nocturne Nr. 5 in Fis-Dur, op. 15, Nr. 2 ⊕
(zwischen 1919 und 1925) CD: BR 69007007*
(8.5.1961) CD: Pool Erm 127*#
(30.8.1965) CD: BMG GD 87725 QX; MC: BMG GK 87725 SF*
(15.1.1975) CD: BMG 9026 61160-2 QA*#

Nocturne Nr. 8 in Des-Dur, op. 27, Nr. 2
  (31.8.1965) CD: BMG GD 87725 QX; MC: BMG GK 87725

Polonaise Nr. 1 in cis-Moll, op. 26, Nr. 1
  (6.2.1935) CD: EMI 653-764 697-2; EMI 653-764 933-2; IMS AB 78501*
  (21.5.1951) LP: RCA Victor LM-1205; RCA Victor LM-6802
  (4.3.1964) CD: BMG GD 60822 TQ; BMG RD 89814 QA*

Polonaise Nr. 2 in es-Moll, op. 26, Nr. 2
  (7.2.1935) CD: EMI 653-764 697-2; EMI 653-764 933-2; IMS AB 78501*
  (27.9.1950) LP: RCA Victor LM-1205; RCA Victor LM-6802
  (4.3.1964) CD: BMG GD 60822 TQ; BMG RD 89814 QA*

Polonaise Nr. 3 in A-Dur, op. 40, Nr. 1 (»Militär-Polonaise«) ⊕
  (5.12.1935) CD: EMI 653-764 697-2; EMI 653-764 933-2; IMS AB 78501*
  (28.9.1950) LP: RCA Victor LM-1205; RCA Victor LM-6802
  (4.3.1964) CD: BMG GD 60211 QH; BMG GD 60822 TQ;
  BMG GK 89920; BMG RD 89814 QA; GD 87725 QX; MC: GK 87725 QX*

Polonaise Nr. 4 in c-Moll, op. 40, Nr. 2
  (6.12.1934) CD: EMI 653-764 697-2; EMI 653-764 933-2; IMS AB 78501*
  (28.9.1950) LP: RCA Victor LM-1205; RCA Victor LM-6802
  (4.3.1964) CD: BMG GD 60822 TQ; BMG GK 89920;
  BMG RD 89814 QA*

Polonaise Nr. 5 in fis-Moll, op. 44
  (zwischen 1919 und 1925) CD: BR 690 07 007*
  (29.1.1935) CD: EMI 653-764 697-2; EMI 653-764 933-2; IMS AB 78501*
  (12.5.1951) LP: RCA Victor LM-1205; RCA Victor LM-6802
  (5.3.1964) CD: BMG GD 60822; BMG GK 89920 AG; TQ;
  BMG RD 89814 QA*
  (1.10.1964) LP: Melodiya C10 21325 #
  (1969) CD: Ermitage 101 #

Polonaise Nr. 6 in As-Dur, op. 53 (»Heroische«) ⊕

   (6.2.1935) CD: EMI 653-764 697-2; EMI 653-764 933-2; IMS AB 78501*

   (28.9.1950) LP: RCA Victor LM-1205; RCA Victor LM-6802

   (22.2.1960) CD: Fonit Cetra CDE 1024*#

   (6.3.1964) CD: BMG GD 60822 TQ; BMG GD 87725 QX;

   BMG RD 89814 QA; BMG 9026 61160-s; MC: GK 87725 SF*

   (1.10.1964) LP: Melodiya C10 21327 #

   (5.11.1970) CD: Pool GI 918*#

   (15.1.1975) CD: BMG 9026 61160-2*#

Polonaise-Fantasie in As-Dur, op. 61

   (5.12.1934) CD: EMI 653-764 697-2; EMI 653-764 933-2; IMS AB 78501*

   (13.12.1950) LP: RCA Victor LM-6109; RCA Victor LM-6802

   (12.3.1964) CD: BMG GD 60822 TQ; BMG RD 89814 QA*

Préludes, op. 28, Nr. 1 bis 24

   (10.6.1946) Nr. 1 bis 10; 14 und 15

   (11.6.1946) Nr. 16 bis 24

   (20.6.1946) Nr. 11 bis 13

   CD: BMG GD 60047 QH; BMG GD 60822 TQ*

aus: *Préludes,* op. 28

   (zwischen 1919 und 1925) Nr. 1, 4, 10, 21, 24. CD: BR 690 07 007*

   (1969) Nr. 8, 15, 23 und 24. CD: Ermitage 101 #

   (5.11.1970) Nr. 8, 15, 24. CD: Pool Erm 127; Pool GI 918*#

   (7.11.1970) Nr. 8, 15, 23 und 24. CD: Ermitage 127 #

Scherzo Nr. 1 in h-Moll, op. 20

   (12.10.1932) CD: EMI 653-764 697-2; EMI 653-764 933-2*

   (28.6.1949) LP: RCA Victor LM-1132

   (26.3.1959) CD: BMG GD 60822 TQ; BMG 89651 QA*

Scherzo Nr. 2 in b-Moll, op. 31

   (12. und 17.10.1932) CD: EMI 653-764 697-2; EMI 653-764 933-2;*

(28.6.1949) LP: RCA Victor LM-1132
(26.3.1959) CD: BMG GD 60822 TQ; BMG 89651 QA*
(1969) CD: Ermitage 101 #
(5.11.1970) CD: Pool GI 918*#

Scherzo Nr. 3 in cis-Moll, op. 39 ⊕
   (16.10.1932) CD: EMI 653-764 697-2; EMI 653-764 933-2;*
   (28.6.1949) LP: RCA Victor LM-1132
   (26.3.1959) CD: BMG GD 60822 TQ; BMG 89651 QA*

Scherzo Nr. 4 in E-Dur, op. 54
   (29.6.1949) LP: RCA Victor LM-1132
   (16.10.1959) CD: EMI 653-764 697-2; EMI 653-764 933-2*
   (25.3.1959) CD: BMG GD 60822 TQ; BMG 89651 QA*
   (16.2.1960) LP: Paragon LBI 53001

Sonate für Klavier Nr. 2 in b-Moll, op. 35 (mit dem Trauermarsch)
   (11., 18. und 29.3.1946) CD: BMG GD 60047 QH; BMG GD 60822 TQ;
   BMG RD 89 812 QA*
   (9. bis 11.1.1961) CD: RCA Victor 5616; RCA Victor 60822
   (8.5.1961) CD: Pool Erm 108*#
   (1.10.1964) LP: Melodiya C10 21325 #

Sonate für Klavier Nr. 3 in h-Moll, op. 58
   (1. und 2.5.1959; 5.1.1961) CD: BMG GD 60822 TQ;
   BMG RD 89911 QA*

Tarantella in As-Dur, op. 43
   (2.9.1965) CD: BMG GD 60822 TQ; BMG RD 89911 QA*

Walzer
(I)
   (6. bis 13.11.1953) op. 64, Nr. 2; op. 69, Nr. 2
   (25.11.1953) op. 34, Nr. 1 und 3

(27.11.1953) op. 42; op. 64, Nr. 1 und 3; op. 69, Nr. 1; op. 70, Nr. 1 und 2
(12.12.1953) op. 18; op. 34, Nr. 2; op. 70, Nr. 3; op. posth. in e-Moll
LP: RCA Victor LM-1892; RCA Victor LM-6802

(II) Gesamteinspielung
    (25.6.1963) CD: BMG GD 60822 TQ; BMG RD 89564 QA*

Auswahl
Nr. 2 in As-Dur, op. 34, Nr. 1
    (29.3.1929) DC Ine 501 313; EMI 653-764 697-2; EMI 653-764 933-2*
    (25.6.1963) CD: BMG GD 87725 QX; MC: BMG GK 87725 SF*
    (1.10.1964) CD: Fonit Cetra CDE 1024*#
Nr. 3 in a-Moll, op. 34, Nr. 2
    (1.10.1964) CD: Fonit Cetra CDE 1024*#
Nr. 6 in Des-Dur, op. 64, Nr. 1
    (25.6.1963) CD: BMG GD 87725 QX; MC: BMG GK 87725 SF*
Nr. 7 in cis-Moll, op. 64, Nr. 2 ⊕
    (17.12.1930) CD: EMI 653-764 491-2; EMI 653-764 933-2*
    (1.2.1960) LP: Paragon LBI 53001 #
    (25.6.1963) CD: BMG GD 87725 QX. MC: BMG GK 87725 SF*
    (1969) CD: Ermitage 101 #
    (5.11.1970) CD: Pool GI 918*#
    (7.11.1970) CD: Pool Erm 127*#
Nr. 14 in e-Moll, op. posth.
    (25.6.1963) CD: BMG GD 60822 TQ; BMG RD 89564 QA*

DEBUSSY, CLAUDE

Estampie, Nr. 2, »Soirée dans Grenade«
    (11.1.1945) CD: BMG 9026 61446-2*

Estampie, Nr. 3, »Jardin sous la pluie«
    (11.1.1945) CD: BMG 9026 61446-2*

L'Isle joyeuse
(zwischen 1919 und 1925) CD: BR 690 07 007*

aus: *Images*
Buch 1
Nr. 1, »Reflets dans l'eau«
(11.1.1945) CD: BMG 9026 61446-2*
Nr. 2, »Hommage à Rameau«
(4.1.1945) CD: BMG 9026 61446-2*
(14.5.1952) 45: RCA Victor ERA-86
(30.10.1961) CD: BMG 9026 61445-2*
Buch 2
Nr. 3, »Poissons d'or«
(11.1.1945) CD: BMG 9026 61446-2*
(14.5.1952) LP: RCA Victor LVT-1042
(30.10.1961) CD: BMG 9026 61445-2; BMG GD 60211 QH*#

Masques
(14.5.1952) LP: RCA Victor LVT-1042

La plus que lente (Valse) ⊕
(zwischen 1919 und 1925) CD: BR 690 07 007*
(11.1.1945) CD: BMG 9026 61446-2*
(11.12.1950) LP: RCA Victor LM-1153
(6.1970) LP: RCA Victor ARL1-3850
(15.1.1975) CD: BMG 9026 61160-2 QA*#

Prélude in a-Moll (pour le piano, Nr. 1) ⊕
(14.12.1931) CD: DC Ine 501 313; IMS AB 78539*
(15.1.1975) CD: BMG 9026 61160-2 QA*#

aus: *Préludes*
Heft 1
Nr. 8 »La fille aux cheveux de lin«

(13.5.1952) LP: RCA Victor LVT-1042

Nr. 10 »La cathédrale engloutie«

(24.1.1929) CD: DC Ine 501 313; IMS AB 78539*

(13.5.1952) LP: RCA Victor LVT-1042

(4.12.1961) CD: BMG GD 60211 QH; BMG 9026 61445-2*

Nr. 12 »Minstrels«

(13.5.1952) CD: BMG 9026 61446-2*

Heft 2

Nr. 7 »La terrasse des audiences du clair de lune«

(14.5.1952) LP: RCA Victor LVT-1042

Nr. 8 »Ondine« ⊕

(13.5.1952) LP: RCA Victor LVT-1042

(3.11.1961) CD: BMG 9026 61445-2*#

(1.10.1964) LP: Melodiya C10 213217 #

DVOŘÁK, ANTONÍN

Quartett für Klavier, Violine, Viola und Violoncello Nr. 2 in Es-Dur, op. 87
(28.12.1970) Mitglieder des Guarneri Quartetts (Arnold Steinhardt,
Violine; Michael Tree, Viola; David Soyer, Violoncello)
CD: BMG RD 86256*

Quintett für Klavier, 2 Violinen, Viola und Violoncello Nr. 2 in A-Dur, op. 81
(28.12.1970) Guarneri Quartett (Arnold Steinhardt, John Dalley, Violine;
Michael Tree, Viola; David Soyer, Violoncello)
CD: BMG RD 86263 QA*

FALLA, MANUEL DE

aus: *El amor brujo* (»Der Liebeszauber«)
»Danza ritual del fuego« (»Feuertanz«)
(zwischen 1919 und 1925) CD: BR 690 07 007*

(22.7.1930) CD: DC Ine 501 313; IMS AB 78539*
(8.5.1947) CD: BMG 9026 61261*
(23.3.1961) CD: 2BMG GD 60211 QH; BMG RD 85666 QA;
BMG 9026 61863*
»Danza del terror« (»Tanz des Schreckens«)
(22.7.1930) CD: DC Ine 501 313; IMS AB 78539*
(8.5.1947) CD: BMG 9026 61261 QH*

Noches en los jardines de España (»Nächte in spanischen Gärten«)
(14.11.1949) Vladimir Golschmann/Saint Louis Symphony Orchestra.
CD: BMG 9026 61261 QH*
(25.3.1957) Enrique Jorda/San Francisco Symphony Orchestra.
CD: BMG GD 60046 QH*
(27.4.1960) Ernest Ansermet/Orchestre de la Suisse Romande.
LP: I Grandi Concerti GCL 61*#
(2.1.1969) Eugene Ormandy/Philadelphia Orchestra.
CD: BMG RD 85 666 QA; BMG 9026 61863-2*

aus: *Pièces espagnoles*
Nr. 4 »Andaluza«
(30.6.1949) CD: BMG 9026 61261 QH*

aus: *El Sombrero de Tres Picos* (»Der Dreispitz«)
Farruca: »Danza del molinero« (»Tanz des Müllers«)
(12.2.1954) CD: BMG 9026 61261-2 QH*

FAURÉ, GABRIEL

Nocturne Nr. 3 in As-Dur, op. 33, Nr. 3
(13.11.1938) 78: HMV DB 3718; RCA Victor 15660
(5.4.1963) CD: BMG GD 60211 QH; BMG 9026 61446-2*

Quartett für Klavier, Violine, Viola und Violoncello Nr. 1 in c-Moll, op. 15
  (26., 27. und 29.8.1949) Paganini Quartett (Henri Temianka, Violine;
  Robert Courte, Viola; Adolphe Frezin, Violoncello)
  LP: RCA Victor LM-52
  (28.12.1970) Guarneri Quartett (John Dalley, Violine; Michael Tree,
  Viola; David Soyer, Violoncello) CD: RCA Victor 6256

FRANCK, CÉSAR

Präludium, Choral und Fuge
  (3. und 4.1.1945) 78: RCA Victor M/DM-1004
  (8. und 10.9.1952) LP: RCA Victor LM-1822
  (Juni 1970) CD: BMG 9026 62590-2*

Sonate für Violine und Klavier in A-Dur
  (3.4.1937) Jascha Heifetz, Violine. CD: BMG 9026 61778-2;
  EMI 653-764 929-2*

Sinfonische Variationen für Klavier und Orchester
  (14.4.1953) Dimitri Mitropoulis/New York Philharmonic-Symphony.
  CD: Music & Arts 655; AS Disc 508 #
  (15.1.1958) Alfred Wallenstein/Symphony of the Air.
  CD: BMG RD 85666 QA; BMG 9026 61496-2; BMG 9026 62863-2*

GERSHWIN, GEORGE

Prélude Nr. 2
  (11.3.1946) 78: RCA Victor 11-9402

GRANADOS, ENRIQUE

aus: *Danzas espagnolas,* op. 37
Nr. 5, e-Moll »Andaluza«
  (12.2.1954) CD: BMG 9026 61261*

aus: *Goyescas*
»Quejas ou la Maja y el Ruiseñor« (»Klagelieder oder Das Mädchen und
die Nachtigall«)
  (22.7.1930) CD: Pearl GEMM 9464
  (30.6.1949) CD: BMG 9026 61261-2 QH*
  (22.10.1952) LP: RCA Victor LM-2181
  (8.5.1961) CD: Pool Erm 108*#

GRIEG, EDVARD

aus: *Albumblätter,* op. 28
Nr. 4, Andantino serioso
  (9.11.1953) CD: BMG GD 60897 QH; BMG 9026 61879-2;
  BMG 9026 61883-2*

Ballade in g-Moll, op. 24
  (6.11.1953) CD: BMG GD 60897 QH; BMG 9026 61879-2;
  BMG 9026 61883-2*

Berceuse op. 38, Nr. 1
  (11.8.1953) CD: RCA Victor 60897

Konzert für Klavier und Orchester in a-Moll, op. 16 ⊕
  (1939?) (1. Satz) Donald Voorhees/Orchester. LP: Melodram 304 #
  (6.3.1942) Eugene Ormandy/Philadelphia Orchestra.
  CD: BMG GD 60897 QH; BMG 9026 61879-2; BMG 9026 61883-2*
  (22.8.1949) Antal Dorati/RCA Victor Symphony Orchestra.

LP: RCA Victor LM-1018

(11.2.1956) Alfred Wallenstein/RCA Victor Symphony Orchestra.

CD: RCA Victor RCD1-5363

(10.3.1961) Alfred Wallenstein/RCA Victor Symphony Orchestra.

CD: BMG 9026 61262-2 QH; BMG 9026 61829-2*

(25.11.1963) Carlo Maria Giulini/Philharmonia Orchestra.

CD: Intaglio 7101 #

aus: *Lyrische Stücke* 1 bis 66

Nr. 4 »Elfentanz«, op. 12, Nr. 4

Nr. 5 »Volkslied«, op. 12, Nr. 5

Nr. 9 »Wiegenlied«, op. 38, Nr. 1

Nr. 10 »Volkslied«, op. 38, Nr. 2 (alle: 11.8.1953)

Nr. 13 »Springtanz«, op. 38, Nr. 5 (4.11.1953)

Nr. 17 »Schmetterling«, op. 43, Nr. 1 (12.12.1953)

Nr. 28 »Springtanz«, op. 47, Nr. 6 (11.8.1953)

Nr. 30 »Hirtenknabe«, op. 54, Nr. 1 (11.8.1953)

Nr. 32 »Zug der Zwerge«, op. 54, Nr. 3

Nr. 58 »An der Wiege«, op. 68, Nr. 5 (4.11.1953).

   CD: BMG GD 60897 QH; BMG 9026 61879-2; BMG 9026 61883-2*

HAYDN, FRANZ JOSEPH

Andante und Variationen in f-Moll

   (19.4.1960) CD: BMG GD 87967 QH *

LISZT, FRANZ

Consolation Nr. 3 in Des-Dur

   (14.2.1937) CD: DC Ine 501 313; IMS AB 78539*

   (23.10.1953) CD: BMG 906 61860-2*

aus: *Episoden aus Lenaus Faust*
Nr. 2 »Mephisto-Walzer« Nr. 1 (»Der Tanz in der Dorfschenke«)
(28.12.1955) CD: BMG 9026 61860-2*
(8.5.1961) CD: Pool Erm 108*#

aus: *Harmonies poétiques et religieuses*
Nr. 7 »Les Funérailles«
(6 bis 11.11.1953) CD: BMG 9026 61860-2*

Konzert für Klavier und Orchester Nr. 1 in Es-Dur
(1947) Eugene Ormandy/Philadelphia Orchestra. LP: Melodram 304 #
(11.2.1947) Antal Dorati/Dallas Symphony Orchestra.
CD: BMG GD 60046 QH*
(12.2.1956) Alfred Wallenstein/RCA Symphony Orchestra.
CD: BMG RD 86255 QA; BMG 9026 61496-2; BMG 9026 61829-2*

Liebestraum Nr. 3 in As-Dur ⊕
(7.11.1935) CD: DC Ine 501 313; IMS AB 78539*
(12.12.1950) LP: RCA Victor LM-1153
(6. bis 11.11.1953) CD: BMG 906 61860-2*
(1969?) LP: RCA Victor LS 10319-M; RCA Victor OPO 1001

Sonate h-Moll
(19.4.1965) CD: BMG 9026 62590-2*

Ungarische Rhapsodie
Nr. 10 in E-Dur
(3.4.1937) CD: DC Ine 501 313; IMS AB 78539*
(6. bis 11.11.1953) CD: BMG 906 61860-2*

Ungarische Rhapsodie
Nr. 12 in cis-Moll
(1910?) (gekürzt) 78: Favorit 1-74612
(6. bis 11.11.1953) CD: BMG 906 61860-2*

Valse Impromptu
   (23. und 27.10.1953) CD: BMG 906 61860-2*

Valse Oubliée Nr. 1
   (18.3.1946) 78: RCA Victor 10-1272
   (11.12.1950) CD: RCA Victor 61860
   (11.12.1961) CD: BMG 9026 61860-2*

MENDELSSOHN-BARTHOLDY, FELIX

aus: *Lieder ohne Worte*
»Spinnerlied« op. 67, Nr. 4 ⊕
   (12.12.1950) CD: RCA Victor 62662
   (1969?) LP: RCA Victor LS 10319-M; RCA Victor OPO 1001

Trio für Klavier, Violine und Violoncello Nr. 1 in d-Moll, op. 49 ⊕
   (25.8.1950) Jascha Heifetz, Violine, Gregor Piatigorsky, Violoncello
   CD: BMG 9026 61778-2*

MILHAUD, DARIUS

Saudades do Brasil Nr. 5, 9 und 11
   (26.8.1946) 78: RCA Victor 11-9420

MOMPOU, FEDERICO

aus: *Canciones y danzas*
Nr. 1 (28.12.1955)
Nr. 6 (12.2.1954)
CD: BMG 9026 61261-2 QH*

MOZART, WOLFGANG AMADEUS

Konzert für Klavier und Orchester Nr. 17 in G-Dur, KV 453
(30. und 31. 3.1961) Alfred Wallenstein/RCA Victor Symphony
Orchestra. CD: BMG 9026 61859-2*

Konzert für Klavier und Orchester Nr. 20 in d-Moll, KV 466
(1.4.1961) Alfred Wallenstein/RCA Victor Symphony Orchestra.
CD: BMG 9026 61859-2*
(25.11.1963) Carlo Maria Giulini/Philharmonia Orchestra.
CD: Intaglio 7101 #

Konzert für Klavier und Orchester Nr. 21 in C-Dur, KV 467
(1.4.1961) Alfred Wallenstein/RCA Victor Symphony Orchestra.
CD: BMG GD 87967 QH*

Konzert für Klavier und Orchester Nr. 23 in A-Dur, KV 488
(9.1.1931) John Barbirolli/London Symphony Orchestra.
LP: Electrola C137-1544273
(14.11.1949) Vladimir Golschmann/Saint Louis Symphony Orchestra.
CD: BMG 9026 61859-2*
(12.5.1955) Otmar Nussio/RTSI Orchester Lugano. CD: Pool Erm 127*#
(30. und 31.3.1961) Alfred Wallenstein/RCA Victor Symphony
Orchestra. CD: BMG GD 87968 QH*

Konzert für Klavier und Orchester Nr. 24 in c-Moll, KV 491
(12.4.1958) Josef Krips/RCA Victor Symphony Orchestra.
CD: BMG GD 87968 QH*

Quartett für Klavier, Violine, Viola und Violoncello Nr. 1 in g-Moll, KV 478
(8. und 9.4.1971) Mitglieder des Guarneri Quartetts (John Dalley,
Violine; Michael Tree, Viola; David Soyer, Violoncello).
CD: BMG GD 60406 QH*

Quartett für Klavier, Violine, Viola und Violoncello Nr. 2 in Es-Dur, KV 493
(20.4.1971) Mitglieder des Guarneri Quartetts (John Dalley, Violine;
Michael Tree, Viola; David Soyer, Violoncello).
CD: BMG GD 60406 QH*

Rondo in a-Moll, KV 511
(22.12.1959) CD: BMG GD 87968 QH*

POULENC, FRANCIS

Intermezzo Nr. 2 Des-Dur
(3.4.1963) CD: BMG 9026 61446-2*

Intermezzo Nr. 3 As-Dur
(3.4.1963) CD: BMG GD 60211 QH; BMG 9026 61446-2*

Mouvements perpétuels
(13.11.1938) 78: RCA Victor 15660; HMV DB 3718
(5.4.1963) CD: BMG GD 60211 QH; BMG 9026 61446-2*

Napoli Suite
(1.10.1947) 78: HMV DB 6614

PROKOFJEW, SERGEJ

aus: *Die Liebe zu den drei Orangen,* op. 33
»Marsch«
(23.3.1961) CD: BMG GD 60211 QH; BMG RD 85666 QA;
BMG 9026 61863-2*
(8.5.1961) CD: Pool Erm 108*

aus: *Stücke für Klavier* op. 4
Nr. 4, »Suggestion diabolique«
   (zwischen 1919 und 1925) CD: BR 690 07 007

Visions fugitives, op. 22
Gesamteinspielung
   (6.11.1961) CD: Pool Erm 108*#
Auswahl Nr. 1–3, 6,7, 9–12, 14, 16, 18
   (6.11.1961) CD: BMG 9026 61445-2*

RACHMANINOFF, SERGEJ

Konzert für Klavier und Orchester Nr. 2 c-Moll, op. 18
   (27.5.1946) Vladimir Goldschmann/NBC Symphony Orchestra.
   LP: RCA Victor LM-1005
   (9.1.1965) Fritz Reiner/Chicago Symphony Orchestra.
   CD: BMG RD 84834 QA; BMG 9026 61829-2*
   (23.11.1971) Eugene Ormandy/Philadelphia Orchestra.
   LP: RCA Victor ARL1-0031

aus: *Morceaux de fantaisie,* op. 3
Nr. 2 »Prélude« in cis-Moll
   (29.10.1936) CD: DC Ine 501 313; IMS AB 78539*
   (11.12.1950) CD: RCA Victor 62662 (derzeit nur USA)*

Rhapsodie nach einem Thema von Paganini für Klavier und Orchester,
   op. 43
   (16. und 17.9.1947) Walter Susskind/Philharmonia Orchestra.
   LP: Electrola C137-1544273; RCA Victor LM-1744
   (26.3.1950) Victor de Sabata/New York Philharmonic-Symphony.
   CD: Nuova Era 2232 #
   (16.1.1956) Fritz Reiner/Chicago Symphony Orchestra.
   CD: BMG RD 84934 QA*

RAVEL, MAURICE

aus: *Miroirs*
Nr. 5 »La vallée des cloches«
    (5.4.1963) CD: BMG GD 60211 QH; BMG 9026 61446-2*

aus: *Le Tombeau de Couperin*
Nr. 3 »Forlane«
    (23.2.1934) CD: DC Ine 501 313; IMS AB 78539*
    (23.3.1961) CD: BMG 9026 61446-2*

Trio für Klavier, Violine und Violoncello in a-Moll
    (28.8.1950) Jascha Heifetz, Violine; Gregor Piatigorsky, Violoncello.
    CD: BMG 9026 61778-2*

Valses nobles et sentimentales
    (31.1.1963) CD: BMG 9026 61446-2*

RIMSKIJ-KORSSAKOW, NIKOLAJ

aus: *Le Coq d'or* (»Der goldene Hahn«)
»Heil Dir o Strahl« (Bearbeitung für Klavier)
    (zwischen 1919 und 1925) CD: BR 690 07 007*

RUBINSTEIN, ANTON

Barcarolles op. 104
Nr. 3 in g-Moll
Nr. 4 in G-Dur
    (20.8.1953) CD: BMG 9026 61860-2*

Walzer-Capriccio in Es-Dur
   (7.11.1935) CD: DC Ine 501 313; IMS AB 78539*
   (3.11.1953) CD: BMG 9026 61860-2*

SAINT-SAËNS, CAMILLE

Konzert für Klavier und Orchester Nr. 2, g-Moll, op. 22 ⊕
   (14.4.1953) Dimitri Mitropoulos/New York Philharmonic-Symphony.
   CD: Music & Arts 655; AS Disc 508 #
   (14.1.1958) Alfred Wallenstein/Symphony of the Air.
   CD: BMG 9026 61496-2 *
   (2.1.1969) Eugene Ormandy/Philadelphia Orchestra.
   CD: BMG RD 85666 QA; BMG 9026 61829-2; BMG 9026 61863-2*

SCHUBERT, FRANZ

Fantasie in C-Dur, op. 15 (D. 760) (»Wanderer-Fantasie«)
   (20., 21 und 24. 4.1965) CD: BMG RD 86257 QA*

Impromptu Ges-Dur, op. 90, Nr. 3 (D. 899)
   (29.3.1946) 78: RCA Victor DM-1371
   (23.3.1961) CD: BMG GD 60211 QH; BMG RD 86257 QA*

Impromptu As-Dur, op. 90, Nr. 4 (D. 899)
   (18.4.1928) CD: DC Ine 501 313; IMS AB 78539*
   (11.12.1950) LP: RCA Victor LM-1153
   (23.3.1961) CD: BMG RD 86257 QA*

Sonate in G-Dur, op. 78 (D. 894)
   (29.10.1936) (3. Satz) CD: DC Ine 501 313; IMS AB 78539*

Sonate in B-Dur (D. 960)
   (22.4.1965) CD: BMG RD 86257 QA*
   (11.6.1969) LP: RCA Victor LSC-3122

Trio für Klavier, Violine und Violoncello in B-Dur, op. 99 (D. 898) ⊕
   (13.9.1941) Jascha Heifetz, Violine; Emanuel Feuermann, Violoncello.
   CD: BMG 9026 61778-2*
   (13. bis 19.4.1974) Henryk Szeryng, Violine, Pierre Fournier,
   Violoncello. CD: BMG GD 86262 QH*

Trio für Klavier, Violine und Violoncello in Es-Dur, op. 100 (D. 929)
   (13. bis 19.4.1974) Henryk Szeryng, Violine, Pierre Fournier,
   Violoncello. CD: BMG GD 86262*

SCHUMANN, ROBERT

Arabeske in C-Dur, op. 18
   (11.3.1947) 78: RCA Victor MO-1149
   (10. 1947) LP: Electrola C151-03244/5
   (19.11.1961) CD: BMG 9026 61 445-2*#
   (16.6.1969) CD: BMG 9026 61 444-2*

Carnaval, op. 9
   (27. bis 29.10., 2.11.1953) LP: RCA Victor LM-1822
   (3. und 4.12.1962; 23.1.1963) CD: BMG RD 85667 QA*

Fantasie in C-Dur, op. 17
   (2.9.1965) CD: BMG 9026 61264-2 QH*

Fantasiestücke, op. 12 ⊕
   (16.6.1949) LP: RCA Victor LM-1072
   (19.4. und 3.12.1962) CD: BMG RD 85667 QA; Pool Erm 108*
   (1.10.1964) (Nr. 1) LP: Melodiya C10 21327 #

(15.1.1975) CD: BMG 9026 61160-2 QA*#
(21. bis 23.4.1976) LP: RCA Victor ARL1-2397

Konzert für Klavier und Orchester in a-Moll, op. 54
(1947) Eugene Ormandy/Philadelphia Orchestra. LP: Melodram 304 #
(9. und 10.5.1947) Josef Krips/ACA Victor Symphony Orchestra.
LP: ACA Victor LM-1051
(5. und 6.4.1958) Josef Krips/RCA Victor Symphony Orchestra.
CD: BMG 9026 61444-2*
(29.4.1964) Franco Caracciolo/Orchester Scarlatti der RAI-Neapel.
CD: Pool HP 515; IMS ARCD 2037*#
(8.3.1967) Carlo Maria Giulini/Chicago Symphony Orchestra.
CD: BMG RD 86255 QA; BMG 9026 61829-2*
(11.2.1968) Zubin Mehta/Montreal Symphony Orchestra.
CD: Music & Arts 655 #

aus: *Kinderszenen,* op. 15
Nr. 7 »Träumerei«
(12.3.1947) 78: RCA Victor MO-1149
(1.10.1947) LP: Electrola C151-03244/5

Kreisleriana, op. 16
(28. und 29.12.1964) CD: BMG 9026 61264-2 QH*

Nachtstück in F-Dur, op. 23, Nr. 4
(27.10.1953) 45: RCA Victor ERA-203

aus: *Noveletten,* op. 21
Nr. 1 in F-Dur
(23.10.1953) 45: RCA Victor ERA-203
Nr. 1 in F-Dur und Nr. 2 in D-Dur
(24.4.1965) CD: BMG RD 86255 QA*

Quintett für Klavier, 2 Violinen, Viola und Violoncello in Es-Dur, op. 44
(25. und 26.8.1949) Paganini Quartett (Henri Temianka, Gustave
Rosseels, Violine; Robert Courte, Viola; Adolphe Frazin, Violoncello).
LP: RCA Victor LM-1095
(30.12.1966) Guarneri Quartett (Arnold Steinhardt, John Dalley, Violine;
Michael Tree, Viola; David Soyer, Violoncello).
CD: BMG RD 85669 QA*

aus: *Romanzen* op. 28
Nr. 2 in Fis-Dur
(2.4.1937) CD: DC Ine 501 313; IMS AB 78539*
(12.12.1953) 45: RCA Victor ERA-203
(23.3.1961) CD: BMG RD 85667 QA*

Symphonische Etüden, op. 13
(19.11.1961) CD. BMG 9026 61 444-2*#

Trio für Klavier, Violine und Violoncello Nr. 1 in d-Moll, op. 63
(4. bis 10.9.1972) Henryk Szeryng, Violine, Pierre Fournier, Violoncello.
CD: BMG GD 86262 QH*

aus: *Waldszenen,* op. 82
Nr. 7 »Vogel als Prophet«
(29.3.1946) 78: RCA Victor 10-1272
(23.3.1961) CD: BMG RD GD 60211 QH; BMG RD 85667 QA*
(16.6.1969) LP: RCA Victor LSC-3108

Widmung (arr. Liszt)
(12.3.1947) 78: RCA Victor MO-1149
(1.10.1949) LP: Electrola 10151-03244/5

STRAUSS, JOHANN, JR.

An der schönen blauen Donau (gekürzt) (arr. Rubinstein?)
(1910?) 78: Favorit1-74612

SZYMANOWSKI, KAROL

Mazurkas, op. 50
(15.3.1946) (Nr. 1 bis 4) 78: RCA Victor 11-9219
(1.11.1961) (Nr. 1 bis 3, 6) CD: BMG 9026 61445-2*#

Sinfonia concertante, op. 60
(19.12.1952) Alfred Wallenstein/Los Angeles Philharmonic.
CD: BMG GD 60046 QH*

TSCHAIKOWSKY, PETER IWITSCH

Konzert für Klavier und Orchester Nr. 1 in b-Moll, op. 23
(9. und 10.6.1932) John Barbirolli/London Symphony Orchestra.
CD: Claremont GSE 78-50-41
(24.3.1946) Artur Rodzinski/New York Philharmonic-Symphony.
CD: AS Disc 519; Legend LGD 237 #
(16.11.1946) Dimitri Mitropoulis/Minneapolis Symphony Orchestra.
LP: RCA Victor LM-1028
(5.3.1963) Erich Leinsdorf/Boston Symphony Orchestra.
CD: BMG 9026 61262-2 QH; BMG 9026 61829-2*

Trio für Klavier, Violine und Violoncello in a-Moll, op. 50
(23. und 24.8.1950) Jascha Heifetz, Violine; Gregor Piatigorsky,
Violoncello. CD: BMG 9026 61778-2*

VILLA-LOBOS, HEITOR

aus: *A Próle de Bébé* (»Die Puppen des Kindes«)
Buch 1
Nr. 2, 6 und 7 (14.12.1931) LP: Electrola C027-1435551
Nr. 1 bis 3 und 5 bis 8 (16. und 21.5.1941) 78: RCA Victor M/DM-970
Nr. 7 (23.3.1961) CD: BMG GD 60211 QH; Pool Erm 127*
Nr. 1, 2 und 5 bis 8 (30.10.1961) CD: BMG 9026 61445-2*#
Nr. 7 (1.10.1964) LP: Melodiya C10 21327 #

VIDEO-AUFNAHMEN VON RUBINSTEIN

Kultur V1102 (VHS)

Drei halbstündige Schwarzweißaufzeichnungen aus dem Jahr 1949/50. Sie zeigen Rubinstein bei Studioaufnahmen und bei sich zu Hause in Los Angeles. Die Aufnahme enthält auch Gespräche. Schumann: *Fantasiestücke,* op. 12, Nr. 2 und 4; Mendelssohn: *Spinnerlied,* op. 67, Nr. 4; Liszt: *Liebestraum* Nr. 3; Chopin: *Walzer* Nr. 7 in cis-Moll, op. 64, Nr. 2; *Polonaise* Nr. 3 in A-Dur, op. 40, Nr. 1; *Prélude* in fis-Moll, op. 28, Nr. 8; *Mazurka* Nr. 21 in cis-Moll, op. 30, Nr. 4; *Scherzo* Nr. 3 in cis-Moll, op. 39; *Nocturne* Nr. 5 in Fis-Dur, op. 15, Nr. 2; *Polonaise* Nr. 6 in As-Dur, op. 53. Ebenfalls enthalten ist eine kurze Probe und eine Aufführung mit Heifetz und Piatigorsky von Schubert: *Trio* Nr. 1 in B-Dur, op. 99 (1. Satz); Mendelssohn: *Trio* Nr. 1 in d-Moll, op. 49 (1., 2. und 3. Satz).

Video Artists International 69045 (VHS)

Rubinstein Remembered: einstündige Aufzeichnung (Farbe und sw) mit John Rubinstein als Gast und Sprecher, Produktion Peter Rosen. Ein vielseitiges Porträt von dem Künstler und Menschen Rubinstein.

London LD 071 200-1 (Laserdisc); VHS 071 200-3 (VHS)

Beethoven: *Klavierkonzert* Nr. 3 in c-Moll, op. 37; Brahms: *Klavierkonzert* Nr. 1 in d-Moll, op. 15. Bernhard Haitink/Concertgebouw Orchester Amsterdam. Aufnahme vom August 1973.

RCA 61160-6 (Laserdisc); 61160-3 (VHS)

Beethoven: *Sonata* Nr. 23 in f-Moll, op. 57; Schumann: *Fantasiestücke,* op. 12; Debussy: *Ondine; La plus que lente; Prélude* in a-Moll; Chopin: *Scherzo* Nr. 3 in cis-Moll, op. 10, Nr. 4; *Nocturne* Nr. 5 in Fis-Dur, op. 15, Nr. 2; *Polonaise* Nr. 6 in As-Dur, op. 53; *Walzer* Nr. 7 in cis-Moll, op. 64, Nr. 2; Mendelssohn: *Spinnerlied,* op. 67, Nr. 4. Benefizkonzert für das International Cultural Center for Youth in Jerusalem, Ambassador College Auditorium, Pasadena, Cal., 15. Januar 1975.

AUFNAHMEN AUF KLAVIERWALZEN VON RUBINSTEIN

Albéniz, Isaac
aus: *Chant d'Espagne,* op. 232
 Nr. 4 »Cordoba«. Ampico 57446H
aus: *Iberia*
 Nr. 1 »Evocación«. Duo-Art 6378; D-491 (veröffentlicht Dez. 1920)
 Nr. 6 »Triana«. Ampico 57556H
 Nr. 7 »El Albaicin«. Duo-Art 6204 (veröffentlicht Dez. 1919)
aus: *Suite española,* op. 47
 Nr. 3 »Sevillanas«. Duo-Art 6298; D-489 (veröffentlicht Juni 1920)

Brahms, Johannes
Capriccio in h-Moll, op. 76, Nr. 2. Duo-Art 65969; D-99 (veröffentlicht Feb.
 1923)
aus: *Intermezzi* für Klavier, op. 118
 Nr. 2 »Intermezzo« in A-Dur. Duo-Art 6971-3 (veröffentlicht Feb. 1926)
Rhapsodie in h-Moll, op. 79, Nr. 1. Duo-Art 6744-4

Chopin, Frédéric
Ballade Nr. 3 in As-Dur, op. 47. Duo-Art 6252-4 (veröffentlicht März 1920)
Barcarolle in Fis-Dur, op. 60. Duo-Art 6542-3 (veröffentlicht Juli 1922)
Étude Nr. 3 in E-Dur, op. 10, Nr. 3. Ampico 57775H
Nocturne Nr. 5 in Fis-Dur, op. 15, Nr. 2. Duo-Art 6162-4; D-85 (veröffentlicht
 Juli 1919)
Polonaise Nr. 3 in A-Dur, op. 40, Nr. 1. Ampico 57296H
Polonaise Nr. 5 in fis-Moll, op. 44. Duo-Art 6505-4 (veröffentlicht Feb. 1922)
Préludes op. 28, Nr. 1, 4, 10, 21, 24. Duo-Art 6811-4 (veröffentlicht Nov.
 1924)

Debussy, Claude
Danse. Duo-Art 63549 (veröffentlicht Nov. 1920)
L'Ile joyeuse. Duo-Art 6834-4; D-779 (veröffentlicht Jan. 1925)
La plus que lente (Valse). Duo-Art 6182-3 (veröffentlicht Okt. 1919)

aus: *Préludes*
Heft 1
Nr. 10 »La cathédrale engloutie«. Ampico 57667H

Falla, Manuel de
aus: *El amor brujo* (»Der Liebeszauber«)
»Danza ritual del fuego« (»Feuertanz«). Duo-Art 6755; D-239 (veröffentlicht Mai 1924)

Liszt, Franz
Ungarische Rhapsodie
Nr. 12 in cis-Moll. Ampico 58087H; 70543

Prokofieff, Sergej
aus: *Stücke für Klavier* op. 4
Nr. 4, »Suggestion diabolique«. Duo-Arts 6922-4 (veröffentlicht Okt.
1925)

Rimskij-Korssakoff, Nikolaj
aus: *Le Coq d'or* (»Der goldene Hahn«) (arr. Rubinstein). Duo-Art 6857-4;
D-355 (veröffentlicht März 1925)

Rubinstein, Anton
Barcarolle in a-Moll, op. 93. Ampico 57516H

Schumann, Robert
Fantasiestücke, op. 12
Nr. 1. Ampico 57304K
Nr. 5. Ampico 57384K
Papillons, op. 2. Duo-Art 6560-4 (veröffentlicht Okt. 1922)

Die Ampico-Walzen wurden aller Wahrscheinlichkeit nach 1919 aufgenommen.

QUELLENANGABEN

I m folgenden bedeuten die Kürzel: F = *Die frühen Jahre;* M = *Mein glückliches Leben;* RA = Rubinstein-Familienarchiv, ursprünglich in Rubinsteins Pariser Haus untergebracht, heute aber teils dort, teils in der Library of Congress in Washington, D.C., und teils im Historischen Museum der Stadt Lodz in Polen zu finden; AR, ER, JR, NR und AW = persönliche Gespräche des Autors (sie fanden zwischen 1990 und 1995 statt und wurden bisweilen durch Telephongespräche, Briefe und Faxe ergänzt) mit Alina Rubinstein, Eva Rubinstein, John Rubinstein, Nela (Aniela) Rubinstein und Annabelle Whitestone (Lady Weidenfeld); RyE = *Rubinstein y España,* von verschiedenen Autoren; NYT = *New York Times;* CBC? = unidentifizierte Abschrift (im RA gefunden) eines Interviews, dessen Text darauf hinzudeuten *scheint, daß* es in Paris um 1960 von einem Journalisten des kanadischen Rundfunks verfaßt worden den sein könnte; EMI = EMI-Archive, Hayes, Middlesex, England; RCA = RCA-Akten, Bertelsmann Building, New York.

VORWORT

1 G. Astruc, *Le Pavillon des fantômes,* 17

2 JR

3 F 207

4 (entfällt)

5 *Times Literary Supplement,* London, 6. November 1994, 29

TEIL 1, KAPITEL 1: TALENT

1 RA

2 J. Tuwim, *The Dancing Socrates and Other Poems,* 50

3 B. Horowitz, *Musiques et Paroles,* 14f.

4 F 13

5 F 13

6 F 13

7 F 30

8 RyE, 59

9 ebda., 59

10 Horowitz, a.a.O, 13

11 F 19

12 F 14

13 Spotkania z Arturem Rubinsteinem, 1975 Poltel Dokumentenabschrift, 2

14 F 14

15 Spotkania, a.a.O., 1

16 H. Kamm, »Flowery and Forgetful, Lodz Cheers Rubinstein«, in: NYT, 2. Juni 1975

17 F 15

18 D. Brandes, »Fantasia for Virtuoso Voice«, in: *Fugue,* März 1978, 26

19 S. Chotzinoff, *A Little Nightmusic,* 126

20 F 17

21 RyE, 19

22 F 17

23 CBC? 8f.

24 RA, Brief, 4. April 1962

25 RA, Brief, 2. März 1968

26 Brandes, a.a.O., 26

27 RA, Brief, 14. Juni 1978

28 JR

29 F 20

30 F 20

31 Chotzinoff, a.a.O., 125f.

32 Spotkina, a.a.O., 3

33 F 20

34 RA, Brief, 7. Januar 1977

35 F 21

36 CBC?, 8f.

37 F 18

38 F 65

39 F 30 u. 65

40 F 65f.

41 F. Mohr, *My Life with the Great Pianists,* 56

42 JR

43 AW

44 JR

45 A. Blyth, »Arthur Rubinstein Talks to Alan Blyth«, in: *Gramophone,* November 1968, 650

46 F 21

47 NR (und die folgenden Zitate von Nela Rubinstein in diesem Kapitel)

48 F 18f.

49 F 22

50 Gespräch des Autors mit
    Josef Kanski, Warschau 1991
51 F 26
52 F 26

53 F 27
54 F 27
55 F 33
56 F 37

KAPITEL 2: ZUNEIGUNG - VERSAGT, ERJAGT

1 F. Gaisberg, *Music on Record*, 187
2 Gespräch des Autors mit Daniel Barenboim, Berlin 1992
3 RA
4 F 37
5 RA
6 F 38
7 F 38
8 RyE, 20
9 W. Kempff, *Unter dem Zimbelstern*, 51
10 F 38
11 F 38f.
12 F 39
13 F 42
14 JR
15 Kempff, a.a.O., 58
16 ebda., 54
17 F 83
18 Kempff, a.a.O., 59
19 ebda., 54
20 F 42f.
21 Kempff, a.a.O., 59
22 Gaisberg, a.a.O., 191

23 B. Erdely, Brief an den Autor, 28. November 1990
24 F 43f.
25 F 78
26 F 40
27 RA
28 M. Campbell, *The Great Violinists*, 79
29 F 47
30 F 479
31 F 47
32 RA
33 F 51
34 F 47
35 F 48f.
36 A. Moser, *Joseph Joachim. Ein Lebensbild*, 317f.
37 F 49
38 B. Litzmann, *Clara Schumann. Ein Künstlerleben*, 241
39 Moser, a.a.O., 317f.
40 F 49
41 F 46
42 F 46
43 Gaisberg, a.a.O., 187
44 M. Wilcox, »An Afternoon

with Artur Rubinstein«, in:
High Fidelity, Juli 1963, 28
45 F 46
46 Gaisberg, a.a.O., 187
47 F 46
48 Wilcox, a.a.O., 29
49 F 55
50 Wilcox, a.a.O. 29
51 F 58
52 M 208
53 Gespräch mit Barenboim
54 H. Temianka, *Facing the Music,* 103
55 F 64–66
56 F 52
57 F 56f.
58 RA
59 F 57f.
60 F 58
61 F 68
62 F 68f.
63 RA
64 RA, Brief, 7. November 1949
65 F 58
66 F 71
67 RA, Brief, 1. Januar 1901
68 F 78
69 P. J. Rosenwald, Auszug aus Artikel für Records and Recordings, enthalten in Brief an Rubinstein, 13. Dez. 1976
70 F 82
71 F 70
72 Staatsarchiv, Senat der Freien und Hansestadt Hamburg, Brief von Herrn oder Frau Möhring an Autor, 9. Juli 1993
73 I. Newton, *At the Piano – Ivor Newton,* 153
74 F 75ff.
75 F 82
76 F 83
77 F 83
78 F 84
79 F 84
80 F 86
81 F 86
82 AR
83 F 65
84 F 86f.
85 F 90
86 F 89
87 F 90
88 F 91
89 F 91
90 AR
91 F 94
92 F 96
93 H. Modjeska [Modrzejewska], *Memories and Impressions,* 466ff.
94 I. J. Paderewski und M. Lawton, *The Paderewski Memoirs*
95 Gaisberg, a.a.O., 175f.
96 F 98
97 F 100

98 F 102
99 H. Kissel, Interview in: *Women's Wear Daily*, 23. Mai 1973
100 F 103
101 F 105
102 Gespräch mit Barenboim
103 F 111
104 F 112
105 F 118
106 F 112
107 F 112f.
108 W. Niemann, *Meister des Klaviers*, 205
109 *Gazeta Warszawska*, 19. Februar 1919
110 F 114
111 F 114
112 F 119
113 F 123
114 Gespräch des Autors mit Maria Kempinska, Warschau 1991
115 F 123f.
116 S. Spiess, *Ze wspomnien melomana*
117 M. Fuks, *Zydzi w Warszawie*
118 F 127f.

KAPITEL 3: DAS SÜSSE UND DAS GEMEINE LEBEN

1 F 137f.
2 F 138f.
3 A. Buchwald, in: *Bravo*, Januar/Februar 1962, 15
4 F 139, 141
5 F 134
6 F 144
7 ER
8 RA
9 RA
10 RA
11 RA
12 Astruc, a.a.O., 233
13 F. Lesure u. R. Nichols (Hrsg.), *Debussy Letters*, 279
14 M. Martin du Gard, *Carte rouge*, 85
15 F 155f.
16 F 156
17 Lesure u. Nichols, a.a.O., 279
18 F 158f.
19 AW
20 RA, Brief, 29. September 1969
21 Astruc, a.a.O., 209
22 F 163
23 F 161
24 Astruc, a.a.O., 215
25 *Le Figaro*, 14. Dezember 1904
26 F 165
27 *Le Figaro*, 17. Dezember 1904
28 F 165ff.

29 CBC?, 13

30 F 167, 170

31 F 168

32 *Le Figaro,* 19. Januar 1905

33 ebd., 28. Januar 1905

34 Astruc, a.a.O., 215

35 F 178f.

36 F 180

37 Janina Fialkowska, Gespräch mit dem Autor, New York 1991

38 F 172, 174

39 RA, undatierter Brief

40 RA, Telegramm, 5. Mai 1905

41 Astruc, a.a.O., 217

42 F 195

43 F 196

44 F 204

45 F 203

46 RA

47 F 216

48 »Arthur Rubinstein, Polish Pianist, Is Here«, in: *Musical America,* 6. Januar 1906, 7

49 F 218

50 RA

51 F 220

52 A. Loesser, »Arthur Rubinstein«, in: *Fine Arts,* 14/176, 26. Februar 1968, T.2

53 R. Schickel, *The World of Carnegie Hall,* 116f.

54 ebd.

55 Loesser, a.a.O.

56 RA

57 F 229

58 F 229

59 RA

60 F 241

61 F 250

62 RA

63 RA

64 Programm der Warschauer Philharmoniker, 13. September 1966

65 F 256

66 F 255

67 F 267

68 Gespräch mit Kempinska

69 F 262

70 Astruc, a.a.O., 216

71 F 264f.

72 J. Freeman, Brief an den Autor, 16. November 1993

73 F 267

74 F 273

75 Lesure u. Nichols, a.a.O., 179

76 F 272

77 RA

78 F 270

79 RA

80 RA

81 RA

82 RA

83 CBC?, 11, 13

84 F 293

85 ER

86 F 304

87 A. Schein, Manuskript an den Autor, 1994, 32
88 NR
89 F 305
90 F 309
91 F 311f.
92 P. Johnson, *A History of the Jews,* 359, 361
93 NR
94 B. M. Maciejewski, *Karol Szymanowski,* 34
95 F 341
96 F 347ff.
97 Gespräch mit Kempinska
98 F 313
99 NR
100 M 674
101 Gespräch mit Kempinska
102 RA
103 RA
104 NR
105 *Neue Freie Presse,* 12. Dezember 1909
106 F 374f.
107 F 364
108 NR
109 F 361
110 F 393
111 *Vossische Zeitung,* 17. März 1910
112 F 394
113 F 409
114 F 410f.
115 F 424 (nicht in dt. ÜS)

116 F 429
117 P. I. Tschaikowksy, *Letters to His Family,* 186
118 F 431
119 Johnson, a.a.O., 363
120 F 437f.
121 F 440
122 W. Labunski, Typoskript der unveröffentlichten Memoiren, 256
123 B. Gromadzki, »Wspomnienia o mlodosci Karola Szymanowskiego«, in: *Ruch Muzyczny,* 1948, 2
124 *Neue Zeitschrift für Musik,* Leipzig, 79 (1912), 6, 75; *Signale für die musikalische Welt,* Berlin, 70 (7. Februar 1912), 6, 186; *Allgemeine Musikzeitung,* Leipzig, 39 (9. Februar 1912), 6; alle aus Gewandhausarchiv, Leipzig, Pressedokumentation, mit Brief von Claudius Böhm an den Autor, 27. Juli 1993
125 »Spotkania z Karolem Szymanowskim«, in: *Muzyka,* 1955, 9/10, 39–43
126 T. Chylinska, *Szymanowski,* 55
127 F 450f.
128 J. Nicholas, *Godowsky, the Pianist's Pianist,* 84
129 D. Godowsky, *First Person Plural,* 14–17

130 F 454
131 D. Godowsky, a.a.O., 153
132 NR
133 *Times* (London), 2. Mai 1912
134 ebd., 17. Mai 1912
135 F 459f.
136 *Times* (London), 24. Mai 1912
137 ebd., 6. Juni 1912
138 ebd., 5. Juni 1912
139 M. Luhan, *Intimate Memoirs,* 2/257
140 ebd., 268f.
141 M. Draper, *Music at Midnight,* 33
142 ebd., 35ff.
143 F 466
144 Luhan, a.a.O., 255
145 M. Draper, a.a.O., 32
146 ebd., 44
147 J. Iwaszkiewicz u.a., *Begegnung mit Karol Szymanowski,* 117
148 ebd., 117f.
149 F 475
150 F 476
151 RA
152 F 476f.
153 F 478
154 K. Szymanowski (hrsg. v. T. Chylinska), *Korespondencja,* I, 1903–19, 370f.
155 *Times* (London), 21. Mai 1913
156 M. Gorky, *Chaliapin,* 182
157 Gaisberg, a.a.O., 191

158 Draper, a.a.O., 66
159 E. Goossens, *Overtures and Beginners,* 98
160 L. Tertis, *My Viola and I,* 45
161 Draper, a.a.O., 93f.
162 ebd., 95
163 Goossens, a.a.O., 99
164 F 493f.
165 F 495
166 F 496
167 Draper, a.a.O., 119
168 ebd., 124
169 F 496
170 F 495ff.
171 Chylinska, *Szymanowski,* 60
172 Iwaszkiewicz, a.a.O., 123
173 Szymanowski, *Korespondencja,* I, 14./27. Oktober 1919, 594f.
174 ebda., Brief vom 27. November/12. Dezember 1913, 400f.
175 F 501
176 Chylinska, *Szymanowski,* 62
177 F – Abbildungen
178 F 502
179 Draper, a.a.O., 142f.
180 ebd., 150f.
181 R. Craft (Hrsg.), *Stravinsky: Selected Correspondence,* II/293
182 V. Stravinsky und R. Craft, *Stravinsky in Pictures and Documents,* 603

183 E. Lipmann, *Arthur Rubin-
     stein,* 91
184 *Times* (London), 7. Mai 1914
185 Draper, a.a.O., 193
186 Luhan, a.a.O., 272
187 F 514
188 Draper, a.a.O., 85f.
189 ebd., 202–208
190 ebd., 162
191 ebd., 173
192 R. Elkin, *Queen's Hall, 1893-
     1941,* 77
193 F 515

194 Draper, a.a.O., 230
195 F 517
196 F 526f.
197 F 528
198 Tertis, a.a.O., 45
199 Draper, a.a.O., 227
200 Tertis, a.a.O., 45
201 ebd., 40
202 F 548
203 Draper, a.a.O., 233–237
204 F 532
205 RyE, 21

KAPITEL 4: DER LATINO AUS LODZ

1   RyE, 93–98
2   RyE, 31
3   H. Wood, *My Life of Music,*
    301
4   RyE, 96
5   RyE, 31
6   F 549f.
7   Labunski, a.a.O., 253f.
8   RyE, 87
9   RyE, 31f.
10 RyE, 20
11 F 562
12 RyE, 68
13 RyE, 70
14 Chotzinoff, a.a.O., 122
15 F 562
16 RyE, 53f.

17 G. Casadesus u. J. Muller,
    Mes noces musicales, 74
18 RyE, 68
19 RyE, 21
20 RyE, 68
21 CBC?, 16f.
22 Chotzinoff, a.a.O., 1f.
23 R. Jacobson, *Reverberations,*
    170
24 CBC?, 1f.
25 Mohr, a.a.O., 49
26 Chotzinoff, a.a.O., 122
27 RyE, 68
28 Z. Jachimecki, *Karol
    Szymanowski,* 33
29 M 12 (nur Original, fehlt in
    dt. Ausgabe!)

30 F 560

31 F 569

32 M 56

33 *Buenos Aires Herald,* 3. 7 1917

34 M 31

35 *El Día,* Montevideo, 21. Juli 1917

36 ebd., 23. Juli

37 ebd., 24. Juli

38 ebd., 25. Juli

39 ebd., 8. August

40 ebd., 10. Oktober

41 ebd., 2. Oktober

42 V. Perlis, Abschrift eines Interviews mit Rubinstein, 1979, 5

43 M 32f.

44 Craft (Hrsg.), a.a.O., II/183

45 ebd., II/162

46 ebd., I/144

47 ebd., II/452

48 M 116

49 Lipmann, a.a.O., 88f.

50 F. Sopeña, *Vida y obra de Manuel de Falla,* 115

51 S. Demarquez, *Manuel de Falla,* 117ff.

52 ebd., 119

53 Sopeña, a.a.O., 117, und M 258, 294

54 J. Pahissa, *Manuel de Falla,* 107

55 M 294

56 Entwurf im Archiv Manuel de Falla, Granada

57 Brief vom 1. Feb. 1929, im Archiv Manuel de Falla, Granada

58 Entwurf im Archiv Manuel de Falla, Granada

59 M 33

60 F 307

61 M 33f.

62 M 34f.

63 B. Tosi, *Pertile,* 65

64 M 35

65 M 51

66 Telefongespräch des Autors mit Manuela Pertile, 16. Februar 1994

67 L. Rasponi, *The Last Prima Donnas,* 171

68 ebd., 128

69 ebd., 301

70 *Jornal do Commercio,* Rio de Janeiro, 11. Juni 1918

71 ebd., 12. Juni

72 ebd., 14. Juni

73 ebd., 16. Juni

74 ebd., 1. Juli

75 *Correio da Manha,* Rio de Janeiro, 1. Juli 1918

76 M 46

77 M 45

78 G. Antoine, *Paul Claudel, ou l'enfer du génie,* 191

79 M 49f.

80 M 51
81 M 48
82 M 65f.
83 R. Draper (hrsg. v. N. Warren), *The Letters of Ruth Draper,* 75
84 M 411f.
85 RA, Beilage zu Brief vom 28. Februar 1956
86 R. Aldrich, *Concert Life in New York,* 1902–1923, 590f.
87 A. T. Schwab, *James Gibbons Huneker,* 253
88 Anm. zu Foné-CD 90 F 08
89 Chotzinoff, a.a.O., 132
90 CBC?, 17
91 M 82
92 M 74
93 M 68
94 Lina Prokofiewa, Gespräch mit dem Autor, 1982
95 M 629
96 D. Henahan, »This Ageless Hero, Rubinstein«, in: *NYT Magazine,* 14. März 1976
97 M 67f.
98 H. Robinson, *Sergei Prokofiev,* 101
99 Chotzinoff, a.a.O., 121
100 M 90
101 M 95
102 H. Greenfield, *Caruso,* 229
103 M 102
104 M 103
105 M 104
106 RyE, 59–62
107 M 134f.
108 J. Harding, *The Ox on the Roof,* 209f.
109 Undatierter Brief, im Archiv Manuel de Falla, Granada
110 I. Newton, a.a.O.
111 Wigmore-Hall-Archiv
112 AW
113 Lipmann, a.a.O., 106f.
114 AW
115 M 114ff.
116 AW
117 Rasponi, a.a.O., 171
118 R. de Quesada, Brief an den Autor, 11. November 1993
119 NR
120 M 125
121 Chotzinoff, a.a.O., 132
122 A. Rubinstein, »Villa-Lobos«, in: *Muzyka,* Warschau, 1928/12, 577–80
123 M 322f.
124 ER
125 M 127
126 M 130
127 M133
128 R. M. Schafer (Hrsg.), *Ezra Pound and Music,* 234–40
129 M 109
130 Chotzinoff, a.a.O., 132
131 Gaisberg, a.a.O., 189
132 M 137

133 Craft (Hrsg.), a.a.O., I/150

134 M 182

135 Szymanowski, a.a.O., II/168

136 Iwaszkiewicz, a.a.O., 156

137 Szymanowski, a.a.O., II/168–74

138 ebd.

139 ebd., II/175f.

140 ebd., 108f.

141 M 151

142 Iwaszkiewicz, a.a.O., 156 [dort aber nicht zu finden!!]

143 S. Golachowski u.a., *Begegnung mit Karol Szymanowski,* 55–57

144 Szymanowski, a.a.O., II/99f.

145 Boston-Symphony-Orchestra-Archiv (Brief an Autor von Bridget P. Carr, 27. Jan. 1994)

146 Szymanowski, a.a.O., II/238f.

147 Craft (Hrsg.), a.a.O., I/149

148 Szymanowski, a.a.O., II/258–61

149 ebd.

150 ebd., II/268

151 S. Hurok und R. Goode, *Impresario,* 155

152 D. Henahan, a.a.O. (siehe Anmerkung 96)

153 Perlis, a.a.O., 2f.

154 M 219

155 M 214f.

156 Hurok u. Goode, a.a.O., 269ff.

157 CBC?, 17

158 Szymanowski, a.a.O., II/356f.

159 Chotzinoff, a.a.O., 123f.

160 M 161

161 *Le Figaro,* 1. Mai 1923

162 J. Marnold, »Musique: Concerts Rubinstein«, in: *Mercure de France,* 1. Juli 1923

163 H. Prunières, in: La Revue musicale, IV/8, 1. Juni 1923, 159

164 Madeleine Milhaud, Gespräch mit dem Autor, 1991

165 M 153

166 JR

167 NR

168 R. Draper, a.a.O., 75

169 M 155, 268

170 Szymanowski, a.a.O., II/222f.

171 NYT, 28. Januar 1972

172 *Wiadomisci Literackie, Warschau,* 19. Oktober 1924

173 Labunski, a.a.O., 253

174 Szymanowski, a.a.O., II/2/214–27

175 RyE 77–79

176 M 228 u. Brief an den Autor von L. Oswald, 30. Dez. 1994

177 Labunski, a.a.O., 391f.

178 M 326f.

179 E. Schwarzkopf, *On and Off the Record,* 143

180 M 356

181 M 377

182 EMI, Brief, 11. Januar 1930

183 Chylinska, a.a.O., 169
184 N. Slonimsky, *Perfect Pitch,*
128f.

185 R. Draper, a.a.O., 151f.
186 D. Godowsky, a.a.O., 152f.

KAPITEL 5: VEREINEN UND EROBERN

1 RyE 60–62
2 M 316f.
3 NR (auch alle folgenden
Zitate von Nela Rubinstein in
diesem Kapitel)
4 H. Rodzinski, *Our Two Lives,*
22f.
5 ebd., 23
6 ebd., 27
7 M 318
8 M 319
9 M 324
10 Labunski, a.a.O., 354f.
11 M 331
12 M 330, 332f.
13 M 346ff.
14 Labunski, a.a.O., 354f.
15 ebd., 480
16 M 371, 379
17 Rodzinski, a.a.O., 41f.
18 M 383f.
19 M 386ff.
20 M 402
21 M 389
22 M 390
23 AW
24 M 390

25 M 391
26 M 392
27 AW
28 N. Rubinstein, in: Arturo
Rubinstein 1887–1982: *Re-*
cuerdos de España, 7–9
29 J. Piatigorsky, *Jump in the*
Waves, 87f.
30 RA, Briefe vom 16. und 26.
März 1964
31 M 404
32 R. Draper, a.a.O., 152f.
33 M 404ff.
34 M 406
35 ER
36 R. Draper, a.a.O., 152f.
37 F.M. Eckman, Interview mit
Rubinstein in: *New York Post,*
22. Februar 1975
38 M 259f.
39 N. Rubinstein, *Nela's*
Cookbook, XIII
40 EMI, Briefe vom 28. und 31.
Januar und 26. April 1933
41 Chotzinoff, a.a.O., 133
42 M 320
43 M 422

44 M 433
45 A. Bliss, *As I Remember,* 102
46 M 447
48 Labunski, a.a.O., 253f.
49 ebd., 256f.
50 M 452
51 C.B. Lyon, Brief an Autor,
   7. September 1990
52 EMI, Brief vom 2. Mai 1935
53 EMI, Briefe vom 29. Mai und
   14. Juni 1935
54 M 481
55 M 498
56 M 501
57 Gaisberg, a.a.O., 191
58 Szymanowski, a.a.O.,
   II/2/459–63

59 Hurok u. Goode, a.a.O., 273f.
60 Schickel, a.a.O., 302f.
61 NYT, 8. Januar 1938
62 Schickel, a.a.O., 302f.
63 RA, Brief vom 27. März 1965
64 Hurok u. Goode, a.a.O., 273f.
65 Gaisberg, a.a.O., 188-90
66 R. Draper, a.a.O., 212
67 Gaisberg, a.a.O., 190f.
68 *Warzsawski Dziennik Narodowy,* 20. September 1938
69 M 579
70 EMI, Briefe vom 3. und 9. Oktober 1939
71 M 586

KAPITEL 6: ›RUBINSTEIN‹

1 R. Draper, a.a.O., 220
2 RA
3 RA, Brief vom 23. April 1942
4 RA, Brief vom 9. Juli 1942
5 RA, Brief vom 20. April 1944
6 RA, Brief vom 24. Mai
7 M 644
8 NR (ebenso die folgenden
   Zitate von Nela Rubinstein in
   diesem Kapitel)
9 Buchwald, a.a.O., 15
10 ebd.
11 RA

12 RA, Brief vom 18. Feb. 1944
13 RA, Brief vom 15. Jan. 1952
14 M 690
15 K.G. Roy, *Not Responsible for
   Lost Articles,* 187
16 D. Barenboim, Gespräch mit
   dem Autor, 1992 (ebenso die
   folgenden Barenboim-Zitate
   in diesem Kapitel)
17 RA
18 M 739
19 C. Reid, *John Barbirolli,*
   102

20 D. Walter, Brief an den Autor, 19. Oktober 1990

21 E. Ax, Gespräch mit dem Autor, Mailand 1994

22 M. Bookspan u. R. Yockey, *André Previn,* 357

23 M. Bookspan u. R. Yockey, *Zubin,* 94

24 EMI, Brief vom 24. Sep. 1935

25 EMI, Briefe vom 2. Dez. 1937 und Anfang Januar 1938

26 EMI, Briefe vom 9. und 12. April 1940 und 25. August 1941

27 A. Weschler-Vered, *Jascha Heifetz,* 109f.

28 M 621f.

29 W. Primrose, *Walk on the North Side,* 143

30 RA

31 Weschler-Vered, a.a.O., 111

32 ebd., 123f.

33 I. Newton, a.a.O., 152f.

34 RA

35 RA, Briefe vom 15. Juni und 16. August 1942

36 A. Steinhardt, Gespräch mit dem Autor, New York 1994 (ebenso die folgenden Steinhardt-Zitate in diesem Kapitel)

37 RCA, 17. Mai 1963

38 N. Rubinstein, *Nela's Cookbook,* XIV

39 Labunski, a.a.O., 781ff.

40 RA, Brief vom 8. Nov. 1942

41 RA, Brief vom 31. Juli 1946

42 RA, Brief vom 11. Aug. 1944

43 M 620

44 RA, Brief vom 21. Nov. 1973

45 RA, Brief vom 15. Feb. 1974

46 ER (ebenso die folgenden Zitate von Eva Rubinstein in diesem Kapitel)

47 Tonbandmitschnitt eines Gesprächs zwischen Mildred Knopf und ihrer Tochter Wendy Knopf Cooper, Anfang der 80er Jahre

48 AW

49 L. Dubman Fratti, Gespräch mit dem Autor, New York 1991

50 P. Smolen, Brief an den Autor, 27. Dezember 1990

51 E. Podis, »Rubinstein Recalled«, in: *Clavier,* Dez. 1983, 35f.

52 E. Podis, Gespräch mit dem Autor, Cleveland 1989

53 RA, Brief vom 31. Juli 1941

54 NYT, 12. März 1940

55 NYT und *New York Herald Tribune,* 25. November 1940

56 *New York World-Telegram,* 25. Februar 1946

57 *New York Herald Tribune,* 28. Oktober 1946

58 H. Kupferberg, *Those Fabulous Philadelphians,* 147f.

59 M 669

60 Schickel, a.a.O., 352f.

61 *Daily Variety,* Hollywood, 27. August 1946

62 W. Sargeant, »Arthur Rubinstein«, in: *Life,* 5. April 1948, 101

63 H.R. Axelrod (Hrsg.), *Heifetz,* 12

64 Sargeant, a.a.O., 114

65 New York Herald Tribune, 14. Februar 1949

66 RA, Brief vom 17. Nov. 1940

67 RA, Brief ohne Datum, Dezember 1943

68 RA, Brief vom 3. März 1952

69 RA, Brief vom 31. Juli 1941

70 RA, Brief vom 18. Nov. 1943

71 RA

72 RA, Brief vom 27. Aug. 1945

73 RA, Brief vom 21. Nov. 1945

74 AR

75 RA

76 RA, Brief vom 12. Dez. 1956

77 RA, Brief vom 9. Okt. 1945

78 RA, Briefe vom 17. und 28. Nov. 1945

79 S. Shirakawa, *The Devil's Music-Master,* 351

80 W. Furtwängler, *Notebooks 1924–1954,* 190

81 RA, Brief vom 16. April 1962

82 RA, Briefe vom 30. März und 16. April 1964

83 RA, Brief vom 6. April 1964

84 RA Brief vom 9. Okt. 1968

85 RA, Brief vom 21. Okt. 1968

86 Mohr, a.a.O., 57

87 M. Knopf, Tonbandmitschnitt (s. Anm. 47)

88 RA, Brief vom 12. Okt. 1947

89 »Le Retour d'Enesco et d'Arthur Rubinstein«, in: *Arts,* Paris, 24. Oktober 1947

90 RA, Brief vom 23. Dez. 1944

91 J. Wechsberg, a.a.O.

92 ebd.

93 ebd.

94 M. Knopf, Tonbandmitschnitt (s. Anm. 47)

95 R. Jasinskis Papiere, Warschau: Rubinstein-Brief vom 3. September 1967

96 J. Heilpern, »A Musical Soul«, in: *Observer,* London, 23. März 1976

97 JR (ebenso die folgenden Zitate von John Rubinstein in diesem Kapitel)

98 E. Hoffman, *Lost in Translation,* 72ff.

99 NYT, 13. Juni 1958

100 NYT, 1. Juni 1975

101 In Peter Rosens Material gefunden; Quelle unbekannt

102 RA, Artikel aus: *Express Poz-nanski,* 2. Februar 1960

103 NYT, 20. März 1960

104 NYT, 1. Juni 1975

105 ebd.

106 RA, Brief vom 17. Juni 1971, vom Generalkonsul der Nie-derlande in New York

107 RA, Briefe vom 5. und 12. Februar 1974

108 RA, Brief vom 2. Okt. 1974

109 RA, Brief vom 11. Sept. 1968

110 E.K. Kirk, *Music at the White House,* 334

111 Schickel, a.a.O., 378

112 RA, Brief vom 27. Okt. 1961

113 RA, Brief vom 13. Nov. 1962

114 RA, Brief vom 15. April 1964

115 RA, Brief vom 20. April 1964

116 RA, Telegramm (von Rubin-stein), 21. Januar 1965

117 RA, Briefe vom 25. und 29. März 1971

118 Temianka, a.a.O., 102

119 Mohr, a.a.O., 50f.

120 RA, Brief vom 31. Dez. 1953

121 *Sunday Times* (London), 11. Februar 1962

122 Jacobson, a.a.O., 167f.

123 Schein, a.a.O., 10–43

124 RA, Brief von Astrid Schmidt-Neuhaus an Rubinstein, 24. April 1966

125 Chotzinoff, a.a.O., 120

126 *New York Sunday News,* 14. März 1971

127 M. Knopf, Tonbandmitschnitt (s. Anm. 47)

128 RA, Brief vom 25. März 1975

129 *Jerusalem Post,* 13. Sep. 1974

130 Fialkowska, Gespräch mit dem Autor

131 Programmheft, 7. Arthur Ru-binstein International Piano Master Competition, Israel, März–April 1992

132 RCA, 17.Mai 1963

133 »Arthur Rubinstein at 100«, in: *Keynote,* Juli 1987, 16

134 R. Kennedy, undatierte RCA-Broschüre ohne Titel

135 *Keynote* (s. Anm. 133), 8–13

136 M. Wilcox, Gespräch mit dem Autor, 1989

137 RA, Brief vom 6. April 1962

138 Jacobson, a.a.O., 172

139 RA, Briefe vom 21. November 1973 und 15. Februar 1974

140 M. Wilcox, Anmerkungen im Booklet von RCA-CD 5669-2RC

141 RA, Telegramm von R. Hillyer an Rubinstein, 19.(?) Februar 1956

142 A. Steinhardt, Gespräch mit dem Autor, 1994; auch die fol-genden Zitate

143 s. Anm. 140

144 *Look,* 9. März 1971

145 *Time,* 12. Januar 1968

146 RA, Brief vom 27. Dez. 1966

147 RA, Briefe vom 21. Oktober 1968 und 28. Dezember 1970

148 Stravinsky u. Craft, a.a.O., 615

149 Chotzinoff, a.a.O., 125

150 Jacobson, a.a.O., 170f.

151 H. Duder, »Her Husband the Pianist«, in: *New York Post,* 30. August 1969, 27

152 RA, Brief vom 23. Aug. 1973

153 RA, Brief vom 15. Feb. 1974

154 RCA, Bericht vom 10. April 1974

155 NYT, 3. Juni 1973

156 RA, Brief vom 1. Juli 1975

157 Chotzinoff, a.a.O., 134f.

158 Jasinski-Papiere, Briefe vom 3. Sep. 1967 und 18. Feb. 1974

159 Lipmann, a.a.O., 29

160 I.K. (vermutlich Kolodin), Programmheft Avery Fisher Hall, New York, März 1974

161 s. Anm. 158, 18. Februar 1974

162 F. Duchable, Telefongespräch mit dem Autor, 1990

163 RA, Brief vom 15. Februar 1974

164 RCA, 4. April 1974

165 *Village Voice,* New York, 17. Februar 1975

166 F.M. Eckman, in: *New York Post,* 22. Februar 1975

167 RA, Brief vom 9. Okt. 1975

168 Heilpern, a.a.O.

169 ebd.

170 *Time,* 29. März 1976

171 NYT, 16. März 1976

172 *Time,* 29. März 1976

173 ebd.

174 Mohr, a.a.O., 57f.

KAPITEL 7: SEI DIR SELBST TREU

1 AW (ebenso die folgenden Zitate in diesem Kapitel)

2 R. de Quesada, Brief an den Autor, 5. November 1993

3 RA, Brief vom 28. Aug. 1971

4 RA, Brief vom 9. Sep. 1971

5 ER (ebenso die folgenden Zitate in diesem Kapitel)

6 NR (ebenso die folgenden Zitate in diesem Kapitel)

7 RA, Brief vom 4. Juli 1976

8 RA, Brief vom 23. Oktober 1976

9 AR (ebenso die folgenden Zitate in diesem Kapitel)

10 Fialkowska, Gespräch mit

dem Autor, 1990 (ebenso die folgenden Zitate in diesem Kapitel)

11 S. Richter, Tagebucheintrag vom 3. März 1977 (Photokopie im Besitz des Autors)

12 Y. Boehm, A. Zvielli, Artikel in: *Jerusalem Post* (kein Datum auf Kopie im Besitz des Autors, aber kurz nach Rubinsteins Tod veröffentlicht)

13 N. Magaloff, Gespräch mit dem Autor, Florenz 1990 (ebenso die folgenden Zitate in diesem Kapitel)

14 Barenboim, Gespräch mit dem Autor, 1992

15 F 18f.

16 J. Cegiella, im Programmheft 7. Arthur Rubinstein International Piano Master Competition, Israel, März–April 1992, 52

17 Schein, a.a.O., 49–51

18 *Hollywood Reporter,* 9. August 1982

19 RA, Brief vom 8. Nov. 1976

20 RA, Brief vom 3. Januar 1978

21 RA, Brief vom 30. Dez. 1976

22 NYT, 28. Januar 1977

23 RA, Telegramm

24 RAA, Brief vom 30. Juni 1977

25 RA, Brief vom 17. Januar 1978

26 RA, Brief vom 6. April 1978

27 RA, Brief vom 8. August 1978

28 Rosenwald, a.a.O.

29 J. Jones, Brief an den Autor, 6. Dezember 1990

30 AW, Brief an den Autor, 24. März 1990

31 M 74 [Übs. MS – in der dt. Übersetzung ist der falsche Bezug »weggeglättet«]

32 M 626 [s. Anm. 31]

33 L. Adler, *It Ain't Necessarily So,* 240

34 B. Gavoty, »Le piano refermé«, in: *Le Figaro,* undatierte Kopie aus RA

35 RA, undatierter Brief

36 RA, Brief vom 21. Dez. 1980

37 RA, undatierter Brief

38 M 162

39 M 762

40 JR (ebenso die folgenden Zitate in diesem Kapitel)

41 RA, Brief vom 15. Januar 1981

42 s. Anm. 29

43 P.H. Berczeller, *Doctors and Patients,* 190ff.

44 Heilpern, a.a.O.

45 Berczeller, a.a.O., 192–97

46 RA, Brief vom 23. Juli 1980

47 RCA, 10. Juni 1980

48 RCA, 9. Januar 1981

49 RCA, 2. Februar 1981

50 M 733

51 RA, Brief vom 18. März 1982

52 RA, undatierter Brief
53 RA, 1. Dezember 1980
54 NYT, 20. Oktober 1982
55 *Miami Herald,* 31. Januar
   1982
56 NYT, 23. September 1982
57 E. Carlyss, Brief an den
   Autor, 27. März 1994

58 A. Rubinstein, Brief an J. Rubinstein, 31. Januar 1982
59 NYT, 21. Dez. 1982
60 Boston Globe, 23. Dez. 1982
61 Associated Press, 22. Dez.
   1983
62 Lipmann, a.a.O., 39

TEIL 2: DAS VERMÄCHTNIS DER AUFNAHMEN

1 M. Lympany u. M. Strickland,
   Moura, 22
2 Lipmann, a.a.O., 58
3 H. Brandon, Artikel in: *Sunday Times* (London), 11. Feb.
   1962
4 Barenboim, Gespräch mit
   dem Autor (ebenso die folgenden Zitate in diesem
   Kapitel)
5 Lipmann, a.a.O., 57
6 M. Wilcox, Anmerkungen zu
   RCA-CD 6257-2-RC

7 T.S. Eliot, »The Hollow Men«,
   in: *Collected Poems,*
   1909–1935, 105
8 M 323
9 AW
10 H. Weinstock, Anmerkungen
   zu RCA-CD RCD1-5492
11 *Look,* 9. März 1971
12 M 376
13 Ax, Gespräch mit dem Autor
14 Podis, Gespräch mit dem
   Autor

LITERATURHINWEISE

MONOGRAFIEN

Adler, Larry, *It Ain't Necessarily So*, London 1984.

Aldrich, Richard, *Concert Life in New York, 1902–1923*, New York 1941.

Antoine, Gérald, *Paul Claudel, ou l'enfer du génie*, Paris 1989.

Astruc, Gabriel, *Le Pavillon des fantômes*, Paris 1987.

Axelrod, Herbert R. (ed.), *Heifetz*, Neptune City, N. J. 1981.

Baldock, Robert und Casals, Pablo, *Pablo Casals*, Boston 1993 (dt.: *Pablo Casals. Das Leben des legendären Cellovirtuosen*, München 1994).

Barenboim, Daniel, *A Life in Music*, New York 1991 (dt.: *Musik. Mein Leben*, Reinbek bei Hamburg 1992).

Begegnung mit Karol Szymanowski (inkl. Golachowski, Stanislaw: *Karol Szymanowski*; Iwaszkiewicz, Jaroslaw: *Begegnungen mit Szymanowski*; Szymanowski, Karol: *Briefe und Aufsätze*), Leipzig 1982.

Berczeller, Peter H., *Doctors and Patients*, New York 1994.

Bliss, Arthur, *As I Remember*, London 1970.

Bookspan, Martin und Yockey, Ross, *André Previn*, New York 1981.

dto., *Zubin*, New York 1978.

Buckle, Richard, *Diaghilev*, London 1993 (dt.: *Diaghilew*, Herford 1994).

Campbell, Margaret, *The Great Violinists*, London 1980.

Casadesus, Gaby und Muller, Jacqueline, *Mes noces musicales*, Paris 1989.

Chasins, Abram, *Leopold Stokowski*, New York 1979.

Chissell, Joan, *Clara Schumann, a Dedicated Spirit*, London 1983.

Chotzinoff, Samuel, *A Little Nightmusic*, New York 1964.

Chylinska, Teresa, *Szymanowski*, Krakau 1981.

Craft, Robert (ed.), *Stravinsky, Selected Correspondence*, 3 Bde., New York 1982–1985.

Demarquez, Suzanne, *Manuel de Falla*, Barcelona 1968.

Draper, Muriel, *Music at Midnight*, New York/London 1929.

Draper, Ruth (ed. Neilla Warren), *The Letters of Ruth Draper*, New York 1979.

Dubal, David, *Conversations with Menuhin*, London 1991 (dt.: *Die Freude liegt im Unvorhersehbaren. Gespräche mit David Dubal und Yehudi Menuhin*, München 1996).

Eliot, T.S., *Collected Poems 1909–1935*, New York 1936.

Elkin, Robert, *Queen's Hall, 1893–1941*, London o. J.

Furtwängler, Wilhelm (ed. Michael Tanner), *Notebooks, 1924–1954*, London/New York 1989.

Gaisberg, F.W., *Music on Record*, London 1947.

Gallego, Antonio, *Manuel de Falla*, Madrid 1990.

Giazotto, Remo, *Quattro secoli di storia dell'Accademia nazionale di Santa Cecilia*, Rom 1970.

Gillis, Daniel, *Furtwängler and America*, Palo Alto, Calif. 1970.

Godowsky, Dagmar, *First Person Plural*, New York 1958.

Golachowski, s. *Begegnung.*

Goodman, Virginia, *Isador Goodman, a Life in Music*, Sydney 1983.

Goossens, Eugene, *Ouverture and Beginners*, London 1951.

Gorky, Maxim, *Chaliapin*, London 1988.

Graffman, Gary, *I Really Should Be Practicing*, New York 1981.

Greenfeld, Howard, *Caruso*. New York 1983 (dt.: *Caruso*, Zürich 1992).

Haendel, Ida, *Woman with Violin*, London 1970.

Harding, James, *The Ox on the Roof*, New York 1986.

Hoffman, Eva, *Lost in Translation*, New York 1990 (dt.: *Ankommen in der Fremde*, aus dem Amerikan. v. Gesine Strempel, Frankfurt a. M. 1993).

Horowicz, Bronislaw, *Musique et Paroles*, Paris 1979.

Horowitz, Joseph, *Conversations with Arrau*, New York 1982 (dt.: *Leben mit der Musik. Claudio Arrau*, München 1984/1987).

Hurok, Sol und Goode, Ruth, *Impresario*, Westport, Conn. 1975.

Itzkoff, Seymour W., *Emanuel Feuerman*, Nachdruck d. Ausg. Univ. of Alabama Press 1979, Schweinfurt 1995.

Iwaszkiewicz, *s. Begegnung.*

Jachimecki, Zdzislaw, *Karol Szymanowski: Rys dotychczasowej tworczosci*, Krakau 1927.

Jacobson, Robert, *Reverberations*, New York 1974.

Johnson, Paul, *A History of the Jews*, New York 1987.

Kaiser, Joachim, *Große Pianisten in unserer Zeit*, München 1996.

dto., *Wie ich sie sah ... und wie sie waren*, München 1987.

Kehler, George, *The Piano in Concert*, Metuchen, N. J./London 1982.

Kempff, Wilhelm, *Unter dem Zimbelstern*, München 1985.

Kennedy, Michael, *Barbirolli*, London 1971.

Kirk, Elise K., *Music at the White House*, Urbana, Ill. 1986.

Kupferberg, Herbert, *Those Fabulous Philadelphians*, London 1970.

Labunski, Wiktor, Untitled and unpublished memoirs, written in the early 1960s, and in possession of University of Missouri Library, Kansas City, Missouri.

Lesure, Françis und Nichols, Roger (eds.), *Debussy Letters,* London 1987.

Lewinski, Wolf-Eberhard von, *Arthur Rubinstein*, Berlin 1967.

Lipmann, Eric, *Arthur Rubinstein*, Paris 1980.

Litzmann, Berthold, *Clara Schumann, ein Künstlerleben*, Leipzig 1908.

Luhan, Mabel Dodge, *Intimate Memories*, Bd. 2, New York 1935.

Lyle, Wilson, *A Dictionary of Pianists*, London 1985.

Lympany, Moura und Strickland, Margot, *Moura*, London 1991.

Mach, Elyse, *Great Pianists Speak for Themselves*, New York 1980.

Maciejewski, B.M., *Karol Szymanowski*, London 1967.

Martin du Gard, Maurice, *Carte rouge: Le théâtre et la vie, 1929–1930*, Paris 1930.

Menuhin, Diana, *Fiddler's Moll*, London 1984 (dt.: *Durch Dur und Moll. Mein Leben mit Yehudi Menuhin*, München 1995).

Michalski, Grzegorz, Obniska, Ewa, Swokien, Henryk und Waldorff, Jerzy, *Geschichte der polnischen Musik*, Warschau 1988.

Milstein, Nathan und Volkov, Solomon, *From Russia to the West*, New York

1990 (dt.: *»Lassen Sie ihn doch Geige lernen«*, aus d. Amerik. v. Ulrike Stadler, München 1993).

Mohr, Franz, *My Life with the Great Pianists*, Grand Rapids, Mich. 1992 (dt.: *Große Pianisten, wie sie keiner kennt*, aus d. Amerik. v. Barbara Trebing, Basel, Gießen 1993).

Moser, Andreas, *Joseph Joachim, ein Lebensbild*, Berlin 1910.

Neugaus, G. G. (Neuhaus, H. H.), *Razmishleniya, vospominaniya, dnevniki*, Moskau 1975.

Newton, Ivor, *At the Piano – Ivor Newton*, London 1966.

Nicholas, Jeremy, *Godowsky, the Pianist's Pianist*, Wark/Hexham/Northumberland 1989.

Niemann, Walter, *Meister des Klaviers*, Berlin 1919.

Noyle, Linda J. (ed.), *Pianists on Playing*, Metuchen, N. J. 1987.

Paderewski, I. J. und Lawton, Mary, *The Paderewski Memoirs*, London 1939.

Pahissa, Jaime, *Manuel de Falla*, London 1954.

Palmer, Christopher, *Szymanowski*, London 1983.

Piatigorsky, Jacqueline, *Jump in the Waves*, New York 1988.

Pietraszczyk, Bozenna (ed.), *Artur Rubinstein, 1887–1982*. Lodz [1990?].

Plaskin, Glenn, *Vladimir Horowitz*, New York 1983 (dt.: *Horowitz*, Mainz/München 1990).

Primrose, William, *Walk on the North Side*, Provo, Utah 1978.

Rasponi, Lanfranco, *The Last Prima Donnas*, New York 1982.

Rattalino, Piero, *Da Clementi a Pollini*, Mailand 1983.

dto., *Pianisti e fortisti*, Mailand 1990.

(Regia Accademia di Santa Cecilia) *I Concerti dal 1895 al 1933*. Rom 1933.

Reid, Charles, *John Barbirolli*, London 1971.

Ritchie, Lady, *Blackstick Papers*, London 1908.

Robinson, Harlow, *Sergei Prokofiev*, New York 1987.

Rodzinski, Halina, *Our Two Lives*, New York 1976.

Roy, Klaus G., *Not Responsible for Lost Articles*, Cleveland, Ohio 1993.

Rubinstein, Arthur, *My Many Years*, New York 1980 (dt.: *Mein glückliches Leben*, aus d. Amerik. v. Günther Danehl, Frankfurt a. M. 1980).

Rubinstein, Arthur, *My Young Years*, New York 1973 (dt.: *Erinnerungen. Die frühen Jahre*, aus dem Amerik. v. Günther Danehl, Frankfurt a. M. 1973).

Rubinstein, Nela, *Nela's Cookbook*, New York 1983.

Rubinstein y España o. O. 1987.

Samson, Jim, *The Music of Szymanowski*, New York 1981.

Schafer, R. Murray (ed.), *Ezra Pound and Music*, New York 1977.

Schickel, Richard, *The World of Carnegie Hall*, Westport, Conn. 1973.

Schonberg, Harold C., *The Great Pianists*, New York 1963 (dt.: *Die großen Pianisten. Eine Geschichte des Klaviers und der berühmtesten Interpreten von den Anfängen bis zur Gegenwart*, Bern/München 1965; München 1972).

Schwab, Arnold T., *James Gibbons Huneker*, Stanford 1963.

Schwarzkopf, Elisabeth, *On and Off the Record*, New York 1982 (dt.: *Gehörtes, Ungehörtes, Memoiren*, aus d. Amerik. v. Walter Legge, München 1982).

Shirakawa, Sam H., *The Devil's Music-Master. The Controversial Life and Career of Wilhelm Furtwängler*, New York/Oxford 1992.

Slonimsky, Nicolas, *Perfect Pitch. A Life Story*, Oxford 1988.

Sopeña, Federico, *Vida y obra de Manuel de Falla*, Madrid 1988.

Spiess, Stefan, *Ze wspomnien melomana*, Krakau 1963.

Stern, Richard (ed.), *Was muss der Musikstudierende von Berlin wissen?*, Berlin 1909.

Stravinsky, Vera und Craft, Robert, *Stravinsky in Pictures and Documents*, New York 1978.

Szymanowski, Karol (ed. T. Chylinska), *Korespondencja*, 2 Bde., Krakau 1982–1994.

Tagliaferro, Magdalena, *Quase tudo (memórias)*, Rio de Janeiro 1979.

Tchaikovsky, Piotr Ilyich, *Letters to His Family*, New York 1981.

Temianka, Henri, *Facing the Music*, Sherman Oaks, CA. 1980 (dt.: *Respektlose Erinnerungen*, aus d. Amerik. v. Else Winter, Stuttgart 1976).

Tertis, Lionel, *My Viola and I*. London 1974.

Thomson, Virgil, *Virgil Thomson*, New York 1966.

Tillis, Malcolm, *Chords and Discords*, London 1960.

Tosi, Bruno (ed.), *Artur Rubinstein, una vita nella musica*, Venedig 1986.

dto., *Pertile, una voce, un mito*, Venedig 1985.

Tuwim, Julian (trans. Adam Gillon), *The Dancing Socrates and Other Poems*, New York 1968.

Vospominaniya o Sofronitzkom, Moskau 1970.

Weschler-Vered, Artur, *Jascha Heifetz*, New York 1986.

Wierczynski, Casimir, *The Life and Death of Chopin* (Vorwort von Rubinstein), New York 1949.

Wood, Henry, *My Life of Music*, London 1938.

SONDERVERÖFFENTLICHUNGEN,
ganz oder teilweise Rubinstein gewidmet

(Arthur Rubinstein International Music Society, The) *The Seventh Arthur Rubinstein International Piano Master Competition, March–April 1992, Israel.*

(City of Lodz History Museum) *To the Memory of Artur Rubinstein.* N.d.

(Concurso Internacional de Piano Paloma O'Shea.) *Arturo Rubinstein 1887–1982, Recuerdos de España.* Santander: Fundación Isaac Albéniz 1987.

(Fundación Isaac Albéniz) *Una pagina per a Rubinstein.* Barcelona: 1987.

Gavoty, Bernard. *Arthur Rubinstein.* Genf: Krister 1956.

Loesser, Arthur. *Artur Rubinstein.* [Cleveland]: Fine Arts, Vol. 14, No. 716, February 26, 1968, Part II.

Musica. Milano: February–March 1988, No. 12/48.

(Poltel [Polish Television]) *Spotkania z Arturem Rubinsteinem*, unpublished English translation of transcript of 1975 documentary.

Quaderns Fundació Caixa de Pensions [Barcelona?]: September 1987, No. 37.

S. Hurok has the honor to present Artur Rubinstein (souvenir booklet for a Rubinstein tour in the United States). New York: Hurok Artists, Inc., [1961].

Symphonia. Bologna: December 1992, III/22.

ARTIKEL UND AUFSÄTZE

(in Auswahl, chronologisch geordnet)

Sargeant, Winthrop, »Artur Rubinstein« in: *Life*, April 5, 1948.

Taubmann, Howard, »Rubinstein: Evolution of an Artist« in: *New York Times Magazine*, ?, 1956.

Wechsberg, Joseph, »Metamorphosis« (Profiles) in: *New Yorker*, November 1, 1958.

Schonberg, Harold C., »He Remains King« in: *New York Times*, Oktober 29, 1961.

Roddy, Joseph, »A Visit with Artur Rubinstein«, in: *Look*, ?, 1961.

Brandon, Henry, »A Conversation between Henry Brandon and Artur Rubinstein« in: *Sunday Times* (London), Februar 11, 1962.

Buchwald, Art, »Rubinstein Ruminates« in: *Bravo*, Januar–Februar 1962.

Wilcox, Max, »An Afternoon with Artur Rubinstein« in: *High Fidelity*, Juli 1963.

Schonberg, Harold C., »The Rubinstein Touch, Untouched at 75« in: *New York Times Magazine*, Januar 26, 1964.

Kennedy, Ray u.a., »The Undeniable Romantic« in: *Time*, Februar 25, 1966.

Blyth, Alan, »Artur Rubinstein Talks to Alan Blyth«, in: *Gramophone*, November 1968.

Gould, Glenn, »Rubinstein« in: *Look*, März 9, 1971.

Santora, Phil, »The perennial prodigy« in: *New York Sunday News*, März 14, 1971.

Henahan, Donal, »Rubinstein at 85: Still a Fresh Outlook« in: *New York Times*, Januar 28, 1972.

Henahan, Donal, »This ageless hero, Rubinstein« in: *New York Times Magazine*, März 14, 1976.

Heilpern, John, »A Musical Soul« in: *Observer*, Mai 23, 1976.

O'Connor, John J., »TV: At 90, Rubinstein Plays On« in: *New York Times*, Januar 26, 1977.

Brandes, David, »Fantasia for Virtuoso Voice« in: *Fugue*, März 1978.

Podis, Eunice, »Rubinstein Recalled« in: *Clavier*, Dezember 1983.

Wilcox, Max und Rubinstein, John, »Arthur Rubinstein at 100« und »The Rubinstein Legacy«, Kozinn, Allan, in: *Keynote,* Juli 1987.

Ortona, Egidio, »Un adorabile infedele« in: *Amadeus,* März 1992.

Rubinstein, Nela, »In viaggio con Artur« in: *Amadeus,* August 1992.

Lompech, Alain, »Rubinstein/Gould, les deux menteurs« in: *Le Monde,* Dezember 10, 1992.

THEMATISCHE VERÖFFENTLICHUNGEN

(38 Festival de Musica y Danza) *España y los Ballets Russes,* Granada 1989.

(Fundación Archivo Manuel de Falla) *Manuel de Falla: Dialogos con la cultura del S. XX,* Granada 1991.

(Institut de France) *Discours prononcés dans la séance publique tenue par l'Académie des Beaux-Arts ... pour la réception de M. Richard Nixon élu associé étranger en remplacement de M. Arthur Rubinstein,* Paris 1987.

Krynski, Magnus J., »Politics and Poetry: The Case of Julian Tuwim« in: *Polish Review,* New York, 18/4, 1973.

Levine, Madeline G., »Julian Tuwim: ›We, the Polish Jews ...‹« in: *Polish Review,* [1972?].

Poesia, Madrid 1991, Nos. 36 und 37 (in einem Band).

Wigmore Hall, 75th Anniversary, 1901–1976, London 1976.

REGISTER

– 733 –

James, Henry 210 f.
Jankéléwitsch, Wladimir 260
Jaroszynski, Jozef (Jozio) 136, 171 f.,
190, 222
Jasinska, Elsbieta 553
Jasinski, Roman 317 f., 458, 525, 527,
564, 568, 586
Jedliczka, Ernst 53, 80
Jerusalem Foundation 591
Jerusalem Post 508, 558
Joachim, Joseph 25 f., 33 f., 68 f., 74,
80, 94, 101, 110, 170, 413, 599
– über die Begabung Rubinsteins
34 f., 37, 39
– als Rubinsteins Mentor 37, 54 ff.,
63 f., 98
Jockey Club (Buenos Aires) 255
John, Augustus 228
Johnson, Paul 173
Johnson. R. E. 271 ff., 309
Joly, Charles 130–133
Jones, Judith 523, 571
Jornal do Commercio (Rio de
Janeiro) 265
Joseffy, Rafael 614
Jowitt, Lesley (geb. McIntyre) 289 f.,
370 f., 520
Jowitt, Penelope 289
Jowitt, William 289 f.
Joyce, James 537
Juliana, niederländische Königin 493
Juilliard School 377
Juilliard String Quartet 515, 563, 594

Kahn, Otto 308
Kahn, Robert 62
Kanin, Garson 523

Kapell, William 431
Kaper, Bronek (Bronislaw) 471, 536,
568
Karajan, Eliette von 539
Karajan, Herbert von 447, 539, 569
Karlowicz, Mieczyslaw 173
Karlyle, C. 220
Karsawina, Tamara 248
Kaschouba, Lila 248
Katz, Mindru 508
Kaye, Danny 423
Kazuro, Margherita Trombini 338
Kellogg, Charlotte 403
Kempff, Wilhelm 55, 58, 60, 62, 588,
615
Kempinska, Maria 108, 156, 176
Kennedy, John F. 492
Kenyon, Doris 446
Kern, Jerome 296
Kerner, Leighton 530 f.
Kessel, Joseph 568
Keynes, John Maynard 248
Kiepura, Jan 400
Kijanska, Madame 33
Kisling, Moïse (»Kiki«) 346, 404
Klemperer, Otto 52, 421
Klindworth, Karl 50, 53
Kloiber, Herbert 451, 531
Knabe & Gaehle; Knabe & Co. 138
Knabe, Ernest und William 138, 143,
146, 149–152
Knepler, Hugo 181
Knopf (Verlag) 570
Knopf, Alfred A. 273, 425, 521, 553
Knopf, Blanche 521
Knopf, Edwin 425
Knopf, Mildred 37, 425, 452, 457